国家社科基金重点项目

民法典分则立法之外在与内在体系研究

MINFADIAN FENZE LIFA
ZHI WAIZAI YU NEIZAI TIXI YANJIU

李永军 ◎ 著

中国政法大学出版社

声　明　1. 版权所有，侵权必究。

　　　　2. 如有缺页、倒装问题，由出版社负责退换。

图书在版编目（ＣＩＰ）数据

民法典分则立法之外在与内在体系研究/李永军著.—北京：中国政法大学出版社，2024.1
ISBN 978-7-5764-1236-9

Ⅰ.①民… Ⅱ.①李… Ⅲ.①民法－法典－立法－研究－中国　Ⅳ.①D923.01

中国版本图书馆CIP数据核字(2024)第006766号

出 版 者	中国政法大学出版社	
地　　址	北京市海淀区西土城路25号	
邮　　箱	fadapress@163.com	
网　　址	http://www.cuplpress.com（网络实名：中国政法大学出版社）	
电　　话	010-58908435(第一编辑部) 58908334(邮购部)	
承　　印	北京中科印刷有限公司	
开　　本	787mm×1092mm　1/16	
印　　张	25.25	
字　　数	538千字	
版　　次	2024年1月第1版	
印　　次	2024年1月第1次印刷	
定　　价	96.00元	

目 录

第一编 物权编的外在与内在体系研究

第一章 我国《民法典》物权编的外在体系及其自洽性评价 …………………… 1
  第一节 外在体系的基本概念 …………………………………………… 1
  第二节 对物权编之基石性概念"支配性与排他性"的教义学分析 …… 4

第二章 物权编的内在体系 …………………………………………………… 15
  第一节 物权编内在体系的结构 ………………………………………… 15
  第二节 物权客体特定原则 ……………………………………………… 18
  第三节 公示公信原则 …………………………………………………… 29
  第四节 物权法定原则 …………………………………………………… 33
  第五节 无因原则 ………………………………………………………… 40

第三章 关于物权法体系的具体问题研究 …………………………………… 42
  第一节 论意定担保物权种类划分的基础 …………………………… 42
  第二节 从用益物权看物权法体系的外溢 …………………………… 52

第二编 合同编的内在与外在体系研究

第一章 合同编的外在体系 …………………………………………………… 69
  第一节 合同编外在体系说明 …………………………………………… 69
  第二节 合同编中"合同"的概念及功能 ……………………………… 71

第二章 合同编的内在体系 …………………………………………………… 84
  第一节 合同编内在体系概述 …………………………………………… 84
  第二节 契约自由原则 …………………………………………………… 84
  第三节 合同相对性原则及其例外 …………………………………… 110

第三章 合同编内在与外在体系的具体问题研究 ………………………… 129
  第一节 体系化的另一种验证——合同编中赔偿损失的请求权基础规范 … 129

第三编 人格权编的内在与外在体系研究

第一章 人格权编内在与外在体系 … 142
- 第一节 人格权编的内在与外在体系概观 … 142
- 第二节 人格权编与总则编的外在体系关联 … 146
- 第三节 人格权编与总则编的内在体系关联 … 154

第二章 对于人格权编特别问题的研究 … 157
- 第一节 论《民法典》中人格权的实证概念 … 157
- 第二节 具体人格权——姓名权及其性质 … 170
- 第三节 隐私权与信息的二元保护 … 186

第四编 婚姻家庭编的内在与外在体系研究

第一章 婚姻家庭编的内在与外在体系总览 … 207
- 第一节 婚姻家庭编的外在体系 … 207
- 第二节 婚姻家庭编的内在体系 … 214

第二章 婚姻家庭编之具体问题研究 … 222
- 第一节 婚姻属性的民法典体系解释 … 222
- 第二节 《民法典》婚姻家庭编中损害赔偿的请求权基础 … 238

第五编 继承编之内在与外在体系研究

第一章 继承编的内在与外在体系实证考察 … 253
- 第一节 继承编的外在体系 … 253
- 第二节 继承编的内在体系 … 256
- 第三节 继承编与总则编的体系关联 … 259

第二章 继承编具体问题研究 … 262
- 第一节 论遗产在我国《民法典》上的法律地位 … 262
- 第二节 论无偿行为所生之债在继承编(法)中的地位 … 277

第六编 《民法典》侵权责任编的内在与外在体系研究

第一章 侵权责任编的外在体系 … 307
- 第一节 对问题的说明 … 307
- 第二节 侵权责任编在《民法典》中的体系坐标 … 307
- 第三节 侵权责任编的外在体系 … 308
- 第四节 外在体系详解 … 309

第二章 侵权责任编的内在体系 … 344
- 第一节 侵权责任编的功能定位——内在体系的决定性因素 … 344

第二节　侵权责任编的内在体系 ……………………………………… 353
第三章　**侵权责任特别问题研究** ……………………………………………… 369
　　　第一节　严格责任的代表——产品责任的体系结构 ………………… 369
　　　第二节　论"不法性"作为一般侵权责任构成要件的必要性 ………… 392

第一编 物权编的外在与内在体系研究

第一章 我国《民法典》物权编的外在体系及其自洽性评价

第一节 外在体系的基本概念

一、概述

民法典是一个具有外在逻辑体系和内在价值体系的"构造体",不仅在整个民法典是这样一个体系构造,即使在民法典的每一编也是遵循这样的构造。在物权编,也遵循这样的方法——外在体系上"先总后分":先有"通则",然后依次是"所有权""用益物权""担保物权"和"占有"。它们统统建立在外在体系赖以建立的抽象概念基础之上——物权行为、绝对权和排他性之上。在内在体系方面,除了贯彻"财产权受法律保护"这样的基本原则之外,更重要的是贯彻物权编自身的内在思想和精神、原则——区分原则、物权法定原则、客体特定原则。从外在于内在体系的关系来看,外在体系要受到内在体系的制约,因此,有的时候,法律规范所适用的概念需要按照物权法的内在体系来作出扩张解释或者限制解释。

从现行《中华人民共和国民法典》(以下简称《民法典》)的物权编规范体系看,大概有下列问题应当从体系化视角来分析:①"区分原则"是否起到了支撑"物权编"独立于其他各编的支柱作用?如果没有负担行为与处分行为的基本区分,仅仅把物权的变动看作是一个债权合同的必然和当然的结果的话,那么,无论是《德国民法典》还是我国的《民法典》大概是不需要规定"物权编"的,只需要把这种结果规定在债法编中即可。这应该是一个认识问题的基本出发点。我国《民法典》物权编是否建立在这一原则之上?②在区分原则下,"物权的产生或者变动"是否真正贯彻了必须以"物权法律行为(物权合意)"来进行的统一逻辑?我国《民法典》的物权编是否存在"负担合意(债权合意)直接产生物权"的情形?例如,地役权的部分(《民法典》第374条)是否属于"债权合意直接产生物权"的情形?按照通常的理解,以"负担行为"产生的后果当然是债权性请求权。如果"债权合意直接产生物权"的话,物权和债权如何区分?③在区分原则下的"公示公信",在我国《民法典》物权编的真正统领作用是什么?我国《民法典》之物权编中为什么会有那么多违背这一原则的物权?例如,动产抵押、浮动担保、地役权等。④即使按照物权法的外在体系之基石性概念——物权的排他性来说，我国《民法典》之物权编就有很多不具有排他性的"物权"——登记对抗的物权，这些物权也属于物权？

二、外在体系的概念及自身逻辑结构

（一）外在体系的概念

"外在体系"是法律形式上的构造，是对（以法律概念为基础）法律材料的划分[1]。用拉伦茨的话来说，外部体系是指依形式逻辑的规则构建的抽象的一般概念式的体系。此种体系是许多法律，特别是民法典的体系基础。此种体系的形式有赖于：由作为规范客体的构成事实中分离出若干要素，并将此等要素"一般化"，由此等要素可形成"类别概念"，而借着增减若干规定类别的要素，由此形成不同抽象程度的概念，并因此构成体系；借着将抽象程度较低的概念涵摄于程度较高的概念之下，最后可以将大量的法律素材归结到少数"最高"概念上。此种体系不仅可以保障最大可能的概观性，同时亦可保障法的安定性，因为假设这种体系是完整的，则于体系范围内，法律问题仅借逻辑的思考即可解决。它可以保障由之推演出来的所有结论，其彼此之间不相矛盾[2]。也就是说，民法典的外在体系实际上是一个逻辑体系，借着逻辑的技术方法——内涵与外延的方法，形成不同内涵与外延的类别概念，将外延较小（内涵较大）的概念涵摄于外延较大（内涵较小）的概念之下，由此形成规则的递进而构成的体系。这种体系对于法律解释和适用的好处是：体系内的推演结论在逻辑上达到一致，从而避免结论矛盾及防止法官适用法律的任意性。

德国学者卡纳里斯曾经区分出法律体系的两种类型：一种是认知的体系，也被称为科学的体系；另一种是认识对象的体系，也被称为"客观的"或者"现实的"体系。从视角区分的角度看，所谓客观的体系，即是从实在法的视角对法律体系的界定，于此，法律体系被认为是一套客观存在的、具有一致性和统一性的法律现象的整体[3]。我们在此讨论的民法典及物权编的外部体系即是第二种意义上的体系。那么，这种体系能否以"科学"的方法去构建呢？或者说，是否能够用科学的方法把法律作为对象来研究和认识？德国学者贝伦茨指出，法律总是必须满足两项任务，这两项任务表面上看起来相互矛盾，但实际上它们却是处于一种彼此促进的交互指涉关系中。一方面，法律必须为各个国家及其公民的自由与独立提供保障；另一方面，也必须在连带性共同体的精神下，于诸民族以及全人类之间组织起一种合作关系。在法律的核心领域，亦即私法里面，这种事情再清楚不过了。在此这理解下，诸如"所有权、占有、请求权"等概念，用以辅助独立性，而诸如"交易商的一般注意义务、诚实信用

---

[1]〔奥〕恩斯特·A.克莱默：《法律方法论》，周万里译，法律出版社2019年版，第59页。
[2]〔德〕卡尔·拉伦茨：《法学方法论》，陈爱娥译，商务印书馆2003年版，第317页。
[3] 雷磊：《法律体系、法律方法与法治》，中国政法大学出版社2016年版，第15页。

原则、无期待可能性"等概念，则用以辅助社会的连带性[1]。然而，对于法律规范来说，形式逻辑规则不是法律的全部，它仅仅是正确进行法律思维适用的一个必要条件，这一点不能高估。法学方法上的思考定然是要不断超越纯粹逻辑的结构，进入一个不确定的领域。只有在那里，才有真正困难的问题。总之，整个法秩序，就其丰富的内容及其所面对的问题而言，并不仅仅是一个单纯借助形式化的推导即可解决具体法律问题的公理体系。该类体系化并没有使价值判断变得可有可无[2]。这就是内在体系问题。由于篇幅的限制，本书不详细讨论内在体系了。

尽管法律由规范构成（构成要件+结果），但规范又是如何表达的呢？当然离不开语言。就如有学者所言，法律以语词表达观念，只有披上语词的外衣，这些观念才能被传达，并且具有固定的内容。这也有助于法的安定性。一个语词所蕴涵的观念内容可以被称为"概念"。康德把表达各个客体的共性的观念称为"一般概念"[3]。因此，规范中立法者所要表达的"观念"可以通过概念表达出来，因要表达的观念不同，也就有不同的概念。因此，法律的外部体系结构可以通过"外显"的概念来表达。因此，概念就称为法律体系结构的基石。

那么，物权法的外在体系的基石性概念是什么呢？笔者认为，应该是"物权行为""物权的绝对性""排他性"。

（二）物权编外在体系的逻辑构造

物权法外在体系的基本逻辑结构，实际上是在以"物权法律关系"为"纽带"与民法典整体体系连接。如前所述，物权法律关系的主体已经被民法典的总则编作为"公因式"提取出来了，当然适用于物权编，故物权法律关系中的主体问题不需要赘言。

另外，像因法律行为发生的物权变动，因为民法典之总则编的法律行为的概念也已经明确，直接适用法律行为的规定，也不是物权编要详细讨论的问题了。但是，物权行为这一概念仍然是需要详细讨论和澄清的概念。

作为法律关系要素的权利、客体需要在物权编中特别说明。因为，物权编中的物权是具有完全不同于债权的特质的权利——排他性和支配性（按照我国《民法典》第114条），这应该是物权编的一个重要的概念，是对《民法典》整体"民事权利"的限缩性因素——概念的内涵的增大部分。另外一个概念就是：为了配合物权的上述排他性和支配性，必须将客体限制在具体的"物"上。物权编自身的基本逻辑结构可以用图表达如下：

---

[1] 参见［德］奥科·贝伦茨对耶林著作的"序言"，载［德］鲁道夫·冯·耶林：《法学是一门科学吗？》，李君韬译，法律出版社2010年版，第1页"中文序言部分"。

[2] ［德］齐佩利乌斯：《法学方法论》，金振豹译，法律出版社2009年版，第160页。

[3] 参见［德］齐佩利乌斯：《法学方法论》，金振豹译，法律出版社2009年版，第27~29页。

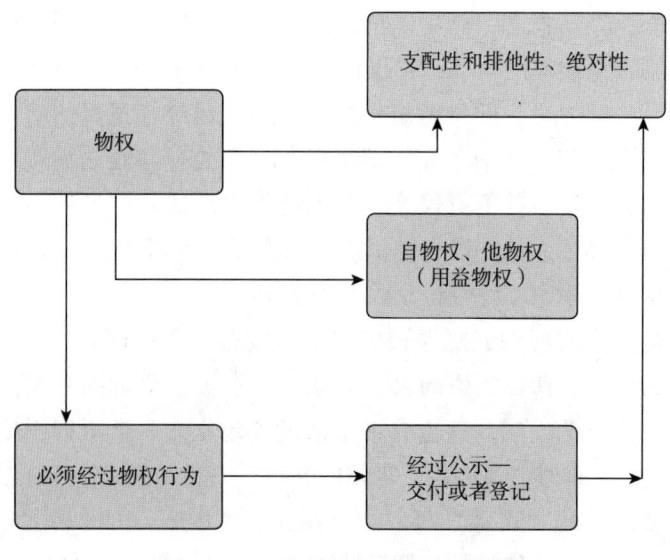

图 1-1-1 物权编的基本逻辑结构

第二节 对物权编之基石性概念"支配性与排他性"的教义学分析

一、物权排他性的体系意义

物权作为与债权以及其他权利相区别的重要本质性特质有两个：一是其权利的排他性特质，从而区别与债权；二是其客体的具体性——物，以区别于其他排他性和绝对性权利——例如，人身权等。因此，离开了这一特征，物权及物权编根本就不能成立。

以上这些问题实际上是物权法中最基础和最重要的问题，尤其是在《民法典》颁布后，研究这些问题并提出解释论建议，尤其重要。

需要特别说明的是，我们之所以用"法教义学"的方法来分析，是因为笔者认为，法教义学是我们法律共同体的基础。如果没有这种基础，我们将无法进行有效的交流，法官解释和适用法律将难以统一。实际上，我国如今的法律界已经面临这一问题。法教义学是法律适用、法律解释和法学研究与教学的基础。但由于对于什么是"法教义学"仍然存在争议，因此，本文对作为研究方法的法教义学要进行简短的界定。

二、作为本研究之分析工具的"法教义学"概念的界定

法教义学即使在其发源地德国也存在不同的观点和认知，例如，德国著名的法教义学学者阿列克西认为，法教义学是一个多维度的学科，至少是三种活动的混合体：①对于现行法律的描述；②对这种法律之概念—体系的研究；③提出解决疑难的法律

问题的建议。与这三种活动相适应,可以区分为三个维度:①描述—经验的维度;②逻辑—分析的维度;③规范—实践的维度。在这每一个维度之内,又有不同的活动程式。在描述—经验的维度内,可以主要分为对法官审判实践的描述与诊断、对立法者的实际意图的澄清。属于与逻辑—分析维度的,不仅包括对法律概念的分析,而且也包括对各种不同规范和原则之间逻辑关系的考察。最后,在规范—实践的维度内,包括对某个规范的解释、某个新规范的建议或者证立,或者对法院裁判在实践中的缺陷进行批评,提出相反的建议。在这三个维度之间存在着各种各样的关系:对于现行法律的描述以一定的概念工具为前提;对现行有效法律的逻辑分析若缺乏对他们的描述是不可能的;而要提出有关规范——裁判的建议,就需要对现行法秩序有监坚实的知识,因为前者必须在现行法秩序框架之内来进行。法教义学活动的各个重心可以在这些维度之间和之内分别加以分配,这种分配取决于教义学者的兴趣[1]。

也有的学者认为,法教义学是一种语句,该语句涉及法律规范和司法裁判,但却不等于对他们的描述,彼此形成相互关联的整体,由专业的法官、行政官员和学者提出并加以讨论,具有规范性内涵。法教义学从令人信服的问题解决办法中提取出可以反复适用且易于掌握的概念、制度和归责,并且尽可能地经由稳定的解释惯例以避免无尽的究根问底。通过这种方式,法教义学将内容于法律体系中的最新知识明确地表达出来[2]。法教义学大多具有"多维的""综合性的特征",一方面,它描述现行有效的法律,分析法律概念并表达法律规则和法律原则;另一方面,它在概念上和体系上总结这些规则和原则,并将其有目的地编排到更广泛的联系之中,从而法学理论以规范性陈述连接起描述性陈述与分析性陈述。教义学原理通常并不描述单个规范,而是揭示概念或者体系种类之间的重要的思想联系,或者表达对于不特定的以及未来的法律规范也适用的结构性或者概念性规定。如果不借助于法教义学上形成的技术概念——例如,"主观权利""法律行为",或者普遍认可的学说——例如,"抽象原则"和"交往义务",就根本无法恰当地描述现代法律秩序中的私法[3]。

有学者更明确地指出,规范性以及法的效力乃是法教义学的研究对象。作为实践型和应用型科学,其以直接解决具体法律问题为导向。这也是法治国家下法的安定性原则所要求的。夸张一点论断,无法教义学便无法治国。法治国的法律秩序不仅仅包括清晰的成文法规定,而且还包括在清晰的法教义学体系的秩序。法官法被称为法教义学的核心对象,法教义学是将成文法和法官法连接起来的纽带[4]。

---

[1] [德]罗伯特·阿列克西:《法律论证理论——作为法律证立理论的理性论辩理论》,舒国滢译,中国法制出版社 2002 年版,第 311~312 页。

[2] [德]安德烈亚斯·福斯库勒:《法教义学贡献了什么?——介绍与展望之十二个论点》,李浩然译,载《北航法律评论》2015 年第 0 期。

[3] [德]尼尔斯·扬森:《民法教义学》,朱晓喆、沈小军译,载《苏州大学学报(法学版)》2016 年第 1 期。

[4] [德]托马斯·维滕贝格尔:《德国视角下的基础研究与教义学》,查云飞、张小舟译,载《北航法律评论》2015 年第 0 期。

那么学者在法教义学中的地位和角色是什么呢？不同于立法者和法官，法律学者缺乏所造法律规则的民主合法性，法律学者有权从事对法律的认识活动，但却无资格塑造法律规则。法律学者的合法性是其陈述的真实性，其真实性在于人们能够以有意义的方式谈论对有效法律的正确认识[1]。这种观点值得商榷：许多对法律的续造恰恰就是学者的贡献。也许，可以把这种发展与续造看成是对既有法律之内在含义的发现或者认识。

我国有学者认为，法教义学是一种针对现行法的理论，这里所说的现行法，包括制定法和法官法。法教义学的任务主要在于揭示现行法规范整体之内容与关联，包括：①阐释对于现行法至关重要的基本价值、基本原理、基本原则与问题解决方案，既包括制定法所规定的，也可以是通过解释而获得的原则或者规则等，甚至包括工人的、司法与法学必须为制定法规则所添补的原则或者规则等。②法教义学是法秩序的内在体系在学术上的体现。法秩序之体系对于概念的解释和具体规则的构建又具有指导性意义。因此，法教义学的核心任务是由法学与司法对现行法作体系化的阐述、加工与续造，在具体的、现实存在的法规范之关系中去发现其体系，以把握相应领域法律规则之整体，最终以此种洞察法秩序的结构，对法作"概念——体系"上的贯穿[2]。

作为考评《民法典》第114条的方法与工具的法教义学，在我看来，应具有以下内涵：①法教义学不仅包括法官对法律的适用中的解释，也包括学者在法学教育中对法律的解释、批判和建议。②法教义学不仅包括对于实证法的适用，也包括法律的续造。而这种续造既可以表现为法官的判例，也可以表现为学理。因此，学理和判例在很多大陆法系国家都是民法的渊源。③法教义学的基础是实证法，即法教义学是基于实证法的规定而阐述其效力、基本价值、基本原则和规则，其直接目的是有利于法的稳定性及使用的一致性。同时，对于法律共同体的形成具有极其重要的作用，就如有学者指出的，法教义学的一个重要目的在于形成多数人意见，即"通说"，这是法教义学的一个重要内涵[3]。法教义学意义上的这种"通说"可以避免法律人（法官、律师和学者）"信口开河"，避免无源之水的任意主张。这是法律共同体存在的基础和纽带。因此，无论是法官在适用法律时对法律的解释、阐释和理解，还是学者对规范的教学，都必须建立在法教义学所认可的实证法的原则、原理和规范及其相互之间的联系，易言之，必须找到依据和根据。④即使是对现行实证法的发展和续造，也必须基于实证法（至少可以与实证法有机连接），否则，难以"合法"。例如，德国判例和学理上的"法律行为基础丧失理论"，所针对的问题其实就类似于我国最高法院关于《合同法司

---

[1] [德] 乌尔弗里德·诺伊曼：《法律教义学在德国法文化中的意义》，郑永流译，载郑永流主编：《法哲学与法社会学论丛》（五），中国政法大学出版社2002年版，第17页。
[2] 金可可：《民法实证研究方法与民法教义学》，载《法学研究》2012年第1期。
[3] 雷磊：《法教义学的基本立场》，载《中外法学》2015年第1期。

法解释（二）》[1]中的"情势变更原则"，但德国学理和判例由于法教义学的约束，就不敢贸然地从域外请来一个与其《民法典》没有任何血缘关系的"客人"——情势变更，而是从《民法典》的现行规范出发，将其合理地解释到"法律行为制度"中去，认为，任何一个法律行为都应该有一个基础，而当事人之间的权利义务就建立在这一基础之上。这一基础虽然没有明确订立在合同条款中，但是，双方当事人不仅明知，而且默认。如果这一基础发生了动摇，当事人的权利义务也应该发生变更。这样，就顺理成章地将基于这种变更的基础归入《民法典》规范所隐含的基本原理中。尽管我国《中华人民共和国民法通则》（以下简称《民法通则》）（已失效）有"法律行为"的概念，但我们还是引入了一个"制度外"概念——情势变更，虽然从原理阐述上是德国法意义上的原理，但却不是从现行法律规范的本身出发"发现"的，或者说"找出来"的，而是外来的。因此，法教义学对于法律的发展和续造，对于保持法律本身的稳定性十分重要。⑤概念的前后一致性与法律规范整体的一贯性，是法教义学的必然要求。这一点，是评价《民法典》第114条的重要的根据，该条的概念与物权编整体体系不协调，需要法教义学的解释与批判。

至于说法教义学是否属于德国特有的现象，尽管有的德国学者认为是德国的标志和特有现象[2]，我对此持不同观点，并非常同意德国弗莱堡大学教学施蒂尔纳先生的法教义学功能与法教义学"国际化"观点：法教义学的思想体系尤其以实证法为基础，其包括现行法即立法者或者法院以原则、一般规则和原理形式呈现出来的法律规范的总和，也包括法律续造和漏洞填补所形成的规范。教义学因此具有确定性和创新性的双重功能。另外，在法典或者法官法与原则、一般规则和原理的整体框架不相契合时，教义学还具有批判的功能。法教义学还有利于法学学科的教授、学习并促进其与社会的融合。以这种方式所描绘的法教义学，无论是大陆法系国家，还是英美法系国家，都可以遇到。之所以如此，是因为人类的正义观要求相同的情况相同对待、不同的情况差异对待、类似情况相应相待，而法教义学的基本功能首先在于使相同性、不同性和类似性保持透明。任何法秩序都不能抛弃这一功能[3]。因此，既然法教义学是任何法治国家和法秩序都不能抛弃的，那么，用其作为本文对于《民法典》第114条的分析工具使用，就没有障碍。

---

[1]《最高人民法院关于适用〈中华人民共和国合同法〉若干问题的解释（二）》（法释〔2009〕5号）（以下简称《合同法司法解释（二）》）（已失效）（2009年2月9日最高人民法院审判委员会第1462次会议通过）。

[2]［德］托马斯·维滕贝格尔：《德国视角下的基础研究与教义学》，查云飞、张小舟译，载《北航法律评论》2015年第0期。

[3]［德］罗尔夫·施蒂尔纳：《法教义学在进一步国际化的世纪之初的重要性》，李云琦译，载《北航法律评论》2015年第0期。

三、基于法教义学对于《民法典》第 205 条的分析与解读

《民法典》第 205 条规定:"本编调整因物的归属和利用产生的民事关系。"[1] 对于该款规定,有两个重大问题需要解读:①"法律关系"和"民事法律关系"是民法教义学中两个最基本的概念,但究竟什么是"民事关系"?它与"民事法律关系"有何关联?与物权法是什么关系?②"对物的归属和利用"关系是否都能够适用《民法典》之物权编?"对物的归属和利用"是否能够涵盖所有物权法规范的内容?担保物权与占有能否归于"对物的归属和利用"中?

(一)对于该款中"民事关系"的法教义学解读

应该说,"民事关系"在 2007 年的《中华人民共和国物权法》(以下简称《物权法》)中第一次使用,之前的《民法通则》中有"民事行为"、有"民事权利与民事义务"[2] 之用词,也有"民事活动"的用词[3],《民法通则》第 2 条适用了"平等主体的公民之间、法人之间、公民和法人之间的财产关系和人身关系",从没有适用过"民事关系"这样的用词。从法教义学的视角看,这样一个概念如果不能解释到已有的规范体系中去,在法律适用中就会发生困难和混乱。

我们可以这样通俗地说,"法律关系"实际上是指法律主体在法律上的权利义务关系。具体到"民事法律关系",是指民事主体在民法上所享有的权利义务[4]。但这种"法律上的关系"并不是指具体实际生活中的生活关系,而是某些生活关系被民法规范调整后形成的权利义务关系。那么,《民法典》物权编第 205 条所说的"民事关系"是否就是指物权法规范调整前的具体生活关系?在分析这一问题之前,我们先来看一个最基本的问题:这种"民事关系"在物权法适用之前是如何划分出来的?也就是说,在适用物权法之前,为什么有些"关系"就被划入"民事关系"而不是"行政关系"或者"刑事关系"?

应该说,历史上这种划分首先不能归功于法学家,而是应该归功于政治家,是他们力主"政治国家"与"市民社会"的分野后,才有了"公法"与"私法"调整范围的划分:市民社会的生活关系由私法调整,而政治国家的事物由公法调整。民法属于私法的一部分,自然就调整市民社会这的生活关系。这就说明,在民法调整之前,市民社会的生活关系就已经客观存在。那么,这种"生活关系"是否就是指《民法典》物权编第 205 条所说的"民事关系"呢?从法教义学的视角看,这里所谓的"民事关系"就是指被物权法调整之前的客观的生活关系。我认为,这种所谓的"民事关系"

---

[1] 这其实就是 2007 年《物权法》第 2 条第 1 款的翻版,《物权法》第 2 条第 1 款规定:"因物的归属和利用而产生的民事关系,适用本法。"

[2] 《民法通则》(已失效)第 9 条、第 58 条、第 59 条。

[3] 《民法通则》(已失效)第 3~8 条。

[4] 因此,从这一意义上说,我国《民法通则》(已失效)第 2 条的规定,从规范的意义上说是存在问题的:人格权就很难称为"平等主体的公民之间、法人之间、公民和法人之间的财产关系和人身关系",而恰恰是主体在法律上享有的对自身的权利。

在我国法律与法学体系内,应该做出如下解读:①这种关系应该是指传统民法中的"市民社会中的平等主体的生活关系",在我国,所谓"民事",首要含义就是"平等主体之事"。②这种"民事关系"是法律调整之前的生活关系,而尚未构成具有法律意义的权利义务关系,仅仅是对一种客观生活状态的简单描述,既可以是物质的,也可以是精神的;既可以是现实的,也可以是虚拟的。③这种生活关系如果不为民法所调整,就不产生民法上的后果,不能产生民法上的请求权或者救济权利,生活关系的当事人也就不能称为民法上的原告或者被告,其相互之间的关系可能被道德或者其他社会规范所调整。例如,在我国大量存在的对动产或者不动产的"暂时借用关系",这是现实存在的生活关系,但在我国物权法或者其他民法规范中就没有调整,也就是说,这种关系在我国民法和物权法上就属于"法外空间",当事人之间没有民法上的权利义务关系,也就是说,这种关系在民法上没有意义[1]。再例如,我国的婚姻家庭法规范,并没有把外甥对舅舅、侄子对叔叔的赡养关系纳入调整范围中,因此,舅舅对于外甥、叔叔对于侄子就没有法律上的权利义务关系,也就不会发生赡养请求权问题。

在这里有必要重申"民事关系"与"民事法律关系"的关系:民事法律关系是指上是一种在民法上具有真正权利义务关系的关系,必然是"民事关系"——客观存在的生活关系受到法律规范调整后所形成的结果。对此,我国学者认为,民事法律关系是民法所调整的社会关系在法律上的表现,是指上是人与人之间的权利义务关系[2]。德国学者也认为,法律关系是对一部分生活关系的撷取,生活关系是一个连续的统一体,而我们正是从这一连续的统一体中取出一部分对其进行法律观察。法律关系是由法律加以调整,例如,婚姻法规范调整的婚姻是一种法律关系,但非婚生活共同体则没有被法律所调整,因此,这种关系本身不是一种法律关系[3]。有学者更直接地将这种民事法律关系表述为"通过权利义务结合的规范"[4]。

(二)"对物的归属和利用"是否能够涵盖所有物权法规范的内容

对于该条的规定,我们可以提出两大点疑问:①"担保物权"是否属于"对物的归属和利用"?②"占有"(《民法典》物权编第五分编)是否能够归入其中?

对于第一个疑问,首先从物权法规范本身来考察。《民法典》第386条规定:"担保物权人在债务人不履行到期债务或者发生当事人约定的实现担保物权的情形,依法享有就担保财产优先受偿的权利,但是法律另有规定的除外。"从该条规定的担保物权的含义看,是如何解读出"归属和利用"的呢?一般地说,"归属"应该是指所有权而言,而利用在物权法意义上,应该是指"用益"而言。而担保物权的利用体现在什么地方呢?有学者认为,物具有使用价值和交换价值,担保物权利用的是物的交换价

---

[1] 当然,这里是指这种借用关系本身不受物权法或者其他民法规范调整,但如果借用后不返还,或者损害等,当然属于民法物权或者侵权责任法调整。
[2] 王利明:《民法总则研究》,中国人民大学出版社2012年版,第172页。
[3] [德]迪特尔·梅迪库斯:《德国民法总论》,邵建东译,法律出版社2000年版,第51~52页。
[4] 朱庆育:《民法总论》,北京大学出版社2016年版,第532页。

值[1]。这里应该说"交换价值"显然属于"无体物",对无体物的利用也属于"对物的归属和利用"?那么,联系本条的第 115 款对"物"的概念,显然对不上,因为对于动产与不动产之外的物的利用,与担保物权的担保物本身就是"无体物"的情形一样,应该属于法律的"特别规定"而不是常态。因此,从民法教义学的视角看,担保物权难以归入"归属与利用"中,应该属于法律的特别规定。是什么样的一条主线将所有权、用益物权与担保物权统以在物权法中的呢?显然不是"归属和利用",而是其他的原因。

对于第二个疑问:占有又如何呢?如果从最广义的视角来看,《民法典》物权编上的"占有"大致有三种意义:①"占有"保护的是现实存在的状况不受第三人的侵犯(保护法律秩序);②"占有"作为外部可识别的标志而使人注意到权利的存在(作为公示手段);③保护合法占有人不受所有权人的权利继受人的侵犯(持续功能)[2]。那么,占有在物权规范意义上究竟是权利还是事实状态呢?对此,有两种不同的立法例:认"占有"为权利者的,有当今的《法国民法典》和《日本民法典》;认"占有"为实时状态者的,有《德国民法典》《瑞士民法典》等。我国《民法典》物权编第五分编专门规定了"占有",从该法第 458 条及第 462 条的规定看,我国《民法典》上的占有应为事实状态[3]。这样一来,这种"事实上的状态"能否归入"归属和利用"中去呢?实值探讨。

"占有"可以分为"自主占有"与"他主占有",真正区别在于"心素"不同,德国学者萨维尼在"论占有"中提出了"占有"的两个要素——体素与心素:所谓"体素",是指对物事实上的管领状态;所谓"心素",是指占有人将物进行支配的意图。要构成物权法上的占有,占有人必须具有排斥他人对该物进行支配的意图。只有支配的意图属于占有的概念,而被称为所有权人的确信则不属于[4]。我们可以这样理解占有的"心素"是将自己置于如同所有权人的地位般的支配意图。这里有"归属"的意思吗?实际上,我们回到对"占有"的定位上来看这一问题会更加清楚:《民法典》第 205 条意义上的"归属"并非是指"主观状态",而是指"事实状态",即使占有人具有"将自己作为所有权人的心素",也仅仅是构成第五编"占有"这种状态的要素,仍然不是权利意义上的归属,而是法律保护的客观存在状态,法律对它的调整并不构成积极的权利义务,而是消极保护其不受侵犯。因此,占有无论如何都难以归入"归属与利用"关系上。

---

[1] 谢在全:《民法物权论》(中册),中国政法大学出版社 2011 年版,第 608 页。
[2] [德]曼弗雷德·沃尔夫:《物权法》,吴越、李大雪译,法律出版社 2002 年版,第 77 页。
[3] 我国《物权法》(已失效)第 241 条规定:"基于合同关系等产生的占有,有关不动产或者动产的使用、收益、违约责任等,按照合同约定;合同没有约定或者约定不明确的,依照有关法律规定。"第 245 条规定:"占有的不动产或者动产被侵占的,占有人有权请求返还原物;对妨害占有的行为,占有人有权请求排除妨害或者消除危险;因侵占或者妨害造成损害的,占有人有权请求损害赔偿。"
[4] [德]弗里德里希·卡尔·冯·萨维尼:《论占有》,朱虎、刘智慧译,法律出版社 2007 年版,第 78~101 页。

另外，我们必须明白，对物的利用也非常广泛，并非都适用物权法进行调整。因为，对物的事实上的利用并不一定具有物权法上的意义，例如，对物的出租、融资租赁等重要的对物的利用关系就由合同法调整，而不是由物权法调整。因此，具有物权法意义上的利用与实际生活中的利用并非是一一对应的关系。对此，德国学者梅迪库斯指出，要实现一种唯理性的法律发现，将生活关系限制在现实中的某些部分是必要的，有时甚至是较小数量的重要的生活关系[1]。因此，物权必须限制在"法定"的几种的范围内才有价值。在我国，有些人质疑"物权法定原则"的价值，主张弱化这一原则，实值三思。在我国的司法实践中，虽然"物权法定原则"没有放弃，但在构成要件上已经要求不甚严格，故在实践中导致了这种极具对抗性和优先性的权利大量出现，尤其在担保中。为此，纠纷不断。

四、基于法教义学对于《民法典》第114条及第115条的分析与解读——物与客体

《民法典》第114条及第115条实际上规定了物权的客体及物的外延。第114条规定："民事主体依法享有物权。物权是权利人依法对特定的物享有直接支配和排他的权利，包括所有权、用益物权和担保物权。"第115条规定："物包括不动产和动产。法律规定权利作为物权客体的，依照其规定。"根据该条的规定，有以下两个问题需要解释：①物权的本质属性是什么？什么能够成为物权的客体？②该款所称的"物"应该如何从法教义学的视角来解读？

（一）什么能够成为物权的客体

对于权利的客体之界定，学者之间存在较大的争议，而这种争议源于对于界定客体的两个因素的不同认识：①物权的本质属性和效力；②将物与非物统一到物权法中的根据。

我们先来看第一个因素——物权的本质属性是什么？如果将物权的本质属性定性为"支配性"的话，那么，其客体范围就比较广了——凡是具有支配可能的存在，都有可能是物权人的客体。但从大陆法系国家民法典和我国物权法的立法和理论上看，却恰恰不是如此——并没有将具有支配性的存在都作为物权法的客体而存在。这是为什么呢？对此我们就必须提到权利的"第一客体"与"第二客体"的区分及其意义。德国学者拉伦茨认为，应区分第一客体与第二客体。第一客体是支配权或者利用权的标的，这是狭义的权利客体；第二客体是指权利主体可以通过法律行为进行处分的标的。第一客体是物，第二客体则是指权利和法律关系[2]。以所有权为例，所有权人对物的支配属于对第一客体的支配，对于所有权本身的转移就是对于第二客体的支配。如果再具体和通俗一点来说的话，例如，但对于自行车对的所有权来说，自行车这一个物就是第一客体；自行车的所有权是第二客体。至少我国在《民法典》上，有些权利必须建立在的第一客体上，有些权利必须建立在第二客体上：前者如用益物权必

---

[1] [德] 迪特尔·梅迪库斯：《德国民法总论》，邵建东译，法律出版社2000年版，第53页。
[2] [德] 卡尔·拉伦茨：《德国民法通论》（上册），王晓晔等译，法律出版社2003年版，第377~378页。

须建立在的第一客体上；后者如抵押权必须建立在第二客体上。因此，设立了的抵押权的物并不妨碍的对立使用和受益。除此之外，债权与物权的区别恰恰是在第一客体方面有区别——所有权人可以直接支配第一客体意义上的标的物，而债权人却无法支配第一客体意义上的标的物，尽管债权和所有权一样是可以支配的。因此，尽管债权人就是债权的"所有权人"，但债权转让一般不认为是物权问题，虽然债权转让也是处分行为，也具有无因性。由此，处分行为并不等于物权行为，也并不仅仅只有物权才有处分性，债权、股权等无体财产权，也会发生处分问题。很显然，物权法是将其客体限制在第一客体的范围内。

对此，我国学理的认识是非常正确的，从我国《民法典》整体体系来看，至少有两点是符合法教义学目的的：①物权的支配性属性并不等于物权具有支配效力。尽管我国学者都认为物权属于支配权或者具有支配属性，但在论述物权的具体效力的时候，并没有将"支配效力"作为物权的具体效力。王利明教授明确指出，物权的支配性是物权的质的规定性，但并不是物权的效力，其效力是由支配性派生或者决定的。因此，其具体效力是排他性、优先性、追及性和请求性[1]。②这种支配性仅仅是对物的范围内。对于其他权利的支配并不是物权，同时，也并不是所有对物的支配都属于物权法[2]。因此，也只有第一客体意义上的物才能成为物权法的客体。其他客体属于法律的特别规定。

由此，第二个问题也就顺理成章地得出答案了——物权虽然具有支配性，但却不能认为物权具有具体的支配效力。恰恰不是支配效力统一物权法，因为，有些物权法中的物权根本就没有支配效力，但却有排他效力、优先效力和追及效力。正是这三个效力统一了物权法。

(二) 该款所称的"物"应该如何从法教义学的视角来解读

我国《民法典》第 115 条定义的"物"，限于动产与不动产，实际上就是指"有体物"。那么，这种限制是否过窄呢？《法国民法典》第 529 条将很多无体财产视为动产。在今天，虚拟世界与虚拟财产已经真实地出现在我们面前，甚至已经成为我们现实生活的一部分，我国物权法是上的"物"为什么还限定在"有体物"的范围内？这是一个重要的需要认真思考的问题。

实际上，在《德国民法典》100 年之前的《法国民法典》制定时就已经涉及了无体财产，但为什么《德国民法典》还是将物权法的客体限制在"有体物"呢？对此，德国学者指出，根据《德国民法典》第 90 条的规定，物仅指有体物，亦即一切可以把握的东西。与物相对应的是无形的权利，如请求权。物的概念之所以重要，是因为民法典中有许多关于物的规定，而这些规定不适用于权利，例如，所有权，它只能存在

---

[1] 王利明：《物权法研究》（上卷），中国人民大学出版社 2013 年版，第 41~55 页。持有相同观点的还有王泽鉴：《民法物权》，北京大学出版社 2010 年版，第 47~51 页；陈华彬：《物权法》，法律出版社 2004 年版，第 94~107 页。

[2] 尹田：《物权法》，北京大学出版社 2017 年版，第 3~4 页。

于物上，而不能存在于权利上。请求权的权利人只能称之为"债权人"，只有物才能根据《德国民法典》第985条请求返还；只有物才能适用善意取得所有权，而权利的转让通常根据《德国民法典》第398条以下条款、第413条进行[1]。

我们可以这样理解，把物权法上的"物"限定在"有体物"——动产与不动产，有两个方面的意义：①使得物权法的规则更容易构建，实际上我们现在所共识的物权法的基本原则和规则就建立在这种划分之上，例如，如果不将物权的客体限于有体物，物权法的公示公信原则将难以贯彻，"排他性"与"优先性"将难以实行。比如，债权本身虽然具有可支配性与可处分性，但其排他效力和优先效力难以赋予，因为债权多种多样，无法采取统一的、对于第三人来说容易辨识的公示方式，因此，也就无法放在物权法中。也由于其公示性难以解决，也就不能赋予其排他效力和优先效力。"用益物权"可以在有体物上设立，但无形物上就不能设立用益物权，"占有、使用、收益与处分"这样的权能在无体物上也难以有圆满的贯彻。②这并不代表这些具有可支配性的无体物（财产权利）无处安身，而是交给特别法处理更加合适，例如，票据法、证券法、知识产权法、债权法等。虚拟财产也是如此，应该交给特别法调整，不必进入民法典。就如有的德国学者所言，物是有形的、可触觉并可以支配的。以此标准，其他所有的财产行使，均被排除在物权法的适用范围之外：各种表现形式的债权、无形财产权（专利权、商标权）属于债权或者特别法调整而使用专门规定[2]。

从物权法的整体体系及规范看，《民法典》第115条所指的"物"不仅限于有体物，而且还应该具备下列要求：①能够特定化。因为物权实际上是人与自然的关系的具体化，人不可能支配整个自然，因此，只能支配自然之特定部分。这就必然要求物权的客体必须能够特定化，即不动产能够登记，动产能够识别。从物权法的整体体系看，物权效力很强，有排他性、优先性和追及性，就必须能够用特定的方式让人们识别——公示。凡是不能公示的，就难以成为物权的客体。如果不能特定，实际上就难以公示。②必须具有能够实际支配或者法律上支配的可能性，否则，不能称为第115条意义上的物。就如学者所言，法律关系物的概念，如果人类根本无法控制、无法保存，或者一接触就毁坏的东西，都不能称为物权法上的物，例如，其他星球上的土地、水流、矿石等[3]。也就是说，如果一种东西不能进行交易和交付，就难以成为民法物权上的物。③不能违反伦理。人的身体、尸体或者人体的组成部分（器官）等，都不能成为权利的客体。甚至有些本来是物的东西，一旦植入人体，就失去作为物的资格，如心脏起搏器、假牙等[4]。对此，我国《民法典》在人格权编第1007条规定："禁止以任何形式买卖人体细胞、人体组织、人体器官、遗体。违反前款规定的买卖行为无效。"④不能违反法律的禁止性规定。如果国内法或者国际法明确禁止动产或者不动

---

[1] [德] 迪特尔·梅迪库斯：《德国民法总论》，邵建东译，法律出版社2000年版，第875~876页。
[2] [德] 鲍尔、施蒂尔纳：《德国物权法》（上册），张双根译，法律出版社2004年版，第22页。
[3] [德] 卡尔·拉伦茨：《德国民法通论》（上册），王晓晔等译，法律出版社2003年版，第380~381页。
[4] [德] 迪特尔·梅迪库斯：《德国民法总论》，邵建东译，法律出版社2000年版，第876~877页。

作为物权客体的,则该动产或者不动产不能称为物权的客体。例如,被国际法禁止作为国家主权所及的南极或者北极陆地和海洋等,不能成为物权法客体。动物如何呢?《德国民法典》第90条规定:"动物不是物。动物受特别法律的保护。以无法律之特别规定为限,关于物的规定必须准用于动物。"关于该条规定,引起了我国许多学者的不同解释,甚至有的学者认为动物为主体。对此德国学者认为,《德国民法典》第90条是在说,动物即使作为交易客体臣服于物权法规则时,它作为生命的存在,仍然受到特别法律的保护[1]。梅迪库斯更是特别指出,在没有法律的特别规定时,动物仍然作为物来对待[2]。从我国《中华人民共和国野生动物保护法》(以下简称《野生动物保护法》)第21条来看,并未禁止将动物作为所有权客体,仅仅是禁止猎捕、杀害国家重点保护野生动物。而且,从我国《民法典》第251条、《野生动物保护法》第3条的规定看,即使是珍稀野生动物也属于国家所有,也是所有权的客体。因此,动物应当包括在《民法典》第115条的"物"中,只不过,动物因是有生命的一种存在,在受到物权法调整的同时,应该受到其他的对动物特别保护的法律法规的调整,例如,在我国,《野生动物保护法》详细规定了野生动物与一般无的不同对待。另外,即使非野生动物,对于一般的动物,因其为生命的存在,也应禁止虐待。

至于《民法典》物权编第五分编规定的"占有"的对象是否突破了有体物的界限呢?从我国《民法典》第458条、第459条的规定看,"占有"的对象也仅仅限于动产与不动产这种有体物。

---

[1] [德] 鲍尔、施蒂尔纳:《德国物权法》(上册),张双根译,法律出版社2004年版,第23页。
[2] [德] 迪特尔·梅迪库斯:《德国民法总论》,邵建东译,法律出版社2000年版,第877~878页。

第二章　物权编的内在体系

第一节　物权编内在体系的结构

一、内在体系概述

物权编的内在体系是指由一系列指导思想、理念决定的、体现为以价值判断为核心的原则构成的体系。尽管物权编必须遵循民法典整体的价值理念，例如，合宪原则、公平原则、诚实信用原则、公序良俗原则、特别法优于一般法的原则，但是，为了配合物权法本身的特质和使命，物权编也必须有自己特有的原则和指导思想，否则，物权编就不再是物权编。

为了配合物权法规范的使命——保障主体之物权的绝对性和排他性，就必须明确物权的客体，而且必须非常明确，否则对抗他人和排除他人干涉的边缘就不清楚。同时，物权是因为处分行为发生，而处分就必须明确处分的对象。因此，物权的"客体特定原则"就是物权法的基本原则；因为物权具有很强的排他性，不能动辄在他人不知情的情况下就对抗第三人，这样就会对第三人产生不测的打击，进而危及交易安全，因此，物权的享有或者变动必须进行公示。相信这种公示外观的人，与外观标志人进行了交易，即使这种外观与实际权力状态不相符合，也必须保护该信赖者，不使其信赖被辜负。因此，物权法必须规定公示公信原则；为了区分物权与债权、使得物权的效力限制在可控制的范围内，不使其绝对的和排他的效力泛滥，以至于债权失去应有的空间。同时也为了公示的需要，物权的内容和种类必须法定，例如，无论是谁享有所有权，按照我国《民法典》的"法定"原则，都是占有、使用、收益和处分，差异仅仅是标的物的大小或者价值差异；抵押权都是一种优先权，且不以转移占有为必要。因此，在登记机关登记的房屋所有权或者抵押权的内容不会有差别。如果当事人约定以转移占有为特点的抵押权，不得登记。其益处就是：公示方便，方便了第三人的信赖，同时对第三人的信赖限制了范围，不因为不同所有权人的权利内容不同。除此之外，我们应当清楚，民法典是在规范各国的生活和生产关系，因此，必须适用各国的特色。这也就是为什么在物权的种类问题上，各国的差异比较大的原因，例如，《德国民法典》的物权种类和《法国民法典》《瑞士民法典》《日本民法典》都不同。就如日本学者我妻荣教授所言，物权的法律构成，不仅因国别不同而存在差异，而且还随着时代的变迁而发生巨大的变化[1]。我国由于土地所有权的特殊性，在不动产物权方面具有特别显著的本土化特征，没有采取其他国家的物权类型模式，主要有：土地承包经营权、土建设用地使用权、宅基地使用权。

二、构成内在体系诸原则之间的关系

尽管物权法的内在体系是由反映民法典整体指导思想的诸原则及物权法自身各种原则所构成的，那么，暂且抛开民法典的整体指导思想和原则不谈，就物权法自身的上述诸原则之间，在适用上，有无顺序或者次序先后的问题？例如，物权法定原则重要，还是客体特定原则更重要？

实事求是地说，内部体系中的诸原则要构成如同民法典外在体系那样的逻辑体系，根本不具有可能性。既然民法典的内部体系无法像外部体系那样通过比较精确的"涵摄"来完成体系构建，即接种增添进一步的谓语，比较一般性的陈述就可以发展为比较特殊的陈述，那么，其体系是如何构建及呈现在我们法律中的形式如何呢？与外部体系不同，这种内部体系的形成实际上是靠两种"因素"而形成的：一是原则的不同位阶；二是原则之间的相互协作。就如拉伦茨所言，此种体系的特征一方面是有某种内在的阶层式秩序存在，另一方面则是不同具体化阶段的、同等重要的原则之间的未被穷尽"规划"的协作。无论是价值导向的法学，或者体系性操作的法学都试图阐明"内部体系"，该体系中心的基准点则在于"开放性原则"以及原则中显现出来的评价基础。而只有在考虑其不同程度的具体化形式，并且使这些行使彼此之间具有一定的关系，如是才能由之构建出"体系"来[2]。

关于原则的位阶性。原则的"位阶性"是"内部体系"形式的前提，如果各原则之间都是平行的"开放式的原则"，而这些原则之间又有可能冲突，那么，体系就无法构建。正是原则之间有位阶，"下位原则"不能与上位原则相互冲突和抵触，在法律评价上才有可能形成体系。实际上，也就类似于外部体系构建过程中，基础概念与其亚种（各个类型）之间的从抽象到具体的关系。这种原则之间的位阶，反映出原则具体化的不同阶段。例如，"私法自治"作为民法典的最高位阶的原则，与不同法域内的下位原则相互区分，如合同编中的"契约自由原则"、婚姻家庭编的"婚姻自由原则"、继承编中的"遗嘱自由原则"等相区分，这三种更具体的原则（法条式原则）受"私法自治原则"的统辖，是其下位原则。而这三个原则则是司法自治原则的具体化过程中的阶段性体现。这样，"私法自治原则"通过这种方式在整个民法典中形成了"控制网络"，从而呈现出体系化的特征。关于原则之间的协作。在同位阶的原则之间，往往在作用范围及评价视角上存在冲突。那么，这些原则必须在"法益衡量"的方法之下，寻求协作。就如德国学者卡纳里斯所言，唯有借助于交互补充及相互限制的协作方式，才能得到原则本身的意义内涵。在私法领域中，自主决定、自我负责以及信赖责任原

---

[1][日]我妻荣：《我妻荣民法讲义Ⅱ：新订物权法》，罗丽译，中国法制出版社2008年版，第1页。
[2][德]卡尔·拉伦茨：《法学方法论》，陈爱娥译，商务印书馆2016年版，第349、353页。

则相互之间并无一定的阶层秩序，法律对此的规范被理解为上述诸原则之间相互补充、相互限制的协作[1]。而这种协作在很多情况下，必须在个案中通过"法益衡量"的方式才能最终完成。例如，关于"保护交易安全"与"保护未成年人"原则之间，往往是冲突的。如果一个未成年人长得比较成熟，看起来很像成年人，那么，与他人订立了一份买卖合同或者签署了一份投资协议，效力如何？这时候，民法典"行为能力规范"中"保护未成年人"的法理念与保护交易安全的法理念之间就存在冲突。这两个法理念的"协作"最后一定是在法益衡量中完成——保护未成年人的法益要大于保护交易安全，因此，对于这种情况下不适用"善意第三人保护规则"。

正因为如此，民法典的"内在体系"始终不是一个十分严密的逻辑体系，因此，在适用到个案作具体评价时，更需要"综合性"的体系地进行。

我们认为，在物权法律规范的内在体系中的诸原则之间，位阶性很难体现出来，比如，物权法定原则与客体特定原则、公示公信原则之间，很难说它们之间有位阶上的高低之分，毋宁说是"相互协作"来保障物权的排他性和绝对性。如果仅仅符合"种类和内容法定原则"，不符合"客体特定原则"，该物权也难以成立；反之亦然，客体特定，但不符合内容法定和种类法定也是无效，例如，抵押权都是不转移标的物占有而仅仅以价值担保债权履行，如果双方约定一个以转移占有为内容的抵押权，则不可能成立抵押权。就公示原则来说，如果任何所谓的一个物权没有经过公示（动产交付、不动产登记）就不可能产生物权效力——绝对权效应。况且，没有公示，善意取得就难以成立。因此，就物权规范体系中的内在体系的诸原则来说，其相互之间的协同作用更加明显。离开了本土化，就不能解决中国的问题，物权种类就没有生命力和意义。

当然，区分原则是否是物权法的原则？区分原则就是指法律区分物权变动的原因与结果的原则，即将负担行为与处分行为相分离。所谓负担行为，是指产生请求权的行为；而所谓处分行为是指使权利发生变动的行为。举例来说：如果A与B买卖房屋，必须经过两个步骤：一是先签订房屋买卖合同；二是到有关部门办理所有权转移（俗称"产权过户"）。"房屋买卖合同"是导致"产权过户"的"原因"，也就是负担行为；我们先签订房屋买卖合同，根据买卖合同我们去办产权过户，"产权过户"是"结果"，也就是出卖人对房屋的处分行为。抵押权的设立也是一样，先订立"抵押合同（协议）"，再根据抵押合同去登记机构办理抵押登记，于是成立"抵押权"。可见，"抵押合同"是"原因"（负担行为），"抵押权设立"是"结果"（处分行为）。"产权过户"和"抵押权设立"是具体的物权变动形态，买卖合同和抵押合同就是发生具体物权变动的"原因行为"。

笔者认为，区分原则是物权编与债的关系区分的前提，不是物权法特有的原则。但无因性原则（抽象原则）应该是物权的基本原则。只有坚持无因性，才能真正体现

---

[1] [德] 卡尔·拉伦茨：《法学方法论》，陈爱娥译，商务印书馆2003年版，第350页。

物权与债权的区分,如果含有原因的负担行为的无效,物权行为也无效,那么,则交付和登记的独立性就无法保持,也就是说,物权合意就等于没有意义。

物权法律规范的内在体系的结构,可以用下图表示:

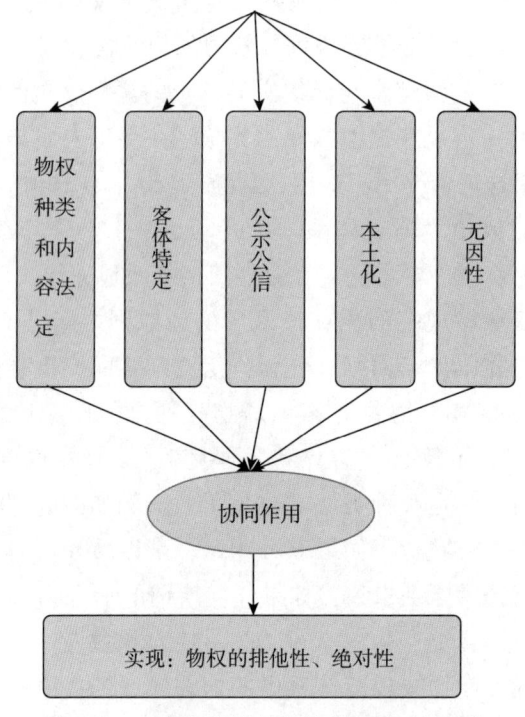

图 1-2-1 物权法律规范的内在体系的结构

第二节 物权客体特定原则

一、物权客体特定原则的含义

所谓客体特定原则,是指物权原则上只能存在于特定的单个物之上,即物权必须指向特定的单个的物。该原则主要服务于物权的清晰性[1]。

王泽鉴教授指出,物权在于支配其物,享有其利益,为了使法律关系明确,便于公示,以保护交易安全,我国台湾地区"民法"采取所谓物权标的物特定原则,即一个物权的客体(标的物),应以一物为原则,一个物权(尤其是所有权)不能存在于两个物之上,又称一物一权原则。单一物(如土地)和合成物(如汽车、房屋)在法律上均为独立的物,得为一个单独所有权的客体。集合物(如图书馆)系由数个独立之物集合而成,其本身不能作为物权的标的物,所有权仅存在于各个独立的物之上

---

[1] [德] 鲍尔、施蒂尔纳:《德国物权法》(上册),张双根译,法律出版社 2004 年版,第 65 页。

（如每一本书、每一部打字机）。基于物权标的特定原则，物权变动应就个别之物做成之[1]。

那么，我国《民法典》是否也采取了这一原则呢？从我国《民法典》关于物权的整体规范体系看，是确定地采纳了"客体特定原则"的，最明显的标志就是第114条。第114条第2款规定："物权是权利人依法对特定的物享有直接支配和排他的权利，包括所有权、用益物权和担保物权。""对特定的物"享有的支配和排他权利，就十分清晰地指明了客体特定原则。

二、客体特定原则在物权编中的具体要求

（一）物权必须成立于特定的物之上

关于什么是特定物，学者之间存在不同的观点。有学者认为，在法律上，物有特定物与种类物之分。特定物是指具有单独的特征，不能以其他物替代的物，如某幅画、某栋建筑等。种类物是指具有共同特征、可以以品种、规格或者数量等加以度量的物，如某种标号的水泥，某种品牌的大米等。物权的客体必须是特定物，因为物权是权利人支配特定物的权利，标的物不特定化权利人就无从支配。而且物权的转移要采取登记或者交付的方式，如果标的物不能特定，则无法登记或者交付。对于债权来说，其权利客体主要是行为，即使是以物为给付标的物，大多也是种类物。不过，当这些种类物由债务人交付给债权人以后，则种类物已经变成特定物，并成为所有权的客体。只有在作为物权客体的物具有独立性和特定性的情况下，才能明确物权的支配范围，使得物权人能够在其客体之上形成物权并排斥其他人的干涉。如果不能特定化，虽可为债权的标的，但却不能成为物权的客体[2]。

有学者则认为，"特定的单个物"并非指"特定物"，否则，就会出现种类物没有主人的现象。物权标的的"特定性"指的是物权标的物的现实、具体和确定的客观存在，其与债权法上的"特定物"具有完全不同的含义。人们可以说"这1吨煤的所有权为我享有"，但人们不能说"1吨煤的所有权为我享有"。故所有权只能设定于具体的物品，只有设定于具体物品上的所有权，才有可能是确定的[3]。

笔者认为，确实"只有在作为物权客体的物具有独立性和特定性的情况下"才能成为物权的客体，但具有独立性和特定性的物不一定就是指"种类物与特定物"划分意义上的特定物，它是指具体的、确定的、能够确定承载排他性权利之排他性边缘的动产或者不动产。如果是在种类物与特定物划分的意义上，适用"特定的物"这一词，的确在逻辑上会造成"种类物没有物主"的困惑。

（二）物权原则上应该存在于单个物之上

物权与债权的根本区别之一，就是债权可以存在于任何物之上，而物权则不然。

---

[1] 王泽鉴：《民法物权》，北京大学出版社2009年版，第41页。
[2] 王利明：《物权法研究》（上卷），中国人民大学出版社2018年版，第61~62页。
[3] 尹田：《物权法理论评析与思考》，中国人民大学出版社2004年版，第78~79页。

例如，A 与 B 签订合同，约定将整个企业打包转让给 B，转让价格 5000 万元。无疑，这种合同是成立且有效的。因为，它仅仅是一个债权请求权。但是，一个所有权不可能存在于这样一个集合物上，只能存在于这个集合物的每一个具体的特定的物之上。但没有人想过要去称呼哪些从属于企业财产的一个个的物。只是在从企业财产中取出一个单个的物予以出让时，普通的百姓才会明白确定性原则的含义。也就是说，此时他才会明白，他的财产在法律上是被肢解的，他所出让的是一块土地、是一台机器或者是一项债权，各自出让的方式也是不一样的。而现在对他说，对于这些财产不能通过一项行为（处分行为）予以出让，他才会表示理解[1]。因为债权是对人的请求权而非对物的处分权，因此，在上述例子中，B 在与 A 订立合同后，仅仅享有一个对 A 的人的财产请求权，而不是直接针对企业具体财产的处分权。但当 A 要履行自己的合同义务的时候，就必须按照物权的规则处分：动产必须一件件交付、不动产必须一个个办理登记。这个时候，才会发现，所有权仅仅存在于一个个的特定的物上。

有学者正确地指出，物权的客体必须是独立的物。所谓独立的物，是指在物理上、观念上、法律上能够与其他物相互区别而独立存在的物。依据传统的民法观念，物必须具有物理上的独立性，才能成为独立物。物理上的独立性是指物必须在现实形态上与其他物相区分并未被主体占有和控制。然而，随着社会的发展，独立物的概念正在发生变化，一个物具有物理上的独立性，固然可以作为独立物存在，但即便不具有物理上的独立性，也可以根据交易的观念或者以法律规定作为标准来确定其是否具有独立性[2]。

（三）这种单个的物主要是指动产或者不动产

从我国《民法典》第 114 条及第 115 条的规定看，物权是权利人依法对特定的物享有直接支配和排他的权利，包括所有权、用益物权和担保物权。而物包括不动产和动产。法律规定权利作为物权客体的，依照其规定。从该两条规定看，我国《民法典》承认物权主要存在于动产和不动产之单个物之上，但当法律对客体有特别规定的时候，其他标的也可以作为物权的标的物。这主要就是指担保物权来说的——不动产物权（如用益物权——建设用地使用权）、债权（如应收账款）、财产集合等都可以作为担保标的物。对此，前面已经做了详细的论述。之所以《民法典》将权利作为物权客体限制在例外的特别规定的情况下，是因为，一方面，物权主要以有体物为客体，如果允许当事人随意以权利作为物权的客体，将会改变物权的性质和形态。例如，如果认为所有权的客体可以是无体物，特别是权利，就会出现"债权所有权""继承权所有权"甚至"所有权的所有权"。如此一来，则所有权的概念本身将限于自相矛盾与模糊不清的状态。这样的结果，将会导致物权法定原则形同虚设。另一方面，由于物权法的基本原则都是建立在有体物的规则之上，如果允许当事人任意以权利作为客体，也

---

[1] [德]鲍尔、施蒂尔纳：《德国物权法》（上册），张双根译，法律出版社 2004 年版，第 65 页。
[2] 王利明：《物权法研究》（上卷），中国人民大学出版社 2018 年版，第 63 页。

会导致物权法的基本原则发生改变[1]。这种观点是正确的，物权法的整体效力规则基本上都是建立在作为有体物的动产或者不动产之上的，一提到所有权，一般就是指动产所有权或者不动产所有权，也就是说，都是在第一客体的意义上适用的。民法上的客体在不同的法律行为所涉及的权利中是不同的：例如，同样涉及"处分"时，以法律行为对物进行的处分实际上有两个方面：一是转移物的所有权，二是交付标的物。我国《民法典》第598条规定："出卖人应当履行向买受人交付标的物或者交付提取标的物的单证，并转移标的物所有权的义务。"出卖人的这一义务实际就包含两个客体：一是交付标的物，二是转移标的物的所有权。如果是"事实处分"，则仅仅包括标的物而不包括所有权。德国学者拉伦茨将第一个意义上的标的物称为"第一顺序的客体"，将"所有权及所有能够转移的权利"称为"第二顺序的客体"[2]。法律对客体的限制也是在这两个不同意义上的客体分类中进行的。显然，民法典上的物权的对象一般限于"第一顺序的客体"，这一意义上的客体，也就仅仅限于动产或者不动产，处分权也是以此为模型展开的。因此，动产与不动产之外的标的作为客体仅仅是例外——法律有特别规定的情况下。即使是在"集合物"上可以成立抵押权，但在抵押权实行的时候，也能够看出独立物仍然是抵押权实现的前提。

这里有必要说明以下几个问题：

1. 什么是不动产？有学者提出了区分动产与不动产将的标准：①是否可以移动；②移动在经济上是否合理；③是否附着于土地。不动产除了土地以外，其他财产，如房屋、林木等都是附着于土地的，通常在空间上不能移动，若发生移动会影响它们的经济价值，而动产通常并不附着于土地[3]。这种观点无疑是正确的，但当动产与动产、动产与不动产在附合过程中，如何认定其由动产到不动产的过程？或者房屋在拆的过程中，拆到什么程度才算是不动产了呢？

对于一个完整的房屋在拆除的过程中，拆到什么程度才能不认为是附着于土地的不动产，也应当按照这个标准，即只要没有完全拆除房顶，就应该算是不动产。这种观点在我国大陆恐怕难以采用。从建设中的建筑物合适为不动产而能够按照不动产出售的问题，根据我国《城市房地产开发经营管理条例》第22条的规定，房地产开发企业预售商品房，应当符合下列条件：①预售人已经交付国有土地使用权出让金，取得了国有土地使用权；②预售人已经取得了该建设工程规划许可证；③预售人投入建设的资金，按照提供预售的商品房计算，已经达到了工程建设总投资的25%以上，并且已经确定了施工进度和竣工交付日期；④预售人已经取得了商品房预售许可证。

而商品房预售许可证，是指商品房符合预售条件后，经房地产开发企业申请，房地产开发主管部门核发的同意房地产开发企业进行商品房预售的书面证明文件。根据建设部《城市商品房预售管理办法》第5条规定，商品房预售应当符合下列条件：

---

[1] 王利明：《物权法研究》（上卷），中国人民大学出版社2018年版，第61页。
[2] [德]卡尔·拉伦茨：《德国民法通论》（上册），王晓晔等译，法律出版社2003年版，第377~378页。
[3] 王利明：《物权法研究》（上卷），中国人民大学出版社2018年版，第65页。

①已交付全部土地使用权出让金，取得土地使用权证书；②持有建设工程规划许可证和施工许可证；③按提供预售的商品房计算，投入开发建设的资金达到工程建设总投资的25%以上，并已经确定施工进度和竣工交付日期。按照这一规定，只要开发商取得了土地使用权证、建设工程规划许可证和施工许可证、投入开发建设的资金达到工程建设总投资的25%以上，就可以申请商品房预售许可证而进行销售。这时候，买受人要取得房屋所有权，必须按照不动产规则而非动产规则进行了。

尽管我国上述《城市房地产开发经营管理条例》和《城市商品房预售管理办法》规定了商品房销售的条件，也比较明确，但在拆除的过程中，拆除到什么标准才不能认为是房屋，却很难按照上述"总投资的25%"计算——不能说拆除到建筑物总投资的25%之前，都应认为是不动产。对此，日本学者我妻荣认为，关于在建的建筑物，建筑到何种程度才能被称为建筑物，或者拆毁中的建筑物，拆除到什么程度而不被称为建筑物等问题，虽然在于登记之间的关系上是非常重要的问题，但是最终除了按照社会交易观念来确定之外，别无他法[1]。我们认为，在建建筑物与拆除的建筑物应有所不同，当拆除的建筑物拆除到失去其应有功能的时候，就不能再按照不动产对待了。

关于土地，德国学者指出，此概念并不等同于土地与土壤在自然界中的清晰分类，而应当自法技术的角度，依据土地登记簿记载内容对其进行理解。故而，土地是指在被当作"土地"而登记于土地登记簿中的地标的一部分。这样，一个相互联系在一起的自经济角度来观察的"土地"，可由多个法律意义上的土地组成；反过来，多个一般语言习惯上所说的土地，也可以在土地登记簿上作为一项土地来登记[2]。德国实际上是按照"登记能力"来定义土地和建筑物的，并非按照其自然状态来界定什么是土地和建筑物。从法律意义上而非从自然意义上定义的这种方式，是值得肯定的。

2. 什么是定着物呢？《民法典》总则所称的"定着物"在物权编被称为建筑物，在土地法被称为建筑改良物。违章建筑物虽不能请领建筑执照，但已符合定着物的要件时，系独立于土地之外的不动产，仍得为物权客体，由原始建筑人取得其所有权[3]。

我国《不动产登记暂行条例》第2条规定："本条例所称不动产登记，是指不动产登记机构依法将不动产权利归属和其他法定事项记载于不动产登记簿的行为。本条例所称不动产，是指土地、海域以及房屋、林木等定着物。"《不动产登记暂行条例实施细则》第2条第2款规定："房屋等建筑物、构筑物和森林、林木等定着物应当与其所依附的土地、海域一并登记，保持权利主体一致。"由此可以看出，我国现实法律实践中存在的所谓"定着物"是包括建筑物、构筑物和森林、林木等。

那么，建筑物和构筑物有什么不同呢？虽然两者都是人类有目的、有意识建造的"建筑"但其构造和功能不同：建筑物是指人们有意识涉及和建造的供人类生活、居

---

[1] [日] 我妻荣：《我妻荣民法讲义Ⅱ：新订物权法》，罗丽译，中国法制出版社2008年版，第15页。
[2] [德] 鲍尔、施蒂尔纳：《德国物权法》（上册），张双根译，法律出版社2004年版，第23页。
[3] 王泽鉴：《民法物权》，北京大学出版社2010年版，第42页。

住、工作或者生产等活动的各种场所，如图书馆、游泳馆、教学楼、住宅楼、文化宫、体育馆、办公楼、生产车间、实验室等；而构筑物则是指人们有意识地建造的供人类居住、生活、办公、娱乐等活动以外的，纯粹满足某种生产目的的设施，如水塔、涵洞、桥梁、水坝、水库、纪念碑沼气池等。它们在行政审批、建筑要求等方面是不同的。

　　土地及其定着物的关系是什么样的呢？有学者指出，从世界各国来看，有两种模式：一是土地吸收建筑物，像罗马法及《德国民法典》立法当初就是这样；另一种就是建筑物与定着物区分的模式，如《日本民法典》第86条及《不动产登记法》第14条都讲土地及建筑物分别登记[1]。当然，现在的德国立法和理论、实践都将土地与建筑物区分了。在笔者看来，实际上，还存在第三种模式：从登记上看，是采取区分原则，但在实质上采取"一体处分原则"模式——这就是我国《民法典》的模式。由于我国采取的是土地所有的国家与集体二元所有权模式，因此，土地不是交易的客体，因此，我国《民法典》物权编中所谓的登记都是他物权或者房屋的登记。例如，第209条第1款规定："不动产物权的设立、变更、转让和消灭，经依法登记，发生效力；未经登记，不发生效力，但是法律另有规定的除外。"第214条规定："不动产物权的设立、变更、转让和消灭，依照法律规定应当登记的，自记载于不动产登记簿时发生效力。"等等，都是指建筑物或者他物权登记，而非土地所有权登记。而且，定着物处分时，其定着在之上的土地使用权一并处分——《民法典》第356条规定："建设用地使用权转让、互换、出资或者赠与的，附着于该土地上的建筑物、构筑物及其附属设施一并处分。"第357条规定："建筑物、构筑物及其附属设施转让、互换、出资或者赠与的，该建筑物、构筑物及其附属设施占用范围内的建设用地使用权一并处分。"第397条规定："以建筑物抵押的，该建筑物占用范围内的建设用地使用权一并抵押。以建设用地使用权抵押的，该土地上的建筑物一并抵押。抵押人未依据前款规定一并抵押的，未抵押的财产视为一并抵押。"第398条规定："乡镇、村企业的建设用地使用权不得单独抵押。以乡镇、村企业的厂房等建筑物抵押的，其占用范围内的建设用地使用权一并抵押。"

　　（四）物的整体性及其部分在民法典上的意义

　　1. 物的整体性的意义。在实际生活中，具体的物与物之间常常存在着或远或近、或松或紧的关系。这种具体的有体物之间的关系就构成了对交易来说具有决定性意义的功能整体性原则，即所有权人所希望的是对物的整体性使用，而取得人对物的取得，恰恰也是基于其整体性功能。例如，谁要卖一辆汽车的话，他所需要的不是汽车的各个零部件，而是由车身、车架、轮胎、马达等组成的整体[2]。所有权和想限制物权设立在整个物，包括物的重要部分之上，物的重要成分不可能成为别的限制物权的对象，而是必然地包含在所有权之内。将整个物设立于某个所有权或者限制物权的原因在于

---

[1] 王利明：《物权法研究》（上卷），中国人民大学出版社2018年版，第68页。
[2] [德]鲍尔、施蒂尔纳：《德国物权法》（上册），张双根译，法律出版社2004年版，第24页。

维持物的经济单位。倘若对一个完整的物的不同部分赋予不同的所有权，那么该物将被肢解[1]。当然，什么是整体性、什么是重要成分或者从物，取决于交易观念或者经济的需要。

2. "重要成分"属于物的整体性之范畴。什么是重要成分呢？《德国民法典》第93条规定："凡物的成分，不毁坏或者在本质上改变其中一个成分或者另一个成分就不能相互加以分离者（重要成分），不得为特别权利的客体。"德国学者认为，在《德国民法典》第93条规定的基本规则中，物与物之间的关系是如此的紧密，要使它们分离的话，则会使一个部分遭受到损坏、损害或者丧失效用。若发生此种情形，则所有的部分均成为该整体物的重要成分。相反，分离后整体物的命运如何，在这里不是判断的标准。故联邦最高法院正确地认为，一个以批量生产的方式生产并装入汽车的马达，不是小轿车的重要成分。当然，卸下马达后作为整体物的汽车肯定是不能行驶了，但是，无论是卸下来的马达，还是小轿车的其他部分，并不因马达的拆卸而受到损害，或者在它们所预定的功能上丧失效用[2]。甚至认为，马达的生产商或者供货商可以与汽车制造商约定保留马达的所有权[3]。王泽鉴教授也有几乎相同的观点[4]。但是，施蒂尔纳教授却认为，如取暖设施，即使是后安装上去的，也是建筑物的重要成分。类似的还有浴缸、煤气灶与电灶等[5]。

对于这种观点，笔者仅仅同意上半部分的理论阐述，对于举例我十分疑惑：如果按照这种说法，仅仅从物理意义上去分析是否遭受损害是不正确的：①物理意义上没有损害，但作为物的价值有无损害？一辆汽车如果没有的马达，那么，这一辆汽车还是汽车吗？一件衣服将纽扣拆下来如何？衣服就不再是衣服了，"整体性"价值受到损害，从这一意义上也是重要成分。②在如今这样一个高度发达的工业化社会，房屋都是工业化生产出来的建筑材料——房屋的墙壁都是"批量方式生产出来并装入房屋"的，拆下来不影响其他部分，就不是重要成分？那为什么炉灶、取暖等设备就是重要成分？难道它们不是能够批量生产且卸下来不影响房屋其他部分吗？这种解释，至少在现代社会是不能接受的。

从我国《民法典》上看，虽然没有具体规定"什么是重要成分"，但从第322条规定看，也间接规定了重要成分的概念。该条规定："因加工、附合、混合而产生的物的归属，有约定的，按照约定；没有约定或者约定不明确的，依照法律规定；法律没有规定的，按照充分发挥物的效用以及保护无过错当事人的原则确定。因一方当事人的过错或者确定物的归属造成另一方当事人损害的，应当给予赔偿或者补偿。"在认定什么是附合或者混合的时候，必须按照物的整体的效用来确定整体性，而不能按照上述

---

[1] [德]曼弗雷德·沃尔夫：《物权法》，吴越、李大雪译，法律出版社2002年版，第10页。
[2] [德]鲍尔、施蒂尔纳：《德国物权法》（上册），张双根译，法律出版社2004年版，第25页。
[3] [德]鲍尔、施蒂尔纳：《德国物权法》（上册），张双根译，法律出版社2004年版，第27页。当然，这种所有权保留也不能对抗善意汽车购买人。
[4] 王泽鉴：《民法物权》，北京大学出版社2010年版，第44页。
[5] [德]鲍尔、施蒂尔纳：《德国物权法》（上册），张双根译，法律出版社2004年版，第25页。

德国学者的观点来仅仅从物理意义上认定，不符合生活常理，尽管可能两国的社会生活习惯不同。

3. 土地和建筑物的重要成分。土地可以用来耕种或者用来种植植物，当然也可以设定其他的用益物权。那么，植物、庄稼的种子或者林木与土地的关系如何呢？按照《德国民法典》第94条的规定，种子在播种时，植物在栽种时，分别称为土地的重要成分。为建造建筑物而附加的物，属于建筑物的重要成分。

作为庄稼刚刚种下去的种子或者未成熟的庄稼，自然不能成为独立于土地的物，除非其目的就是特定用途，例如，种植玉米是为了未成熟前成为动物的饲料。刚刚栽种的植物成为土地的重要成分，是可以理解的——保护用益权人或者承租人的权利，不得在土地转让时让其取出，只能给其补偿。但树木成林或者长成后如何呢？日本学者认为，已经被登记的林木，则成为与土地完全独立的不动产（与建筑物作同等处理）。但是，对于尚未进行了登记的林木，原则上被视为其生长的土地的重要成分，只有在其被特别地作为独立于该土地之物而进行交易的时候，才成为独立的不动产。不过，在这种情况下，对于其上的物权变动，必须实行明认的方法这种特殊的公示方式。同样，对于单棵树木，在其具有交易价值的意义上，也承认了相同的原理。对于未分离的果实、桑叶或者水稻青苗，也与单棵树木作相同的处理[1]。

我国的情况如何呢？我国《不动产登记暂行条例实施细则》第49条规定："已经登记的土地承包经营权有下列情形之一的，承包方应当持原不动产权属证书以及其他证实发生变更事实的材料，申请土地承包经营权变更登记：（一）权利人的姓名或者名称等事项发生变化的；（二）承包土地的坐落、名称、面积发生变化的；（三）承包期限依法变更的；（四）承包期限届满，土地承包经营权人按照国家有关规定继续承包的；（五）退耕还林、退耕还湖、退耕还草导致土地用途改变的；（六）森林、林木的种类等发生变化的；（七）法律、行政法规规定的其他情形。"《中华人民共和国森林法》第20条规定："国有企业事业单位、机关、团体、部队营造的林木，由营造单位管护并按照国家规定支配林木收益。农村居民在房前屋后、自留地、自留山种植的林木，归个人所有。城镇居民在自有房屋的庭院内种植的林木，归个人所有。集体或者个人承包国家所有和集体所有的宜林荒山荒地荒滩营造的林木，归承包的集体或者个人所有；合同另有约定的从其约定。其他组织或者个人营造的林木，依法由营造者所有并享有林木收益；合同另有约定的从其约定。"第15条规定："林地和林地上的森林、林木的所有权、使用权，由不动产登记机构统一登记造册，核发证书。国务院确定的国家重点林区（以下简称重点林区）的森林、林木和林地，由国务院自然资源主管部门负责登记。森林、林木、林地的所有者和使用者的合法权益受法律保护，任何组织和个人不得侵犯。森林、林木、林地的所有者和使用者应当依法保护和合理利用

---

[1] [日] 我妻荣：《我妻荣民法讲义Ⅱ：新订物权法》，罗丽译，中国法制出版社2008年版，第16页。在日本的实践中，明认的方法是指对树木、蜜橘、水稻青苗、桑叶等未分离的果实，通过梳理木牌等方式将买主的姓名予以标示，买主可以取得果实以对抗第三人——同上。

森林、林木、林地，不得非法改变林地用途和毁坏森林、林木、林地。"由此可见，我国对此采取的是土地与林木分离的原则。

笔者认为，对于以上问题，应从以下原则来界定和认识：①是否属于土地的重要成分，要看社会的观念和交易的需要。但应从保护土地所有权人之外的人的利益的视角来界定：如果连种子等都属于独立于土地的物，那么，对于土地所有权人之外的人是极其不公平的；如果使用权人刚刚种下庄稼或者栽种下树苗，就成为独立于土地的物，则土地处分的时候就不及于之，将其取出就不值一文。如果已经成熟或者能够交易，就应该作为独立的物；②如果具有登记能力，已经登记，那无疑是独立的物——否则如何登记？③必须把树木、森林登记与地役权登记区分开来：例如，伐木权或者放牧权都可能属于用益物权而进行登记，确实也是对树木的砍伐，但那不是针对树木的物权，而是针对具体"土地"的他物权。④森林登记与森林中的每棵树木的登记，如何区分？例如，A 对 B 的森林进行了抵押登记，那么，抵押权登记后，B 在森林里面砍伐了几棵树出卖给 C，那么，C 能否善意取得？也就是说，A 的抵押权对于 C 有对抗力吗？所以，日本学者我妻荣的观点值得重视。否则，就是"只见树木不见森林"。

另外，如果物的成分与物分离的，可以成为权利的客体。例如，从山上开采下面的石头、从土地上挖取土等。这种区分的法律意义在于：物的重要成分不得独立为物权的客体，以保持物的整体性，保障物的最大效用。

4. 主物与从物。我国《民法典》第 320 条有关于主物与从物的规范："主物转让的，从物随主物转让，但是当事人另有约定的除外。"那么，什么是从物呢？对于主物与从物的界定，我国学者王泽鉴教授认为，从物的要件有四：①非主物的成分；②常助主物之效用；③主物与从物同属于一人所有；④交易上无特别习惯[1]。

德国学者认为，从物的根本标志是：对主物具有服务性功能，并于主物处于某一特定的空间关系中，但不具备成分性质。而如何识别从物，则根本上取决于交易的观念[2]。《德国民法典》第 97 条规定："不是主物的成分而以服务于主物的经济上的目的为用法，并和主物处于与这一用法相应的空间关系中的动产，是从物。某物在交易上不被看作是从物的，不是从物。为他物的经济上目的而对某物的暂时使用，不使从物属性产生。从物属于主物的暂时分离，不使从物属性丧失。"

尽管我国《民法典》没有规定什么是从物，但是，《民法典》第 320 条却适用了这一概念。我们认为，对于从物应当严格认定，不能动辄就认定物与物之间的主从关系，从而妨碍物的有效利用。在认定从物时，应掌握下列标准：①从物不能是主物的重要部分，而是独立的物；②从物的效用就是为了辅助主物。例如，手表的表带，是独立的物，也可以独立购买，但其作用仅仅能够辅助手表发挥更好的效益，自己的独立存在是没有意义的。③与主物的所有权同属于一个人，不属于同一个人的动产可能发生附合或者混合，不产生主物与从物的关系。④在交易习惯和经济目的上，不被作为从

---

[1] 王泽鉴：《民法物权》，北京大学出版社 2010 年版，第 43 页。
[2] [德] 鲍尔、施蒂尔纳：《德国物权法》（上册），张双根译，法律出版社 2004 年版，第 28 页。

物对待的，不得认定为从物。例如，餐桌与餐椅的关系，在交易习惯和经济功能上，餐椅并不被当做餐桌的从物，而是具有独立功能和效用的物。

区分从物与主物的法律意义在于：就如我国《民法典》第320条规定的一样，对主物的处分，效力基于从物。就如同主权利与从权利的关系一样，《民法典》在第547条规定："债权人转让债权的，受让人取得与债权有关的从权利，但是该从权利专属于债权人自身的除外。受让人取得从权利不因该从权利未办理转移登记手续或者未转移占有而受到影响。"

5. 孳息与收益。孳息应该是因为权利或者物带来的看得见的经济利益。而收益则是一个更加广泛的概念，包括孳息，还包括一些非经济利益，例如，娱乐、乘船等。按照德国法的规定本旨，包括孳息和使用收益[1]。

按照《德国民法典》第99条的规定，孳息包括物的孳息、权利的孳息和物或者权利的间接收益。物的孳息，是指物的出产物和依该物的用法而从该物中取得的其他收获物。例如，树上的果实、自然出生的牛犊以及出自土地的泥沙、石头等。这种孳息又被称为"直接的物的孳息"。权利的孳息是指权利依其用法所取得的收益，特别是取得土地成分的权利的情况下，是指所取得的成分。例如，用益物权人在土地上耕种取得马铃薯，或者用益权人取得山上开采下来的石头。物或者权利的间接收益是指物或者权利的间接收益依据某一法律关系产生的收益，如电脑出租给他人所收取的租金、土地设定用益权后收取的金钱等。

我国通常在学理和实践中，将孳息区分为天然孳息和法定孳息。天然孳息当然应该包括德国法上的直接的物的孳息，法定孳息应当包括物或者权利的间接收益。但用益权人的收益属于何种情形呢？我们认为，包括在直接的物的孳息应该也可以——孳息也是天然的，仅仅是因为有权收取的人是用益物权人。德国法上的这种区分，实际上是对于回答"谁有权收取"非常清楚：物的直接孳息当然只有物主才有权收取；权利的孳息只有所有权以外的人有权收取——是基于在所有权上设定的权利为依据的收取，尽管基于法定关系（如承租关系、用益关系等），但收取的仍然为天然孳息。物或者权利的间接收益实际上就是指依法律关系（权利）从他人那里获得的收益，如租金等。前两种属于物权性质，而后一种则属于债权性质。

对于孳息与收益究竟谁属呢？王泽鉴教授认为，有收取天然孳息权利之人，在其权利存续期间，取得与原物分离的孳息。孳息与原物分离时，除法律另有规定或者当事人另有约定的以外，属于其物的所有权人。由此可见，天然孳息在分离前，不能作为物权的客体。在孳息与原物分离以前，有收取天然孳息权利的人不能主张已经取得孳息的所有权[2]。

我国《民法典》除了第321条有关于孳息的规定外，第412条规定："债务人不履行到期债务或者发生当事人约定的实现抵押权的情形，致使抵押财产被人民法院依法

---

[1] [德] 鲍尔、施蒂尔纳：《德国物权法》（上册），张双根译，法律出版社2004年版，第31页。
[2] 王泽鉴：《民法物权》，北京大学出版社2010年版，第46页。

扣押的，自扣押之日起，抵押权人有权收取该抵押财产的天然孳息或者法定孳息，但是抵押权人未通知应当清偿法定孳息义务人的除外。前款规定的孳息应当先充抵收取孳息的费用。"第430条规定："质权人有权收取质押财产的孳息，但是合同另有约定的除外。前款规定的孳息应当先充抵收取孳息的费用。"第561条也有规定："债务人在履行主债务外还应当支付利息和实现债权的有关费用，其给付不足以清偿全部债务的，除当事人另有约定外，应当按照下列顺序履行：（一）实现债权的有关费用；（二）利息；（三）主债务。"

（五）小结

物权的客体特定性原则，不仅要求物权要建立在特定的物上，还要求建立在单个的、完整的物上。为保持这种完整性，物的重要成分必须属于物本身而不能成为其他物权的客体。除此之外，为保障物的最大效用，从物、孳息除了特别情形外，在对物进行处分的时候，效力及之。

三、物权法采用"客体特定"的理由

（一）物权的客体特定是其绝对性和排他性、优先性效力的必然要求

按照我国《民法典》对物权的基本规范，物权具有绝对性——物权具有对世性特征，故侵犯物权这种绝对权构成侵权行为；物权具有排他性——一个物上不允许成立两个性质上不相容的物权，否则排他性就无法实现，例如，一个物上不能有两个所有权，虽然可以两个人共有一物。同时，一个物上也不能成立两个以占有和使用为内容的他物权；物权具有优先性，这种优先性体现在四个方面：①物权与债权并存的时候，物权优于债权，例如，债务人的财产为所有债权人债权满足的基础，但如果在一个财产上设立了抵押权，则抵押权先实行。在债务人破产的时候，物权人要么是取回权（所有权人），要么是别除权（担保物权），而债权人则只能参加破产的比例分配。②物权与物权相比，顺序在前的物权优先于顺序在后的物权。例如，抵押权，登记顺序在前的优先于登记顺序在后的；③法定担保优先于约定担保，例如，留置权这种法定担保物权优先于抵押权和质权[1]。④登记物权优先于非登记物权，例如，《民法典》第403条就规定了这一原则。

如果把这种特性与债权相比较，就显得非常清晰。由于债权仅仅在相对人之间生效，不具有排他和优先效力，因此，一个物上可以成立多个性质上不相容的债权，如一物多卖、一物多租等，都没有关系，因为法律从来不保障这些债权都能够落实——只能落实一个债权。如果落实不了的，按照违约责任来处理。所以，法律不需要规定债权的客体必须特定。甚至说，债权成立的时候，标的物有没有，都不会影响债权的成立。但物权不可以，它不仅要求物权成立的时候，标的物存在，还必须要求标的物是单个的动产或者不动产。否则，所有物权的效力都不能实现。物权也就不再是物

---

[1]《民法典》第456条规定："同一动产上已经设立抵押权或者质权，该动产又被留置的，留置权人优先受偿。"

权了。

(二) 物权公示的需要

我们前面说过，物权必须由处分行为（物权行为）产生，而物权行为发生的物权变动过程必须公示，公示以后就产生对世性，就具有排他性和优先性。具体来说，不动产就是登记，动产就是交付。那么，如果不是具体的物——动产或者不动产，就不具有登记或者交付的典型性。只有第三或者不动产这种具体的、确定的、单个的物，才容易公示。尽管在现代社会"权利"可以登记，但其登记存在很多问题。例如，专利尽管可以登记而作为担保，但担保人可以通过公开专利的方式让专利一文不值，从而实际上消灭担保，其他权利也有这种情形。因此，不如不动产或者动产可靠、典型。

(三) 处分的需要

物权属于处分的对象，而处分就要求处分的对象清晰、明确。而要达到这种效果，只有具体的、单个的物才能够胜任。权利尽管也有悖处分的效能，但权利处分往往风险很大，而且不容易公示。例如，债权转让也是处分行为，那么债权转让中与具体的动产或者不动产相比，出现的不安全因素要多很多。

第三节 公示公信原则

一、研究公示公信原则的学理与实践价值

公示公信原则是物权与债权区分的一个重要标志，是贯彻物权的独立于债权从而赋予其对世性的前提。如果一个权利不适于公示或者说从客观上不能公示，则法律就不能赋予其对世性，否则就会破坏交易安全。

二、公示的对象究竟是什么

1. 关于公示对象的各种观点。由于对"公示"概念的理解及参照的立法例不同，学者对于公示对象的理解也不相同。大致有以下几种观点：

(1) 公示的对象是权利的存在。公示是以一定的方式确认和表现物权权属状况，并使外界通过这一方式足以明辨和信赖该状况并对此负有不作为义务[1]。

(2) 公示的对象是物权的变动。这一观点认为，公示原则系指物权变动之际，必须以一定的方法表现其变动始能发生一定法律效果的原则[2]。

(3) 公示的对象是物权的享有与变动。这一观点认为，物权公示是指物权享有与

---

[1] 江帆、孙鹏主编：《交易安全与中国民商法》，中国政法大学出版社1997年版，第76页。
[2] 谢在全：《民法物权论》（上册），中国政法大学出版社1999年版，第56页。

变动的可取信于社会公众的外部表现方式[1]。

（4）公示的对象是物权的享有、变动和消灭。这一观点认为，物权的公示就是物权的产生、变更或者消灭应当或者必须以一定的可以从外部察知的方式表现出来[2]。

（5）公示的对象是物权的享有和消灭。这一观点认为，物权公示是指物权的得失变更，应依法律规定并采用能够为公众所知晓的外部表现形式。物权公示的实质内容，是物权的权属状或者物权的不复存在[3]。

2. 分析与说明。我们认为，公示的对象究竟是什么，与物权变动的模式及物权享有的法律规定有极大的关系。

众所周知，《法国民法典》在物权变动的模式方面，是采取"意思主义"的，即物权的变动仅仅依当事人的合意就可以发生，既不需要登记，也不需要交付。而权利的享有也不需要实际占有标的物或者登记为必要。登记仅仅是对抗第三人的程序或者说是条件，因此，在法国法上登记或者交付根本不是权利享有或者变动的外部象征。

而在《德国民法典》上，物权变动的模式采取"生效主义"模式，即物权的享有和变动必须以占有（转移占有）、登记为要件。例如，在不动产，如果买卖双方仅仅有转移不动产的合意而没有进行登记，则不发生物权的变动，且不动产的享有以登记簿的记载为依据。因此，在《德国民法典》上，公示既是权利享有的标志，也是物权变动的象征。

因此，如果离开了具体的法律环境而泛泛而谈公示的对象，是没有意义的。那么，在我国《民法典》上，公示的对象是什么呢？从我国《民法典》第208条及第224条[4]的规定看，公示的对象显然是物权的变动；而从第216条[5]的规定看，显然是物权享有。因此，可以说，我国《民法典》公示对象是享有与变动。但是，在《民法典》上，对于权利的享有与权利变动应当区分开来：对于不动产权利的享有和变动是登记[6]，而在动产物权，享有的标志是占有，而变动的标志是转移占有（交付）。

在这里需要特别注意的是，我国《民法典》在编纂过程中，继续沿用2007年《物权法》对的做法，并没有彻底贯彻"公示"原则。在地役权和动产抵押问题上，采取

---

[1] 梁慧星主编：《中国物权法研究》，法律出版社1998年版，第191页；陈华彬：《物权法》，法律出版社2004年版，第156页；[德] 鲍尔、施蒂尔纳：《德国物权法》（上册），张双根译，法律出版社2004年版，第61页。

[2] 王轶：《物权变动论》，中国人民大学出版社2001年版，第114页。

[3] 尹田：《物权法理论评析与思考》，中国人民大学出版社2004年版，第251页。

[4] 《民法典》第208条规定："不动产物权的设立、变更、转让和消灭，应当依照法律规定登记。动产物权的设立和转让，应当依照法律规定交付。"第224条规定："动产物权的设立和转让，自交付时发生效力，但法律另有规定的除外。"

[5] 《民法典》第216条第1款规定："不动产登记簿是物权归属和内容的根据。"

[6] 当然，严格地说，在德国法上对不动产的享有的标志是登记，而不动产物权的变动则是"合意+登记"。在我国法上是否可以作出这样的解释，尚有争议。

的是登记对抗主义[1];在承包经营权方面则采取"意思主义"[2]。另外,无论在动产还是不动产,公示原则都有例外,例如,动产中的"所有权保留";不动产方面,即为《民法典》第229条、230条、231条规定的例外[3]。

三、公示的效力究竟是什么?

关于公示的效力,从各国立法例来看,大概有三种:生效主义、对抗主义、折中主义。

1. 公示生效主义(包括物权的享有)。一般来说,物权不经公示权利人不享有权利或者权利不发生转移。例如,A与B房屋买卖,A将自己的房屋卖给B,B进去居住很久,也已经付完钱了,但没有进行登记变更,那么B就不享有所有权,房屋所有权没有发生变动(但也有例外)。《德国民法典》以及以其为模式的民法典采取这种方式。

2. 公示对抗主义。

(1)什么是对抗主义?物权的变动不经过登记也发生变动,但如果不经过登记则不能对抗善意第三人。例如,A与B房屋买卖,A将自己的房屋卖给B,只要合同生效,即使没有必要办理变更登记,房屋所有权也已经转移给B了。但是,如果A这时候又与C签订买卖合同,并且C已经付钱,并且到登记部门进行了所有权变更登记,则B先前取得的所有权不能对抗C。

具体解释:B没有进行登记也已经取得所有权,但这种所有权不能对抗登记的所有权。如上例,B只能请求A赔偿。

《法国民法典》与《日本民法典》采取这种方式。例如,《日本民法典》这样规定:"物权的设定与转移,只要有当事人的意思就可以生效。""不动产物权的得失、变更必须按照登记法在规定的地方进行登记,否则不能与第三人对抗。"

(2)解读这种方式的缺点。这种"主义"的最大问题在于:不符合所有权或者物权的一般理论——物权具有绝对性与排他性,如果已经取得的所有权却不能对抗第三人,那么这种所有权是所有权吗?

3. 折中主义。这是我国物权法中采取的模式,在不同的不动产物权的变动方面,有的是生效,有的是对抗;在权利的享有方面,登记在有的情况下是权利享有的要件,有的则是对抗的要件。

---

[1]《民法典》第403条规定:"以动产抵押的,抵押权自抵押合同生效时设立;未经登记,不得对抗善意第三人。"第374条规定:"地役权自地役权合同生效时设立。当事人要求登记的,可以向登记机构申请地役权登记;未经登记,不得对抗善意第三人。"

[2]《民法典》第333条第1款规定:"土地承包经营权自土地承包经营权合同生效时设立。"

[3]《民法典》第229条规定:"因人民法院、仲裁机构的法律文书或者人民政府的征收决定等,导致物权设立、变更、转让或者消灭的,自法律文书或者征收决定等生效时发生效力。";第230条规定:"因继承取得物权的,自继承开始时发生效力。"第231条规定:"因合法建造、拆除房屋等事实行为设立或者消灭物权的,自事实行为成就时发生效力。"

四、为什么需要公示公信原则

为什么法律要规定公示公信原则？

1. 保护交易安全、保护善意第三人。保护交易安全是学者一致认可的公示原则的价值。由于物权的优先性能够对抗第三人，因此，物权必须公开，从而使第三人知道物权的存在。而相信这种外部标志的善意第三人与公示方式表现出来的权利人交易，其交易结果受法律保护。这样一来，既保护了交易安全，也保护了善意第三人。

2. 节约交易成本。即使不规定公示原则，如果无限制地使用成本，也可以达到。但公示公信原则节约交易成本，使交易第三人仅仅凭外部的标志就可以放心交易。

五、公示的作用领域

1. 权利推定（享有权利的外观）。符合公示方式要求的，就推定其为权利人。如衣服的穿戴就推定其为衣服的所有权人；房屋登记的权利人就推定其为房屋所有权人。如《德国民法典》第1006条第1款第1项规定，为动产占有人的利益，推定占有人享有该物之所有权；第891条规定，在土地登记簿中已登记者，推定其在事实上为权利人。

但是，不可否认的是，这种权利享有的外观可能与真实权利有时是不符合的，登记符合的情况比较多，而动产的占有不符合的情况可能就比较多。因此，必须辅助于善意才能符合伦理要求。

从推定的意义上说，这是交易的基础。否则，任何交易将无法完成或者说成本很高。

在实践中的意义是：确权之诉：A与B就衣服的所有权归属发生争议，争议时衣服在B手中。而A提出请求说衣服是他的，但没有证据证明。法官只能根据占有判决B享有所有权，除非A能够证明衣服属于他。"推定"的意思恰恰就是可以依证据推翻之。

2. 权利转让。物权的转让必须公示，否则第三人将无从知道。因此，公示在权利变更时意义重大。

3. 善意取得。从法律上说，任何一个转让权利的人，首先必须具有对权利的合法有效的处分权。这是前提。但是，如何在交易中去证明交易对方对于交易的标的具有合法有效的处分权呢？如果没有公示方式的话，那么，买卖的买受人就要花费大量的时间去调查出卖人对出卖物的合法处分权。例如，到菜市场买菜，首先就要查明，卖菜的人是否对其所出卖的菜具有合法处分权，否则，你所买的菜就不能取得所有权。这样，花1元钱买菜，则要花100元去调查，成本必然很高。而具有了公示方式后，只要相信公示手段，则相信这种外部占有或者登记，就当然相信其为合法处分权人。即使存在不符合，也不影响善意信赖权利外观的人的利益。

第四节 物权法定原则

一、关于物权法定原则内涵的界定

(一) 学者关于"物权法定"的观点

在我国学术界,关于"物权法定"的概念大致有三种主流的观点:

1. "二元论"。"二元论"认为,"物权法定"仅仅指物权的种类和内容由法律直接规定。如谢在全先生认为:"物权法定"者,乃物权之种类与内容,均以民法或者其他法律所规定者为限,当事人不得任意创设之谓[1]。

2. "三元论"。"三元论"认为,"物权法定"不仅是指物权的种类和内容法定,而且,物权的设立与变动方式也由法律直接规定。如李开国先生认为:物权法定原则包括三方面内容:一是由法律直接规定物权的种类,禁止当事人创设法律没有规定的物权;二是法律直接规定物权的内容,禁止物权人超越法律规定行使物权;三是由法律直接规定各种物权的设立及变动方式,非以法律规定的方式不产生物权设立及变动的法律效果[2]。

3. "四元论"。"四元论"认为:物权法定包括四项内容:一是物权的种类由法律规定,而不得由当事人随意创设;二是物权的内容只能由法律规定,而不能由当事人通过协议设定;三是物权的效力由法律规定,而不能由当事人通过协议设定;四是物权的公示方法必须由法律规定,而不得由当事人随意确定[3]。

(二) 对以上观点的分析

有学者指出:从本质上讲,物权法定原则无疑表现了在物权关系的创设问题上,立法者意志对于当事人意志进行的排斥,即否定当事人在物权关系上创设的自由。根据这一原则,物权的种类、物权的内容必须由法律直接规定,当事人不得发挥某种想象力或者基于某种需要,在法定物权种类范围之外创设新的类型或者改变法律明文规定的物权的内容。所以,毫无疑问,物权法定是对物权创设上的限制。至于设立方式,任何权利的设立方式均需要以法律规定为要件。物权的设定固然必须符合法定方式,债权的设定也必须按照法定方式;至于效力,任何权利的效力均来自于法律的规定,均来源于法律规定,物权的效力如此,债权的效力也如此;当事人固然可以约定债权的种类和内容,但却不能通过约定使之具有支配性和对抗第三人的效力,因此,物权法定原则与物权的效力无关;至于公示问题,物权的绝对性要求物权的设立和变动必须采用法定方式予以公示,公示的方法不得由当事人约定。但债权因相对性不需要公

---

[1] 谢在全:《民法物权论》(上册),中国政法大学出版社1999年版,第42页。
[2] 李开国:《民法基本问题研究》,法律出版社1997年版,第267页。
[3] 王利明:《物权法论》,中国政法大学出版社2003年版,第77~79页。

示,即使当事人采取某种方式加以公示,也不能产生对抗第三人的效力。也就是说,因债权的性质不需要公示,自然也不存在对公示方法的约定问题。因此,将物权的公示方法作为物权法定的内容缺乏意义[1]。

学者的上述分析实值赞同,我们也认为"二元论"值得赞同。物权法定就是指物权的种类和内容由法律直接规定而不允许当事人自由创设,而主要的是"种类法定",因为对物权内容的改变,实质上就是创设了新的物权。对此,我国《民法典》第116条明确规定:"物权的种类和内容,由法律规定。"具体来说,物权法定包括:①物权的种类由法律直接规定而不允许当事人自由创设,此所谓"种类法定"。亦即,当事人仅能依照法律规定的物权种类设定物权,如果不能"对号入座",那么当事人设立的所谓"物权"就不会被法律认可为物权。例如,我国《民法典》没有规定"按揭"为物权,当事人即使通过合同约定"按揭"为物权,也不被法律认可并受到物权性保护。②物权的内容由法律直接规定而不允许当事人自由约定,此所谓"内容法定"。而这里所谓的"内容",在不同物权种类,所指也不同,例如,在所有权中,"内容"主要是指"权能"。根据我国《民法典》第240条的规定,所有权的权能包括"占有、使用、收益和处分",当事人如果约定没有"处分权"的所有权,也不被法律所承认为真正的所有权而受到关于所有权的保护;而在用益物权和担保物权,还包括标的等,例如,我国《民法典》没有规定"不动产"质权,那么,当事人就不得设立以不动产为标的的质权。

二、物权法定原则的价值

(一) 各种观点

物权法定原则在始于欧洲,在当时的社会背景下对巩固资产阶级的政权以及经济的发展起到了重要作用。但是,随着社会的发展,特别是许多国家的判例创设了许多物权性权利,物权法定原则开始受到怀疑和批判,这种批判尤其是在我国和日本最为激烈。批判者的主要论点是:在19世纪,物权法定原则的必要性和可行性毋庸置疑。原因是:其一,新兴的资产阶级需要巩固政权,彻底扫荡封建财产制度残余,构建资本主义私有财产制,物权法定原则完全符合当时的政治目标和经济目标;其二,在整个19世纪,自由资本主义发展平稳,社会政治和经济状况变化不大,立法者有足够的能力预见社会生活的发展,传统的物权种类基本能够满足社会经济的需要。但20世纪以后,资本主义社会发生巨大变化,立法者的预测能力日渐减弱,立法日渐落后于现实生活。而物权法定原则当初所具有的整理旧物权以防止封建财产制度复辟的功能在现代社会已不复存在。在日本,有学者指出,物权法定原则在当代社会显示出两方面的缺陷:①随着经济交易关系的发展,社会已需要新种类的物权,但这一原则却根本无法适应现实需要;②关于土地的耕作,很早以前就存在着极其复杂的关系,将其仅

---

[1] 尹田:《物权法理论评析与思考》,中国人民大学出版社2004年版,第114~116页。

限定于民法所承认的四种限制物权,并非妥适[1]。因此,围绕着是否采用以及如何采用物权法定原则,学者展开了讨论,并形成不同的观点,大致有以下几种不同的观点:

1. 完全否定论。"完全否定论"以日本的著名学者我妻荣与我国学者苏永钦教授为代表。日本学者我妻荣认为,根本应无视物权法定主义的规定,因为物权法定是为了整理旧物权制度,以防止封建时代旧物权的复辟。而习惯在生活中是自然发生的,不仅没有阻止的必要,而且如果横加干涉或者阻止,还将有害社会的发展。这种观点被称为"物权法定无视说"[2]。

我国学者苏永钦教授从另外一个侧面来否定"物权法定主义"原则,他认为:①从合宪性来看,在契约自由是宪法的内容的前提下,物权法定始终是一个被挑战的问题;如果契约自由是一个前提,物权法定就不能合理化;②物权自由化的一个障碍就是登记的成本,如果登记制度停留在分散、手抄的情况下,我们不建议物权自由化。一旦国家建立一个统一的数据化登记制度,对物权自由的限制将失去正当性[3]。

2. 完全肯定论。这种理论以我国学者梁慧星先生与尹田先生为代表。尹田先生认为:总的说来,学者在批判物权法定原则的时候,其论据似乎常常显得缺乏精确性。在决定物权法定原则之生成的诸多原因中,"反封建"的理由在现代文明社会固然丧失其必要性,但所有权类型的法定性对于一国基本经济制度和政治制度的紧要作用,却很少有人论及。而在用益物权和担保物权的创设上,需要研究的并不是应否承认习惯创设物权或者判例创设物权的问题,而是如何通过物权法的制定充分反映和确认现实生活所需要确认的物权的问题[4]。

3. 折中论。这种观点认为,物权法定主义不能抛弃,但由于物权法定缺乏灵活性而不能适应社会的需要,应当"弱化之",也就是说,要把"习惯"作为法律的一部分或者承认法官以判例创设物权。

关于习惯创设物权的问题,形成了所谓"习惯法包含说""习惯法物权有限承认说"及"物权法定缓和说"。"习惯法包含说"认为,关于法律未作出规定的事项的习惯,与法律具有同等的效力。所以,习惯自然应包含在物权法定主义的"法"中。习惯法物权有限承认说认为,物权法定主义所指的法律固然不包括习惯在内,但是若依社会习惯所发生的物权并不妨碍物权体系的建立,又不妨碍公示时,可突破物权法定主义的约束,承认该习惯上的物权。物权法定缓和说认为,新出现的习惯若不违反物权法定主义的立法趣旨,又有一定的公示方法,可以从宽解释物权法定的内容,将其解

---

[1] 尹田:《物权法理论评析与思考》,中国人民大学出版社2004年版,第122页。
[2] 梁上上:《物权法定主义:在自由与强制之间》,载《法学研究》2003年第3期;谢在全:《民法物权论》(上册),中国政法大学出版社1999年版,第46页。
[3] 苏永钦:《物权法定还是物权自由——在土地国有的情况下对于私用的权利类型应该是更开放还是更限制?》,载http://old.civillaw.com.cn/article/default.asp?id=27208,最后访问时间:2006年2月28日。
[4] 尹田:《物权法理论评析与思考》,中国人民大学出版社2004年版,第134页。

释为新型的物权[1]。我国也有许多学者主张"物权法定缓和说"[2]，也有的学者主张"习惯法包含说"[3]。

德国学者沃尔夫认为，物权的种类强制原则仅仅排除了当事人的形成权自由，但不排除成文法或者法官发展新的物权种类。例如，所有权保留中的物之期待权就是由法官在不违背物权种类强制的基础上从成文法中发展起来的。同样，信托所有权作为所有权的特殊形式，也不违法种类强制的原则[4]。

（二）对以上各种观点的分析

我妻荣的"物权法定无视说"肯定是不足取的，因为既然法律规定了这一原则，如何无视？而苏先生的观点也许是一种美好的预测和理想，现在有些国家的登记制度已经十分完备，而且计算方法与网络也十分发达，那么为什么这些国家或者地区仍然没有取消"物权法定"呢？

关于习惯在创设物权中的作用，也应当慎重。首先什么样的习惯才能创设物权？习惯恐怕还要经过法官的确认。因此，与其说是习惯创设物权，毋宁说是法官采用习惯创设物权。这种观点在我国是难以实行的。从我国2007年《物权法》的制定过程看，非常明确地排除了习惯创设物权的可能性。在《中华人民共和国物权法（草案）》（以下简称《物权法（草案）》）第六次审议稿中曾经规定（第5条）："物权的种类和内容，由法律规定；法律未作规定的，符合物权性质的权利，视为物权。"这其实就是为习惯创设物权奠定了基础，但后来受到学者的批评，因此，通过后的《物权法》第5条仅仅规定："物权的种类和内容，由法律规定。"2020年的《民法典》延续了2007年《物权法》的做法。就如立法机关有关学者的总结正好说明了《民法典》沿用2007年《物权法》的具体理由：物权法定是一项原则，这项原则是否有松动余地，即能否有灵活性，是学术界多年来一直争论的问题，坚守原则性和赞成有灵活性的都有道理。从实务层面看，这个问题的矛盾并不突出。物权制度虽然不断完善、发展，但绝大多数是在法定框架内的完善、发展。在当年物权法起草过程中，曾有意见认为，物权法定作为一条原则是对的，但如果法律没有规定的就不具有物权效力，限制太严，随着实践的发展还会产生新的物权，应该开个口子，以适应实践发展的需要。根据这一意见，《物权法（草案）》曾规定，物权的种类和内容，由法律规定；法律未作规定的，符合物权性质的权利，视为物权。之后，在物权法审议过程中，有的意见提出，依照这条规定，哪些权利可以视为物权，谁来认定"符合物权性质"都不够清楚，建议删去例外规定。法律委员会认为，这一规定的本意是随着实践的发展为物

---

[1] 谢在全：《民法物权论》（上册），中国政法大学出版社1999年版，第46~47页。

[2] 谢在全：《民法物权论》（上册），中国政法大学出版社1999年版，第48页；陈华彬：《物权法》，法律出版社2004年版，第83页；刘保玉：《物权体系论——中国物权法上的物权类型设计》，人民法院出版社2004年版，第14页。

[3] 李富成、常鹏翱：《物权法定原则的意义与法律政策选择》，载中国民商法律网，https://civillaw.com.cn，最后访问时间：2019年12月20日。

[4] [德]曼弗雷德·沃尔夫：《物权法》，吴越、李大雪译，法律出版社2002年版，第14页。

权的种类留下一定空间，实际上哪些权利"符合物权的性质"还需要通过立法解释予以明确。考虑到依照《中华人民共和国立法法》（以下简称《立法法》）的规定，法律解释与法律具有同等效力，而且从一些国家和地区的实际情况看，新出现的物权种类并不多见。因此，《物权法》（已失效）删去了这一规定。在《民法典》物权编编纂过程中，仍有人提出同样的意见，最终考虑到对这一问题争议较大，且《物权法》立法时对该问题已有明确的说法，目前还没有足够的理由推翻这一说法。[1]

我们赞同"物权法定"的完全肯定说，这也符合我国物权法的立法精神。

（三）物权法定原则存在的价值

德国学者沃尔夫在论述物权法定原则的价值时指出：物权是绝对权，其效力及于所有人并且必须得到每个人的遵守。因此，只有当物权的数量被明晰化并彼此独立出来，才能有效地保护这种绝对的权利。惟有如此，才能期待第三人了解并且维护这些权利，也只有当物之取得人对物的特定内容确信无疑的时候，才能提高物的可转让性和可流通性。基于上述原因，法律只规定了以所有权和限制物权为表现形式的少许几种物权[2]。

德国学者施蒂尔纳指出了物权法定的四个重要理由：①交易简便与安全的考虑。任何人要取得某一标的物上的所有权或者土地上的用益物权，那么他就必须知道他要取得的是什么。如果每次都要追寻至权利的"源泉"，以查明取得人、担保权人等等所取得的权限范围，必定会窒碍权利交易和金融流通。故基于权利交易的简便性和安全性的考虑，要求对物上权利的种类与内容进行强制性规定；②物权绝对效力的需要。物权具有绝对性效力，任何人对物权负有尊重的义务。而实现这一要求的前提，就是物权的内容能够为其他当事人所认识。也就是说，物权的内容必须法定；③法律政策的选择。对那些物权需要绝对性保护，也仅在确实有此需要时，才能为法律所保障。基于此，也不能任由当事人自己来创设物权的种类和内容；④类型法定原则，使所有权免受一些不可预见，甚至不堪忍受的负担与限制的侵害[3]。

笔者赞同上述德国学者关于物权法定原则存在理由的论述，我们可以详细的阐述如下：

1. 交易简便与安全的需要。物权是交易的前提，诚如施蒂尔纳教授所言，基于交易简便与安全的考虑，任何人要取得某一标的物上的所有权或者土地上的用益物权，那么他就必须知道他要取得的是什么。如果每次都要追寻至权利的"源泉"，以查明取得人、担保权人等所取得的权限范围，必定会窒碍权利交易和金融流通。只有当物之取得人对物的特定内容确信无疑的时候，才能提高物的可转让性和可流通性。故基于权利交易的简便性和安全性的考虑，要求对物上权利的种类与内容进行强制性规定。如果作为交易前提的物权之种类和内容不能统一化、标准化而允许当事人自由创设，

---

[1] 黄薇主编：《中华人民共和国民法典总则编释义》，法律出版社2020年版，第304页。
[2] [德] 曼弗雷德·沃尔夫：《物权法》，吴越、李大雪译，法律出版社2002年版，第14页。
[3] [德] 鲍尔、施蒂尔纳：《德国物权法》（上册），张双根译，法律出版社2004年版，第8页。

就会使市场交易复杂化且难以进行。这与"货币法定原则"与"有价证券法定原则"一样，是出于同样的法律政策[1]。

2. 物权绝对性与支配性的要求。由于物权具有对抗任何第三人的绝对效力，并且是权利人对特定物的直接支配权，如果允许当事人自由创设，就会产生如下不利后果：其一，多个"绝对权"与"支配权"相互冲突，最终，物权的优先性与绝对性将无法实现；其二，容易造成第三人不测的损害。因为，物权具有绝对性效力，任何人对物权负有尊重的义务。而实现这一要求的前提，就是物权的内容能够为其他当事人所认识。否则，第三人将遭受不测损害。

也许有人会问：债权为什么可以自由？理由是：①因债权（尤其是合同）是物权变动的手段，而手段的多样性，正是物权的流通性所需要的；②债权是一种"法锁"，仅仅在当事人自荐具有相对效力，一般不具有对抗第三人的效力，其自由约定一般不会使第三人遭受不测的损害；③债权不具有直接支配性，仅仅是一种请求权，也不具有优先性，所有债权无论什么时候发生，都是平等的。在债务人的财产正常情况下，相互之间并不发生矛盾和冲突。只有在债务人债务超过资产时，相互之间才发生冲突。这时，由破产法来保证公平与比例分配。而物权的直接支配性和优先性，会导致同种物权之间的直接矛盾和冲突。

3. 对物有效利用的需要。上述德国学者已经提出，物权法定原则使所有权免受一些不可预见甚至不堪忍受的负担与限制的侵害。的确，一个物上的负担越多，对物的有效利用就越加麻烦。我国已故的著名学者谢怀栻先生在谈到优先权时，非常正确地指出：在现在市场经济条件下，优先权侧类东西尽量减少，因为它不利于市场交易。从欧洲各国的民法典的制定看，凡是制定在前的民法典，优先权就很多，但制定在后的民法典优先权就很少。《法国民法典》上，优先权就很多，而《德国民法典》上，几乎就没有什么有优先权[2]。如果允许当事人自由约定物权，那么，各种物权性优先权将增多，最终不利于物的有效利用。物权法定原则，恰恰是规定了很少的物权种类，减轻物上负担，有利于交易和对物的有效利用。

4. 公示的需要。只有当物权的数量被明晰化并彼此独立出来，才能有效地保护这种绝对的权利。惟有如此，才能期待第三人了解并且维护这些权利。因此，物权必须公示。但是，公示物权的技术手段受到局限，为使物权公示简便易行，物权的种类和内容只有实行法定。主张物权法定缓和论或者自由约定论的学者的一个前提条件就是"能够公示"，但"自由约定物权"与"能够公示"之间似乎是一个悖论。正是因为公示的手段有限，才有物权法定。同时，这种公示和种类与内容的法定，也为侵权行为的认定铺平了道路。

---

[1] 梁慧星：《是"物权法定"还是"物权自由"》，载 http://old.civillaw.com.cn/article/default.asp?id=29668，最后访问时间：2019年11月26日。

[2] 梁慧星：《物权法草案释评》（中），载中国民商法律网，https://civillaw.com.cn，最后访问时间：2019年11月25日。

三、物权法定主义的立法例

物权法定主义源于罗马法,其后为继受罗马法的大陆法系多数国家或地区所采用。有的采用法律明文规定的方式,如《日本民法典》第175条规定,"物权,除本法及其它法律所定者外,不得创设";我国台湾"民法"第757条规定"物权,除本法或其它法律有规定外,不得创设";我国《澳门民法典》第1230条、《韩国民法典》第185条、《奥地利民法典》第308条也有类似规定。有的国家则不采用明文规定的方式,但是民法理论与民法实务都认为采用该原则,如德国、瑞士等[1]。我国《民法典》采取明文规定的方式,于第116条明确规定了这一原则。

四、违反物权法定主义原则的后果

1. 就物权种类而言,如果违反了"种类法定",即不依法律规定的物权种类设立的"物权",则不被法律认可为物权。凡是我国《民法典》没有规定的物权种类,那么,即使当事人约定为物权的,也不具有物权的性质。这是物权法定原则的基本要求,体现了"物权法定"的强行性。

2. 就物权内容而言,如果违反了"内容法定",即不依法律规定的物权内容设立的"物权",则不具有物权效力。例如,当事人双方约定并转移无处分权的"所有权",则买受人取得的所谓"所有权",就不会被法律认可为所有权而受到物权性保护。但是,在这里要注意两点:

(1) 如果法律对违反物权法定原则有特别规定时,从特别规定。例如,我国台湾地区"民法"第842条规定,永佃权之设定,定有期限者,视为租赁,适用关于租赁之规定。由此可见,设定永佃权违反法律规定的内容,因法律的特别规定而转换为其他法律行为。

(2) 如果设立物权内容的一部分违反法律的规定,但除去该部分,其他部分仍然成立者,仅该部分无效。例如,在抵押权中,法律规定不转移标的物占有而以标的物的价值来担保债务的履行,那么,当事人如果约定了转移标的物占有的抵押权,仅仅是转移占有的部分无效,而抵押权仍然有效。

3. 物权的设定虽因违反种类法定或者内容法定而无效,但如果符合其他法律行为生效的要件,法律许可其产生该其他法律行为的法律效力。例如,我国2007年《物权法》(已失效)没有规定"居住权",那么,当事人约定的居住权就不具有物权的性质,但是,不妨碍这种约定产生债权效力。也就是说,居住权虽然不能得到物权法上的保护,但仍然可以获得债权性保护,即不能得到侵权法的保护,却仍然可以得到违约的合同保护。但是,2020年《民法典》就规定了居住权,居住权在我国就具有了物权性质。

---

[1] 梁上上:《物权法定主义:在自由与强制之间》,载《法学研究》2003年第3期。

第五节 无因原则

一、无因原则的概念

无因原则是物权行为的无因性问题,是指物权因物权行为产生,一旦产生就脱离原因行为而独立存在。例如,在房屋买卖合同中,A与B订立一个房屋买卖合同,A交付了合同价款,B也将房屋登记转移于A。这是一个正常的交易过程。但是,从法律层面分析,则:①A与B订立的买卖合同为债权合同,也就是负担行为,它是有因的——相互义务的对立性。②A根据登记取得房屋所有权为物权行为的结果——登记为独立于买卖合同这种负担行为之外的物权行为。它是无因的——没有相对当时的对立的对价或者主义务。这时,如果买卖合同无效,并不导致A的所有权取得这种结果。因为,房屋所有权人的移转并非是买卖合同直接发生的对A的效力,因此,买卖合同中的原因对物权移转不发生当然的影响。

这就是德国民法上所谓的无因理论,实际上,就是指处分行为与负担行为对A的相互独立性之上,处分行为不依赖原因行为而独立存在,也称物权行为的抽象性。由于前面我们已经对负担行为与处分行为进行了比较系统的论述,在此就不再赘述了。

二、我国《民法典》上是否承认无因原则

对此学者之间存在争议(前面已经进行了详细论述),问题是我国民法上是否有无因原则的具体表现?尽管学者在解释论上对于我国《民法典》是否承认无因原则存在争议,但笔者认为,从以下几个方面来说,我国《民法典》还是承认无因原则的:

(一)从我国《民法典》合同编与物权编各自独立成编上看,说明我国是承认物权行为的独立性与无因性的

物权独立成编说明物权是一个独立的体系,不依赖于债权而独立成立。如果把物权转让看成是合同交易的直接结果,就没有必要让物权独立成编,就像《法国民法典》那样,没有物权编,物权移转是合同交易的直接后果。

(二)从具体制度上看,我国《民法典》是承认无因原则的

1. 交付与登记产生物权。我国《民法典》第208条及209条明确规定,动产物权的发生需要交付,不动产物权的发生需要登记。这就说明物权是由物权行为产生的,而不是由合同交易产生——合同不直接转移所有权的当然结果,必须要通过独立于交易合同之外的交付或者登记,方可产生物权。因此,按照逻辑的自然推演,合同无效或者被撤销,依据物权行为产生的物权也就不当然归于无效。

2. 善意取得制度。我国《民法典》第311条第1款明确规定:"无处分权人将不动产或者动产转让给受让人的,所有权人有权追回;除法律另有规定外,符合下列情形

的，受让人取得该不动产或者动产的所有权：（一）受让人受让该不动产或者动产时是善意；（二）以合理的价格转让；（三）转让的不动产或者动产依照法律规定应当登记的已经登记，不需要登记的已经交付给受让人。"由此可见，在我国《民法典》上，善意取得仅仅有三个要件：善意、合理对价、已经交付或者登记，并不要求买卖合同这种基础关系有效。因此，即使买卖合同无效，按照《民法典》第311条，照样可以善意取得。

三、无因原则在《民法典》中的意义

（一）涉及请求权基础的奠定

民法典是否承认无因原则，不仅仅是一个理论问题，更重要的是实践问题，因为它直接关系到请求权基础的奠定。最典型的就是我国《民法典》第157条："民事法律行为无效、被撤销或者确定不发生效力后，行为人因该行为取得的财产，应当予以返还；不能返还或者没有必要返还的，应当折价补偿。有过错的一方应当赔偿对方由此所受到的损失；各方都有过错的，应当各自承担相应的责任。法律另有规定的，依照其规定。"假如买卖合同无效，出卖方已经交付标的物的，那么，请求返还的法律基础是什么？如果承认无因性原则，那么，出卖人请求权基础即为不当得利请求权；如果不承认无因性，则出卖人的请求权基础即为物上返还请求权。

（二）涉及物权本身的支配力问题，从而对交易安全存在影响

在承认无因原则的情况下，即使买卖合同无效，买受人仍然享有所有权，因此，他如果再出让则是有权转让；在不承认无因原则的情况下，买卖合同无效，所有权即视为自始没有取得。买受人再转让属于无权处分，就只能适用《民法典》第311条的"善意取得"。在保护交易安全方面，显然不如无因性原则下的有权处分更加安全。

第三章 关于物权法体系的具体问题研究

第一节 论意定担保物权种类划分的基础

一、问题的提出

纵观我国《民法典》上的物权担保种类，从其产生根据来说，可以分为法定担保物权与意定担保物权。在意定担保物权中，主要是抵押权与质权。在我国《民法典》的担保物权规范体系中，可以看出，除了不动产以外，动产和权利似乎既可以设定抵押，也可以设定质权。因此，下列问题就存在疑问：①抵押权和质权的差异究竟是什么？是由于标的不同而决定的，还是制度本身让其产生差异？它们与物权法的三个基本原则——物权法定与公示公信、客体特定原则之间是什么关系？是物权法的外在体系还是内在体系决定了担保的种类的不同和区分？②不动产本身的担保与不动产权利的担保究竟有什么差别？具体来说，房屋作为担保标的物的时候，究竟是以房屋这个不动产还是房屋所有权作为标的（客体）？也就是说，不动产抵押究竟是建立在第一客体还是第二客体之上？在对他物权（比如建设用地使用权）设定抵押时，又如何呢？③动产抵押与动产质权，甚至权利质权在我国《民法典》上的实质差别是什么呢？④"占有"本身包括在《民法典》物权编中，那么，"占有"之上能否设定物权性担保？⑤《民法典》第440条规定的可以作为"权利质权"的标的中，票据（本票、支票和汇票）与股权、仓单、提单、存款单的性质一样吗？它们属于第一客体还是第二客体？

以上问题，需要在我国《民法典》的框架下作体系化分析和解释。当然，以上问题在下面的文章中，也有可能分别论证，也有可能合并论证，而且论证的顺序也不一定与提出问题的顺序相同。

二、担保物权是建立在第一客体还是第二客体之上

我们首先必须对于担保物权建立在"什么之上"的问题，即担保物权建立的"客体"是什么的问题定义清楚之后，才能准确地界定抵押权与质权的区别。

按照权利的结构和属性，权利的客体应区分第一客体与第二客体。无论债权还是物权都有其第一客体和第二客体。例如，就债权来说，债权人具有"双重权利"：一是

对债务人的请求权,二是对债权的"所有权"[1]。对于第二客体,债权人具有"处分权"——债权转让其实就是属于处分权和处分行为(尽管其制度规定在《民法典》合同编中,其实,其与物的转让没有区别:也区分为负担行为与处分行为[2]);对于第一客体属于"负担行为"的范畴,即属于债务人的负担。就动产或者不动产的所有权来说,其第一客体是特定的物,第二客体则是所有权本身。因此,德国学者拉伦茨指出,第一客体是支配权或者利用权的标的,这是狭义的权利客体;第二客体是指权利主体可以通过法律行为进行处分的标的。第一客体是物,第二客体则是指权利和法律关系[3]。我们可以以所有权为例加以说明:所有权人对物的处分(主要是事实处分)属于对第一客体的处分,对于所有权本身的转移就是对于第二客体的处分(法律处分)。债权与物权的区别恰恰就是在第一客体方面:所有权人可以直接支配第一客体意义上的客体,而债权人却无法支配第一客体意义上的客体,但债权和所有权一样在第二客体上是可以支配的。但是,尽管债权人对于第二客体可以支配,债权人对债权享有"所有权",实质上也是"所有权人",但债权转让一般不认为是物权问题,虽然债权转让也是处分行为,也具有无因性。

在对以上客体进行界定的基础之上,我们就可以对我国《民法典》上的不动产物权抵押进行实证分析。我们先来看看我国《民法典》第394~397条的规范。第394条规定:"为担保债务的履行,债务人或者第三人不转移财产的占有,将该财产抵押给债权人的,债务人不履行到期债务或者发生当事人约定的实现抵押权的情形,债权人有权就该财产优先受偿。前款规定的债务人或者第三人为抵押人,债权人为抵押权人,提供担保的财产为抵押财产。"第395条规定:"债务人或者第三人有权处分的下列财产可以抵押:(一)建筑物和其他土地附着物;(二)建设用地使用权;(三)海域使用权;(四)生产设备、原材料、半成品、产品;(五)正在建造的建筑物、船舶、航空器;(六)交通运输工具;(七)法律、行政法规未禁止抵押的其他财产。抵押人可以将前款所列财产一并抵押。"第396条规定:"企业、个体工商户、农业生产经营者可以将现有的以及将有的生产设备、原材料、半成品、产品抵押,债务人不履行到期债务或者发生当事人约定的实现抵押权的情形,债权人有权就抵押财产确定时的动产优先受偿。"第397条:"以建筑物抵押的,该建筑物占用范围内的建设用地使用权一并抵押。以建设用地使用权抵押的,该土地上的建筑物一并抵押。抵押人未依据前款规定一并抵押的,未抵押的财产视为一并抵押。"第398条规定:"乡镇、村企业的建设用地使用权不得单独抵押。以乡镇、村企业的厂房等建筑物抵押的,其占用范围内的建设用地使用权一并抵押。"第399条规定:"下列财产不得抵押:(一)土地所有

---

[1] 德国学者认为,所有权只能存在于物上,请求权的权利人只能叫"债权人"。参见[德]迪特尔·梅迪库斯:《德国民法总论》,邵建东译,法律出版社2000年版,第875页。从实质上说,债权人就是对债权拥有"所有权"的人,因此,实际上债权转让属于处分行为而非负担行为。

[2] 参见[德]迪特尔·梅迪库斯:《德国债法总论》,杜景林、卢谌译,法律出版社2004年版,第545页;[日]我妻荣:《我妻荣民法讲义Ⅳ:新订债权总论》,王燚译,中国法制出版社2008年版,第466页。

[3] [德]卡尔·拉伦茨:《德国民法通论》(上册),王晓晔等译,法律出版社2003年版,第377~378页。

权；（二）宅基地、自留地、自留山等集体所有土地的使用权，但是法律规定可以抵押的除外；（三）学校、幼儿园、医疗机构等为公益目的成立的非营利法人的教育设施、医疗卫生设施和其他公益设施；（四）所有权、使用权不明或者有争议的财产；（五）依法被查封、扣押、监管的财产；（六）法律、行政法规规定不得抵押的其他财产。"

　　如果从第394条的规定看，显然，该条是作为"抵押权"的一般原则进行规定的，也是抵押权的概念和基础，它非常清楚地写明"债务人或者第三人不转移财产的占有，将该财产抵押给债权人的，债务人不履行到期债务或者发生当事人约定的实现抵押权的情形，债权人有权就该财产优先受偿。"第395条、第396条、第397条也符合第394条的规范，并非溢出抵押权的概念。但是，从第399条的规定看，似乎可以反推出"不动产的所有权"是可以抵押的。那么，究竟抵押权是建立在财产之上，还是财产"权"之上？

　　如果从比较法的立法和学理看，似乎抵押权就是建立在"不动产"之上的，属于"物上请求权"。从《法国民法典》第2124～2126条的规定看[1]，可以得出这种结论。《瑞士民法典》对第796条及第800条[2]规定不动产及不动产份额、土地的用益权之上可以设定抵押权。从《德国民法典》第1113～1190条的规定，似乎可以得出只有不动产之上才可以设定不动产担保物权的结论。但德国学者指出，德国法上的不动产担保物权，是对抵押权、土地债务、定期金土地债务等成熟法律制度的简约化的总称。这些限定物权的共性是：在金钱债务不被履行的情况下，权利人可以通过对设定负担的土地进行强制执行的方式来实现其金钱债权[3]。实际上，土地以及与土地相同的权利（如地上权）、共有权的份额都可以作为抵押权的客体[4]。王泽鉴教授认为，担保物权是指以确保债务的清偿为目的，于债务人或第三人所有之物或权利所设定的物权。担保物权属于所谓的定限物权，即于他人之物或权利设定的物权（所谓定限型担保物权），因以支配担保物的交换价值为内容，又称价值权[5]。抵押权，是债权人对于债务人或者第三人不转移占有而供其债权担保之不动产，得就该不动产卖得价金优先受偿之权。其客体为不动产或者不动产物权（如地上权、农育权、典权）[6]。从以上论述可以看出，所有权的共有份额以及所有权以外的不动产物权（主要是用益物权）是可

---

[1]《法国民法典》第2124条规定："约定的抵押权只能对提供抵押的不动产有转让能力的人同意设定。"第2125条第1款规定："对某项不动产仅享有附停止条件或者在某些特定情况下可予撤销之权利的人，仅得同意设立受相同条件约束或者可以撤销的抵押权。"第2126条规定："未成年人的财产，受监护的成年人的财产以及失踪人的财产，在其仅被许可暂时占有时，只能因法定形式与原因，或者只能依据判决，设定抵押权。"

[2] 第796条规定："（1）不动产担保，仅可对在不动产登记簿上登记的土地设定。（2）对共有土地、属于社团所有的公共用地或者牧场，以及上述土地的用益权的担保，各州可特别规定或者禁止其担保。"第800条规定："（1）土地为按份共同共有时，各所有人可对自己应有部分设定担保。（2）土地为共同共有时，仅可以全体所有人的名义对全部土地设定担保。"

[3] [德] 鲍尔、施蒂尔纳:《德国物权法》（下册），申卫星、王洪亮译，法律出版社2006年版，第5页。

[4] [德] 鲍尔、施蒂尔纳:《德国物权法》（下册），申卫星、王洪亮译，法律出版社2006年版，第63页。

[5] 王泽鉴:《民法物权》，北京大学出版社2009年版，第366页。

[6] 王泽鉴:《民法物权》，北京大学出版社2009年版，第367～369页。

以作为抵押客体的。当然，这里所谓的"所有权的共有份额"应当理解为"不动产共有份额"，如果是动产的共有份额因无法公示，也就无法设定抵押这种不以占有为前提的担保物权。但是，似乎所有权本身并没有作为抵押标的物。正因为如此，德国学者沃尔夫指出，所有权、限制物权和占有只能设定在物上。唯一的例外是用益权和质权也可以设定在权利上[1]。

如果从我国《民法典》上述规定（第394~397条）看，我国法上抵押权的标的应该是：①不动产（土地所有权以外的不动产）；②不动产物权。这里的"不动产物权"首先应该理解为与不动产有关且以占有不动产为必要的不动产物权，主要是指不动产用益物权（包括建设用地使用权、海域使用权等）；其次，除了所有权之外的不动产物权。当然了，由于地役权和担保物权的从属性特征，不可能单独来讨论其能否作为抵押客体的问题。③动产。

在抵押权的标的物中，有以下几个问题需要讨论：①土地承包经营权能否抵押？在我国《民法典》上，土地承包实际上分为两种：一是家庭联产承包，二是其他承包。其他承包主要是指《中华人民共和国农村土地承包法》（以下简称《土地承包法》）第48条规定的"不宜采取家庭承包方式的荒山、荒沟、荒丘、荒滩等农村土地，通过招标、拍卖、公开协商等方式承包的"。《民法典》第342条规定："通过招标、拍卖、公开协商等方式承包农村土地，经依法登记取得权属证书的，可以依法采取出租、入股、抵押或者其他方式流转土地经营权。"由此可见，这种承包权抵押是法律明确允许的。但是，家庭承包方式产生的承包经营权是否能够抵押呢？对此，如果从规范对比解释看，似乎应当作出否定的解释。因为农村土地承包有两种方式，《民法典》第342条明确规定了第二种是可以抵押的，但对于第一种却没有作出可以抵押的规定。因此，似乎可以得出否定家庭承包可以抵押的结论。但是，如果从339条[2]之规定看，可以作为抵押标的物——既然可以采取"出租、入股或者其他方式向他人流转"，当然就应该可以抵押。②宅基地使用权。按照第399条之规定，似乎可以认为设立在集体土地上的宅基地使用权不能抵押。但是，宅基地之上的房屋是否可以抵押？答案应该是肯定的。这样的话，当宅基地之上的房屋抵押时，是否也适用"房地一体"的原则？对此，应参照第398条规定："乡镇、村企业的建设用地使用权不得单独抵押。以乡镇、村企业的厂房等建筑物抵押的，其占用范围内的建设用地使用权一并抵押。"由此可见，在此情况下，宅基地是可以随同其上的房屋一并抵押的。③所有权、使用权不明或者有争议的财产是否就不能设立抵押权？对此，我国《民法典》第399条当然是明确禁止的，但问题在于：如何从体系上解释其真实含义？这种所谓"所有权、使用权不明或者有争议的财产"指的是一种"存在状态"，还是指"抵押权人知道或者应当知道"这种状态？如果理解为前者的话，可能与民法典上的所谓"公示公信"之"占

---

[1] [德]曼弗雷德·沃尔夫：《物权法》，吴越、李大雪译，法律出版社2002年版，第8页。

[2] 该条规定："土地承包经营权人可以自主决定依法采取出租、入股或者其他方式向他人流转土地经营权。"

有推定"相矛盾。例如，某财产在 A 与 B 之间有争议，A 占有该财产。C 完全不知道这种争议。A 就在该财产上位 C 设定了抵押权，那么，抵押权能够被 C 善意取得吗？如果按照我国《民法典》的体系化解释，C 的抵押权显然应该受到善意取得的保护。因此，对于第 399 条的此一禁止规定，应当作出"限缩解释"——第二种解释更符合民法典体系化。④共有中的份额。这里的共有当然是指"按份共有"之份额。尽管我国《民法典》物权编的担保部分（尤其是第 395 条）没有对共有的份额能否抵押作出规定，但从《民法典》第 305 条[1]之规定看，既然法律允许转让且共有份额具有价值，就意味是可以抵押的。但在我国《民法典》上，这里的所谓"共有份额"是否可以解释为"不动产共有的份额"呢？在德国等国家可以作出这样的解释，因为动产及动产份额无法公示，自然也就不能作为抵押的标的。但在我国《民法典》上，似乎难以作出类似的解释——因为动产抵押可以登记，也就意味着动产共有的份额也可以登记，也就可以设定抵押。⑤土地经营权。我国《民法典》上的土地承包经营权中，分离出了所谓的"土地经营权"。当然，关于其性质究竟为物权还是债权，学者之间存在争议[2]，但从第 340 条和第 341 条[3]的规定看，登记后的土地经营权作为抵押标的，应该是没有法律障碍的。⑥如果在动产之上设定用益物权的话，能否抵押？对于我国《民法典》是否允许设立"动产用益物权"，学理上存在争议[4]，《民法典》上也存在矛盾。立法上的矛盾就在于：《民法典》第 323 条规定："用益物权人对他人所有的不动产或者动产，依法享有占有、使用和收益的权利。"如果按照这一法条规定，在动产上设立用益物权应该是有"法律依据"的；但是，在《民法典》的整个物权编中，却没有任何关于动产用益物权的规范。如果设定了动产用益物权究竟是符合"物权法定原则"还是违反之？对此，王利明教授认为，我国法规定了动产上可以设定用益物权，在未来，法官如能依循用益物权人的定义，对于实践中出现的动产之上的多种利用方式上的制度创新予以肯定，赋予其用益物权的效力，这并不违反物权法定原则[5]。笔者赞同这种观点，并且按照我国《民法典》整个规范体系来看，动产之上设定用益物权是可行的。因为，我国《民法典》物权编虽然没有具体规定动产用益物权的设定方式和效力，但按照我国《民法典》之物权编的"一般规定"中的"动产物权的公示公信原则"，应当认为，我国《民法典》上动产用益物权的设定也必须适用第 208 条之规定，即"不动产物权的设立、变更、转让和消灭，应当依照法律规定登记。动产物权

---

[1] 该条规定："按份共有人可以转让其享有的共有的不动产或者动产份额。其他共有人在同等条件下享有优先购买的权利。"

[2] 有人认为是债权性权利，有人认为是用益物权。参见高圣平：《土地经营权制度与民法典物权编编纂——评〈民法典物权编（草案二次审议稿）〉》，载《现代法学》2019 年第 5 期；席志国：《民法典编纂中的土地权利体系再构造——"三权分置"理论的逻辑展开》，载《暨南学报（哲学社会科学版）》2019 年第 6 期。

[3] 第 340 条规定："土地经营权人有权在合同约定的期限内占有农村土地，自主开展农业生产经营并取得收益。"第 341 条规定："流转期限为五年以上的土地经营权，自流转合同生效时设立。当事人可以向登记机构申请土地经营权登记；未经登记，不得对抗善意第三人。"

[4] 李永军：《论我国民法典上用益物权的内涵与外延》，载《清华法学》2020 年第 3 期。

[5] 王利明：《物权法研究》（下卷），中国人民大学出版社 2018 年版，第 6 页。

的设立和转让,应当依照法律规定交付"。也就是说,应当采取"合意+交付"的方式设立。至于这种动产用益物权能否登记以及效力,应当参照动产抵押的规则——登记对抗。那么,在这种动产用益物权之上设定担保是否可行?笔者认为是可行的——具有价值并具有可转让性。

从我国《民法典》以及比较法上看,无论是动产还是不动产抵押权,为什么都没有规定"所有权"之上可以设定抵押权?而且我国《民法典》第 399 明确规定"土地所有权不得抵押",这究竟是说因为土地属于国家或者集体因此不能抵押,还是说土地所有权就根本不能抵押?那么,建筑物所有权可以吗?对此问题,笔者认为,就所有权问题来说,典型的抵押权应该是建立在"特定的具体的物"上的,因为:①根据物权法的基本原则——客体特定原则,只有物才存在"特定"或者不"特定"[1]问题,"权利"一般不以"特定"或者"不特定"区分。既然抵押权是一种物权,那么,其典型的抵押权也是建立在"客体特定"的原则之上。因此,典型的抵押权也就应当建立在特定的物上。也就是说,当处分的客体区分为第一客体与第二客体的时候,抵押权主要应该建立在第一客体之上。也就是具体的动产或者不动产之上,这也是大部分国家民法典之物权的主要客体。这种解释恰恰也符合我国《民法典》第 114 条对物权的定义。该条第 2 款规定:"物权是权利人依法对特定的物享有直接支配和排他的权利,包括所有权、用益物权和担保物权。"②自物的属性来说,物(民法上的物绝大部分都是商品)具有价值与使用价值的二重性,抵押权是针对物的价值而设立的。物在交换中可以实现其价值,因此,就可以保障债的履行。也正是因为这一原理,某些权利如果具有下列属性也可以作为抵押或者担保标的:可转让行;具有价值。所以,尽管我国《民法典》第 114 条规定物权对特定的物的排他性支配权,但也例外地承认很多权利可以作为担保的标的,例如,建设用地使用权、海域使用权等。③抵押物与抵押物的所有权之所以有联系,是因为抵押物价值的实现必须要对物进行转让和处分,而且这种处分只能是法律处分而不能事实处分——事实处分只能改变物的状态而不能实现物的价值,因此,一定涉及所有权。故现实中往往看到实现抵押权的时候一般涉及对物的转让。因此,看起来似乎是抵押权设立在特定的物的所有权之上的,其实这是一种误解。

区分抵押权是设立在抵押物还是抵押物的所有权之上的实际意义是什么呢?笔者认为,其意义非常巨大,主要体现在:①正是因为抵押权是设立在动产或者不动产之上的,因此,抵押权属于"物的负担"而非"所有权"的负担,故一个特定的物在其上设立了抵押权之后,并不影响所有权的转移,或者说,所有权的转移与抵押权无关——物随着所有权的转移而转移的时候,物之上的抵押权也随之转移。建设用地使用权之上,设立了抵押权并登记后,建设用地使用权的转移也不影响抵押权的存在。正是因为之前我国学理和立法不十分清楚地区分这种标的物,因此,2007 年的《物权

---

[1] 当然,这里的"特定"并非是指特定物与种类物之意义上的特定或者非特定,而是之能够与其他物区分的具体的物。

法》第191条规定:"抵押期间,抵押人经抵押权人同意转让抵押财产的,应当将转让所得的价款向抵押权人提前清偿债务或者提存。转让的价款超过债权数额的部分归抵押人所有,不足部分由债务人清偿。抵押期间,抵押人未经抵押权人同意,不得转让抵押财产,但受让人代为清偿债务消灭抵押权的除外。"我国《民法典》对此问题的规定就是建立在抵押物与其所有权分离的基础之上,因此,其对2007年《物权法》的上述规定有所改变,《民法典》第406条规定:"抵押期间,抵押人可以转让抵押财产。当事人另有约定的,按照其约定。抵押财产转让的,抵押权不受影响。抵押人转让抵押财产的,应当及时通知抵押权人。抵押权人能够证明抵押财产转让可能损害抵押权的,可以请求抵押人将转让所得的价款向抵押权人提前清偿债务或者提存。转让的价款超过债权数额的部分归抵押人所有,不足部分由债务人清偿。"②在"善意取得"规范问题上,也可以作出清晰的界定——善意取得什么:是善意取得所有权还是善意取得标的物?通说认为,在善意取得的法律效果方面,是取得一个没有负担的物的所有权。例如,根据《德国民法典》第936条第1款与第2款的规定,如果是善意取得的,所让与的物之上设定有第三人的权利的,该权利在所有权被取得时消灭。但就第三人的权利,取得人非为善意的,该第三人的权利不消灭。德国学者也持有相同的观点[1]。《日本民法典》及日本学者也持有相同的观点[2]。那么,在我国《民法典》上这种观点能否成立呢?笔者认为,不能够完全适用(不能够完全成立)。因为:"善意取得"的基本原理是什么呢?对此,日本学者指出,依即时取得而取得的所有权或者质权,为原始取得。虽然以承继占有为必要,但以此为基础而取得的权利,为原始取得。这是因为,取得人并不是基于让与人的权利而取得权利,而是从无权利人处取得权利的缘故。其结果是:前主所受到的限制,在原则上归于消灭。不过,在即时取得人对于定限物权的存在——例如,作为附属物而涉及抵押权效力的问题——属于恶意的情形下,其取得的所有权仍然受到限制[3]。也就是说,可以分为两点来说明:①在所有权取得问题上,善意取得是不存在问题的;②对于他物权来说,要看其是否善意。在动产上设定了负担(第三人的权利)后,如果该第三人的权利不具有对抗性且取得人为善意的(不知道或者不应当指导第三人权利存在的),第三人权利因此而消灭。

我国《民法典》中善意取得的适用对象与比较法上不同,按照我国《民法典》第311条的规定,善意取得的适用对象包括动产与不动产[4],取得对于第三人权利的法律后果除了善意之外,与第三人的权利是否具有对世性(对抗其他人)有关,也就是

---

[1] [德]曼弗雷德·沃尔夫:《物权法》,吴越、李大雪译,法律出版社2002年版,第293页;[德]鲍尔、施蒂尔纳:《德国物权法》(下册),申卫星、王洪亮译,法律出版社2006年版,第396页。

[2] [日]我妻荣:《妻荣著民法讲义Ⅱ:新订物权法》,罗丽译,中国法制出版社2008年版,第236页。

[3] [日]我妻荣:《妻荣著民法讲义Ⅱ:新订物权法》,罗丽译,中国法制出版社2008年版,第236页。

[4] 该条规定:"无处分权人将不动产或者动产转让给受让人的,所有权人有权追回;除法律另有规定外,符合下列情形的,受让人取得该不动产或者动产的所有权:(一)受让人受让该不动产或者动产时是善意;(二)以合理的价格转让;(三)转让的不动产或者动产依照法律规定应当登记的已经登记,不需要登记的已经交付给受让人。受让人依据前款规定取得不动产或者动产的所有权的,原所有权人有权向无处分权人请求损害赔偿。当事人善意取得其他物权的,参照适用前两款规定。"

与公示方式有关。因动产与不动产的公示方式不同,因此,物上的负担是否在善意取得的时候消灭也不尽相同。如果在不动产,其上的抵押权已经登记,其本来就因为登记具有了对抗第三人(对世性)的效力,因此,在善意取得的时候,按照日本学者的观点——"取得人并不是基于让与人的权利而取得权利,而是从无权利人处取得权利的缘故。其结果是:前主所受到的限制,在原则上归于消灭",但该效力并非是对前物主的限制,而是对所有其他人的限制,因此,该登记的他物权并不因此消灭。抵押权也就不因此而消灭。从另外一个视角看,既然第三人的权利已经登记,善意取得人就不能主张其不知道或者不应当知道登记的存在,也就不能主张自己的善意可以对抗第三人的权利。反之,在动产因其公示方式为占有或者转移占有,而第三人的权利因无法对抗第三人,因此,随着第三人的善意取得当然也就不再存在。但如果取得人知道有第三人权利存在的,则第三人的权利不消灭(《德国民法典》第936条第2款)。甚至《德国民法典》第936条第3款中,在采取"指示交付"的方式善意取得的,第三人的权利也不因此而消灭。其实这也是因为公示方式与占有改定一样存在问题。在我国,动产也有抵押登记,这种登记的抵押权也不会因为善意取得而消灭。

　　总之,笔者认为,无论是所有权还是他物权(包括抵押权)都是对物设定的负担,而不是对所有权设定的负担(当然抵押权可以例外对权利设定)。有学术观点认为,所有权具有"弹力性",设定他物权是对所有权的限制的观点[1],应当有保留地承认。笔者查找比较法上有代表性的学者的观点,例如,德国的物权法学者施蒂尔纳、日本著名学者我妻荣的物权法著作中,没有看到对于所有权的这一特征的论述[2]。只有德国学者沃尔夫在其著作《物权法》中提到了所有权的这一个特点,指出:"限制物权是从所有权分离出来的部分权能。物的所有权人在限制物权的范围内将该限制物权转移给相关的权利人。当限制物权消灭时,该限制物权又重新回到了所有权人那里。这就是所有权的可塑性,因为所有权的范围可以随着限制物权的成立或者消灭而缩小或者扩大。例如,不动产所有权人将自己的不动产给他人设定了一个限制的人役权——在不动产上运营一个加油站。只要该限制的人役权存在,它自己就不能经营加油站。如果加油站这种人役权消灭,该役权又重新回到所有权人那里[3]。"我想,沃尔夫先生这种对所有权的具体、直观而非抽象的思维方式,如今大概没有多少人赞同——即使在所有权人的不动产上设定一个债权性权利(比如租赁权),大概所有权人自己也不能经营加油站。难道这也是所有权权能的分离和限制?无论是在自己的不动产上为他人设定他物权还是债权,都是所有权权能的体现——是所有权人使用、收益的具体表现。至多是从直接占有变为间接占有,甚至抵押权对所有权人的占有、使用、收益和处分

---

〔1〕 参见谢在全:《民法物权论》(上册),中国政法大学出版社2011年版,第109页;陈华彬:《物权法原理》,国家行政学院出版社1998年版,第223页。

〔2〕 [德]鲍尔、施蒂尔纳:《德国物权法》(上册),张双根译,法律出版社2006年版;[德]鲍尔、施蒂尔纳:《德国物权法》(下册),申卫星、王洪亮译,法律出版社2006年版;[日]我妻荣:《妻荣著民法讲义Ⅱ:新订物权法》,罗丽译,中国法制出版社2008年版。

〔3〕 [德]曼弗雷德·沃尔夫:《物权法》,吴越、李大雪译,法律出版社2002年版,第293页。

都没有限制：设定抵押后，抵押人仍然可以对物进行占有、使用、收益和转让（处分）。因此，必须清楚地指出，所有权人的权利行使针对两个客体：一是法律处分的客体——所有权本身，这是第二客体；二是事实处分的客体——标的物，这是第一客体。用益物权的设定仅仅是针对第一客体有限制，但对于第二客体根本没有限制。所有权人即使在设定用益物权后，仍然可以自由处分所有权，仅仅是不能再设定相同内容的并且以占有为特征的他物权而已，特别是抵押权，对于标的物设定抵押权以后，无论是动产、不动产还是他物权（主要是用益物权），对于第一客体与第二客体均没有任何限制，它仅仅是对标的物的价值设定，既不妨碍所有权人的法律处分，也不妨碍其占有、适用和收益等。因此，不能说对所有权进行了限制（当然，抵押人不得任意改变抵押物的形态或者毁损以减少标的物价值，但这仅仅属于消极限制。即使在没有担保物权的情况下，也有这种事实处分的限制，例如，对于珍贵文物的所有权人来说，仅仅能够法律处分）。充其量可以这样说：抵押权实际上是将所有权中的"法律上的处分权"附条件地转移给了担保权人——当债务没有履行或者不完全履行的时候，可以行使所有权中的"处分权"——变价权。正如德国学者所言：如果债务人想将在一个属于其财产的标的物的变价权能，转让给债权人，那么对此由法律所提供支配的规则形式为担保物权（担保物权—动产上的质权—债权与其他利上的质权）。法律规则（Legalordnung）的类型强制恰恰在这里具有特别的重要性：对债权人很重要，是因为担保物权赋予他一个依赖于特定要件的、被详细规定的法律地位，对于债务人也很重要，因为法律所规定的设立行为已经使他明确地知道，通过向债权人转让变价权能而在财产标的物上设定了负担，另外，还因为被规定的变价形式包含了一定的对债务人的保护规则[1]。

另外，必须要说明的是，大陆法系国家民法典一般都规定了"占有"，而且，"占有"被规定在"物权编"。我国《民法典》也是如此肯定的是，我国《民法典》上的"占有"是作为一种纯粹的"事实状态"规定的，毫无疑问，《民法典》第458条对于基于合同的占有排除在了占有之外。"占有"既然作为一种事实，很难说具有价值。而且：①这种状态既不能移转，也不能登记。因此，既不适合抵押权的设立，也不符合移转占有的动产质权或者权利质权。②这种状态多处于"不稳定"中，因此，也不宜设立担保。

三、传统民法上抵押权与质权划分的基础

（一）问题与疑惑

在我国《民法典》的物权编之担保部分有几个问题一直令笔者困惑：抵押权和质权的区别究竟是出于法律的强制性规定，还是当事人意思？在我国《民法典》承认动产抵押且能够登记对抗的情况下，动产质权的存在意义和空间究竟如何？即使在权利

---

[1] ［德］鲍尔、施蒂尔纳：《德国物权法》（下册），申卫星、王洪亮译，法律出版社2006年版，第582页。

质权的情形下，质权的标的既然能够登记，为什么不能作为抵押的标的？登记作为质权保障的手段是否与质权这种以占有为标志的权利性质不合？设定抵押是否比质权更安全可靠呢？

（二）分析与说明

我们首先应该说清楚：究竟是什么区分了抵押权与质权？是标的物还是公示方式？这一问题在理论和立法上并没有人们想象中的那么清晰。另外值得讨论的问题是：能够登记的权利是适合于设立抵押权还是质权呢？从我国《民法典》的规定看，有些权利是适合于设定抵押权的，称为抵押权登记，如以建设用地使用权设定抵押的登记，有些权利是适合设定质权的登记，例如，以《民法典》第441条、第443条、第444条、第445条规定的权利设定质权人的，则要进行出质登记。那么，这些能够登记的权利为什么就不能设定抵押权呢？

从比较法上观察，抵押权与质权的区分应该是始于"客体"，因此是制度决定了两者的差别。从传统民法典及民法理论来看，由于建立制度体系的需要，将物分为动产和不动产，围绕这种分类来构建物权规范体系。就如德国学者指出的，在学习一项新的法律制度时，其正确的方法应该是：想象一下假如自己是立法者，需要对那些材料进行立法，则哪一个视角会起决定性的作用？依照这种思考方法，无疑会发现，不动产与动产在满足实际生活需求之功能上所存在的本质差异，对理解物权法来说，具有关键性意义。土地是每个人生存之基础。它能为人类提供住房（"人人都要有个落脚的地方"）并能为人类提供食物及间接地提供衣着，它是"群居"意义上的人类共同生活的基础。这虽是一些传统观念，但或可使我们明白，与动产不同，立法者对土地自一开始就很重视：土地对于人类之个体与整体均是生存基础意义上的"财产"基础。因此，不动产的"市场流通性"较弱（离开自己的土地总是件不情愿的事）；若真的发生其所有权之变更，法律会以特殊的形式要求来警示当事人这个行为给他所带来的意义。在土地相邻关系中会产生一些利益冲突，这需要立法者来加以调整。而对土地是否合乎目的地被加以利用，对公众来说亦至关重要，甚至在为了实现公众性事业时，会动用私人土地所有权。与此相反，各个动产（Bewegliche Sachen）的功能是相当不同的，以至于几乎无法对其予以概括地评价。只要想象"消费品""产品""金钱"这些不同的概念，人们就会清楚，立法者几乎不可能就处于不同经济流转阶段的财产的不同功能进行归纳与概括。由此说来，对不动产与动产进行必要的原则性区别对待，本是件显而易见的事情[1]。正是因为动产与不动产的基本区分，这种"以不移转占有"为特征的抵押权也就只能存在于不动产上了。对此，德国学者指出，《德国民法典》的物权法对于动产与不动产给予了不同的规定，对于动产所有权原则上可以通过物权合同和交付转让；而对于不动产则既要通过物权合同，还要通过在不动产登记簿上予以登

---

[1]〔德〕鲍尔、施蒂尔纳：《德国物权法》（下册），申卫星、王洪亮译，法律出版社2006年版，第18~19页。

记才能完成。此外,《德国民法典》中关于动产质权和不动产担保的规定也是完全不同的[1]。因此可以说,对于抵押权和质权的区分,传统民法上是基于对于动产与不动产这种对"物"的二元区分导致的——只有不动产才能达到"不移转占有而以价值进行担保且对债权人安全"的制度目标,而且不损害交易安全。至于后来出现的很多权利,一般都将其归属于"物"。例如,地上权(我国民法上称为"建设用地使用权""宅基地使用权")、永佃权(我国法上称为"农村土地承包经营权")等不动产物权在流转和担保的时候,也就自然适用不动产的规则;动产担保当然也就适用动产的规则。特别出现了很多其他权利,难以归入动产或者不动产中去,例如,专利权、商标权,甚至债权,因为其具有价值,应该可以担保,但不能将其归入不动产范畴,也就只好归入"抵押标的物"的范畴,只能是与动产放在一起,归入动产担保这一系列。甚至有的国家的民法典明确规定"如债权、股权等权利属于动产"(例如,1804年的《法国民法典》第529条),就更加说明除了不动产权利之外的权利不可能作为抵押的标的。

因此,可以这样对此概括:在传统民法上,抵押权与质权标的的区分大致是因为不动产与动产的基本区分导致的。尽管由于现代的技术发达之后,公示的手段和方法已经大大加强,像专利权、商标权、股权等都可以通过公示的方式予以解决,达到像不动产公示一样的效果,但仍然作为权利质权的标的,也要求登记。

四、结论

因为抵押权属于不移转标的物的占有而以标的物的价值作为担保手段,因此,如果从交易安全及担保权人权利保护的双重视角看,凡是具有登记能力(客观上能够登记)的财产或者财产权,都可以作为抵押权标的。但传统的民法却在不动产与动产的二元区分的基础上,将不动产及不动产相关权利作为抵押权的标的,而将动产及不动产物权以外的权利作为质权的标的,即使是有的财产权利可以登记作为公示方式,例如,专利权和商标权,也依然作为质权人的标的被规定。其实,我国《民法典》大致也是如此。

第二节 从用益物权看物权法体系的外溢

一、问题的提出

尽管用益物权这种规范有很强的本土化特征,各国规定也不尽相同,但比较法上的参考仍然能够给我们很多的启发和借鉴。如果把我国《民法典》同欧陆国家最具代

---

[1] [德]卡尔·拉伦茨:《德国民法通论》(上册),王晓晔等译,法律出版社2013年版,第381~382页。

表性的民法典比较（《古罗马法》《法国民法典》《德国民法典》《意大利民法典》）就会发现，在用益物权的内涵与外延方面与前者相差太多，我们主要把用益物权的客体限于不动产，例如，建设用地使用权、宅基地使用权、土地承包经营权（经营权分离后是否是物权有争议）、地役权和居住权。前者不仅把用益物权制度适用于不动产，即使动产、权利和集合财产也可以设立用益物权。那么问题在于：①造成这种差异的原因是什么？②从我国目前的《民法典》规范中能否在不违反"物权法定原则"的前提下，确定对于动产和权利的用益物权呢？我国《民法典》之物权编中关于用益物权的"一般规定"能否作为"物权法定"之"法"适用呢？③"用益物权"的一般规则是什么？我国《民法典》虽然有关于用益物权的"一般规定"，但除了第323条这一个定义之外，并没有规定用益物权的一般规则。从比较法上看，"用益物权"仅仅是一个学理用语，几乎没有国家将其规定在法典中。我国《民法典》是一个例外，这种规定的意义是什么？④欧陆国家的用益物权以不能转让为原则（例如，德国除了地上权和永佃权之外的其他用益物权都不能转让），而在我国，大部分用益物权都能够转让。造成这种差异的原因何在？⑤我国《民法典》第323条虽然规定"动产上可以设定用益物权"，但却没有任何设定的规则，那么，其如何设定？其公示方式是什么？如果在动产上设定用益物权，违反物权法定原则吗？⑥我国《民法典》在类似传统的永佃权（土地承包经营权）之上分离出（或者说再设）一个"土地经营权"，是否具有法律上的可行性？"用益物权"之上再设"用益物权"是否违反物权法的一般原理？被分离后的土地承包经营权所剩下的"承包权"是一个什么权利？还能说是一个"用益物权"吗？

另外，"地役权"的相对概念是什么？从逻辑上说，既然有"地役权"，就应该有其他"役权"，但我国《民法典》上为什么只有地役权（其实我国《民法典》上的居住权本为传统民法"人役权"的一种，但却没有冠名以"人役权"）？除此之外，地役权与人役权的上位概念应是"役权"，那么，传统民法中的"役权"规则对于他物权来说具有怎样的意义？欧陆国家民法典上的人役权制度非常发达，而且在今天发挥着越来越重要的作用（如德国、法国等），我国《民法典》上如何通过法解释方法容纳这些他物权？由于我国《民法典》没有借鉴自罗马法以来的"役权"的概念，仅仅截取了"役权"之"属概念"中的一个种类——地役权，有无其他为特定主体设定的某一方面的特殊用益权（居住权除外）的规则，因此，我国学理和私法实务中对于地役权有许多误解，让其承载了许多莫名的使命。那么，如何紧紧扣住《民法典》第372条之规定，来正确界定"地役权"的认定和规则的适用？役权不能表现为一般原则，如何界定地役权的内涵？特别是在我国《民法典》关于地役权与相邻关系的"二元构造模式"下把握之？

对于以上问题的研究，即对于用益物权之内涵与外延的把握，对我国《民法典》的解释和适用具有重要的意义和价值。笔者想以此为内容和主线展开讨论。

二、用益物权的理论源头——役权的概念与基本规则

（一）役权的概念及对用益物权有影响的规则

我国民事立法尽管有地役权、居住权、建设用地使用权、宅基地使用权、土地承包经营权等这些以"用益"为目的的他物权，但这些分类仅仅是传统民法理论及立法中的二级分类，其上位概念——役权却被我们所忽视。因此，在司法实践中这些二级分类之间的体系"脉络"和共同规则就会出现断裂。例如，我国《民法典》第372条关于地役权的概念和设立种类就有很多被误解（下面要具体论及）。只有认真研究"役权"的概念，才能解释这些基本的问题。那么，什么是役权呢？

以研究罗马法著称的意大利学者认为，在优士丁尼法中，役权（地役权和人役权）这个词从总体上是指对他人之物最古老的古典权利。在罗马法上，由于优士丁尼的原因，变得复杂。但役权有自己的规则，这些规则主要表现为：①役权不适用于人和自己的物（对己物不能享有役权）；②役权不得表现为要求作为，也就是说，役权不能要求供役地所有主采取积极行为；③不能对役权行使役权（不得对役权行使用益，或者说用益权不接受役权）[1]。

罗马法的上述关于役权的一般概念和规则，实际上奠定了现代物权法以用"役"为特点的通物权（用益物权）的本质性特征：①他物权。即用益物权不能在自己的物上设定，仅仅能够在他人之物上设定。因为所有主如果在自己的物上设定用益权，这种用益的功能就与所有权本身的权能相冲突或者重合，从而成为多余。我国《民法典》（第323条）、《德国民法典》（第1018~1093条）、《法国民法典》（第578~637条）、《日本民法典》（第265~294条）莫不如此。②用益物权体现为对他人之物的"用益"，只能是对他人之物产生负担，而这种负担一般情形是"容忍义务"，而不是积极的行为。因为"要求他人为一定的积极行为"就不再是物权性负担，而是债权性负担，也就是一项债权。就如意大利学者所言，如果要求（被役物的）所有主为他人利益积极地采取行动，我们所谈的就不再是对物的权利，而是对人的权利和对所有主活动的权利，简言之，就是一项债权[2]。因此，一般地说，用益物权中的"他物"之主人对用益物权的义务都是消极的。在我国的《民法典》物权体系中，所有类型的用益物权都体现了这一理念。当然，不放在物权之外，对"被役物"的所有主设定一项债权型的积极行为义务。③役权之上不能再设定役权，用益权不接受役权。这是役权的一项很重要的原则，主要是因为，役权本来要么是对特定的土地设立（地役权），要么就是对特定的人设立（人役权），如果再将役权作为役权的标的，则要么与其本质不相符合，要么与其目的不相符合。以地役权为例，地役权本来就不是一项主权利（尽管它是一

---

[1] [意] 彼得罗·彭梵得：《罗马法教科书》，黄风译，中国政法大学出版社2018年版，第205~206页；[意] 阿尔贝托·布尔代塞：《布尔代塞论罗马法中的地役权》，载徐国栋、方新军主编：《罗马法与现代民法》，厦门大学出版社2019年版，第206页。

[2] [意] 彼得罗·彭梵得：《罗马法教科书》，黄风译，中国政法大学出版社2018年版，第205页。

项独立的权利,但却不是主权利而是从属性权利),其与主权利不能分离而独立发挥作用。因此,不可能单独将地役权作为其他物权的客体或者载体,从而给他人再设立役权或者其他用益物权。因此,我国《民法典》把作为用益物权的土地承包经营权之上再设立一个"土地经营权"或者分离出一个用益性的土地经营权,理论上和实际上确实存在现实的障碍。

(二) 役权的古典分类及其后世民法典的继受

在罗马法上,役权分为两类:一是地役权,二是人役权。就如学者所言,役权只能为某一特定的土地或者某一特定的人而设,因而它是真正不可转让的权利。前一种称为地役权,后一种称为人役权。这两种役权的确有着颇为不同的功能和性质:地役权用在相邻土地关系中土地的需要,而且是从正面规定的使用权;人役权的目的则是为了保障特定人享有优惠,一般把完全享有某物作为生活依靠,而该物的所有权并未转移给他。罗马法上的人役权有四种:用益权、使用权、居住权、对奴隶或者牲畜的劳作权[1]。值得特别注意的是,罗马法上的地上权和永佃权则是在役权制度之外发展起来的[2],不是役权的内容。这一点对于后世民法典影响很大,而亚洲很多国家在继受自罗马法以来的欧陆国家民法中的用益物权的时候,却对这种差别有意进行了忽略,以至于很难从他们的民法典中看到用益物权的真正面目。

由此可见,罗马法上的役权,仅仅与我国《民法典》规定的用益物权有部分的重合。其役权与役权之外的地上权和永佃权并列存在,共同构成了我们所说的用益性物权。

我们必须明白的是,罗马法上的役权与永佃权、地上权有非常大的不同:役权,无论是为特定土地设立的地役权,还是为特定人设立的役权,它们都是不能转让的,但地上权和永佃权确实可以转让的。因为,罗马法上的永佃权被定义为:一种可以转让的并可以继承的物权。它使人可以充分享有土地并同时负担不毁坏土地且交纳年租金的义务[3]。而地役权则被定义为:使人充分享有某一建筑物或者其中一部分的、可转让并可移转给继承人的物权[4]。

我们可以观察一下后世民法典继受罗马法的情况。《法国民法典》继受了罗马法地役权和人役权的基本概念和分类,其民法典第578~636条规定的是人役权;第686~710条规定的是地役权。《法国民法典》中并未就地上权作出规定,按照学者的观点,地上权是由判例发展起来的一种对抗他人的物权[5]。但与罗马法不同的是,《法国民法典》上的用益权是可以转让的(第595条),使用权和居住权不得转让(第631条、第634条)。由于地役权的从属性,当然是不可以单独转让的。

---

[1] [意] 彼得罗·彭梵得:《罗马法教科书》,黄风译,中国政法大学出版社2018年版,第205~206页。
[2] [意] 彼得罗·彭梵得:《罗马法教科书》,黄风译,中国政法大学出版社2018年版,第216页。
[3] [意] 彼得罗·彭梵得:《罗马法教科书》,黄风译,中国政法大学出版社2018年版,第218页。
[4] [意] 彼得罗·彭梵得:《罗马法教科书》,黄风译,中国政法大学出版社2018年版,第219~220页。
[5] 尹田:《法国物权法》,法律出版社1998年版,第370~371页。

《德国民法典》对于罗马法的继受比《法国民法典》更加忠诚：其民法典的物权编中直接规定了"役权"，在该题目之下规定了地役权、用益权和限制的人役权，而且与罗马法相同，这些权利都是不可转让的（《德国民法典》第1018~1093条）。总的来说，德国民法上的用益物权包括有：地上权（Erbbaurecht）和役权（Dienstbarkeit）两种；而役权又进步一划分为地役权与人役权，地役权与人役权的区别在于权利主体的不同，地役权的权利人只能是另一块土地的所有人（即需役地权利人），即其只能与需役地所有权绑定在一起；而人役权的权利主体则是特定的人。依据权利的内容役权则又可以区分为限制性用益权（beschränkte Nutzungsrechte）与完全性用益权（volle Nutzungsrechte），其中完全性用益权就叫作用益权（Nießbrauch），其给予权利人对于标的物的整体性利用的权利；而所有的其他役权均只给予权利人依据其不同的约定进行某种限制性的利用权[1]。

地上权（Erbbaurecht）制度在《德国民法典》制定的时代并不重要，因此《德国民法典》仅仅为其设了6个条文加以规定，也即第1012~1017条，由于条文非常的少，故充满了漏洞，无法对于该制度加以规范。[2] 直到《德国民法典》公布之后，对于地上权的法律观念发生了很大的变化，再加上德国对于土地政策的改革，以及经济因素的推动，实践中对地上权产生了巨大的需求。[3] 而《德国民法典》过于简陋的规定显然无法应对复杂的社会需求，故德国帝国政府于1919年1月15日通过了《地上权条例》（Erbbaurechtsverordnung），并于1919年1月22日生效。《地上权条例》生效后即取代了《德国民法典》第1012~1017条的规定[4]。该条例于1994年9月21日被《物权法修正案》进行了一定程度上的完善，并于2007年11月23日更名为《地上权法》[5]。翻译成中文的"地上权"，在德国法中对应的词汇是"Erbbaurecht"一词，德国人之所以使用这个词，在于两方面的原因：一是Baurecht，意思是在他人土地上从事建筑，故称其为建筑权；二是该种权利同时是可以继承的（vererblich），故这两个词被结合起来称之为Erbbaurecht，《德国地上权条例（草案）》的官方说明中也将地上权人（Erbbauberechtigte）称为Erbbaurechtsnehmer。[6] 因此，德国的地上权制度就是在民法典之外，通过特别法发展起来的。与役权不同，它是可以转让和继承的[7]。

《意大利民法典》是以法典化的形式对于以"用益"为核心的他物权规定最全面的一个欧陆国家的代表，其在法典的第三编"所有权"中，从第三章至第六章分别规定了作为所有权的派生权利地上权、永佃权、用益权、使用权、居住权、地役权。其中，地上权和永佃权是可以处分的（第925条、967条）；用益权可以转让（第980

---

[1] Hans Prütting, Sachenrecht, 36. Aufl., C. H. BECK, 2017, S. 373., Rn. 881.
[2] Staudinger Kommentar zum BGB, 2017, Einl zum ErbbauRG, Rn. 3.
[3] Staudinger Kommentar zum BGB, 2017, Einl zum ErbbauRG, Rn. 3.
[4] Staudinger Kommentar zum BGB, 2017, Einl zum ErbbauRG, Rn. 3.
[5] Hans Prütting, Sachenrecht, 36. Aufl., C. H. BECK, 2017, S. 366., Rn. 866.
[6] Staudinger Kommentar zum BGB, 2017, Einl zum ErbbauRG, Rn. 2.
[7] [德] 鲍尔、施蒂尔纳：《德国物权法》（上册），张双根译，法律出版社2004年版，第648页。

条）；但使用权和居住权不可转让（第1024条）。对此，意大利学者指出，传统中的用益物权包括役权和用益权，以及具有类似形态的地上权和永佃权。这些权利的形态对于物的所有权人之权利产生不同的影响[1]。列举的上述类型中的用益物权确实比较符合罗马法传统，但与德国法和法国法却略有不同。

但在亚洲很多国家与地区民法典法典化开始的时候，特别是对我国民事立法有重大影响的日本在制定民法典的时候，不仅未规定居住权和使用权制度，甚至把役权中最为广泛和活跃的用益权也限定在了不动产之上。例如，《日本民法典》主要有地上权、永佃权、地役权。我国民事立法大概与日本相似。

在亚洲造成这些以"用益"为核心的他物权大大缩水的原因是什么呢？笔者认为，大概有客观与主观两个方面的原因：

1. 从客观上说，主要是因为：①从人役权产生的源头看，人役权的产生就受到质疑。有学者指出，役权的真正原始类型表现为地役权，起初并无定语，役权就是指地役权。只是在共和国最后年代才因为优士丁尼的原因出现了人役权，因为他喜欢把所有的"他物权"都归入"役权"法人范畴[2]。优士丁尼的这种创新受到了学者的质疑和批评，认为："这种创新不太好，它使人难以确定役权的一般概念，以同其他的'他物权'相区别，也使人难以确定它特有的规则。"[3] 也许可能就是这种批评，使后世民法典继受的时候产生疑问和迟疑；②对所有权的妨碍。有学者这样指出人役权对所有权的妨碍：人役权是无偿地将所有权的权能分属于两方，其弊端在于妨碍标的物的改良，不利于经济的发展。从社会利益看，这种状态不能任其永续[4]。

2. 从主观上说，主要原因是：各国在继受罗马法的时候，自我的选择政策更加重要。例如，日本在选择继受欧陆国家民法典的时候，就全部舍弃人役权，根本就没有动产用益的问题。日本学者认为，伴随着役权以外的特殊他物权的发展，相比而言，役权的作用逐渐减弱。最终，作为近代法的理想的所有权自由与土地解放的主张，呈现出排除役权的态度。日本民法仅仅继受了地役权而未引入人役权。而且在当今社会，就连地役权，与地上权、永佃权相比，其作用也是微弱的[5]。但德国的情况却恰恰与日本相反，不仅忠实地继受了罗马法的役权制度，而且根据自身的情况，进行了发展和扩张，其民法典关于"限制的人役权"的规定和实务中的大量应用就是著例。在《德国民法典》上，限制的人役权（beschränkte persönliche Dienstbarkeit）是为特定人的利益而在不动产之上（土地）设定的，权利人只能以某种特定的方式（有限的方式）对该不动产进行利用。限制的人役权的本质特征在于其主观属人性，即只有特定的自然人或者法人得以对于标的不动产按照确定的内容进行利用，此种权利既不能转让亦

---

[1] [意] 马里奥·塔拉曼卡：《塔拉曼卡论罗马法中的地役权》，载徐国栋、方新军主编：《罗马法与现代民法》，厦门大学出版社2019年版，第221页。

[2] [意] 彼得罗·彭梵得：《罗马法教科书》，黄风译，中国政法大学出版社2018年版，第206页。

[3] [意] 彼得罗·彭梵得：《罗马法教科书》，黄风译，中国政法大学出版社2018年版，第206页。

[4] 周枏：《罗马法原论》（上册），商务印书馆1994年版，第368页。

[5] [日] 我妻荣：《我妻荣民法讲义Ⅱ：新订物权法》，罗丽译，中国法制出版社2008年版，第421页。

不能继承。限制的人役权除了权利主体与地役权不同之外，其他重要方面都与地役权相同，标的物都是土地，权利的内容亦都由使用役权（Benutzungsdienstbarkeit）、不作为役权（Unterlassungsdienstbarkeit）与排除权利人某些权利之行使（Ausschlussdienstbarkeit）三种情形构成[1]。在当今德国限制性人役权首先是在经济活动领域里作为使用权而发挥其功能和作用的，如在他人土地上建立加油站、利用他人土地架设高压线进行能源输送，或者用来限制竞争（对于啤酒酿造业和原油开采业尤其重要）。限制性人役权还被用来保障新型可再生能源行业的增设。限制性人役权在终老财产（Altenteil）领域中也发挥着重要的功能，特别是其中的居住权。近年来，限制性人役权在公法领域中的作用也越来越重要了，其发挥了征收的作用（Enteignung），即通过强制性为公共利益设立公共性限制性人役权（公众通行等），而无需再行剥夺所有人之土地所有权了[2]。

因此，笔者认为，各国对于役权的继受主要取决于主观原因而非客观原因，另外，客观原因也难以令人信服：所有以占有、使用和收益为目的的他物权，都会阻碍所有权的标的物的改良（如永佃权），难道都需要被消灭吗？因此，无论是《德国民法典》还是《日本民法典》，都是根据自身需要和具体国情作出的主观选择，故将用益物权仅仅限于不动产，仅仅是一种主观选择，并非当然和必须。

在我国学理和立法特别强调"物权法定"的呼声下，目前的《民法典》框架下，能否更加灵活地运用用益物权规范，扩大其适用范围？对此我们将在下面详细论及。有一点是我们在认定用益物权的时候需借鉴和注意的：《德国民法典》强调的是"物权客体特定"和"登记能力"，"物权合意+登记"就可以在具有登记能力的特定的不动产上产生不动产物权、"物权合意+交付"就可以在特定的动产之上产生动产物权。而我国《民法典》及学理更加注重"外观"，即从外部判断它是物权还是债权，而忽略"物权合意"，因此，在《民法典》物权编中有很多物权是直接根据"合同"[3]产生，登记仅仅是对抗要件[4]。故在动产和不动产，甚至权利上设定用益物权并不存在理论上的障碍，与担保物权比较，用益物权是一个更加庞大的体系。

三、在"用益权"与"用益物权"的对比中探讨我国《民法典》上的适用规则

无论是在罗马法，还是在欧陆国家的民法典上，都会存在"用益权"这样一种他物权。但从其立法体例和学理上看，其"用益权"显然不能等同于我国学理和立法上的"用益物权"。因为，我国《民法典》上的用益物权仅仅包括五种：土地承包经营权、建设用地使用权、宅基地使用权、地役权和居住权。至于第328条和329条规定的

---

[1] Staudinger Kommentar zum BGB, 2017, Vorbemerkung zu §§1090 ff., Rn. 1.
[2] Münchener Kommentar zum BGB, aufl. 6, 2013, §§1090, Rn. 2.
[3] 当然，这里的"合同"是否能够解释为"物权合同"存在解释的空间，但司法实践中，会被解释为是"债权合同"。
[4] 例如，《民法典》第335条关于土地承包经营权、第374条关于地役权的规定即是。

"海域使用权"和"探矿权、采矿权、取水权和适用水域滩涂从事养殖及捕捞的权利"是否属于像我国学者所说的"准物权",值得讨论。

在这里有下列问题需要探讨:①从客体上说,我国《民法典》第323条规定的"动产上可以设定用益物权"如何落地?其设立程序如何解决?其效力如何?②从种类上说,用益物权的范围和种类在我国民法典体系框架下能否扩大?诸如像《德国民法典》上的"限制的人役权"这一类型的"权利群"能否有机地在我国《民法典》中嵌入?③第328条和329条规定的"海域使用权"和"探矿权、采矿权、取水权和适用水域滩涂从事养殖及捕捞的权利"应该归入哪一类他物权?

(一)我国《民法典》在动产这种客体上设定用益物权的法律依据及可能的空间

自《日本民法典》开始,亚洲很多国家效仿之,将用益物权仅仅限于不动产,而且对不动产上的用益物权的种类进行了极大的限制,使其仅限于少数几类,并且严格地坚持"物权法定原则",大大减少了用益物权在实际社会生活中的作用。我国《民法典》及学理实际上就是这种立法例的体现。但是,从上面我们对用益物权的历史考察及各国民法典的继受看,用益物权这种权利从来就没有限定在不动产上。欧陆国家民法典上的"用益权"和"使用权"对于动产与不动产都可以设定,《德国民法典》甚至对于权利和集合财产之上都可以设定之[1]。因此,在我国《民法典》的制定过程中,特别是在2007年《物权法》明文规定"物权法定原则"后,许多学者提出了"物权法定主义的缓和"之观点。那么,我国《民法典》上真的缺乏设立动产用益物权的法律依据吗?

我国《民法典》其实采取了"物权法定主义缓和"的态度,在物权编之"用益物权"之下,有一个"总则"(一般规定),其规定得非常清楚:在不动产和动产上都可以设定"以占有、使用和收益"为内容的权利。那也就是说,我国《民法典》明确规定动产上可以设定用益物权,所以,在动产上设立用益物权既有法律依据,符合"物权法定原则",也有理论根据。

但我国设定动产用益物权必须解决的问题是:①动产用益物权设定的程序是什么?②其效力如何?特别是其能否转移?与《民法典》中特别是担保物权中的"动产抵押"在效力上如何协调?

罗马法以来的欧陆国家民法传统认为,用益权属于人役权,是针对具体人设定的、对物的全面用益的权利,但权利是不可转让的,也是不可继承的。而从我国《民法典》的物权法体系看,仅仅在"居住权"中规定不得转让和继承(第369条),但在其他物权中并没有限制。而且,第323条虽然规定了动产上可以设定用益物权,但也未限制其转让。从解释论上看,应该认为,在我国《民法典》中于动产之上设立的用益物权是可以转让的。但是,如果在动产用益物权设定时,当事人在合同中约定,不得转让的,也仅仅具有债权效力,而没有物权效力。

---

[1] 参见《德国民法典》第1030~1089条。

另外，我国《民法典》上是否要像德国法、法国法及意大利的民法典那样，区分用益权、使用权和居住权呢？从罗马法形成的传统看，用益权与使用权不同：用益权包括使用和收益两种权能，而使用权则无收益的权能，并且，使用权人无权将其权利的行使让与他人，而用益权虽然不可转让，但用益权人可以将权利的行使让与他人，例如，将今年的收成让他人收割等[1]。笔者认为，在我国当代，没有必要区分得如此详细，统一为"用益权"，包括使用和收益。

那么，如何在动产之上设立用益物权？我国《民法典》第323条虽然规定了动产之上可以设定用益物权，但对如何设定却没有规定，而关于不动产之上如何设定用益物权却规定得非常清楚。对此，王利明教授认为，我国《物权法》（已失效）第117条规定了动产上可以设定用益物权，在未来，法官如能依循用益物权人的定义，对于实践中出现的动产之上的多种利用方式上的制度创新予以肯定，赋予其用益物权的效力，这并不违反物权法定原则[2]。笔者非常赞同这种观点——在动产上设定用益物权不违反物权法定原则，但设定程序如何？从比较法的视角看，按照《德国民法典》（第1032条、第1035条及1069条）的规定，为在动产上设定用益物权，所有人必须将物交付给取得人，且双方当事人必须达成关于取得人应享有用益权的合意；在集合物上设定用益权，用益权人与所有人相互有义务协助制作集合物的目录，且必须有双方的签字；在权利上设定用益权，适用关于权力转让的规则。《意大利民法典》第978条也明确规定了在各种不同客体上设定用益权的方式，《法国民法典》第579条也有明确规定。

我国《民法典》物权编虽然没有明确规定动产用益物权的设定方式，但按照我国《民法典》物权编的"一般规定"中的"动产物权的公示公信原则"，应当认为，我国《民法典》上动产用益物权的设定也必须适用第208条，即"不动产物权的设立、变更、转让和消灭，应当依照法律规定登记。动产物权的设立和转让，应当依照法律规定交付"。也就是说，应当采取"合意+交付的方式"。因为，尽管我国《民法典》没有在该条规定"合意"，但如果没有"合意"，仅仅是交付就不能确定该"交付"的真正意义和法律效果是什么：是转移所有权、债权性使用权收益权（租赁），还是物权性使用收益权（用益物权）。因此，必须有合意，再加上转移占有（交付）才能在动产上设定用益物权。

动产用益物权在效力上如何同第三人权利协调？这种问题主要体现在：①善意取得人；②动产抵押权人。

我们先来看第一个方面的效力。如果在他人的动产上设定了用益物权之后，用益物权人就取得了对动产的占有。那么，占有动产的"用益物权人"如果再将该动产出

---

[1] 周枏：《罗马法原论》（上册），商务印书馆1994年版，第375页。后世各国民法典对此也都有严格限制，如《意大利民法典》仅仅允许使用权人自己和家庭需要的范围内享有孳息（第1021条），《法国民法典》第630条也有类似的规定。

[2] 王利明：《物权法研究》（下卷），中国人民大学出版社2018年版，第6页。

卖给第三人或者为第三人设定担保，而第三人若为善意，则应使用第311条善意取得的规定。

如果动产的所有权人在为他人设定了抵押权后，又设定用益物权的，或者动产之上设定用益物权后，又为第三人设定动产抵押权的，那么，如果该抵押权进行了登记，则可以对抗用益物权人；否则，不能对抗之。

对动产这一概念的外延是否要作"限缩解释"？即作为消耗物的动产之上能否设定用益物权？对此有学者指出，按照现代民法的理论逻辑，作为他物权的用益权的客体只能针对他人所有的非消耗物与升生息物。这一定位无疑低估了用益物权制度在起源时期作为供养目的工具的功能[1]。的确，在罗马法上，用益物权制度在起源时本来只能针对非消耗物，但是，帝国初期的一项元老院的决议规定，可以将对某人的财产任何组成部分的用益权留作遗赠。既然在使用可消耗物时，不能不损毁它的实体，为了维护有关用益权的规范和逻辑，法律就规定：对于可消耗物，在所有权转移时要求必须按时归还同等数量的相同的可消耗物，例如，在对畜群的用益权中，应当用新生畜替代死亡的或者被其屠宰的牲畜[2]。

但如果认为这仅仅是罗马人的专利，那就错了。实际上，《德国民法典》和《意大利民法典》也继受了这一传统。《德国民法典》第1067条规定："（1）消耗物为用益物权客体的，用益物权人称为物的所有权人。用益权终止后，用益权人必须向设定人补偿在用益物权设定时物所具有的价额。设定人和用益物权人均可以以其费用让专家确定物的价额。(2) 价额补偿请求权受到危害的，设定人可以请求提供担保。"《意大利民法典》第989条及第995条也有类似规定。

因此，从比较法的经验和传统理论看，在消耗物上设定用益物权并没有理论障碍，并且，按照社会生活的实际需要，在消耗物上设定用益物权是现实生活的需要。故，对于我国《民法典》第323条规定的"动产"没有必要作出限缩性解释，应当包括消耗物与非消耗物。

总之，按照我国《民法典》第323条的规定，在动产上可以设定用益物权，这是物权法规定的种类，而非"物权法定原则"的例外。就如有学者所指出的《物权法》（已失效）[3] 在用益物权的制度设计上就已经为用益物权的发展预留了一定的空间，兼顾了物权法定原则下的刚性与弹性。因此，用益物权的客体不仅包括不动产，也包括动产[4]。而在动产上，也不仅仅包括非消耗物，也包括可消耗物。

（二）在我国《民法典》上除了明确规定的五种用益物权之外在不动产上设立其他种类的用益物权的依据

---

[1] 汪洋：《从用益权到居住权：罗马法人役权的流变史》，载《学术月刊》2019年第7期。

[2] [意] 彼得罗·彭梵得：《罗马法教科书》，黄风译，中国政法大学出版社2018年版，第210~211页。

[3] 这是王利明教授在《民法典》颁布前的著述，《物权法》的第117条实际上与现在《民法典》的第323条是一致的。

[4] 王利明：《物权法研究》（下卷），中国人民大学出版社2018年版，第43页。

尽管按照"物权法定原则",我国《民法典》规定了五种用益物权[1],但在不违反"物权种类法定原则"的前提下,能否设立其他类型的以"用益"为目的的物权呢?

如果我们仔细来分析我国《民法典》的规范,就会发现,我国《民法典》对于物权的种类实际上是采取了一种"开放"的态度。从立法例上看,我国《民法典》在"用益物权"部分,与其他欧陆国家及日本民法典不同之处在于:规定了关于用益物权的"一般规定",根据该"一般规定"中的第323与324条,可以在国家、集体所有的土地或者其他自然资源上为他人设立"用益权",特别是"有限制"的人役权,就像现行的《德国民法典》及实践中盛行的"有限制的人役权"一样,即为特定主体设立的、不是对不动产上的"全面用益",而是在某一方面的用益。就如上面提到的,在当今德国限制性人役权在经济活动领域里作为使用权相当活跃,而且发挥重要的功能和作用,如在他人土地上建立加油站、利用他人土地架设高压线进行能源输送,或者用来限制竞争,近年来,限制性人役权在公法领域中的作用也越来越重要了,其发挥了征收的作用(Enteignung),即通过强制性为公共利益设立公共性限制性人役权(公众通行等),而无需再行剥夺所有人之土地所有权了[2]。日本学者我妻荣在1932年就已经指出,在企业财产客观化、其所有人与利用人相分离的情形普遍存在的今天,依然有必要对他人的企业财产的使用收益权进行物权性保护。在法律上仅仅试图谋求有关作为不动产适用收益的租赁权的物权化,这种态度是不彻底的。这时,"人役权"这种制度,恐怕就具有可被利用的价值了。德国民法承认了"限制的人役权与一般人役权",这是值得参考的[3]。

根据我国《民法典》第323条和第324条能否有效设立呢?《民法典》的该两条实际上是允许在不动产上设立以占有、适用和收益为内容的物权的。因此,即使在不动产上设立超出上述五种用益物权之外的用益物权,也并不违反"物权法定原则"。但设立必须满足下列条件:①内容必须是以"用益"——占有和使用为核心;②用益权的期限必须高于20年;③该不动产物权必须能够登记。也就是说,这些用益权因为效力的排他性和长期性,为了第三人的安全和权利保护的周延,必须要登记,因此该权利按照物权法外部体系结构必须具有登记能力。

那么,这些为特定人及特定目的设立的用益权是否具有可转让性呢?在《德国民法典》及理论和实务中,这种权利是不可转让和继承的。在谈到这种禁止的理由时,德国学者指出,正因为所有权人的用益权利和占有权利被剥夺,故而所有权人的"伙伴",应该且只能是所有权人准许的用益权人,而不是该用益权人的权利继受人[4]。但是,笔者认为,我国《民法典》在此问题上,不应机械地仿效《德国民法典》,应一般性地允许转让和继承,这是现代社会的生活和发展需要。当然,所有权人在设定

---

[1] 即土地承包经营权、建设用地使用权、宅基地使用权、地役权和居住权。
[2] Münchener Kommentar zum BGB, aufl. 6, 2013, §§1090, Rn. 2.
[3] [日] 我妻荣:《我妻荣民法讲义Ⅱ:新订物权法》,罗丽译,中国法制出版社2008年版,第423页。
[4] [德] 鲍尔、施蒂尔纳:《德国物权法》(上册),张双根译,法律出版社2004年版,第696页。

用益物权时，可以通过合同与相对人约定该权利的不可转让性。但由于物权登记不得附条件，故该约定并不具有物权效力，仅仅对于用益权人有债权约束力，不可以对抗善意第三人。

（三）对我国《民法典》上居住权的理论与现实解读

首先，从罗马法以来的传统民法看我国《民法典》上的居住权的话，它确实就是比较法上的"限制的人役权"，即仅仅对他人的住宅享有"居住"这一单方面的役权，并且是对特定人设立的（我国《民法典》第368～369条），而且坚持了居住权"无偿设立、不得转让、不得继承、不得出租"的传统原则。

但从居住权的源头看，这种权利究竟是否仅仅具有单一的"居住"功能呢？无论从源头与历史流变来看，居住权本来就是一项与其他用益权很不相同的权利——先到严格的限制：罗马法上包括居住和出租（收益）两项权能[1]。而在《意大利民法典》（第1022条）和《法国民法典》（第623条及634条）则仅仅限于居住功能。《德国民法典》居住权仅仅限于居住功能，但在征得所有权人同意的情况下，可以出租[2]。从我国《民法典》第369条的规定看，采取的是《德国民法典》的模式——一般性地禁止出租，但当事人另有约定的除外。

但是，《民法典》这种绝对性的规定是否符合中国当前的社会需要呢？也就是说，通过"投资型有偿性居住权"的设立是否可行？例如，甲在拥有土地使用权的土地上盖一座住宅楼，乙与甲商定为获得居住权而投资一部分。房子建好后，甲为乙登记设立一个物权性居住权，为什么不可以？因此，德国学者对于《德国民法典》的批评就是：在居住权某种程度上体现为投入建筑资金的对待给付时，此时的居住权之不得转让与不得出租性就是一项不合理的缺陷[3]。而在我国目前各地房价十分高昂的情况下，这种有偿的投资性居住权应该是一种解决住房问题的途径。

另外，放宽居住权的条件限制，对于集体经济组织解决宅基地和住房也大有裨益。我国修改后的《中华人民共和国土地管理法》（以下简称《土地管理法》）（2020年1月1日生效）第62条第1款、第2款规定："农村村民一户只能拥有一处宅基地，其宅基地的面积不得超过省、自治区、直辖市规定的标准。人均土地少、不能保障一户拥有一处宅基地的地区，县级人民政府在充分尊重农村村民意愿的基础上，可以采取措施，按照省、自治区、直辖市规定的标准保障农村村民实现户有所居。"当然，达到这种目的的方式很多，如共有宅基地和住宅，但如果《民法典》能够放宽居住权的限制，通过投资性合作，让一方拥有宅基地使用权并盖房，另一方投资并取得部分住宅的居住权，能够为帮助我国有些地方"人均土地少、不能保障一户拥有一处宅基地的地区"达成"保障农村村民实现户有所居"的目的，提供《民法典》上的有效途径。尤其是针对目前中国许多农村的具体情况而言——年轻人进城打工，并且选择在城市

---

[1] [意] 彼得罗·彭梵得：《罗马法教科书》，黄风译，中国政法大学出版社2018年版，第212页。
[2] [德] 鲍尔、施蒂尔纳：《德国物权法》（上册），张双根译，法律出版社2004年版，第655页。
[3] [德] 鲍尔、施蒂尔纳：《德国物权法》（上册），张双根译，法律出版社2004年版，第655页。

落户生活，农村居住的很多是老人，不需要通过盖房取得所有权，那么通过投资一部分资金而取得居住权，是一种省钱（对居住权人来说比自己盖房投资少）、省地的适合中国国情的法律途径。

四、用益物权中地役权的学理与立法困惑

实事求是地说，地役权这种他物权因我国长期的土地国有及集体经济组织所有的具体国情，在我国具体的适用性很少。具体来说，在城市中，不存在土地所有权人之间的地役权问题；作为不动产的建筑物所有权人之间主要是适用"相邻关系"这种法定的为不动产有效利用所需要的容忍性权利义务，而通过设定地役权的方式约定权利义务，恐怕难以实行——因为有城市建筑规划，约定的地役权如果同这种行政性规划矛盾，恐怕难以有效。再加上地役权本身的特点——必须为了需役地自身提高效力的需要，而不是为特定人的需要才能设立，则在城市设定的余地不大。在农村，住宅所有权人之间也是主要使用相邻关系这种法定关系，但在具有承包经营权的土地利用方面，可能有使用的空间。但是，地役权这种他物权无论是在其源头，还是在后世欧陆国家的理论和社会生活中，都是非常重要的。而我国学理和立法，在地役权方面存在很大的困惑，有许多值得探讨的地方，主要表现在：①地役权的本源性使命是什么？②我国现实生活中存在的大量的烧窑用的取土、开矿属于地役权吗？

按照我国《民法典》物权编第372条的规定，地役权是按照合同约定，利用他人的不动产，以提高自己的不动产的效益的他物权。那么，最重要的问题之一就是：地役权的使命是什么？我国专门研究物权法的著名学者陈华彬教授针对有学者提出用"邻地使用权"替代地役权的概念时指出，使用邻地使用权的名称虽然有助于人民理解传统民法上的地役权概念，但这种名称上的替换是不科学的。邻地使用权，虽然多数是用来调节两块相邻土地的利用关系的，但两块土地即便是不相邻，甚至相隔千山万水，也同样可以设定。这种在远隔千山万水的两地之间设定地役权，各国民法称为"法定地役权"。

从罗马法以来的大陆法系学理及民事立法，基本上沿着役权的基本分类——地役权与人役权展开。地役权一定是为特定的土地"增益"而设的。从这一点上看，我国《民法典》关于地役权的概念是正确地延续了这一传统。按照对地役权正确地理解：地役权是为土地而非为具体人而设的。对此，意大利学者彼得罗指出，地役权应当直接给土地而不是脱离土地给人带来功利。因此，如果两块土地不是相邻的，至少也是相近的，以便不让中介土地或者其他障碍阻止役权的行使[1]。另一位意大利学者也指出，地役权通常被定义为：为一块土地的利益而对另一块土地施加的负担。需役地的客观利益还导致需役地和供役地之间应该是相邻的，或者必须足够靠近以便行使地役权成为可能。当然，"相邻"这个概念由联系的方式所决定：人们可以在距离自己土地

---

[1] [意]彼得罗·彭梵得：《罗马法教科书》，黄风译，中国政法大学出版社2018年版，第206页。

较远的地方设立一项汲水地役权,而同时,在水源地和需役地之间经过的土地设立引水地役权[1]。但实际上,如果相隔距离太远,对于土地的增值就意义不大了。因此,只有相近或者相邻土地之间设立地役权才有意义。

除此之外最为重要的是:供役地之负担必须是为需役地服务,而不是为具体的人服务。正如学者所指出的,从罗马人的经验看,乡村地役权[2]在农业生产中若能增加自身依附土地的价值是远远不够的,因为尚未考虑土地本身的社会经济功能。正是基于此,人们才可以理解,例如,"采掘和烧制石灰的役权",仅当石灰本身是用于与需役地有关的劳作而不是为了生产出售的时候才能被允许。或者,放牧地役权仅当需役地用于放牧时才被允许[3]。乌尔比安写道:不得拥有他人土地上的汲水权、饮畜权、采掘和烧制石灰役权,除非他有一块相邻的土地。特别对于采掘和烧制石灰役权,不能超过需役地本身需要的限度[4]。

法国的学理和判例认为,地役权应基于土地之利用而非人的利用。供役地所有权人是以所有权人的身份参加地役关系,需役地与供役地之间应当存在某种关系。例如,在司法实践中,就一项从供役地获得取暖的柴火的权利而言,如果其涉及为需役地上的一特定房屋,其性质即被认为是地役权;如果其涉及位于某处的人的取暖,其即为非地役权。如其具有永久性,则应归于无效[5]。按照法国最高法院的判决,禁止不动产取得人将其取得的不动产用于特定的用途,上诉法院作出判决认定,这样的条款因为没有确定的需役地而宣告无效[6]。法国最高法院在1992年的另一份判决中认定:在土地上行使栽种草坪的权利,并不是为了某块土地的便宜,而仅仅是为某一地段的居民带来利益,因此并不构成役权(地役权)[7]。

德国学者也强调指出,"地役权"的权利人不是作为权利人本身,而是作为收益土地的所有权人享有役权。地役权是在供役地上为需役地而设定的,需役地的所有权人同时就是地役权的权利人。由于地役权的权利人不是作为其自身,而是根据需役地所有权的媒介而产生,所以,地役权被称为"物权权利"(subjektiv-dingliches Recht),

---

[1] [意]马里奥·塔拉曼卡:《塔拉曼卡论罗马法中的地役权》,载徐国栋、方新军主编:《罗马法与现代民法》,厦门大学出版社2019年版,第224页。

[2] 我国《民法典》第379条实际上既规定了城市地役权,也规定了乡村地役权。因为按照《法国民法典》第687条的概念:役权,或者为建筑物的使用,或者为土地的使用而设定。不论为之负担的建筑物位于城市还是位于乡村,第一种役权均称为城市役权;第二种役权称为乡村役权。

[3] [意]马里奥·塔拉曼卡:《塔拉曼卡论罗马法中的地役权》,载徐国栋、方新军主编:《罗马法与现代民法》,厦门大学出版社2019年版,第224页。

[4] 参见[意]马里奥·塔拉曼卡:《塔拉曼卡论罗马法中的地役权》,载徐国栋、方新军主编:《罗马法与现代民法》,厦门大学出版社2019年版,第224页。

[5] 法国最高法院的第三民事法庭1979年7月18日(B. III. N. 161)判决。参见尹田:《法国物权法》,法律出版社2009年版,第432~433页。

[6] 参见《法国民法典》(上册),罗结珍译,法律出版社2005年版,第545页。

[7] 参见《法国民法典》(上册),罗结珍译,法律出版社2005年版,第507页。

与人身权利（subjektiv-persönlichesRecht）不同[1]。"与需役地利益相关"这种限制，即使在今天也仍然是地役权设立的法定条件。德国学者举了一个例子：酿造厂B在E的土地上为自己设定了地役权，其内容是：①允许在该土地上的小餐馆里出售自己B的啤酒；②不允许出售其他酿造厂的啤酒。这种役权合法吗？联邦最高法院判决（BGHZ29，244）认为，通过役权的设立的行为禁止只涉及被视为行使所有权或者行使土地使用权的实际行为，不包括那些视为一般法律行为的行为自由和处分自由的行为。因此，上述例子中的①中的役权可以登记，②中的役权不能进行登记。但这种约定是允许的，只是仅仅具有债权的效力，并且不能超过20年，否则就是违反善良风俗的（BGHZ74，293）[2]。沃尔夫非常进一步阐述地役权的界限：如果为了一块自己与公共道路没有通道的土地设定以通行权为形式的役权，则该役权为土地带来了长久的利益，因为保障了它的通行。因此，可以根据《德国民法典》第1019条设定役权。如果一个律师或者医生设定在相邻土地上不允许经营同类业务的役权，这就只对律师或者医生本人具有利益，而对于现在的所有权人的土地使用没有带来利益。在这种情况下，就不能设立地役权，而只能设立限制的人役权[3]。德国弗莱堡大学的施蒂尔纳教授也持有相同的观点[4]。

尽管我国自2007年的《物权法》到2020年的《民法典》都有关于地役权的规定，并且像《德国民法典》一样，将地役权的设定限制在"与需役地[5]利益相关"的范围内，但很多学者对此的理解并不相同，甚至有学者还主张在权利人设立地役权[6]。造成这种众说纷纭的原因大概有以下几点：①我国没有地役权的学理和实践传统，更多的是相邻关系的运用；②由于我国的土地"公有"，适用地役权的可能就是在他物权人之间设立，而设立地役权的功能很有可能被其他功能相同的"约定"替代；③我国《物权法》和《民法典》都没有强调区分以"利用"为中心的这种他物权究竟是对特定人设立还是对特定的不动产设立，统称为"用益物权"，而且种类很少，没有对于"物权法定原则"进行根据我国法的解释——根据"一般规定"中的概括条款创设新的用益物权种类，甚至将《民法典》第329条理解为"准物权"，因此，导致许多为人而不是为物设定的用益权，找不到"归属地"，例如，烧窑取土的权利属于哪一种用益物权？④由于从我国《物权法》一直到《民法典》都强调"合同生效时设立，登记对

---

[1] ［德］曼弗雷德·沃尔夫：《物权法》，吴越、李大雷译，法律出版社2002年版，第466页。实际上，这里的真正意思是说：地役权是对土地这种"物"设立的物权，而不是对人设立的物权。但由于土地本身又不能行使这种权利，因此，只有需役地的所有权人通过"对土地的所有"这种法律媒介实际上享有的需役地的权利。因此，地役权很特别。

[2] ［德］曼弗雷德·沃尔夫：《物权法》，吴越、李大雷译，法律出版社2002年版，第469页。

[3] ［德］曼弗雷德·沃尔夫：《物权法》，吴越、李大雷译，法律出版社2002年版，第470页。

[4] ［德］鲍尔、施蒂尔纳：《德国物权法》（上册），张双根译，法律出版社2004年版，第715页。

[5] 这里的"地"包括建筑物、构筑物等不动产。

[6] 参见王利明：《物权法研究》（下卷），中国人民大学出版社2018年版，第242~248页；陈华彬：《物权法》，法律出版社2004年版，第440~441页；尹田：《物权法》，北京大学出版社2013年版，第437页等。

抗"[1]，这就很难区分哪些约定属于债权效力，哪些约定属于物权效力；⑤由于地役权在实践中发生争议的比较少，故最高法院确定的司法判例规则就很少。基于以上诸理由，对于地役权的设立的限制——提高自己不动产的效益，其实就被忽视，甚至作出相反的理解。

"与需役地相关"之所以被强调就在于：地役权因为附属于需役地，有可能是永久的（在我国至少是长期的），如果将对特定人所设立的权利设定为地役权的话，会极大地限制供役地人的行为自由和处分自由。因此，只有两种选择：一是可以设定为债权，二是设定为人役权——不得继承和转让。这两种方式可以减轻供役地人的负担。如果对人的自由的限制过多，地役权设立为与需役地的利用无关，则如上所述，将被视为"违反善良风俗"而无效。

因此，我们在设定地役权的时候，必须严格遵循《民法典》第372条规定的条件——为提高自己不动产的效益这一限制条件，凡是与这一目的不相一致的用益物权必须不能放在地役权中设置。例如，甲承包了集体经济组织的土地，与承包经营户乙相邻，甲与乙约定在乙承包的土地上设定一个地役权：乙不能种植与甲相同的经济作物，目的是害怕作物授粉时影响甲之作物品种的纯洁性，同时也不形成竞争。这是符合我国《民法典》第372条而被允许的。但如果甲与乙约定这样的地役权则是不被允许的：乙收获了作物后，不得将其出卖给丙。因为这已经与土地利用无关，而是对人的行为的限制。但是，我们仅仅是说不能以这种内容设立地役权，并不妨碍将其设定为债权债务关系，或者设定人役权。

但如何设定这种以"用益"为核心的、针对特定的主体而不是对特定的土地设定的人役权呢（甚至是有限制的人役权）？应该根据我国《民法典》关于用益物权的"一般条款"——《民法典》第323条。设定后并不违反"物权法定原则"。

我国《民法典》第329条规定的探矿权、采矿权、取水权和水域滩涂养殖捕捞权等，从体系解释的视角看，属于用益物权，当然没有问题。但属于什么样的用益物权呢？我国学者多将其解释为"准用益物权"[2]。其实，上述所谓"准物权"有的属于特别法上的用益物权，如探矿权、采矿权等；有的属于地役权（如取水权等）。它们有的是特定的土地或者建筑物等设立，属于地役权；有的则属于为特定主体设定而属于人役权（用益权）。它们是真正的物权，而不是准物权。

但问题是，这些特别法上的物权有很强的行政许可性。这主要是因为我国矿藏、水源等属于国家所有（有的属于集体所有），有的需要行政审批、许可，有的需要登记，而登记在我国是由政府机关审批。许可审批确实属于行政审批，但"登记"应该理解为民事权利的登记，其转化也受到严格的限制。

---

[1]《民法典》第374条。

[2] 参见尹田：《物权法》，北京大学出版社2013年版，第384~385页；陈华彬：《物权法》，法律出版社2004年版，第412页；刘保玉：《物权体系论——中国物权法上的物权类型设计》，人民法院出版社2004年版，第348页；林诚二：《民法总则讲义》（上册），瑞兴图书股份有限公司1998年版，第77页。

与此相联系的,在我国还有一种是"取土"应该归属于什么样的权利?土,在现实生活中是一种常见的东西,但在获取土的时候,土从何来?确实是一个巨大的问题。有人指出,取土是一种常见的行为,但管理起来比较复杂,原因在于对于"土"的法律属性界定不清[1]。《土地管理法》是把"土"作为耕地的组成部分进行管理的,关于取土的规定,从保护耕地的角度解读,多为禁止的行为。《中华人民共和国矿产资源法》(以下简称《矿产资源法》)却把土作为矿业资源来管理,并详细规定了其类型,如高岭土、陶瓷土等,因此,取土行为应属于开采矿产资源的行为[2]。这种观点无疑是正确的,但是,确是不全面的。至少从《民法典》关于用益物权的规定看,并非十分准确。

先要区分是临时性用土,还是长期性用土;是对取土地破坏性还是非破坏性用土;所取土为一般土,还是矿产资源土。如果是临时性用土且对取土地的非破坏性用土,则只要经过当地政府主管部门(实际上是国有土地所有权人授权的地方政府)批准,或者集体经济组织同意即可,根本不需要设立用益物权。但是,如果是临时用土,且破坏土地的,如果是在国有土地上取土,则由政府有关部门批准——这种批准既是代表管理者的批准,也是代表所有者的同意。而在集体经济组织所有的土地上用土,仅仅由集体经济组织同意是不够的(因为这仅仅是土地所有者的同意),还要经过政府相关部门批准(行政管理)。如果是长期用土,必然涉及对土地的破坏。因此有设立用益物权的必要性。

首先,在使用法律问题上,如果所取之土为与矿产资源有关的土,则使用《矿产资源法》及《民法典》之用益物权人的规定;如果是一般的土,则使用《土地管理法》及《民法典》之规定。其次,如果取土为某块土地或者建筑之用(例如,为长期修复某一建筑群而用土),则要设立地役权;如果为某主体设定,如工业需要或者商业需要,例如,为经营出售陶器而需要长期取土,则应设立一般用益物权。但这些用益物权,无论为哪种,除了所有主同意之外,还需要行政管理者按照规划实行管理(行政许可),并进行登记,才能成为具有对抗第三人的用益物权。

五、结论

我国《民法典》关于用益物权的"一般规定中的"第323条实际上规定了用益物权的内涵——占有、使用和收益。但外延却没有反应出这一核心内涵——仅有土地承包经营权、建设用地使用权、宅基地使用权、地役权和居住权。因此,如果按照第323条规定的用益物权的"内涵"去设定外延的话——只要不超出占有、使用和收益,就应该认为不违反"物权法定"之原则。

在这一前提之下,在动产上当然也可设定用益物权,其程序应该适用《民法典》物权编关于公示的一般原则——交付即可。

---

[1] 潘辉、卢志强:《"取土"行为应如何定性?》,载《中国矿业报》2015年9月19日,第A4版。
[2] 潘辉、卢志强:《"取土"行为应如何定性?》,载《中国矿业报》2015年9月19日,第A4版。

第二编　合同编的内在与外在体系研究

第一章　合同编的外在体系

第一节　合同编外在体系说明

一、概述

我国《民法典》的合同编实际上是债+合同总则+合同分则+准合同构成。因此，必须从两个逻辑视角来观察合同编：一是债的发生原因——包含了各种有名合同和准合同；二是从效力的视角——相对性和负担性性质。

二、合同编的外在体系及赖以建立的基石性概念

《民法典》合同编的外在体系仍然是建立在通过概念之间内涵与外延的不同的涵摄方式来构建自己的体系的。其体系可以简单描述如下：债是相对人之间的权利义务关系——债的相对性；而这种权利义务关系主要是特定人得请求特定人为特定行为的权利——请求权，且客体是指向人的行为，因此是对人权而非对世权，以区别于物权；债的发生原因有合同、侵权行为、无因管理和不当得利、缔约过失等。合同是债的发生原因之一，因其核心为以意思自治为源头的契约自由，因此合同属于意定之债；合同根据《民法典》"层层提取公因式"的方式，区分为"总+分"的模式，总则是提取各个具体合同的普遍适用的公因式的方式汇成，分则是各个具体的合同——根据合同的功能和目的来区分不同合同。这样一来，从概观上看，我国的合同编实际上就形成了：债将合同作为其发生原因之一将自己的规则适用于合同、合同通过意定之债的"合意"规则和效力规则统治各个合同，各个合同通过自己的普遍适用性和各自的特殊性而存在，例如，买卖合同与委托合同、合伙合同、租赁合同等，都是现实生活中人们普遍适用的合同，但每个合同都具有自身的特殊性：买卖合同是转移所有权的合同、租赁合同是转移使用权的合同、委托合同是提供服务的合同、合伙合同是权利义务非对价性的合同，并非如买卖合同，双方的权利义务具有严格的对价性，因此，没有同时履行抗辩等问题，任何一个合伙人不能以某个或者某些合伙人不缴纳出资而拒绝自己的出资。这样就形成了下图所示的关系：

图 2-1-1 债与合同的关系

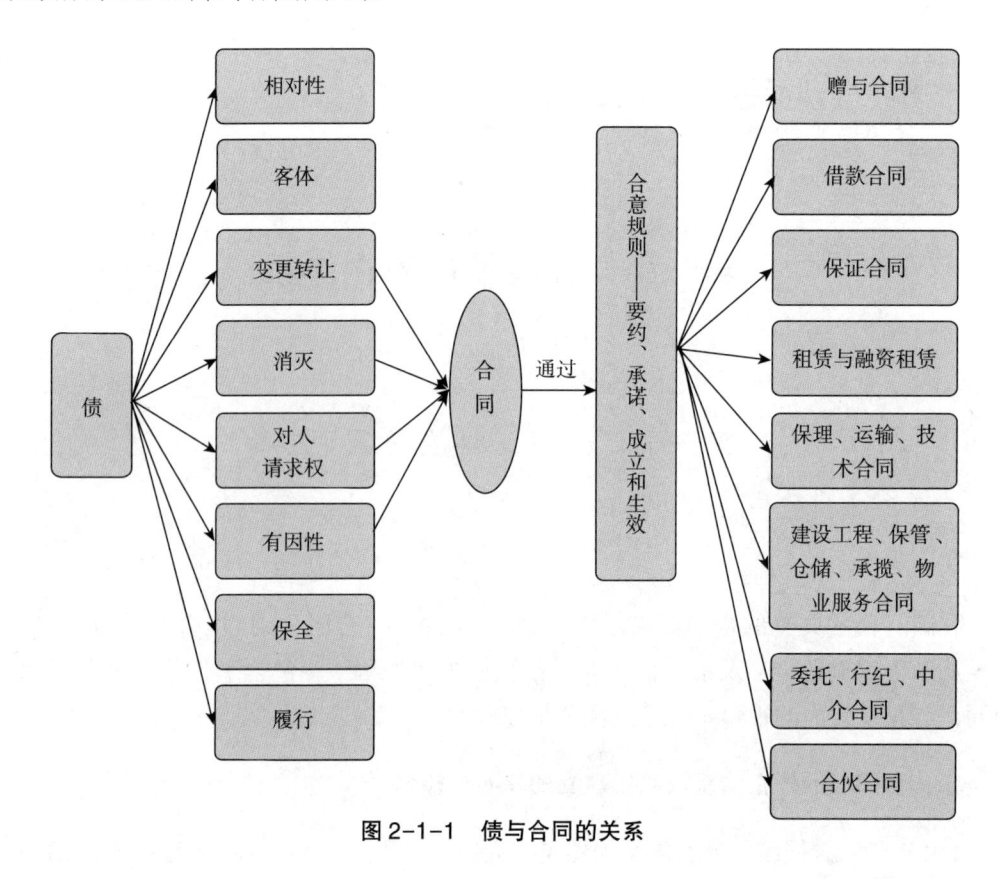

由于我国《民法典》合同编采取的这种债与合同混合的模式，因此，合同编的基石性概念自然也就包括了债的一些基本概念。我们认为，合同编的基石性概念有：

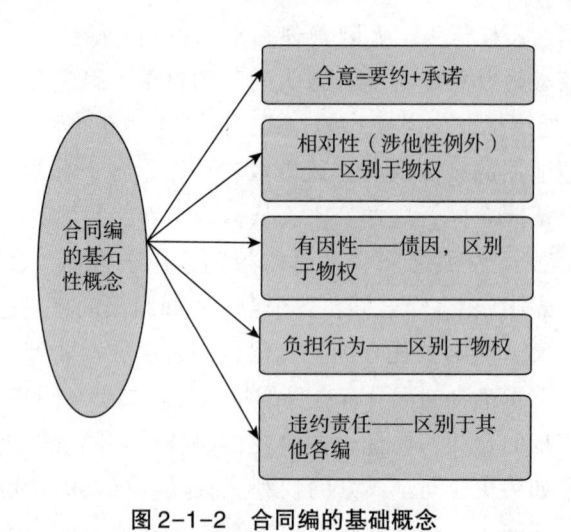

图 2-1-2 合同编的基础概念

下面就分别讨论《民法典》合同编的上述基石性概念及体系之间的关系。

第二节 合同编中"合同"的概念及功能

一、问题的提出

在民法教义学理论中,"合同"与民法典外在体系的三个基石性概念有关:一是"法律行为",二是"债",三是"物权变动",并且与民法内在体系中的"意思自治"一脉相承。关于合同的以下几个问题殊有讨论之必要:①"合同"与"法律行为"的关系究竟是什么?"法律行为"是"合同"的上位概念吗?《民法典》总则编中关于"意思表示"的规定能够适用于合同解释吗?②合同编中的"合同"仅仅是指"债合同"吗(即合同仅仅产生债权债务关系吗)?因为我国《民法典》合同编的内容始终与债规定在一起,此种疑问如何解答?③我国《民法典》上存在"物权合同"或者"物权合意"吗?我国学理长期以来坚持的、最高人民法院司法解释以及判例支持的"物权合同"是否属于我国《民法典》合同编中的"合同"的范畴?合同编第258条之规定是否含有可以适用于"物权编"的文义?我国《民法典》上"物权变动"与"物权合意"规则这一事关实践的问题在《民法典》中如何体现出来?

二、我国《民法典》中合同与法律行为之关系

尽管我国从1986年《民法通则》开始,就有关于"法律行为"的规定,但关于法律行为本身的概念及内涵外延始终都存在争议,法律行为与合同的关系在学理上仍然存在争议。如果仔细分析《民法通则》与《合同法》中的"法律行为"与"合同"的各自定义,似乎就更加明显。《民法通则》第54条规定:"民事法律行为是公民或者法人设立、变更、终止民事权利和民事义务的合法行为。"第85条规定:"合同是当事人之间设立、变更、终止民事关系的协议……"(1999年的《合同法》延续了这一概念)。对比该两条也会发现:其实"合同"与民事法律行为的目的都是"设立、变更、终止民事权利和民事义务",差别仅仅是法律行为属于"合法行为",而合同则是"协议"。因此,《民法典》编纂之前的法律行为与合同实际上是包容关系,而且合同应该是法律行为的最常见和最主要的部分,两者的外延有极大的重合。

那么,意思表示与合同的关系又如何呢?《民法典》编纂中一个巨大的进步就是明确了"意思表示"与法律行为的关系,不仅在第133条中强调了"意思表示"的存在,而且专门就"意思表示"作为一节进行了规定,这种进步应当归功于自《民法通则》颁行以来法学教育和学术研究的成果和法院实践的成绩[1]。

---

[1] 参见江平主编:《民法学》,中国政法大学出版社2015年版,第119页;尹田主编:《民法学总论》,北京师范大学出版社2010年版,第209页;刘凯湘:《民法总论》,北京大学出版社2011年版,第201页;陈华彬:《民法总则》,中国政法大学出版社2017年版,第458页。

可以肯定地说，"法律行为""意思表示"的概念是是从德国引进的，那么我就以比较法的视角来分析一下这两个概念之间的关系。尽管《德国民法典》在其"法律行为"一章中，也有一节是规定"意思表示"的，但其对"意思表示"的规定与我国《民法典》有较大的不同。例如"真意保留""虚伪表示""真意欠缺""因错误而撤销""因欺诈而可撤销"等，是规定在"意思表示"中的。这是否意味着《德国民法典》中"可撤销的对象"是"意思表示"而不是"法律行为"呢？（下面详细分析）。而我国《民法典》在"法律行为"这一章的第二节规定了"意思表示"，共6条，其主要内容是：意思表示的生效（第137~139条）、意思表示的方式（第140条）、意思表示的撤回（第141条）、意思表示的解释（第142条）。但在"意思表示"部分没有规定"可撤销"问题，"可撤销"规定在第152条——法律行为的可撤销。也就是说，在我国，意思表示的瑕疵是在"可撤销的法律行为"中得到救济的，而不像在《德国民法典》直接在"意思表示"中得到救济。

这其实涉及一个核心的问题：法律行为与意思表示的关系究竟是什么？是否有必要区分"法律行为"与"意思表示"，尤其是在可撤销方面？

从"法律行为"及"意思表示"的发明者德国历史法学派来看，无论是萨维尼，还是温德莎伊德，都将法律行为与意思表示作为同义词来使用。特别是温德莎伊德在其《学说汇纂法学教科书》中甚至认为，法律行为就是意思表示，人们表达了发生特定法律效果的意思。法律秩序之所以承认该法律效果，是因为法律行为的行为人希望发生这一法律效果[1]。但弗卢梅认为，在法律行为是由一个意思表示构成的情况下，即当法律秩序所规定的形成某一法律关系的自主设权行为仅为一人行使自决权的表示时，法律行为与意思表示是相互重合的。但当法律行为是由多个意思表示构成的时候，法律关系的形成需有多方合作。典型的是合同，合同缔结各方的意思共同构成合同这一法律行为。就此而言，应区分意思表示与法律行为[2]。可以说，"法律行为"这一抽象的概念是从各种具体的发生不同法律效果的人的有意识的行为中抽象出来的，而这些具体的法律行为的共同特点及本质是反映意思自治的"意思表示"，因此可以说，"意思表示"是法律行为的核心要素，只要对这一核心要素进行规范，就可以使法律行为的规则统一起来。

前面已经提到，《德国民法典》将全部可撤销的情形规定在"意思表示"中。因此，原则上说，在《德国民法典》上，"可撤销"所针对的是撤销权人自己的"意思表示"而不是法律行为，就如德国学者所指出的，《德国民法典》第119条及以下条款中规定的撤销，赋予表意人以事后消除其含有意思瑕疵的表示的可能性。他的真实意思和所表达的内容之间存在背离的时候，不会违反自己真正的交易意思而受到有缺陷的表示的约束。原则上所有的意思表示根据第119条及以下都是可以撤销的，这适用于需要受领的、无需受领的、明确的和可推断的表示。根据立法目的，可撤销的只有自

---

[1] [德]维尔纳·弗卢梅：《法律行为论》，迟颖译，法律出版社2013年版，第38页。

[2] [德]维尔纳·弗卢梅：《法律行为论》，迟颖译，法律出版社2013年版，第29~30页。

己的意思表示[1]。梅迪库斯也认为，撤销使那些基于被撤销的意思表示的法律行为溯及既往地消灭[2]。也就是说，在《德国民法典》上，把"意思表示"作为法律行为的核心要素，而可撤销的对象也仅仅是法律行为中撤销权人自己的意思表示，而不是双方的"合意"。但由于双方的"合意"是基于两个单方意思表示而产生的，一方的意思表示被撤销后，合意当然也就无从存在，故法律行为也就只能溯及既往地归于消灭。

这种关于撤销权的对象为意思表示而非法律行为的观点，在我国《民法典》上是否能够解释出来呢？因为我国长期以来的学理观点及立法思路就是对"法律行为"的撤销，而非对意思瑕疵本身的救济，是对基于意思表示瑕疵所为的法律行为的撤销。例如，我国《民法典》第 147 条规定："基于重大误解实施的民事法律行为，行为人有权请求人民法院或者仲裁机构予以撤销。"第 148 条规定："一方以欺诈手段，使对方在违背真实意思的情况下实施的民事法律行为，受欺诈方有权请求人民法院或者仲裁机构予以撤销。"第 149 条规定："第三人实施欺诈行为，使一方在违背真实意思的情况下实施的民事法律行为，对方知道或者应当知道该欺诈行为的，受欺诈方有权请求人民法院或者仲裁机构予以撤销。"第 150 条规定："一方或者第三人以胁迫手段，使对方在违背真实意思的情况下实施的民事法律行为，受胁迫方有权请求人民法院或者仲裁机构予以撤销。"第 151 条规定："一方利用对方处于危困状态、缺乏判断能力等情形，致使民事法律行为成立时显失公平的，受损害方有权请求人民法院或者仲裁机构予以撤销。"学者一般也持相同的态度[3]。

另外，从逻辑上解释，可撤销的对象为意思表示比撤销法律行为更加符合逻辑：像单方法律行为的撤销当然不存在问题，但要撤销一个已经生效的法律行为（合同），会具有说明上的障碍。我国《民法典》较以前的民事立法更加突出了"意思表示"的地位。

在我国《民法典》上，意思表示的解释、法律行为的解释与合同的解释的规则是否一致？因为，我国《民法典》中仅仅在"意思表示"相应条款部分（第 142 条）规定了"意思表示的解释"，在"法律行为"部分和合同编部分再无"解释规则"。这是否意味着在我国《民法典》中，"意思表示"的解释规则直接适用于法律行为与合同的解释呢？

从理论上讲，对于单方法律行为来说，意思表示的解释规则可以直接适用，但对于"多方合意"形成的法律行为来说，若仅仅从每个意思表示来解释的话，难以得出解决问题的方案。因此，解释"单方法律行为"与解释"合意"不同。对此，比较法上的规范及学理或许对我们具有某种启发意义。

---

[1] [德] 本德·吕特斯、阿斯特丽德·施塔德勒：《德国民法总论》，于馨淼、张姝译，法律出版社 2017 年版，第 372~374 页。

[2] [德] 迪特尔·梅迪库斯：《德国民法总论》，邵建东译，法律出版社 2000 年版，第 556 页。

[3] 参见王利明：《民法总则研究》，中国人民大学出版社 2018 年版，第 565~566 页；陈华彬：《民法总则》，中国政法大学出版社 2017 年版，第 552 页；朱庆育：《民法总论》，北京大学出版社 2016 年版，第 237~294 页。

《德国民法典》第133条及157条是区分单方意思表示解释与合同解释的,第133条规定:"在解释意思表示时,必须探究真意,而不得拘泥于词句的字面意义。"第157条则规定:"合同必须照顾交易习惯,以诚实信用所要求的方式予以解释。"由此给人留下的印象是:意思表示解释适用于第133条的规则,而合同则适用第157条的特别规则。但这种表面上的差异是否代表了德国学理及判例的真正观点呢?对此,梅迪库斯指出,从这两条的规定来看,似乎在意思表示的解释与合同的解释之间存在着重大差异,特别是可以据此认为,在解释意思表示时,比在解释合同时更加注重表意人的真实意思。然而,这种看法是不正确的,因为合同通常是由两项意思表示组成的,既然如此,合同的解释,如何又能够迥异于作为合同构成要素的意思表示的解释呢?事实上,意思表示的解释与合同的解释之间并不存在这样的差异,现今的学者们大多将第133条与第157条放在一起加以评注。而且,通行的学说是以待解释的意思表示是否需要受领作为解释意思表示的标准[1]。首先,对于"无需受领的意思表示"的解释,因没有受领人,因此,对于这一类表示的解释,受领人如何理解该表示就不是决定性的,故不存在受领人应受保护的信赖利益。所以,在这一类案件中起决定作用的是表意人的真实意思[2]。其次,对于"需要受领的意思表示"的解释,因这种需要受领的意思表示同时会涉及相对人的利益,因此,在解释这些表示时,不能完全只考虑表意人的真实意思。当然,同样不正确的是,单纯依据受领人的理解的内容来解释。在真实意思与客观表达出来的内容不一致的时候,受领人在某种程度上极有可能相信自己对表示的理解,并且可能据此调整了自己在法律上的行为。表示对法律交往越重要,就越应给予客观所表示的内容以重要的权衡(信赖保护)。因此,在解释需要受领的意思表示时起决定作用的,对于受领人来说,就是"什么是根据诚信原则他有权信赖的"[3]。也就是说,对需要受领的意思表示,因为相对人的信赖利益也应得到保护,故不能仅仅依表意人的真实意思作为解释的标准。毋宁说,应当使意思表示的内容应当从受领人在意思表示达到时所具备的理解可能性这一角度予以确定。换言之,对需要受领的意思表示,解释的目的并不是要确定表意人的真实意思,而是解释旨在查知相对人可以理解的内容,我们可以把这个意思称为"规范性的意思"[4]。

其实,在笔者看来,上述德国两位学者对于其民法典的批判并不适宜:从他们的观点看,《德国民法典》区分意思表示解释(第133条)和合同的解释(第157条)基本是正确的,尽管并非所有单方意思表示都没有受领人,但所有合同都有相对人(意思表示的受领人)。对于以单方意思表示(没有受领人)为核心的法律行为解释时,应采取"主观解释原则",但在合同解释时,因涉及相对人,因此,表意人如何表

---

[1] [德]迪特尔·梅迪库斯:《德国民法总论》,邵建东译,法律出版社2000年版,第236~237页。
[2] [德]本德·吕特斯、阿斯特丽德·施塔德勒:《德国民法总论》,于馨淼、张姝译,法律出版社2017年版,第209页。
[3] [德]本德·吕特斯、阿斯特丽德·施塔德勒:《德国民法总论》,于馨淼、张姝译,法律出版社2017年版,第205~206页。
[4] [德]迪特尔·梅迪库斯:《德国民法总论》,邵建东译,法律出版社2000年版,第238~239页。

达尽管很重要，但更重要的是，按照诚信原则，其所表达的意思如何被正常的理解，而这个"正常的理解"并非是指具体的受领人如何理解，而是如何被"正常"地理解。也就是说，应采取"客观解释原则"。

具体到我国《民法典》对意思表示的解释，则是第142条。该条规定："有相对人的意思表示的解释，应当按照所使用的词句，结合相关条款、行为的性质和目的、习惯以及诚信原则，确定意思表示的含义。无相对人的意思表示的解释，不能完全拘泥于所使用的词句，而应当结合相关条款、行为的性质和目的、习惯以及诚信原则，确定行为人的真实意思。"这种区分有相对人的意思表示与无相对人的意思表示而制定不同的解释规则的做法，无疑是正确的。

第1款关于"有相对人的意思表示的解释"规则，采取的是基本上是"客观解释原则"，是正确的——不是以"表意人如何表示"，而是应结合标的文义、条款的整体、目的、习惯和诚信来确定"意思表示的含义"。

也就是说，在我国《民法典》第142条的解释规则中，第1款适用于合同的解释应该不存在障碍。

但是，在"需要受领的意思表示"中，如果按照这种解释规则解释出来的意思与表意人想表达的意思不一致时，在我国《民法典》上如何救济？在德国民法上，如果解释出来的意思与表意人的真实意思不一致，它可以根据第119条撤销意思表示[1]。其第119条第1款是这样规定的："在作出意思表示时，就其内容发生错误或者根本无意作出这一内容表示的人，如果认为其在知道事情的状况和合理地评价情况时就不会作出该表示的，则可以撤销该表示。"当然，如果撤销自己的意思表示给对方造成损害的，应当承担赔偿义务。但在我国《民法典》上是否存在对这种情况的救济：表意人的意思表示，按照我国《民法典》第142条的规定，解释出来的内容与表意人真正想表达的内容不一致，能否以"重大误解"（表示错误）依第147条规范而请求撤销？

从《民法典》的规范体系来讲，应该是可以撤销的，至少《民法典》第147条并没有将这种"误解"排除在该条的救济之外。但我国自1986年的《民法通则》（已失效）实施至今，尚没有看到这种判例。因为，一般是这样的：当事人双方就合同条款发生争议，法官在裁判案件中进行了解释。但该解释可能与当事人的真实意思表示不同（有时与一方不同，有时甚至与双方都不同），这时，法院就按照自己对事实的认定进行了判决。当事人就此提起上诉，只能以"法院对事实认定不清"为由提出，如果二审能够改判，问题就解决了。但如果二审维持一审判决。那么，当事人能否再去起诉提出撤销？这实际上就涉及我国司法实践中法院经常适用的"重复起诉"的问题。《最高人民法院关于适用〈中华人民共和国民事诉讼法〉的解释》第247条第1款规定："当事人就已经提起诉讼的事项在诉讼过程中或者裁判生效后再次起诉，同时符合下列条件的，构成重复起诉：（一）后诉与前诉的当事人相同；（二）后诉与前诉的诉

---

[1] [德]迪特尔·梅迪库斯：《德国民法总论》，邵建东译，法律出版社2000年版，第239页。

讼标的相同；（三）后诉与前诉的诉讼请求相同，或者后诉的诉讼请求实质上否定前诉裁判结果。"在这种撤销之诉中，至少当事人相同，标的和诉讼请求是不同的（当然，关于什么是标的，学理和司法争议很大），但是，"撤销之诉（后诉）的诉讼请求实质上否定前诉裁判结果"却是肯定的，因此，这种撤销之诉极有可能被裁定驳回。这时候，只能走"法院释明"的途径，但这种情况是否符合法院释明的条件，确实有疑问。因此，《德国民法典》上的这种撤销救济，尽管在我国的实体法上可行，但在程序法上的可行性存在疑问。

三、我国《民法典》中的"合同"仅仅是债合同吗

（一）我国《民法典》合同编中所称的"合同"是否仅仅产生债的效果

从理论体系上说，"合同"当然不仅仅包括债合同，还包括收养协议、离婚协议、物权合同等。但我国《民法典》中的"合同"是否仅仅指产生债的效果的合同呢？我们应当从《民法典》的体系结构来分析。

从《民法典》第118条第2款的规定看，债权是因合同、侵权行为、无因管理、不当得利以及法律的原因产生。由此看来，合同当然产生债的效果，是债产生的根源之一。但这里所说的"合同"是否就是《民法典》合同编中规定的"合同"呢？我们再来对比合同编中"合同"的概念（第464条）："合同是民事主体之间设立、变更、终止民事法律关系的协议。婚姻、收养、监护等有关身份关系的协议，适用有关该身份关系的法律规定；没有规定的，可以根据其性质参照适用本编规定。"如果从该条的第1款来看，凡是能够引起民事法律关系设立、变更或者消灭的协议都是合同，那么，当然就不仅仅是指产生债的合同。但从该条的第2款来看，显然，关于婚姻、收养或者监护的涉及身份关系的合同就不是合同编中所说的合同了。

当该条的第2款排除了有关身份关系的合同后，是否就可以将其限缩解释为"仅仅产生债的关系的合同"了呢？似乎不能。因为，物权合同并没有被该款排除，故是否包括在内，并不确定。但如果从合同编本身的结构来分析，该条所称的"合同"应该就是《民法典》第118条所说的债合同，因为：①该编通通都是在规范第118条意义上的"请求特定人为特定行为"的内容；②该编已经明确排除了婚姻等身份关系的协议，仅仅是说"它们可以参照适用本编"，因此，本编规范的对象并不包括它们；③从合同编的整体内容看，传统民法中"债的一般规则"（债总）就规定在该编中，即合同编实际上是"债总+合同"的混编。如果合同编中的合同不是债合同的话，这种"混编"显然就不能成立并同居一室。

因此，可以说从体系化的视角解释，合同编中的"合同"仅仅指"债合同"，但其规则可以适用于物权合意、收养协议、离婚协议等其他合同。

（二）什么样的协议产生债

是否所有合同都能够产生民法上的后果呢？这一问题，在我国学理上研究并不深入，而在立法和司法上似乎更加模糊。因为无论是我们的立法还是判例，都特别强调

"意思表示真实",但意思表示真实甚至合法是否就一定产生民法上的效果呢?

《民法典》第463条规定:"本编调整因合同产生的民事关系。"该条规定适用了一个十分不确定的概念——民事关系。

如果笼统地说,合同法调整协议关系,这没有错,但协议并非全部属于民法合同法调整,如果某种协议被民法合同法所调整,所形成的关系就是民法上的合同关系。那么,哪些协议应当被纳入合同编的调整范围中来呢?或者更直接地说,什么样的"协议"才能够被合同编所调整从而产生债的效果?

在私法体系中,私人行为无论是想获得债法上的效果,还是想获得物权法上的效果,均需要得到法律的认可,但是并非所有的私人行为都会得到法律的认可。在考虑是否认可私人行为,进而赋予这些私人行为以法律效力时,实际上存在一个评价与筛选的机制[1]。被法律纳入这一机制中的因素众多,例如,法律行为的无效因素与可撤销因素等,但是有一种因素是这一机制中不可或缺的,它既反映交易本质又决定交易效果,它就是"债因"。"债因"在大陆法系国家一般被称为"原因",而在英美法系国家则被称为"约因"。起源于德国并为我国学理所认可的所谓"法律行为的有因或者无因"之"因",其实就是这里的"原因"[2]。

任何一种合同或者协议,如果其背后发生债的原因不被法律所认可,那么就不可能产生债。例如,甲是一个刑满释放的杀人犯,出狱后居住在原来的公寓。其邻居乙害怕甲伤害自己或者家人,于是就与甲签订了一个协议:如果甲不伤害自己和家人,每年给予甲10万元,那么这个协议能否产生甲对乙的债权请求权?用我国《民法典》及以前《合同法》的规则看,这种合同是否是《合同法》(合同编)上所说的合同?它能够产生民事权利义务关系吗?所以,我国学理以及民事立法(包括《民法典》)一直把合同定义为"产生变更或者终止民事权利义务关系的协议",实际上并没有解决这样一个问题:什么样的协议能够产生这种"设立变更或者终止民事权利义务关系"?其他的救济措施是否可以救济这种情况?首先,它显然不符合我国法上规定的任何一种无效的理由;它符合我国《民法典》第147~151条规定的因重大误解、欺诈、胁迫或者显失公平而撤销吗?显然不符合。实际上,这种合同就属于比较典型的不具备产生民法上债的"原因"的协议,不能产生民法上的权利义务关系。因此,一个协议要产生债的后果,就必须在背后有一个被法律认可的债因。那么,具体来说,什么是债因?其存在的基本目的是什么?

罗马人把"债"与"协议"或者"合约"在理论上加以分开。一个"合约"或者"协议"是个人相互之间同意的极端产物,它显然不是一个"契约",而仅仅是一个"协议"或者"合约"。它最后是否会成为一个契约,要看法律是否把一个"债"附加上去。一个"契约"是一个"合约"(或者协议)加上一个"债"。在这一个"协议"

---

[1] 娄爱华:《大陆法系民法中原因理论的应用模式研究》,中国政法大学出版社2012年版,第1页。
[2] 参见李永军:《论债因在合同法中的作用》,载《当代法学》2018年第2期。

（"合约"）还没有附带着"债"的时候，它就是空虚的合约[1]。显然，契约由两个要件构成：第一个最初的要件是原因或者客观事实，它是债的根据。另一个要件是后来由古典法学理论创设的，即当事人之间的协议[2]。显然，彼德罗在这里所谓的"债因"，是指"当事人之间的客观关系"，这种客观关系具体是指什么呢？依笔者的理解，应该是指任何一种被罗马法承认的契约所反映的客观的交易的外在表现形式，而不是当事人的契约目的。当然，不可否认的是，这种外在的表现形式可能与目的重合，但这仅仅是一种巧合，从概念上是可以分离的。例如，在"合意契约"的买卖中，其客观关系就是表现为一方交付金钱，而另一方交付物。这种关系是客观的而不是主观的，但目的不同：我卖房子有两个目的：一是取得金钱，二而是拿钱去经营生意。有人把前者称为"近因"，把后者称为"买卖的动机"，一般来说，法律只保护"近因"而不保护动机，除非例外的情况下。而只有"近因"才是客观的，也就是罗马人所说的"债因"。而"买卖动机"则因人而异，无法把握。因此，笔者所说契约的原因可能与目的之"近因"相同，而与动机不同。因此，债因与目的是有区别的[3]。契约的这种债因之所以是一种客观的，就是因为，尽管每一种买卖所反映的交易标的不同，但都是一方表现为获得金钱，另一方表现为获得标的物，而不是当事人的主观目的。尤其是在罗马法上，凡是不采用要求形式、仪式或者手续的协议都必须要求有"债因"，而且是清楚和明确地列出。对此，彼德罗指出：在罗马法中，那些不采取任何形式即可构成契约的债因总是表现为例外，它们是由立法者明确地、逐个地加以确定的关系，因而人们很清醒和明确地注意到："债因"应当存在，即使协定或者协议不是契约，但在这种关系中应承认行为，接受"债因"。因而产生了这样的后果：根据罗马法，非要式契约的债权人应当像证明意思那样证明债因的存在。而根据现代法，在意思被证明之后，就推定原因的存在。如果债务人否认，则应当提供债因不存在的证据[4]。由此可以得出这样的结论：（具有债的效力的）非要式契约=合意+债因[5]。而在要式契约，则契约=形式（是否具有合意并不重要，因此也可以说：契约=合意+形式）。

《法国民法典》是比较忠诚地继受了罗马法体系的，其虽然在第1108条及1131～1133条[6]规定了债因（法国法上称为原因，在罗马法上有时也称原因）。在《法国民法典》以后的《德国民法典》在构建财产法体系时，又将物债二分，德国人重新以"有因与无因"将契约效力与物的所有权转移分离了，原因被更加巧妙地隐藏于制度背

---

[1] [英]梅因：《古代法》，沈景一译，商务印书馆1959年版，第182页。
[2] [意]彼德罗·彭梵得：《罗马法教科书》，黄风译，中国政法大学出版社1992年版，第307页。
[3] 李永军：《论债因在合同法中的作用》，载《当代法学》2018年第2期。
[4] [意]彼德罗·彭梵得：《罗马法教科书》，黄风译，中国政法大学出版社1992年版，第308～309页。
[5] 要物契约是否有合意的存在，可能存在争议。
[6] 《法国民法典》第1108条规定："下列四项条件为契约有效的主要条件：承担义务的当事人同意；上述当事人的缔约能力；构成义务客体的确定标的；债的合法原因。"第1131条规定："无原因的债，基于错误原因或者不法原因的债，不发生任何效力。"第1133条规定："如原因为法律所禁止，或者原因违反善良风俗或者公共秩序时，此种原因为不法原因。"

后。这是否是向罗马法的回归？虽然《德国民法典》与《瑞士民法典》都没有把合法原因明确规定为合同成立的一项条件，但这并不等于说，德国法上不承认或者不存在原因问题，否则，我们就不能正确理解德国人普遍承认的一个原则：债权法律行为（负担行为）一般都是要因的，而物权行为（处分行为）都是不要因的（无因的）[1]。德国学者梅迪库斯指出，法律行为本身包括一项法律原因，否则就会受到不当得利的追究[2]。

  德国法上的原因是指什么呢？德国学者弗卢梅指出，原因的概念应当是：它是使给予行为中的给予正当性的理由……在买卖合同中，基于行为所完成的给予的法律原因属于行为的内容。卖方基于买卖合同取得价金请求权，买方基于买卖合同取得商品交付请求权。除此之外，无需借助于买卖合同之外的法律原因来使当事人取得的请求权具有正当性。按照买卖合同的约定，买方与卖方分别基于自己的给付而取得对待给付请求权，该约定构成买卖双方基于买卖合同所享有的请求权的正当原因[3]。在德国法上，原因不是指当事人心目中要达到的各种各样的目的，而是指所承担的义务的近前的、典型的"目的"。每一类合同的"目的"都是相同的，即雷内尔（Lenel）所谓的典型的交易目的，不因为当事人不同而有不同。原因具有普遍性、典型性，所以德意志学理与法国正统派一样，认为每一类合同只有一种原因，也只能有一种原因，即取得债权的原因、清偿原因或者赠与原因[4]。

  德国法上的原因属于客观原因，而非法国法上的主观原因。对此，弗卢梅指出，人们应当严格区分基于法律行为所确定的给予原因和虽然促使行为人实施法律行为却不构成法律行为内容的动机这两种情形。例如，在买卖合同中，法律行为规则一般仅限于买卖标的物与价金的确定。法律秩序正是以此对作为合同类型的买卖合同的前提条件予以规定的，且人们在法律交往中也是以此对作为行为类型的买卖合同予以应用的。至于买方为何买入，卖方为何卖出，即买、卖动机，不属于买卖这一法律行为的约定。原因即卖方的价金请求权和买方的标的物交付请求权产生的法律原因，是一方所获得的请求权以对待给付为前提。至于促使卖方或者买方订立合同的其他"原因"，通常不构成其所订立的买卖合同的法律行为的规则。"动机"属于"远因"，它不为法律行为本身所涵盖[5]。由此可见，德国法上所谓的债因（原因），实际上与罗马法是一致的：要因行为包括在法律行为之内，即交易的客观表现形式。从这一意义上说，德国法更加忠诚地继受了罗马法。因此，德国法可以说是向罗马法的回归。

  值得注意的是，法国在2016年在债法改革后的民法典，明确将"原因"取消。那么，这是否可以认为法国人彻底放弃了"债因"的概念了呢？对此，法国学者认为，

---

[1] [德] 迪特尔·梅迪库斯：《德国民法总论》，邵建东译，法律出版社2000年版，第169~170页。
[2] [德] 迪特尔·梅迪库斯：《德国民法总论》，邵建东译，法律出版社2000年版，第169~181页。
[3] [德] 维尔纳·弗卢梅：《法律行为论》，迟颖译，法律出版社2013年版，第179页。
[4] 沈达明、梁仁洁编著：《德意志法上的法律行为》，对外贸易教育出版社1992年版，第67页。
[5] [德] 维尔纳·弗卢梅：《法律行为论》，迟颖译，法律出版社2013年版，第185页。

合同法的改革删除了作为合同生效要件的"原因",却适用了其他同义词替代——目的。在新的条文中,吸收于原因之上的方案而不明确提及原因,意味着原因的消失只是形式上的而非实质性的。"原因"仍然构成替代方案的默示基础。于是,"原因"这一术语虽然在条文中消失,但新的条文仍然建筑在"原因"这一概念之上。"原因"从门里被赶出去,又不可避免地从窗户里回来[1]。法国删除"原因"是激进的,其目的仅仅是欧洲融合,使得法国法系更加具有吸引力和影响力[2]。

"原因"在我国《民法典》的合同编上又有何意义呢?尽管我国法像德国法一样,没有直接规定"原因",但从整个合同编的规定看,我国法是承认"原因"的:①尽管第464条对"合同"的定义目的很清楚:仅仅是"合意"并不当然产生债的后果,只有产生民事权利义务后果的才是我们所说的合同。它至少反映出一个实质问题,即市民社会中的"合意"不是单纯的合意,它必须涉及"交易";②"对价"不能履行、对价不存在(合同目的不能实现、根本违约)可以解除合同并请求赔偿;如果有理由担心这种对价的落空,可以行使不安抗辩权和同时履行抗辩权;如果出现了严重的情形,还可以请求"情势变更"的救济。这些无不反映出原因的存在。③我国法上对"赠与"这种无偿合同的处理规则,也深刻地反映出我国立法对"对价"(原因)的承认。

(三)在民法典的体系中是否能够合乎逻辑地解释出"物权合同"的存在

1. 从我国《民法典》体系构造中能够解释出物权合同的存在吗?在我国学理上,学者对于法律行为类型的区分,特别是债权行为与物权行为理论一直存在争议,但以《民法典》之总则编、合同编、物权编的外在体系与内在体系为视角,如何正确看待这一问题呢?

如果从纯粹法律文本的解释来看,我国《民法典》明确规定了"意思表示""法律行为""合同""物权公示公信原则""区分原则""善意取得制度"等,这些制度是否与物权行为(处分行为)息息相关呢?下面我们可以进行体系化分析。

首先,从《民法典》的总则编来看,我国《民法典》明确规定了"法律行为"和"意思表示"这两个"基石性概念"。那么,从法律行为的基本含义看(第133条),其是指"通过意思表示设立、变更或者终止民事法律关系的行为",那么,在物权的设立(如抵押权的设立)、物权的转移(如所有权转让)、物权的终止等方面的"意思表示"是否属于"意思表示"规范的范畴?从我国《民法典》的整体体系看,似乎并没有相反或者排除的规定。因此,总则编第133条应该规范物权变动中以"意思表示"为核心的行为。

也就是说,从《民法典》这种立法体系看,既然"法律行为"规定在总则编,而且明确以"意思表示为核心",那么所有与"意思表示"有关的人的行为都应该受之统辖。而人们以意思表示为核心、有意识地创设权利义务的行为都应该属于法律行为。

---

[1] [法]威廉·维克尔:《原因的废除及其替代方案》,载《南京大学法律评论》2019年第1期。
[2] [法]威廉·维克尔:《原因的废除及其替代方案》,载《南京大学法律评论》2019年第1期。

而人们这种有意识地创设权利义务的行为，不仅可能是创设债权债务关系的行为，也有可能是创设物权关系，也有可能是创设身份关系或者死因行为。而且，这种有意识地创设权利义务关系的行为，有可能是单方法律行为，也可能是是双方法律行为。那么，"债权合同""物权合同""抚养合同""离婚合同"等就能够合乎逻辑地在我国《民法典》中正当地存在。因此，从我国《民法典》之总则编中为物权行为的存在奠定了制度基础。

再从合同编来看，尽管该编以其体系观之，其中的"合同"应该解释为债合同，但却为"物权合意"留出了适用空间。因为：①从该编第464条的规定看，并没有排除物权合同。虽然在第464条第2款明确规定了"婚姻、收养、监护等有关身份关系的协议，适用有关该身份关系的法律规定；没有规定的，可以根据其性质参照适用本编规定"，说明这些身份关系的协议不是本编主要规范的内容，但规则可以"参照"适用（既然是参照适用，说明就不是本编的内容）。但该条并没有排除"物权合同"。而且，第467条第1款规定："本法或者其他法律没有明文规定的合同，适用本编通则的规定，并可以参照适用本编或者其他法律最相类似合同的规定。""物权合同"当然可以适用合同编"通则"的规定，当然也可以适用"总则编"中关于法律行为的规定。②再从物权编本身的体系看，其第215条、第311条明确规定了"区分原则"及善意取得制度中的"无因性原则"。③另外，在物权编中，还有一个十分朴素而且真诚的制度性基础问题需要认真回答：我国《物权法》明确规定了"公示公信原则"，那么，物权变动本身是否需要"合意"？也就是说，物权变动是债权合同的当然结果，还是在此之外的意思表示导致的后果？如果认为是债权合同的当然结果的话，那么下列问题的解释和说明将变得困难：假设甲与乙签订了一份买卖电脑的合同和另外一份租赁电脑的合同，电脑型号相同。如果乙将以电脑交付给甲的时候，没有意思表示（是转移所有权还是转移使用权的意思表示），则乙履行的是哪一份合同将变得困难。如果适用物权合意理论就非常容易和清晰。因此，物权变动实际上需要当事人的意思表示（合意）。因此，总则编中关于意思表示的规则适用于物权行为，特别是意思表示瑕疵的规则适用于物权合同。

2.《民法典》中的其他"处分行为"。尽管我国学理上对于物权行为与债权行为的区分存在争议，但对于将法律行为区分为负担行为与处分行为则是主流观点[1]。而在我国《民法典》中，存在很多除了以物权为对象的其他处分行为，例如，《民法典》第545条规定的"债权转让行为"，虽然不是物权行为，但却是处分行为，即是以债权为对象的处分行为，其在性质上与物权处分行为并无不同[2]。在谈到物权与债权的区

---

[1] 参见江平主编：《民法学》，中国政法大学出版社2015年版，第128~132页；王利明：《民法总则研究》，中国人民大学出版社2018年版，第502~503页；刘凯湘：《民法总论》，北京大学出版社2011年版，第274页；陈华彬：《民法总则》，中国政法大学出版社2017年版，第475页等。

[2] 参见［德］迪特尔·梅迪库斯：《德国债法总论》，杜景林、卢谌译，法律出版社2004年版，第545~547页；［日］我妻荣：《我妻荣民法讲义Ⅳ：新订债权总论》，王燚译，中国法制出版社2008年版，第459~460页；林诚二：《民法债编总论》，瑞兴图书股份有限公司2001年版，第310~311页等。

别时,主要在第一客体层面上区分——物权的客体是物、债权的客体是行为,但第二客体却都是"权利"。

因此,可以说,在我国《民法典》上,凡是涉及所有权以外的财产权的转让行为,实际上都属于"处分行为"。同物权行为一样,这些处分行为都受到法律行为规则、合同规则统辖。

四、合同无效之法律后果的体系解释

合同无效后或者被撤销后,按照我国《民法典》第157条之规定,行为人因该行为取得的财产,应当予以返还;不能返还或者没有必要返还的,应当折价补偿。有过错的一方应当赔偿对方由此所受到的损失;各方都有过错的,应当各自承担相应的责任。法律另有规定的,依照其规定。问题在于:返还财产的请求权基础是什么?折价补偿的请求权基础是什么?"过错赔偿对方损失"是什么样的损失?

我们先来看第一个问题:返还财产的请求权基础是什么?我认为,这一问题非常重要,但这一个问题在我国学理上存在争议,立法上并没有清晰和明确[1],就使得这一返还请求权的基础不明确,直接影响司法实践——返还请求权是物权性的还是债权性的?这其实与是否承认物权行为及其无因性有关:如果承认之,则是"不当得利"之债权请求权基础,反之,则是物上请求权。有学者认为是物权返还请求权[2]。笔者认为,鉴于我国的民事立法中所有关于物权的法律规范及司法解释一直承认"公示公信原则"、关于"善意取得"之规定,应解释为不当得利返还请求权更为妥当。

我们再来看第二个问题:"折价补偿"是什么具体含义?其是生活性语言还是准确的法律用语?转换为法律术语它应该归属于哪种请求权基础?首先,笔者认为,这并非准确的法律术语。因为,从实际上看,无论是不能返还还是没有必要返还的时候,都可以转化为"金钱"。但这种"金钱"的性质是什么,实际上与上一个问题——请求权基础相关:①如果认为是物权返还请求权,则有两种选择:其一,适用侵权责任请求权基础,并适用"不问过错责任原则";其二,如果转让给第三人而不能返还时,因物权具有"物上代位性",因此可以适用物上代位性规则。②如果是不当得利返还请求权,则当物不存在或者是损害导致无法返还时,仍然适用不当得利返还请求权基础,但请求权金钱给付。立法之所以适用"折价补偿",大概就是想表达"无过错责任(不问过错)的思想"。

对于第三个问题:"过错赔偿对方损失"是什么样的损失?究竟是指预期利益损失(该得到的因无效而没有得到),还是指信赖利益损失(不该失去的失去了)?对此有学者认为,合同已经宣告无效,交易实质上被取消,因此要使当事人恢复到合同订立之前的状态。因此,赔偿的标准就是合同订立之前的状态与现在状态之间的差距[3]。

---

[1] 参见王利明:《合同法研究》(第一卷),中国人民大学出版社2002年版,第666页。
[2] 韩世远:《合同法总论》,法律出版社2018年版,第320页。
[3] 王利明:《合同法研究》(第一卷),中国人民大学出版社2002年版,第661页。

对此，笔者表示赞同，因为合同无效的原因要么是违法、违反公序良俗，要么是虚假法律行为，因此，这里不存在让其得到履行利益的可能性。这与重大误解发生的可撤销合同不同，重大误解人撤销合同后，因为这种误解是因撤销权人单方的误解导致的，对方并没有故意引诱或者欺诈、胁迫，这种撤销则可能辜负了对方的期望，在撤销权人撤销合同后，应考虑善意相对人的预期利益损失的保护。这也就是《德国民法典》第122条规定的："意思表示依第118条无效或者依第119条、第120条撤销的，如该意思表示以他人为相对人而做出，则表意人必须向相对人，在其他情况下向第三人，赔偿该相对人或者第三人因信赖该意思表示有效所拥有的利益。受害人知道或者因过失而不知道无效或者可撤销的原因者，不发生损害赔偿义务。"从这一赔偿义务的性质说，有学者认为是缔约过失责任[1]，笔者赞同之。

但是，需要注意的是，在合同已经开始履行而未履行完毕之前被宣告无效或者被撤销，也有可能发生"加害给付"的情形。这种情况下，应适用我国民法典第186条的规则。

---

[1] 王利明：《合同法研究》（第一卷），中国人民大学出版社2002年版，第660~662页；韩世远：《合同法总论》，法律出版社2018年版，第320页。

第二章 合同编的内在体系

第一节 合同编内在体系概述

由于合同编的内在体系是民法典整个内在体系的一部分,故民法典的内在体系也适用于合同。但是,因为民法典的内在体系不仅使用于合同编,也适用于其他各编,例如,公序良俗原则、主体平等原则、公平原则等。在此,我们仅仅说明两个合同编特有的原则——契约自由原则和合同相对性原则。

契约自由原则其实也是民法典上位原则——意思自治原则在合同编中的具体体现。因此,也属于合同编的独有原则。因为这一原则在不同的编中有不同的称谓,例如,在婚姻家庭编中被称为"婚姻自由原则"、在继承编中被称为"遗嘱自由原则"等。合同相对性原则也是债法体系中一个非常著名的原则,由于我国《民法典》合同编包括债的基本内容,所以可将其作为合同编的基本原则。

第二节 契约自由原则

一、契约自由的含义

所有权绝对、过错责任和契约自由为近代私法的三大原则,而契约自由又是私法自治(意思自治)的核心部分,就如德国学者海因·科茨等所指出的:"私法最重要的特点莫过于个人自治或其自我发展的权利。契约自由为一般行为自由的组成部分……是一种灵活的工具,它不断进行自我调节,以适应新的目标。它也是自由经济不可或缺的一个特征。它使私人企业成为可能,并鼓励人们负责任地建立经济关系。因此,契约自由在整个私法领域具有重要的核心作用。"[1] 按照意思自治的理论,人的意志可以依其自身的法则去创设自己的权利义务,当事人的意志不仅是权利义务的渊源,而且是其发生的根据[2]。这一原则在整个私法领域,如婚姻、遗嘱、契约等以意思为核心的法律行为支配的私法领域内,均普遍适用,体现在契约法上就是契约自由的原则。契约自由原则的实质是契约的成立以当事人的意思表示一致为必要,契约权利义

---

[1] [德]罗伯特·霍恩、海因·科茨、汉斯·G.莱塞:《德国民商法导论》,楚建译,中国大百科全书出版社1996年版,第90页。

[2] 尹田编著:《法国现代合同法》,法律出版社1995年版,第13页。

务仅以当事人的意志而成立时，才具有合理性和法律上的效力。根据英国著名的契约法学者阿蒂亚的理论，契约自由的思想应当包括两方面的含义：一是契约是当事人相互同意的结果；二是契约是自由选择的结果[1]。

(一) 契约是当事人相互同意的结果

这是契约自由的第一方面的含义，意即契约双方的共同意志是契约成立的基础。在这一点上，过去和现在没有过少差别。这一结论从合同订立的程式——要约和承诺的延续性和承继性上就可得到印证。如果说契约是双方当事人相互同意的结果，必然会得出以下三种推论：

1. 契约以不要式为原则，而以要式为例外。既然双方的意思表示一致是契约成立的核心，则契约自双方当事人意思表示一致时即可成立，不受当事人未表示接受或自己约定的任何形式的制约。因为强求当事人完成某种特定的"仪式"本身就是对当事人意志的限制。任何神圣的形式都有可能阻碍当事人完全自由地表达其真实的意志，而社会通过某种神圣的形式，就等于说已经把某种超越当事人并先于当事人的意志强加于当事人[2]。故契约应以不要式为原则，而以特定形式的要求为例外或反常。这就必然引起契约自由和交易安全的冲突和矛盾。

2. 对意思表示的瑕疵给予法律救济。既然契约以当事人的相互一致的意思为基础而成立，于当事人的意思表示有瑕疵时，如胁迫、误解、诈欺等情况下，契约就不应具有效力，法律应当给予救济。但是，法律对意思瑕疵的救济，特别是对错误的救济，在很大意义上也是出于对公平的保护。

3. 探究当事人的真实意思为契约解释的唯一原则。既然当事人的意思是支配契约双方权利义务的原动力和唯一的根据，则在发生争议而需要对契约进行解释时，就应努力探究当事人的真实意思。19世纪的法官们对当事人的协议和意思表示加以极大的强调，他们企图证明：合同法中极其大量的现实的规则是以双方当事人的意思表示为根据的，在当事人之间为合同而发生争议时，法官们在处理这类案件时常常将它作为双方当事人的意思表示发生了争议来解决。法院认为他们不是在把法律规定强加于双方当事人，而是在找出当事人自己选择的解决争议的办法[3]。作为巩固资产阶级革命胜利成果的《法国民法典》第1156条规定："解释契约时，应探究缔约当事人的意思，而不拘束于文字的字面意思。"当契约条款因规定不明确而需要解释时，法官不能根据自己的判断而作任意的解释，而应以最符合当事人意思的方式进行解释。经济分析法学派认为，合同法为单个公民提供了一个达成彼此间自愿关系条款的制度[4]。波斯纳认为，人是对自己的生活目标、自己的满足，即我们通常所讲的"自我利益"的理性

---

[1] [英] P.S. 阿蒂亚：《合同法概论》，程正康等译，法律出版社1982年版，第5页。
[2] 尹田编著：《法国现代合同法》，法律出版社1995年版，第14页。
[3] [英] P.S. 阿蒂亚：《合同法概论》，程正康等译，法律出版社1982年版，第6页。
[4] [美] 罗伯特·考特、托马斯·尤伦：《法和经济学》，张军等译，上海人民出版社1994年版，第314页。

的、最大限度的追求者[1]。故当契约发生纠纷时，法院应按照这些原则去重构契约条款。如今法解释学在学理和司法上虽然已发生了变化，并有了许多规则，但探究当事人的真实意思这一原则仍为人们所尊重。

（二）契约是当事人自由选择的结果

这是契约自由的第二方面的含义，意指当事人有权按照自己的选择而决定订立或不订立契约、以何人为缔约当事人以及以何为内容而订立契约。这里的"自由选择"十分重要，它是指在其意志不受非法限制的情况下所作的选择。只有如此，才能真正体现出契约自由的本来意义。德国民法学者海尔穆特·库勒尔认为，《德国民法典》与那个时代相适应，规定了契约自由原则（见《德国民法典》第305条），要不要订立契约、与谁订立契约、契约的内容如何，这些问题对每一个公民来说原则上是自由的，对契约内容的控制是相当有限的。人们坚守"交易能力自由支配"的信条，并认为竞争会使利益关系充分协调[2]。契约自由的这一方面的含义，应包括以下具体内容：

1. 是否缔约的自由。这是最大的自由选择权，即一个人有权根据自己的意志决定缔结或者不缔结契约，他没有法定的缔约义务。这一点在倡导契约自由的自然法学者看来，是合理的。

2. 与谁缔结契约的自由。当事人有权决定与谁缔结契约，这在一个具有完备市场竞争机制的社会中是完全可以实现的。也就是说，在社会中客观存在可供选择的缔约相对人。这种客观条件不具备时，这种自由权也就徒具形式了。

3. 决定契约内容的自由。当事人有自主决定契约内容的自由，即使当事人订立的契约有严重的不公正和不平等，如果确系当事人自愿接受而不是出于胁迫等因素，他人也不能改变。英美法系国家契约法理论上"约因不必充分"的原则即出自这一思想。

除此之外，当事人还可用协议的方式改变法律的规定，如协议管辖原则、对某些法定义务的排除（如对瑕疵担保责任的排除等）。

4. 当事人选择契约形式的自由。当事人对所订立的契约采取何种形式，应由当事人自由协商决定，法律不应强行规定当事人采用何种形式。

二、契约自由原则的形成

一般认为，契约自由原则是与古典契约理论同步而生的，也可以说，契约自由是古典契约理论的核心，但何为古典契约理论呢？一般学者认为，古典契约理论是在18、19世纪发展和完善起来的契约理论[3]。正如格兰特·吉尔莫指出："所谓'纯粹的'

---

[1] 转引自沈宗灵：《现代西方法理学》，北京大学出版社1992年版，第397页。
[2] [德]海尔穆特·库勒尔：《〈德国民法典〉的过去与现在》，载梁慧星主编：《民商法论丛》（第2卷），法律出版社1994年版，第223页。
[3] 参见[英]P.S.阿蒂亚：《合同法概论》，程正康等译，法律出版社1982年版，第3页；[美]罗伯特·考特，托马斯·尤伦：《法和经济学》，张军等译，上海人民出版社1994年版，第294页。

或'古典的'契约理论,是指19世纪发展起来的契约理论。"[1] 但是,要考察契约理论的起源则会追溯到较早的时代,学者认为,在罗马法中,就已经有了契约自由的思想[2]。但人们之所以将契约自由原则的完备形式定位于18、19世纪,是因为在历史长河的这一段,才开始具备了契约自由原则所需要的理论基础、政治基础、经济基础和制度基础。正是因为这样的原因,英国学者阿蒂亚认为,虽然很多英国合同法的根源可以追溯到中世纪,但现代法律(合同法)的基本原则大部分在18、19世纪才得到发展和阐述。这些基本原则,或许更多的是法院对合同问题的普遍处理方法,可以确切地被认为是合同法的传统或者古典理论[3]。

(一)契约自由原则形成的理论基础

1. 自然法理论。在契约自由原则的形成过程中,古典自然法学派的作用功不可没。依詹姆斯·高德利的观点,契约理论的起源与所有权理论的起源完全相同。该理论的基本结构是由托马斯发展的,建基于他从亚里士多德那里发现的一些思想上。经院法学派完善了这一理论,后来被自然法学派所借用[4]。托马斯·阿奎那认为,自然法是上帝统治理性动物(人类)的法[5]。查士丁尼《法学阶梯》中明确写道:"自然法是自然界教给一切动物的法律……至于出于自然理性而由全人类指定的法,则受到所有民族的同样尊重,叫作万民法……万民法是期间人类共同的,它包含着各民族根据实际需要和生活必需而指定的一些法则……几乎全部契约,如买卖、租赁、合伙、寄存、可以以实物偿还的借贷及其他等,都起源于万民法。"[6] 自然法的主要意义在于它涉及一种最高的价值标准,不同于实定法,但又可作为评价实定法的尺度。它确定了如《美国独立宣言》和法国《人权宣言》中所宣示的,人享有天赋的自由平等权利的自然法则,而这也正是契约自由的出发点。

在18、19世纪自然法学理论和自由主义哲学的全盛时期,法官们和当时受过教育的人一样,也受到了近代思潮的极大影响。对于18世纪的法官们来说,自然法学的理论意味着,人人都有为自己缔结契约的不可剥夺的权利……对于这些法官们来说,民法所起的作用主要是一种消极的作用。它的主要目的是使人们能够实现他们的意志,换句话说,就是让人们自由行事,不受政府干预地主宰自己的命运,自由地签订合同而不受法律的干预等。法律不应是为了司法的利益而限制人们缔结合同的权利,或在缔结合同的双方当事人之间进行干预,而是应在其中的一方当事人违反缔约规则或不

---

[1] [美]格兰特·吉尔莫:《契约的死亡》,载梁慧星主编:《民商法论丛》(第3卷),法律出版社1995年版,第201页。

[2] 姚新华:《契约自由论》,载《比较法研究》1997年第1期。

[3] 参见[英]P.S.阿蒂亚:《合同法导论》,赵旭东等译,法律出版社2002年版,第7页。

[4] [美]詹姆斯·高德利:《法国民法典的奥秘》,载梁慧星主编:《民商法论丛》(第5卷),法律出版社1996年版,第563页。

[5] 转引自何怀宏:《契约伦理和社会正义——罗尔斯正义论中的历史与理性》,中国人民大学出版社1993年版,第36页。

[6] [罗马]查士丁尼:《法学总论——法学阶梯》,张企泰译,商务印书馆1989年版,第6~7页。

履行合同义务时,帮助其中的另一方……当这种思想用于合同法时,就意味着鼓励无限制的契约自由。因此,"契约自由"或"契约神圣"这些术语,就成为确立整个合同法的基础。19世纪最伟大的法官之一乔治·杰塞尔伯爵指出:"如果有一件事比公共秩序所要求的更重要的话,那就是成年人和神志清醒的人应拥有的订立合同的最充分的自由权利……"[1]

2. 人文主义精神。所谓人文主义,不过是强调人是世界的中心的主张,它赋予了人自身以这个世界的中心的荣耀。我们不妨把人文主义一词中的"文"理解为"中心"的意思[2]。人文主义产生于文艺复兴时期的意大利,实际上是对中世纪以神为中心的世界观的否定,实质上是一种哲学观点,就如西方有的学者所言:文艺复兴时期的哲学名为"人文主义"。西方在中世纪把上帝和彼世作为思想的中心,文艺复兴则把注意力集中在人类和现实世界上。这种变化在科学上引起了反响,神学从此失去了其超越一切的意义,对人和自然的兴趣占了上风。强调与中世纪行会思想相反的个人主义,人的尊严有了头等大事重要的意义和乐观主义[3]。正是人文主义使人从冥冥宇宙中找回了自己,从神的世界回到世俗。人一旦找回自己并发现了自身的个性能力,其无限的创造力立即彰显出来,人不再是禁欲主义者,开始追求自己的幸福和发展,追求价值的多元化,总之,文艺复兴解放了人性。欧洲的文学、艺术、自然科学、哲学与法律获得了空前的发展。就如意大利学者加林(Eugenio Garin)所言:如果说15世纪的人文主义在不同文化中表现有别的话,那么它却有某些共同的特征。这些特征作为已经完全化了的对人的了解和看法,向各处渗透,所到之处深刻而彻底地革新着那里的面貌[4]。尤其是这个时期的私法,受到了人文主义的内在价值的影响,故在欧洲大陆民法典的背后有着深厚的人文主义底蕴。《德国民法典》的《立法理由书》在论证意思自治的合理性时指出:私法自治的意义在于法律给个人提供一种法律上的权力手段,并以此实现个人的意思。这即是说,私法自治给个人提供一种受法律保护的自由,使个人获得自主决定的可能性。这是私法自治的优越性所在[5]。作为民法典重要组成部分的契约法视私人平等和自治为终极关怀,而契约自由集中体现了人文主义精神。

3. 社会契约论。应该一提的是,社会契约论在契约自由原则形成的过程中起了重要的作用。自然法的社会政治理论发展的黄金时代是17、18世纪,而这也是社会契约论盛行的年代,此时,它常常和社会契约论结合在一起,社会契约论提供框架和程序性解释,自然法提供实质性的精神。在社会契约论和自然法之间确实存在着一种荣衰

---

[1] 参见[英]P. S. 阿蒂亚:《合同法概论》,程正康等译,法律出版社1982年版,第4页。

[2] 徐国栋:《两种民法典起草思路:新人文主义对物文主义》,载梁慧星主编:《民商法论丛》(第21卷),法律出版社2001年版,第20页。

[3] [法]德尼兹·加亚尔、贝尔纳代特·德尚:《欧洲史》,蔡鸿滨、桂裕芳译,海南出版社2000年版,第302页。

[4] [意]加林:《意大利人文主义》,李玉成译,生活·读书·新知三联出版社1998年版,第3页。

[5] [德]迪特尔·梅迪库斯:《德国民法总论》,邵建东译,法律出版社2000年版,第143页。

与共的关系。如自然法的主要代表人物哥劳秀斯认为,遵守契约也是自然法的组成部分,因为除了订立契约的方法,人们不可能用其他的方式来通过相互限制而建立一种社会关系[1]。在18世纪末,当社会契约论在古典自然法学派和启蒙思想家的长期努力下,在欧洲已成为一种时尚的政治学说。它是与契约自由并列的理论,只不过它是针对公共权力而言,即在政治社会中的规则,而契约自由是针对个人的权利而言,是市民社会中的规则。进一步看,社会契约论为意思自治(契约自由)提供了更为有利的论据。这表现为,如果说人的意志具有足够的力量创造一个社会及法律上的一般义务的话,那么人的意志毫无疑问地能够创设约束当事人特别的权利义务[2]。

4. 经济效益理论。法国学者指出,仅仅用哲学的理论去证明法国合同法中的意思自治原则产生的基础,未免过于教条和武断。因为任何国家的法律编纂者都不可能仅仅依照哲学的观点去作出立法上的决定。《法国民法典》的编纂者们之所以根据意思自治的精神制定法律,除哲学观点的影响之外,还基于另一些更为具体的原因,即经济上的原因[3]。对此,德国学者迪特尔·梅迪库斯阐述说,经济发展的历史告诉我们一个经验法则:自主决定是调节经济过程的一种高效手段。特别是在一种竞争性经济制度中,自主决定能够将劳动和资本配置到能够产生最大效益的地方去,而其他调节手段,如国家的调控措施,往往要复杂得多、缓慢得多、昂贵得多,因此,总体上产生的效益也就要低得多[4]。应当指出,契约自由原则形成之时,也是自由放任的经济政策盛行之时,英国学者指出:契约自由是不是19世纪放任主义的经济基础之一,亚当·斯密在他的《国富论》一书中表示支持自由贸易的主张……契约自由已被作为典范写进古典经济学理论[5]。所以,契约自由原则体现了经济的要求,是自由主义经济政策在法律上的直接翻译。

也许,今天我们很难说清楚是哪一种理论起了非常具体的作用,或许是几种理论合力的作用。但是我们可以肯定,经济上的合理性是一个十分关键的因素。

(二)经济基础

美国学者伯纳德·施瓦茨指出,法律随着它所调整的那个社会运动的主流向前发展。每一个社会都有它自己的通过法律秩序力图实现的目标反映出来的价值观念[6]。正是这种价值观念及其赖以产生的社会经济基础的变化,才使英国学者梅因得出了"从身份到契约"的历史发展的著名论断。契约自由反映了那个时代的价值观念及经济基础。正如泰格所言,资产阶级法学家常常爱称,从封建主义向资本主义的进展是通过契约设计实现的。这种说法包含一个重要的历史事实和一个严重的分析错误。历史

---

[1] 转引自何怀宏:《契约伦理与社会正义——罗尔斯正义论中的历史与理性》,中国人民大学出版社1993年版,第36页。

[2] 尹田编著:《法国现代合同法》,法律出版社1995年版,第19页。

[3] 尹田编著:《法国现代合同法》,法律出版社1995年版,第19页。

[4] [德]迪特尔·梅迪库斯:《德国民法总论》,邵建东译,法律出版社2000年版,第143页。

[5] [英]A.G.盖斯特:《英国合同法与案例》,张文镇等译,中国大百科全书出版社1998年版,第4页。

[6] [美]伯纳德·施瓦茨:《美国法律史》,王军等译,中国政法大学出版社1997年版,第23页。

事实是：一个发达的资产阶级社会关系体制，就具有充分发展的契约理论。将社会不同分子联结起来的种种约束，几乎毫无例外地都是双边的，并在名义上经双方同意而成立。契约对一切事情——劳动、售让、甚至婚姻——都要占第一位。分析的错误则在于，不管物质条件如何，只要自由协议这一法律观念充分发展，资产阶级社会关系就会出现。契约法并不是由于它的原则显然合乎正义就突然降世和得以确立的。契约的运作领域要受到经济关系体制的限制，而后者又决定于技术水平、对立的阶级力量以及生产力的一般发展状况。没有自由交易的全国性"共同市场"，精妙的契约理论就不能使社会关系转变[1]。

如果说自然法理论为契约自由原则的形成提供了精神指导的话，那么，自由的经济则是其产生的最合适的土壤。这是因为自由经济为契约自由的形成提供了最充分的条件：

1. 自由经济主体的自主性与平等性。在18、19世纪，资本主义正处在自由竞争的鼎盛时代，单从经济学的角度看，自由竞争的主体具有平等性和自主性。竞争的双方不受他方的控制，其意志是自由的。黑格尔指出："契约双方当事人在以直接独立的人相对待，所以契约（甲）从任意性出发（自由）；（乙）通过契约而达到定在的同一意志只能由双方当事人设定，从而它仅仅是共同意志，而不是自在自为的普通的意志……"[2] 主体的身份平等和意志自由是实现契约自由的先决条件，即主观条件，诚如格兰特·吉尔莫所言："古典的抽象契约法是现实主义的。与当时的社会相适应，契约法没有具体细琐的规定，也不凭借社会政策来限制个人的自治和市场的自由。因此，它与自由的市场大致吻合。很明显，契约法巧妙地配合了19世纪自由经济的发展……从两者的理论模式看——契约法和自由经济——都把其当事人当作个体经济单位看待，他们在理论上都享有完全的自主权和自由决定权。"[3]

2. 缔约当事人的可选择性。一个完备的市场，应有多个自由的主体并存，每个主体根据市场规则和追求利益的最大化原则选择最合适的缔约相对人，这是实现契约自由的客观条件。如果没有可供选择的主体，则其缔约自由就难以实现，因为其所接受的缔约条件就难以公允，其追求最大利益的自由就会被事实上剥夺，其自由也就只能是徒具形式。

3. 交换分配的公正。自由经济能实现交换分配的公正。公平的交换，是自由经济和契约法的共同目的。黑格尔指出："契约的对象尽管在性质上和外形上千差万别，在价值上却是彼此相等的。"[4] 自由经济的基本观念是，主观意志完全自由的主体，自

---

[1] [美]泰格、利维：《法律与资本主义的兴起》，纪琨译，学林出版社1996年版，第203~204页。
[2] [德]黑格尔：《法哲学原理：或自然法和国家学纲要》，范扬、张企泰译，商务印书馆1995年版，第82页。
[3] [美]格兰特·吉尔莫：《契约的死亡》，载梁慧星主编：《民商法论丛》（第3卷），法律出版社1995年版，第202页。
[4] [德]黑格尔：《法哲学原理：或自然法和国家学纲要》，范扬、张企泰译，商务印书馆1995年版，第84页。

主地选择缔约的当事人,按照市场的规则,并借助于自己的技能和判断力,讨价还价,进行谈判。市场原则反映在有关要约、反要约和承诺的规则上。每一方都没有向另一方提供信息的义务。对讨价还价的唯一限制是不得使用诈欺和虚伪的陈述。[1] 自由自主的交换不仅能提高对财产之利用的效率,使整个交换过程呈现增值,交换双方达到各自交换的最初设定目标,而且,在这种前提下的交换必定是公平的。自由的经济理论确信,只要人们真正按照自己的自由意志行事,一切事情必定有其最好的结局[2]。当然,这里所讲的公平也仅仅是理论和意念中的东西,与事实上所发生的交换可能存在距离。但是,的确如自由经济理论所假设的那样,如果是在没有外部压力影响下当事人自由自主交换和选择的结果,有什么理由去认为它是不公正的呢?

正是由于以上理由,自由竞争的经济基础才使契约自由原则有了最适宜置身的土壤。劳伦斯·弗里德曼(lawrence friedman)教授认为,古典契约法的理论模式是与自由模式,即放任主义的经济理论相适应的。在这两个模式中,当事人是被当作个体经济单位来对待的。他们在理论上享有完全的自主性与意志自由[3]。格兰特·吉尔莫补充说,我相信弗里德曼教授不会这样认为,建构这两种模式的法学家和经济学家因受彼此工作的影响或熟悉彼此的工作才导致了相似结果的产生……确切地说,这是由于法学家和经济学家都对同一刺激产生了相似的反映,才因此创立了彼此协调的理论体系。很明显,这两种体系都是时代要求的反映[4]。

(三) 政治基础

虽然说契约自由原则是私法领域内,具体说是契约法领域内的原则,但这一原则的提出却是出于与公共权力的抗衡的本意。这一原则的提出、巩固以及将其法定化的过程,就是资产阶级与封建专制斗争的过程,这是政治自由在私法中的体现,是政治自由权的变种。如果我们仅仅从"自由的交换"这一条主线去考察契约的发展史的话,那么它与私有制、社会分工及所有权的起源应该是一致的,在奴隶社会和封建社会也不可能没有"完全自由的交换",奴隶与奴隶之间、平民与平民之间、奴隶主与奴隶主之间或封建主与封建主之间也可能存在平等的交换,但这种交换不具有普遍的性质。正如学者所言,在古代罗马时代,契约自由在很大程度上是作为罗马法的一种理想而存在。但这并不是罗马法的过错,因为要在有皇帝和臣民、贵族与平民的等级社会中真正实现契约自由,罗马帝国就不会有斯巴达克斯们的起义,罗马法也就不会出现历史的断层。奴隶社会和封建社会的平等的交换除了不具有普遍性之外,即时买卖占有绝对的地位。现代由美法系的许多国家将即时买卖排除在契约法的调整之外,也许是

---

[1] 沈达明编著:《英美合同法引论》,对外经济贸易大学出版社1993年版,第5页。
[2] [美]格兰特·吉尔莫:《契约的死亡》,载梁慧星主编:《民商法论丛》(第3卷),法律出版社1995年版,第285页。
[3] [美]格兰特·吉尔莫:《契约的死亡》,载梁慧星主编:《民商法论丛》(第3卷),法律出版社1995年版,第285页。
[4] [美]格兰特·吉尔莫:《契约的死亡》,载梁慧星主编:《民商法论丛》(第3卷),法律出版社1995年版,第285页。

基于这种考虑。信用制度的发达，意味着对未来权利义务的安排，而关于这种权利义务的安排进行调整的制度和法律才是真正意义上的契约法。虽然说，大陆法系国家一般不把即时买卖排除在契约法的大门之外，但普遍地认为，信用制度的产生和发达是债权制度（契约法）发展的原动力，没有信用的发生，即对未来权利义务的安排，债法的许多制度就失去了存在的意义。也正是基于这种考虑，西方法学家便将契约古典契约理论的形成定位于18、19世纪。这个时期，在世界范围内资产阶级取得政权和巩固政权的时期，废除了代表封建制度的身份等级。

（四）制度基础

契约自由原则的制度基础有二：一为后果自负，二为过错责任。

结果自负是指自己选择的行为之效果，无论利益或不利益，均由自己承担。否则，契约自由的正确行使就没有保障。

过失责任是指行为人在选择自己的行为时，违反了法律课定的对他人利益及财产所应当负有的注意义务而造成他人损害时，负担消极责任。这正是自由的界限，也是意思自治的界限。

三、契约自由原则在各国法上的确立

（一）法国

普遍认同的观点是，契约自由作为唯意志论在契约法上的体现，最早作为一项基本的原则出现在《法国民法典》中。法国学者认为，《法国民法典》第1134条规定的"依法成立的契约对于缔约当事人双方具有相当于法律的效力"这一条款，将当事人的特别约定置于与来源于公共权力的法律同等的地位，即赋予当事人的约定以强制力，是对意思自治原则的直接确认[1]。泰格也认为，契约和所有权的理想，通过无数渠道贯穿于国民议会的整个立法以及以《拿破仑法典》为其结果的工作的全部过程。序言性报告指出，法律不能替代生活事务中的自然理性，而起草契约之各项规定的委员会则强调其任务不是制定法律，而是重新表述自明的原则。总之，《拿破仑法典》的起草者坚称，他们继承了罗马法的契约自由和财产自由原则[2]。

（二）德国

在大陆法系，唯意志论的最终完善者当属"潘德克吞"法学派（Pandektenrecht），并完善地体现在《德国民法典》中。

以萨维尼为代表的历史法学派对罗马法进行了深入的研究，试图在罗马法中找出作为市民社会的私法模式。萨维尼及其继承者按照黑格尔的绝对意志和绝对理性的哲学思想，提出了所谓权利系纯粹依抽象的人格和以意思的支配为基础而建立起来的观念。这样，整个私法体系就可以透过意思论而在对权利加以区分的层面上构筑起来。而对于契约法而言，在确认了意志先于一切而自由存在以后，基于合意而产生的契约

---

[1] 转引自尹田编著：《法国现代合同法》，法律出版社1995年版，第13页。
[2] [美]泰格、利维：《法律与资本主义的兴起》，纪琨译，学林出版社1996年版，第241页。

自然也就有了与生俱来的权利——意思自治、契约自由。

1896年,《德国民法典》的最终颁布标志着以意思自治和契约自由为中心的抽象的契约理论的最终完成。这个理论以意志自由为基地,通过人类理性达到法的历史与现实的融合,从而使私法自治的逻辑成为在契约法的基本逻辑[1]。

值得一提的是,黑格尔的法哲学思想为《德国民法典》遵循理性的自由创造了坚实的基础。黑格尔在其《法哲学原理》一书中提出了一个著名的原则:"凡是合于理性的都是现实的,凡是现实的东西都是合乎理性的。"[2]这样,人的理性得以以契约的方式体现为权利义务,并且在现实中得以贯彻。这就为契约自由和意思自治奠定了理论基础。

《德国民法典》虽然没有像《法国民法典》那样,以明确的言词表明契约自由或意思自治,但却处处体现出契约自由的底蕴。就如德国学者康拉德·茨威格特所言,如果想在《德国民法典》中寻找关于合同的社会作用或者合同的内容及其效力的总则性规定,那么,这一努力常常是徒劳的……但是,《德国民法典》的立法者对契约及其契约自由的中心思想是非常明了的。如同其他19世纪产生的法典一样,该法典的基础是自由主义的社会制度。该法典的基础有这样一个基本理念:一个有足够理智的人可以对其命运进行自治,而且可以独立于传统封建的、政治的或者宗教的约束和独裁的统治掌握自己的命运,自由地对自己的生活境遇自负责任。因此,他必须被置于一种有能力的位置,自主地决定通过合同和谁以及是否承担法律认可的义务,并决定这些义务的内容[3]。这一点,从德国人创立的深受世人瞩目的"法律行为"这一概念中就可得到印证。法律行为是私法中创设权利义务的基本方式,而法律行为的核心便是当事人的意思。契约行为是最重要也是最主要的法律行为,故当事人的意思就是契约的核心。从这种逻辑推理不难看出,极具抽象的法律行为概念规定于总则中,对整个民法制度通盘统摄,不仅在契约法中,而且在整个私法制度中均体现了意思自治的原则。

(三) 美国

在没有法典化传统的英美法系,虽然没有像大陆法系国家一样以法典明示意思自治或契约自由,但自由权利不仅为政治权利,而且也表现为私法上的权利。这是为普遍接受的观念。特别是英国的奥斯汀、边沁等深受大陆法系法学的影响,甚至主张采用大陆法系的法典化。虽然其主张没有得到采纳,但其法律思想却产生了深远的影响。加之英美法系判例法的传统,更加注重个案正义,就使得契约自由得到更切实的实现。美国学者施瓦茨指出,在那个时代,法律把契约自由的理论引向了极端,契约在法律上的发展达到了顶点。这种发展产生了广义的契约自由,它被看成是正当程序条款所

---

[1] 傅静坤:《二十世纪契约法》,法律出版社1997年版,第177~178页。
[2] [德]黑格尔:《法哲学原理:或自然法和国家学纲要》,范扬、张企泰译,商务印书馆1995年版,第11页。
[3] [德]康拉德·茨威格特、海因·克茨:《合同法中的自由与强制》,载梁慧星主编:《民商法论丛》(第9卷),法律出版社1998年版,第349~350页。

保护的自由的基本部分。结果，出现了对个人意思自治从未有过的重视。法律的目标仅在提供法律手段、法律程序和法律强制力，以创立一个保护合理愿望的结构[1]。

在19世纪晚期的法学家眼中，自由签订契约的权利被视为一种基本的自然权利。契约法被消极地想象成一种在人们做事的时候放任不管的制度，契约自由在那些企图尽量地缩小国家作用的人的信条中成了一项主要条款。在他们看来，政府唯一的职能是使由私人契约创立的义务得到强制的履行。在斯宾塞看来，契约自由是推动社会发展的一种主要工具，是永恒和绝对的。除非在严格的限度内，否则，对这样的权利不能有任何损害。美国首席法官休斯说，宪法没有提到契约自由，它提到了自由和未经法律的正当程序不得剥夺自由。然而，到20世纪结束的时候，契约自由已被明确地包括在宪法保护的自由之中。法官勒尼德·汉德说，目前，按照一个人的意愿订立契约的自由，已经确定无疑地包括在法律结构中，一致不推翻最高法院所确定的原则就不容被提出疑问。最高法院在奥尔盖耶诉路易安那州案中首次宣布，契约自由是一种基本的宪法权利，宪法第14条修正案所提到的"自由"包括了公民缔结所有能够成为适当的、必需的和必不可少的契约的权利。当时，这样表达的契约自由原则支配了全部法律。在这个商业和工业的社会中，财富主要产生于许诺。在这样一个社会中，作出诺言的自由对社会利益来说具有头等的重要性，意愿而不是关系变成了支配的力量。

从身份到契约，是梅因的著名论断。这一论断几乎把契约自由在美国内战后的社会中的地位提到了最高点。布鲁可斯·亚当斯断言："美国的文明建立在契约自由的理论之上。"法律正朝着和必然朝着通过自由缔结契约而实现个人自治的方向发展。对那些真诚地信仰从身份到契约的法官们来说，最强有力的推论在于，反对一切对拥有最大限度自由的贸易的限制。由于社会发展本身与契约自由的扩展存在着紧密的联系，违背梅因的格言就要冒使社会退步的危险。总之，契约自由作为法律制度的出发点和最后归宿，是19世纪美国法的主要特征[2]。

但是，由于受实证主义法学，特别是功利主义法学的影响，英美法中始终强调"约因"理论作为意思自治在现实中的效力的最终判断标准，也就是说，当事人的意志必须物化为有实际意义的约因，否则不生效力。这就使得意思自治具有了某种较为现实的制约。

四、契约自由与契约正义

"正义"是一个永恒的话题，一提到它，似乎人人都明白，但却很难给出一个完整的概括。在历史上和现代，有许多学者不惜笔墨去探讨何为正义。时至今日，学者对此探讨的努力并未停止，但至今仍未得出一个令人满意的答案，每每都是从一个侧面对正义进行解释。依笔者看来，如果从法律的角度去理解正义，罗尔斯的正义观较为合适："正义的主要问题是社会的基本结构，或更准确地说，是社会主要制度分配权利

---

[1] [美]伯纳德·施瓦茨：《美国法律史》，王军等译，中国政法大学出版社1997年版，第131页。
[2] [美]伯纳德·施瓦茨：《美国法律史》，王军等译，中国政法大学出版社1997年版，第132~135页。

和义务，决定由社会合作产生的利益之划分的方式。"[1] 徐国栋先生由此引出关于正义的基本的法律含义："正义首先是一种分配方式，无论是利益或不利益，如果其分配方式是正当的，能使分配的参与者各得其所，它就是正义的。"[2] 人们对法律的最大期待，就是其内含的正义所在，也就是说它能通过正当的程序将利益或损失在当事人之间进行合理的分配。这种法律的正义观体现在契约法中，就是契约正义。

在古典契约理论的形成和发展时期，契约与正义有着天然的联系。在古典契约理论看来，契约即为正义，在二者之间是可以画等号的。人们按照自己的意愿交换相互的财产或服务，以这种观念建立起来的人们之间的相互关系最为公正，于社会也最为有利。因为任何有理智的人都不会订立损害自己的契约，强制施加于人的义务可能是不公正的，但在自愿接受义务的情况下，不公正则是不存在的。康德在《法律理论》一书中指出："当某人就他人的事情作出决定时，可能存在某种不公正。但当他就自己的事务作出决定时，则决不会存在任何不公正。"[3] 在此理论框架内，说合同会对一方当事人造成损害，是不可思议的。上述分析被一句格言所概括："契约即公正"[4]。可以说，正是自由缔结的契约即为公正的这一理念使人们将契约自由奉为神圣，也正是对契约自由权利的滥用和对契约正义的违反，导致了契约自由神圣这一辉煌历史的结束和对其规制的开始。由此可见，契约正义是契约自由的核心，一部契约自由的发展史，就是契约正义的发展史。人们崇尚契约自由是为了契约正义，人们限制契约自由，也是为了实现真正的契约正义。

五、契约自由原则的衰落

（一）契约自由原则衰落的显著表现

在20世纪中期，庞德已经断言，尽管在50年前，当事人的自由意志形成了他们之间的法律，但这种观念早已在全世界消失了[5]。德国著名法学家茨威格特指出，在当代合同法的理论界普遍地激烈地争论的问题是：在今天的社会现实中，契约自由究竟还能不能仍然被认可为法律制度的支柱和中心思想？如果现实中合同当事人之间因缺乏谈判能力的均衡性从而使得合同平等遭到破坏，保护合同当事人的弱者一方成为必要时，契约自由原则是否必须彻底地受到强制性规则的限制？现在我们是不是已经进入契约自由的原则应当被"契约公正性"原则所替代或者进行补充这样一个时代[6]？

梁慧星先生将近代民法向现代民法转变的理念归结为形式正义向实质正义的转

---

[1] ［美］约翰·罗尔斯：《正义论》，何怀宏等译，中国社会科学出版社1988年版，第19页。
[2] 徐国栋：《民法基本原则解释——成文法局限性之克服》，中国政法大学出版社1992年版，第326页。
[3] 转引自尹田编著：《法国现代合同法》，法律出版社1995年版，第20页。
[4] 尹田编著：《法国现代合同法》，法律出版社1995年版，第20页。
[5] ［美］伯纳德·施瓦茨：《美国法律史》，王军等译，中国政法大学出版社1997年版，第211页。
[6] ［德］康拉德·茨威格特、海因·克茨：《合同法中的自由与强制》，载梁慧星主编：《民商法论丛》（第9卷），法律出版社1998年版，第349~350页。

变[1]。这种转变在契约法上反映得尤为典型。当古代契约理论赖以存在的基础已发生根本性动摇的情况下，契约自由的公正性也就越来越具有形式的意义。随着资本主义的高度发展，劳动者和雇主、大企业和消费者、出租者和租借者之间的矛盾开始激化，"契约正义"受到了挑战，在雇佣契约、标准契约、不动产租赁契约中，经济弱者的利益在契约自由的原则下受到了损害。对此，美国学者施瓦茨指出，随着时间的推移，法官们继续以"契约自由"和"个人意思自主"的术语讨论法律问题，但是，作为其基础的契约平等观念已经被现代工业社会的现实降低到抽象理论的范围。对那些为了换取不足维持生计的报酬而出卖血汗的人谈论契约自由完全是一种尖刻的讽刺。这对大多数与大公司和行政实体缔结契约关系并必须与之愈来愈多地打交道的人来说，不管是作为消费者、公共事业或其他类似服务机构的交易对象，如佃户、投保人或可能的投保人，还是其他什么关系，都同样如此。大量标准化契约，或附合契约，开始取代那些具体条款是自由协商的契约。越来越多的标准契约是以要么接受、要么拒绝的方式提交给当事人的[2]。为避免出现上述情况，限制契约自由就显得十分迫切[3]。现代契约法的问题已不再是契约自由而是契约正义的问题了[4]。故这种已发生了深刻变化的社会经济生活条件迫使20世纪的法官、学者和立法者正视当事人之间经济地位不平等的现实，抛弃形式正义观念而追求实质正义[5]。对实质正义的追求，必然要求对契约自由从立法和司法上进行必要的干预，而所谓的契约自由原则的衰落，也主要体现在这两个方面。

1. 立法上的限制与干预。英国学者阿蒂亚指出，正如我们已经看到的，甚至在19世纪的后半期，当事人的意向之重要性已经开始减弱，并存在一定的法律技术原因。这些原因之一是法律正在向复杂化发展的简单事实[6]。立法上对契约自由的干预，主要是通过指定特别法的方式来进行的。这主要体现在三个领域：

（1）劳动法领域。在劳动法领域中对契约自由的规制主要是在承认雇主和劳动者之间的地位差别的前提下，为保护劳动者的利益而对劳动契约的缔结、条件、契约的解除等作出的规制。英国学者指出，今天的法规在很多方面妨害了当事人随意订立合同的自由，例如，法规已经规定了雇主与受雇佣、人之间的关系，目的在于保护受雇人不致被视为剩余劳动力和遭到不正当的解雇，使他了解劳动条件[7]。劳动者与雇主订立契约时，所给予的条件不得低于法律中所规定的工资、工时、工作条件、劳动保护等。为了使劳动契约体现契约正义，使劳动者获得的条件尽可能地代表其意愿，以济劳动契约之不足，劳动契约采取团体契约的方式缔结，这被称为劳动契约的社会化。

---

[1] 参见梁慧星：《从近代民法到现代民法——二十世纪民法回顾》，载《中外法学》1997年第2期。
[2] [美]伯纳德·施瓦茨：《美国法律史》，王军等译，中国政法大学出版社1997年版，第210页。
[3] [日]王晨：《日本契约法的现状与课题》，载《外国法译评》1995年第2期。
[4] [日]王晨：《日本契约法的现状与课题》，载《外国法译评》1995年第2期。
[5] 梁慧星：《从近代民法到现代民法——二十世纪民法回顾》，载《中外法学》1997年第2期。
[6] 参见[英]P.S.阿蒂亚：《合同法导论》，赵旭东等译，法律出版社2002年版，第17~18页。
[7] [英]A.G.盖斯特：《英国合同法与案例》，张文镇等译，中国大百科全书出版社1998年版，第6页。

在缔约时，由代表劳工一方的工会与企业主商谈各项条款。由于工会具有法人资格，又有众多的工人为后盾，在必要时还可组织工人行使罢工权，所以在谈判时，在地位上能与企业主抗衡。故团体劳动契约比个别磋商的劳动契约，更能体现劳动者的利益[1]。

与其他国家相比，我国劳动法制定的时间较晚，于1994年7月才颁布。经济体制的改革，国有企业也在逐步地实现劳动合同制，这就会出现缔约自由和契约正义的问题。另外，我国目前有大量的私人企业和外资企业，在这些企业中劳动者与企业主的关系是完全的契约关系。而且在我国劳动力资源丰富，就业机会紧张的情况下，私人企业和外资企业对劳动者的不公平的缔约条件导致劳动者受到的损害已渐渐暴露出来，因此，以劳动立法对这种契约自由的规制就显得十分需要。我国劳动法对劳动契约的订立、条款、工作条件、工资、社会保险和福利等方面均作了规定。另外，工会的地位也在逐渐地加强，朝着有利于保护劳动者利益的方向发展。但是，也应当看到，法律和法律秩序是两个不同的概念，劳动法的完善任重而道远。

（2）保护消费者立法。保护消费者的立法可以说是现代各国民法发展的一个大的趋势。在契约法上，现代消费者在缔约地位上的劣势已越来越明显，正如阿提亚所言："正是消费者作为缔约一方出现，才引起了各种重大变化。"[2] 为保护消费者的缔约自由，各国纷纷制定了保护消费者的法律。这些法律对契约的传统的订立过程进行干预，以消除消费者与商品经营者之间关系上的种种不平衡。这些新的法律在其适用的范围内以其强制性规范不容置疑地改变了合同的传统概念，促进了合同制度的某些基本组成部分的发展变化，并在不同程度上否定了意思自治的基本观念，限制了契约自由的适用范围[3]。保护消费者立法对契约自由的约束，主要表现在以下几个方面：

第一，对消费者与经营者缔约能力的矫正。包括我国在内的许多国家的保护消费者的立法已经注意到了古典契约法忽视当事人之间缔约能力不平等的事实，如果说这种不平等在古典契约理论形成时不足为虑，那么在如今却是一个严重影响交易公平而不能坐视不管的问题。因此，许多国家之保护消费者的立法对当事人之间缔约能力的矫正就是极其自然的。而对缔约能力不平等的矫正，主要是通过加重经营者的责任和义务来进行的，例如，规定了经营者的告知义务和加重的赔偿责任等。

第二，对格式合同的立法干预。格式合同的出现以及在交易中的规模化使用使传统的缔约方式发生了重大改变，引起了人们的普遍关注。但问题是，格式合同究竟是契约自由的产物或者体现，还是妨碍或者损害了契约自由原则？对此问题，开始是有争议的，但随着法人制度和垄断的出现，这种方式的公平性引起了普遍的怀疑：它极有可能是契约自由的敌人。例如你到银行、保险公司或电讯公司，只要在这些公司事先拟定好了的格式合同上签上自己的姓名，合同即告成立，消费者与这些公司没有接

---

[1] 姚新华：《契约自由论》，载《比较法研究》1997年第1期。
[2] 参见 [英] P. S. 阿蒂亚：《合同法概论》，程正康等译，法律出版社1982年版，第13页。
[3] 尹田编著：《法国现代合同法》，法律出版社1995年版，第29页。

触的机会和协商的余地。标准契约中关于权利义务的规定,特别是免责条款的规定,对消费者十分不利。故各国不得不在立法上对之进行规制。

第三,关于强制缔约义务的立法。为保护消费者权益,许多国家还规定了与人民生活息息相关的企业的强制缔约义务。在通常情况下,缔约自由和选择相对人的自由并不会给当事人带来不利的后果,但在特殊的场合,如果任由当事人行使这些权利,就会发生与契约自由的内在价值背道而驰的后果。例如,供电、供水、供气、邮电、铁路等企业以选择相对人为由而拒绝为某些人服务,后者就不可能有另外的选择。因此,基于民生的考虑,要以法律的直接规定或政府的行为来取代当事人的意思,使其负有强制缔约的义务[1]。

强制性缔约义务的立法规定取消了当事人不订立契约的自由,但保留了当事人选择相对人的自由,或者相反,保留了当事人不订立契约的自由,但不允许当事人对缔约相对人进行任意的选择。首先,在某些情况下,根据法律的规定,当事人必须承担订立契约的义务,即取消了当事人不订立契约的自由,但允许当事人自由选择契约相对人,例如,法律规定的对机动车的强制保险义务,当事人必须缔结保险契约,但可选择与之缔结契约的保险人。其次,在另一种情况下,当事人仍然有订立或不订立契约的自由,但只要当事人决定订立契约,则其选择对方当事人的权利即被取消或限制[2]。

强制缔约义务的法律规定,虽然对意思自治进行了程度不同的限定,但仍然没有完全以法律替代当事人之间的意思表示,当事人之间的意志仍然在一定范围内起作用,故契约自由仍有适用的余地。

第四,形式主义的出现与蔓延。如果按照严格意义上的契约自由原则,只要当事人意思一致,契约即告成立,任何形式的强求都是对当事人契约自由的侵犯。所以,在相当长的时期内,各国民事立法重内容而轻形式成为一种普遍的现象。但为了保护交易的安全,各国法律对契约订立的形式有了越来越多的要求。在某种意义上说,是对契约自由的限制,表现出意思主义与表示主义、个人与社会、交易自由与交易安全的矛盾。

第五,契约义务的扩张。"没有合同就没有义务",即使有义务也不是合同法上的义务。但是,现代许多国家的合同法以诚实信用原则为依据,对合同义务进行了扩张,从而有所谓"前合同义务"与"后合同义务"。例如,"缔约过失责任"被认为是合同义务扩张的直接结果。我国《民法典》第500条规定的合同订立过程中的赔偿责任、第157条规定的合同无效或者被撤销后的赔偿责任等被认为是违反前契约义务的结果,而第558条规定的内容则是后契约义务的典型表述:合同权利义务终止后,当事人应当遵循诚实信用原则,根据交易习惯履行通知、协助、保密、旧物回收等义务。

2. 司法上的限制与干预。在司法上,法官基于对实质正义的追求,利用立法上的

---

[1] 姚新华:《契约自由论》,载《比较法研究》1997年第1期。
[2] 尹田编著:《法国现代合同法》,法律出版社1995年版,第36页。

弹性条款，创设了种种判例规则，如诚实信用原则、情事变更原则、契约解释规则等，从司法审判上对契约自由进行规制。就如施瓦茨所言，法院自己也开始架空契约自由的概念，采取的方式是对那些同意某项具体交易、具有某些特殊关系或处于某种特殊地位的人强加一些条款，或拒绝对当事人自由加入的契约给予强制执行。法院开始在契约义务中解释一项合理的要求，使当事人确立的契约条款公平化[1]。

（1）诚实信用原则。诚实信用原则，被称为"帝王条款"或"一般条款"，关于其具体的内容学者从不同的角度进行了概述，但它是"在很大程度上不确定、意义有待充实的概念"[2]。学者普遍认为，其功能有以下几种：①对法律加以具体化的功能；②正义衡平的功能，即依据制定法以外的根据，对权利行使要求符合伦理的行为准则，以实现实质正义和衡平的功能；③对法律进行修正的功能；④造法的功能，即为适当解决因时代变化而产生的新问题—反制定法而创造新法的功能[3]。

诚实信用原则的确立及在司法审判上的适用标志着个人本位向社会本位的转化，契约法从形式正义向实质正义的转化，意味着法院之超然公断人的消极角色的结束和积极干预开始。诚实信用原则作为实现契约正义的手段有其存在的价值，但是它赋予法官以自由裁量权，如果使用不当，就会导致司法专横、掌握剥夺契约自由的权利，并且为公法对私法的任意侵犯制造合理的借口故诚实信用原则对契约自由的干涉应严格以实现契约正义为限。我国自1986年的《民法通则》（第4条）直到我国2020年的《民法典》（第7条）都规定了诚实信用原则，但它的高度抽象性和概括性使我国的法官难以适用到具体的案件中去。1999年《合同法》第6条对诚实信用原则作了更直接的规定，当事人行使权利、履行义务应当遵循诚实信用原则。对这一规定应作如何的理解？对该条不能理解为这仅仅是合同当事人在行使合同权利、履行合同义务时应当遵循的原则，它同时也是法院裁判案件的原则。这一点，如果结合1999年《合同法》的起草过程就很容易理解了。在1999年《合同法》起草过程中的专家建议稿中（第6条）曾经对此作了具体的规定："双方当事人行使权利履行义务，应当遵循诚实信用的原则。法院于裁决案件时，如对于该待决案件法律未有规定，或者虽有规定但适用该规定所得的结果显然违反社会正义时，可直接适用诚实信用原则。"这种规定更加明确，尽管1999年通过的《合同法》并没有采用这种规定，但在具体适用可以作为理解的参考。

（2）情事变更原则。契约自由要求当事人必须严格按照契约的规定实现权利义务，契约成立后无论发生何种客观情况的异常变动，均不影响契约的效力，此即契约必须严守的原则。正是基于对这一原则的遵循，近代各国民法均未在法典中直接规定情事变更原则。但是，在现代急剧变化的社会中，人们不可能在缔结契约时预见到将来所

---

〔1〕 [美] 伯纳德·施瓦茨：《美国法律史》，王军等译，中国政法大学出版社1997年版，第211页。

〔2〕 [德] 海尔穆特·库勒尔：《德国民法典的过去与现在》，载梁慧星主编：《民商法论丛》（第2卷），法律出版社1994年版，第233页。

〔3〕 [日] 宫野耕毅：《诚实信用原则与禁止权利滥用法理的功能》，载《外国法译评》1995年第2期。

要发生的所有问题。如果情事变更，即当事人订立合同时所依据的客观条件已发生了变更，而当事人在缔约时没有预见而且变更的发生系因不可归责于当事人的事由，如果法律再强迫当事人按照契约的规定去履行将导致极不公正的效果时，就产生了契约自由与契约正义的矛盾：契约正义本是基于当事人的合意而生，现在出现了一定的情事变更，使原先的合意违反了"正义"，如果法律要求继续维持这种合意，就使契约自由背离了其核心——契约正义。为了避免这种非正义的结局，判例创造出情事变更原则，赋予当事人以解除契约的权利，或者裁判官在审判中对契约的内容进行修正和补充。当然，情事变更原则不能修正当事人应当承担的合理的风险，国家权力不应过多地在正义的名义下介入市民社会，从而破坏市民社会的自律性[1]。

我国的情势变更原则首先是由最高法院在总结司法实践的基础上通过司法解释来实现的：2009年最高人民法院《关于适用〈中华人民共和国合同法〉若干问题的解释（二）》（法释〔2009〕5号）第26条规定："合同成立以后客观情况发生了当事人在订立合同时无法预见的、非不可抗力造成的不属于商业风险的重大变化，继续履行合同对于一方当事人明显不公平或者不能实现合同目的，当事人请求人民法院变更或者解除合同的，人民法院应当根据公平原则，并结合案件的实际情况确定是否变更或者解除。"《民法典》继受了司法解释的经验，在此基础上于第533条规定："合同成立后，合同的基础条件发生了当事人在订立合同时无法预见的、不属于商业风险的重大变化，继续履行合同对于当事人一方明显不公平的，受不利影响的当事人可以与对方重新协商；在合理期限内协商不成的，当事人可以请求人民法院或者仲裁机构变更或者解除合同。人民法院或者仲裁机构应当结合案件的实际情况，根据公平原则变更或者解除合同。"

（3）对契约内容的客观的解释原则。按照古典契约法理论，契约自由的本质要求当事人的意思对权利义务的建立具有支配性的作用，故要求法官在对契约进行解释时，就要探究当事人的主观意思并作为解释的唯一原则。这与古典契约法强调人的意志是权利义务产生的唯一根据的理论是一致的。但是，自19世纪以来，随着个人本位向社会本位的转变，国家基于维护交易安全和社会正义的需要，逐渐采用对契约内容进行客观解释的原则。

属于大陆法系的法国最具有代表性。在法国现代司法审判实践中，法官在解释合同时，常常并不刻意寻求当事人通过合同所要表达的真实意图，而是倾向于使合同产生法官所希望产生的那些法律效果。事实上，合同当事人在合同中表达不清楚或不完整时，法官完全是根据"当事人的意愿是要订立公正和符合社会利益的合同"这一推定而对合同作出解释。除此之外，法官在处理合同纠纷时，不仅将某些道德规范及经济规则直接运用到审判过程，完全根据公平和最大限度地保护交易安全的需要对纠纷作出判决……这就表明，意思自治原则在司法实践中不再具有支配一切的神圣

---

[1]［日］王晨：《日本契约法的现状与课题》，载《外国法译评》1995年第2期。

地位[1]。

在英美法系国家，对合同的解释采取客观解释的原则，即用一个通情达理的人作为标准来解决模棱两可的问题[2]。也就是说，对协议的审查应当是客观的而不是主观的。换句话说，问题不在于双方当事人是否真正从内心达成协议，而是他们的行为和语言是否能使有理性的人认为他们已经达成了协议。在古典合同时代的末期，尽管在一些法官之间对于合同法中的协议、同意、意思表示等几乎所有的问题还公开存在着严重的争论，但是法律对这些问题的客观的态度可以说是无可争辩地确立了[3]。阿蒂亚通过对比古典契约法与现代契约法在法官如何对待合同双方当事人的合意时总结说，(在古典合同法)合同应基于双方合意或者双方同意的观点博得了普遍支持，确实被很多律师认为是一般公理。大多数合同是双方当事人合意的结果，无论如何合同的主要内容是双方合意的产物。法官否认他们有权力去"为当事人制定合同"，他们试图基于当事人的意向表述合同法的大量实际规则。依靠采用这种方法，使法院感觉到他们不是强加规则于当事人，而只是明示当事人自己已选择做某事的暗示[4]。(而在现代合同法)合同无论如何不如先前认为的那样是自由选择的结果，各种范畴的法律被立法所规定，很多法律干涉或者完全不顾合同自由。因此，一些法官开始承认合同纠纷的解决方法有时是强加于当事人的。现在有以前提到的依靠当事人意向的问题好像仅仅依靠法律的规定来处理。阿蒂亚在对 *Davis Cintractors V. Fareham UDC* 一案的判决进行评价时进一步指出，重要的不是当事人真正的合意或者意向，而是他们作为有理智的人被认为已经同意或者意图的东西。因此，我们需要知道的是，在这些情况下，一个有理智的人将同意或者意图什么。由于法院代表有理智的人，因此可以说，法院认为当事人应当理智地同意或者意图什么。现在很清楚，法院最终强加的解决方法实质上不是当事人的意向，而是基于一个像任何其他规则一样的法律规则[5]。

从两大法系法官对合同内容进行解释的原则的变化上可以看出，客观公正解释的原则已经无疑地占据了统治地位，在许多情况下，根据这一原则所确立的合同内容可能是当事人未曾表达的，甚至是与意思完全相反的，但是，即使如此，当事人也应接受其约束。这样，就与古典契约理论所提倡的"一个人不应被他未同意的义务所约束"的契约自由原则背道而驰了。

(二) 契约自由原则衰落的根本原因

笔者认为，契约自由原则衰落的主要原因是，主体抽象平等的非现实性、契约自由理论假定的契约自由原则赖以生存的客观条件的丧失、政治价值观念的变化以及法律对交易公平结果的积极干预。

---

[1] 尹田编著：《法国现代合同法》，法律出版社1995年版，第30页。
[2] 沈达明编著：《英美合同法引论》，对外经济贸易大学出版社1993年版，第52页。
[3] 参见 [英] P.S.阿蒂亚：《合同法概论》，程正康等译，法律出版社1982年版，第5页。
[4] 参见 [英] P.S.阿蒂亚：《合同法导论》，赵旭东等译，法律出版社2002年版，第9~10页。
[5] 参见 [英] P.S.阿蒂亚：《合同法导论》，赵旭东等译，法律出版社2002年版，第19~21页。

1. 主体抽象平等的非现实性。我国大陆著名学者梁慧星先生在评价和总结近代民法的理念时，将其归结为"形式正义"，并指出："例如，按照契约自由的原则，自由订立的契约就等于法律，当事人必须严格按照契约的约定履行义务，即所谓契约必须严守，正是体现了这种形式正义。法官裁判契约案例也必须按照契约约定的条款进行，至于当事人之间的利害关系，订立契约时是否一方利用自己的优势地位或对方的急需或缺乏经验，或者履行契约时的社会经济条件已经发生了根本性的变更等，均不应考虑在内。"[1] 这是因为契约自由所体现的契约正义是建立在一些假定的抽象的基础之上的，就如前面格兰特·吉尔莫所说的，这种模式是抽象的而非具体的，就如自由经济的模式一样。日本大板市立大学法学部教授王晨在论述日本契约法的现状与课题时指出："被继受的近代契约法的特征是什么呢？用抽象的语言来概括的话，即法的形式合理性。也就是说，和契约有关的各种社会关系，只要不能还原成近代法的权利义务的话，它就从契约法中被放逐，契约法只是用抽象的规则来调整契约关系。具体地说，在近代契约型的世界中，人是一种抽象的存在，舍却了其固有的经济上的、政治上的、知识结构上的区别。"[2] 忽略人的个体差异性而将其视为"抽象的一般之人"，是古典契约理论建立的第一个假定的前提。正是这种抽象的人格理论，将民事主体规定为"人"，它对于一切人，不分国籍、年龄、性别、职业而作统一的规定。当时，在资本主义体制下作为商业交换主体的劳动者、消费者、大企业、中小企业等具体类型，在民法典上，被抽象为人这一法律人格。人包括自然人和法人。自然人当然是指有理智和感情的人类，但它在法律上却是一个抽象的概念，把各人的具体情况，如男女老幼、政治地位经济实力等差别统统抽象掉，只剩下一个抽象的符号"自然人"，然后来规定自然人的权利能力完全平等；对于社会中的各种组织团体，也是如此，无视其大小强弱而抽象为"法人"。这样就把复杂社会中千差万别的具体的民事主体简单化了[3]。

从这一抽象的假设的前提就可以看出来，古典契约理论所赖以建立的基础本身就带有某种神话色彩，实际上，即使在古典契约理论建立之初主体间的不平等就是存在的，就如阿蒂亚所指出的那样："古典的'契约自由'概念甚至从一开始便存在着某些严重的缺陷。"[4]因为古典契约法很少注意到缔约人之间的不平等关系。契约自由意味着可以自由地选择与之订立合同的人，可以通过相互之间的协议按其所希望的条款订立合同，这种含义即使在 19 世纪，也仅仅在某种狭义上来说是正确的。它只是在假定所有签订合同的当事人在讨价还价的力量上是平等的时候才是正确的，而这种平等正是古典合同法所大量采用的一种假定[5]。阿蒂亚认为，法律传统上不关心交易能力不平等的一个原因是这些不平等被认为涉及分配正义而非矫正正义的东西，而社会中产

---

[1] 梁慧星：《从近代民法到现代民法——二十世纪民法回顾》，载《中外法学》1997 年第 2 期。
[2] [日] 王晨：《日本契约法的现状和课题》，载《外国法译评》1995 年第 2 期。
[3] 梁慧星：《从近代民法到现代民法——二十世纪民法回顾》，载《中外法学》1997 年第 2 期。
[4] [英] P.S. 阿蒂亚：《合同法概论》，程正康等译，法律出版社 1982 年版，第 8 页。
[5] [英] P.S. 阿蒂亚：《合同法概论》，程正康等译，法律出版社 1982 年版，第 10 页。

生的财富和资源的分配的不平等被认为是政治问题[1]。另外，不可否认的是，在古典契约理论的创立之机，正是自由的竞争时代，经济活动主体主要为个人，其相互之间的差距并不像今天这样巨大，所以这种带有偏差的假设能为人们所接受。因此，契约自由作为一般的原则在道德上受到尊敬，在法律上必须严格执行。但是，随着工业的突飞猛进和商业的日益发达，各主要工业国均告别了自由竞争时代而进入垄断阶段，经济活动的主体已由以个体为主的时代转向以大公司、大企业，甚至是垄断组织为主的时代。显然，古典契约自由理论所假定的前提也就发生了根本性的动摇。试想，一个普通的消费者与一个强大的商业组织能平等、自由地协商吗？一个普通的乘客能与一个庞大的国营垄断铁路组织就服务条件和价格进行平等的协商吗？在这里，弱者一方只有"作"或"不作"的选择权，而就"如何作"已经失去了交涉的权利和自由。在这种情况下，契约自由还真的存在吗？古典契约理论所认为的"契约即公正"的方程式还成立吗？

2. 契约自由理论所假定的契约自由原则赖以生存的客观条件的丧失。古典契约理论的"契约自由"是建立在假设有一个"完全自由市场"（或称完备的竞争市场）的基础上的。这个市场模式包括四个与签订契约有关的假定条件：

（1）契约不得涉及除当事人之外的任何第三人。这一假定条件的基本点就是不对契约当事人以外的任何第三人构成损害，换言之，没有不利的第三人效应。只有这样，第三人才不至于遭受不测的损害，契约当事人才不被诉讼，也就不受法律的干预。

（2）充分的信息。每个决策者拥有关于其选择的性质和结果的全部信息，如果信息不完全，就会影响决策的理性。在完全竞争的模式中，全部信息意味着买主和卖主了解所有商品的价格及质量。就契约而言，全部信息意味着一方当事人不会因合同条款及其结果而使另一方当事人感到意外。

（3）有足够的可供选择的伙伴。在市场上，存在足够多的买主和卖主，他们既可以是现实的，也可以是潜在的，使交易双方有充分选择的权利。这是交易的重要的和熟悉的条件，即没有人拥有价格和数量上的垄断优势[2]。因为垄断权的存在削弱了契约的自愿性。

以上的假定条件在自由竞争的时代被人们所接受是很自然的，这些假设与"契约即正义"这样一个命题是相辅相成的。如果没有这些假定的前提，契约即正义这样一个命题是不会被人们心悦诚服地信奉，契约自身的原则也就无从建立。然而，这些假定的条件，随着社会和经济的发展，社会分工和交换的进一步加强，已经动摇了其存在的基础。

我们先来看一下契约仅在当事人之间产生效力这样一个假定的条件。我们今天仍然将契约的效力限定于当事人之间，并称其为合同或契约的相对性，但与古典契约理

---

[1]［英］P. S. 阿蒂亚：《合同法导论》，赵旭东等译，法律出版社2002年版，第13～14页。
[2]［美］罗伯特·考特、托马斯·尤伦：《法和经济学》，张军等译，上海人民出版社1994年版，第324～325页。

论的假设不同。古典契约理论的假设是为契约自由创设条件的，只因为契约不涉及第三人，故使法律不主动干涉当事人之间的自由也就有了充分的根据。但是在今天，我们却不得不去深入地研究"契约对第三人的效力"这样一个常见的命题。

我们再来讨论一下第二个假设的条件——充分的信息。在简单生产和交换的时代，这种假设可能是成立的，因为那时的商品之技术含量不高，市场也不像今天这样复杂，所以，在那时当事人充分掌握信息是较为容易的也是可能的。但在今天，这种可能性已经越来越小了。人们因错误的信息而作出的非理性的选择已经不再稀奇，各国契约法对于意思瑕疵的法律救济就是最好的证明。

我们再来看一下古典契约理论赖以建立的第三个假定条件——存在自由选择的交易伙伴。现实的和潜在的交易伙伴在一个完全自由的竞争市场上是存在的，但是随着经济组织的不断壮大，相互之间的竞争无论在规模上和激烈程度上均空前地增加，相互间的危险也越来越大。为避免在竞争中两败俱伤，双方往往达成垄断协议或成立垄断组织。垄断可以说是对古典契约理论这一假定条件的最主要的否定。例如，虽然存在许多银行和保险机构，人们似乎有选择的自由，但当你选择缔约当事人时就会发现，这些组织所规定的缔约条件惊人的相似，无论你如何选择，结果几乎是一样的。

当假定交易中的当事人是平等的，并具有实现平等的外部环境——完全自由的市场时，当事人所订立的契约应当是完备的。也就是说，为实现自由的私人的目的，当事人就实现这一目标的所有情况均作了理性的设计：每一种偶然性都想到了，而且偶然性的风险也在当事人之间分配好了。在这种情况下，法院应当充任超然而独立的裁判者或公断人，其主要工作是监督游戏规则的遵循而不是直接介入其中，至于正义之类的价值是否得到实现，它并不关心。法院既不为当事人订立契约，也不为当事人审查契约，当事人必须自己仔细斟酌契约的各个细节，以免出现法律漏洞[1]。但是，当完备契约订立的客观基础发生动摇的情况下，法院还能以"契约即正义"的理念为由而作一个超然的公断者吗？

3. 政治价值观念的变化。自19世纪后半叶开始，个人主义的极度膨胀导致了国家以社会利益为借口而对个人利益与自由权利的干预，出现了所谓"从个人本位到团体本位"的转变，而这种转变必然引起契约自由的衰落。

与此变化相适应，出现了狄骥的社会连带主义理论与功利主义哲学观。狄骥认为，个人具有"主观权利"这种想法本身就是自然法和形而上学思想的一种过时的遗迹，自由不再意味着有权从事并不损害他人的事情，而是意味着义务的结果，这种义务为的是使人人尽可能全面地发展他的个性，以便能够尽量地配合起来推进社会的连带关系，法律行为已经从仅仅涉及当事人的事情变为涉及整个社会的事情[2]。狄骥理论的

---

[1] [美] 格兰特·吉尔莫：《契约的死亡》，载梁慧星主编：《民商法论丛》（第3卷），法律出版社1995年版，第207页。

[2] [澳] 朱利叶斯·斯通：《法学的范围与作用》，转引自上海社会科学院法学研究所编译：《法学流派与法学家》，知识出版社1981年版，第101~102页。

核心是：不承认个人享有任何天赋的或者不可分割的权利，主张用一个仅仅承认法律义务的制度来替代传统的法律权利制度[1]。显然，狄骥的理论是颠倒了自然法的一贯主张，将权利与义务的世界完全颠倒，根据其理论，个人没有任何权利，其唯一的权利就是履行义务。在他那里，显然不会有契约自由存在的余地。

功利主义者从另外一个侧面为限制个人的契约自由提供了理论基础，例如，英国学者威廉·詹姆斯提出了一个典型的功利主义哲学原则：在一个贫乏的世界里，因为所有的愿望不可能都得到满足，所以我们的目标是尽量少地牺牲其他要求来满足尽可能多的愿望。他试图用功利主义的标准尽量牺牲少的利益来获得更多的利益，以此来证明对契约自由的限制是公正的[2]。德国法学家耶林（Rudolph Von Jhering）则从个人利益与社会利益的平衡来说明法律对个人权利的限制的正当性，他认为，法律的目的是在个人原则与社会原则之间形成一种平衡，个人的存在既为自身也为社会，而且法律也应当被视为是"个人与社会之间业已确立的合伙关系，而这种合伙关系的主要目标则在于实现一种共同的文化目的"[3]。英国法学家阿蒂亚针对英国之社会利益与个人利益冲突解决的原则性变化分析说，自由选择观念衰落的主要原因只是政治价值观念中的一个变化。1870年～1980年是集体主义甚至是社会主义价值观念在英国广泛传播的时代，自由与自愿交易是经济繁荣的秘诀的观念在那里急剧衰落。即使一个交易对双方当事人都有利，如果存在超过私人所得的外部经济效果，它将是不合社会公共利益的……社会完全有权禁止这些合同[4]。

所有这些理论与阐述，均在于证明无限制的契约自由对社会带来的危害而对其进行限制的合理性，当然，其自然的表现就是契约自由原则的衰落，即契约自由原则的绝对的王者地位发生了动摇。但这究竟是古典契约理论将契约自由原则抬高到了一个近似神话的不应有的地位而现代契约法理论将其从神话世界放逐到现实之中从而给了它恰当的地位呢，还是现代契约法故意贬低或者轻视了契约自由原则？我想，这一问题是值得思考的。下面我还要谈到这个问题。

4. 法律对交易结果的积极干预。在古典契约法时代，契约法是不涉及结果的公平和正义，家长制的思想被认为是过时的[5]。而现代，如下的事实已经被人们所认识：弱者和贫困者、受害者与被剥削者需要法律的保护。人们逐渐意识到，如果让他们自己订立合同，他们将不可避免地被富有和强有力的对方所击败。因此，法律规定了很多方式来干预合同[6]。古典契约法仅仅关注过程，只要合同是双方当事人自愿订立

---

[1] [美] E. 博登海默：《法理学：法律哲学与法律方法》，邓正来译，中国政法大学出版社1999年版，第183页。

[2] [美] 罗斯科·庞德：《普通法的精神》，唐前宏等译，法律出版社2001年版，第141页。

[3] [美] E. 博登海默：《法理学：法律哲学与法律方法》，邓正来译，中国政法大学出版社1999年版，第109页。

[4] 参见[英] P.S. 阿蒂亚：《合同法导论》，赵旭东等译，法律出版社2002年版，第19页。

[5] 参见[英] P.S. 阿蒂亚：《合同法导论》，赵旭东等译，法律出版社2002年版，第8页。

[6] 参见[英] P.S. 阿蒂亚：《合同法导论》，赵旭东等译，法律出版社2002年版，第19页。

的，任何不公平法律将不予干预。而现代，契约法不仅关注过程（如因错误或者欺诈订立的合同是受法律救济的），而且也关注结果（如显失公平的合同等）。法律对交易结果的积极干预意味着契约自由原则的衰落。

（三）对契约自由进行限制中的问题与思考

因古典契约理论赖以建立的社会基础发生动摇的情况下，契约自由正在脱离其内核或正在走向其反面。对契约自由进行规制以实现实质正义，已成为人们的共识。如在消费合同中，消费者常常缺乏必要的知识和经验，缺乏与对方平等的交涉能力，其选择的结果难以令其满意，这就与契约的目标——满足个人的私的目的相背离。这种自由和平等就仅限于形式，法律就应对这种交易主体间的事实上的不平等给予适当的平衡，以达实质正义。另外在交易的市场环境中，也有许多理由支持对形式的契约自由进行矫正。体现契约正义的契约自由是以假定的"完备的自由市场"为前提的，但是当各企业集团为了垄断利益而扼杀了这样的自由市场时，反垄断立法和反不正当竞争立法就是必要的了。

但是，也应当看到，对契约自由的规制也使契约自由发生了另外一些令人思考的问题。例如，法律规定了某些特种行业的强制缔约义务，那么消费者与其说是缔约，不如说是去行使自己的法定权利。这样，当事人之间关系的契约性就已发生了实质性的变化。

劳动立法对契约自由的规制可能引起与此有关的许多人失业，如强制规定女工的工作时间和禁止雇佣童工的劳动立法就可能使那些没有经济来源的女工和童工失去就业机会。在1929年到1931年的世界性经济危机时期，经济学家的确很普遍地认为，大量的失业主要是由于工会对契约自由进行干预而造成的[1]。

特别是对契约自由进行规制的许多手段和措施随时都有可能引起公法介入私法的危险，在量或度上的不当，很可能会弄巧成拙。

所有这些不能不引起我们的思考。在现代社会中，对契约自由的绝对放任就会使契约自由背离其内核——契约正义，甚至对契约正义造成侵害；而对契约自由的过分干预，就有可能缩小私法自治的空间，侵害私人权利，私法公正就会被另一种意义上的公正所替代。如何解决契约自由和契约正义之间的关系问题，是各国目前所面临的共同课题。一方面，应承认私法自治和契约自由，另一方面又要防止权利的滥用造成事实上的不公正而承认公法干预的合理性。对这种制度的价值选择，直接关系到私人利益和社会秩序。对契约自由规制的限度取决于变化中的社会和人们对正义的认识。也许，在将来的某一天，这种规制会成为实现契约正义的障碍，从而成为多余。

同时，也应当看到，对契约自由的合法干预并不总是用来调整强者与弱者之间的平衡的。为各种经济目的，如控制通货膨胀而制定三立法目前并不罕见，这些立法对限制契约自由也起了很好的作用[2]。

---

[1] 参见［英］P.S.阿蒂亚:《合同法概论》，程正康等译，法律出版社1982年版，第23页。

[2] 参见［英］P.S.阿蒂亚:《合同法概论》，程正康等译，法律出版社1982年版，第4页。

六、契约自由原则在现代契约法上的地位

在社会经济急剧变化的今天，契约自由已受到了极大的限制，其在失去了对当事人的权利义务的绝对性的支配后，它在现代契约法上的地位如何？支撑现代契约法的支柱又应是什么？

阿蒂亚指出："我们应当看到，契约自由这个概念，在任何一种意义上说来，都已由于社会经济诸条件的变化和法律本身的变化而发生了深刻的变化。"[1] 这个时代与英国历史法学家梅因得出"从身份到契约"这一伟大的结论的时代已迥然有别。梅因所处的时代正是古典契约理论的形成和发展时期。的确，那时的社会是从身份到契约的发展过程的上升时代，但是他只看到了历史长河中辉煌的瞬间，如果他的著作《古代法》再晚半个世纪写成，恐怕就难以得出这样的结论。但他在得出这个举世闻名的论断时，使用了"到此处为止"这样的时间限定，也就使得其结论无可厚非了。到1931年，克莱顿·垦扑·亚伦（Carleton Kemp Allen）在评论梅因的这一历史论断时，就已经发现了与当时社会事实的不合："梅因在说这个运动到此处为止是进步社会的特征时，是很慎重的。现在有许多人在问，有的是带着怀疑，有的可以看出来是带着礼貌，究竟有没有从契约到身份的相反的运动发生过。我们可以完全的肯定，这个由19世纪放任主义安放在'契约自由'这种神圣语句的神龛内的个人绝对自决，到了今天已经有了很大的改变；现在，个人在社会中的地位远较著作《古代法》的时候更广泛地受到特别团体，尤其是职业团体的支配，而他进入这个团体并非都是出于他自己的自由选择。很可能，过去一度由家庭这个发源地担任的任务，在将来要由工团这个发源地来担任了。也可能梅因这个著名的原则，将会有一天被简单地认为是社会历史中的一个插曲。如果竟然是这样发生了，这究竟标志着社会的进步还是退化？"[2] 亚伦的疑问在今天的确有了深入思考的价值：亚伦看到了缔约当事人之间的不平等，也即看到了契约自由的虚假性。如果我们今天反过来思考一下，对契约自由的限制，是否也意味着从契约到身份的相反运动？美国学者施瓦茨在其著作之"从契约到身份吗？"一节中指出，就21世纪初期的法律而言，契约自由是自由社会的基础，社会进步的基本观念与契约自由的扩大有密切关系。梅因关于从身份到契约的进步这一著名论断，作为一个基本原则被采纳。但是，20世纪以来，发生了一个明显的变化，就是不再过分强调契约自由了。人们开始对"从身份到契约"的运动是代表社会进步的唯一途径提出了异议。福利国家的出现使梅因格言的效力大为减弱。早在20世纪初，戴雪就敏锐地注意到刚刚在英国制定法汇编中取得一席之地的劳工赔偿法，大大限制了工人和工厂主的缔约能力；工人要求赔偿在意外事故中所受损失的权利，已经不是契约问题，而是身份问题了。20世纪20年代到50年代间制定的许多法律都受到了劳工法的影响。

---

[1] 参见［英］P. S. 阿蒂亚：《合同法概论》，程正康等译，法律出版社1982年版，第24页。
[2] Carleton Kemp Allen 为《古代法》出版所作的导言。参见［英］梅因：《古代法》，沈景一译，商务印书馆1996年版，第18页。

到20世纪中期，社会已经在个人自由的概念上加上新的身份条件。无论从哪一方面考察法律，身份具有一种日益增长的重要性，法律后果越来越多地产生于某种特定的职业和处境，而不是独立的个人对自由意志的行使。社会开始根据某种关系而非根据自由意志组织起来[1]。施瓦茨所述的现象已经被许多学者所关注，的确，在现代社会中合同当事人的许多权利义务并非来源于他们的自由意志，而是产生于某种社会关系或法律规定。对此应作如何的解释？柯宾对此解释说，很明显，这种"从身份到契约"的演进，这种日益增长的自由，并非是统一的和恒久不变的。它的前进是靠猛力推动，好像井底之蛙试图跳出的故事一样，每向上跳三尺就要后滑二尺。确实，这并不表明不可能有长期相反的演进，为了每次向"契约的自由"上跳二尺，就要向"身份"后滑三尺。关于限制商业贸易的合同方面的法律，可以表明这种颠倒的演进，第一次世界大战结束后的立法和司法判决已经宣示了这一点。看来很清楚，通过这两种演进，社会正在禁止缔结以前并不禁止的交易，同时也正在拒绝强制执行以前得到强制执行的交易。这些演进都是由主导性的政治经济主张的变化或者有影响的利益集团的压力所决定的[2]。从柯宾的这种解释看，他承认有"从契约到身份的后滑"，但他认为这是猛力推动下前进中的必然"后滑"。问题是，这种"后滑"到何处为止？是否还有前进趋势？因为人们已经看到了梅因之后社会由契约自由到对这种自由的限制，但迄今为止并未看到前进，相反，这种"后滑"仍在继续。有的学者的解释也许比柯宾的解释更直接和令人心中踏实：从身份到契约只是历史进步的第一台阶，从契约到制度才是第二台阶，目前到了从契约到制度的阶段[3]。制度为何？是否就是变相的身份？在这一阶段契约自由究竟在多大程度上还支配着当事人的权利义务？

在今天，人们谈论契约自由的衰落就像格兰特·吉尔莫谈论契约的死亡一样的自然，但是，这是否真正意味着契约自由的衰落？

与"契约自由的衰落"或"契约的死亡"之声不同，法国的沙丹（Chardin）用一种新的理论来解释古典的契约自由原则。她认为，合意和意思自治仍然是契约法的基本概念和原则，意思是自由主义哲学总结出来的基本概念。在这个哲学中，意思就等于自由。所以，尽管有人说契约自由应有所限制，但意思自治还是应当得到承认的。所谓契约正义、法的安全、信赖、诚实信用等原则虽然有用，但它们并不是用来填补意思自治退缩后留下的空隙的。因此，一方面实证主义应批判理想主义和空想主义，但另一方面意思自治原则还应得到遵守。她认为，以往的意思自治理论存在许多弊端，其一，由于没有一个明确的意思自治的定义，因而过去的意思自治理论体现出一种"秘教性"的特点，无法用准确的言词表达出来；其二，过去的理论执迷于幻想，不善于通过自我批判而产生新的观点，而只满足于某些例外或不适用的情况。所以，这样一种理论在新事物来临时就必然会支离破碎。因此，应当对意思自治理论进行重新

---

[1] [美]伯纳德·施瓦茨：《美国法律史》，王军等译，中国政法大学出版社1997年版，第211~213页。
[2] [美] A. L. 科宾：《科宾论合同》（下册），王卫国等译，中国大百科全书出版社1998年版，第728页。
[3] 张俊浩主编：《民法学原理》，中国政法大学出版社1991年版，第25页。

审视。

沙丹认为，意思的决定过程可以分为四个阶段：意念、熟虑、选择和实行。在意思决定过程的前两个阶段，外力不断地影响个人的思维过程，为意思决定的准备阶段；到了第三个阶段，意思决定最终形成；到了第四个阶段，意思决定便付诸实施。在这个过程中，尽管在意思决定的准备阶段意思是不自由的，受很多外力的影响，但意思决定的最终作出只能依靠本人，即意思的最后决定是自治的。她认为，19世纪的实证主义者只是想当然地认定意志是自由的，意思可以自治，但对意思的合理化过程却没有考虑进去。实际上，意思自治的公式"意思＝自治"应改为"合理的意思＝自治"[1]。

对沙丹的理论可以作这样的评价，她企图用新的理论来解释契约自由日益缩小的空间这样一种事实，即将对契约自由的限制看成是"意思的合理化"过程，非合理的意思不属于意思自治中的意思。但是，她这种企图复活古典契约自由理论的解释理论并没有令人折服的说服力。笔者认为，用日本学者内田贵对弗利德理论的评价来评价沙丹的理论也谓恰当：与其说她是将古典契约起死回生的救世主，不如说她是给古典契约化了死人妆[2]。

笔者认为，对契约自由的必要的限制并不是契约自由原则的衰落，而是对契约自由原则真实意义的恢复和匡正。当契约自由的原则所赖以产生的基础发生动摇的情况下，契约自由已越来越偏离其自身的价值而徒具形式。在此情况下，对契约自由进行必要的限制，不是契约自由本身的衰落，而是强制其归位，以恢复其本来的价值和地位。所以，在今天强调契约的实质正义，并为实现这一正义而对已偏离自身轨迹的契约自由进行规制，就如古典契约理论创立契约自由原则的意义同样重要——古典契约理论强调契约自由是因信奉"契约即正义"，而今天对滥用的契约自由进行规制也是为了实现正义。二者的方向和手段不同，但目的是一致的，这是深层的经济生活发生变化的结果。

在对"契约自由的衰落"作了这样的澄清之后，就可以看出，契约自由原则在私法领域内对主体的权利义务的支配并未发生根本性的变化，它作为契约法的一般原则依然如故，那些受到法律规制的所谓"契约自由"本身已不是真正意义上的契约自由了。这一点，无论在大陆法系国家，还是英美法系国家都是一样的。在大陆法系，最具典型意义的法国，著名学者弗鲁尔和沃倍尔指出："在私人之间的关系中，意思自治虽已遭受极大的损害，契约自由受到某些限制，合同强制力受到某些变更，然而，这些限制或变更却只是表现为一般原则的例外。作为一般原则的意思自治原则仍然存在，并在一切依然遵循这一原则的范围内发挥作用。"[3]

---

[1] 转引自傅静坤：《二十世纪契约法》，法律出版社1997年版，第180~181页。

[2] 转引自［日］内田贵：《契约的再生》，载梁慧星主编：《民商法论丛》（第4卷），法律出版社1996年版，第204页。

[3] 转引自尹田编著：《法国现代合同法》，法律出版社1995年版，第31页。

在英美法系的英国,从古典合同法极盛时期就已开始直到现在所发生的大量变化还不足以改变合同法的原则。这些变化仅对某些合同、某些情况起到了零打碎敲的作用。总的说来,还没有影响到合同法的基本原则。这些原则还像19世纪法官们所实施的那样依然如故……例如,尽管我们曾经说过,相互之间的协议和意思表示之重要性已大大减弱了,但法官们总是说,他们所面临的大量问题是依据当事人的意思来处理的,这还是确实的……19世纪合同法的基本原则只有很小的变动这个事实说明合同法没有特别重大的修改,契约神圣仍然占统治地位[1]。英国的另一位学者盖斯特也指出,虽然人们认为合同法的一般原则(契约自由原则)不能确切地反映现代经济生活的状况,但事实仍然是法律依然以自由选择为基础。毫无疑问,这种现象将会继续下去,直到合同完全为行政管理所代替[2]。更有戏剧色彩的是,在现代的英国,契约自由原则由衰落转为复兴。他指出,在过去15年间(1980年~1995年),政治与经济思潮在英国已经发生了戏剧性的变化,而且自由市场规则的功效再次受到重视——合同自由再次受到欢迎。人们更加信仰个人主义选择的权利,对集体主义与官僚主义有了更清楚的认识,人们不再信赖英国政府指导得最好,而更多地信赖个人应有权利安排自己的事务。所有这些变化反映了契约自由理念的复兴[3]。

第三节 合同相对性原则及其例外

一、问题的提出及其意义

债的本质特征之一便是"相对性",合同之债作为债的一种,其效力当然也应该是具有相对性。作为合同来说,其"相对性"是契约自由的基础,"契约神圣"也只有在坚持相对性的框架内才有意义。否则,"自由"和"神圣"都将成为魔鬼。但是,下列情况却对债的传统本质提出了挑战:①法定契约义务的增加,扩大了契约适用的范围,却在模糊债的相对性特征。例如,法院在认定"契约义务"的时候,是以"契约义务"还是"法定义务"为基础?传统民法中所谓的"违约",当然是指违反约定(义务),但现在的契约法却在不断地增加以"诚实信用"为基础而发生的附随义务的范围,这显然是法定义务。甚至在没有合同的情况下,仍然具有"合同义务"。在此情况下,下列问题在法学理论和实践中就存在争议:A与B签订工程施工合同,A派自己的工作人员甲乙为B安装氢气和煤气管道,由于甲乙的疏忽大意将管道接反了,燃气爆炸从而造成了B的损失。B以《中华人民共和国侵权责任法》(以下简称《侵权责任法》,已失效)第6条的规定请求A承担侵权责任而非合同责任,我国最高人民法院支

---

[1] 参见[英]P.S.阿蒂亚:《合同法概论》,程正康等译,法律出版社1982年版,第25页。
[2] [英]A.G.盖斯特:《英国合同法与案例》,张文镇等译,中国大百科全书出版社1998年版,第6页。
[3] [英]P.S.阿蒂亚:《合同法导论》,赵旭东等译,法律出版社2002年版,第27页。

持了这种请求。实际上尽管 B 是合同当事人,却充当了第三人角色。在我国法上,这究竟是违约责任还是侵权责任?②合同中的第三人保护问题,也是合同相对性的一个"顽敌"。其主要有两个方面:一是合同债权人就第三人的损害对债务人的清算问题。这主要是指那些非纯正的第三人利益合同的情形,比较典型的是德国帝国法院在 20 世纪初审理的一个案件:1914 年的冬天,一个寺院的一位修女患病,需要一名医生,于是寺院就与被告订立了一个有偿运输合同,被告负责用马拉雪橇的方式将一名医生送至寺院。在运送过程中,因为被告的雇员的过错导致医生受伤。医生起诉被告要求赔偿,但如果按照侵权责任起诉,被告很容易引用《德国民法典》第 1191 条的"雇主免责"条款,因此,只能考虑使用违约责任。但法院否定了此种损害赔偿请求权,理由是原告与被告没有合同关系,因此原告不享有因被告不良履行而发生的损害赔偿请求权。只有寺院才有这种权利,但寺院的修女并没有因此受到损害,其病情已经痊愈,也就只能由寺院为医生向被告主张(清算)。在我国《民法典》上,第 522 条第 1 款正是如此规定。该条该款规定:"当事人约定由债务人向第三人履行债务,债务人未向第三人履行债务或者履行债务不符合约定的,应当向债权人承担违约责任。"该案例在我国法上应该如何处理?二是合同当事人的义务或者权利如何延伸至第三人?具体来说,不是合同当事人的第三人具备什么条件才能受到合同保护?例如,A 与 B 签订房屋租赁合同,因房屋具有放射性,造成了 A 的家庭成员受到伤害,同时 A 的朋友来探望 A 并偶然地居住于此也受到了伤害。那么,A 的家人或者朋友有权请求 B 承担违约责任吗?因为这时候 B 不一定构成侵权责任,合同责任就显得十分重要。那么,判断标准是什么?③在为第三人利益的合同中,有的是直接赋予第三人对债务人的请求权,有的则没有《民法典》。那么,在这些合同中,合同当事人的解除权、终止权是否受到限制?如何限制?债务人的抗辩权如何行使?④我国《民法典》上许多地方债权合意直接产生对抗第三人的物权效力,根据何在?有的条文从字面上解释,甚至得出物权不经登记都不能对抗第三人(《民法典》第 641 条的所有权保留、第 745 条规定的融资租赁合同出租人对租赁物的所有权),如何从体系化上解释?⑤在第三人效力的合同中,第三人的权利与债因的关系如何?任何债均应该有债因,在为第三人利益的合同中,特别是具有独立请求权的纯正的第三人利益合同中,这种债的债因是什么?

以上问题,实际上反映出合同法领地的扩张,涉及与侵权责任甚至与物权的关系等重大体系化问题,需要特别说明和分析。

二、合同之债的相对性在当今民法典体系中的地位

尽管合同之债的相对性已经被民法理论、司法实践,甚至民事立法屡屡打破,但至少从主流的民法典的结构看,债的相对性这一性质并没有从根本上被动摇。否则,基于"物债二分"建立起来的民法典体系将荡然无存,权利体系和所有规则将会重新被思考,即使在债法体系本身,传统民法赖以存在的"违约责任"与"侵权责任"也会被打破。具体来说,合同的相对性在民法典中的地位取决于下列因素:

（一）公法与私法划分的必然结果

公法与私法的划分是大陆法系法律体系中的基本分类，对此美国学者指出："在大陆法系，公法与私法的划分已经有很长的历史……后来，它成为欧洲共同法中的内容和原则的一部分。19 世纪，在以德国、法国为代表的法典编纂和法制改革的过程中，公、私法的划分得到广泛的运用。19 世纪末，当法学家们开始认真研究现存的法律规范和制度时，这种划分就成为他们重建法律制度的基础。公、私法划分的不断演进和发展的历史，使这种划分产生了极大的权威，并与大陆法系各国的文化交融在一起。这样一来，法学家们在几个世纪中所发展起来的公法与私法概念，就成为基本的、必要和明确的概念了。"[1] 契约效力的相对性就与这种划分产生了联系：在公法上，一般来说，出自某个人或者某些人意思的行为，可以对更大多数的个人产生效力，因为，采取行动的人实施的行为依据的是某种具有指挥性质的制定规则的权力，而这种权力与他们负责保护的集体利益是相吻合的；而在私法方面，个人性质的考虑（consideration individuelle）占据着主导地位，任何一项（私法性质的）合同，原则上，仅对同意订立该合同的人产生效力，因为（任何）个人的意愿都不能主导他人的个人意愿[2]。

（二）民法典构建的基础

债权具有相对性而物权具有绝对性，前者不需要公示，后者需要公示，因此才会有物权编与债权编的二元区分，这是民法典构建的基础性权利。如果债权合同没有相对性，而是直接对第三人产生对抗力，那么，物权与债权的区分也就失去了意义，也就不会有物权编与债权编的存在。

同时，正是有这种区分，其实对于侵权责任的构成认定也变得容易：对于绝对权的侵犯具有可识别性，一般要构成侵权；而对于相对权的区分，只有在加害人明知或者应知的情况下，或者严重违背善良风俗的情况下，才构成侵权行为。

（三）相对性是契约自由的制度基础

传统理论学者们认为，合同的相对性规则乃是一个再明显不过的真理，并将其看成是意思自治理论的必然结果。既然每一个人都是独立的，那就只有他自己的意愿才能限制他自己的自由，才能使自己接受约束。债，只要是以人的意思作为其发生依据的，便只有愿意接受此债的人才会承担义务、受其约束。这种处理，从根本上来说，与意思自治理论的论断完全吻合。既然个人意思自由发挥作用即可带来正义（justice），既然每一个人都是自己利益的"最佳法官"（最佳评判人），那么，他也就不能同样去"最佳地"评判他人的利益。越是指望每一个人都来维护自己的利益，那么，同样去期待每一个人都像维护自己利益那样去维护他人的利益，就更加显得不够现实。因此，承认一个人在他人并未同意的情况下可以去约束他人，不仅是侵害每一个人法律独立

---

[1] [美] 约翰·亨利·梅利曼：《大陆法系——西欧拉丁美洲法律制度介绍》，顾培东、禄正平译，知识出版社 1984 年版，第 108 页。

[2] [法] 弗朗索瓦·泰雷等：《法国债法：契约篇》（下），罗结珍译，中国法制出版社 2018 年版，第 947 页。

原则，而且有可能建立起非常不公正的关系[1]。

另外，如果不把合同的效力限制在合同当事人之间，则有可能导致契约自由的滥用，让无辜的人成为债务人。这样一来，不仅导致公法与私法的混同，而且会极大地破坏私法中的秩序。

(四) 契约效力的相对性也是违约责任与侵权责任划分的基础

违约责任基本上来说是因违反约定义务（当然现在法定义务也已经存在，但不可能是主要义务）而产生的责任，但侵权责任主要是违反法定义务而应当承担的责任。也就是说，合同当事人的注意义务仅仅限于相对人之间，而侵权责任惩罚的则是行为人对一般人的注意义务的违反。这是传统民法违约与侵权二元结构的基础。

正是因为如此，我国《民法典》第119条规定："依法成立的合同，对当事人具有法律约束力。"《法国民法典》第1165条表达了这一规则，而且该条运用的表述形式使其成为《法国民法典》中最著名的条文之一："契约仅在诸缔约当事人之间发生效力；契约不损害第三人，并且仅在本法典第1121条规定的情形下才能利益于第三人。"

但我们必须看到，契约自由同契约效力相对性一样，有所后退。从我国《民法典》的责任构成和制度结构看，合同法领域无疑得到了显著的扩展（见《民法典》第186条、第558条、第996条等），这主要是源于合同责任较侵权责任相比，若举证方面容易，则更容易保护当事人。尽管合同相对性作为一般原则并没有动摇，但边缘却有所突破，并且这种突破相当明显。就如有学者指出的，意思自治理论虽然有所后退，但契约的相对效力却始终得到维持，不过这一原则也失去了它的绝对性。既然合同以当事人的意思一致为基础，那么原则上只有已经表示同意意思的人才会承担义务，这是很自然的事。可是，当合同的强制力不是来自当事人的允诺，而是来自"法律赋予这种允诺以价值"时，为了满足各种强制性需要，我们完全可以承认立法者甚至法院判例都可以决定把受（合同）约束的人的范围扩大至订约人之外的其他人，而且我们也会看到，无论是立法者还是法院判例都已经毫不犹豫地运用了这种可能性[2]。甚至法国当今学理主流对于其民法典第1165条规定的相对性有了新的解释：从这一条文运用的表述方式所具有的一般性来看，有可能使人误以为，在任何情况下，合同对当事人以外的其他人均不会产生任何效力。这种看法在19世纪的一段时期里确实占据过一定的地位，当时的理论界认为，合同注定处于一种"界限明朗的、与外界隔离的状态"，合同不可能为第三人而存在。但是随后不久，人们便放弃了这种认为"合同的效力与外部严格隔离开来"的观点，并对第1165条的意义作出另一种解读。今天，人们认为，虽然说合同既不损及也不利益于第三人，但其意思仅仅是说，当事人之间订立的合同既不能使第三人成为债权人也不能使第三人成为债务人。合同，原则上，仅在订

---

[1] [法] 弗朗索瓦·泰雷等：《法国债法：契约篇》（下），罗结珍译，中国法制出版社2018年版，第948页。

[2] [法] 弗朗索瓦·泰雷等：《法国债法：契约篇》（下），罗结珍译，中国法制出版社2018年版，第952页。

立合同的当事人之间创设债的链锁,创设具有约束力的债的关系(liens d'obligation),但是我们却不能从这一结论中推导认为,合同对第三人没有任何效力,哪怕是间接效力。既然合同在当事人之间创设了一种法律状态,那么第三人就不可能无视这种法律状态的存在。为了表达这种现实,(法学上)人们说"合同对第三人具有对抗效力"(opposable aux tiers,合同对抗第三人)[1]。

正是因为合同的相对性并没有彻底被动摇,因此,自罗马法以来对债以"法锁"来定义债的方式基本上还是正确的。

三、为第三人利益的合同

(一) 为第三人利益合同概述

在私法中,一个不参与合同订立的人能否享有或者取得合同权利从而成为债权人?对此,从历史上看,并非总是肯定的。古罗马法不承认"为他人利益订立约款",它严格遵循的是合同效力人格化或个人化(personnalite,合同效力的属人性质)的思想:任何人都不能通过不受其支配的人而取得某项权利(per extr-neam personam),任何人都不得为他人订立约款(alteri stipulari nemo potest)。由此产生的结果是,一人订立的合同不能使他人取得诉权,由缔约当事人一方为第三人利益做出的义务承诺完全没有效力,也就是说,缔约当事人为第三人利益做出的承诺不仅不能产生利益于第三人的权利,而且也不能为订立此种条款的人(订约人)设定权利,因为订约人被视为没有任何利益需要向他人提供给付。然而,任何人都不得为他人订立约款是一条有待商榷的规则。如果严格实行这一规则,出卖人甚至不能与买受人约定让买受人将价金支付给某个第三人,例如,将价金支付给出卖人的某个债权人或另一人——因为出卖人打算用这笔价金清偿其对自己的债权人所负的债务,或者打算通过这种方法将价金赠与另一人。鉴于这种情况,罗马法在此前时期就对这一规则做出了某些调整:最先是人们的实践,之后是帝国基本法(les constitutions imperiales)对此做出的缓和处理,后来则规定了若干例外情形。罗马帝国后期,法律在以下两种情况下最终给予了第三人以诉权,这才构成"禁止为他人订立约款"这一规则的真正例外。可以给予第三人诉权的这两种情况分别是:为受益第三人的利益约定的附条件的赠与(donation sub modo),也就是说,当赠与人在向受赠人进行的赠与中附有约定的负担(charge stipule)时,准许受益第三人对受赠与人请求履行此项约款规定的负担;随后,法律承认奁产(嫁妆、嫁资,妆奁不属于一般的财产)赠与人可以订立约款规定,(在将来)为了让第三人受益而返还奁产,如将财产转给奁产赠与人的孙子女,这样,第三人就可以获得对(奁产受赠人的)丈夫的诉权。法国的历史也是如此,起先拒绝合同的第三人效力,到1804年的《法国民法典》时,通过第1121条作出了严格的限制,但法院通过判例扩张

---

[1] [法] 弗朗索瓦·泰雷等:《法国债法:契约篇》(下),罗结珍译,中国法制出版社2018年版,第948~949页。

了适用的范围,以适应现实生活的需要[1]。

到今天为止,基本上很少有国家再一般性地禁止当事人订立为第三人利益的合同,下列合同是非常普遍的:某人让花店给自己的朋友送花、一个企业主与一个保险公司约定为自己的雇员订立附加养老保险,或者一个儿子与养老院订立合同为老母亲养老等[2]。但值得注意的是,这种为第三人利益的合同一般都在"契约自由原则"之外设有限制,仅仅是限制不同罢了。

(二) 第三人的概念

1. 我们在此要讨论的是"主观第三人"而非"客观第三人",也就是说,合同当事人主观上想给与其利益的第三人,而不是在客观上能够享有利益的第三人。例如,A与B签订合同约定在某个小区附近建造一所幼儿园,周围的房价立刻上涨。这些房主虽然在客观上是受益人,但不是我们在此讨论的利益第三人,该合同也不是真正的涉他合同。

当然,涉及的问题就是:利益第三人是否可以是现实上不存在的人?例如,一个胎儿,甚至是一个"未来的胎儿"?这一点,比较法上都给与肯定[3]。甚至当今《法国民法典》第1205条明确规定:"合同一方当事人即指定人,可以使得另一方当事人即允诺人作出允诺,为第三人即受益人的利益完成给付。该第三人可以是未来之人,但是,应当被明确指明或者在承诺履行时可得确定。"其实,在我国《民法典》上也没有否定的理由。

2. 为第三人利益订立的合同中,最为重要的分类是纯正的为第三人利益而订立的合同与非纯正的为第三人利益订立的合同。在纯正的为第三人利益订立的合同中,第三人享有对约定人(债务人)享有以给付为内容的独立的请求权,即第三人直接取得请求给付的权利。在非纯正的为第三人利益的合同中,第三人并不享有这种独立的请求权,即不能直接请求约定人(债务人)为给付[4]。我国《民法典》第522条实际上就规定了这两种类型的为第三人利益的合同。该条规定:"当事人约定由债务人向第三人履行债务,债务人未向第三人履行债务或者履行债务不符合约定的,应当向债权人承担违约责任。法律规定或者当事人约定第三人可以直接请求债务人向其履行债务,第三人未在合理期限内明确拒绝,债务人未向第三人履行债务或者履行债务不符合约定的,第三人可以请求债务人承担违约责任;债务人对债权人的抗辩,可以向第三人主张。"该条第1款即是非纯正的为第三人利益的合同,第2款便是纯正的为第三人利益的合同。

3. 必须与代理相区别。按照经我国民法理论和《民法典》的规定(第162条),

---

[1] [法] 弗朗索瓦·泰雷等:《法国债法:契约篇》(下),罗结珍译,中国法制出版社2018年版,第1006~1017页。

[2] [德] 迪特尔·梅迪库斯:《德国债法总论》,杜景林、卢谌译,法律出版社2004年版,第581页。

[3] [法] 弗朗索瓦·泰雷等:《法国债法:契约篇》(下),罗结珍译,中国法制出版社2018年版,第1034~1041页;[德] 迪特尔·梅迪库斯:《德国债法总论》,杜景林、卢谌译,法律出版社2004年版,第585页。

[4] [德] 迪特尔·梅迪库斯:《德国债法总论》,杜景林、卢谌译,法律出版社2004年版,第583页。

代理是代理人在代理权限内，以被代理人名义实施的民事法律行为，对被代理人发生效力的制度。根据这一规定，代理必须有三方当事人：代理人、被代理人和第三人。其一般的有效条件是：①被代理人的授权；②代理人依据授权并以被代理人的名义为之。否则就仅仅是委托而非代理。

但是，为第三人利益的合同与代理不同的是，①订约人是以自己的名义与相对人（可以成为诺约人）签订合同；②订约人不需要任何授权；③第三人不是合同当事人。因此，有学者指出，乍看起来，订约人似乎是受益第三人的代理人，然而，在这里订约人是以他本人的名义订立合同，而不是以受益第三人的代理人的名义订立合同。从这一角度来看，为他人之约款与委托代理之间有着很大区别。更具体地说，为第三人利益订立合同条款的人是由其本人订立合同但却是使他人受益，无须事先得到受益第三人的授权[1]。

然而，在法定代理中，这种区别有时候就存在歧义。这主要表现在父母为自己子女行为的情形，这种界定是不容易的。例如，母亲 M 为自己的未成年子女叫来一名医生 A 为其诊疗。在此种情形，如果 M 以自己的名义与 A 订约，则成立为第三人利益订立的合同。而在 M 作为 K 的法定代理人出现时，情况则不是这样。在此种情形，在 K 与 A 之间存在的是以向合同当事人 K 给付为内容的通常合同。或者父母带自己的孩子一起乘坐联邦铁路，孩子（由父母代理）自己已经成为铁路的另一方合同当事人吗？或者，如果这只是父母，那么成立为第三人（孩子）利益订立的合同吗[2]？

对于这种歧义的解决方案是什么呢？对这种问题的决定总是取决于下述情况，即行为人是否将自己以他人名义出现的意思对外清楚地表现了出来。就是说，在发生疑义时，应当认为系以自己的名义行为，因此，这里成立为第三人利益订立的合同。合同的另外一方当事人以此种方式对（通常更加具有给付能力的）父母获得自己的报酬请求权，而父母大多作为扶养给付向子女负担医疗或运送费用[3]。这实际上是作出了对于有利于未成年人的解释。在我国《民法典》上，也应该采取相同的解释规则。

（三）为第三人利益的合同当事人的关系及其正当化的原因

1. 当事人之间的关系。因为为第三人利益的合同涉及三方当事人：利益第三人、约定人（债权人）与受约人（债务人），故在当事人之间存在三种具体的关系：约定人与受约人之间的关系、受约人与第三人之间的关系、约定人与第三人之间的关系。

（1）约定人与受约人之间的关系。约定人与受约人之间的关系是正常的一般的法律关系，或者是买卖，或者是赠与，或者是其他的法律关系，但是必须具有给付的属性，而且该给付不具有约定人的人身专属性，否则不可以约定向第三人给付。例如，

---

[1] [法] 弗朗索瓦·泰雷等：《法国债法：契约篇》（下），罗结珍译，中国法制出版社2018年版，第1004页。

[2] [德] 迪特尔·梅迪库斯：《德国债法总论》，杜景林、卢谌译，法律出版社2004年版，第582页。

[3] [德] 迪特尔·梅迪库斯：《德国债法总论》，杜景林、卢谌译，法律出版社2004年版，第582页。

丈夫可以与妻子订立赠与合同,由丈夫向红十字会捐款100马克[1]。这种合同的效力等适用债与合同的一般规则。这里需要注意的是:双方是否约定了第三人对受约人的独立请求权。

(2) 受约人与第三人之间的关系。受约人与第三人之间的关系取决于约定人与受约人之间是否约定了第三人对受约人的独立的请求权,如果约定了这种独立请求权,而受约人不向第三人履行债务,属于债务不履行,要对第三人承担债务不履行的责任。当然,受约人对约定人的所有抗辩,对第三人都可以行使;如果没有约定第三人的独立请求权,则受约人仅仅是向第三人履行,如果不履行,则是对约定人违约而向约定人承担违约责任,不对第三人承担责任。

(3) 约定人与第三人之间的关系。约定人与第三人的关系多种多样,或者为了尽法定义务,例如,让受约人向约定人的被赡养人支付定期金或者提供服务;或者是为了赠与第三人;或者是为了抵偿约定人对第三人的债务;等等。而在实践中,约定人与第三人之间是哪一种关系,往往受约人并不清楚,但第三人一般是清楚的。

2. 为第三人利益合同的正当化基础——债因。负担行为(债权请求权行为)之所以有效是因为有正当的原因,这种原因往往被理论称为"债因"。在私法体系中,私人行为无论是想获得债法上的效果,还是想获得物法上的效果,均需要得到法律的认可,但是并非所有的私人行为都会得到法律的认可。在考虑是否认可私人行为,进而赋予这些私人行为以法律效力时,实际上存在一个评价与筛选的机制[2]。被法律纳入这一机制中的因素众多,例如,法律行为的无效因素与可撤销因素等,但是,有一种因素是这一机制中不可或缺的,它既反映交易本质又决定交易效果,它就是"债因"。也就是说,一个法律行为除去无效及可撤销的因素外,还有一种限制私人自治的因素——债因。但是,如果我们认为债因或者原因仅仅是大陆法系国家的专利那就错了。其实,债因或者原因在各个国家或者地区的民事法律上都有体现,只是表现形式不尽相同:在法国法上称为"原因",在英美法系国家称为"约因",德国学理与立法上众所周知的"有因"与"无因"之中的"因"其实就是指"原因",只有在债的关系中才要求有"原因",称为"债因"。什么是债因呢?《学说汇纂》和《优士丁尼法典》断片中所使用的"原因"一词具有相同的含义,是指给付进行的基础。原因既可以是受领人的给付,也可以是任何其他致使给付作出的情形[3]。意大利学者彼德罗指出,在罗马法上,"契约"一词除了指协议外,还强调作为债的关系的原因行为或者关系,因为这种"客观关系"在罗马法中占有十分重要的地位。契约由两个要件构成:一个最初的要件是原因或者客观事实,它是债的根据。另一个要件是后来由古典法学理论创设的,即当事人之间的协议[4]。显然,在这里彼德罗所谓的"债因",是指"当事人之间的

---

[1] [德] 迪特尔·梅迪库斯:《德国债法总论》,杜景林、卢谌译,法律出版社2004年版,第583页。
[2] 娄爱华:《大陆法系民法中原因理论的应用模式研究》,中国政法大学出版社2012年版,第1页。
[3] [德] 维尔纳·弗卢梅:《法律行为论》,迟颖译,法律出版社2013年版,第189页。
[4] [意] 彼德罗·彭梵得:《罗马法教科书》,黄风译,中国政法大学出版社1992年版,第307页。

客观关系",这种客观关系具体是指什么呢?依笔者的理解,应该是指任何一种被罗马法承认的契约所反映的客观的交易的外在表现形式,而不是当事人的契约目的。当然,不可否认的是,这种外在的表现形式可能与目的重合,但那仅仅是一种巧合,但从概念上是可以分离的。例如,在"合意契约"的买卖中,其客观关系就是表现为一方交付金钱,而另一方交付物。这种关系是客观的而不是主观的。但目的就不同了:我卖房子有两个目的:一是取得金钱,二是拿钱去经营生意。有人把前者称为"近因",把后者称为"买卖的动机",一般来说,法律只保护"近因"而不保护动机,除非例外的情况下。而只有"近因"才是客观的,也就是罗马人所说的"债因"。而"买卖动机"则因人而异,无法把握。所以,笔者认为契约的原因可能与目的之"近因"相同,而与动机不同。因此,债因与目的是有区别的。

那么,为第三人利益的合同是否需要债因呢?答案当然是肯定的。如果仅仅从契约自由或者意思自治的视角看待这一问题,似乎当事人的约定不应该受到限制,但合同法上的权利义务从来都不仅仅是,或者可以说,不完全决定于当事人的意思,最重要的还有受到法律上的一个客观因素的控制——债因。因此,在《法国民法典》上,尽管允许当事人为第三人设定利益,但要求设定人必须对这种契约具有某种利益。法国法院判例承认,只要订约人有任何一种利益,即使仅仅是精神利益,便都可以为第三人利益订立约款,并且这样的约款有效。最高法院诉状审理庭早在1888年4月30日的判决中就确认:如果订约人有直接的、现实的利益为他人利益订立契约,即使是精神上的利益,即可在为自己利益订立契约的同时为第三人利益订立约款。例如,对于订立死亡保险合同而言,被保险人就有着明显的道德利益:被保险人订立人寿保险合同,是出于帮助、接济受益人,或者是出于家庭情感,或者是基于认领非婚生子女,因而指定特定的人为保险受益人,这样做都是基于明显的道德利益[1]。这里实际上说的就是"债因"问题。其实,按照法律关系的分类,可以就两个方面来分析债因的存在及其效力。

第一个方面,约定人与受约人之间的关系。在这一方面,应该完全适用债和合同的一般原理:受约人之所以向第三人履行,是因为:①受约人与约定人之间的债是存在债因的,即使是双方是赠与关系(上面举例所说丈夫与妻子订立赠与合同,向红十字会捐款),也有特殊债因(否则民法典就不会规定这种合同);②基于约定。

第二个方面,约定人与受益人之间的关系。无论是纯正的为第三人利益的合同,还是非纯正的为第三人利益的合同,受约人与利益第三人实际上不存在"债因问题",受约人之所以如此,实际上是由于与约定人具有约定及具有债因。即使在纯正的为第三人利益的合同,约定人也没有将其债权转让给利益第三人,自己仍然是受约人的债权人。那么,利益第三人为什么可以享有利益?是因为其与约定人之间存在某种关系:或者是赠与,或者是抵债或者是其他的关系,要么是财产利益,要么是非财产利益。

---

[1] [法]弗朗索瓦·泰雷等:《法国债法:契约篇》(下),罗结珍译,中国法制出版社2018年版,第1012~1013页。

因此，相互之间也是有债因的。法国法院的判例所说的"订约人具有某种利益"，实际上就是指约定人与第三人之间具有某种利益，而不是指约定人与受约人，因为法国法上的原因关系在合同相对人之间是当然的要求。

值得注意的是，法国在 2016 年在债法改革后的民法典明确地将"原因"取消。那么，这是否意味着法国人彻底放弃了"债因"的概念了呢？对此，法国学者认为，合同法的改革删除了作为合同生效要件的"原因"，但却适用了其他同义词替代——目的。在新的条文中，吸收于原因之上的方案而不明确提及原因，意味着原因的消失只是形式上的而非实质性的。"原因"仍然构成替代方案的默示基础。于是，"原因"这一术语虽然在条文中消失，但新的条文仍然建筑在"原因"这一概念之上。"原因"从门里被赶出去，又不可避免地从窗户里回来[1]。其删除"原因"是激进的，其目的仅仅是使欧洲融合，使得法国法系更加具有吸引力和影响力[2]。

"原因"在我国《民法典》的合同编上又有何意义呢？尽管我国法像德国法一样，没有直接规定"原因"，但从整个合同编的规定看，我国法是承认原因的：①第 464 条对"合同"的目的很清楚：仅仅是"合意"并不当然产生债的后果，只有产生民事权利义务后果的才是我们所说的合同。它至少反映出一个实质问题：市民社会中的"合意"不是单纯的合意，它必须涉及"交易"。②"对价"不能履行、对价不存在（合同目的不能实现、根本违约）可以解除合同并请求赔偿；如果有理由担心这种对价的落空，可以行使不安抗辩权和同时履行抗辩权；如果出现了严重的情形，还可以请求"情势变更"的救济。这些无不反映出原因的存在。③我国法上对"赠与"这种无偿合同的特殊处理规则，也深刻地反映出我国立法对"对价"（原因）的承认。

（四）非纯正的为第三人利益合同中第三人利益的实现

这种情形主要是指我国《民法典》第 522 条第 1 款规定的情形。由于合同当事人并没有约定给与第三人对债务人独立的请求履行的权利，因此当债务人不对第三人履行义务，或者不完全履行义务的时候，只能视为债务人对合同相对人（债权人）违约，而不视为对第三人的债务不履行。但下列问题还是值得被讨论的：

1. 关于合同的解除权或者终止权、变更权。由于在这种非纯正的第三人利益合同中，第三人既不是合同当事人，也没有对于债务人的独立请求权，因此，合同当事人变更、解除或者终止合同的权利应该不受影响。但是，第三人利益合同背后，第三人与订约人的关系可能会产生相应的后果。例如，订约人本身就对第三人欠债，本欲通过这种第三人利益合同偿还债务，则取消合同会导致订约人对第三人的违约。假如是赠与，则要看是有负担的赠与还是无负担的赠与，如果是有负担的赠与，订约人还要对第三人偿还不当得利。

2. 债务人与第三人的关系。首先，无论是什么样的为第三人利益的合同，债务人对相对人（订约人）享有的抗辩权，对于第三人都可以行使。其次，需要讨论的是：

---

[1] [法]威廉·维克尔：《原因的废除及其替代方案》，载《南京大学法律评论》2019 年第 1 期。
[2] [法]威廉·维克尔：《原因的废除及其替代方案》，载《南京大学法律评论》2019 年第 1 期。

如果债务人已经与第三人就履行的具体问题进行了协商或者接洽,那么它是否应当受到约束?笔者认为,不应该受到约束,其对债权人的所有抗辩对第三人都不受影响地行使。

(五)纯正的为第三人利益的合同中第三人利益的实现

在这种类型的为第三人利益的合同中,第三人具有独立请求权当无问题。但有以下几个问题需要讨论:一是第三人如何取得这种请求权?二是这种请求权是否具有无因性?三是谁对合同具有解除权或者终止权?四是债权人与债务人的合同中是否可以对第三人设定负担?

对于第一个问题:第三人如何取得这种独立的请求权?对此,德国学理和立法认为,第三人"直接"取得对受约人的请求权(《德国民法典》第328条第1款)。依正确的见解,这仅意味着无须其以某种方式认定取得,第三人也不需要知悉取得。然而,其可以以向受约人(债务人)作出表示的方式拒绝接受取得[1]。法国学理和立法也认为,自指定之日起,受益人就被赋予了请求允诺人履行支付的直接权利(2016年债法修订后的《法国民法典》第1206条)。

关于这一点,无论从逻辑,还是价值上来说,都是值得肯定的。因此,在我国《民法典》上也可以作出相同的解释。

关于第二个问题:这种请求权是否具有无因性?对此,德国学理和判例持肯定观点。联邦最高法院在一个判例中承认了无因性。在该案中,一个航空公司与一个旅游举办人订立的租赁合同,依据此种合同,游客应当可以对航空公司享有独立的运送请求权,航空公司不应当能够以举办人尚未支付航空价款这一抗辩为自己进行辩护。另外,在一些人寿保险合同和定期金合同、为第三人利益合同的夫妇单的赠与(例如,父亲将自己的企业赠与给儿子,同时给儿子设定负担——赡养母亲)中,为了使第三人获得在法律上尽可能可靠的保障,也采取无因性原则[2]。由于法国法上不承认无因性问题,因此这一问题在法国法上不存在。

在德国法上,应采取"折中的方式"比较合适。也就是说,一般地不采取"无因性"原则,但是,在《德国民法典》第330~331条的情形下,应采取"无因性"原则,即涉及利益第三人为胎儿、未成年人或者被赡养人的时候,应采取无因原则以保护这些人在法律上获得的可靠性。

第三个问题:合同解除或者终止权由何人享有?在《德国民法典》上,按照第328条的规定,如果约定人与受约人没有保留不经第三人同意就废止或者变更合同的权利,双方变更或者废止合同,对第三人不产生效力。但是,按照第334条的规定,如果受约人对约定人享有抗辩权,则可以对第三人行使,那么,如果受约人有法定或者约定的合同解除权或者终止权,则当然可以行使该权利。但约定人则不应独自行使该权利,即使受约人违约,第三人可以直接请求受约人承担债务不履行的责任,甚至按照《德

---

[1] [德]迪特尔·梅迪库斯:《德国债法总论》,杜景林、卢谌译,法律出版社2004年版,第585页。

[2] [德]迪特尔·梅迪库斯:《德国债法总论》,杜景林、卢谌译,法律出版社2004年版,第584页。

国民法典》第335条，约定人可以请求受约人向第三人给付。但在未与第三人协商前，不得擅自解除合同。

按照《法国民法典》第1206条，如果第三人表明愿意享有该契约的利益，订立契约的人不得取消之。也就是说，在此之前，订立契约的人士可以取消该契约的。法国学者为什么会有这样一种不同于德国学理的观念呢？这主要跟法国学理对"为第三人利益的合同"的性质认识有关。法国学理对于这种合同的认识主要有三种理论：一是"要约说"，二是"无因管理说"，三是"单方允诺说"。

"要约说"认为，为他人利益的约款是一种要约，这是一种古典理论，直至1888年的法院判例中，这种理论也曾占主导地位。"要约说"认为，订约人与诺约人首先缔结合同后，将为第三人之约款的利益赠献给第三人。这种要约（offre de subrogation）需经受益人做出承诺，表示接受有经过承诺的义务才能最终确定、不可取消；第三人对其利益订立的约款做出承诺，便取代订约人的地位而成为诺约人的债权人。"无因管理说"认为，为他人之约款属于无因管理。按照"无因管理说"这一理论，订约人是在没有受到任何委托的情况下为受益人的利益实施如其受到委托时一个委托代理人本可实施的行为。因此，订约人就是无因管理人。这样一来，受益第三人对于为其利益订立的约款做出承诺实际上就是进行追认。由此引起这样一个主要后果：受益人所做出的承诺具有追溯力；受益人被视为直接从诺约人那里取得权利，也就是说他根本就不是订约人的权利继受人。按照法律行为中的代理原则，受益人被追溯视为是由其本人与诺约人缔结合同，受益人的权利追溯产生于合同缔结的同一日。由无因管理理论产生如下结果：在订约人死亡或者破产的情况下，他此前为第三人的利益约定的价值就既不进入其遗产，也不会进入破产财产的范围，而且受益第三人甚至可以在订约人死亡之后才对缔结的约款进行追认，并且可以由受益人的继承人给予追认；由此得出，从任何一个角度看，无因管理理论都可以满足实践的需要。"单方允诺说"认为，为他人之约款是法国民法里为数很少的单方允诺的情形之一。按照这种意见，在为他人之约款中，人们看的是一种"没有将来的债权人（受益第三人）的意思表示，仅有债务人（诺约人）一方的意思表示"即告成立。也就是说，这是一种没有经债权人同意而成立的债权。诺约人对受益人的义务承诺，唯一产生于他对受益第三人承担义务的单方意思，受益第三人对这种意思的承受或接受并不是确定其权利产生的时间，而是进一步巩固一开始他并没有参与其中甚至是在其毫不知情的情况下即属于他的一项债权。因此，第三人对诺约人的直接权利的设定或产生，是（法国法）对单方允诺理论的一种适用[1]。

然而以上三种学说均难以符合债法体系。（我们知道）要约，只要尚未得到承诺，均可以被撤回、被取消。将为他人之约款看成是一种要约制度，虽然与要约具有可撤销性这一点是完全吻合的，但是从实际生活的角度来看，这一观念却会产生令人十分

---

[1] [法]弗朗索瓦·泰雷等：《法国债法：契约篇》（下），罗结珍译，中国法制出版社2018年版，第1020~1024页。

遗憾的后果,因为按照要约的一般规则:①在订约人死亡之后,便不能再对为他人之约款做出承诺。因为,按照有关要约的经典理论,要约人死亡,其所为之要约即告失去效力,然而,在实践中,为他人之约款的情况恰恰不能采纳这样的处理方法,死亡保险合同更是如此,实际上,受益人甚至往往都是在被保险人死后才得知存在后者生前为其利益缔结的保险合同。如果受益人在尚未承诺为其利益缔结的约款之前就已死亡,那么受益人的继承受人也就不能做出承诺,因为要约是对于要约人本人的要约,因此,继承人不能继承原本是向他们的被继承人提出的要约。②最后,受益第三人可能是订约人的权利继受人。在这种情况下,前后实际上有两项协议。于是,约款规定的价值首先进入订约人的概括财产,然后再转归第三人享有,由此将会产生非常严重的后果。因为,既然约款规定的利益首先进入订约人的概括财产,势必面对的是订约人的全体继承人或债权人的诉权,特别是在订约人死亡时已经没有支付能力或者已宣告破产的情况下,约款规定的利益将归入死者的遗产或者破产人(failli)的整体概括财产(masse du patrimoine,破产财团),于此情形,为他人之约款的受益人也就不得不接受与订约人的所有债权人一起竞合受偿[1]。

然而,将为他人之约款看成是无因管理制度同样是站不住脚的,因为它扭曲了为他人之约款的性质。在为他人利益订立约款这一活动当中,订约人并不认为他在以第三人的名义缔结合同,而是以他本人的名义缔结合同;是订约人采取主动并掌握着主动权,他主张自己就是合同所涉事务的主人。因此,在为他人之约款里,无因管理应当产生的两项正常后果都与之完全对不上号:首先,无因管理的一个正常后果是,管理人可以要求其为他管理事务的人偿还管理费用,而在为他人利益订立约款的活动中恰恰相反,订约人不能向第三人要求偿还所支出的费用,特别是人寿保险的受益第三人,根本无须向被保险人的遗产偿还其生前缴纳的保险费。无因管理的另一个正常后果是,管理人应当继续进行其已经开始的管理活动而为他人利益缔结约款的订约人恰恰保留着取消此种利益的选择权,因此,在为他人之约款的可撤销性与无因管理原则之间存在着不可克服的二律背反。我们可以看到,上述要约说虽然能够解释为他人之约款的可撤销性,但与受益人所为之承诺的追溯力不能吻合、不相协调,而无因管理论虽然能够解释受益人所为之承诺具有的追溯性,但却与其可撤销性不相吻合、不能协调[2]。

"单方允诺说"这种解释同样不具有决定性的说服力。因为,当我们谈到单方允诺时,通常是指债的发生依据只有债务人一方的意思表示,而没有债权人方面的意思表示;然而,在为他人之约款的情况下,诺约人的意思只有在其与订约人之间订立的某项合同紧紧联系在一起时,才能对受益第三人产生具有强制性的约束力。诺约人的意

---

[1] [法]弗朗索瓦·泰雷等:《法国债法:契约篇》(下),罗结珍译,中国法制出版社2018年版,第1020~1021页。

[2] [法]弗朗索瓦·泰雷等:《法国债法:契约篇》(下),罗结珍译,中国法制出版社2018年版,第1022~1023页。

思所依持的正是这项合同,如果没有这样一项合同作为支架或依托,诺约人的意思表示便没有任何力量。这就证明诺约人对于受益第三人的义务承诺并非来自其"孤立的、单独的"意思表示:首先,订约人(往往可能)保留着取消这种义务承诺的权利,订约人也有权将约款规定的利益收归自己享有,或者将此利益转移给其他人利益订立的约款,显然与《法国民法典》明文给予订约的解除权或取消权不相吻合。除这一论据之外,还可以提出另一方面的论据,同样能够证明受益第三人的权利不是来自诺约人的单方意思表示:因为订约人的意思表示对受益第三人的权利同样产生影响。如果诺约人果真是因其单方意思而承诺义务,那又如何解释法律准许他"运用其可以对订约人主张的各种防御方法来对抗受益第三人"?例如,诺约人可以运用无效原因或解除原因来对抗第三人约款的受益人。我们知道,假如被保险人没有缴纳保险费,保险公司就可以以此为抗辩,据以对抗受益第三人主张享有约款规定之利益。由此可见,受益第三人的直接权利并非来源于诺约人的孤立的单方意思表示,而是产生于订约人的意思与诺约人的意思的合致[1]。

因此,这些学说当然也就难以解释为什么在第三人作出接受利益的意思表示之前,合同是可以被取消的。也正因为如此,目前在法国占有统治地位的观点是一种特别的例外规定[2]。甚至有学者认为,这种取消权可以用直接权利理论来解释:既然第三人的权利产生于一项合同,那么该合同的一方当事人当然可以保留取消此种权利的权利[3]。

在我国《民法典》上,对于第522条第2款应该作出这样的解释:①第三人自债权人与债务人之间的合同生效之时起,取得对债务人的独立请求权。②第三人在合理期间内可以拒绝接受该利益。以上述《德国民法典》和《法国民法典》的规则作为参照,这种拒绝的意思表示应该向债务人作出。③如果债务人未向第三人履行债务或者履行债务不合约定的,第三人可以向债务人主张违约责任。④不仅第三人对于债务人有违约责任的请求权,债权人也可以请求债务人向第三人履行。⑤债务人对债权人可以主张的抗辩,对第三人都可以行使。因此,如果债权人具备《民法典》第563条规定的法定理由,可以解除合同。但是,如果债务人具备了该条规定的法定理由,债权人不得自行主张解除合同,必须经第三人同意,除非债权人保留了合同解除权或者终止权。当然,虽然第三人拥有独立请求权,但因不是合同当事人,所以无权主张解除合同或者终止合同。

第四个问题:债权人与债务人的合同中是否可以对第三人设定负担?这一问题实际上就可以从约定人与第三人的关系来分析。这种情况下,一般是发生在约定人与第

---

[1] [法]弗朗索瓦·泰雷等:《法国债法:契约篇》(下),罗结珍译,中国法制出版社2018年版,第1023~1024页。

[2] [法]弗朗索瓦·泰雷等:《法国债法:契约篇》(下),罗结珍译,中国法制出版社2018年版,第1023~1024页。

[3] [法]弗朗索瓦·泰雷等:《法国债法:契约篇》(下),罗结珍译,中国法制出版社2018年版,第1029页。

三人为赠与关系时。在赠与关系中，约定人当然可以为第三人设定负担。在这种关系上，适用民法典关于赠与合同的有关规则。

四、第三人利益的合同法保护

我国《民法典》第522条以及上面所说的为第三人利益的合同，是指债权人与债务人约定给第三人利益的情形。那么，在法律上是否存在通过法律规定或者推定的方式，对于没有合同的人给与合同法保护呢？我国《民法典》第186条明确规定了对于侵犯合同对方权利的行为给予合同法保护[1]。但对于没有合同关系的第三人的损失能否给予合同法的保护？例如，本文在第一部分提出的问题：A与B签订工程施工合同，A派自己的工作人员甲乙为B安装氢气和煤气管道，由于甲乙的疏忽大意，将管道接反了，造成的爆炸从而造成了B的损失。这种情况下，适用《民法典》第186条进行合同法的保护没有任何问题。在此，我们主要讨论一下两个问题：①在第一部分提到的——A与B签订房屋租赁合同，因房屋具有放射性，造成了A的家庭成员受到伤害，同时A的朋友来探望时偶然地居住也受到了伤害。那么，A的家人或者朋友是否应当受到合同法保护而有权请求B承担违约责任？②寺院与医生的案件——一个寺院的以为修女患病，需要一名医生。于是，寺院就与被告订立了一个有偿运输合同，被告负责用马拉雪橇的方式将一名医生送至寺院。在运送过程中，因为被告的雇员的过错导致医生受伤。医生是否有权根据合同起诉被告要求赔偿？

（一）合同法保护的人的范围能否突破合同当事人

在上述租赁案件中，如果仅仅把合同法保护的人的范围仅仅限制在合同相对人之间，那么会产生什么样的后果？租赁合同的当事人A的家人及朋友就只能寻求侵权法的保护。但侵权法有及其严格的构成要件，出租人很有可能不知道房屋有放射性危害，从而不构成侵权行为。而房屋又不是产品，从而也不构成以"无过错责任"为规则原则的产品责任。其家人将无法获得救济。因此，德国理论和判例发展出"附保护第三人利益的契约"，就是针对这种情况的。但是，考虑到违约与侵权的基本划分，德国理论和判例在界定"第三人"范围的时候，确定了两个基本的原则：①第三人必须被置于与债权人自身同样程度的给付障碍危险之中，就是说，第三人必须近于给付的状态（合同的危险）之中。例如，与租赁合同的承租人共同居住的所有的人就是合适的。而对于一个在其他地方居住、只是间或来访的亲戚来说，则是不合适的。②通常债权人必须要对保护第三人具有特别的利益——自己对第三人负有保护和照顾的义务，所以损害第三人的利益亦会使自己受到牵连[2]。

与德国的判例及学理理论比较，意大利的做法则更加简单且具有说服力：就附保护第三人效力的合同，从协议内容中可以得出第三人并没有权利去主张给付义务的实

---

[1]《民法典》第186条规定："因当事人一方的违约行为，损害对方人身权益、财产权益的，受损害方有权选择请求其承担违约责任或者侵权责任。"

[2] [德]迪特尔·梅迪库斯：《德国债法总论》，杜景林、卢谌译，法律出版社2004年版，第592页。

现,毋宁是有权要求债务人勤勉地履行义务而不给第三人带来伤害。比如,在某次游玩中,司机与组织者之间存在合同关系,而受邀的客人相对于司机而言就属于受保护的第三人。其法律后果是:在违约(即违反不伤害第三人的义务)的情况下,第三人尽管不能要求履行主给付义务,但可以作为次给付的债权人要求赔偿[1]。这种通过扩大注意义务的方式达到保护第三人目的的合同保护更加简单明了。但问题仍然是:如何确定被告的注意义务(第三人的范围)——被告对什么第三人负有注意义务?

一般来说,德国学理将合同上的第三人保护限于因债务人给付义务的不良履行而发生的损害赔偿。因而不履行此种义务所发生的损害,则不应向第三人赔偿。但是,联邦最高法院在下述案件中也给予第三人以合同法保护:因一名律师的过失不作为而未能设立遗嘱,并且此事因被继承人死亡而成为不可能。法院判决因遗嘱而应当成为继承人的人对该律师承担合同法上的赔偿义务,尽管该律师仅仅对已经死亡的被继承人承担履行义务[2]。

在我国也有类似的案件。2001年,原告王某富之父王某智与被告三信律师所签订了《非诉讼委托代理协议》一份,约定:三信律师所接受王某智的委托,指派张某律师作为王某智的代理人;代理事项及权限为:代为见证;律师代理费用为6000元;支付方式为现金;支付时间为2001年8月28日;协议上还有双方约定的其他权利义务。王某智在该协议书上签字,三信律师所在该协议书上加盖了公章,但该协议书未标注日期。同年9月10日,王某智又与三信律师所指派的律师张某签订了一份《代理非诉讼委托书》,内容为:因见证事由,需经律师协助办理,特委托三信律师所律师张某为代理人,代理权限为:代为见证。9月17日,三信律师所出具一份《见证书》,附王某智的遗嘱和三信律师所的见证各一份。王某智遗嘱的第一项为:将位于北京市海淀区北太平庄钟表眼镜公司宿舍×门×号单元楼房中我的个人部分和我继承我妻遗产部分给我大儿子王某富继承。见证的内容为:兹有北京市海淀区北太平庄钟表眼镜公司宿舍×楼×门×号的王某智老人于我们面前在前面的遗嘱上亲自签字,该签字系其真实意思表示,根据《中华人民共和国民法通则》第55条的规定其签字行为真实有效。落款处有见证律师张某的签字和三信律师所的盖章。王某智于9月19日收到该《见证书》。2002年12月9日,王某智去世。原告王某富于2003年1月起诉至北京市海淀区人民法院,要求按照王某智的遗嘱继承遗产。2003年6月30日,北京市第一中级人民法院的终审判决认定:王某智所立遗嘱虽有本人、张某律师签字且加盖北京市三信律师事务所单位印章,但该遗嘱的形式与继承法律规定的自书、代书遗嘱必备条件不符,确认王某智所立遗嘱不符合遗嘱继承法定形式要件,判决王某智的遗产按法定继承处理。王某富因此提起本案诉讼,要求三信律师所赔偿经济损失。北京市朝阳区人民法院认为:律师事务所是依靠聘请律师去为委托人提供服务,从而获取相应对价的机构。继承法律规定,代书遗嘱应当有两个以上见证人在场见证,由其中一人代书,注明年、

---

[1] [意]阿雷西奥·扎卡利亚:《债是法锁——债法要义》,陆青译,法律出版社2017年版,第6~7页。
[2] [德]迪特尔·梅迪库斯:《德国债法总论》,杜景林、卢谌译,法律出版社2004年版,第595页。

月、日，并由代书人、其他见证人和遗嘱人签名。律师与普通公民都有权利作代书遗嘱的见证人，但与普通公民相比，由律师作为见证人，律师就能以自己掌握的法律知识为立遗嘱人服务，使所立遗嘱符合法律要求，这正是立遗嘱人付出对价委托律师作为见证人的愿望所在。原告王某富的父亲王某智与被告三信律师所签订代理协议，其目的是通过律师提供法律服务，使自己所立的遗嘱产生法律效力。三信律师所明知王某智这一委托目的，应当指派两名以上的律师作为王某智立遗嘱时的见证人，或者向王某智告知仍需他人作为见证人，其所立遗嘱方能生效。但在双方签订的《非诉讼委托代理协议》上，三信律师所仅注明委托事项及权限是"代为见证"。三信律师所不能以证据证明在签订协议时其已向王某智告知，代为见证的含义是指仅对王某智的签字行为负责，故应认定本案的代为见证含义是见证王某智所立的遗嘱。三信律师所称其只是为王某智的签字进行见证的抗辩理由，因证据不足，不能采纳。《非诉讼委托代理协议》的签约主体，是王某智和三信律师所，只有三信律师所才有权决定该所应当如何履行其与王某智签订的协议。张某只是三信律师所指派的律师，只能根据该所的指令办事，无权决定该所如何行动。三信律师所辩解，关于指派张某一人去作见证人的决定，是根据王某智对张某的委托作出的，这一抗辩理由不能成立。《民法通则》第106条第2款规定："公民、法人由于过错侵害国家的、集体的财产，侵害他人财产、人身的，应当承担民事责任。"被告三信律师所在履行与王某智签订的《非诉讼委托代理协议》时，未尽代理人应尽的职责，给委托人及遗嘱受益人造成损失，应当承担赔偿责任，但赔偿范围仅限于原告王某富因遗嘱无效而被减少的继承份额。虽然三信律师所在履行协议过程中有过错，但考虑到王某富在本案选择的是侵权之诉而非合同之诉，况且王某智的继承人并非只有王某富一人，故对王某富关于三信律师所应当退还王某智向其交付的代理费之诉讼请求，不予支持。三信律师所在代为见证王某智所立遗嘱过程中的过错，不必然导致王某富提起并坚持进行了两审继承诉讼，故对王某富关于三信律师所应当赔偿其在两审继承诉讼中付出的代理费和诉讼费之诉讼请求，亦不予支持[1]。

  判决后，三信律师所不服，向北京市第二中级人民法院提出上诉，理由是：根据王某智与我所签订的协议，我所只是为王某智在遗嘱上的签字提供见证，不是为王某智立遗嘱的行为见证，遗嘱早就由他人代王某智写好。在履行这一《非诉讼委托代理协议》的过程中，王某智没有财产损失，不享有违约赔偿请求权。王某智所立的遗嘱，由于不具备法定形式要件而被法院认定无效，这与我所见证其签字的行为无关。《民法通则》第58条第2款规定，无效的民事行为，从行为开始时起就没有法律约束力。这就是说，从立遗嘱时起，被上诉人王某富就没有获得过依王某智的遗嘱继承财产的权利。现法院认定王某富按照法定继承获得王某智的遗产，这才是其应当享有的权利。王某富根本没有遭受过侵权损失，也就不享有侵权赔偿请求权。原审认定事实不清，

---

[1]　参见北京市朝阳区人民法院（2004）朝民初字第10913号民事判决书。

适用法律错误，请求二审撤销原审判决第一项，改判驳回王某富的全部诉讼请求。二审法院认为，《律师法》第 49 条规定："律师违法执业或者因过错给当事人造成损失的，由其所在的律师事务所承担赔偿责任。律师事务所赔偿后，可以向有故意或者重大过失行为的律师追偿。"王某智立遗嘱行为的本意，是要将遗嘱中所指的财产交由被上诉人王某富继承。由于上诉人三信律师所接受王某智的委托后，在"代为见证"王某智立遗嘱的过程中，没有给王某智提供完善的法律服务，以致王某智所立的遗嘱被人民法院生效判决确认为无效，王某智的遗愿不能实现。无效的民事行为自然是从行为开始时起就没有法律约束力，但这只是说王某富不能依法获得遗嘱继承的权利，不是说王某智从来不想或者不能通过立遗嘱把自己的财产交由王某富继承，更不是说王某富根本就不能通过遗嘱继承的途径来取得王某智遗产。王某富现在不能按遗嘱来继承王某智遗产的根本原因，是三信律师所没有给王某智提供完善的法律服务，以致王某智立下了无效遗嘱。三信律师所履行自己职责中的过错，侵害了王某富依遗嘱继承王某智遗产的权利，由此给王某富造成损失，应当承担赔偿责任[1]。

这一案件如果原告通过违约提出合同法上的赔偿，恐怕就很难得到法院的支持。

（二）合同债权人就第三人的损害对债务人的清算

这种情形是否可以纳入附保护第三人的合同中去，值得讨论。在上面所举例子中，寺院与运输公司是合同当事人，其订立合同的目的实际上是让运输公司送一位医生给修女治疗，修女虽然没有得到治疗，但痊愈了。故合同当事人并未因运输公司违约而受到任何损害，但不是合同当事人的医生却受到了伤害。这时候医生是否有权对运输公司请求合同上的损害赔偿？德国判例认为，这时应该由作为合同当事人的寺院起诉来清算第三人的损害，尽管它自己没有什么损害。然后将所得利益转移给第三人[2]。但是，这两者还是有区别的，最经典的解释是：在第三人损害清算的情形，损害被拉伸成了请求权基础——就是说，由非受害人起诉；在附第三人保护作用合同的情形，合同法上的请求权基础被拉伸成了损害——在这里，由受害人因他人的合同而起诉[3]。

但这种情况，在我国立法和法院判例中却难以成为主流的观点。受害人（像医生这样的受害人）只能请求侵权法的保护。当然，采用合同法保护要比侵权法保护更有利于原告。德国法上之所以存在合同法保护的需要，是因为其民法典第 831 条规定了雇主的免责条款，即雇主可以通过证明自己在选择雇员的时候已经尽到了注意义务而没有过错，从而不需要承担责任。因此，要追究雇主责任，就必须绕开侵权责任，寻找其他途径。但这种需求在我国并不需要，因为我国《民法典》第 1191 条规定的雇主责任（用人单位的责任）为替代责任，属于无过错责任，而不是德国法上的过错责任。这样一来，德国法上的担忧也就不存在了。在实际的救济效果上，与德国法上的效果几乎相同。

---

[1] 参见（2004）二中民终字第 08110 号判决。
[2] ［德］迪特尔·梅迪库斯：《德国债法总论》，杜景林、卢谌译，法律出版社 2004 年版，第 457~458 页。
[3] ［德］迪特尔·梅迪库斯：《德国债法总论》，杜景林、卢谌译，法律出版社 2004 年版，第 596 页。

五、结论

债与合同的相对性仍然是民法典体系结构中的一个基础性概念,其在民法典特别是合同法上的地位仍然是不可动摇的。但我们不得不说,法律世界中的逻辑与生活逻辑是不同的,其实,自债的相对性产生之日起,这种相对性就不是绝对的。尤其是当我们用绝对的抽象世界的相对性来划分权利体系的时候,第三人效力不可能因此而消失。特别是当制度的适用引起不公平的时候,判例和学理的创造性就会发现并扩大这种效力,例如,德国学理及判例的附保护第三人契约的创造、意大利通过附随义务达到对第三人合同保护的理论和实践等,都说明了这种情形。

但无论如何我们必须牢记:债与合同的第三人效力仅仅是例外,相对性仍然是债的基础。物权与债权体系的二元划分就是建立在这一基础之上的。

第三章 合同编内在与外在体系的具体问题研究

第一节 体系化的另一种验证
——合同编中赔偿损失的请求权基础规范

一、问题提出的意义

尽管可以笼统地说，合同编中的赔偿义务都属于"违约责任"，但实际上仔细分析我国《民法典》上的赔偿义务的基础型规范，就会发现，这些不同的请求权（赔偿损失请求权）的具体规范是不同的。例如，《民法典》第500条、第501条、第157条、第558条规定的赔偿义务就难以认为属于"违约"，因为违反的是法定义务而非约定义务，有些甚至是在合同不成立、无效或者被撤销后的无"约"的状态下的责任。违反法定义务就其属性来说，是否属于违约的范畴？本身就值得讨论。因此，缔约过失责任作为其独立性的请求权基础就有其重大意义。另外，《民法典》第171条规定的"无权代理人的责任"，从性质上说，属于什么性质的责任？因其实际以他人（被代理人）的名义订立的合同，从根本上说，他不是合同当事人，所以将其责任归为违约责任有些困难；如果将其归为侵权责任，那么是否要求无权代理人具有过错？而从我国《民法典》第171条之规定看，似乎不能得出要求过错的结论。因此，该责任（当然包括赔偿责任）的请求权基础就值得讨论：它是否应该属于一种独立的请求权基础呢？第172条也有相同的问题：表见代理成立后，被代理人对表见代理人的赔偿请求权基础是什么？因为，虽然对于第三人来说，为保护善意第三人利益，对于合理的有理由信赖者提供外观保护的同时，可能损害了被代理人的利益，那么其对无权的表见代理人应该适用什么样的规范处理？是否应该适用无因管理或者侵权行为的规范？无论如何这里都难以属于违约问题；除此之外，《民法典》第566条、第578条、第583条、第584条的规范如何适用也殊值研究——主要是赔偿范围及理论支撑：在采取继续履行和解除合同后的损失赔偿与第584条之关系为何？在合同一方违约后，另一方是否可以不解除合同而直接请求适用第584条的规范基础要求赔偿损失？这种赔偿损失与第580条规定的"继续履行"后的赔偿损失之差异为何？第584条究竟是第563条及580条的辅助型规范，还是独立的请求权基础规范？另外，第186条被认为是我国《民法典》上很重要的规范条款，对此有许多理论解释，也存在很多争论：这里究竟属于加害给付，还是请求权基础竞合？如果属于竞合的话，那么当事人的损失不能得到完全的救济时，应该如何弥补？举例来说，A与B商场订立买卖合同，购买热水器，因产品存在质量问题导致 A 的损害，A 现在需要法律救济。如果 A 选择产品责任，那么则会出现这样的问题：因产品责任本身不包括产品本身的赔偿，是否允许 A 向 B 请求违约赔偿？如果 A 现在请求 B 按照第 186 条之"或者"之前的规定，要求 B 对产品损失、身体损失或者健康损失承担违约责任自无问题，但如果有精神损害，则是否可以按照违约作为请求权基础向 B 提出请求？如果选择侵权作为请求权基础，那么，产品本身的损失是否还可以按照违约责任提出请求赔偿？还有，《民法典》第 662 条规定的赠与人故意不告知标的物瑕疵而致受赠人损害的赔偿责任，是违约责任还是侵权责任？或者是缔约过失责任？因为该条非常罕见地适用了"故意"，这就与我国合同法理论普遍认为的违约责任属于"严格责任"的主流不符合[1]。另外，如果是瑕疵担保责任的话，那么，瑕疵担保责任一般也是不要求过错的。更重要的是，瑕疵担保责任在我国合同法上是属于违约责任还是独立的责任方式，都存在很大的争论，甚至主流观点根本就不承认瑕疵担保责任属于独立于违约责任的责任方式；最后，《民法典》第 929 条规定的委托关系中的受托人故意损害委托人利益的赔偿责任、第 962 条规定的居间人故意隐瞒与订立合同有关的重要事实或者提供虚假信息给委托人造成重大损失的赔偿责任，其规范的性质究竟为何，也很值得研究。

二、属于传统民法"违约责任"范畴的赔偿损失及其规范

（一）我国《民法典》中关于"违约责任"方式中的赔偿损失规范概述

从我国《民法典》合同编第八章"违约责任"本身的体系看，似乎违约责任中的损害赔偿就只有以下规范：①第 577 条规定的责任方式：当事人一方不履行合同义务或者履行合同义务不符合约定的，应当承担继续履行、采取补救措施或者赔偿损失等违约责任。②第 578 条的预期违约：当事人一方明确表示或者以自己的行为表明不履行合同义务的，对方可以在履行期限届满之前要求其承担违约责任。③第 580 条规定的继续履行后的赔偿损失。④第 583 条：当事人一方不履行合同义务或者履行合同义务不符合约定的，在履行义务或者采取补救措施后，对方还有其他损失的，应当赔偿损失。⑤第 584 条：当事人一方不履行合同义务或者履行合同义务不符合约定，给对方造成损失的，损失赔偿额应当相当于因违约所造成的损失，包括合同履行后可以获得的利益；但不得超过违反合同一方订立合同时预见到或者应当预见到的因违反合同可能造成的损失。⑥《民法典》总则编第 186 条[2]：因当事人一方的违约行为，损害对方人身权益、财产权益的，受损害方有权选择请求其承担违约责任或者侵权责任。

关于我国《民法典》第 563 条规定的"法定解除合同"是否属于违约责任的方式，因《民法典》合同编第七章与第八章的规范模式，导致了不同的意见。有学者认为，我国《民法典》上的违约责任就是第 577 条规定的三种方式：继续履行、采取补救措施或者赔偿损失。而"解除合同"由于没有规定在第八章的"违约责任"中，因此，

---

[1] 尽管我一直不认为违约责任属于"严格责任"。

[2] 这是 1999 年《合同法》第 122 条之规定，在民法典编纂中把它放在了总则编中。

它不属于"违约责任"的方式,而是合同终止的事由。有的则认为,合同解除也属于违约责任的方式[1]。这种争议本身不是本书讨论的重点,但这种争议却关系到我们要讨论的一个重大问题———赔偿损失的属性和定位问题:如果将"解除合同"作为一项违约责任的方式加以理解,则合同解除后的赔偿损失作为违约责任的辅助补救措施;如果解除合同不属于违约责任的范畴,则赔偿损失的性质难以界定。这必然会涉及第583条和584条如何适用。对此问题,笔者认为,应该将解除合同作为违约责任的方式来对待,理由是:①从《民法典》第563条[2]规定的解除事由看,都属于违约或者与违约有关:2、3、4项都属于违约的情形,第5项不用讨论,第1项"因不可抗力致使不能实现合同目的",也属于合同不能履行,从客观上看,也会导致一方或者双方违约。②解除合同属于实体法上的请求权,有自己的构成要件。而且,在大多数情况下,是非违约方在对方违约后,想从合同约束力下解放出来,摆脱合同的约束。因此,解除合同属于一种对非违约方的救济措施。在不可抗力导致一方或者双方不能履行,从而合同目的不能实现时,对于一方或者双方也是救济措施。与继续履行和赔偿损失一样,属于实体法上的请求权。③如果不将"解除合同"作为违约责任方式,那么,违约救济措施就是不完整的:因为如果没有"解除合同",违约救济措施就只有继续履行、赔偿损失、修理、更换、重作、退货、减少价款或者报酬等。这些措施里面,就没有将非违约方从合同约束力中解放出来的任何措施,也就是说,无论如何当事人都要受到合同效力的拘束。④从比较法上看,《法国民法典》第1217条明确将合同解除与其他违约责任方式并列而作为违约责任方式;《德国民法典》第440条也是将解除合同作为违约责任[3]规定的;《瑞士债务法》将解除合同作为契约不履行的后果规定在第107条。因此,笔者认为,我国《民法典》第563条规定的合同解除属于违约责任方式,相应地,《民法典》第566条[4]规定的赔偿损失请求权就属于违约责任中的救济措施之一。

(二)作为独立救济措施及作为辅助性救济的赔偿损失的规范分析

尽管我国《民法典》中存在许多不同的关于赔偿损失的规范,但从这些规范本身的属性看,有的属于独立的违约救济措施,有的则属于辅助性的救济措施。因此,在法律规范的具体适用方面就存在巨大的差异。

具体来说,作为辅助性的救济措施的赔偿损失,主要有四条:①《民法典》第566

---

[1] 这些不同观点参见:王利明:《合同法研究》(第二卷),中国人民大学出版社2003年版,第269页;崔建远主编:《合同法》,法律出版社2003年版,第189~296页;韩世远:《合同法总论》,法律出版社2004年版,第589页;李永军:《合同法》,法律出版社2010年版,第541~543页;等等。
[2] 该条规定:"有下列情形之一的,当事人可以解除合同:(一)因不可抗力致使不能实现合同目的;(二)在履行期限届满之前,当事人一方明确表示或者以自己的行为表明不履行主要债务;(三)当事人一方迟延履行主要债务,经催告后在合理期限内仍未履行;(四)当事人一方迟延履行债务或者有其他违约行为致使不能实现合同目的;(五)法律规定的其他情形。"
[3] 当然,德国等这些国家并没有违约责任的概念,仅仅相当于我国合同法上的违约责任概念。
[4] 该条规定:"合同解除后,尚未履行的,终止履行;已经履行的,根据履行情况和合同性质,当事人可以要求恢复原状或者采取其他补救措施,并有权要求赔偿损失。"

条规定的作为解除合同的辅助性救济措施的赔偿损失；②第 580 条作为继续履行之辅助救济措施的赔偿损失；③第 583 条：当事人一方不履行合同义务或者履行合同义务不符合约定的，在履行义务或者采取补救措施后，对方还有其他损失的，应当赔偿损失。④第 578 条：当事人一方明确表示或者以自己的行为表明不履行合同义务的，对方可以在履行期限届满之前请求其承担违约责任。

作为单独的救济措施的赔偿损失，即是《民法典》第 584 条规定的赔偿损失（包括预期利益的赔偿损失）。

这两种不同性质的赔偿损失的区别是什么？我认为，其区别非常重大：作为辅助性的救济措施，不应包括"预期利益"。例如，《民法典》第 580 条规定的主救济措施是"继续履行"，当事人的"预期利益"是通过选择或者说请求继续履行来获得的，因此，这里的赔偿损失仅仅就是"实际损失"；第 583 条规定的，违约方在履行义务或者采取补救措施后，对方还有损失的，应当赔偿的损失也应当是"实际损失"而不包括预期利益。《民法典》第 563 条规定的作为解除合同的辅助性救济措施之赔偿损失是否适用第 584 条，值得讨论。同时，第 578 条规定的所谓预期违约中的赔偿损失是否包括履行利益，也值得讨论。但是，由于《民法典》第 563 条将第 578 条的情况作为解除合同的一种原因规定，因此，第 578 条的答案包含在对第 563 条的讨论之中。

1.《德国民法典》。以《德国民法典》及德国民法学理为代表的观点认为，在债务人不履行合同时，债权人可以在解除合同和要求赔偿之间作出选择。如果要求解除合同，则不得请求损害赔偿。其理论依据是：解除合同足以使当事人恢复到缔约前的状态，并且合同既已解除，因合同关系的损害赔偿在逻辑上就不成立。也就是说，合同解除使不履行而产生的损害赔偿失去了存在的基础，故二者不能并存。2002 年以前的《德国民法典》第 325 条、第 326 条的规定清楚地表明了这一点[1]。

德国学者罗伯特·霍恩在解释这一问题时指出，现在占主导地位的观点认为，解除契约是在原来契约基础上建立一种清算关系。解除契约的目的是终止尚未履行的契约义务，并使已经实施的或已经交换的给付恢复原状。由于解除契约的目的是使当事人的权利义务关系恢复到缔约前的状态，而不是契约履行后的状态，因此，与损害赔偿相比，它所提供的救济是十分有限的。在制定民法典时，解除契约的制度是一种新

---

[1] 债法现代化之前的《德国民法典》第 325 条规定："1、（1）当事人一方由双务契约所生的应为的给付，因可归责于自己的事由不能履行时，他方当事人得因该不履行请求损害赔偿或者解除契约。（2）在一部分不能给付而契约的其他部分履行对他方无利益时，他得以全部债务的不履行，按照第 280 条第 2 项规定的比例，请求赔偿损害或者解除全部契约。（3）他方也得主张第 323 条的情形所规定的权利，而不行使损害赔偿请求权或者契约解除权。2、在有第 283 条规定的情形，在期限届满前不履行给付或者在期限内部分不履行者，亦同。" 第 326 条规定："1、（1）双务契约中当事人一方对于应为的给付有迟延时，他方当事人得以意思表示对其履行给付规定适当的期限，告知在期限届至后，将拒绝受领给付。（2）期限届至后，一方不及时履行给付，他方得因其不履行而有请求损害赔偿或者解除契约的权利，但不得再请求履行给付。（3）在期限届至前给付有一部分未履行者，准用第 325 条第 1 项第 2 款的规定。2、因迟延致使契约的履行于对方无利益时，对方不需指定期限即享有第 1 项规定的权利。"

生事物，因此，其中一些具体规定至今仍不十分明确[1]。德国判例也认为，解除契约与损害赔偿相互排斥的原则，不适应实务上的要求。联邦普通法院对此原则作了修改，使解约请求权与损害赔偿请求权相结合[2]。在最近一次《德国民法典》债务法的修改中，特别对此作了修改。现行《德国民法典》第325条（《德国民法典》的债法部分进行了重大修改并于2002年1月1日起生效）规定："在双务合同中，要求损害赔偿的权利并不因解除合同而排除。"

2. 《法国民法典》。以《法国民法典》为代表的其他大陆法系国家的民法典认为，解除契约与损害赔偿作为两种救济手段可以并存，如《法国民法典》第1184条规定，当事人可"解除契约并请求损害赔偿"。

3. 英美合同法。英美合同法对于解除契约与损害赔偿的问题，采取可以同时并用的观点。如美国《统一商法典》第2-720条规定："除非明显存在相反的意思表示，'解除'或'取消'合同或类似表示，不应被解释为放弃或解除就前存违约所作出的索赔要求。"

4. 日本立法及学理。对此问题，日本通说认为，合同解除具有溯及力，双方具有恢复原状的义务。但是，这种溯及力应当受到限制，即合同解除并不因此影响解除人对于违约方因债务不履行而发生的损害赔偿请求权，其存在不受解除溯及力的影响[3]。《日本民法典》第543条第3项也规定："解除权的行使，不妨碍请求赔偿。"对此，我妻荣解释说，民法典之所以对损害赔偿的请求适用了"不妨碍"的措辞，也是出于上述理解。作为立法论非常正确。反之，认为解除与履行利益的赔偿请求权不能两立的《德国民法典》和《瑞士债务法》则非常难以理解[4]。

5. 我国合同法规范的合理解释。在解除契约与损害赔偿的关系问题上，我国学理与立法一贯坚持同时并用的观点。根据1986年《民法通则》第115条规定："合同的变更或解除，不影响当事人要求赔偿损失的权利。"1981年《经济合同法》第26条第2款规定："因变更或解除经济合同使一方遭受损失的，除依法可以免除责任的以外，应由责任方负责赔偿。"我国1999年《合同法》继受了这一原则，根据该法第97条及98条的规定，合同终止，不影响当事人请求损害赔偿的权利。2020年的《民法典》第566条及567条继受了1999年《合同法》的第97条与98条。

但是，在与解除合同同时使用损害赔偿时，赔偿的范围为何？对此有不同观点：一种观点认为，此处所讲的损害赔偿是指无过错的一方所遭受的一切损害均可请求赔

---

[1] [德] 罗伯特·霍恩、海因·科茨、汉斯·G. 莱塞：《德国民商法导论》，楚建译，中国大百科全书出版社1996年版，第121页。

[2] 梁慧星：《民法学说判例与立法研究》，中国政法大学出版社1993年版，第311页。

[3] [日] 我妻荣：《我妻荣民法讲义 V_1：债权各论》（上卷），徐慧译，中国法制出版社2008年版，第184~185页。

[4] [日] 我妻荣：《我妻荣民法讲义 V_1：债权各论》（上卷），徐慧译，中国法制出版社2008年版，第185页。

偿,既包括债务不履行的损害赔偿,也包括因恢复原状而发生的损害赔偿[1];第二种观点认为,损害赔偿的范围应包括以下几种:①合同解除后,因恢复原状而发生的损害赔偿;②管理维修标的物所生的费用;③非违约方因返还本身而支出的费用。但是,损害赔偿不应包括因债务不履行而生的可得利益的赔偿。因为,在合同解除是因违约而产生的情况下,单纯从违约的角度看,确实存在违约损害问题。但从法律上看,合同的解除不应超出合同解除效力所应达到的范围。由于合同解除的效力是使合同恢复到缔约前的状态,而可得利益是在合同得到完全履行后才有可能产生。既然当事人选择了合同解除,就说明当事人不愿意继续履行合同,那么非违约方就不应该得到履行后所应得的利益[2]。

在1999年《合同法》的起草过程中,第一稿草案就反映了第一种观点。第一稿草案第104条规定:合同解除时,除法律另有规定或当事人另有约定时,债权人可请求损害赔偿的范围:①债务不履行的损害赔偿;②因合同解除而生的损害赔偿,包括:债权人订立合同所指出的必要费用;债权人因相信合同能够履行而作准备所支出的必要费用;债权人因失去订立合同的机会所造成的损失;债权人已履行合同义务时,债务人因拒不履行返还给付物的义务给债权人造成的损失;债权人已经受领债务人的给付物时,因返还而支出的必要费用。但现行合同法并没有就此问题作出规定。因此应当仔细分析合同法规范,从而作出合乎规范的解释。

笔者个人认为,合同解除后的所谓赔偿损失不应包括履行利益,理由如下:①从逻辑上说,合同解除就使得合同自始归于消灭,当事人负有恢复原状的义务,即恢复到缔约前状态。如果是缔约前状态的话,何来履行利益?因此,德国人2002年之前的民法典关于解除合同与赔偿损失的关系的规定是合乎逻辑的。从上面我妻荣之论述可以看出,其结论并非出于逻辑考虑。就如我国《民法典》上的合同被撤销一样:合同撤销后也有损害赔偿问题,那么合同被撤销后是否存在履行利益的赔偿问题?大概大家都认为这里的赔偿仅仅是缔约过失的赔偿而不包括履行利益,但同样是解除合同并使其溯及归于消灭,何来履行利益赔偿?②合同解除后,解除方不仅免除了自己的给付义务,而且对方无从获得对待给付,还要求对方承担履行利益的赔偿,对于违约方非常不利。因为有时违约方可以从对待给付中获得利益。③履行利益是在非违约方也履行了自己的利益后才能获得的利益。非违约方已经免除了自己的履行,就没有履行利益。因此,在解除的情况下,也仅仅是信赖利益。④我国《民法典》与其他国家合同法(或者债法)不同的是,我国《民法典》合同编规定了单独的请求履行利益的规范——第584条,非违约方完全可以不解除合同而请求履行利益。既然已经有了可以选择的规范,就没有必要再作出如同德国新债法及日本学理及立法的解释。

当然,在具体情形中,信赖利益有可能等于履行利益。一般来说,此信赖利益的

---

[1] 周林彬主编:《比较合同法》,兰州大学出版社1989年版,第354页。
[2] 王利明:《违约责任论》,中国政法大学出版社1996年版,第556页。

赔偿数额不得大于合同有效时非违约方可以获得的利益。为什么会以期待利益来限制信赖利益的赔偿最高限额呢？美国学者富勒也提出了同样的问题：《德国民法典》（第122、179、307条）规定信赖利益的保护无论在什么情况下赔偿均不得超过期待利益，而美国的判例暗含与德国民法相似的处理方法。基于信赖利益的赔偿永远不得超过期待利益的价值，这一观念有什么依据？富勒通过分析认为，信赖利益超过被告允诺的合理价值时就表明原告从事了一项亏本的交易，而允许原告对信赖利益的赔偿大于期待利益（约定的合同价格），那将意味着法律允许原告将一种亏本的交易的风险转嫁给被告。因此可以得出这一公式：在对因信赖某合同而发生的损失寻求赔偿的时候，我们不会使原告处于一种比假定合同得到了完全的履行他所应处的状况更好的状况[1]。我们可以对富勒的话作一个简单的解释，一种赢利的交易应该是这样的：合同约定的价格（期待利益，富勒称为"毛期待利益"）不仅包括当事人为此支出的费用和成本（信赖利益），而且，还应当包括扣除了这些费用和成本后的利润。因此，一种赢利的交易的信赖利益不会大于期待利益。如果信赖利益等于期待利益，则说明这一交易是不赔不赚的。而如果信赖利益大力期待利益，说明这一交易是亏本的，也就是说假如对方不违约，非违约方获得合同履行也是亏本生意。假如在信赖利益赔偿中，使被告的赔偿额大于期待利益，无疑等于将原告在一宗交易中的亏损转嫁给被告。

那么，《民法典》第584条又如何解释呢？我国《民法典》第584条究竟是对前面的救济措施中的"赔偿损失"的解释规范，还是独立的一项请求权规范？也就是说，是在解释前面第577、578、580、583条及563条中的"赔偿损失"的含义和范围，还是作为一项独立于这些规范的请求权？这其实是我国合同法上的一个核心的问题，而且这一问题与前面所讨论的问题密切相关；如果它是一项独立的请求权基础的话，前面所讨论的解除合同后的损失赔偿自然就难以解释为包括履行利益了。笔者认为，第584条是一项独立的请求权规范基础，即非违约方可以不解除合同而直接主张履行利益的赔偿，而赔偿了履行利益之后，就相当于合同履行完毕，合同也就不复存在。例如，A与B签订了一份买卖合同，A在这一合同执行后可以得到纯粹的履行利益10万元，在B违约A不解除合同的情况下，直接按照《民法典》第584条请求B赔偿10万元，B赔偿后相当于合同履行完毕，合同自然失去效力，不需要解除。这种理论当然是建立在"差额说"的基础之上。相反，如果A先解除了合同，就不能适用第584条请求履行利益。因为，第584条是一项独立请求权，而不是对合同法中所有"赔偿损失"的定义规范。尽管德国人现在抛弃了其先前的学说和立法，但由于我国合同法的结构与德国债法体系不同，因此，上述解释也许更符合我国合同法体系。当然，笔者并不认为解除合同后不能请求赔偿，而是不能请求履行利益的赔偿。解除合同与赔偿损失不是像德国法上的选择关系，而是并列关系，仅仅是范围上不包括履行利益。必须要注意的是，德国2002年债法现代化之前的民法典第325条规定的解除合同或者赔偿损

---

[1] [美] L.L.富勒、小威廉·R.帕迪尤：《合同损害赔偿中的信赖利益》，载梁慧星主编：《民商法论丛》（第7卷），法律出版社1997年版，第443页。

失中的"赔偿损失"是作为独立的请求权,而不是辅助救济措施。

三、缔约过失虽然规定在合同编中但却应该是独立的请求权基础

缔约过失责任的系统理论为德国伟大的法学家耶林(Rudolf von Jhering)所创,1861年耶林在其主编的《耶林民法学理论年刊》第4卷发表了题为"缔约上的过失——契约无效与不成立时的损害赔偿"的论文,全面阐述了缔约过失的一般理论。在耶林发现这一理论之前,有各种各样的学说,例如,侵权行为说、法律行为说(默示责任契约说)、法律规定说、诚实信用说等。将缔约过失责任归为合同责任实在牵强,因为,按照一般的合同理论,合同责任应当是建立在有效合同的基础之上,而缔约过失责任则是发生在合同未成立、合同无效或者被撤销之后的阶段,显然不能简单地归结为合同责任。如果将其归为侵权责任,有部分合理性和可行性,但侵权行为不能容纳所有的缔约过失行为。因为,侵权行为法是通过规定人们之间相互不侵犯的消极义务来起到保护彼此权利的目的的,但是它不可能规定人们的积极义务。而缔约过失责任则是责任人违反了积极协力、通知、照顾等义务而发生的责任,所以必须寻找出发生这些积极义务的根据。耶林正是通过巨大的努力,将其发生根据定位于诚实信用。这样一来,耶林在侵权行为法与契约法之间找到了另一种责任根据,即缔约过失责任制度所保护与救济的不是一般侵权行为法保护的对象,也不是契约责任所涵盖的内容,但关于举证责任、时效时间及责任基础等问题上却适用契约法的原则加以处理。耶林的巨大贡献在于,他发现了缔约过失责任具有不同于合同责任与侵权责任的特征而具有独立存在的意义与价值,结束了历史上曾有许多人将缔约过失责任归入侵权行为法的体系并认其为侵权行为的一种,然而,侵权行为法却难以完全包容缔约过失,缔约过失经常溢出侵权法的局面。

按照这样的分析,我国《民法典》第500、501、157、558条规定的义务,就属于合同外的法定而非约定义务,当然不能属于违约责任,而属于一种独立于违约责任的缔约过失责任,是独立的请求权基础。

四、《民法典》第186条的规范理解与适用

对于我国《民法典》第186条(《合同法》第122条)条规范之理解,主流观点是"竞合说"[1],我个人认为,这种竞合理论有值得讨论的余地,至少不能涵盖所有积极侵害债权的情形。也就是说,侵权责任与违约责任的竞合只存在于某些特殊的积极侵害债权的类型中。具体说来:

1. 当债务人的给付不仅有瑕疵,而且该瑕疵造成了对债权人固有利益的侵害时,不存在所谓的侵权责任与违约责任的竞合问题。

因为在责任竞合的情况下,按照一般的理论,当事人只能选择其中之一行使:或

---

[1] 王家福主编:《中国民法学·民法债权》,法律出版社1991年版,第169页;王利明:《违约责任论》,中国政法大学出版社1996年版,第278页等。

者以侵权行为责任为依据而提出赔偿请求，或者以违约责任为依据提出赔偿请求。但是，在债权人的契约履行利益和固有利益遭受双重损害时，无论以两种中的哪种方式单独救济均不能弥补债权人所遭受的损失，即不能恢复缔约人缔约前的"零"位状态。例如，买主与卖主就买卖马匹订立合同，如果买主所买之马的疾病不仅使买主的其他马因受传染而死亡，该匹作为买卖标的物的马也因疾病而死亡时，若以竞合说理论，要么买主选择侵权责任为诉讼基础而请求赔偿其原有的马匹；要么选择违约责任为请求权基础而请求履行利益，但这两种损失买主不能同时得到赔偿。所以，责任竞合理论不能解决加害给付的问题。英国学者纳尔森针对合同中的加害给付也提出了这样的问题：如果缔约双方处在一种契约关系中，同时就被告遭受的同一损失而言还并存着侵权上的责任，是否允许原告依据这两种诉因提起诉讼，或者他必须选择其一？那种认为违约之诉应该消灭侵权之诉的观点是缺乏说服力的。至于这两种诉因是否应当纳入同一诉讼之中则完全是另一个问题，其值得深入研究[1]。显然这是在加害给付中对违约与侵权竞合观点的异议。

因此，为保护债权人的实际利益，应对其双重损失进行补偿。从大多数国家的判例和学说看，是将侵权法的救济方式移入违约责任之中。如德国判例与学说认为，在债务人的行为构成积极侵害债权时，债权人可获得以下救济：①对债务人所损害的履行利益以外的固有利益的损害赔偿请求权。债权人的固有利益的损害赔偿请求权的行使并不应影响其履行请求权，即债权人在行使此项权利之后，仍可请求债务人履行债务；②履行利益的损害赔偿请求权和契约解除权。当上述固有利益的损害赔偿请求权与履行请求权不足以救济债权人时，特别是当不能再期待债权人与债务人继续维持合同关系时，必须给予债权人以契约解除权以及履行利益的损害赔偿请求权[2]。这种观点值得赞同。

2. 当加害给付并未对债权人的履行利益造成损害，而仅仅对债权人的固有利益造成损害的情况下，会发生侵权责任与违约责任的竞合。

这种情况主要出现在当债务人履行给付义务违反了附随义务和保护义务的场合下，其主要损害不是对主给付义务的违反，而是对债权人固有利益的损害。在这种情况下，可能会出现产品责任（侵权责任）与违约责任的竞合。加害给付是债务不履行的形态之一种，其性质上属于债务不履行的责任，它适用于所有类型的债权债务关系当事人之间；而产品责任是一种特殊的侵权责任，适用于产品生产者与消费者之间，而不论他们之间是否存在契约关系。产品的生产者与消费者之间有契约关系固然可以产生产品责任，无这种契约关系仍然可以适用产品责任。

---

[1] [英]纳尔森·厄农常：《违约与精神损害赔偿》，载于梁慧星主编：《民商法论丛》（第16卷），法律出版社2000年版，第496~497页。

[2] 梁慧星主编：《民商法论丛》（第2卷），法律出版社1994年版，第378页。需要特别说明的是，按照德国民法的规定，解除契约与损害赔偿是相互排斥的。这种方式不能满足实务的需要。联邦普通法院对此项原则进行了修改。

笔者认为，对于我国《民法典》第186条规范，应该作上述解释才符合规范的本旨，才能比较合理公平地保护非违约方的利益。

五、《民法典》第171条及172条的赔偿责任规范基础分析

我国《民法典》第171条第1款规定："行为人没有代理权、超越代理权或者代理权终止后，仍然实施代理行为，未经被代理人追认的，对被代理人不发生效力。"第172条规定："行为人没有代理权、超越代理权或者代理权终止后，仍然实施代理行为，相对人有理由相信行为人有代理权的，该代理行为有效。"纵观此两条规定，是存在赔偿责任的，那么，这种赔偿责任的基础是什么呢？是违约责任还是侵权责任或者独立的责任规范基础？

我们先来看《民法典》第171条规定的"对被代理人不发生效力"，那么行为人承担什么责任？对此，我国《民法典》第171条作出了明确的规定："行为人没有代理权、超越代理权或者代理权终止后，仍然实施代理行为，未经被代理人追认的，对被代理人不发生效力。相对人可以催告被代理人自收到通知之日起三十日内予以追认。被代理人未作表示的，视为拒绝追认。行为人实施的行为被追认前，善意相对人有撤销的权利。撤销应当以通知的方式作出。行为人实施的行为未被追认的，善意相对人有权请求行为人履行债务或者就其受到的损害请求行为人赔偿。但是赔偿的范围不得超过被代理人追认时相对人所能获得的利益。相对人知道或者应当知道行为人无权代理的，相对人和行为人按照各自的过错承担责任。"

我们在这里需要讨论的问题就是上述规定的第3、4项：这种赔偿的请求权基础是什么？是违约赔偿责任或者侵权赔偿责任，还是独立的赔偿责任？①首先可以肯定的是，这里显然不是违约赔偿责任，因为没有任何"约"的存在，除非将法定保护的义务纳入合同法中，但从目前看，我国合同法难以作出这样的解释。②有学者提出，其根据为法定担保责任[1]。这种观点有很强的说服力：任何一个签订合同的人，必须保证自己有权签订合同或者对于合同标的物有处分权，否则就应该承担责任。这是传统民法上的权利瑕疵担保。无权代理人在签订合同时违反了这一义务，因此应该承担责任。③如果按照侵权责任来理解其性质又如何呢？首先，该条规定的责任构成中不要求"过错"；其次，侵害的是一种利益，非常有可能属于纯粹经济利益损失。而这种纯粹经济利益损失在侵权法上很难成立。因此，最好不用侵权责任解释这一赔偿责任。④是否属于缔约过失责任呢？也就是说，无权代理人在缔约时明知或者应知自己的代理行为不被追认，仍然实施这种"代理行为"，属于缔约时候存在过失。在被代理人不追认时，应该承担缔约过失责任。但在无权代理制度中，有一个显著的问题是：无权代理人虽然是"签约人"，但却不是所签订合同的"当事人"，无权代理人一般是以被代理人的名义签订合同，因此，合同当事人是相对人与被代理人。无权代理人对于被

---

[1] 杜景林、卢谌：《德国民法典评注：总则·债法·物权》，法律出版社2011年版，第66页。

代理人来说，仅仅相当于无因管理。因此，在被代理人不追认代理效力时，由其承担履行义务或者赔偿义务，这种责任的基础就值得探讨：在这里，一个不是合同当事人的人承担赔偿义务尚可理解，但承担履行义务就显得不合逻辑。因此，只有理解为"担保"的时候才更符合逻辑。因此，无论让其承担履行义务或者赔偿义务，理解为法定担保责任更符合民法体系解释。

但是，如果理解为"法定担保责任"的话，那么《民法典》第171条第4款的规定就难以自圆其说。我们来看看比较法上的参考：《德国民法典》第179条第3款规定，相对人明知或者应知代理人欠缺代理权的，代理人不负责任。这种规定符合"法定担保"的理论——在权利瑕疵担保中，"相对人知道权利瑕疵"为免责事由。

因此，笔者认为，结合我国《民法典》第171条第3款与第4款之规定，将其理解为缔约过失责任则更加合适，即相当于《民法典》第157条中规定的法律行为无效后的双方当事人之间的过失赔偿责任。

第172条规定的"表见代理"又如何呢？表见代理成立后，仅仅对于相对人来说，代理人的行为对于被代理人产生效力，但是被代理人与表见代理人之间关系如何？因为这毕竟是没有授权的代理。笔者认为，他们之间可能成立无因管理或者侵权行为：如果被代理人愿意接受这一结果，则应按照无因管理之规则给予表见代理人以补偿；否则，如果表见代理对于被代理人造成损害，被代理人被迫接受这一代理结果，则表见代理人应承担侵权责任。

六、《民法典》第929条及962条之请求权规范解释

《民法典》第929条第1款规定："有偿的委托合同，因受托人的过错造成委托人损失的，委托人可以请求赔偿损失。无偿的委托合同，因受托人的故意或者重大过失造成委托人损失的，委托人可以请求赔偿损失。"第962条规定："中介人应当就有关订立合同的事项向委托人如实报告。中介人故意隐瞒与订立合同有关的重要事实或者提供虚假情况，损害委托人利益的，不得请求支付报酬并应当承担赔偿责任。"那么，这两条规定属于违约责任赔偿还是侵权责任赔偿？

该两条的共同特点是：①要求以过错为要件；②侵害了合同相对方的利益；③有损害。看起来非常符合侵权责任的构成要件。但是，这种情况下侵害的是相对方的纯粹经济利益是否符合侵权法的保护对象？如果以侵权责任为请求权基础，有相当的困难。因此，我们说，在合同法上所谓的合同义务除了约定义务之外，侵犯法定义务或者按照诚实信用原则产生的义务是否属于违约责任的范畴？对此问题，笔者个人认为，如果违反法定义务但却没有合同的存在，不属于违约责任的范畴，例如，合同不成立、无效或者被撤销后的赔偿，就不能属于违约责任；如果违反了法定义务，但合同仍然有效的情况下，不违反合同主给付义务（主给付义务都是当事人约定的），仅仅是违反了法定义务，这时法定义务就被合同吸收，可以用违约责任来请求救济。例如，在委托和居间关系中，当事人之间的信任和诚信对于合同来说至关重要，如实说明真实情

况和忠诚履行义务应当是该合同需要的,即使当事人在合同中没有明确约定,按照诚实信用原则也应属于双方当事人的"默示义务",因此,这种赔偿责任可以被看成是违反了默示义务而承担的责任,仍然属于违约损失赔偿责任。

七、《民法典》第660条及662条之赔偿请求权基础

(一) 关于第660条的规范理解

我国《民法典》在关于赠与中的两个损害赔偿的条文,即第660条与第662条值得思考。先来看第660条第2款:"依据前款规定应当交付的赠与财产因赠与人故意或者重大过失致使毁损、灭失的,赠与人应当承担赔偿责任。"该条究为何义,甚有疑问:毁损灭失的赠与财产是在交付前还是交付后?有学者提出是在交付前[1]。从该条文的表面意思似乎也是指交付前,但问题是交付前为什么要承担赔偿责任?该责任是什么性质?因为:①赠与的财产交付前,财产所有权仍然属于赠与人所有,赠与人造成自己财产的损失为什么要承担赔偿责任?②交付前,按照我国《民法典》第660条的规定,赠与人在赠与财产的权利转移之前可以撤销赠与,其赔偿责任也就不复存在;③即使是赠与人在赠与财产的权利转移之前没有撤销赠与,或者说是具有救灾、扶贫等社会公益、道德义务性质的赠与合同或者经过公证的赠与合同不能撤销,那么其毁损了赠与财产至多也就是承担赠与合同不能履行的责任。但不能履行包括赔偿损失、继续履行(如果是种类物的话)等,也不能得出承担赔偿责任这唯一的结论。该660条的规定特别容易让人理解为对财产本身损害的赔偿责任,很类似于侵权责任,但难以构成侵权,因为自己侵犯自己的财产何以构成侵权?

实际上该条是因赠与财产的毁损灭失导致赠与合同不能履行的赔偿责任,但也仅仅是指赠与物为特定物的时候才能适用。如果是种类物,则可以继续履行。就如有学者指出的,如果赠与财产是种类物的话,赠与人故意或者重大过失造成赠与物毁损灭失的,仍应负继续履行的义务[2]。

(二) 关于第662条的规范理解

我国《民法典》第662条规定:"赠与的财产有瑕疵的,赠与人不承担责任。附义务的赠与,赠与的财产有瑕疵的,赠与人在附义务的限度内承担与出卖人相同的责任。赠与人故意不告知瑕疵或者保证无瑕疵,造成受赠人损失的,应当承担赔偿责任。"

该条第1款属于传统民法上的瑕疵担保责任,按照我国"一元化"的处理原则,应该属于违约责任应无疑问。但第2款规定的"损害赔偿责任"属于什么类型的请求权基础呢?

首先,如果是故意不告知赠与财产瑕疵的,属于赠与人的过错;其次,这里造成受赠人损失,显然不是指赠与财产的损失,应该是指赠与财产意外的损失,这样一来,侵犯的是标的物是清楚的。因此,可以按照侵权责任来主张损害赔偿。特别是,往往

---

[1] 王利明:《合同法研究》(第三卷),中国人民大学出版社2012年版,第214页。
[2] 王利明:《合同法研究》(第三卷),中国人民大学出版社2012年版,第215页。

还有精神损害赔偿，则按照侵权责任来请求更容易得到全面救济。

如果是保证无瑕疵而造成受赠人损失的，应当承担的损害赔偿责任是什么性质？这时如果再以侵权责任为请求权基础就很难成立，因为赠与人可能没有任何过错。这时，似乎适用"加害给付"作为请求权基础更合适。

当然，如果再赠与人故意不告知瑕疵的情况下，若不请求精神损害赔偿的话，也可以选择加害给付作为请求权基础。由于赠与一般都是无偿的，赠与人对于赠与财产的损害不承担赔偿责任，因此，这里适用侵权责任与加害给付的竞合，让当事人自己选择，比一般有偿合同更具有合理性。

八、结论

尽管《民法典》之合同编上规定有很多损害赔偿责任，但这些赔偿责任不见得都是违约责任，有的有自己独立的请求权基础，如缔约过失责任、加害给付、无权代理人的赔偿责任都是不属于违约责任的独立责任；有些甚至是侵权责任，如赠与人故意不告知受赠人赠与标的瑕疵而给受赠人造成损失的赔偿责任，其实就是侵权责任而难以归于违约责任中去；有些责任看起来很像侵权责任，但由于损害的是纯粹经济利益，在我国法还很难归入侵权责任中去，因此属于违约责任，如委托合同与中介合同中，受托人因受托人的过错给委托人造成损失的赔偿责任、中介人因故意隐瞒与订立合同有关的重要事实或者提供虚假情况损害委托人利益的赔偿责任，确实很像侵权责任，但由于损害的可能是纯粹经济利益损失，可以归入违约责任中，但这就涉及合同义务的扩张，这种扩张不可过度，否则就难以区分合同与侵权。

第三编 人格权编的内在与外在体系研究

第一章 人格权编内在与外在体系

第一节 人格权编的内在与外在体系概观

一、人格权编的外在体系

在我国《民法典》上，可以说，人格权的规定"比较全面"——不仅包括人格权，还包括信息保护；不仅包自然人人格权，还包括法人人格权；不仅有真正的人格权，还有一些行业规范，例如医学、医药实验（第1008条、第1009条），器官捐献等。在此，处于研究对象的缘故，我们仅仅就其中的人格权部分进行研究。我国《民法典》上的外在体系如下图所示：

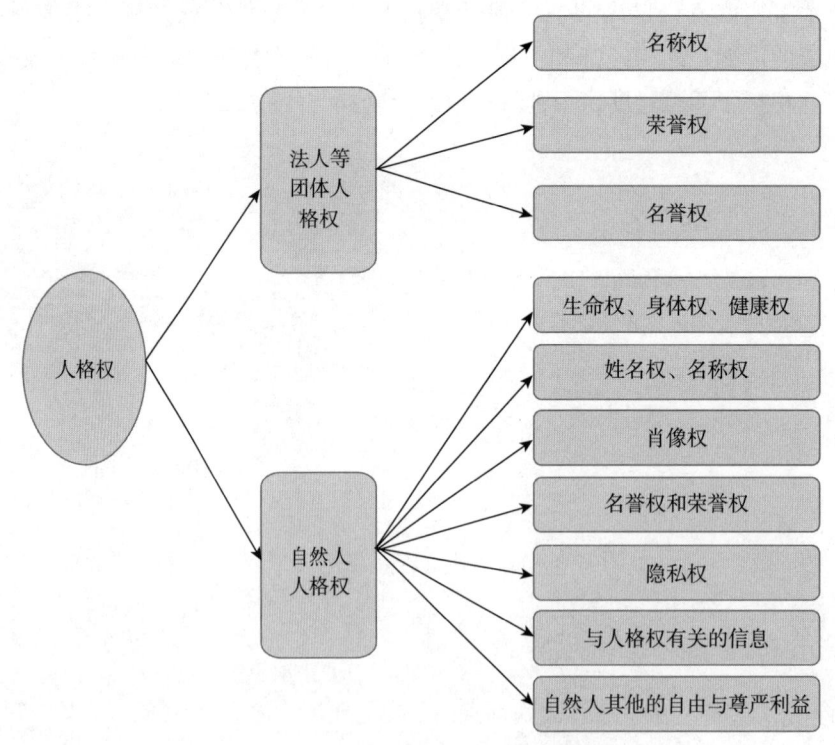

图 3-1-1 我国《民法典》的外在体系图

二、人格权编内在体系

对于人格权编内在体系说明如下：

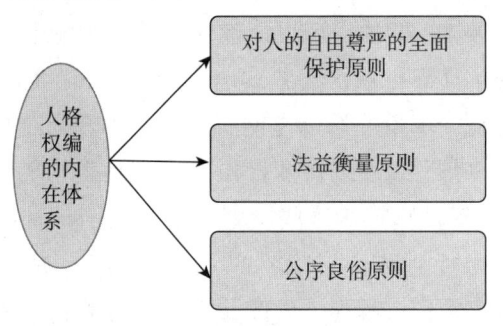

图 3-1-2　人格权编的内在体系

（一）对人的自由尊严的全面保护原则

这应该是我国《民法典》的一个重要特色，也是在《民法典》编纂是让人格权独立成编的重要支撑理由。我国《民法典》在社会主义核心价值观的引领下，无论在"总则编"还是在"人格权编"都旗帜鲜明地将民事主体——特别是自然人的自由和人格尊严作为重要的人身权利进行全面保护。特别是王晨副委员长在关于《民法典草案》说明的时候，特别指出"是为了促进人的全面发展"，这种原则和理念在我国现阶段具有极其重要的意义。

特别值得赞赏的是，我国《民法典》把法人与自然人的"人格权"分别保护，将自有与尊严仅仅赋予自然人，这是我国民法理论的突出贡献，也是立法上的重大进步。不仅符合宪法的基本原则和理念，也与我国加入的人权公约密切契合。

另外，我国《民法典》的正确定位人格权的表现还体现在：对于法人享有的类似自然人的名称权等列举性规定，而把一般人格权仅仅负于自然人，并在第 990 条第 2 款明确规定："自然人享有基于人身自由、人格尊严产生的其他人格权益。"保持了人格权的开放性。

（二）法益衡量的原则

实际上，由于人格权客体的特殊性和人的需求的多样性，人格权经常与民事或者非民事权利相互冲突。例如，个人隐私权的保护始终都与他人之宪法或者其他合法权益相冲突，对隐私权的保护也始终与这种法益衡量的原则相伴随。例如，日本教授佐藤幸治认为，隐私权意味着个人有控制自己信息的权利——隐私权和受宪法保护的言论自由应视为等价利益加以衡量[1]。任何一个社会要想运转有序，必须把每一种权利都控制在合理的限度内，才能够达到这种目的。而一个人要有尊严地生活、有自由地存在，就必须让其精神有安放的地方，而隐私的保护，正是给予和保护人们保有这样一种地方。但社会的正常运转，也必须为这种"地方"划出边界，法益衡量正是这种

---

[1]　转引自魏晓阳：《日本隐私权的宪法保护及其对中国的启示》，载《浙江学刊》2012 年第 1 期。

冲突的化解方式。对隐私或者信息的保护必须注意公共利益的需求，例如，正当行使舆论监督，必然会对人的行为进行评价，尤其是公众人物，如官员、明星等，其某些行为可能就是最不愿意为他人所知道的隐私。再例如，合法行使职权，如对于犯罪嫌疑人的通缉、对于犯罪嫌疑人的侦查，可能涉及肖像权、隐私权等；对于财产犯罪或者税收的调查，可能要涉及银行存款或者其他财产的调查。因此，对于这些权利之间的关系必须采取法益和利益衡量的原则才能解决，例如，名誉权、隐私权或者言论自由权就经常在各国发生冲突，必须进行衡量才能决定是否构成侵犯名誉权或者隐私权（正是因为这种原因，许多人不承认这些所谓人格权属于一种权利，而是一种利益）。我国《民法典》第999条特别规定："为公共利益实施新闻报道、舆论监督等行为的，可以合理使用民事主体的姓名、名称、肖像、个人信息等；使用不合理侵害民事主体人格权的，应当依法承担民事责任。"第1020条规定："合理实施下列行为的，可以不经肖像权人同意：（一）为个人学习、艺术欣赏、课堂教学或者科学研究，在必要范围内使用肖像权人已经公开的肖像；（二）为实施新闻报道，不可避免地制作、使用、公开肖像权人的肖像；（三）为依法履行职责，国家机关在必要范围内制作、使用、公开肖像权人的肖像；（四）为展示特定公共环境，不可避免地制作、使用、公开肖像权人的肖像；（五）为维护公共利益或者肖像权人合法权益，制作、使用、公开肖像权人的肖像的其他行为。"第1025条规定："行为人为公共利益实施新闻报道、舆论监督等行为，影响他人名誉的，不承担民事责任，但是有下列情形之一的除外：（一）捏造、歪曲事实；（二）对他人提供的严重失实内容未尽到合理核实义务；（三）使用侮辱性言辞等贬损他人名誉。"当然，对于人格权的法益衡量原则不仅仅体现在这些条文。

如何进行法益与利益衡量呢？德国学者提出了一个清晰的思路与步骤：这一过程分为三步：①认定相互对立的法益和利益；②评价相互对立的法益和利益；③权衡相互对立的法益和利益。

在具体个案中，在使用上述高度抽象层面上的一般性概念来权衡所描述的法益和利益时，首先要对相互对立的利益作出一般性的评价，然后对利益的表现形式作出具体的评价（例如，一方面是一个牧师的私人生活领域，另一方面是《法兰克福汇报》的新闻自由）。到第三阶段，才必须对被评价过的诸利益进行相互权衡，并且赋予一方的利益或者另一方的利益以完全或者部分的优先地位。要使这一法益和利益衡量远离"偏见"与"先知"，就必须制定出"价值图表"，为评价和衡量不同的价值给出标准[1]。这种步骤在实践中有相当重要的应用性，例如，肖像权的保护与公安机关通缉犯罪嫌疑人的行为中就存在法益衡量问题，显然经过衡量，应赋予公安机关以优先地位，但是必须承认，在现代价值多元化的社会中，有时进行法益和利益衡量是很困难的。

---

[1] [德] 霍尔斯特·埃曼：《德国民法中的一般人格权制度》，载梁慧星主编：《民商法论丛》（第23卷），法律出版社2002年版，第420~422页。

（三）公序良俗原则

因为人格权涉及伦理问题，因此公序良俗原则是人格权最重要的原则之一。我国《民法典》在人格权编之数条中明确规定了这一原则。具体来说：①第1008条第1款规定："为研制新药、医疗器械或者发展新的预防和治疗方法，需要进行临床试验的，应当依法经相关主管部门批准并经伦理委员会审查同意，向受试者或者受试者的监护人告知试验目的、用途和可能产生的风险等详细情况，并经其书面同意。"②第1009条规定："从事与人体基因、人体胚胎等有关的医学和科研活动，应当遵守法律、行政法规和国家有关规定，不得危害人体健康，不得违背伦理道德，不得损害公共利益。"③第1015条规定："自然人应当随父姓或者母姓，但是有下列情形之一的，可以在父姓和母姓之外选取姓氏：（一）选取其他直系长辈血亲的姓氏；（二）因由法定扶养人以外的人扶养而选取扶养人姓氏；（三）有不违背公序良俗的其他正当理由。少数民族自然人的姓氏可以遵从本民族的文化传统和风俗习惯。"④第1026条规定："认定行为人是否尽到前条第二项规定的合理核实义务，应当考虑下列因素：（一）内容来源的可信度；（二）对明显可能引发争议的内容是否进行了必要的调查；（三）内容的时限性；（四）内容与公序良俗的关联性；（五）受害人名誉受贬损的可能性；（六）核实能力和核实成本。"等等。

当然，公序良俗原则不仅是人格权编的重要原则，即使在侵犯人格权的情形下，以"违背公序良俗的方式"侵害他人人格权的时候，作为特殊的构成要件。特别是在适用"法益衡量原则"的时候，违反公序良俗是一个重要的参照。

三、人格权内在与外在体系之关系在我国《民法典》上的实证考察

在我国《民法典》实证法上就出现了两种截然不同性质的人格权：一种是属于自由与尊严之内在属性反映出来的人格权，主要表现为自然人的人格权；另一种则是与人格尊严没有关系的人格权——它仅仅与"人格"（权利能力）有关，而与尊严无关：例如，只有有主体资格，就有名称权。如此一来，人格权的外在体系是否已经溢出了内在体系？

如果从人格权编的内涵来看人格权的定义的话，该编中的许多内容大概已经"溢出"的人格权之核心框架——人的自由和尊严。因为根据《民法典》第990条的规定，人格利益也属于人格权编保护的内容。对于法人或者非法人组织来说，无论其名称权、名誉权、荣誉权还是其信息，都不属于自由或者尊严。因此，无论从自然人的视角，还是从法人的视角看，尽管信息规定在人格权编中，但它不属于人格权的范畴。尤其是对于自然人来说，人格权概念无法对其进行涵摄。关于这一点，我们将在下面详细讨论，在此就不再赘述。

第二节 人格权编与总则编的外在体系关联

一、体系框架概述

人格权在民法典中的"根源性"体系关联实际上是通过"民事权利"来最终纳入民法典的权利体系和保护体系的,再通过"增加内涵来缩小外延"的方式达到抽象概念对于较为具体的概念的涵摄,从而实现"总则"中关于一般民事权利的规则适用于人格权,也就实现了民法典外在体系的逻辑上的统一。当然需要思考的问题,也是在我国《民法典》编纂过程中最有争议的地方——是否在我国《民法典》中列举的所有的"人格权"都具有"权利的属性",从而对其当作权利来对待?这也就是比较法上(特别是以德国为代表的很多欧洲国家)区分权利和利益的原因所在。虽然我国《民法典》已经实施,但并不妨碍我们从理论上对此问题的探讨。这也就是为什么我们在本部分的开始部分(第一章)非常详细地介绍了我国《民法典》编纂过程中的许多理论争议,而这些争议或许恰恰最有理论价值的地方。重温或者不断思考这些争议方能发展现存的法律或者理论。

从我国现行《民法典》的结构和规定看,这种体系关联可以表达如下:

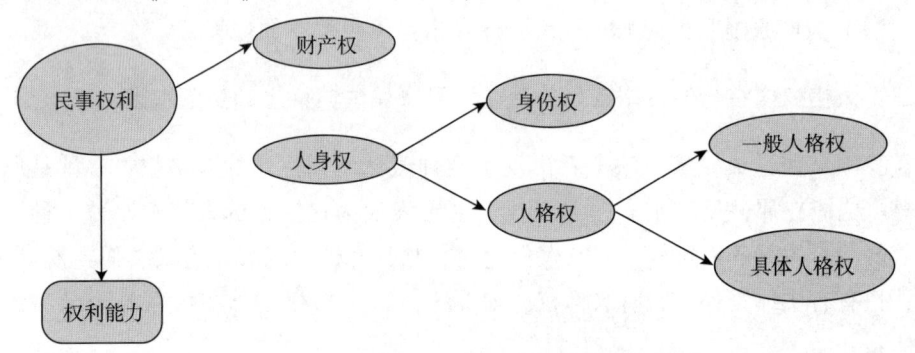

图 3-1-3 人格权编与总则编的体系关联

二、人格权编与总则编的体系关联之说明

我国《民法典》既然是代位总则编的体系,而人格权编既然是分则编,必然与"总则"有外在与内在的关联。那么,从规范体系上看,人格权与总则编的外在体系关联是什么呢?通过笔者的观察分析,二者的关联性主要体现在:

(一)《民法典》总则编的第1~3条为人格权的保护提供了基础

我国《民法典》第1条规定:"为了保护民事主体的合法权益,调整民事关系,维护社会和经济秩序,适应中国特色社会主义发展要求,弘扬社会主义核心价值观,根据宪法,制定本法。"第2条规定:"民法调整平等主体的自然人、法人和非法人组织

之间的人身关系和财产关系。"第 3 条规定:"民事主体的人身权利、财产权利以及其他合法权益受法律保护,任何组织或者个人不得侵犯。"第 4 条规定:"民事主体在民事活动中的法律地位一律平等。"

《民法典》总则编的四条规定具有下列意义和作用:①将人格权作为民事主体的一种权益纳入的调整中来,为将人格权进行民法保护提供了规范基础,使得人格权(至少是有些人格权)作为请求权基础提供了可能。②将人格权的平等保护作为原则固定下来。所有自然人之间的人格权平等,受到法律的平等保护。当然,自然人与法人的人格权是否平等,甚至法人是否享有人格权都值得思考。但至少自然人之间的人格权平等且受到法律的平等保护是毫无异议的。

(二)权利能力的规范为人格权的享有奠定了规范基础

众所周知,权利能力是民事主体享有权利的前提和基础,人格权作为一种民事权利,它的享有者必须具有权利能力。当然,当一个人没有权利能力以后,即死者还享有人格权吗?未出生的婴儿是否享有人格权?这些问题我们将在下面详细讨论。

(三)《民法典》关于"民事权利"之规定为人格权编的类型区分奠定了规范基础

我国《民法典》总则编第五章专门规定了"民事权利",其中第 109 条及第 111 条不仅为人格权的类型区分奠定了基础,而且将信息与人格权区分保护的原则固定下来了。

第 109 条规定:"自然人的人身自由、人格尊严受法律保护。"第 110 条规定:"自然人享有生命权、身体权、健康权、姓名权、肖像权、名誉权、荣誉权、隐私权、婚姻自主权等权利。法人、非法人组织享有名称权、名誉权和荣誉权。"第 111 条规定:"自然人的个人信息受法律保护。任何组织或者个人需要获取他人个人信息的,应当依法取得并确保信息安全,不得非法收集、使用、加工、传输他人个人信息,不得非法买卖、提供或者公开他人个人信息。"该三条的意义在于:①前两条奠定了我国《民法典》区分一般人格权与具体人格权的类型区分。我们不妨看一下第 990 条规定:"人格权是民事主体享有的生命权、身体权、健康权、姓名权、名称权、肖像权、名誉权、荣誉权、隐私权等权利。除前款规定的人格权外,自然人享有基于人身自由、人格尊严产生的其他人格权益。"乍看起来,总则编的第 109 条、第 110 条与人格权编的第 990 条有重复之嫌,但从立法者的本意上看,是要建立人格权编与总则编之间的联系,使得人格权编受到总则编的控制。看起来,这些条文是区分一般人格权与具体人格权的,第 109 条和第 110 条为第 990 条提供了"总则性基础"。但是,我国《民法典》是否真正进行了一般人格权和具体人格权的区分,我们将在下面详细分析。②为人格权与信息的区分保护提供了基础。有些国家将信息作为隐私的一种进行保护,而我国民法的总则编非常清楚地将信息排除在人格权之外,为人格权编第六章明确区分了隐私权与个人信息提供了规范基础。

三、需要详细说明和分析的问题

(一) 权利能力与人格权的关系

1. 权利能力能否替代人格权？此一问题在我国《民法典》编纂的过程中也是有争议的。有学者指出，"人格"作为一个历史范畴，表现的是人的一般法律地位（用现代观念来说，应称为"人的宪法地位"）。近代以来，作为自然人一般法律地位的法律人格是由宪法加以确认的，而现代民法上的权利能力，是法律人格在私法领域内的具体表现，甚至可以说是自然人在私法上的一种"人格"。如果将人格权理解为"人之成为其人"所获得的法律基本保障，则人格权之"人格"当然是指人的一般法律地位。由于自然人由宪法所赋予的法律人格本身即具有法律强制力，故整体意义上的人格权不过是从权利的角度对"人格"的另一种表达。有人格，即有人格权，无人格，即无人格权[1]。

也有学者从另外一条途径间接地表达了权利能力可以替代人格权的观点：人应该是权利的主体，客体作为权利所指向的对象，它必须是人以外的事物，否则假如它成为人的组成部分，那么权利就将回指主体自身，导致主体与客体的混同。这就意味着权利在这里的存在是没有必要的，因为法律对于人的保护，就足以实现人对于其组成部分的享有。近代民法在"属于我们的东西"上，刻意地强调权利与非权利的区分，是出于这样一个观念：人是民法的目的，民法首要的目的，即是人的保护。在人的保护中，那些内在于人的，因人的存在，就会当然存在的"本来就属于我们的东西"，自然就隶属于"人本体的保护"范畴。法律保护人，就是在保护那些"本来就属于我们的东西"。而那些外在于人的，并不会因为人的存在而当然属于人的"我们所负担的东西"，则需要用权利把它们与人连接起来，通过"权利的保护"，使之成为在法律上属于人的事物。这也就合理地解释了近代民法在规定了"姓名权"，却拒绝将更为重要的生命、身体、健康和自由规定为权利的原因。正是由于后者对于人来讲是至关重要的，这才使民法将它们确定为人之所以为人的根本价值，看成是人的必要的组成部分。比较而言，姓名与人的距离则要远得多。姓名之享有，与人之所以为人的价值，也无太大的联系。这就使得民法可以将姓名看成是人以外的事物，从而可以成为人的权利[2]。这一观点实际要表达的就是：既然法律已经承认了人的主体地位，那么他作为人的那些内在于自己的本质属性就应当得到法律的保护，任何人侵犯之，就要承担法律责任。

可以肯定地说，人格权与权利能力是不同的，权利能力不能完全替代人格权，尽管上述学者的下述逻辑也是成立的：一个具有宪法地位的自然人，当然拥有私法上的地位——权利能力。既然是一个人，他的所有内在属性就应该受到法律的保护，这种

---

[1] 尹田：《论人格权的本质——兼评我国民法草案关于人格权的规定》，载《法学研究》2003年第4期。

[2] 马俊驹教授与其博士生关于人格权问题的讨论，载 http：//www.civillaw.com.cn，最后访问时间：2004年2月17日。

保护实际上就是人格权。但是，无论从我国《民法典》的现实规范体系，还是从当今的民法理论看，人格权无论如何不能为权利能力所替代。尤其是在我国现实情况下，让法官按照具体情形来自由裁量"哪些属于人的自由和尊严"，从而确定什么是应当受到保护的人格权，在我国目前是不现实的。因此，《民法典》规定人格权是具有现实意义的。

2. 权利能力是否是人格权存在的前提和基础？从权利与权利能力的一般逻辑上看，权利能力当然是所有权利存在的基础和前提，如果权利能力就不是民事主体，何谈享有民事权利呢？但问题有二：①死者人格权是否应当受到保护？②胎儿是否享有人格权？

对于"死者人格权"的保护这一问题，学术界存在不同的观点，大致有以下几种：

（1）否定说。传统民法理论认为：人格权与人的生存密不可分，要求个人的生存、发展与自由，并受人尊重与重视。人格权与其他私权不同，其成立无需有特别的原因。因人之存在而属于其人，人格权为原始的权利，自出生享有并受保护，因死亡而丧失终了。人格权不得转让或者继承。人死亡后，其遗属为保护死者的名誉、秘密或者纪念，是根据自己的权利因自己的人格利益受侵害而有诉权。此权利在内容上为另一新的权利[1]。

（2）肯定说。德国联邦法院承认自然人死亡后的人格权保护，主张人格权的保护超越人的权利能力而存在。其人格主体虽然消灭，但其家属以受托人的身份，有权就死者的事务当成自己的权利处理[2]。

（3）人格利益保护说。这种观点认为：对死者的保护不是他的权利，而是一种利益受到保护。人既然已经死亡，其人格权的主体就不存在了[3]。

我国《民法典》第994条的规定究竟为何意颇值得思考。该条规定："死者的姓名、肖像、名誉、荣誉、隐私、遗体等受到侵害的，其配偶、子女、父母有权依法请求行为人承担民事责任；死者没有配偶、子女且父母已经死亡的，其他近亲属有权依法请求行为人承担民事责任。"该条的含义是说：这些"请求人"在请求加害人对死者的人格权侵害承担责任，还是说因加害人对于死者的侵害从而使得自己受到了损害要求加害人承担责任？或者直接地说：尽管有人侵害死者，但自己的利益没有受到侵害，仅仅以死者的人格权受到侵害为由请求加害人承担责任是否可以？也就是说，原告在诉讼时无需证明自己受到侵害，仅仅证明被告侵害了死者的人格权即可？

对此，我国全国人大法工委对于该条的学术解释是：本条是关于死者人格利益保护的规定。《民法典》第13条规定，自然人从出生时起到死亡时止，具有民事权利能

---

[1] 史尚宽：《民法总论》，正大印书馆1975年版，第109页。

[2] 参见《联邦最高法院民事裁判集》第15卷，第249、259页；第50卷，第133页。转引自［德］卡尔·拉伦茨：《德国民法通论》（上册），王晓晔等译，法律出版社2003年版，第172页。但德国宪法法院否定人格权于死亡后继续存在（BverGE，173）。

[3] 王利明：《人格权法的发展与我国的民事立法》，载王利明主编：《民商法前言论坛》第1辑，人民法院出版社2004年版，第360页。

力，依法享有民事权利，承担民事义务。据此，自然人在死亡后就不再具有民事权利能力，自然也就不再享有人格权。但是，在现实生活中，侵犯死者人格利益的现象屡见不鲜，例如，故意冒用已故画家的姓名作画销售，擅自使用已故名人的姓名制作商标或者作为法人的名称组成部分，纪实性作品中披露露死者的隐私，故意诋毁死者的名誉，非法利用和损害遗体，等等。司法实践中这类纠纷也层出不穷，对此人民法院有大量的案例，并公布了一系列司法解释，取得了良好的社会效果。虽然对死者人格利益保护的观点不同，包括死者权利保护、死者利益保护、近亲属权利保护、人格利益继承、家庭利益、延伸保护等诸多理论，这涉及究竟是直接保护死者，还是通过保护死者近亲属这些生者从而间接保护死者的争论，但对死者人格利益应当予以保护是存在共识的。据此，经认真研究，为回应社会现实，本条借鉴既有的司法经验，参酌比较法，对死者的人格利益保护进行了明确规定。对死者人格权保护的前提是：①被侵害人已经死亡。②死者的姓名、肖像、名誉、荣誉、隐私、遗体等受到侵害。这包括但不限于以下情形：未经许可而擅自使用死者的姓名、肖像等；以侮辱、诽谤、贬损、丑化等方式，侵害死者的名誉、荣誉；以非法披露、利用等方式侵害死者的隐私和个人信息；以非法利用、损害等方式侵害死者的遗体等。赔偿财产损失的，一般要符合《民法典》第1165条第1款的规定，即行为人因过错侵害他人民事权益造成损害的，应当承担侵权责任；赔偿数额，也应当适用《民法典》第1182条的规定，即侵害他人人身权益造成财产损失的，按照被侵权人因此受到的损失或者侵权人因此获得的利益赔偿；被侵权人因此受到的损失以及侵权人因此获得的利益难以确定，被侵权人和侵权人就赔偿数额协商不一致，向人民法院提起诉讼的，由人民法院根据实际情况确定赔偿数额[1]。由此可见，我国《民法典》采取的是"全面保护的原则"，对于死者人格权同于对生者人格权的保护，仅仅是责任主张人不同。

(二) 我国《民法典》是否区分了一般人格权与具体人格权

应该说，一般人格权与具体人格权是德国民法理论和判例上的做法，是否适用于我国呢？

一般人格权是德国判例根据其宪法第1条与第2条创制的，它是指：受尊重的权利、直接言论不受侵犯的权利以及不容他人干预其私生活和隐私的权利。然而，这里没有一个明确且无争议的界限[2]。德国判例之所以创制一般人格权，是因为《德国民法典》因受萨维尼的学说的影响，有意识地未规定一般人格权，就如德国学者梅迪库斯所言：民法典有意识地未将一般人格权，也未将名誉纳入第823条保护的法益范围。帝国法院虽然在某些方面将这种保护以及特别人格权保护作了扩大，但却没有将这种保护予以一般化[3]。但是，在第二次世界大战以后，人们普遍认为，通过上述的特别人格权仍不足以保护所有各方面的人格。凭着对独裁统治的经验，人们对任何不尊重

---

[1] 黄薇主编：《中华人民共和国民法典人格权编释义》，法律出版社2020年版，第24~29页。
[2] [德] 卡尔·拉伦茨：《德国民法通论》(上册)，王晓晔等译，法律出版社2003年版，第171页。
[3] [德] 迪特尔·梅迪库斯：《德国民法总论》，邵建东译，法律出版社2000年版，第805页。

人的尊严和人格的行为都变得敏感起来，这种不尊重的行为不仅有来自国家方面的，也有来自于团体或者私人方面的。随着现代技术的发展，这种行为也愈加多样化。为了使这些行为的受害人在民法上得到广泛的保护，司法实践不是坐等立法，而是援引《基本法》第 1 条第 2 款，强调人的尊严和人性的发展是法律的最高价值，把所谓"一般人格权"作为被现行法合理承认了的，从而填补了重大空白。虽然这种权利因具有一般条款的性质，难以在《德国民法典》体系中予以规定，但通过司法实践，它被认为具有"超民法典"性质的法的发展，成为习惯法[1]。

德国法院创制一般人格权实际上是在法律实证主义影响下，为适应多种不同的并且日益增多的人格保护提供规范层面的支持。虽然《德国民法典》与许多平行法已经规定了对具体人格权的保护，但远远不可能通过立法的方式将"人之为人"的所有属性囊括其中。一般人格权的创制为弥补立法的缺陷提供了有力的支持。当然，一般人格权是一种框架权利，难以找到客体，故这一权利是否存在尚有疑问。但一般人格权概念为对人格权的保护提供了开放性的空间，使其具有极大的发展余地，为保护人的自由与尊严提供了广阔的天地。也许在这一点上，人格权作为一种"虚拟"的权利，有其存在的价值。

那么，一般人格权与具体人格权是否在我国《民法典》上进行了区分？我们来看看我国《民法典》的具体规范。《民法典》第 109 条规定："自然人的人身自由、人格尊严受法律保护。"第 110 条规定："自然人享有生命权、身体权、健康权、姓名权、肖像权、名誉权、荣誉权、隐私权、婚姻自主权等权利。法人、非法人组织享有名称权、名誉权和荣誉权。"第 990 条规定："人格权是民事主体享有的生命权、身体权、健康权、姓名权、名称权、肖像权、名誉权、荣誉权、隐私权等权利。除前款规定的人格权外，自然人享有基于人身自由、人格尊严产生的其他人格权益。"从以上三条可以说肯定地说，我国《民法典》是明确区分了一般人格权与具体人格权的[2]。

笔者认为，我国的这种做法也可以称为"一般条款+具体列举"的方式，实际上就相当于《德国民法典》的做法。这种做法的好处是：一方面比较具体地规定了各种不同的人格权，以利于司法实践的法律规范适用；另一方面，将一般人格权作为一般条款加以规定，避免"挂一漏万"，为未来新兴人格权的发展留出了空间和余地。

（三）胎儿是否应该享有人格权

我国《民法典》第 16 条规定："涉及遗产继承、接受赠与等胎儿利益保护的，胎儿视为具有民事权利能力。但是，胎儿娩出时为死体的，其民事权利能力自始不存在。"如何理解该条对胎儿利益保护的范围？对此问题，学者之间存在争议。有学者认为，应包括四个方面：生命权、健康权、继承权、纯获利益权[3]。也有学者认为，胎

---

[1] [德] 卡尔·拉伦茨：《德国民法通论》（上册），王晓晔等译，法律出版社 2003 年版，第 171 页。

[2] 立法机关的学术性解释也是如此。参见黄薇主编：《中华人民共和国民法典人格权编释义》，法律出版社 2020 年版，第 9~17 页。

[3] 叶玉莎：《基于民法总则草案中胎儿利益法律保护规定的思考》，载《法制博览》2017 年第 6 期。

儿具有民事权利能力，决定了其自从受孕开始即具有民事主体地位，已被视为自然人，享有自然人应当享有的人身权利和财产权利。就人身权而言，除了因胎儿尚未出生这一自然事实所决定的不能由胎儿享有的人身权之外，凡出生后所能够享有的人身权，胎儿都一样可以享有，如胎儿的身体权、健康权以及婚姻家庭中的一系列人身权，其中包括胎儿享有认领请求权[1]。对于这种观点，我认为有值得商榷的余地。首先，胎儿并不是"自然人"意义上的民事主体，至少我国《民法典》第16条不能做出这样的理解和解读。其次，至于说到生命权等人身权，有两点疑惑：①胎儿享有这种权利的实际意义是什么？保护这种权利的现实生活意义是什么？②如果承认胎儿的生命权，伤害孕妇导致流产或者孕妇私自堕胎是否属于侵害"生命权"而归于刑事犯罪？最后，诚如上述有学者主张的，胎儿的所谓民事权利能力，是一个只能享有权利而不能承担义务的权利能力，如果是这样的话，这种权利能力是否应该限制在很小的范围内才具有合理性？如果胎儿享有一切人身权利和财产权利，而不能承担义务的话，那"他"是什么主体？从我国《民法典》第16条的规定看，得不出这样的结论：①胎儿是民事主体；②它享有一切人身权利和财产权利。

因此，为了保护胎儿必要的利益，又不破坏"权利能力始于出生"，一般国家对于所谓胎儿"能力"或者"资格"仅仅限制在非常小的范围内。一般是两个方面：一是继承，二是远距离的损害赔偿请求。如日本学者山本敬三指出，既然未出生就没有权利能力，那么原则上胎儿就没有权利能力。可是胎儿在不久的将来要出生，贯彻这个原则就否定了其权利的取得，有时就会产生不公平的结果。于是，在一定情形下民法例外地承认胎儿的权利能力，尤其重要的是继承和侵权行为的情形[2]。德国学者梅迪库斯也指出，从罗马法的各处思想中，很早就形成了一项规则：只要对胎儿有利，就应当将胎儿视作已经出生。德国民法虽然未将此作为一般原则予以规定，但却规定了多项具体的适用领域，其中最重要的两项规定如下：一是损害赔偿请求权，二是继承权[3]。德国学者拉伦茨也持有同样的观点[4]。

因此，笔者认为，胎儿不享有人格权。

(四) 人格权与信息权的二元保护

从比较法上看，无论是理论还是判例，对于隐私与个人信息的保护，多采取"一元制"保护模式，即不区分隐私与信息，将信息纳入隐私的范畴而采取统一保护，如美国、日本等，但我国《民法典》之总则编（第109及110条）对隐私与个人信息采取的是二元制保护模式，显然，在这种模式下，需要区分隐私与个人信息。另外，如同日本、美国的隐私权属于私法和宪法同时保护的权利一样，个人隐私权和信息权同时属于《中华人民共和国宪法》（以下简称《宪法》）第23条规定的"个人自由与尊

---

[1] 王洪平：《论胎儿的民事权利能力及权利实现机制》，载《法学论坛》2017年第4期。
[2] [日] 山本敬三：《民法讲义I：总则》，解亘译，北京大学出版社2004年版，第24页。
[3] [德] 迪特尔·梅迪库斯：《德国民法总论》，邵建东译，法律出版社2000年版，第785页。
[4] [德] 卡尔·拉伦茨：《德国民法通论》（上册），王晓晔等译，法律出版社2003年版，第125~128页。

严"的当然部分。在这种情况下,我们关心的问题是:隐私与信息二元制保护模式下,人格隐私与个人信息是否能够从理论及实务清楚地区分开来?

我们认为,隐私与信息总体上说,应该是有区别的。我国《民法典》第1034条第2款规定:"个人信息是以电子或者其他方式记录的能够单独或者与其他信息结合识别特定自然人的各种信息,包括自然人的姓名、出生日期、身份证件号码、生物识别信息、住址、电话号码、电子邮箱、健康信息、行踪信息等。"一般来说,单一的个人信息在正常使用时不会对个人构成侵犯,甚至在一个正常的社会中,正常的交往必须需要个人的姓名、性别、爱好等,如果每一个人都把自己变成一个"装在套子里的人",每个人就是孤零零的人,而不能成为一个社会。只有当非正常搜集、使用时才会对人造成危害。但隐私不同,即使在正常的社会交往,人也应该有尊严,也有不愿意透露的秘密和内心的自由空间。因此,每个国家的法律对隐私的保护程度与信息的保护是不同的。因此,将二者区分保护是必要的。

但是,我们也必须承认的是,个人隐私与个人信息在有些方面的确是交叉的,因为,有一些个人隐私是通过"信息"这种外在形式表现出来的。因此,在具体生活及个案中肯定存在具体认定的情形。也许正是基于这种原因,许多国家的立法和判例干脆不作任何区分,而是在具体认定时,由法官来判定保护的程度,在我国这种对隐私和信息采取"二元制"保护的立法模式下,如何区分个人隐私与个人信息呢?

虽然看起来我国《中华人民共和国网络安全法》(以下简称《网络安全法》)第76条及《民法典》第1034条规定了个人信息的基本概念,但也不能完全解决实践中个人信息与个人隐私的明确区分。我认为,应用"三分法"来区分隐私与信息,即分为纯粹的个人隐私、隐私性信息、纯粹的个人信息。纯粹的个人隐私,是隐私权保护的主要部分,是指个人生活最私密、直接涉及个人人格尊严与自由的部分,一旦侵入会直接造成受害人的损害,特别是精神损害。它主要包括:①空间隐私权,主要是指个人的私密空间,例如,住宅、租赁的房屋、暂时居住的旅馆等。甚至有的学者主张,还应包括个人处在办公室、电话亭这样的可以"合理期待有隐私权的地方"[1]。但是,在我国按照习俗要将办公室也作为可以"合理期待有隐私权的地方",恐怕难以接受:我们习惯认为,办公室属于公共场所,尤其是在工作上班期间,闯入办公室难以认定为侵入个人的私密空间。②私生活秘密,包括身体隐私、生活隐私(如恋爱史、情人关系、夫妻生活、日记等)。这些私生活秘密是每一个人一般不愿意让他人知道的,属于"个人心中的秘密王国",属于个人最期望"不被打扰的领地"。

隐私性信息,实际上就是隐私与纯粹的个人信息交叉的部分。但其与纯粹的个人信息不同的是,它们对于个人的人格尊严"离得较近",每个人对于这一部分信息的敏感程度更接近于个人隐私。隐私性信息主要包括:医疗信息(例如,艾滋病病史资料、许多重大疾病的病历信息等。由于人们想有尊严地生活,故这一部分信息属于隐私性

---

[1] [美]唐纳德·M.吉尔摩、杰罗姆·A.巴龙、托德·F.西蒙:《美国大众传播法:判例评析》(上册),梁宁等译,清华大学出版社2002年版,第231页。

信息)、银行存款信息及其他财产性信息(如理财信息、投资信息等)。这些信息因与个人尊严离得较近,与隐私的关联度较高,故其保护更接近于隐私权保护。因此,我国《民法典》第 1034 条第 3 款明确规定:"个人信息中的私密信息,适用有关隐私权的规定;没有规定的,适用有关个人信息保护的规定。"

纯粹的个人信息就是我国《民法典》第 1034 条及《网络安全法》第 76 条所列举的这些个人信息,包括姓名、性别、住址、出生日期、电话、身份证号码、婚姻状况、家庭成员、职务或者职称、工作单位、教育背景等。这些信息虽涉及个人,但它们距个人的人格尊严"离得较远",人们对它们的敏感程度远远不及隐私和隐私性信息。

因此,可以说,我国《民法典》区分人格权与个人信息,从而对其进行二元保护是可行的,不仅在理论是可以进行呵护逻辑的说明,实践中也是可以区分的。

第三节 人格权编与总则编的内在体系关联

一、概述

前面已经论及,内部体系是指由一般法律原则所构成的体系[1]。法律的内在体系是法的内部构造,是一致的价值判断体系[2]。德国学者认为,民法典的内在体系是由不同位阶的诸原则所构成的价值体系。内部体系实质上由表达"法律思想"的诸原则所构成的体系。此类原则有:法治国原则、尊重人性尊严的原则、自主决定及个人负责的原则。以法治国原则为例,其无疑包含一系列的下位原则,诸如依法行政、法官独立、恣意侵害个人权利的禁止、负担性法律溯及既往的禁止等。而法治国思想无疑是主导性思想,是所有下位原则的基础,指示后者的方向[3]。内在体系实际上就是民法典的"思想体系和原则体系",是民法典的灵魂,是对外部体系的评价体系。法律体系中的内部体系其实是体系构造中更重要的部分,法规范并非彼此无关地平行并存,其间有各种脉络关联,此点也常被提及。例如,构成买卖法、租赁法或者抵押法的许多规则,其是一个整体规整中彼此相互协调的部分,而此规整常以某些指导观点为基础。此规整本身又常是更广泛规整的部分规整,例如,前述规整即属于债法或者物上担保法制部分规整,而后者又是私法的部分规整。此外,整个法秩序都受特定指导性法律思想、原则或者一般价值标准的支配,其中若干思想、原则,在今日甚至具有宪法位阶。其作用在于:诸多规范之各种价值决定得借此法律思想得以正当化、一体化,并因此避免其彼此之间的矛盾[4]。在一个法律规范体系中,不仅要求逻辑上没有矛

---

[1] 参见[德]卡尔·拉伦茨:《法学方法论》,陈爱娥译,商务印书馆 2003 年版,第 355 页。
[2] [奥]恩斯特·A. 克莱默:《法律方法论》,周万里译,法律出版社 2019 年版,第 59 页。
[3] [德]卡尔·拉伦茨:《法学方法论》,陈爱娥译,商务印书馆 2003 年版,第 348~350 页。
[4] [德]卡尔·拉伦茨:《法学方法论》,陈爱娥译,商务印书馆 2003 年版,第 316 页。

盾，还要求价值评判上午矛盾，即不仅要求法律的外部体系无矛盾，内部体系也无矛盾存在。我国《民法典》中的人格权编也有自己的内在体系，而这个内在体系与民法典整个的内在体系也存在有机的关联。具体表现在：

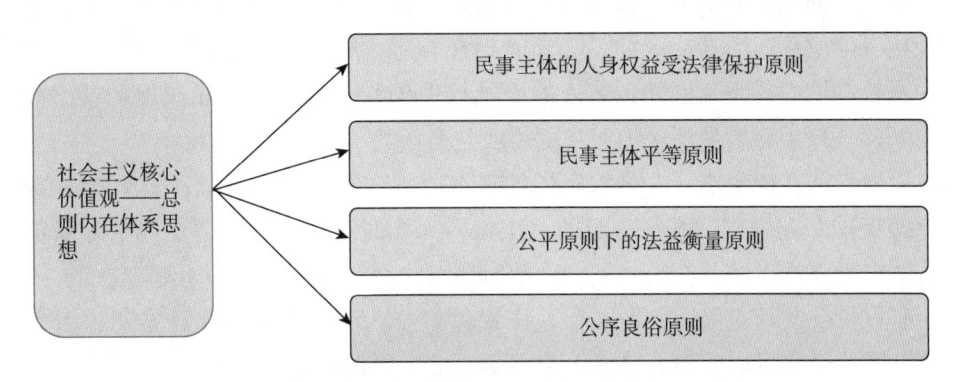

图 3-1-4　人格权编内在体系与民法典内在体系的关联

二、说明

（一）社会主义核心价值观作为总的指导思想和内在体系的引领

我国《民法典》在第 1 条开宗明义地规定了社会主义核心价值观作为民法典具体规范制度的基本原则，为人格权编及其他各编的核心原则和内在指导思想。就如王晨副委员长在关于《民法典草案》的说明中所指出的："中国特色社会主义法治建设的根本目的是保障人民权益。改革开放以来，我国民事法律制度逐步得到完善和发展，公民的民事权利也得到越来越充分的保护。中国特色社会主义进入新时代，随着我国社会主要矛盾的变化，随着经济发展和国民财富的不断积累，随着信息化和大数据时代的到来，人民群众在民主、法治、公平、正义、安全、环境等方面的要求日益增长，希望对权利的保护更加充分、更加有效。党的十九大明确提出，要保护人民人身权、财产权、人格权。而现行民事立法中的有些规范已经滞后，难以适应人民日益增长的美好生活需要。编纂民法典，健全和充实民事权利种类，形成更加完备的民事权利体系，完善权利保护和救济规则，形成规范有效的权利保护机制，对于更好地维护人民权益，不断增加人民群众获得感、幸福感和安全感，促进人的全面发展，具有十分重要的意义。坚持依法治国与以德治国相结合，注重将社会主义核心价值观融入民事法律规范，大力弘扬传统美德和社会公德，强化规则意识，倡导契约精神，维护公序良俗。五是坚持科学立法、民主立法、依法立法，不断增强民事法律规范的系统性、完整性，既保持民事法律制度的连续性、稳定性，又保持适度的前瞻性、开放性，同时处理好、衔接好法典化民事法律制度下各类规范之间的关系。"

在这一核心价值观的引领下，人格权编中的人格权全面保护原则、法益衡量原则、公平保护原则等，都是对社会主义核心价值观的具体体现。

（二）平等保护与法益衡量原则

人格权与其他权利的一个最大的不同就是时刻涉及"法益衡量"，例如，新闻自由与隐私权的保护问题，在很多情况下就必须采用法益衡量的原则来判定哪一个利益更需要受到保护。这主要是因为每一个主体的权益都受到法律的平等保护：A 的隐私权需要保护，但 B 的言论自由权也应当受到保护。那么，谁的权利更值得保护呢？这就必须根据具体的场合和情形来具体决定。另外，而人格权作为一种权利，其客体并不像物权或者债权那样清晰，因此，必须时刻在判定人格权与其他权利的权利边界，从而做出是否保护的裁判。例如，名人的隐私权保护与一般人的隐私权保护就不同，前者的隐私权一般不容易受到保护。这就是法益衡量的结果。

可以说，法益衡量这一人格权保护的基本原则，实际上与《民法典》之总则编中的"平等保护"是紧密联系在一起的。正是因为同时存在多个需要法律平等保护的权益，法益衡量就难以避免。当然了，法益衡量在物权和债权保护中也是存在的，例如，个人所有权与公共利益等。但是，在人格权保护中，法益衡量是一种常态，因为其客体特殊。因此，其可以作为人格权保护的一项重要原则。

（三）公序良俗原则

公序良俗在民法典中是作为一种民法的基本原则规定的，但是，在人格权的保护中有着特别的地位和意义。许多侵犯人格权的行为都是违背公序良俗的。例如，恶意适用他人姓名，把他人的名字用作自己宠物狗的名字等等。其实，像《民法典》总则编中的第 185 条规定的侵害英雄烈士等的姓名、肖像、名誉、荣誉，损害社会公共利益的行为以及其他侵害死者人格权的问题，都属于广义的违背公序良俗的行为。因此，公序良俗原则不仅是民法的基本原则，更是人格权保护的一般原则和内在价值。

第二章　对于人格权编特别问题的研究

第一节　论《民法典》中人格权的实证概念

一、问题的提出

在我国《民法典》的编纂过程中，最大的争议莫过于人格权。当然，关于法典编纂模式的争议——是否独立成编无疑是最激烈的争议，但关于人格权概念本身也充满争议。但是，无论如何，我国《民法典》已经将人格权独立成编，我们的任务和使命就是要通过教义学解释的方法对其进行实证研究，以便更好地理解和适用人格权编的具体规范。关于人格权的概念，在我国《民法典》人格权编的"一般规定中"没有对其作出明确定义，仅仅对于人格权开列了一个不完整的清单。因此，我们只能通过人格权编的内容——实证法之规定来界定人格权的概念。从该编的内容看，我国《民法典》的人格权编可能不是"纯粹意义"上的人格权规范体系，其中包括了很多与人格权编相关但不是人格权，甚至不是人格权内容的条文。例如，自然人信息的保护也纳入了人格权编中。那么随之而来的问题就是：个人信息属于人格权吗？生命权和荣誉权似乎也很难放在人格权的概念中，因为对于权利人来说，生命权可能既没有积极功能也无消极功能；荣誉是否能够与一个人的自由与尊严挂钩？《民法典》第994条规定的"死者人格权"的保护至少在民法的视野内颇值思考——该条究竟是保护死者的人格权是保护生者的人格尊严？第1006条关于人体细胞、人体组织、人体器官、遗体之捐献是在人格权编的"生命权、身体权和健康权"部分规定的，但是，"遗体"属于上述三种中的哪一种？当然，该条中"完全行为能力人"有这种捐献的权利，那么限制行为能力人与无行为能力人如何捐献？是否有此权利？姓名权究竟是身份权还是人格权？法人真的能够享有人格权吗？法人的名称权与自然人的姓名权有何区别？隐私与信息的区别是什么？我国《民法典》为什么会在人格权编中将隐私与信息规定在一起（作为单独一章）？我国《民法典》对于两者的"二元保护"能否贯彻？我国《民法典》第1023条规定了对"声音"的保护，但是声音需要保护是否就意味着声音属于人格尊严的一部分？如隐私权、名誉权、肖像权等都属于人格尊严的一部分——人格权，但是，当这些人格权受到损害而需要保护的时候有没有优劣顺序之分？《民法典》第1008条及第1009条规定的研制新药、医疗器械或者从事与人体基因、人体胚胎等应当遵循的这些手续或者要求与人格权保护有直接关系吗？行为人即使履行了这些手续或者程序，仍然有可能造成人格权损害，难道可以就此免责吗？等等。以上问题，确实需要澄清，以利于人格权编的规范解释和司法适用。但是，在本文中，主要通过对人格权编中核心内容的讨论来划定人格权的范畴，因此，以上所提的这些问题或许不能全部予以论述，主要是阐述与人格权范围划定有关的重要支撑点。

二、从概念的涵摄关系看我国《民法典》上的人格权的定义

我国《民法典》第 990 条有两款，第 1 款规定："人格权是民事主体享有的生命权、身体权、健康权、姓名权、名称权、肖像权、名誉权、荣誉权、隐私权等权利。"第 2 款规定："除前款规定的人格权外，自然人享有基于人身自由、人格尊严产生的其他人格权益。"从该条规定来看，民法典确实没有给出人格权的概念，仅仅是对各种人格权进行了不完全的列举，但是我国《民法典》第 990 条第 2 款的规定却十分有理论价值和实践意义，它明确了：①自然人的生命权、身体权、健康权、姓名权、肖像权、名誉权、荣誉权、隐私权等属于"人身自由和人格尊严"，这是《民法典》总则编第 109 条所不能替代的：因为第 109 条仅仅规定"自然人的人身自由、人格尊严受法律保护"，但第 110 条却没有规定"自然人享有生命权、身体权、健康权、姓名权、肖像权、名誉权、荣誉权、隐私权、婚姻自主权等权利"属于人身自由和人格尊严，第 990 条第 2 款的价值恰恰就在于将人格权定位于"人身自由和人格尊严"的外部表现。②该条区分了法人人格权与自然人人格权的内在差别：自然人的人格权属于"自由与尊严"，但法人人格权不属于自由与尊严的体现。③非常清晰地表达了：我国《民法典》除了保护第 109 条、第 990 条列举的这些人格权之外，我国《民法典》还保护给予"自由与尊严"生产的人格利益，尽管"人格利益是什么"没有列举出来。但是，法人和非法人组织不享有这种以人身自由和人格尊严为基础的开放性的人格利益，就如立法机关有论者正确地指出的，只有自然人的人格权才能通过本条第 2 款予以保护，法人和非法人组织不能适用本款。该款适用的价值基础是人身自由和人格尊严，而对于法人和非法人组织而言，其无法基于宪法而享有人身自由、人格尊严。自然人的人格权益具有广阔的发展可能性，但法人和非法人组织的人格权益不具有无限发展的可能性，其不需要人格权益保护的开放性。同时，法人和非法人组织更多地涉及市场活动，如果其人格权益过分开放，由于具有不确定性，因此可能会是一种潜在的对市场竞争和自由的限制，对他们所谓的人格权益的侵害也首先可以通过反不正当竞争法、侵害财产权益的侵权责任等法律途径予以保护，不需要用与自然人同样的方式解决。综上，法人和非法人组织享有个别人格权，在这些个别的具体制度上与自然人进行类比具有法律技术上的妥当性；但是，该款作为人格权益的一般性条款是不确定条款，只能通过价值权衡的方式予以界定，法人和非法人组织的价值基础和自然人的价值基础具有本质的区别，法人和非法人组织适用该款，在价值上和法律技术上都是不妥当的[1]。

---

[1] 黄薇主编：《中华人民共和国民法典总则编释义》，法律出版社 2020 年版，第 16~17 页。

这种差异就为我们通过概念"涵摄"的方式对人格权进行定义提供了规范基础。但是，从《民法典》体系来看，必须同时对法人与自然人之人格权进行统一的分析。对此，我们先从实然的视角（实证规范）对其进行体系化定义。

从我国《民法典》总则编及人格权编的具体规定看，立法本意是不仅从根本上区分法人人格权与自然人人格权，而且区分了人格权与人格利益的保护[1]。关键在于，自然人人格权与法人或者非法人组织的这两种人格权虽然统称为"人格权"，但是其性质完全不同——因此，其种属关系完全不同，没有共同的"种"。不能把人格权分为自然人的人格权与法人人格权。自然人的人格权与法人人格权分属于不同的"种"。

根据我国《民法典》之上述实体法规范，自然人的人格权可以定义为：自然人享有的人之所以为人的主体性权利，包括生命权、身体权、健康权、姓名权、肖像权、名誉权、荣誉权、隐私权等权利，是个人自由、尊严在民法上的具体体现。尽管我国学者对此有很多人格权定义，但从规范本身来说，应该得出这种定义。

法人及非法人组织的人格权是指法人与非法人组织的因民法承认其为主体而享有个别行的类似自然人人格权的名称权、名誉权和荣誉权。但是，这些所谓的人格权与自由、尊严毫无关联。

这是基于我国《民法典》的规范而作的实证法中的人格权的定义，从我国《民法典》的具体规范来看，自然人与法人的人格权的区分非常明确，主要体现在：①自然人的人格权是基于人身自由和人格尊严而产生，但法人的所谓人格权根本就不是自由或者尊严的体现；②自然人的人格权是开放的，《民法典》不仅列举了各种具体的人格权，最后还用"等"字来显示其开放性。除此之外，自然人还享有除了上述规定的人格权之外，还包括基于人身自由和人格尊严而产生的其他人格利益（《民法典》第990条）。而法人或者其他非法人组织的所谓人格权不仅是封闭的——仅仅包括三种"权利"：名称权、名誉权和荣誉权，而且法人、非法人组织不享有"人格利益"。当然还有其他差别，我们接来详细讨论。

基于规范的体系化，我们可以从实证法的视角对于《民法典》第990条及第110条第2款规定的法人享有"名誉权"提出体系化矛盾：《民法典》第1024条第2款规定："名誉是对民事主体的品德、声望、才能、信用等的社会评价。"那么，法人或者非法人组织是否可能有"品德、声望、才能"？这些属性只可能为自然人享有，法人或者非法人组织仅仅可能享有"信用的社会评价"，大致可以归入"商誉"的范畴。因此，名誉权仅仅可能为自然人享有。

除此之外，如果从人格权编的内涵来看人格权的定义的话，该编中的许多内容大概已经"溢出"的人格权之核心框架——人的自由和尊严。因为根据《民法典》第990条的规定，人格利益也属于人格权编保护的内容。利益肯定属于权利不能包含的内容。例如，对于自然人来说，个人信息无论如何都不能算是人格权，但是可能涉及人

---

[1] 参见黄薇主编：《中华人民共和国民法典总则编释义》，法律出版社2020年版，第282页。

的自由和尊严。当然，纯粹的个人信息离人格尊严和自由离得较远，但有的时候个人信息的不当利用或者综合利用会影响个人的自由和尊严。因此，除了有些离人格权较近的"私密信息"（按照《民法典》第1034条，适用隐私权的规定，可以纳入隐私权这种人格权中保护），按照人的自由、尊严受法律保护的需要，这些与人格尊严相关的个人信息也应受到保护。这些被保护的涉及个人自由和尊严的信息是否一律属于人格权的范畴呢？准确的回答应该是"不一定"，可能仅仅是基于人格尊严所产生的"利益"而已（下文将详细论及）。对于法人或者非法人组织的信息，个别的可能属于商业秘密，其他的可能属于公开的或者说必须公开的资料，例如，法人的登记注册情况——名称、注册资金、经营方向、出资人等。这些资料在人格利益方面保护的意义和需求不大。因此，无论从自然人的视角，还是从法人的视角看，尽管信息规定在人格权编中，但它不属于人格权的范畴。尤其是对于自然人来说，人格权概念无法对其进行涵摄。

从应然的视角看，笔者坚持以下几点：①我国《民法典》坚持自然人的人格权是其自由和尊严的产生物，是正确的，并且将人格权与法律保护的基于自由与尊严产生的其他人格利益并列保护，也是正确的思路和做法。我国通行的关于人格权的概念是：人格权是以人格利益为客体的权利。这种定义方式笔者不十分赞同，理由是：一是从权利的构成看，权利应该由"客体+内容"构成，主体作用于客体产生利益，利益如何又会返回去成为权利的客体？有很多人对此提出过异议，例如，有学者提出这样的异议：利益本属身外之物，如何能够成为人格权这种与主体不可分离的权利的客体[1]？另外，从权利本质来看，耶林所说的"权利是受到法律保护的利益"，是从法律的目的角度来讲的，即利益是权利的目的，利益的实现是权利行使的结果。具体来说，"权利"是通过作用于它所"指向的对象"，如物之支配，使利益得以实现。显然，这个"权利指向的对象"，就是权利的客体。由此可见，权利"客体"是权利中利益的来源与手段，"客体"本身并不是利益[2]。其实，早就有人对耶林的"权利利益理论"提出过批评，法国学者指出：利益自身只是一项简单的事实，要想变成权利，它还需要法律的保护。正是在这一点上，该理论框架是不能令人满意的。利益不是权利，不能像权利那样得到保护。耶林的分析围绕着权利的概念展开但却没有能够把握其实质，该理论明晰了权利的目的或者目的之一，但概念本身却仍然是相当深奥的[3]。这种批评是切中要害的：所有权利对主体来说都是一种利益。因此，人格利益是法律对人格权保护的目的或者结果而不是权利客体。二是对人格权定义的方式，也不符合对民事权利定义的一般方式：物权是权利人依法对特定的物享有直接支配和排他的权利，包

---

[1] 张俊浩主编：《民法学原理》（上册），中国政法大学出版社2000年版，第141页。
[2] 马俊驹教授与其博士生关于人格、人格权问题的讨论，载 http://www.civillaw.com.cn，最后访问时间：2021年6月24日。
[3] ［法］雅克·盖斯旦、吉勒·古博：《法国民法总论》，陈鹏等译，法律出版社2004年版，第135页。

括所有权、用益物权和担保物权[1]。债权是因合同、侵权行为、无因管理、不当得利以及法律的其他规定，权利人请求特定义务人为或者不为一定行为的权利[2]。如果按照人格权定义的方式，岂不得出这种结论：知识产权的是以知识利益为客体的权利、物权是以物质利益为客体的权利、债权是以债的利益为客体的权利。这种定义方式显然难以揭示权利的本质。三是我国《民法典》从来没有规定人格权是以人格利益为客体的权利，从民法典关于人格权的所有规范中也无法推导出这一换也概念。恰恰相反，从《民法典》的规范中，正如我们上面所分析的一样，无论是总则编还是人格权编，还是侵权责任编，都是将人格权与其他因自由和尊严产生的人格利益进行保护[3]。如果把人格利益作为人格权的客体，那么我国《民法典》第990条的两款规定显然就无法作出合理的理解和解释。②在我国《民法典》的编纂过程中，对于什么是人格权以及其客体确实存在较大争议，这也说明人格权确实是一种比较特殊的权利。因此，我十分同意德国学者拉伦茨的观点，将人格权界定成为一种开放性的框架性权利：人格权是一种受尊重权，也就是说，承认并且不侵害人所固有的"尊严"，以及人的身体与精神，人的存在与应然的存在。一般来说，通过人格权所保护的东西就是人本身的生存。这包括不能把人只当作工具和手段来对待；还包括对人用以标志其个体的姓名的承认，以及对仅属于他自己的生活范围的承认。……每个人都有权使自己的生命、自己的身体、自己的健康和自己身体的活动自由不受侵犯，都有权要求他人尊重自己的尊严和名誉[4]。③人格权之所以特殊，是因为这种权利与其他权利有着本质上的不同，其他权利，无论是债权还是物权，根本不存在在与其他权利比较的时候之有无问题，而人格权却存在这种问题。例如，物权即使与公共利益相冲突，也无非是征收或者征用，权利变换存在方式而已。债权也是如此。但是，人格权却必须适用"利益衡量原则"——任何时候保护都要适用这一原则。人格权可能在这种权利利益衡量中"暂时或者永久不存在"，例如，人格肖像权与公共利益冲突的时候，肖像权变不存在保护问题了；隐私权与新闻自由、公共利益冲突的时候与存在这种问题。因此，把许多具体人格权作出灵活性规定而不是"固定化"规定是必要的，以便于利益衡量原则的适用。

三、法人或者其他非法人组织是否应当享有人格权

法人或者其他非法人组织是否能够成为人格权的主体？理论上存在很大的争议。可以说有肯定说与反对说两种不同的观点。在此，我们选择两个比较有代表性的论述加以说明。

肯定说认为：法人可以享有某些种类的人格权，在现代已经得到理论和立法实践

---

[1]《民法典》第114条。
[2]《民法典》第118条。
[3] 黄薇主编：《中华人民共和国民法典人格权编释义》，法律出版社2020年版，第17页。
[4] [德] 卡尔·拉伦茨：《德国民法通论》（上册），王晓晔等译，法律出版社2003年版，第282页。

的确认。在民法典中不宜从这一角度对法人权利能力施加一般性的积极限制。承认法人可以享有人格权具有立法政策判断上的妥当性，对保护自然人的人格具有工具性的价值。主要理由是：①法人与自然人的确存在性质上的重大差别，这样的差别导致一些以自然人的生理或心理特性的存在为基础的人格权无法为法人所享有。但是，我们必须注意到，作为形态丰富的人格权的权利客体的人格利益，它的表现形态也是多样的。以自然人的生理和心理特性的存在为前提，而且团体不能成为承载者的人格利益不能为法人所享有，但是除此之外的其他人格性的利益可以不同的方式为法人所享有。在姓名、名誉方面，法人享有与自然人类似的人格利益。②社会团体，就其最基本特征而言，无非是自然人组织起来以实现一定的目的。在其中，经济性的目的自然是重要的方面，但是除此之外，团体仍然具有更广泛的社会功能。自然人结为一定的组织，或是要借助众人之力，实现仅凭个人之功无法实现的目标，或是以团体的力量来寻求更有效的保障；或是拓展自己的生活世界，寻求社会的联系，满足人的社会性的需求。个人借助团体而要实现的目的，既可为营生（比如公司），也可为娱情（比如运动协会），也可为实现一定的价值，体现一定的理念。③有两种类型的法人人格权。一类是与法人的存在有本质联系的法人的基本利益，这些利益被作为法人正常发挥社会作用的前提条件而得到保障，从而构成法人的人格权。在这种类型中，最主要的是使法人区别于其他主体的法人的名称权。另外一类是由法人承载的但实际上是以法人的成员的某些总括性质的人格利益为保护对象的人格权[1]。有些学者针对关于法人人格权的两种质疑进行了"质疑"：第一种对"法人不具有自然人的人格权"的质疑，认为：法人所具有的人格权是一种没有伦理性的法律人格。例如，法人的名誉权与自然人的名誉权具有很多不同：产生基础不同、保护目的不同、是否具有财产属性不同、侵权行为的普遍性与独特性不同、构成要件也不同。第二种质疑是针对"法人人格权是一种财产权"[2]的质疑，认为：适用财产权的救济方式不能对法人人格权的周到和全面保护。因此，结论是：对于法人人格权进行保护是保障市场公平竞争的需要、为其他法律对于这些利益的保护确定基础[3]。

反对说认为，依照通说，法人是具有法律人格的团体。法人既然具有人格，当然就有人格权，但这是一种极其错误的理论[4]。理由是：①"人格权"是一个历史性概念，具有特定内涵和价值，不能以同等含义适用于团体人格。②法人的"人格权"无精神利益，实质上是一种财产权。③法人的"人格权"绝非一切法人均得享有，故其

---

[1] 薛军：《法人人格权的基本理论问题探析》，载《法律科学》2004年第1期。

[2] 有很多学者认为，法人人格权充其量就是一种财产权，例如，房绍坤教授就认为，法人人格是主体意义上的人格，旨在拟制法人的行为资格，与人格权并不等同，亦不相关；所谓法人"人格权"，本质上为财产权，因此法人不能享有人格权。自政策考量而言，团体人格有其社会功能，但实现与自然人的和谐相处，其在公、私法上均全面让位于自然人，不应享有人格权。从实践效果上看，赋予法人人格权存在多重体系矛盾，未来民法典应以财产权为模型、法人容忍义务为主线，构建公、私法交融的法人保护体系。参见房绍坤、曹相见：《法人人格权立法论分析》，载《山东社会科学》2016年第12期。

[3] 许中缘、颜克云：《论法人名誉权、法人人格权与我国民法典》，载《法学杂志》2016年第4期。

[4] 尹田：《论人格权的本质——兼评我国民法典草案关于人格权的规定》，载《法学研究》2003年第4期。

非为任何团体人格存在之必须。④法人的"人格权"亦得为营利性非法人组织乃至个人所享有,故其非为团体人格之专属权利。⑤一般人格权的基础为人类尊严之保护,故法人无一般人格权[1]。将人格权独立成编的必然逻辑结果便是不得不承认法人享有人格权,不得不完全混淆法人人格权与自然人人格权的本质区别而将两者并列规定。反对说实际上就是说,团体人格不过是对自然人的人格在民事主体资格意义上的模仿,是一种纯粹法技术的产物。法人或者非法人组织这种团体人格与体现人类自由、尊严和社会平等的自然人的人格之间,在性质上毫无关联。

对于法人是否享有人格权这一问题,其实在比较法上也存在争议。例如,在德国就存在两派观点:肯定说主要从"人格权是自由尊严"这一概念的否定来主张法人人格权的,认为法人和一般人格权的矛盾主要源于两个方面:一方面,此前的一般人格权理论认为,一般人格权的基础是人的尊严和人格发展;另一方面,法人是一个服务于自然人的法律建构的产物,没有尊严和本身的价值。所以,应当主要是对这两方面进行否定:第一种方法:"否认一般人格权的基础是自然人的尊严","一般人格权和自然人的尊严并没有必然的联系,法人享有一般人格权具有历史基础"。第二种方法:"不否认一般人格权本身的价值基础这个基本前提,转而论证法人等社会组织本身具有和自然人类似的尊严或者独立价值。"否定说认为,其一,在承认法人一般人格权之前,不仅理论上认为一般人格权的基础是人的尊严和人格发展,而且德国司法实践也将一般人格权建立在基本法第1条和第2条的基础之上,而基本法第1条是关于人的尊严的规定。法人仅仅是自然人的手段而已,所以法人无法享有基于人的尊严和人格发展而发展出来的制度。其二,一般人格权是为了适应自然人人格发展的无限可能性才发展出来的制度,但是法人是为了实现自然人的特定目的而设立的[2]。

应该说,德国学者针对德国法所展开的争论的基础在我国《民法典》上并不存在。我国《民法典》第109条明显把自然人的人格权的基础定义为"人身自由和人格尊严"。因此,针对我国民法学界之争议,立法机关有关论者指出,关于人格权的主体,自然人当然享有人格权,关于法人和非法人组织是否享有人格权,理论中存在不同观点。有的认为,法人和非法人组织并非自然人,不具有理性和感知能力,不具有人身自由、人格尊严的伦理价值,不应当享有人格权,其所享有的人格权实际上是财产权。有的认为,法人和非法人组织享有的名称、名誉或者荣誉也具有被他人侵犯的可能性,法人和非法人组织的人格权具有现实的需要。经研究,法人、非法人组织所享有的名称、名誉和荣誉具有保护的现实必要性,《民法通则》也规定了其享有名称权、名誉权和荣誉权,《民法典》第110条第2款作出了同样的规定。但是,应当注意的是,法人和非法人组织不能享有生命权、身体权、健康权等专属于自然人的权利;对自然人的人格权保护具有充分的伦理价值,而法人和非法人组织享有一定范围的人格权,更多

---

[1] 尹田:《论法人人格权——兼评我国民法典草案关于人格权的规定》,载http://www.civillaw.com.cn,最后访问时间:2021年6月25日。
[2] 参见沈建峰:《德国法上的法人一般人格权制度及其反思》,载《政治与法律》2012年第1期。

是基于现实的法律技术的需要，涉及财产利益，或者间接地保护组织背后的自然人。人格权最为重要的目的是维护自然人的人身自由和人格尊严，是以自然人的人格权为规范的重心[1]。笔者认为，立法机关的有关论者的观点是正确的：人格权编的重点不在于法人或者非法人组织的人格权，而在于自然人人格权的保护。那么，法人或者非法人组织是否能够真正享有人格权呢？对于我国《民法典》第110条规定法人人格权应该如何看待？

如果仅仅从《民法典》总则编第110条之规定看，似乎可以解释说：该条第2款规定的仅仅是法人或者非法人组织享有名称权、荣誉权与名誉权而不是人格权。但是，如果从人格权编来看，仅仅从第990条就可以看出我国《民法典》实际上将法人或者非法人组织的上述三种权利纳入了人格权的保护中，人格权编的第三章和第五章就更加明确了其名称权、荣誉权和名誉权。尽管从实证法的视角看，我国《民法典》确实规定了法人与其他非法人组织的所谓"人格权"，但是其所谓的人格权与自然人的人格权有着完全不同的基础和含义。例如，看起来法人的名称权与自然人的姓名权相同，就如"既然法律保护自然人的姓名权，那么为什么就不能保护法人的名称权"？因此，我国自1986年《民法通则》到《民法典》都把自然人的姓名权与法人的名称权并列同等保护。尽管法人的名称权确实有保护的需要，但这种保护是否必须放在"人格权"体系中来解决？如果我们在"民事主体"之法人部分规定其享有名称权是否可以？既然《民法典》如此规定了，我们即使在规范的范围内讨论这一问题，也会发现法人的姓名权与自然人姓名权是不同的：法人的名称权，特别是商事法人的名称权是可以转让的，甚至商号（其实就是商事法人的名称权）可以评估作价而具有商业价值，自然人的姓名权可以吗？也就是说，这些法人的名称权几乎没有伦理性（尽管不能违反善良风俗）。而自然人的姓名权不仅具有很强的伦理性，而且具有很强的身份性。因此，立法机关有关论者非常清楚地指出：所有的人格权都以人身自由与人格尊严为价值基础，是这两种价值的具体表现，以维护和实现人身自由和人格尊严为目的。法人与非法人组织享有的个别人格权，在这些个别的具体制度上与自然人进行类比具有法律技术上的妥当性，但是法人和非法人组织的价值基础和自然人的价值基础具有本质的区别[2]。

上述这种观点是正确的：法人和非法人组织的人格权仅仅是在法律技术层面上如此安排具有妥当性，但在制度价值和具体适用方面有着本质的差异。不仅名称权和姓名权有本质差异，在名誉权和荣誉权方面也有本质差异。因此，可以说，法人和非法人组织尽管被我国《民法典》规定其具有人格权，但这一人格权仅仅在技术层面的安排而非真正享有与自然人同等意义上的人格权。因为其权利基础不同。就如许中缘教授在上述文章中所指出的一样，如果法人人格权与自然人人格权有五种不同（见上文），那么，我们的疑问就是：法人人格权与自然人人格权是否具有同一个"种概念"？

---

[1] 参见黄薇主编：《中华人民共和国民法典人格权编释义》，法律出版社2020年版，第10~11页。
[2] 黄薇主编：《中华人民共和国民法典人格权编释义》，法律出版社2020年版，第16~17页。

自然人的民法上的人格权源于《宪法》规定的"人的自由和尊严",是个人自由与尊严在民法这一部门法中的具体表现,那么,法人的人格权却不是源于此。因此,自然人的人格权与法人人格权根本就不是源于同一个"种概念"。这一点在我国《民法典》第109~110条及人格权编上有具体实证之规定。从这一意义上说,法人和非法人组织不享有自然人之人格权意义上的人格权。

正因为如此,从应然的视角说,我国《民法典》也可以以另外的技术路线解决同样的问题:在人格权编的最后一条可以规定:"法人和非法人组织的名称权、荣誉权和名誉权的保护准用本法第×××条、第×××条的规定",或者在相应的条文中单独写一款,例如,在人格权编的第三章,该章可以直接称为"姓名权",在该章的最后一条写明:"法人和非法人组织的名称权之保护准用本章规定。"这样就避免了法人和非法人组织是否享有人格权的问题,也使得人格权的基本思想前后一致,不必考虑不同主体之间的人格权价值基础不同的问题,更加明确人格权和人格利益是基于人身自由和人格尊严产生的权利或者利益,只有自然人能够享有人格权和人格利益,法人享有的是具体的类似于自然人的某些权利,但不是人格权,仅仅是从技术上保护的时候准用。也满足了对人法人人格权"肯定说"的需求。当然,这是从"应然"的视角所提出的一种建议。

四、从法律救济的视角看不同主体之人格权的差异

对于人格权的救济有多重法律途径和请求权基础,最为直接的就是人格权本身的救济措施和侵权责任救济。人格权之所以能够独立成编,一个很重要的理由就是人格权除了侵权责任这一救济基础之外,还有自身的请求权及请求权基础。这一点,从我国《民法典》的立法初衷来说,也是这样设计的,就如立法机关有论者所说,人格权编所涉及的是人格权的享有和保护。人格权是与生俱来的,而法律对民事主体享有人格权予以确认,并对其予以保护,有助于通过法律手段加强对人格权的保障。人格权编所涉及的是人格权的享有和保护,并非意味着人格权的享有和保护仅能通过本编实现。《民法典》总则编第109~111条对人格权进行了一般性的规定,同时,《民法典》其他各编,尤其是侵权责任编,也涉及人格权的保护。但是,人格权编与侵权责任编的功能和定位不同。人格权编主要规定了人格权的类型、权利内容、权利边界、与其他价值之间的协调、行为人的义务和特殊保护方式等规则,侵权责任编主要着眼于对人格权的事后救济。侵权责任构成的前提离不开所侵犯权利的具体类型、具体内容以及行为人违反的具体义务,这都需要建立在人格权的确认、内容、利用和保护等具体规范之上。而侵权责任编由于受其功能所限,无法容纳这些具体规范。人格权编中对人格权的规定,将涉及人格权的具体内容集中予以细化规定,有利于维护个人的尊严和价值,有助于民事主体明确认识到自身所享有的人格权,使其能够主动地行使并保护自身的人格权,同时也能够充分尊重他人的人格权,为形成和谐稳定的社会秩序和弘扬社会主义核心价值观奠定基础。同时,鉴于侵权责任编对侵害民事权利的一般救济规则已作了较为详细的规定，人格权编只规定了保护人格权的特殊救济方式。因此，人格权编与侵权责任编既各有分工，又能够相互衔接，共同实现对人格权的保护[1]。虽然如此，我们也必须来区分哪些属于侵权法的保护方式，哪些属于人格权本身的特殊救济方式。

其实，就人格权本身的救济措施来说，法人与非法人组织的名称权、名誉权和荣誉权基本上可以适用对于自然人上述三种人格权的救济。具体来说：①《民法典》第995条规定的"停止侵害、消除影响、恢复名誉"是可以用于法人和非法人组织的上述人格权救济的。至于说向一个非自然人赔礼道歉是否可以，笔者并不赞同这种救济方式能够针对法人和非法人组织适用。②《民法典》第999条和第1000条[2]也是可以适用的。③《民法典》第1013条和第1014条[3]可以适用于法人的名称权，但是，第1014条缺乏实际意义，因为没有任何法律后果：如果以干涉、盗用、假冒等方式侵害了法人或者非法人组织的名称权后，还是要依靠其他规范来解决。④《民法典》第1016条[4]之规定，对于法人或者非法人组织来说，实际上是没有意义的，因为我国在《民法典》之外，法人或者非法人组织如何变更名称是有非常详细的法律和法规规定的，例如，《中华人民共和国公司登记管理条例》第9条规定："公司的登记事项包括：（一）名称；（二）住所；（三）法定代表人姓名；（四）注册资本；（五）公司类型；（六）经营范围；（七）营业期限；（八）有限责任公司股东或者股份有限公司发起人的姓名或者名称。"第11条规定："公司名称应当符合国家有关规定。公司只能使用一个名称。经公司登记机关核准登记的公司名称受法律保护。"而且，经过这么多年的司法实践基本上没有什么异议，从来没有人会认为，公司变更名称后，对于以前的权利义务可以不享有或者不承担，签订的合同对变更名称后的公司没有约束力。⑤人格权编第五章的规定基本上都能够适用于法人或者非法人组织的名誉权和荣誉权之保护，但问题在于：其一，法人或者非法人组织的名誉权，如前面所说，限于信用范围内，基本上是一种商誉，比自然人的名誉权外延小得多，而且于自然人的名誉权在性质上也完全不同，对于自然人名誉权的损害更多地损害的不是其物质或者商业利益，而是非物质性利益，损害的是作为一个人生活在社会中的尊严。其二，至于说荣誉权是否

---

[1] 黄薇主编：《中华人民共和国民法典人格权编释义》，法律出版社2020年版，第6~7页。

[2] 《民法典》第999条规定："为公共利益实施新闻报道、舆论监督等行为的，可以合理使用民事主体的姓名、名称、肖像、个人信息等；使用不合理侵害民事主体人格权的，应当依法承担民事责任。"第1000条规定："行为人因侵害人格权承担消除影响、恢复名誉、赔礼道歉等民事责任的，应当与行为的具体方式和造成的影响范围相当。行为人拒不承担前款规定的民事责任的，人民法院可以采取在报刊、网络等媒体上发布公告或者公布生效裁判文书等方式执行，产生的费用由行为人负担。"

[3] 《民法典》第1013条规定："法人、非法人组织享有名称权，有权依法决定、使用、变更、转让或者许可他人使用自己的名称。"第1014条规定："任何组织或者个人不得以干涉、盗用、假冒等方式侵害他人的姓名权或者名称权。"

[4] 《民法典》第1016条规定："自然人决定、变更姓名，或者法人、非法人组织决定、变更、转让名称的，应当依法向有关机关办理登记手续，但是法律另有规定的除外。民事主体变更姓名、名称的，变更前实施的民事法律行为对其具有法律约束力。"

是一种人格权，是值得讨论的。

因为，人格权编主要应该规定其区别于侵权责任的独特的救济措施，因此，不应该涉及损害问题，更不用说精神损害问题了。就如学者正确地指出的，人格权请求权与侵权损害赔偿请求权的区别在于：①是否考虑过错不同；②是否对人格权侵害的预防功能不同；③是否要求证明实际损害不同；④构成要件不同；⑤是否适用诉讼时效不同。总之，《民法典》之所以要承认人格权请求权，并使其与侵权损害赔偿请求权相分离，一方面是因为其具有较为宽泛的适用范围，在侵害人格权的情形下，如果尚未造成实际的损害（包括财产损失和精神损害），或者即便有损害但权利人要主张损害赔偿之外的责任形式，权利人都可以主张人格权请求权；另一方面，人格权请求权不仅可以适用于侵权的情形，而且在妨害人格权的情形下，即便没有构成侵权也可以适用。从这一意义上说，人格权请求权的适用并不当然以行为人构成侵权为前提[1]。因此，无论是自然人的人格权，还是法人或者非法人组织的人格权，在侵权责任编之外的人格权编中，不涉及损害赔偿问题。

即使在侵权责任中，法人与非法人组织的人格权损害也不涉及精神损害问题。因为只有损害人的"精神"的时候，才可能有精神损害赔偿问题。也就是说，只有损害自由或者尊严的时候才有可能发生精神损害问题。这也就是为什么违约责任中一般不包括精神损害赔偿的原因所在，侵权责任中也只有人身损害的情况下（一般情况下）才有可能伴随精神损害赔偿的原因所在。法人或者非法人组织不存在自然人意义上的自由和尊严，也就没有损害精神的可能性。因此，《民法典》第996条[2]规定的精神损害赔偿问题，法人与非法人组织当然也就不能适用。

五、个人信息是否属于人格权或者人格利益

从比较法上看，无论是理论还是判例，对于隐私与个人信息的保护，多采取"一元制"保护模式，即不区分隐私与信息，将信息纳入隐私的范畴而采取同一保护，如美国、日本等，但我国《民法典》总则编与人格权编对隐私与个人信息采取的是二元制保护模式，显然，在这种模式下，需要区分隐私与个人信息。那么，首先，个人信息与隐私权是否可以区分？其次，信息是否属于人格权或者人格利益？人格权概念的内涵中是否应当包括人格利益？

正因为从比较法上看，多数国家是将信息的保护放在隐私权中加以甄别并根据情况给予保护的，因此，我国《民法典》把隐私权与个人信息保护放在一起规定是有道理的。那么，既然这样规定，必然也有其区别。

在我国大陆，主流学者认为，应将个人信息与个人隐私区分，分别规范和保护。

---

[1] 王利明：《论人格权请求权与侵权损害赔偿请求权的分离》，载《中国法学》2019年第1期。

[2] 《民法典》第996条规定："因当事人一方的违约行为，损害对方人格权并造成严重精神损害，受损害方选择请求其承担违约责任的，不影响受损害方请求精神损害赔偿。"当然，这里的赔偿责任也不是指人格权请求权中的救济措施，而是侵权责任中的救济措施。

例如，张新宝教授认为，个人隐私又称私人生活秘密或私生活秘密，是指私人生活安宁不受他人非法干扰，个人信息保密不受他人非法搜集、刺探和公开。隐私包括私生活安宁和私生活秘密两个方面。个人信息是指与一个身份已经被识别或者身份可以被识别的自然人相关的任何信息，包括个人姓名、住址、出生日期、身份证号码、医疗记录、人事记录、照片等。单独或与其他信息对照可以识别特定的个人的信息。个人隐私与个人信息呈交叉关系，即有的个人隐私属于个人信息，而有的个人隐私则不属于个人信息；有的个人信息特别是涉及个人私生活的敏感信息属于个人隐私，但也有一些个人信息因高度公开而不属于隐私[1]。王利明教授对隐私与信息作了最为详细的分析，他认为，二者的联系是：①权利主体都限于自然人；②都体现了个人对其私生活的自主决定；③客体上具有交错。二者的主要区分在于：①权利属性方面的界分：隐私权主要是一种精神人格权，而信息权则属于集人格属性和财产属性于一体的综合性权利；隐私权基本上属于一种消极的防御型的权利，在该权利被侵害前，权利人无法积极主动地行使；而信息权是一种主动性权利。②权利客体方面的区别：首先，隐私主要是私密性的信息和个人活动，而信息注重的是身份识别性；其次，隐私不限于信息形态，它还可以是个人活动、个人私生活方式等，不需要记载下来，而信息必须以具体化的形态固定下来，通常需要记载下来；最后，相对于隐私，个人信息与国家安全的联系更为密切。③权利内容方面的区别：隐私权的内容主要是防止被不正当公开，而信息权则是个人对信息的支配和自主决定[2]。在法律保护模式方面，提出个人信息权与隐私权的界分，表明在法律上对它们进行分开保护，在理论上是有充分依据的[3]。我国《民法典》就是在这种理论的基础上采取了二元制保护模式。

但是，我们也必须承认的是，个人隐私与个人信息在有些方面的确是交叉的，因为有些个人隐私是通过"信息"这种外在形式表现出来的。因此，在具体生活及个案中肯定存在具体认定的情形。也许正是基于这种原因，许多国家的立法和判例干脆不作任何区分，而是在具体认定时，由法官来判定保护的程度，在我国这种对隐私和信息采取"二元制"保护的立法模式下，如何区分个人隐私与个人信息呢？笔者认为，应用"三分法"来区分隐私与信息，即分为纯粹的个人隐私、隐私性信息、纯粹的个人信息。纯粹的个人隐私是隐私权保护的主要部分，是指个人生活最私密、直接涉及个人人格尊严与自由的部分，一旦侵入，会直接造成受害人的损害，特别是精神损害。隐私性信息，实际上就是隐私与纯粹的个人信息交叉的部分，但其与纯粹的个人信息不同的是，它们对于个人的人格尊严"离得较近"，每个人对于这一部分信息的敏感程度更接近于个人隐私。隐私性信息主要包括：医疗信息（例如，艾滋病病史资料、许

---

[1] 张新宝：《从隐私到个人信息：利益再衡量的理论与制度安排》，载《中国法学》2015年第3期。
[2] 王利明：《论个人信息权的法律保护——以个人信息权与隐私权的界分为中心》，载《现代法学》2013年第4期。
[3] 王利明：《论个人信息权的法律保护——以个人信息权与隐私权的界分为中心》，载《现代法学》2013年第4期。

多重大疾病的病历信息等。由于人们想有尊严地生活，故这一部分信息属于隐私性信息）、银行存款信息及其他财产性信息（如理财信息、投资信息等）。这些信息因与个人尊严离得较近，与隐私的关联度较高，故其保护更接近于隐私权保护。纯粹的个人信息就是我国《民法典》第 1034 条定义和所列举的这些个人信息，即个人信息是以电子或者其他方式记录的能够单独或者与其他信息结合识别特定自然人的各种信息，包括自然人的姓名、出生日期、身份证件号码、生物识别信息、住址、电话号码、电子邮箱、健康信息、行踪信息等。这些信息虽涉及个人，但它们离个人的人格尊严"离得较远"，人们对它们的敏感程度远远不及隐私和隐私性信息。当然，该条也规定，如果涉及私密信息，适用有关隐私权的规定。

既然能够区分，就说明信息不属于人格权的范畴，那么，它属于人格利益的范畴吗？可以说，因为信息与隐私不同，显然在我国法上不属于人格权。任何一个纯粹的信息，无论是《民法典》第 1034 条列举的任何一个信息，单独使用或者正常使用都不会危害个人自由和尊严。但是，综合起来或者不正常使用就可能导致人身自由或者尊严受到侵害。例如，行踪信息一般正常情况下即使知道也没有什么损害，但是，如果可以搜集其行踪并提供给不怀好意的人，就有可能对其人格尊严或者人身安全产生损害。因此，尽管并非所有信息都具有人格利益的属性，但有些信息或者信息的综合就可能具有人格利益的属性。因此，将信息纳入人格利益的保护范畴是正确的。但是，人格利益不属于人格权。因此，按照我国《民法典》的规范来给人格权下定义的时候，不能认为人格权的外延包括信息。也正因为如此，我国人格权编实际上包括人格权的保护和人格利益的保护两个部分。《民法典》的实际规范也再一次说明：人格权不是以人格利益为客体的权利，恰恰相反，人格权和人格利益都是法律保护的对象。

六、结论

尽管随着《民法典》的出台，关于人格权的许多争论告一段落，但是人格权的许多理论和实践问题并没有因此而自动消灭，恰恰相反，在人格权法律规范的适用中，以前争论的许多问题仍然是人格权规范具体适用中的问题。人格权的概念就是其中很大的一个问题：人格权的基本内在价值是什么？自然人的人格权与法人的人格权是否相同？其救济措施的区别是什么？信息是否属于人格权的范畴？等等，这些问题都具有现实意义和理论意义。我国《民法典》在设计的时候，就明确区分了自然人的人格权与法人或者非法人组织的人格权。这个定位为我们以后正确地适用人格权规范和人格权保护提供了原则性基础。除此之外，从《民法典》的实际规范来看，我国《民法典》的人格权编实际上包括了两个部分：一是对人格权的保护，二是对人格尊严的保护，隐私权与信息的二元保护模式就清楚地说明了区分的必要和意义。

第二节 具体人格权——姓名权及其性质

一、问题及意义

迄今为止的学术著作和教科书在谈到姓名权时,似乎都理所当然地将姓名权列入人格权的范畴。我国自《民法通则》到《民法典》都规定有姓名权这一权利,《民法典》第1012条规定:"自然人享有姓名权,有权依法决定、使用、变更或者许可他人使用自己的姓名,但是不得违背公序良俗。"在德国,虽然自萨维尼时代就反对将人格权作为民法上的权利来对待,因而在其民法典中就没有关于人格权的一般概念。但其民法典却在第12条明确规定了姓名权,并且其学者一般都坚称其民法典第12条规定的姓名权属于第823条侵权法保护的"其他权利"的范畴[1]。《瑞士民法典》也存在同样的问题,于第29条及第30条规定了姓名权,而且是在"人格保护"之外专门规定了姓名权。这种现象从逻辑上讲,有下列几种可能的推断:一是姓名权不被包括在人格之内;二是姓名权特别重要,有特殊价值,应特别予以规定;三是人格的利益不能通过正面赋权的方式规定,而姓名权是作为权利正面规定的,有特殊意义。也就是说,其他人格利益属于"防御性的法益",而姓名权属于积极意义上的权利。究竟是哪一种推断呢?人们对姓名权还有其他人格权的争议的源头其实就在这里。另外,通常而言,身体、健康、生命和自由与姓名权相比,对于自然人来说要重要得多,但德国人却没有将之列为权利,而是作为一种人格利益列在其民法典第823条的侵权法保护之下,作为防御性权利来对待,这究竟是为什么?

就姓名权而言,如果仔细斟酌,就会体味出其与其他人格权或者人格利益有较大的不同:首先,一般说人格权或者人格利益是人之所以为人所不可缺少的属性,如生命、健康、身体、自由和其他尊严,但姓名权却不同,它不是一个人之所以为人的根本,一个人因出生的事实而取得人的地位,没有姓名不妨碍他是一个人,人们可以通过其他的描述来标志他,尤其是在熟人社会中更是如此。其次,姓名权主体如果愿意,他还可以按照自己的意志来改变自己的姓名,对于人来说,姓名似乎是"身外之物"。因此,其人格属性就值得探讨。最后,在欧洲甚至在中国,姓名权是否具有身份权的特征,也值得考察。否则,我们就无法理解《红与黑》作者司汤达笔下的主人公费尽心机地去改变自己的姓名之举;就无法理解中国的皇帝对某些有特别贡献的人的"赐姓"行为。在我国历史上,特别是少数民族作为统治者的朝代,其姓名也代表着身份而不仅仅是一个人格权问题,甚至在一些时代妇女出嫁后要随丈夫家姓。而今天的西方社会仍然存在这种现象,例如,希拉里·克林顿即在婚后使用了丈夫克林顿的姓氏。

---

[1] [德]卡尔·拉伦茨:《德国民法通论》(上册),王晓晔等译,法律出版社2003年版,第166~170页;[德]迪特尔·梅迪库斯:《德国民法总论》,邵建东译,法律出版社2000年版,第794~800页。

对此，西方许多国家出现了松动的痕迹，而日本直到今天也不允许妇女婚后不随丈夫家姓。这难道不是说明姓名也代表着身份吗？

除此之外，侵犯姓名权往往伴随着对其他权利的侵犯。例如，将姓名注册为商标，侵犯的就不仅是姓名权，往往还有名誉权。又如，著名的齐某苓诉陈某琪等侵犯姓名权一案，就不仅侵犯了原告的姓名权，还侵犯了其受教育权。还有一些作家或者艺人有笔名或者艺名，侵犯这些所谓名字是否也构成侵犯姓名权呢？单纯地侵犯姓名权与以上这些侵权行为有何区别？

正是因为有以上这些问题，因此，姓名权是一个需要认真研究和探讨的问题。

二、姓名权的概念及意义

姓名通常由姓与名（有的是一个名，有的则是几个名）组成，而由于各国的历史、传统与文化不同，姓名来源就有不同的途径。例如，在日本，明治维新之前，一般人是没有姓的，仅有名。在当今社会，大部分国家要求出生后要进行登记，而登记必须要有姓名。而从姓名的取得看，个人的名一般都是由他人给定的，而姓则是从家族的姓氏。子女由对其享有亲权的人取名，婚生子女通常由其父母取名，非婚生子女则由其母亲取名。在子女出生后一个月内须向户籍官员通告其姓名，并由该官员将之登记在出生簿中。以后姓与名的变更需经过主管机关的批准，其条件是"有重大理由进行变更"。在我国，按照《中华人民共和国户口登记条例》（以下简称《户口登记条例》）第7条的规定："婴儿出生后一个月以内，由户主、亲属、抚养人或者邻居向婴儿常住地户口登记机关申报出生登记。弃婴，由收养人或者育婴机关向户口登记机关申报出生登记。"依照《民法典》第一编第二章第二节关于监护之规定，也应由有监护权的人取名。但由于传统的原因，我国实际上给出生子女取名的有的是父母，有的是祖父母或者外祖父母，有的甚至是家族中的长辈或者其他具有较高名望的人。

姓名权是自然人对自己姓名的专用权及设定或者变更的自由决定权（我国《民法典》第1012条）。姓名权之所以被认为是自然人的人格权，是因为它是能够标表自然人作为存在的符号，这种符号能够同具体的人相联系。人的姓名的作用就在于使人们在一般交往包括法律交往中相互识别[1]，个人的姓名经过长期的使用，对该人来说，成为其人格象征，并成为其人格的一部分，这样就产生了保护其姓名不受第三者侵害的意识。由此，作为人格权之一的姓名权逐渐得到了认可[2]。姓名权旨在保护姓名载体的个性，因此旨在保护其人格的一部分[3]。姓名和姓名权有三方面的意义：一是生活方面的意义。在这一方面，姓名有利于交往，即方便了人们的交往，人与人通过姓名而标志出人格的抽象存在，即使在没有具体的人在场的时候，也可以轻易地谈论其长短。也就是说，姓名的出现使人们抽象地谈论一个人的时候变得容易，即使个体的

---

[1] [德]卡尔·拉伦茨：《德国民法通论》（上册），王晓晔等译，法律出版社2003年版，第158页。
[2] [日]五十岚清：《人格权法》，[日]铃木贤、葛敏译，北京大学出版社2009年版，第9、117页。
[3] [德]迪特尔·梅迪库斯：《德国民法总论》，邵建东译，法律出版社2000年版，第800页。

人不在场的情况下，也能够使其与其他人相区别。二是在私法上的意义。姓名使法律意义上的交易变得简单和方便，使其无论在契约自由、过错责任还是在所有权的行使方面都成为简单和容易的事情。同时，姓名更容易使人的尊严、名誉等得到彰显，如果没有姓名，个人的个性的发展和名誉、信用等的积累将变得困难。这也从反面说明了为什么早期的日本只有贵族才拥有姓和名，因为它是贵族的特权。三是在公法方面的意义。姓名不仅与税收、服兵役等相联系，还跟国家的管理制度密不可分。一方面，姓名的出现使国家对人的管理更容易、更方便；另一方面，如果一个人可以轻易改变姓名而与前面的姓名失去联系，则其以前所有的历史和义务等都将消失，那么一个债务人就可以通过改变姓名而逃避债务，或者一个因有严重前科不适合从事某项工作的人将无法被甄别，这将是十分可怕的事情。

正是因为上面这些原因，各国对于姓名都有十分完整和严格的管理制度。虽然个人可以变更姓名，但必须遵守国家有关法律法规和管理制度。姓名权属于个人，但其管理权属于国家，不能因为法律禁止随意变更姓名就认为这是侵害私人的姓名权。

三、姓名权的权利属性

姓名权是否是一种人格权，或者说它是否仅仅是一种人格权？它与其他人格权或者人格利益有什么不同？对此，德国学者拉伦茨指出，姓名并非是人的身外之物，如同一件东西从一只手交到另一只手，而是使人个体化的一种标志、一个象征，所以它是个人本身所具有的精神财富，一种人格财产。因此，姓名权本质上是一种人格权，即在一个人的直接存在以及他的个人生活范围内承认他不受侵犯的权利[1]。我国学者的主流观点及司法实践一般也认为，姓名权是一种人格权。

笔者本人对此有自己的疑问，笔者认为，姓名权不仅是一种人格权，同时也具有身份权的特征。理由是：

(一) 从立法例上看，姓名权与其他人格权的规定不同

德国、瑞士等国家的民法典并没有将生命、健康、身体、自由等作为权利来对待，而是将其作为法益规定在其侵权法保护的范围中，但却明确规定了姓名权。对此，德国学者拉伦茨还特别指出，《德国民法典》第823条第1款列举了4种在受到侵犯时就完全同权利立于同等地位的"生活权益"，即生命、身体、健康和自由。在它们有被侵害之虞时，司法实践准许提起除去侵害之诉，在继续受到侵害时，准许请求停止侵害。这样并不是说有一种称为"生命、身体、健康和自由"的不可侵犯的权利，并把这种权利与法律承认的人格权并列[2]。而拉伦茨与梅迪库斯坚称其民法典第12条的姓名权属于第823条中规定的"其他权利"，要受到第823条的保护[3]。

---

[1] [德] 卡尔·拉伦茨：《德国民法通论》（上册），王晓晔等译，法律出版社2003年版，第166页。

[2] [德] 卡尔·拉伦茨：《德国民法通论》（上册），王晓晔等译，法律出版社2003年版，第170页。

[3] [德] 卡尔·拉伦茨：《德国民法通论》（上册），王晓晔等译，法律出版社2003年版，第169页；[德] 迪特尔·梅迪库斯：《德国民法总论》，邵建东译，法律出版社2000年版，第796页。

(二) 从姓名的产生看，姓名权似乎完全不同于其他人格权

首先来看看德国的情况。在德国，一个人的姓名是由姓（家族名称）与一个或者几个名组成。从魏玛帝国宪法时起，贵族称号就成为姓的一部分。姓可以是出生姓氏，也可以是婚姻姓氏。出生姓氏是一个人出生时依血统关系而取得，婚生子女以其父母的婚姻姓氏为其出生姓氏；而非婚生子女通常以生母的姓为其出生姓氏。在《改革婚姻法和亲属法的第一部法律》于1976年7月1日施行前，婚生子女总是冠以父姓，这种规定违反日益强烈的男女平等的原则。现在成为标准的婚姻姓氏是他们结婚时共同采用的"共同的姓氏"。在过去，妻子随着结婚即失去其原有的姓，同时取得丈夫的姓。现在夫妻结婚时，可以向户籍官表明以丈夫或者妻子的出生姓氏作为他们的共同姓氏。在他们没有作出决定时，丈夫的出生姓氏自动作为他们的婚姻姓氏[1]。

我们再来看看日本的情况。夫妻结婚后，妻子不可以选择姓氏或者保留其出生的姓氏，而必须要用丈夫的姓氏。尽管已经出台了改革的方案，但人们还没有看到希望。这一点是否违反《日本宪法》第13条还有疑问。在不认可夫妻别姓的现行制度下，很多因婚姻而改变姓氏的妻子不得不把原来的姓氏作为通称使用。一般通过这种方式也能够解决问题，但当妻子是公务员的时候，就会受到很多限制。在著名的"关口案"中，身为国立大学教授的原告对于限制其使用原来姓氏的大学的规定向法院提起诉讼，请求认定国家负有允许其使用原来姓氏的义务，并以姓名保有权受到侵害为由请求损害赔偿。原告主张，作为人格权内容的组成部分，保持自己姓名的权利受《日本宪法》第13条的保护。东京地方法院指出，为了保证公务员的同一性，使用其户籍上的姓名具有其合理性，而且在公务员中，把旧姓作为通称使用的情况还不能说很普遍，因此，不能支持原告的有关姓名保有权受宪法第13条保障的主张，驳回了原告主张[2]。虽然日本有的学者当时指出，如果十年后再回头看本案的判决，恐怕谁都会看到本案在人权问题上的狭窄视野和对社会变化反映的迟钝，谁都会感到明显的不和谐。但十年过去了，这种预言没有实现[3]。

我们再来看看我国的情况。在我国，因1949年中华人民共和国成立后特别强调妇女的解放和保护妇女权益，结婚后随夫姓的情况，如今至少在汉族地区已经绝迹，但在我国历史上却是非常普遍的现象。除此之外，中国历史上的宗族制度，出于续写家谱的需要，对名字有许多限制和要求，如姓是统一的家族姓氏，但名字却要求中间一个字或者最后一个字在同辈份的人中是统一的。

从这种国内与国外的历史和今天看，难道姓名权仅仅是人格权吗？是否真的与身份权不相干？《红与黑》的作者笔下的主人公之所以改变姓名，难道不是渴望一种贵族

---

[1] [德] 卡尔·拉伦茨：《德国民法通论》（上册），王晓晔等译，法律出版社2003年版，第158~159页。
[2] [日] 五十岚清：《人格权法》，[日] 铃木贤、葛敏译，北京大学出版社2009年版，第9页、第125页。
[3] [日] 五十岚清：《人格权法》，[日] 铃木贤、葛敏译，北京大学出版社2009年版，第9页、第125页。

身份吗？他无非是想让人一看到他的姓氏就知道他是一个贵族。直到今天，姓氏与身份也不能说丝毫没有关系。

我国有的学者也分析过姓名在中国与西方社会的身份作用，他指出姓名承担了代表群体或者个体、表明等级身份、规范婚姻关系、弥补命运缺憾、指代特殊事物、体现社会评价、凝聚文明精华等社会功能。姓名权在历史上的确曾经以身份权的形态存在过。在某些条件下，姓还可以发挥个体区分和身份区分的作用，因为在等级社会中姓本身就意味着高低贵贱。从微观上讲，家长权、夫权、亲属权等都可以通过一个具体的姓体现出来。正因为如此，德国学者莫迭尔等人才提出了姓名权为亲属权（即身份权）的观点。他们认为姓名权的发生多源于亲属关系，所以姓名权为亲属权的一部分。该观点从姓的角度论证了姓名权是一种身份权。我们可以通过行辈字号等姓名制度轻易地判断出不同人的尊卑、血族、双亲、婚姻、子嗣、兄弟姐妹等社会认知因素，从而确定他们之间是否有一定的亲属关系，有着什么样的亲属关系，以及由此产生的权利义务都是什么。因此，姓名在严格的等级制度下可以成为身份关系的制度抽象，一个具体的姓名就是一个具体的身份，一个具体的姓名就意味着身份关系上的具体权利义务。正是从这种意义上来讲，姓名权是一种身份权[1]。

在当今的中国，因中华人民共和国成立后平等观念的普及，从个人的姓氏上几乎已经不能区别身份，但姓名在以下两个方面仍然起着标志身份的作用：①在某些少数民族地区，某些姓氏仍然能够代表家族的身份；②有的地方仍然存在续写家谱的行为和现象。

（三）从姓名的变更来看，姓名似乎离人很远

一般的人格权或者人格利益都具有与人不可分离的特点，但姓名权却可以依主体的意思并在有理由时提出变更。从这一点上看，它似乎不具有人格权或者人格利益的一般属性。它仅仅是一种标志，而它本身却毫无意义。类似于一个商品的标记，仅仅是因为通过登记取得而使他人不可侵犯，但它可以被取代。因此，也就决定了姓名权的客体绝不可能是姓名，而是一种决定用什么来作为姓名的决定权。否则，就无法解释，为什么一个人刚刚出生时没有姓名而有姓名权。

从上面的分析中可以得出结论：姓名权不仅具有人格权的特征，还具有身份权的特征。而且，它与其他人格权具有不同的特点，是一种兼有人格权与身份权属性的特殊权利。

四、姓名权的权能

对于姓名权的权能，学者之间具有不同的观点。笔者坚持姓名权仅仅属于自然人而非法人享有。法人的名称权看起来与自然人的姓名相同，但却有着本质的差别。尽管在西方有的国家，如德国、法国等可以将姓名注册为商号，对商号的保护似乎等同

---

[1] 袁雪石：《姓名权本质变革论》，载《法律科学（西北政法大学学报）》2005年第2期。

于对姓名的保护，但笔者仍然认为两者有着性质上的不同，故在此仅仅阐述自然人姓名的权能。

对于姓名权究竟是一项积极权利，还是仅仅是一种防御性的权利，学者之间存在争议[1]。笔者认为，由于姓名权是一种由法律明确规定的权利，因此，它就不仅是一种"法益"，还有着积极的权利属性。但是，由于姓名权虽然不存在转让问题，但却存在变更问题，因此，姓名权与其他人格权不同的是，它需要登记。此外，它同肖像权有些相同的是，可以通过同意他人使用而收取费用。当然，当姓名权受到他人侵犯时，可以请求法律的救济和保护。根据我国《民法典》第1012～1017条的规定，笔者认为，姓名权应有下列权能：

（一）姓名的自我决定权

姓名的自我决定权是指在姓名的设定和变更方面，姓名权人具有自由决定权，任何第三者不得非法干预。这应该是人格发展和自我决定的重要表现形式，这也是姓名权作为一种特别人格权的特别之处，其他人格权基本上不存在设定方面的问题。

姓名权的设立和变更虽然是一个私权的问题，但同时也涉及国家的管理，甚至是公法上的利益。对此，德国学者指出，姓名的这种意义也适用于公法上的义务。所以，自然人是否有权任意变更其姓名，是一个属于公法范畴的问题[2]。故公民个人的这种姓名的设定或者变更权利必须符合国家的法律和法规。例如，上述"关口案"中的姓氏争议就非常清楚地说明，日本妇女结婚后无权随意选择或者保留自己原来的姓氏，必须改为丈夫的姓氏作为婚姻姓氏。在我国发生的"赵C姓名事件"也从另外一个方面说明了这种自由设定权或者变更权与管理制度之间的冲突和矛盾。

自出生起，赵志荣的儿子就一直使用"赵C"一名。2006年8月份，正在贵州读大学的赵C到鹰潭市公安局月湖区分局江边派出所换领第二代身份证时，民警告诉他，公安部有通知，名字里面不能有"C"字，要改名。而后，鹰潭市公安局月湖区分局户籍科也告知赵C，"赵C"录入不了公安部户籍网序。2007年7月6日，赵C向鹰潭市公安局提出申请，要求继续使用"赵C"一名，但是得到的回复还是"不可以、需改名"。

赵C很喜欢自己的名字，认为简单、好记、不重名，而且用了20多年，自己所有的档案材料中都是"赵C"一名，要改名牵涉太多。同时，赵C也认为，既然公安机关在其出生时把"赵C"的户口和第一代身份证都给办了，现在又让他改名，显然是侵犯了公民的姓名决定权。为了捍卫自己的姓名权，2008年1月赵C将鹰潭市公安局月湖分局告上法庭。2008年6月6日，鹰潭市月湖区人民法院对此案作出一审判决，赵C胜诉。

鹰潭市公安局月湖区分局于2008年6月提出上诉。法院二审时，双方激烈的法庭辩论持续了3个多小时。双方争论的焦点是，"C"是不是《中华人民共和国居民身份

---

[1] [日]五十岚清：《人格权法》，[日]铃木贤、葛敏译，北京大学出版社2009年版，第9、124页。

[2] [德]迪特尔·梅迪库斯：《德国民法总论》，邵建东译，法律出版社2000年版，第795页。

证法》规定可以使用的符合国家标准的数字符号。最后，在法院的反复协调下，当事双方在庭外都表示愿意妥协，双方最后达成和解。法院于26日19时12分对"赵C姓名权"一案当庭作出二审裁定，裁定撤销鹰潭市月湖区人民法院一审判决；赵C将用规范汉字更改名字，鹰潭市月湖区公安分局将免费为赵C办理更名手续[1]。该案于2009年1月15日入选了2008年全国十大影响性诉讼案件，足见其在中国的影响之大。

该案涉及一个主要问题是：如何理解《中华人民共和国居民身份证法》第4条的规定。该条规定："居民身份证使用规范汉字和符合国家标准的数字符号填写。民族自治地方的自治机关根据本地区的实际情况，对居民身份证用汉字登记的内容，可以决定同时使用实行区域自治的民族的文字或者选用一种当地通用的文字。"那么，什么是"标准的数字和符号"？对此条的解释无非有两种：一是"C"属于标准的数字和符号，二是"C"不属于标准的数字和符号。

对于未成年人的姓氏问题上，有三个问题需要说明：①未成年人的姓氏如何决定？②能否用父母姓氏以外的姓氏作为未成年人的姓氏？③父母离婚后未成年人的姓氏是否必然变化？是否归监护人或者抚养人单方决定？就这些问题，笔者仅仅以我国法为依据，进行分析说明。

对于问题①，即未成年人的姓氏决定权，原则上说，子女可以随父姓，也可以随母姓。对于未成年人的姓氏，由夫妻双方协商决定；协商不成的，按照当地习惯确定。

对于问题②，父母在决定姓氏的时候，能否以父母各自的姓氏以外的姓氏作为未成年人的姓氏？对此问题，有些国家，如德国还有日本，法律规定有婚姻姓氏，夫妻的婚姻姓氏必须是一致的，不允许夫妻有两个姓氏，仅仅是如何决定的问题，即因决定用丈夫的姓氏或者妻子的姓氏作为婚姻姓氏而有差别。如果有婚姻姓氏，子女一出生，即当然拥有婚姻姓氏，就不会出现未成年人的姓氏如何决定的问题。而我国的法律和管理制度并没有规定婚姻姓氏，因此，子女出生后就会出现如何决定其姓氏的问题。如果夫妻双方不能协商一致用丈夫的姓氏还是妻子的姓氏，那么协商一致用夫妻姓氏之外的他姓是否被允许？

对此，《民法典》第1015条规定："自然人应当随父姓或者母姓，但是有下列情形之一的，可以在父姓和母姓之外选取姓氏：（一）选取其他直系长辈血亲的姓氏；（二）因由法定扶养人以外的人扶养而选取扶养人姓氏；（三）有不违背公序良俗的其他正当理由。少数民族自然人的姓氏可以遵从本民族的文化传统和风俗习惯。"

对于问题③，按照我国最高人民法院的司法解释〔1951年《最高人民法院关于子女姓氏问题的批复》、1981年《最高人民法院关于变更子女姓氏问题的复函》及1993年《关于人民法院审理离婚案件处理子女抚养问题的若干具体意见》（已失效）〕，如果子女虽未成年，但有表示其意志的能力时，离婚后变更子女姓氏，要征求子女本人的意见，并应以子女的意志为主。如果子女没有意思表示能力的，夫妻任何一方不得

---

[1]《赵C姓名权官司二审判决要求更改名字》，载新浪网，http://news.sina.com.cn/c/2009-02-26/235717296299.shtml，最后访问时间：2016年8月29日。

擅自更改离婚前的子女的姓名。不能以抚养责任来决定姓氏的变更，即离婚后的子女的监护人或者抚养人不得仅仅以自己为监护人或者抚养责任人为由来单方决定没有意思表示能力的子女的姓氏。

另外，根据《民法典》第 1016 条第 1 款的规定，民事主体决定、变更自己的姓名、名称，或者转让自己的名称的，应当依法向有关机关办理登记手续，但是法律另有规定的除外。在关于姓名的变更程序上，按照我国《户口登记条例》第 18 条的规定，未满 18 周岁的人需要变更姓名的时候，由本人或者父母、收养人向户口登记机关申请变更登记；18 周岁以上的人需要变更姓名的时候，由本人向户口登记机关申请变更登记。

至于变更姓名后的民事主体对变更姓名前从事的民事法律行为的法律后果，按照《民法典》第 1016 条第 2 款的规定，民事主体变更姓名、名称的，变更前实施的民事法律行为对其具有法律约束力。也就是说，不能通过变更姓名而逃避民事义务和责任。不仅如此，非民事责任或者义务也不能因为变更姓名而被逃避或者改变。

（二）专用权

日本学者指出，每个人对于自己的姓名的使用不受他人干涉，当他人超越权限范围擅自使用自己姓名时，可以对此加以禁止。这是姓名权的本质，也是很多国家的民法典作出规定的内容[1]。

这种专用权包括自己使用和允许他人使用。自己使用，是指在生活交往和法律交往中使用自己的姓名，例如，在签订合同时用自己的姓名签字；到某地参观考察可以将自己的名字签于留言簿上；也可以将自己的姓名适用到合伙、个体或者公司的商号或者商标等。允许他人使用自己的姓名，这种使用既可以是有偿的，也可以是无偿的，非常类似于肖像的被允许使用。一般来说，未经许可使用他人姓名的，将构成侵犯姓名权。当然，这种许可使用应明确使用的范围和目的，超出范围和目的使用，仍然属于未经许可而使用他人姓名。例如，A 为自然人，与合伙企业 B 达成协议允许 B 合伙企业使用自己的姓名作为该合伙的商号的一部分。后来 B 变更合伙为公司，继续使用 A 的姓名作为公司的商号的一部分，但没有通知 A。A 认为变更后的公司未经其许可使用其姓名而侵犯了其姓名权。这种情况下，的确应该按照侵犯 A 的姓名权处理。

（三）姓名的持有权（保有权）

该权利包括两种含义：一是任何人有权保持自己的姓名权，非经自己同意不得被强迫放弃或者更改姓名。这也是姓名自我决定权的另一种表达方式，但角度不同。上述发生在日本的"关口案"中的原告就认为，结婚后必须改姓为丈夫的姓氏侵犯了其姓名保有权，进而侵犯了其宪法第 13 条的权利。二是当就姓名权发生纠纷时，有权要求司法机关确认自己的姓名权。《德国民法典》第 12 条规定："有权使用某一姓名的人，因他人争夺该姓名的使用，或者无权使用该姓名的人使用该姓名，从而使其利益

---

[1] [日]五十岚清：《人格权法》，[日]铃木贤、葛敏译，北京大学出版社 2009 年版，第 9、119 页。

受到损害时,权利人得请求排除此侵害。有继续受侵害之虞时,权利人得提出停止侵害之诉。"即具有该含义。

在我国有学者指出,姓名是户籍登记项目,因而每个人只能有一个正式姓名,即登记在登记簿上的姓名。姓名的变更则需要公示,登记姓名的变更非依变更登记程序不生效力[1]。例如,在诉讼中,任何人作为原告提起诉讼后,变更姓名的,必须提交变更相关的法律文件,否则其诉讼资格将成为问题,就如公司变更名称的,必须提供法律文件证明前后"两个公司"是一个主体,才有权利义务的可继受性。但现在的问题是:姓名权有无排他性?即登记在先的人有无权利要求后人不得使用该姓名?这一问题在我国是一个很大的问题。由于我国人口众多,姓名重合的人相当多,像"李刚""王强"等这种姓名非常普遍。这种现象其实对社会管理是非常不方便的,从个人权利来看,也存在"合法的侵犯"问题。如果从绝对权的角度看,存在这样的问题:登记在先的人能否排除他人对该登记姓名的使用?该登记的姓名有无排他性?如果有的话,姓名一经登记,那么后来的人不可能使用该登记姓名。如果使用,登记在先的人有权请求排除该侵害。从姓名权的私权之绝对权的意义上看,当然应具有这一权利,但我国的管理机关是否能够在技术和手段上解决姓名的公示问题,却是一个现实问题。现在中国的问题是,不仅在大的行政区划内有姓名重合的问题,即使在一个城市,甚至是一个城市的不同区内,也存在重合问题。笔者认为,现在的技术已经达到能够避免重合的程度,应该加强管理,以利于社会和个人。否则,姓名登记的公示力和排他性不能完全实现,不利于对姓名权人的保护。

(四) 请求他人正确称呼自己的权利

请求他人正确称呼自己的权利包括两方面的含义:一方面权利人享有请求其他人在交往中正确地称呼自己的权利。在一字多音多义,或者汉语中声调不同而有不同的表示意思时,特别是他人在称呼自己姓名时带有侮辱、贬低等目的时,更是如此。在日本的"NHK日语读音诉讼案"中,NHK电视台违反韩国牧师明确的意思表示,将其姓名用日语发音进行了播送。对此,韩国牧师提起了诉讼,请求 NHK 电视台道歉并要求其今后对自己及其他所有韩国人、朝鲜人的姓名使用朝鲜语的读音进行称呼。该案件的一审判决认为,姓名被正确称呼所带来的利益不是法律上的利益,而仅仅是事实上的利益,不过,如果这种称呼无视、蔑视人格时,可以认定为违法行为,但本案不属于这种情况。原告不服,提起上诉。最高法院作为二审法院认为,人的姓名被他人正确称呼,应该说具有受侵权行为法保护的人格利益的属性。最高法院认可了姓名被正确称呼的利益的权利性,但接着又指出,姓名权被正确称呼的利益,与姓名权不被他人冒用的权利、利益不同,在性质上作为侵权行为法保护的利益并不十分坚固,即使姓名被他人不正确地称呼,也不能马上就认为侵权行为成立[2]。日本这一判例,有一点是有意义的,即以明确的态度承认了姓名被正确称呼是一种人格权。但一审判决

---

[1] 张俊浩主编:《民法学原理》(上册),中国政法大学出版社 2000 年版,第 147~148 页。
[2] [日] 五十岚清:《人格权法》,[日] 铃木贤、葛敏译,北京大学出版社 2009 年版,第 9、126 页。

与二审判决的理由却令人费解:为什么姓名被正确称呼是一种事实利益而不是法律利益?为什么说姓名权被正确称呼属于侵权行为法所保护的利益,但在侵权行为法上却不坚固?如果存在无视或者蔑视人格权的情形时,就不仅仅是侵犯了姓名权,恐怕还侵犯了其他人格权。在笔者看来,NHK电视台违背韩国牧师本人明确表示的态度,就已经属于故意,而姓名受法律保护的事实就说明对姓名的侵犯具有违法性,仅仅是在确定是否具有侵害后果方面存在问题,但在姓名权人已经明确告知的情况下,姓名权人对此应当是具有利益的,起码是精神利益。因此,笔者认为该案构成侵权行为。另一方面,在姓名权人已经变更姓名的情况下,姓名权人有权要求其他人用变更后的名称称呼自己。德国学者梅迪库斯指出,姓名权人在变更自己的姓名后,有权要求他人用新的姓名称呼自己[1]。不仅如此,在自己的工作单位上,姓名权人在已经改变姓名的情况下,有权要求单位用新的姓名标志自己,并有权要求同事们用新姓名称呼自己。

(五) 禁止他人使用的权利

这一权利实际上在我国《民法典》第1014条已经明确地规定了:"任何组织或者个人不得以干涉、盗用、假冒等方式侵害他人的姓名权或者名称权。"《德国民法典》第12条也有专门的规定。其实,这种规定的意义实际上是使姓名权在侵权行为法及不当得利制度保护之外,有了自己特殊的救济方式和手段,即使对姓名权的侵犯不构成侵权行为或者不当得利,姓名权人也可以直接请求该条规定的救济方式。

五、姓名权的保护

(一) 姓名权保护概述

1. 保护的范围。按照大部分国家户籍法之规定,一个人仅仅具有一个登记的姓名,但这并不妨碍其在现实生活中同时存在几个姓名。有些文化名人、艺人等具有笔名或者艺名,例如,"鲁迅"就是一个笔名,其真名叫周树人;"小香玉"也是一个艺名。这些笔名或者艺名是否受法律保护?日本学者指出,作家、艺术家、艺人等经常使用笔名、雅号、艺名等来取代真名,当这些通称广为人知的时候,就和真名一样受到姓名权的保护[2]。在我国同样也面临这一问题,甚至有人的笔名或者艺名的知名度远远超过自己的真名,如"鲁迅"和"小香玉"这种笔名和艺名的名望都大大超过其本人的真名。在现实生活中,对"鲁迅"这一姓名的侵犯要远远多于对"周树人"的侵犯。因此,法律上就不能不作出保护。但保护的前提条件是,这一非登记姓名必须具有与本人相联系的特征,即大家都知道这一笔名或者艺名是指什么人。对此,我国《民法典》第1017条专门规定:"具有一定社会知名度,被他人使用足以造成公众混淆的笔名、艺名、网名、译名、字号、姓名和名称的简称等,参照适用姓名权和名称权保护的有关规定。"

---

[1] [德]迪特尔·梅迪库斯:《德国民法总论》,邵建东译,法律出版社2000年版,第797页。

[2] [日]五十岚清:《人格权法》,[日]铃木贤、葛敏译,北京大学出版社2009年版,第9页、第118页。

但有疑问的是：在签署法律文件或者合同、立遗嘱时是否可以用笔名或者艺名？对此不同学者有不同的看法。德国学者拉伦茨认为，在公共场合使用自己选择的化名是允许的，但在向国家机关作出意思表示签名时则须用其依法取得的名字，并且在办理结婚登记、土地登记以及在法院起诉或者应诉时都必须使用取得的姓名。但按照另一个德国学者波勒的观点，在诉讼中人们可以使用任何名字，只要它们可以用来识别当事人，从而避免混淆不清即可〔1〕。笔者同意后一种观点，只要能够区分当事人即可，尤其是用笔名或者艺名签定合同或者从事其他法律行为时，不得主张不是自己的登记取得的姓名而主张合同无效或者不生效力。只要能够识别是谁签订的合同，意思表示就对谁发生效力。但在实践中，我们还是提倡用户籍登记的姓名签署法律文件或者从事法律行为，避免因形式上的识别问题产生不必要的麻烦。例如，尽管"小香玉"知名度很高，但如果用这一名字签署合同，如果对方提出当事人异议，则要花很大的周折来证明身份。

2. 保护的法律基础。无论是法律将姓名权作为一种积极权利还是防御性的权利，姓名权被侵害后，都会受到法律的保护和救济。但是，当姓名权作为一种独立的权利被规定后，其被救济的法律基础就比一般的未上升到权利层面的利益的保护要宽泛。目前，从我国及大陆法系国家的立法体系看，主要存在三种请求权基础：一是姓名权本身规定的保护基础；二是侵权行为法规定的保护基础；三是不当得利的请求权基础。例如，德国学者指出，《德国民法典》第12条只规定了对姓名的保护，保护方式是要求排除妨碍或者说停止侵害，但是第12条并不是保护姓名权方面的唯一规定，在加害人有过错的情况下，姓名权人还可以主张《德国民法典》第823条第1款意义上的赔偿请求权，因为姓名权属于该条款意义上的"其他权利"。除此之外，无论加害人是否具有过错，姓名人都可以根据《德国民法典》第812条的规定主张返还因使用姓名而获得的利益（不当得利）〔2〕。

在我国，实际上也存在这三种请求权基础。但我们在适用的时候要注意它们的构成要件是不同的：不当得利的请求权不要求得利人具有过错或行为具有不法性，有些不当得利可能发生在合法行为中或者自然事件中。如果要适用侵权行为的请求权基础则必须要求符合侵权行为的构成要件，而在这三种请求权基础比较上，侵权行为的构成要件最为严格，并非任何侵害民事权益的行为都符合法律规定的构成条件。而法律对姓名权保护的特别规定了请求权基础，例如，《德国民法典》的第12条及我国《民法典》第1014条，都有保护的特别规定。如我国《民法典》第1014条规定的"禁止他人干涉、盗用、假冒"，即使加害人的干涉、盗用、假冒等行为不构成侵权行为或者不当得利，姓名权人也可以直接根据此条请求法院救济。

---

〔1〕［德］卡尔·拉伦茨：《德国民法通论》（上册），王晓晔等译，法律出版社2003年版，第160页。
〔2〕［德］迪特尔·梅迪库斯：《德国民法总论》，邵建东译，法律出版社2000年版，第796页。另见：［德］卡尔·拉伦茨：《德国民法通论》（上册），王晓晔等译，法律出版社2003年版，第167~170页。

(二) 侵犯姓名权与侵犯其他人格权的关系

1. 侵犯姓名权与隐私权或者名誉的关系。这种情况往往发生在几种情况下，第一种情况是，用真实存在的人的姓名刻画小说或者影视剧的人物，使人联想到真实的人与影视剧作品或者小说中的人物的关系时，侵犯了姓名人的姓名权吗？对于这种情况，德国过去采用的是"侵犯姓名权"，但现在认为，这里造成损害的原因不在于姓名的使用，而是对其私生活的暴露，侵犯了隐私权而不是姓名权[1]。笔者觉得这种说法是有道理的，在刻画人物时，用一个真实的人的故事作为核心，即使用了一个其他的名字，只要能使人联想到作品中的人就是生活中的某人时，情况也是一样的，要么侵犯了其隐私权，要么侵犯了其名誉权或者其他人格权。

第二种情况是，在他人不愿意出现姓名的地方出现了其姓名，这往往侵害的不是姓名权，而是隐私权。例如，有人不愿意他人知道自己的财富，但自己的名字却出现在"财富排行榜"中；有人虽然拥有宝马汽车，却不愿意自己的姓名出现在拥有该车的名单中；等等。这些表面看是侵犯了姓名权，真正被侵犯的客体却不是姓名而是隐私或者名誉。

第三种情况是，加害人假冒他人姓名从事某些行为，损害姓名权人的名誉。这种情况也应按照侵犯名誉权来处理。

2. 侵犯姓名权与侵犯信用的关系。这种情况多发生在利用他人的姓名从事某种行为后，可能会损害他人的信用。例如，徐州市贾汪区人民法院审理的"杜某诉黄某"一案就是这样的情形。2006年11月，杜某准备好一切贷款材料，到工商银行申请贷款7万元购置门面房，却被告之有商业银行联网的不良信用记录，在7年内各专业银行不得向其贷款，经查，原来是杜某曾经在与联通公司联办的中行长城卡里恶意透支手机费，造成不良信用记录而无法贷款。无论杜某如何向银行解释，银行始终不肯撤销不良信用记录。杜某经过调查得知：2004年8月，联通公司贾汪支公司与中行联合举办"手机优惠大奉送"活动，凡事业单位工作人员带身份证和单位证明均可办理，费用委托中国银行徐州分行从长城卡账户上划缴。杜某单位的同事黄某得知该项活动后，觉得比较合适，想办理，但黄某身份证丢失了，就向杜某借用身份证，并言明是买个手机卡用。杜某就将身份证爽快地借给了黄某。黄某拿着身份证到联通公司办理手机手续，填写了长城卡申请表，在持卡人亲笔命名栏上签上杜某的名字，并将申请表拿到单位加盖单位的章，与联通公司签订了协议，协议主要内容为：办理人必须承诺2年时间从入网之日起每月最少消费66元，在2年内最低话费总额不低于1600元，将获赠一部手机，2年后改为预存话费。黄某顺利地拿到一部手机，他用了一年多后，将手机及卡转卖给他人。

2007年2月，杜某向徐州市贾汪区人民法院起诉，请求法院判令被告中国银行立即消除他在银行的不良信用记录；判令黄某、中国联通有限公司贾汪支公司、中国银

---

[1] [德] 卡尔·拉伦茨：《德国民法通论》（上册），王晓晔等译，法律出版社2003年版，第169页。

行贾汪支行三被告停止侵害、恢复名誉、赔礼道歉、赔偿精神损害赔偿金5万元，判令赔偿房屋评估费损失300元。

法院经审理认为，本案中原告是事业单位工作人员，在正常情况下是可以获得银行贷款的，由于被告的过失行为致使他可以获得贷款的利益受损，被告存在侵权行为。被告黄某违反《中华人民共和国居民身份证法》（已被修改）第17条规定，冒用原告的身份证、擅自以原告的名义办理手机及信用卡业务，又违反诚信原则，拖欠手机费用，并将手机随意转让他人，对杜某的损失应承担主要赔偿责任。被告联通公司在审查时存在审查瑕疵，应承担审查不严的责任。原告杜某疏于对身份证的管理，自身存在一定的过错。关于精神损害赔偿数额的确定，应当结合侵权人的过错程度、侵权行为所造成的损害后果、侵权人的获利情况等因素综合予以确定，本案原告要求被告赔偿5万元精神抚慰金的诉讼请求法院仅能部分支持。杜某要求赔偿的300元房屋评估费为其直接损失，被告黄某应按过错大小予以赔偿。故法院在2007年3月29日判决：被告中国银行贾汪支行于判决书生效后10日内消除此次信用卡业务中银行系统的原告杜某的不良信用记录；黄某于10日内赔偿评估费损失210元，赔偿原告精神抚慰金1000元；判决诉讼费用由原告及三被告共同负担[1]。

在该案中，法院显然是以被告侵犯了原告的姓名权而判决的，但笔者认为，在该案中，实际上侵害的客体是信用权，即因被告的行为导致了原告的信用遭到损害，从而有不良的信用记录而不能贷款。

3. 侵犯姓名权与其他权利。因侵犯姓名权从而侵犯其他权利的情形，在实践中也时有发生。在此，仅仅举两个案例来说明其关系。

（1）因侵犯他人姓名而导致他人不能结婚。2005年6月，被告王某、李某准备登记结婚，因李某全家搬迁，户籍丢失，无法办理结婚登记。王某遂找到自己妹夫姨家（即原告方某莉家），称未婚妻户籍登记丢失，无法办理结婚登记，想用方某莉的户口簿和身份证附李某的照片去办理结婚登记。当时方某莉在外务工，只有父母在家，其父母想只是借用女儿的户口簿和身份证，不会有什么问题，就同意把女儿的身份证和户口簿借给王某使用。2005年6月24日，王某、李某登记结婚，结婚证上是方某莉的名字。后方某莉务工回家得知此事，找到王某、李某两人要求用他们自己真实姓名登记结婚。2005年9月5日，王某、李某到登记机关办理了离婚，又于2005年9月8日以双方真实姓名重新登记结婚。方某莉的户籍簿上留下了"离异"字样，引起了男友对其有"婚史"的误解，无奈之下诉至法院。

该案在审理过程中，平利法院运用《民法通则》（已失效）和即将实施的《中华人民共和国侵权责任法》（已失效）有关知识对当事人进行教育疏导，并考虑被告假冒原告姓名办理结婚登记后又立即办理了离婚，停止了侵害，且未造成严重后果，二被告又当庭向原告赔礼道歉，加之原、被告系亲属关系，对原告放弃的其他诉讼请求法

---

[1] 郑菊：《本案侵犯的是姓名权还是名誉权》，载中国民商法律网，http://www.civillaw.com.cn，最后访问时间：2007年5月30日。

院予以确认，最终法院判决被告以书面形式向原告赔礼道歉[1]。

在该案中，实际上是属于排除妨碍的情形，因为没有导致其他损害，仅仅是因冒用他人姓名导致该他人不能结婚。如果造成误解而导致其失去男友或者造成其他不良影响，则可能构成对其他人格权、身份权或者其他权利的侵害。

（2）因冒名顶替他人上大学而使他人失去上学机会和工作机会。在著名的齐某苓案中，原告齐某苓经统一招生考试后，按照填报的志愿，被山东济宁商校录取为 90 级财会专业委培生。由于被告陈某琪、陈某政（陈某琪之父）、山东省济宁商业学校、山东省滕州市第八中学、山东省滕州市教育委员会共同弄虚作假，促成被告陈某琪冒用原告的姓名进入济宁商校学习，毕业后分配到一家银行工作，致使原告的姓名权、受教育权以及其他相关权益被侵犯。为此，原告齐某苓请求判令各被告停止侵害、赔礼道歉，并赔偿经济损失 16 万元，赔偿精神损失 40 万元。

一审法院仅仅认定被告陈某琪、陈某政侵犯了原告的姓名权，却不支持原告齐某苓提出的受教育权被侵犯的请求，认为本案证据表明齐某苓因不能找到委托培养单位而已实际放弃了这一权利，即放弃了上委培的机会，其主张侵犯受教育权的证据不足，不能成立。

齐某苓不服一审判决，向山东省高级人民法院提起上诉。山东省高级人民法院认为，上诉人齐某苓所诉被上诉人陈某琪、陈某政、山东省济宁商业学校、山东省滕州市第八中学、山东省滕州市教育委员会侵犯姓名权、受教育权一案，存在着适用法律方面的疑难问题，因此依照《中华人民共和国人民法院组织法》（1986 年修改，已被修改）第 33 条的规定，报请最高人民法院进行解释。

最高人民法院对本案研究后认为，当事人齐某苓主张的受教育权来源于我国《宪法》（1999 年修正，已被修改）第 46 条第 1 款的规定。根据本案事实，陈某琪等以侵犯姓名权的手段，侵犯了齐某苓依据《宪法》规定所享有的受教育的基本权利，并造成了具体的损害后果，应承担相应的民事责任。据此，最高人民法院以法释〔2001〕25 号司法解释批复了山东省高级人民法院的请示。

山东省高级人民法院据此讨论后认为，上诉人齐某苓通过初中中专预选后，填报了委培志愿，并被安排在统招兼委培考场，表明其有接受委培教育的愿望。被上诉人陈某政辩称是由于其提供了鲍沟镇镇政府的介绍信和委培合同，齐某苓才被安排在统招兼委培考场，没有证据证实。即使此节属实，也因为陈某政实施的这一行为是违法的，不能对抗委培志愿是由齐某苓亲自填报这一合法事实。陈某政称齐某苓以自己的行为表示放弃接受委培教育的权利，理由不能成立。齐某苓统考的分数超过了委培分数线，被上诉人山东省济宁商业学校已将其录取并发出了录取通知书。由于被上诉人山东省滕州市第八中学未将统考成绩及委培分数线通知到齐某苓本人，且又将录取通

---

[1] 余传甲：《户籍丢失嫌麻烦 侵犯他人姓名权》，载中国民商法律网，http://www.civillaw.com.cn，最后访问时间：2010 年 1 月 28 日。

知书交给前来冒领的被上诉人了陈某琪，才使得陈某琪能够在陈某政的策划下有了冒名上学的条件。又由于山东省济宁商业学校对报到新生审查不严，在既无准考证又无有效证明的情况下接收了陈某琪，才让陈某琪冒名上学成为事实，从而使齐某苓失去了接受委培教育的机会。陈某琪冒名上学后，被上诉人山东省滕州市教育委员会帮助陈某政伪造体格检查表；山东省滕州市第八中学帮助陈某政伪造学期评语表；山东省济宁商业学校违反档案管理办法让陈某琪自带档案，给陈某政提供了撤换档案材料的机会，致使陈某琪不仅冒名上学，而且冒名参加工作，使侵权行为得到延续。该侵权是由陈某琪、陈某政、山东省滕州市第八中学、山东省滕州市教育委员会的故意和山东省济宁商业学校的过失造成的。这种行为从形式上表现为侵犯齐某苓的姓名权，其实质是侵犯齐某苓依照《宪法》所享有的公民受教育的基本权利。各被上诉人对该侵权行为所造成的后果，应当承担民事责任。

由于各被上诉人侵犯了上诉人齐某苓的姓名权和受教育的权利，才使得齐某苓为接受高等教育另外再进行复读，为将农业户口转为非农业户口交纳城市增容费，为诉讼支出律师费。这些费用都是其因受教育的权利被侵犯而遭受的直接经济损失，应由被上诉人陈某琪、陈某政赔偿，其他各被上诉人承担连带赔偿责任。齐某苓后来就读于邹城市劳动技校所支付的学费，是其接受该校教育的正常支出，不属于侵权造成的经济损失，不应由侵权人承担赔偿责任。

为了惩戒侵权违法行为，被上诉人陈某琪在侵权期间的既得利益（即以上诉人齐某苓的名义领取的工资，扣除陈某琪的必要生活费）应判归齐某苓所有，由陈某琪、陈某政赔偿，其他被上诉人承担连带责任。各被上诉人侵犯齐某苓的姓名权和受教育的权利，使其精神遭受严重的伤害，应当按照山东省高级人民法院规定的精神损害赔偿最高标准，向齐某苓赔偿精神损害费。齐某苓要求将陈某琪的住房福利，在山东省济宁商业学校期间享有的助学金、奖学金作为其损失予以赔偿，该请求于法无据，不予支持。

综上，原审判决认定被上诉人陈某琪等侵权了上诉人齐某苓的姓名权，判决其承担相应的民事责任，是正确的。但原审判决认定齐某苓放弃接受委培教育，缺乏事实根据。齐某苓要求各被上诉人承担侵犯其受教育权的责任，理由正当，应当支持。

该案件在中国引起了很大的震动和讨论。但是，至今为止，笔者仍然认为，该案实际上不是一件侵犯姓名权的案件，各个被告实际侵犯的是两种权益：一是原告的受教育权，二是受到教育后的工作机会，即就业。因为，在当时的中国，只要能够考取大学或者是大专、中专，一旦毕业就有工作的机会，而且是比较好的就业机会。因此，该案不应定性为侵犯姓名权和受教育权的案件。因为受教育权究竟是一种什么权利，在性质上有争议。对原告来说，最重要的是侵犯了其上学机会和毕业后的就业机会。当然，在山东省高级人民法院的判决书中也已经指出，被告冒名顶替上学而且参加工作，以齐某苓的名义领取工资，并判决其返还该领取的工资。这显然属于不当得利返还问题。

（三）姓名用于商号后姓名权人死亡对企业继续适用该姓名权作为商号的影响

"李福寿的五名子女诉北京李福寿笔业有限责任公司"一案，对此问题是一个很好的说明。李星三生于1906年，14岁进入李福寿毛笔店当学徒，在20世纪三四十年代因其制笔工艺独特、精良而大有名气，至今享誉中外，并曾任北京市政协委员。1956年，李星三增加别名李福寿。后李星三去世。李福寿毛笔店原为一家老字号毛笔店。1954年，李福寿毛笔店加入北京第二制笔社。1983年，北京制笔厂（即原北京第二制笔社）经国家商标局核准注册了李福寿商标。2001年，北京制笔厂更名为北京李福寿笔业有限责任公司（以下简称李福寿笔业公司），其下属两个企业亦更名为北京李福寿笔业有限责任公司金属结构加工厂、北京李福寿笔业有限责任公司文房四宝堂。2002年8月，李福寿的五个子女李久生等人以李福寿笔业公司擅自使用李福寿的名字作为公司名称注册，同时还用李福寿的名字作为产品的注册商标，将李福寿的姓名用于商业目的行为，侵犯了自己的合法权益为由，要求李福寿笔业公司停止侵害，赔礼道歉，赔偿经济损失60万元，并赔偿精神损害费5万元。原审法院判决驳回其诉讼请求。判决后，李福寿的五名子女不服，上诉至北京市一中院。该院认为，李星三已于1966年8月27日去世，其人身已不复存在，其所享有的姓名权也就随之终结。李福寿的五名子女无权取得其父李星三的姓名权而成为该姓名权的合法的所有人。北京制笔厂经批准更名为北京李福寿笔业有限责任公司并在工商部门登记备案、核发企业法人营业执照，已经依法取得了企业名称，李福寿的子女以此诉称北京李福寿笔业有限责任公司侵犯了其父的姓名权不能成立。二审法院确认北京李福寿笔业有限责任公司的更名行为并没有侵犯李久生等五人的合法权益，因此作出驳回李星三五名子女的上诉、维持一审法院原判的终审判决[1]。

笔者认为，如果一个人自愿用自己的姓名注册为商号或者商标，或者允许他人将自己的姓名注册为商号或者商标，都是使用自己姓名的正当行为。注册为商号或者商标后姓名权人死亡，其继承人继续使用的，不构成侵犯姓名权行为。但如果由他人来承继，则要看死者生前是否同意他人继续使用或者根据情况来判断死者是否同意，或者其继承人是否同意继续使用死者的姓名作为商号或者商标。德国学者拉伦茨指出，在承受人或者承租人承受营业时，如原来营业人或者其继承人明确同意可继续使用现有的商号，则不管增加或者不增加说明承受关系的字样，该商号都可以继续使用（《德国商法典》第22条）[2]。该案是否符合这种观点？依笔者个人的观点看，法院的判决理由是勉强的：①姓名权不能继承，其子女不是合法的姓名所有权人，谁来维护死者的姓名权利？人格权都不能继承，那么死者的人格权如何保护？可以被任意侵犯吗？这种理由显然难以成立。②经过工商登记依法取得营业执照，难道就不能构成侵犯姓名权吗？大部分侵犯姓名权的商号或者商标恰恰就是经过登记而合法取得的。③1954

---

〔1〕 胡沛、那日苏：《李福寿案审结：姓名权不能继承》，载中国民商法律网，http：//www.civillaw.com.cn，最后访问时间：2003年6月22日。

〔2〕 [德] 卡尔·拉伦茨：《德国民法通论》（上册），王晓晔等译，法律出版社2003年版，第160页。

年,李福寿毛笔店加入北京第二制笔社时,姓名权人显然是同意使用其姓名作为商号的。但在其去世后,1983年,北京制笔厂(即原北京第二制笔社)经国家商标局核准注册了李福寿商标;2001年,北京制笔厂更名为北京李福寿笔业有限责任公司,其下属两个企业亦更名为北京李福寿笔业有限责任公司金属结构加工厂、北京李福寿笔业有限责任公司文房四宝堂。这里显然应该征求其继承人的同意,尤其是注册成商标,已经超出了商号的范围。因此,北京制笔厂的行为是否构成对姓名权的侵权行为值得讨论,但是否构成侵犯姓名权和不当得利,答案应该是肯定的。

第三节 隐私权与信息的二元保护

一、概述

从比较法上看,无论是理论还是判例,对于隐私与个人信息的保护,多采取"一元制"保护模式,即不区分隐私与信息,将信息纳入隐私的范畴而采取同一保护,如美国、日本等。但我国《民法典》第1032~1039条对隐私与个人信息采取的是二元制保护模式,显然,在这种模式下,需要区分隐私与个人信息。另外,如同在日本、美国隐私权属于私法和宪法同时保护的权利一样,个人隐私权和信息权同时属于我国《宪法》第37~38条规定的"个人自由与尊严"的当然部分。在这种情况下,有下列问题需要认真讨论和分析:①隐私与信息二元制保护模式下,人格隐私与个人信息是否能够从理论及实务中清楚地区分开来?②隐私权与信息的宪法保护与民法保护有何不同?能否用宪法保护替代民法保护?③大多数情况下,对于个人隐私或者信息的侵犯往往也涉及名誉权的侵犯(降低个人的社会评价),那么,在这种情况下,隐私权、信息与名誉权如何区分?

二、隐私权与信息权的概念及立法模式

(一)概述

关于隐私权的概念,有两个因素极大地影响了对它的定义:一是它与信息的关系,信息是否包含在隐私之中?对这一问题的不同回答,直接导致了立法的"一元论"和"二元论"模式,而在这两种不同的立法模式下,隐私权的概念也就截然不同。例如,美国、日本等采取的是"一元论"的立法模式,而我国立法和学理采取的是"二元论"保护模式,因此我国隐私权的概念与上述国家或者地区就迥然不同;二是无论立法采取"一元论"模式还是"二元论"模式,由于隐私权的开放性和不确定性,往往采取"框架性权利"定义的方式。

(二)隐私权与信息权的概念与立法模式

当将信息作为隐私的一部分而对隐私进行一元化立法模式的情况下,隐私权的外

延就很大。中外学者几乎一致认为,"隐私权"这一概念源于美国,具体地说,是源于两位美国学者于1890年发表于《哈佛法学评论》上的一篇题为《对隐私的权利》(*The right to privacy*)的文章,这两位学者就是萨缪尔·沃伦(Samuel warren)和罗伊斯·布兰迪斯(Louis brandeis)[1]。美国判例与学理对于隐私与个人信息,采取的是"一元论"的保护模式,甚至连姓名、名誉、肖像等都纳入隐私权的保护范畴之下。因此,可以说美国是隐私权"混合体",是一元论最具有代表性的立法模式。即便如此,仍有英美法系的学者认为,尽管隐私权在美国法中是一个重要的法律范畴,但被定义得很糟糕。"这是一个过于宽泛、模糊而没有确定边界的、让人绝望的概念。毫无疑问,隐私概念有一种'多变的能力',能够在不同的律师面前变为不同的事物,它那模糊的性质使得自己很容易被别人操纵。"[2] 在美国,关于隐私权的最经典的定义是由托马斯·库雷(Thomas Cooley)法官给定的:隐私权为"不被打扰的权利"。这一概念屡被援引的表述反映了为绝大多数民众所拥护的关于隐私的一般观念:隐私权的核心利益在于"不受打扰的权利",具体而言,包括为自己划定一个私密的空间,保护自己的私密事务及个人活动不受公众注意,以及能够暂时地避开世人的批评与意见以获得片刻的安宁或者实现自己的打算,这对于生活乐趣来说是不可或缺的[3]。关于隐私权的具体类型和范围,是美国卓有声望的法官迪安·威廉姆·普罗瑟(Dean William Prosser)在总结了截至1960年的300个判例后总结出来的,他将发展中的普通法隐私权提炼为四个相关诉因,这四种诉因为:①侵入原告独居或者独处的状态;②公开披露原告令人难堪的私人信息;③通过公开行为,使公众对于原告产生错误的认识。最著名的判例是美国邓肯诉WJLA电视台案。在该案中,被告在华盛顿特区市区的街道上现场直播关于疱疹新疗法的晚间6点的新闻时,原告刚好从旁边走过而被摄入镜头,在画面中原告可以很清楚地被认出来。在晚间11点的新闻中,被告再次使用了这些录像,但加入了对原告的一个特写镜头。原告提出了诽谤和予以错误印象之诉。法院认为,因缺乏特定的语境,6点钟的新闻不带有负面的含义,但晚间11点的新闻不同,原告是唯一停下来并在无意间望向镜头的人,而当原告转身从镜头中消失的时候,报道的画面也就结束了。这一画面加上播音员的旁白,足以使人得出原告也是患者的推论,从

---

[1] [美]唐纳德·M.吉尔摩、杰罗姆·A.巴龙、托德·F.西蒙:《美国大众传播法:判例评析》(上册),梁宁等译,清华大学出版社2002年版,第227页;[澳]胡·贝弗利-史密斯:《人格的商业利用》,李志刚、缪因知译,北京大学出版社2007年版,第163页;[日]五十岚清:《人格权法》,[日]铃木贤、葛敏译,北京大学出版社2009年版,第152页;王利明:《人格权法研究》,中国人民大学出版社2012年版,第500页;杨立新:《人格权法》,法律出版社2011年版,第591页;刘凯湘:《民法总论》,北京大学出版社2011年版,第156页;王泽鉴:《人格权法:法释义学、比较法、案例研究》,三民书局2012年版,第213页;张新宝:《从隐私到个人信息:利益再衡量的理论与制度安排》,载《中国法学》2015年第3期;等等。

[2] [澳]胡·贝弗利-史密斯:《人格的商业利用》,李志刚、缪因知译,北京大学出版社2007年版,第179~180页。

[3] [美]唐纳德·M.吉尔摩、杰罗姆·A.巴龙、托德·F.西蒙:《美国大众传播法:判例评析》(上册),梁宁等译,清华大学出版社2002年版,第264页。

而给人以错误的印象。④为了被告的利益，盗用原告的姓名或者肖像[1]。

有学者将美国法院保护的隐私权概括为五种类型：①独处不被打扰的权利；②对于人类尊严或不可侵犯的人格的保护；③个人控制获取与本人有关的信息的权利；④一个人对他人的有限可得性；⑤个人身份私密性的控制或者自治[2]。

也有的美国学者将隐私分为三类：①纯粹的隐私权。这一类隐私权主要是指披露令人难堪的私人信息，这一种隐私权也是萨缪尔·沃伦和罗伊斯·布兰迪斯考虑最多的一种。比较经典的案例是，一位整形医生在公开演示及电视访谈中使用了病人（原告）术前和术后的对照照片。当拍摄这些照片时，原告被告知这仅仅是"医生操作规程的一部分"，但一年后，这位医生在首都华盛顿的电视节目和一次在百货商场的演讲中使用了4张照片，并指明了原告的姓名。与原告熟悉的人在看到节目后即开始传播与其手术有关的消息。这位病人（原告）则完全被"击垮"而陷入"可怕的忧郁之中"。法院认为，原告的隐私确实受到了侵犯，因为即使照片本身并不带有贬损色彩或者令人生厌，但对于一个正常的理性人来说，将其曝光也是极为令人不快的[3]。②特殊的隐私权。这一类隐私权涉及侵扰行为，主要是指对于个人空间的侵扰。设定这一诉因的目的在于当人们处于他认为不应受到别人窥探的地方时，保护其不受打扰的权利。一个著名的案例是善待动物协会诉贝鲁斯尼案。该案的基本案情是：驯兽师贝鲁斯尼在所住的酒店后台殴打训话的猩猩时，被酒店的舞蹈演员奥塔维奥·格斯蒙多偷拍下来，录像被基金的动物权利保护组织广为公开。一审法院认定奥塔维奥·格斯蒙多侵犯隐私权成立。案件上诉到内华达州最高法院，斯普林格法官认为，要从侵扰之诉中获得赔偿，原告必须证明下列要素：一是存在故意的侵扰行为；二是针对的是他人的独处状态或者个人空间；三是对心智正常的人会构成严重的冒犯。原告必须证明他实际上期望享有独处的权利或者被侵扰的空间为自己的个人空间的权利，而且这种期望是客观的、合理的，只有这样才能构成受法律保护的隐私利益。在本案中，录像中所显示的贝鲁斯尼训练动物的方式即使在他自己看来也没有什么不妥或者不正常，而他对于单纯地被其他人看到或者听到这些训练情况并不在意，并且他认为，他所有的训练活动都是正当的。这对于明确贝鲁斯尼所期待的隐私权的范围是重要的因素，表明他没有什么可以隐藏的，也就是说，没有私密性可言。格斯蒙多的拍摄行为并没有违反这一期望，即格斯蒙多并没有侵扰贝鲁斯尼所期望的"独处的权利"，出于这一

---

[1] [美] 唐纳德·M. 吉尔摩、杰罗姆·A. 巴龙、托德·F. 西蒙：《美国大众传播法：判例评析》（上册），梁宁等译，清华大学出版社2002年版，第269~270页；[澳] 胡·贝弗利-史密斯：《人格的商业利用》，李志刚、缪因知译，北京大学出版社2007年版，第181页。

[2] [澳] 胡·贝弗利-史密斯：《人格的商业利用》，李志刚、缪因知译，北京大学出版社2007年版，第180页。

[3] [美] 唐纳德·M. 吉尔摩、杰罗姆·A. 巴龙、托德·F. 西蒙：《美国大众传播法：判例评析》（上册），梁宁等译，清华大学出版社2002年版，第235页。

原因，侵扰之诉不能成立[1]。③"暗示"的隐私。这种隐私是指通过某种行为给人产生错误的印象，让人对受害人产生似乎有某种"隐私"，其实这些隐私并不是被害人的。上述"邓肯诉WJLA电视台案"就是典型的代表[2]。

在日本，隐私权最初是通过引入美国的学说而发展起来的[3]。在学理上，个人信息与隐私的关系存在各种各样的见解和观点。五十岚清就主张区分隐私与个人信息，更有学者提出"二分法"与"三分法"。所谓"二分法"，是将个人信息分为与个人道德性自律的存在相关的信息（隐私固有情报），以及与个人道德性自律的存在直接相关以外的个别信息（隐私外延情报）。所谓"三分法"，是将个人信息分为无论谁都会认为是隐私的信息、一般人认为是隐私的信息以及一般人认为不属于隐私的信息。对于后面两种情况，违宪审查的严格程度和保护程度都会有所降低[4]。但日本法院的判例都将个人信息纳入隐私保护的范畴。尤其是2003年5月日本制定了《个人信息保护法》，更引起了人们对隐私与信息之关系的讨论。为了使隐私能够包含个人信息，有学者认为，有必要将隐私权理解为个人信息的自我控制权[5]。按照日本判例及传统理论，侵害隐私权的情形包括：①对私生活的侵入，包括窥视居住、侵入住宅、私生活安宁受到侵害（如骚扰电话、传单等）；②窃听、秘密录音；③公开私事，如公开日记与信件、犯罪前科、夫妻生活或者异性关系或者性隐私、医疗信息、其他私事（如大学学习成绩、出身、经历、纠纷等）；④个人信息[6]。

在我国，主流学者认为，应将个人信息与个人隐私区分，分别规范和保护。例如，张新宝教授认为，个人隐私又称私人生活秘密或私生活秘密，是指私人生活安宁不受他人非法干扰，个人信息保密不受他人非法搜集、刺探和公开。隐私包括私生活安宁和私生活秘密两个方面。个人信息是指与一个身份已经被识别或者身份可以被识别的自然人相关的任何信息，包括个人姓名、住址、出生日期、身份证号码、医疗记录、人事记录、照片等单独或与其他信息对照可以识别特定的个人的信息。个人隐私与个人信息呈交叉关系，即有的个人隐私属于个人信息，而有的个人隐私则不属于个人信息；有的个人信息特别是涉及个人私生活的敏感信息属于个人隐私，但也有一些个人信息因高度公开而不属于隐私[7]。王利明教授对于隐私与信息作了最为详细的分析，他认为二者的联系是：①权利主体都限于自然人。②都体现了个人对其私生活的自主决定。③客体上具有交错。二者的主要区别在于：①权利属性方面：隐私权主要是一

---

[1] [美]唐纳德·M.吉尔摩、杰罗姆·A.巴龙、托德·F.西蒙：《美国大众传播法：判例评析》（上册），梁宁等译，清华大学出版社2002年版，第255~256页。
[2] [美]唐纳德·M.吉尔摩、杰罗姆·A.巴龙、托德·F.西蒙：《美国大众传播法：判例评析》（上册），梁宁等译，清华大学出版社2002年版，第232~269页。
[3] [日]五十岚清：《人格权法》，[日]铃木贤、葛敏译，北京大学出版社2009年版，第155页。
[4] 魏晓阳：《日本隐私权的宪法保护及其对中国的启示》，载《浙江学刊》2012年第1期。
[5] [日]五十岚清：《人格权法》，[日]铃木贤、葛敏译，北京大学出版社2009年版，第170~172页。
[6] [日]五十岚清：《人格权法》，[日]铃木贤、葛敏译，北京大学出版社2009年版，第161~172页。
[7] 张新宝：《从隐私到个人信息：利益再衡量的理论与制度安排》，载《中国法学》2015年第3期。

种精神人格权，而信息权则属于集人格属性和财产属性于一体的综合性权利；隐私权基本上属于一种消极的防御性的权利，在该权利被侵害前，权利人无法积极主动地行使；而信息权是一种主动性权利。②权利客体方面：首先，隐私主要是私密性的信息和个人活动，而信息注重的是身份识别性；其次，隐私不限于信息形态，它还可以是个人活动、个人私生活方式等，不需要记载下来，而信息必须以具体化的形态固定下来，通常需要记载下来；最后，相对于隐私，个人信息与国家安全的联系更为密切。③权利内容方面有区别：隐私权的内容主要是防止被不正当地公开，而信息权的内容则是个人对信息的支配和自主决定[1]。在法律保护模式方面，王利明教授提出，个人信息权与隐私权的界分，表明在法律上对它们进行分开保护，在理论上是有充分依据的[2]。

从我国截至2016年的法院判例来看，私法实践中却采取"一元化"的保护模式。例如，福建省厦门市思明区人民法院（2000）思民初字第281号判决认定了其构成对隐私权的侵犯。判决原文写道："公民的隐私权是公民所享有的个人的、与公共利益、群体利益无关的，对个人信息、私人活动和私有领域进行支配的具体人格权。侵害隐私权的行为的具体形式一般是：干涉、监视私人活动；侵入、窥视私人领域等。"[3] 显然，在这里法官是将公民的隐私权与个人信息不作区分而加以保护的。另外一个更明确、更清晰地表明隐私与信息保护一体的判例是上海市浦东新区法院（2009）浦民一（民）初字第9737号判决。该判决涉及的是某网络通信公司上海分公司将客户信息告知与其有义务关联的某保险公司，该保险公司向客户销售保险产品，并为该客户免费上了保险，但是该客户认为个人隐私被侵犯而起诉该网络通信公司。法院认定客户隐私权被侵犯。判决认为："法律、法规保护隐私权的目的是赋予权利主体对他人在何种程度上可以介入自己私生活的控制权，对自己是否向他人公开隐私以及公开范围的决定权。因此，个人信息的私密性是其重要内容，只要有未经许可向第三人披露他人个人信息的事实存在即可构成侵害，就侵害的成立而言无须考虑第三人究竟给原告带来的是利益还是损害，私人信息为第三人所知本身即为损害。因此，本案中被告将原告的个人信息提供给（网络公司）上海分公司，使得原告的信息被第三人所知悉，损害即成立。"[4]

从我国民事立法来看，2017年通过的《民法总则》（已失效）第110条、第111条已经明确我国立法采取将隐私权与个人信息区分保护的"二元论"模式，但并没有规定隐私与信息的具体概念和范围。我国《民法典》不仅继受了这种"二元保护模式"，而且明确规定了隐私与信息的概念和范围。《民法典》第1032条第2款规定：

---

[1] 王利明：《论个人信息权的法律保护——以个人信息权与隐私权的界分为中心》，载《现代法学》2013年第4期。

[2] 王利明：《论个人信息权的法律保护——以个人信息权与隐私权的界分为中心》，载《现代法学》2013年第4期。

[3] 转引自张礼洪：《隐私权的中国命运——司法判例和法律文化的分析》，载《法学论坛》2014年第1期。

[4] 转引自张礼洪：《隐私权的中国命运——司法判例和法律文化的分析》，载《法学论坛》2014年第1期。

"隐私是自然人的私人生活安宁和不愿为他人知晓的私密空间、私密活动、私密信息。"第1034条第2款规定："个人信息是以电子或者其他方式记录的能够单独或者与其他信息结合识别特定自然人的各种信息，包括自然人的姓名、出生日期、身份证件号码、生物识别信息、住址、电话号码、电子邮箱、健康信息、行踪信息等。"这一概念与2016年11月7日由全国人大常委会通过并颁布的《网络安全法》第76条第5项明确规定的个人信息的基本概念大致相同："个人信息，是指以电子或者其他方式记录的能够单独或者与其他信息结合识别自然人个人身份的各种信息，包括但不限于自然人的姓名、出生日期、身份证件号码、个人生物识别信息、住址、电话号码等。"

笔者赞同这种二元论模式，隐私与信息总体上说，应该是有区别的，单一的个人信息在正常使用时不会对个人构成侵犯，甚至在一个正常的社会中，正常的交往需要个人的姓名、性别甚至爱好等信息，如果每一个人都把自己变成一个"装在套子里的人"，每个人就是孤零零的人，而不能成为一个社会。只有当个人信息被非正常搜集、使用时才会对人造成危害。但隐私不同，即使在正常的社会交往中，人也应该有尊严，也有不愿意透露的秘密和内心的自由空间，所以每个国家的法律对隐私的保护程度与信息的保护是不同的。因此，将二者区分保护是必要的。

但是，我们也必须承认的是，个人隐私与个人信息在有些方面的确是交叉的，因为有一些个人隐私是通过"信息"这种外在形式表现出来的。因此，在具体生活及个案中肯定存在需要具体认定的情形。也许正是基于这种原因，许多国家的立法和判例干脆不作任何区分，而是在具体认定时，由法官来判定保护的程度。但在我国这种对隐私和信息采取"二元制"保护的立法模式下，如何区分个人隐私与个人信息呢？

虽然看起来我国《网络安全法》第76条及《民法典》第1032条与1034条规定了个人信息与隐私权的基本概念，但也不能完全解决实践中个人信息与个人隐私的区分问题。笔者认为，应用"三分法"来区分隐私与信息，即分为纯粹的个人隐私、隐私性信息、纯粹的个人信息。

纯粹的个人隐私，是隐私权保护的主要部分，是指个人生活最私密、直接涉及个人人格尊严与自由的部分，一旦被侵入，直接会造成受害人的损害，特别是精神损害。它主要包括：①空间隐私权（私密空间），主要是指个人的私密空间，如住宅、租赁的房屋、暂时居住的旅馆等。甚至有的学者主张，还应包括个人处在办公室、电话亭这样的可以"合理期待有隐私权的地方"[1]。但是在我国，要将办公室也作为可以"合理期待有隐私权的地方"，恐怕难以为人们所接受，因为我们习惯认为办公室属于公共场所，尤其是在工作期间，闯入办公室难以认定为侵入个人的私密空间。②私生活秘密（包括私密活动），包括身体隐私、生活隐私（如恋爱史、情人关系、夫妻生活、日记等）。这些私生活秘密是每一个人一般不愿意让他人知道的，属于"个人心中的秘密王国"，属于个人最期望"不被打扰的领地"。

---

[1] [美]唐纳德·M. 吉尔摩、杰罗姆·A. 巴龙、托德·F. 西蒙：《美国大众传播法：判例评析》（上册），梁宁等译，清华大学出版社2002年版，第231页。

隐私性信息，实际上就是隐私与纯粹的个人信息交叉的部分。但其与纯粹的个人信息不同的是，它们对于个人的人格尊严"离得较近"，每个个人对于这一部分信息的敏感程度，更接近于个人隐私。隐私性信息主要包括：医疗信息（如艾滋病病史资料、许多重大疾病的病历信息等。由于人们想有尊严地生活，故这一部分信息属于隐私性信息）、银行存款信息及其他财产性信息（如理财信息、投资信息等）。这些信息因与个人尊严离得较近，与隐私的关联度较高，故其保护更接近于隐私权保护。我国《民法典》显然注意到了这种交叉问题，因此，于第1032条第2款把"隐私性信息"（私密信息）放在隐私的范畴中。第1034条第3款又特别强调"个人信息中的私密信息，适用有关隐私权的规定。"

必须特别指出的是，由我国国家质量监督检验检疫总局（已撤销）、中国国家标准化管理委员会颁布的《信息安全技术　公共及商用服务信息系统个人信息保护指南》（以下简称《指南》）第3条（3.7与3.8）将个人信息区分为个人敏感信息（personal sensitive information）和个人一般信息（personal general information）。对个人敏感信息的定义是："一旦遭到泄露或修改，会对标识的个人信息主体造成不良影响的个人信息。各行业个人敏感信息的具体内容根据接受服务的个人信息主体意愿和各自业务特点确定。例如个人敏感信息可以包括身份证号码、手机号码、种族、政治观点、宗教信仰、基因、指纹等。"而个人一般信息的定义是："除个人敏感信息以外的个人信息。"这种区分与我们在这里讨论的问题应该是不同的：《指南》没有将隐私考虑进去，而且也很不全面，也许像手机号码等这种信息比起财产性信息、健康信息（如病历信息等）更不敏感。这大概与《指南》的规范对象有关，它不是法律规范，而是行业自律规约，而且《指南》说得也很清楚："各行业个人敏感信息的具体内容根据接受服务的个人信息主体意愿和各自业务特点确定。"因此，在《指南》中被列为"敏感信息"的信息，在民法上不一定就等于"隐私性信息"。

三、隐私权与名誉权的关系

众所周知，隐私权与名誉权的立法宗旨不同，所保护的客体及免责事由都是不同的。二者的主要区别是：①隐私权与名誉权所保护的法益不同（立法宗旨不同）：名誉权重在保护个人的品行、德性、名声、信誉等的社会评价免受不当降低，而隐私权则重在保护私生活免受不当干扰，就如王泽鉴教授所言，隐私权着重保护私生活之不欲人知，名誉权则重在保护社会评价的降低，故两种保护的法益不同[1]。②侵权行为的构成要件不同：侵犯隐私权，其侵犯行为本身就足以构成侵权行为而负责任，不需要证明有损害事实或者以"公开"为要件，如闯入私人住宅、偷录他人性爱场景等。而侵犯名誉权不仅要求要有损害结果——社会评价的降低，而且以"公开"为要件，应有第三人知道，否则难以达到"降低被害人社会评价"的效果。③抗辩事由不同：在

---

[1] 王泽鉴：《人格权法：法释义学、比较法、案例研究》，三民书局2012年版，第263页。

侵犯名誉权的诉讼中，被告可以通过主张其所说的是事实而阻却违法；而在侵害隐私权的情况下，不可能通过证明真实性来阻却违法性。应该说，公开的内容越真实，造成的伤害也就越大。因此，在日本的判例和学说中，对于侵害隐私的行为，不存在类似解决名誉权毁损情况时应采用的"真实性相当"法理作为统一的违法阻却事由[1]。

在我国，学者一般都坚持"真实性"阻却侵害名誉权的违法性的观点，例如，杨立新教授就"艳照门"事件是否侵犯了当事人名誉权问题指出："有人认为，齐某的行为还侵犯了当事人的名誉权，可以追究其侵害名誉权的侵权责任。对此，笔者有不同看法：第一，齐某公布的当事人的照片，是真实的，并不是虚构的，因此，并不涉及使当事人的客观评价因此而降低的问题，即使是降低，也不是由于虚构事实而构成。第二，如果说，齐某由于公开宣扬当事人的隐私而按照侵害名誉权处理——隐私权的保护已经采取直接保护方式进行，不必采取间接保护方式保护隐私权。第三，即使齐某的行为在客观上造成了当事人的名誉损害，也是一个违法行为引起了不同的损害后果，可以吸收在侵害隐私权的损害后果之中，不必另行确认侵害名誉权责任。"[2] 王利明教授也认为，"内容真实"是阻却违法性的抗辩事由[3]。我国的司法判例也认为，只要所陈述的事实具有真实性，就不构成对法人名誉权的侵犯[4]。尤其是，我国《最高人民法院关于审理名誉权案件若干问题的解释》（1998年7月14日由最高人民法院审判委员会第1002次会议通过，自1998年9月15日起施行，现已失效）认为："新闻单位根据国家机关依职权制作的公开的文书和实施的公开的职权行为所作的报道，其报道客观准确的，不应当认定为侵害他人名誉权；其报道失实，或者前述文书和职权行为已公开纠正而拒绝更正报道，致使他人名誉受到损害的，应当认定为侵害他人名誉权。"肯定了真实性作为阻却违法性的抗辩事由。但对于侵犯个人的隐私性信息无涉公共利益时，真实性是否能够成为阻却事由，我国最高法院上述司法解释却采取了与王泽鉴教授同样的观点，该解释认为："医疗卫生单位的工作人员擅自公开患者患有淋病、梅毒、麻风病、艾滋病等病情，致使患者名誉受到损害的，应当认定为侵害患者名誉权。"在这里"真实性"不再是阻却事由，就有可能发生侵犯隐私权和名誉权的竞合。有学者认为，这实际上是通过保护名誉权来间接保护隐私权，但2001年《最高人民法院关于确定民事侵权精神损害赔偿责任若干问题的解释》已经修改[5]。的确，这一司法解释是明确确定了对隐私的保护，但对于披露的隐私属于真实的事实，同时客观上造成了被害人名誉降低时，侵犯隐私权与侵犯名誉权是否竞合却没有明确。

对此，《最高人民法院关于审理名誉权案件若干问题的解答》（最高人民法院审判委员会1993年6月15日第579次会议讨论通过，现已失效）中指出："文章反映的问

---

[1] [日]五十岚清：《人格权法》，[日]铃木贤、葛敏译，北京大学出版社2009年版，第173页。
[2] 杨立新：《杨立新民法讲义（二）人格权法》，人民法院出版社2009年版，第274页。
[3] 王利明：《人格权法研究》，中国人民大学出版社2012年版，第487页。
[4] 江苏省高级人民法院（1994）苏民终字第42号民事判决书，转引自王利明：《人格权法研究》，中国人民大学出版社2012年版，第487页。
[5] 杨立新：《杨立新民法讲义（二）人格权法》，人民法院出版社2009年版，第274页。

题虽基本属实，但有侮辱他人人格的内容，使他人名誉受到侵害的，应认定为侵害他人名誉权。"王利明教授针对此规定指出，这就是说，在内容真实但有侮辱行为的情况下，也可以构成侵害名誉权。例如，某人发表的文章中尽管陈述的事实是真实的，但辱骂他人是"泼妇""娼妓"等，也可以构成侵权[1]。司法解释和王利明教授的说法是正确的，但我们必须正确理解，不能认为这里发生了竞合，这里其实存在两种行为：一是文章因具有真实性，故既没有侵犯原告的隐私权，也没有侵犯其名誉权；二是因为有侮辱行为，因此侵犯了其名誉权。

在侵犯隐私权与侵犯名誉权是否发生竞合的问题上，笔者同意杨立新教授的观点，如果披露的事实具有真实性，就不能构成侵犯名誉权，而仅仅成立侵犯隐私权。如果对隐私的披露，在客观上造成了对原告一般社会评价的降低，则这种"损害"应该作为侵犯隐私权的损害加以赔偿，尤其是在我国，法律规定的民事责任的救济措施非常广泛，能够对名誉权进行救济的措施，在侵犯隐私权的救济措施中都存在。例如，《民法典》总则编之"民事责任"一章对之规定的很广泛：停止侵害、赔偿损失、消除影响、赔礼道歉等。"消除影响"也可以起到"恢复名誉"的实际效果。所以，不存在保护不周延的情况，也就没有必要承认这里所谓的竞合问题。

在名誉权与隐私权的关系上，我们必须清醒地认识到：首先，影响对人的社会评价的因素很多，而各种"具体人格权"之间也相互联系，或许都与"名誉"这种一般社会评价相关联，构成评价的一个因子。例如，侵害所谓"荣誉权"也有可能导致社会一般评价的降低，从而导致名誉权受到客观上的损害，但这种结果只能在侵犯"荣誉权"中得到解决；其次，如果行为人所披露的事实是真实的，那么法律保护的重点就不再是被害人的名誉，而是其隐私的保护了。这也反映了法律规范的价值判断：法律在真实性与名誉之间，选择了真实性，但这时的"名誉损害"还能够在其他人格权的保护中得到相应的救济。

需要特别指出的是，我国《民法典》人格权编对于隐私是纳入"权利"中来保护的，对于信息却没有冠之为"信息权"，而是作为利益来保护的。

四、隐私权及信息保护与"被遗忘权"

（一）"被遗忘权"是一种什么权利

"被遗忘权"究竟是一种什么权利？学者之间存在争议，而许多国家和国际组织的立法、判例及法律文件也不一致。从比较法学的视野看，国外有学者认为，"被遗忘权"指自然人有权要求他人在规定时间内删除自己信息的权利[2]。也有的学者认为，它包含两层意思，即历史上的遗忘权与互联网时代的信息删除权。前者指犯罪人有权

---

[1] 王利明：《人格权法研究》，中国人民大学出版社2012年版，第488页。
[2] [英]维克托·迈尔-舍恩伯格：《删除：大数据取舍之道》，袁杰译，浙江人民出版社2013年版，第142页。

在服刑结束后要求他人封存犯罪档案;后者指信息主体享有的,要求信息服务商删除自己被泄露信息的权利[1]。还有学者认为,它具有三层含义:其一,指可向他人主张及时删除个人信息的权利;其二,指向社会大众主张"清白历史"的权利,这是一种不能将过往的负面信息针对相关个人的清白请求权;其三,是一种不受任何限制,更不用担心后果,能够随时随地表达个人权益的自由行为[2]。欧盟关于被遗忘权的工作定义(working definition)涵盖两个方面:一方面指在不侵犯表达自由(显然包括新闻表达、艺术表达和文学表达等)的情况下,个人享有要求他人从网站上删除其个人信息的权利;另一方面是指数据服务者必须从自身的服务器上及时删除侵权信息,同时需要尽力删除第三方服务器上有关的侵权信息[3]。从我国学者对于"被遗忘权"的定义看,也有不同。有学者认为,综合以上几点,应当将"被遗忘权"的概念定义为:信息主体对已被发布在网络上的,有关自身的不恰当的、过时的、继续保留会导致其社会评价降低的信息,要求信息控制者予以删除的权利[4]。我国有学者直接指出,"被遗忘权"语义不清,虽然"被遗忘权"这种煽情的表述很容易深入人心,但从语义解释上看"被遗忘权"不是一个清晰的表达,究竟指向谁,何时或为何事才能实施都还值得推敲[5]。这种争议不仅反映了这一概念被承认的程度,而且反映了不同国别的态度。因此,如果想正确定义和理解"被遗忘权",必须从其原产地及产生背景来考察。

尽管之前也有许多判例涉及被遗忘权问题,有些立法在无意中也有肯定或者保护"遗忘权"之实[6],但真正提出这一概念并提出加以保护的,无疑应该是欧盟于2012年1月25日颁布的《一般数据保护条例立法提案》(全称是《欧洲议会和理事会关于制定有关个人数据处理中个人数据保护和自由流动条例的立法提案》)以及2014年5月13日欧盟法院作出的"谷歌诉冈萨雷斯被遗忘权案"的裁决。

2012年1月22日,欧盟委员会副主席Viviane Reding女士在《2012年欧盟个人信息改革:让欧洲成为数据时代中现代信息保护法律的领跑者》的演讲中宣布,为了使人们能够控制自己的信息,有权撤回他们曾经给出的处理其个人信息的授权,欧盟委员会将在个人信息保护改革方案中提出一个新型权利——"被遗忘权"。2012年1月25日,"被遗忘权"(right to be forgotten)这一新概念在《一般数据保护条例立法提案》中被正式提出。该文件传递出的"被遗忘权"的大意为:信息主体要求信息控制者消除或不再继续散布其个人信息,或要求第三方删除关于相关信息的链接、复制品

---

[1] 转引自李佳飞:《论遗忘权》,载《中国人权评论》2015年第1期。
[2] 转引自李佳飞:《论遗忘权》,载《中国人权评论》2015年第1期。
[3] Robert Kirk Walking, The right to be forgotten, *Hastings Law Journal*, 2012 (64), p.8, 转引自李佳飞:《论遗忘权》,载《中国人权评论》2015年第1期。
[4] 杨立新、韩煦:《被遗忘权的中国本土化及法律适用》,载《法律适用》2015年第2期。
[5] 夏燕:《"被遗忘权"之争——基于欧盟个人数据保护立法改革的考察》,载《北京理工大学学报(社会科学版)》2015年第2期。
[6] 例如,我国《侵权责任法》第36条中,也有涉及保护被遗忘权之实,但立法在当时并没有有意识地将遗忘权作为该条保护的范围。

或仿制品的权利[1]。由于这一立法当时尚未被欧盟理事会通过，故真正使其开始具有法律意义的是2014年欧盟法院对"谷歌诉冈萨雷斯被遗忘权案"的裁决。

1998年，西班牙报纸《先锋报》发表了西班牙将举行财产强制拍卖活动的公告，提到的遭到强制拍卖的财产中，有一件属于马里奥·科斯特加·冈萨雷斯（Mario Costeja Gonzále），他的名字也出现在公告中。2009年11月，冈萨雷斯与该报纸取得了联系，投诉称公告中登出的名字被谷歌搜索引擎（Google Search Engine）收录了，他希望能够在网上删除这些与他有关的信息，并且称该强制拍卖活动在几年前就已经结束，而且这些数据信息也已经失效，如果任由这些信息继续存在，则会对其声誉造成持续的伤害。《先锋报》回复称，由于该公告的授权方是西班牙劳动与社会事务部，因此有关冈萨雷斯的个人数据无法删除。冈萨雷斯于2010年2月与谷歌西班牙分部取得了联系，请求他们删除该公告的链接，后者遂将该请求转交给了美国加利福尼亚的谷歌总部。随后，冈萨雷斯向西班牙数据保护局（AEPD）提交了投诉，要求《先锋报》必须按要求删除数据信息，谷歌西班牙分部或谷歌公司则必须按要求删除数据链接。2010年7月30日，西班牙数据保护局驳回了他针对报纸提交的诉求，但支持他对谷歌西班牙分部和谷歌公司的诉求，并要求谷歌公司删除链接并保证通过搜索引擎无法打开该信息。谷歌西班牙分部和谷歌公司随后分别向西班牙国立高等法院提出了单独诉讼。西班牙国立高等法院在将两个诉讼合并后，将该案提交给了欧盟法院。欧盟法院依据《欧洲数据保护指令》，对诉讼中的一些问题进行初步裁决，其中有一条涉及是否需要制定"被遗忘权"（the right to be forgotten）的问题。欧盟法院在广泛听取各方意见后，于2014年5月13日宣布了最终裁决，认为谷歌作为搜索引擎运营商，应被视为《欧洲数据保护指令》[2]适用范围内的数据控制者，对其处理的第三方发布的带有个人数据的网页信息负有责任，并有义务将其消除。而对于是否制定所谓的"被遗忘权"这一问题，虽然谷歌西班牙分部、谷歌公司以及欧洲委员会等在这一点上都持否定态度，但是欧盟法院认为，有关数据主体的"不好的、不相关的、过分的"（inadequate, irrelevant, excessive）信息也应当从搜索结果中删除。据此，欧盟法院最终裁决谷歌西班牙分部、谷歌公司败诉，应按冈萨雷斯的请求对相关链接进行删除。自此，欧洲通过欧盟法院的这一判决，确立了被遗忘权的概念，并且使之成为信息主体的一项民事权利[3]。

2014年5月13日欧盟法院作出"谷歌诉冈萨雷斯被遗忘权案"的裁决后，2014年7月9日司法大臣向英国议会上议院欧盟小组委员会提交了一份报告并接受质询。在此会议上，政府部门、信息专员都表达了反对"被遗忘权"的立场。司法大臣表示，

---

[1] 李倩：《被遗忘权在我国人格权中的定位与适用》，载《重庆邮电大学学报（社会科学版）》2016年第3期。

[2] 具体是指欧盟在1995年制定的《关于涉及个人数据处理的个人保护以及此类数据自由流动的95/46/EC指令》（简称《数据保护指令》），《欧洲议会和理事会关于制定有关个人数据处理中个人数据保护和自由流动条例的立法提案》就是在该指令的基础上制定的。

[3] 杨立新、韩煦：《被遗忘权的中国本土化及法律适用》，载《法律适用》2015年第2期。

无论是作为普通人还是部长,都不认为欧盟可以阻止人们获得真实信息,而这些信息在世界其他地方则是公开的。7月30日委员会发布报告,明确表示反对"被遗忘权",同时还建议政府也一定要保持如此立场。委员会认为谷歌和其他的搜索引擎不应该从搜索结果中决定什么样的链接应该被移除,进而认为"被遗忘权"是错误的,在实践中是不可行的,因为搜索引擎不应该对网络上的内容负责,欧盟法院法官的判决未能反映出过去20年间巨大的技术进步。

委员会还强调,人们没有权利要求移除对于他们是准确的和合法的信息的链接。而英国民众,包括官员个人,自"谷歌西班牙案"判决之后,纷纷向谷歌提出要求断开或移除相关链接的要求。根据谷歌公司发布的报告,截止到2014年11月29日,谷歌收到了来自英国民众的22 467项请求,涉及81 413个网页。其中已移除的占到受理总数的36.2%,未移除的占到63.8%。而谷歌移除链接的行为,又招致英国新闻媒体的反对和抗议。2014年7月初,多家英国媒体批评谷歌,指责其过度履行欧洲数据保护法中的"被遗忘的权利",采用极为草率、粗暴的方法直接删除与名字相关的搜索链接[1]。

在美国,无论是理论还是判例,对"被遗忘权"都存在极大的限制。例如,美国法学教授杰弗里·罗森(Jeffrey Rosen)认为:"尽管欧洲甚至全世界都有提议……号召我们逃离过去,然而这种遗忘的权利会给言论自由带来很大的威胁。"[2] 2013年美国加利福尼亚州的"橡皮擦法案"虽然部分承认了"被遗忘权",但也有极大限制。2013年美国加利福尼亚州州长杰瑞·布朗(Jerry Brown)签署了加州参议院第568号法案,即"橡皮擦法案"。该法案要求包括Facebook、Twitter在内的社交网站巨头应允许未成年人擦除自己的上网痕迹,以避免因年少无知缺乏网络防范意识而不得不在今后面临遗留的网络痕迹带来的诸多困扰。该份法案于2015年1月1日正式生效,该法案仅适用于加利福尼亚州境内的未成年人,也明确只有未成年人自行发布在社交网站上的内容可以被删除,对于其他人发布的有关自己的文字、图片信息则没有要求删除的权利[3]。

(二)对"被遗忘权"核心问题的讨论

1. "被遗忘权"是一种独立的人格权还是人格权的保护手段?"被遗忘权"是否是一种独立的人格权?对此问题,学者之间的看法不尽相同。有学者认为"被遗忘权"不是一种独立的权利,理由是:就"被遗忘权"而言,在人格利益的保护上,就是对可以识别人格特征的部分个人信息予以删除的权利,这样的权利所保护的人格利益,不具有相对的独立性,不能成为一个具体的、具有类型化的人格利益,而只是某一种

---

[1] 李丹林:《被遗忘权在英国:文化背景与价值启示》,载《中国社会科学报》2014年12月3日,第B01版。

[2] Jeffrey Rosen. "Free speech, privacy and the web that never forgets", Telecomm & High Tech, 2011(9): pp. 345-356. 转引自夏燕:《"被遗忘权"之争——基于欧盟个人数据保护立法改革的考察》,载《北京理工大学学报(社会科学版)》2015年第2期。

[3] 转引自杨立新、韩煦:《被遗忘权的中国本土化及法律适用》,载《法律适用》2015年第2期。

具有独立性的人格利益的组成部分。对于这样的人格利益，显然不能作为一个具体人格权来保护，即使将来制定《人格权法》，也不能将"被遗忘权"作为一个具体人格权来确认。因此，本文的结论是，"被遗忘权"不属于一个独立的人格权，而只能依附于某种具体人格权，依法予以保护[1]。有学者对此观点提出了商榷意见，认为"被遗忘权"根本不具有权利的属性，不能将其作为一项法律上的权利来看待[2]。也有人认为，"被遗忘权"之所以不是一种独立的人格权，是因为人格权必须服务于某项确定的人格利益，而"被遗忘权"实际上是一种要求删除的权利，虽然服务于自然人的人格保护，但没有实体内容。所以，与其说它是一种独立的人格权，不如说是实现某种人格利益的手段[3]。

其实，以上几位学者的观点没有根本的冲突，他们都否认所谓的"被遗忘权"是一种独立的人格权利，仅仅是隐私性信息或者一般信息权保护的法律手段——请求删除的救济手段。但如果笼统地说"不能将其作为一项法律上的权利看待"，也许不够周延，应该说，它不是一项独立的实体法上的权利，但它却是一项请求删除的救济权，即一种删除请求权。如果它既不是实体法上的权利，也不是程序法上的权利的话，那就说明它没有任何意义和价值了。

2. 被删除（被遗忘）的信息应该是什么样的信息？应该说，不是任何信息都能够被删除，否则，人与社会的联系、社会信用及管理都将无法想象。因此，对于删除（必须遗忘）的信息应有所选择和限制。2012年1月25日《欧洲议会和理事会关于制定有关个人数据处理中个人数据保护和自由流动条例的立法提案》首次发布时，其中第三章第三部分第17条（right to be forgotten or to erasure）第1款规定，信息主体有权要求信息控制者消除或不再继续扩散其个人信息，特别是信息主体在青少年时期公开的信息。这些情形主要包括：①对于信息收集和使用的目的而言，个人信息不再是必需的；②信息主体撤销信息采集授权、信息存储期限失效或者信息采集行为失去法律正当性；③信息当事人拒绝信息的处理；④信息的处理不符合本草案的其他规定[4]。我国香港地区2013年修订的《个人资料（私隐）条例》（已修改）第26条"删除不再需要的个人资料"规定："（1）凡资料使用者持有的个人资料是用于某目的（包括与该目的有直接关系的目的），但已不再为该等目的而属有需要的，则除在以下情况外，该资料使用者须采取所有切实可行步骤删除该资料——（a）该等删除根据任何法律是被禁止的；或（b）不删除该资料是符合公众利益（包括历史方面的利益）

---

[1] 杨立新、韩煦：《被遗忘权的中国本土化及法律适用》，载《法律适用》2015年第2期。

[2] 张浩：《"被遗忘"能否成为一项法律权利？——兼与杨立新、韩煦教授商榷》，载《社会科学文摘》2016年第9期。

[3] 李倩：《被遗忘权在我国人格权中的定位与适用》，载《重庆邮电大学学报（社会科学版）》2016年第3期。

[4] 李倩：《被遗忘权在我国人格权中的定位与适用》，载《重庆邮电大学学报（社会科学版）》2016年第3期。

的……"[1] 其实，欧盟法院关于"被遗忘权"的第一个裁决中，对限制写得很清楚：有关数据主体的"不好的、不相关的、过分的"（inadequate，irrelevant，excessive）信息也应当从搜索结果中删除。

笔者认为，对于该项请求法律救济的权利，应当从两个方面来考虑限制：一是从主体个人的视角考虑其主观感受，对于主体来说过时的、不相关的、非正常采集的或者不准确的、过分的，可以删除或者遗忘；另一方面，必须考虑社会群体利益和社会公共利益，舆论监督、社会正常交往、国家或者社会管理等社会公共利益所必需的，不能删除或者遗忘。

3. 被遗忘权的载体是什么？在什么载体上记载的个人信息能够适用"删除"的请求权？对此问题，学者之间有不同观点。有人认为，被遗忘权仅仅能够适用于网络信息领域，任何出现在纸质媒体上的与信息主体有关的个人信息，都不能通过该权利予以删除。同时，通过行使被遗忘权进行删除的信息必须为已在网络上发布、公开存在并为公众可见的信息[2]。也有人认为，被遗忘权的适用范围不仅包括网络信息（即网络中流通的信息），还包括纸质信息（即存在于纸质载体上的信息），如会议记录、张贴的公告、处分记录甚至纸质档案、犯罪记录等[3]。

在这一问题上，笔者认为，从客观上来说，删除权仅仅能够适用于网络媒介或者自媒体，纸质载体无法适用这种"删除"的方式，要么通过"收回"的方式，要么通过"消除影响"的民事救济措施来解决，就如"被遗忘权"在美国的倡导者维克托·迈尔-舍恩博格（Viktor Moyer-Schönberger）针对"被遗忘权"的反对者对此提出特别的质疑："真能在网络世界中被遗忘吗？数据可以在瞬间全球复制和传播，怎能删除所有数据而达到遗忘呢？就算删除了网络上流传的数据，那如何删除已下载到别人电脑中的数据呢？"维克托指出："以上观点是一种误解：我们说你从Google的数据库中被删除，意思就是你在网上搜索一下自己，没有相关信息出现。哪怕这时候相关信息可能还保存在Google的备份库中，只是99%的人都看不到，这时候你就已经被删得挺干净了。"[4] 而且，无论从欧盟的立法草案，还是从欧盟法院关于"谷歌诉冈萨雷斯被遗忘权案"的裁决来看，"被遗忘权"的这种删除也仅仅是针对网络媒介的，当时西班牙数据保护局驳回了冈萨雷斯针对报纸提交的诉求，但支持他对谷歌西班牙分部和谷歌公司的诉求。但是，现在个别的存储于数码相机、手机或者电脑中的照片是否可以适用"被遗忘权"中的这种删除权？德国联邦最高法院2015年12月21日作出判决，宣布情侣分手后有权要求对方删除交往时拍下的亲密照片及影片。该案件源于一名居

---

[1] 李倩：《被遗忘权在我国人格权中的定位与适用》，载《重庆邮电大学学报（社会科学版）》2016年第3期。

[2] 杨立新、韩煦：《被遗忘权的中国本土化及法律适用》，载《法律适用》2015年第2期。

[3] 李倩：《被遗忘权在我国人格权中的定位与适用》，载《重庆邮电大学学报（社会科学版）》2016年第3期。

[4] 夏燕：《"被遗忘权"之争——基于欧盟个人数据保护立法改革的考察》，载《北京理工大学学报（社会科学版）》2015年第2期。

住在德国中部黑森邦的女子，控告其前摄影师男友仍持有两人交往时的亲密照片，法院因此判定男友需将储存在手机的亲密照全数删除。法院认为，持有这些照片就表示该名摄影师仍对前女友具有一定的控制权，可能会在未来进行威胁恐吓等行为。即使摄影师无意公开散播这些照片，他仍然无权保有这些相片及影片。不过需要删除的照片仅限于裸露、只着内衣以及性交前后的画面，一般衣衫完整的出游照及合照等则不在此限，因为这些照片不涉及名誉损害[1]。这种情形在现实生活中有普遍性意义，可以认为是一种"被遗忘权"适用的载体。

（三）隐私权及信息保护与被遗忘权的关系

在"被遗忘权"中的这些被要求删除的信息，是否与隐私相关联呢？可能有些信息属于隐私的范畴，故删除部分与隐私权的客体有重合。另外，以前发布的一些信息中，可能有些本身就是隐私，如媒体发布的有关"艳照门"的报道、许多明星的"不雅照"或者恋爱史等。还有一些属于我国《民法典》侵权责任编第1195条规定的利用网络实施的侵权行为，当然还包括隐私与非隐私性信息。

（四）"被遗忘权"在我国现有法律体系框架下的体现

从法律规范来看，我国现在有一般法律规范和特别法规范。一般法律规范体现在《民法典》之人格权编和侵权责任编。特别法规范体现在我国2016年11月7日通过的《中华人民共和国网络安全法》第43条的规定。从"被遗忘权"之删除权的救济措施看，可以认为，"被遗忘权"在这其中都有具体体现。

首先，《民法典》之人格权编不仅正面规定了隐私权及个人信息，而且在第1037条还规定了具备一定条件下的"更正与删除请求权"，即①自然人可以依法向信息处理者查阅或者复制其个人信息；发现信息有错误的，有权提出异议并请求及时采取更正等必要措施。②自然人发现信息处理者违反法律、行政法规的规定或者双方的约定处理其个人信息的，有权请求信息处理者及时删除。这可以看成是"被遗忘权"的具体体现。

《民法典》之侵权责任编第1195条第1款、第2款规定了"删除、屏蔽、断开链接请求权"："网络用户利用网络服务实施侵权行为的，权利人有权通知网络服务提供者采取删除、屏蔽、断开链接等必要措施。通知应当包括构成侵权的初步证据及权利人的真实身份信息。网络服务提供者接到通知后，应当及时将该通知转送相关网络用户，并根据构成侵权的初步证据和服务类型采取必要措施；未及时采取必要措施的，对损害的扩大部分与该网络用户承担连带责任。"这可以看成是"被遗忘权"之删除权的体现，但这里的这种请求权的前提是"构成侵权行为"。

《网络安全法》第43条规定："个人发现网络运营者违反法律、行政法规的规定或者双方的约定收集、使用其个人信息的，有权要求网络运营者删除其个人信息；发现网络运营者收集、存储的其个人信息有错误的，有权要求网络运营者予以更正。网络

---

[1]《德国最高法院宣布：情侣分手后需删光所有裸照》，载凤凰网，http://news.ifeng.com/a/20151225/46827964_0.shtml，最后访问时间：2021年9月10日。

运营者应当采取措施予以删除或者更正。"这是更接近"被遗忘权"之删除权的具体体现。

与上述比较法理论和实务中的"被遗忘权"比较，我国法上的救济，无论是一般法，还是特别法，都有比较严格的限制和要求，远远达不到"被遗忘权"那样广泛的救济。

在这里，还要特别提到一个部门规章性文件——《信息安全技术 公共及商用服务信息系统个人信息保护指南》，它是由全国信息安全标准化技术委员会（SAC/TC 260）提出，而由中华人民共和国国家质量监督检验检疫总局（已撤销）、中国国家标准化管理委员会发布。在该文件中，更多地体现出相当于"被遗忘权"的权利。该文件规定了四种删除的情形：①个人信息主体有正当理由要求删除其个人信息时，及时删除个人信息。删除个人信息可能会影响执法机构调查取证时，采取适当的存储和屏蔽措施（5.5.1）。②收集阶段告知的个人信息使用目的达到后，立即删除个人信息；如需继续处理，要消除其中能够识别具体个人的内容；如需继续处理个人敏感信息，要获得个人信息主体的明示同意（5.5.2）。③超出收集阶段告知的个人信息留存期限，要立即删除相关信息（5.5.3）。④个人信息管理者破产或解散时，若无法继续完成承诺的个人信息处理目的，要删除个人信息。删除个人信息可能会影响执法机构调查取证时，采取适当的存储和屏蔽措施（5.5.4）。由于这一文件的性质难以归入"法律或者法规"的范畴，因此难以成为请求权基础，但确实为个人信息安全和保护提供了行业性指南，对于加强行业自律意义重大。

五、宪法上的隐私权与民法上的隐私权

凡是有制定宪法的国家，都保护人的自由与尊严。因此，个人隐私在宪法上获得保护也属自然。于是，就有了隐私权的宪法保护及民法保护。但是，这不能被认为是隐私权的"双重属性"，仅仅能够解释为隐私权的不同保护，因为其保护的手段和防御的"敌人"完全不同。就如有学者所指出的，宪法上的隐私权旨在保障个人私生活不受公权力的侵害，其核心在于如何调和个人隐私与公共利益；私法上的隐私权主要在于依侵权行为法保护个人隐私不受第三人的侵害，其核心问题是如何调和个人隐私保护与言论自由[1]。美国学者也认为，与其他宪法上的保障一样，对隐私的保护也仅仅延及政府行为或者那些可以构成"州行为"的情形；至于私人侵犯隐私权的问题，如果存在法律保障的话，也只能依靠普通法或者成文法解决[2]。1972年，日本学者阪本昌成教授在《宪法与隐私》一文中区分了隐私和隐私权，并将隐私权划分为公法和私法保护两种不同法益。私法上的法益保护姓名权、肖像权、经历与病历、信件、电信和电话等隐私不受私人侵犯；另外，尾随跟踪、窥视、借助暴露家族关系进行非难也

---

[1] 王泽鉴：《人格权法：法释义学、比较法、案例研究》，三民书局2012年版，第238~239页。
[2] [美] 唐纳德·M. 吉尔摩、杰罗姆·A. 巴龙、托德·F. 西蒙：《美国大众传播法：判例评析》（上册），梁宁等译，清华大学出版社2002年版，第232页。

都是私法禁止的行为。公法上的保护法益则禁止警察窃听电信和电话、非法搜查住宅及采用指纹、尾随跟踪、不必要的介入调查、非法侵犯人身自由和非法刑事搜查等行为[1]。

在我国,《宪法》第 38 条规定:"中华人民共和国公民的人格尊严不受侵犯。禁止用任何方法对公民进行侮辱、诽谤和诬告陷害。"第 39 条规定:"中华人民共和国公民的住宅不受侵犯。禁止非法搜查或者非法侵入公民的住宅。"由此可见,我国也存在保护公民个人隐私权的宪法基础。

六、隐私权保护的请求权基础

(一)侵犯样态

1. 非法泄露或者公开个人的隐私或者隐私性信息,包括公开他人的私密照片、病历信息、日记内容、通信信息等。

2. 侵入他人的私密空间,也就是对学者所说的"空间隐私权"的侵害,包括非法侵入他人的住宅、公共场所的专供个人使用的更衣室以及其他可以期待有隐私空间的地方。

3. 非法侵扰他人的生活安宁,如对他人的住所进行监听、窥探,跟踪他人的行踪,窃听他人的私人电话,非法刺探他人的隐私或者隐私性信息等。

(二)被侵害人的请求权基础

被害人的请求权基础主要有两个:一是我国《民法典》这种一般法上的请求权基础,二是《网络安全法》这种特别法上的请求权基础。在此,我们主要讨论作为一般法的《民法典》上的请求权基础。

在《民法典》上的请求权基础需要讨论的是:人格权编中的请求权基础和侵权责任编中的请求权基础。对于我国《民法典》中的人格权编来说,似乎可以解释出有自己独立的请求权基础。

对于隐私权的救济来说,大概有两种:一是《民法典》的人格权编中的救济措施(如果能够成立的话),即第 997 条:"民事主体有证据证明行为人正在实施或者即将实施侵害其人格权的违法行为,不及时制止将使其合法权益受到难以弥补的损害的,有权依法向人民法院申请采取责令行为人停止有关行为的措施。"当然,之所以说"如果能够成立的话",就是因为当具备第 997 条条件的时候,受害人是根据侵权责任"有权依法向人民法院申请采取责令行为人停止有关行为的措施",还是直接根据其人格权受到侵害而直接有权请求?如果是后者,当然就是人格权本身可以作为请求权基础了。如果是前者,当然还要归于侵权请求权。二是侵权请求权,既可以根据《民法典》的侵权责任编的一般构成要件来请求侵权救济,也可以根据第 1195 条的特别规定提出特别救济。

---

[1] 转引自魏晓阳:《日本隐私权的宪法保护及其对中国的启示》,载《浙江学刊》2012 年第 1 期。

至于《民法典》之总则编中的"民事责任"一章,由于没有具体的构成要件,因此这些所谓的责任方式难以作为请求权基础。

七、隐私权与信息保护中的问题

(一)对于以前的公开事件,尤其是犯罪前科的公开,是否构成侵害隐私权的行为

对此问题,各国的立法例及理论并不相同。例如,在日本,三级法院对于此问题的看法就有不同。被告京都市某区长按照日本《律师法》第23条的规定,在接受对驾校技能指导员的前科调查时,将该指导员(原告)的犯罪前科和犯罪经历全部作了汇报。由此,原告以侵害隐私权为由,请求京都市对其进行损害赔偿。京都地方法院认为,由于区长无故意和过失,且在前科调查中的回答是正当的业务行为,所以不具有违法性,不构成侵害隐私权的行为。但大阪高等法院认为,对于有关自己的名誉、信用、隐私相关的事项,任何人都有不让他人不当知晓的生活权利,公开前科和犯罪经历的行为,仅限于有法律规定或者因公共福利需要优先考虑的情况,因此认为在本案中,区长应该予以拒绝,但区长没有拒绝,构成对原告的隐私权侵害,认可了原告的精神损失赔偿请求。最高法院判决的多数意见也支持大阪高等法院的意见,认为无论犯罪的种类与轻重,将前科全部报告的行为是公权的违法行使。伊藤法官的补充意见更是认为,不想被他人知道的个人信息,即使是与事实相符的内容,作为隐私也受到法律的保护,不允许将此随便公开,违法侵害他人隐私的行为不得不说构成了侵权行为。本案中,成为焦点的前科等问题是个人隐私中最不想被他人知道的内容之一[1]。

在美国,占主导地位的隐私权理论认为,当涉及的信息已经在公共档案中出现过,隐私利益就无从谈起了。任何一件发生于过去的、为公众所关注或者载入公共档案的事件,一般法院都会认为,即使旧事重提,也不构成侵犯隐私权。在罗曼诉凯琳格(Romaine V. Kallinger)一案中,法官认为,该案中所涉及的信息来自于凯琳格审判的官方法庭记录,而这些记录本身是公开的——原告所宣称的那些侵犯了他们的细节描述已经因为他们自己及其证人在法庭上的证言而被公开了。这些信息是凯琳格审判记录的一部分,而且曾经在审判时被长篇累牍地报道过——即使是已经被删除了的犯罪前科,如果有新闻价值被旧事重提,也不会构成侵犯隐私权[2]。另外,美国先后制定了《梅根法案》《杰西卡法案》《萨拉法案》等性犯罪者资讯公开法,并依法建立了面向全社会公开的性犯罪者数据库。警方会将性犯罪者的照片、体貌特征、住址等个人信息正式建档,并上传至互联网以供公众查阅[3]。由此可见,在美国,对犯罪前科的公开或者旧事重提,是否构成侵犯隐私权,至少有许多抗辩事由,难以追究侵权责任。

在我国,犯罪信息是否属于隐私权,学者之间也有不同的观点。例如,王利明教

---

[1] [日]五十岚清:《人格权法》,[日]铃木贤、葛敏译,北京大学出版社2009年版,第156~158页。
[2] [美]唐纳德·M.吉尔摩、杰罗姆·A.巴龙、托德·F.西蒙:《美国大众传播法:判例评析》(上册),梁宁等译,清华大学出版社2002年版,第241~249页。
[3] 杨立新、韩煦:《被遗忘权的中国本土化及法律适用》,载《法律适用》2015年第2期。

授就认为,个人犯罪信息在符合一定条件时属于隐私,即如果某人确实已经改过自新,从鼓励犯罪行为人改过、重返社会的需要考虑,应当将其过去的经历作为一种隐私而加以保护,不得对其进行随意的披露。随着时间的经过,其过去的经历所具有的公共色彩也会逐渐减退,如果在长久之后将该事实披露,不仅会造成该人精神上的困扰和痛苦,更会影响其与他人之间的人际关系、社会形象和职业。因此,对这类过去的事实的披露,可能构成对隐私权的侵害。[1] 其他学者有的认为犯罪前科属于隐私[2],也有的反对将犯罪前科作为隐私加以保护,例如,郝铁川先生认为犯罪人的隐私权不需要加以保护,即使由此而让罪犯的亲属、后代蒙受一定的耻辱,也是不可避免的,或者是有必要的(可以增加犯罪成本)[3]。还有人认为,从罪犯的隐私权和公众安全之间的矛盾出发,行为人的犯罪记录不应当作为隐私,而应当为公众所知悉以实现预防犯罪的目的[4]。还有人认为,犯罪记录属于违法隐私,不应受法律保护[5]。

在此问题上,笔者同意王利明教授的观点,犯罪前科作为隐私应该受到限制,除了应该受到像一般隐私的限制,如公共利益原则、公众合理关注等限制外,还应当受到"利害关系人合理利益"限制,即任何有利害关系的人探听等都不构成侵犯隐私权,如经常居住的邻居、招工的单位或者个人(其他雇主)、出租房屋的房屋所有权人、恋爱的对象、生意伙伴等,只要有合理利益存在,就应当允许他们关注。例如,现在许多人从事某些行业,需要公安机关开具的"无犯罪记录证明"等,应当认为属于合理利益关注。

(二)转手获得的隐私或者信息是否能够构成侵权行为

对此,王利明教授认为,获取他人的信息,只要他人信息是私密性的,属于权利人不愿意为外人知道的,就构成了对隐私权的侵害,只要获取,就构成对隐私的侵犯[6]。但是,美国的侵权法理论和判例认为,只要行为人本人没有参加窃取行为,就不必为此负责,即使他将转手获得的信息公开[7]。

在此问题上,笔者同意王利明教授的观点,因为:①这种行为虽然不是直接从被害人处获得信息或者隐私,但是其在不同范围内的公开,会直接造成对受害人的损害或者扩大这种损害,因此不能认为这种行为不构成侵权行为。②从我国的实际情况看,将这种行为认定为侵权行为,更符合我国的国情,对于保护自然人来说更加有利。

---

[1] 王利明:《人格权法研究》,中国人民大学出版社 2005 年版,第 610 页。
[2] 郭明龙:《个人信息权利的侵权法保护》,中国法制出版社 2012 年版,第 203 页;王要霞:《论公民犯罪前科资料的隐私权保护》,西南政法大学 2010 年硕士学位论文。
[3] 郝铁川:《罪犯的隐私权保护》,载《法制日报》2004 年 6 月 24 日。
[4] 王丽萍等:《信息时代隐私权保护研究》,山东人民出版社 2008 年版。
[5] 《论媒体侵权与罪犯隐私权的法律保护》,载 http://www.chinajianyu.cn/html/fagui/200903/29-1862.html?jdfwkey=ejpdm,最后访问时间:2009 年 12 月 29 日。
[6] 王利明:《人格权法研究》,中国人民大学出版社 2012 年版,第 548 页。
[7] [美]唐纳德·M.吉尔摩、杰罗姆·A.巴龙、托德·F.西蒙:《美国大众传播法:判例评析》(上册),梁宁等译,清华大学出版社 2002 年版,第 265~266 页。

（三）处理侵犯隐私权或者信息保护案件中的两个重要原则

在处理侵犯隐私权和个人信息保护的案件中，有两个基本原则是值得注意的：

1. 合理期待原则。所谓"合理期待"原则，从原告的视角来说，只要其隐私或者信息，能够被认为是"合理期待"的，即应得到法律的保护。例如，即使原告的日记丢失，他也会期待捡到日记的人看到是日记后，会自动终止翻阅。如果这种期待是合理的，那么捡到日记会翻阅的人就构成侵犯隐私权。反之，如果某件事或者某种行为不能被合理地期待，就不会构成侵犯隐私或者信息的行为。例如，警察如果要检查被丢弃在路边的垃圾，就不需要取得法官的许可，虽然对于一般的搜查这种许可是必需的。美国联邦最高法院对此作出的解释是："众所周知，放置在公共道路上或者路边的塑料垃圾袋随时可能遭到动物、孩子们、清洁工、私家侦探或者社会成员的翻动。"[1]在这种情况下，即使垃圾袋中有"隐私或者信息"，也不能被认为是能够被"合理期待"的领域，也就不构成侵犯隐私或者信息。

这种合理期待原则在保护隐私权和信息的具体实践中是很实用的，也经得起理论推敲。

2. 公共利益原则（法益衡量）。实际上，个人信息与隐私的保护始终都与他人之宪法或者其他合法权益相冲突，对隐私和信息权的保护也始终与这种法益衡量的原则相伴随。例如，日本教授佐藤幸治认为，隐私权意味着个人有控制自己信息的权利——隐私权和受宪法保护的言论自由应视为等价利益加以衡量[2]。任何一个社会要想运转有序，必须把每一种权利都控制在合理的限度内，才能够达到这种目的。而一个人要有尊严地生活、有自由地存在，就必须让其精神有安放的地方，而隐私与信息的保护，正是给予和保护人们保有这样一种地方。但社会的正常运转，也必须为这种"地方"划出边界，法益衡量正是这种冲突的化解方式。对隐私或者信息的保护必须注意公共利益的需求，例如，正当行使舆论监督，必然会对人的行为进行评价，尤其是公众人物，如官员、明星等，其某些行为可能就是最不愿意为他人所知道的隐私，如婚外情关系。再例如，合法行使职权，如对于犯罪嫌疑人的通缉，自然要涉及其信息；对于犯罪嫌疑人的侦查，可能还要涉及隐私；对于财产犯罪或者税收的调查，可能要涉及银行存款或者其他财产信息；有时为了国家安全利益，也可能涉及个人隐私或者信息。所有这些都是对个人隐私或者隐私保护的对抗性因素，在法益衡量时，如果这些利益高于对个人隐私或者信息的利益保护时，应优先保护这些利益。

八、结论

在我国《民法典》将隐私与信息区分而作二元保护的立法模式下，正确区分信息及隐私有重大意义，因为二者的救济措施还是不同的。例如，对信息的保护有"请求

---

[1] [美]唐纳德·M. 吉尔摩、杰罗姆·A. 巴龙、托德·F. 西蒙：《美国大众传播法：判例评析》（上册），梁宁等译，清华大学出版社2002年版，第231页。

[2] 转引自魏晓阳：《日本隐私权的宪法保护及其对中国的启示》，载《浙江学刊》2012年第1期。

更正"的权利，但对于隐私就不可能采取这种方式，因为如果"隐私"有错误，就属于"不真实"，则可能构成侵害名誉权。另外，即使是"删除"这种保护措施，对于隐私和信息也有不同的救济效果。

当然，必须承认的是，隐私与信息有时是可以清晰地区分开来，有时则难以区分。因为，隐私由两部分构成：一部分属于"空间隐私权"，如住宅、公共场所（如商场）中的更衣室和浴室等，该部分隐私与信息是泾渭分明的。但还有一部分隐私是通过一定的载体体现或者表达出来的，其表现形式就是"信息"，如个人的数码私密照片等。还有一些信息，虽然看起来确实是信息，但这一部分信息离个人的"人格尊严或者自由"距离很近，对信息主体来说，就属于"不想让他人知道的秘密"，如艾滋病患者的病历信息、理财信息等。这一部分隐私可能与信息交织在一起，有时难以区分。因此，许多国家或者地区干脆不作区分，在个案中具体认定。在我国区分的立法保护模式下，我们更应该在实践中根据具体个案来区分它们，然后确定请求权基础及救济措施。

至于请求权基础，我国既有一般法，也有特别法。就一般法来说，我们有《民法典》，就特别法来说，主要有《网络安全法》《中华人民共和国个人信息保护法》及其他法规。就隐私权来说，由于隐私权没有支配性，故其最一般的救济方式就是停止侵害、赔偿损害（主要是精神损害）、消除影响（包括删除）、赔礼道歉。就信息权来说，除了上述救济措施之外，还有请求更正的救济措施。

第四编 婚姻家庭编的内在与外在体系研究

第一章 婚姻家庭编的内在与外在体系总览

第一节 婚姻家庭编的外在体系

一、外在体系概述

我国民法学理论及《民法典》大致上可以归为《德国民法典》的式样,依笔者的经验看,这一点是很难否定的。按照德国学者的解释,《德国民法典》是以概念的抽象化以及对概念进行严格的界定而著称的。显而易见,对类似这样的一部法典来说,概念之间的逻辑关系和上下属关系,概念之间的相对性或兼容性以及如何将整个法律材料划分为各类总体概念,简单地说就是体系具有特别重要的意义。这里谈论的只是法典的外部体系以及抽象的、概括的概念之间的逻辑体系,而不是指法律的内部体系,即法律的基本思想和原则之间的内在联系。《德国民法典》体系的基本点是将概念分为一般的概念和特别的概念,从而将各编内容分为"总则"和"分则"[1]。婚姻家庭编的外在体系是指由婚姻家庭编的基本概念为基础所构成的规范结构的外部逻辑体系,在民法典上表现为独立规范和辅助性规范所构成的外在形式。婚姻家庭法作为民法典的组成部分,在今天看来当然在性质上属于私法。

根据大陆法系既有成熟法典的经验,它在内容上应当包括婚姻家庭关系、收养和监护的内容。但事实上,自20世纪50年代以来,我国法律对婚姻家庭关系的调整由多部法律担当:《中华人民共和国婚姻法》(以下简称《婚姻法》,已失效)规定基本原则、结婚制度、家庭关系(包括夫妻关系、父母子女关系等)、离婚制度;《中华人民共和国收养法》(以下简称《收养法》,已失效)规定收养制度的基本原则、收养关系的成立、收养的效力、收养关系的解除等;涉及家庭成员的监护制度由《民法通则》规定。但是这样的规范结构没有恰当地反映婚姻家庭法律规范内部的逻辑联系,因为收养只是通过法律行为确立父母子女关系的一种方式,它所确立的父母子女关系应当适用《婚姻法》中父母子女关系的相关规定,将其单独立法,使得《婚姻法》有关父母子女关系的内容处于分裂状态;而监护制度的核心是亲属监护,它与亲属制度的紧密度远远超过与《民法通则》的关联。因此,亲属法律体系应当是以婚姻、亲属和监

---

[1] [德] 卡尔·拉伦茨:《德国民法通论》(上册),王晓晔等译,法律出版社2003年版,第38~39页。

护为基本结构。但我国《民法典》没有将监护关系回归到婚姻家庭法,而是仍然坚持自1986年《民法通则》以来的做法——将监护关系规定在总则编的"自然人"部分。这样一来,从逻辑上说,就存在两个问题:①从传统民法典看,自然人仅仅有两个属性:一是权利能力,二是行为能力。在此部分,应该仅仅规定对于行为能力不足之救济——法定代理,监护在这里应该没有适用余地。②亲权关系的内容不再完整。例如,基于亲子关系的教育、照顾、抚养等内容被纳入了总则编的监护中,使得亲子关系的内容不再完整。尽管此次《民法典》编纂中,有人提出要理顺这种关系,但是,最终的《民法典》并没有采纳这种意见[1]。因此,在我国《民法典》上,"监护"是一个广义概念,既包括未成年人的父母担任监护人,也包括父母之外的其他人担任监护人。亲权与监护的差异,主要在于父母与子女之间的权利义务不完全等同于其他监护人与被监护人之间权利义务,属于亲权的相关内容也规定在婚姻家庭编中[2]。

二、婚姻家庭编之外在体系的基础概念

应该说,婚姻家庭编的外在体系的基本概念为"婚姻家庭关系"——本编所有的法律规范都建立在这一法律关系之上。我国《民法典》第1040条也明确规定:"本编调整因婚姻家庭产生的民事关系。"

从我国的《民法典》的各个分编看,各编都有自己调整的法律关系,而法律关系的不同,不仅决定了调整方法和调整手段的不同,而且决定了规范体系的不同。但是,不同的法典式样对于法律关系的安排也相同。例如,尽管都是婚姻家庭关系,但是《法国民法典》与《德国民法典》却有着不同的规范体系安排——法典的外在体系就不同。

《法国民法典》遵循罗马法的结构体例——人、物、诉讼的模式,将自己的民法典分为三编:人编、财产及所有权编、取得财产的各种方式[3]。婚姻家庭这一法律关系被认为是自然人的属性而规定在第一编——人的部分,没有将其作为独立的一编进行规定。这种模式和安排也恰恰说明,法律关系及其调整方法与民法典的结构关系重大。在《法国民法典》中,不仅婚姻家庭关系如此安排,合同、侵权、不当得利、无因管理和继承都被安排在第三编——财产的取得方式这一编中。

与《法国民法典》的立法模式不同,《德国民法典》区分总则与分则,总则仅仅规定"公因式",而分则则区分不同的法律关系进行调整,分为物权编、债的关系编、亲属编和继承编。

从世界民法典的纵向发展来看,将婚姻家庭之法律规范独立成编的立法例始于1900年的《德国民法典》。那么,《德国民法典》基于什么理由将婚姻家庭法独立成编

---

[1] 黄薇主编:《中华人民共和国民法典总则编释义》,法律出版社2020年版,第72~73页。
[2] 黄薇主编:《中华人民共和国民法典总则编释义》,法律出版社2020年版,第73页。
[3] [德] 茨威格特、克茨:《比较法总论》(上),潘汉典等译,中国法制出版社2016年版,第166~167页。

的呢？对此，德国学者梅迪库斯指出，将民法典分为五编，并非遵循了某个统一的原则。之所以采纳五编制的立法体例，主要基于以下三项不同的原则：①亲属法与继承法。最简单的原则适用于民法典的第四编和第五编。立法者在这两编中规定了相互之间具有联系的、类似的生活事实。亲属法主要涉及婚姻和亲属关系，此外还规定了为婚姻作准备的婚约、监护、照顾和保佐。照顾和保佐在某种意义上是对亲属的代替。继承法则关系到一个人的死亡所产生的财产法上的后果，尤其涉及死者生前所具有的权利和义务的重新归属问题。②债法与物法。这是《德国民法典》的第二编与第三编，在这里起关键作用的并不是生活事实的相似性，而是另外一个原则，即法律后果层面上具有相似性。权利可以分为相对权和绝对权，第二编调整的债务关系存在于两个人即债权人和债务人（第241条）之间，具有相对性，而第三编规范的对象是物，物的归属是绝对的，即任何人都必须尊重这种归属。③总则。根据民法典制定者的计划，总则应当包括那些适用于民法典以下诸编的规则，亦即总则包含的是在某种程度上被提取和抽象的一般性内容。这一将一般的内容置于前面的立法技术，在民法典的其他地方还多次重现。比如，第二编的前六章（第241条至第432条）是一般性的规定，然后是第七章（作为债法分则）"各种债务关系"（第433条至第853条）；第三编也是先规定一般性的（因为既适用于土地也适用于动产）占有（第854条至第872条），再规定"土地上权利的通则"（第873条至第902条），然后才规定各种具体的权利；最后，第四编也是先规定"婚姻的一般效力"（第1353条至第1362条），然后再规定各种具体的财产制（第1363条及以下条款）。甚至其他法律，如德国《刑法》（第1条至第79b条）、德国《刑事诉讼法》（第1条至第252条）以及最近的《社会法典》，也均以总则开始。从历史的角度看，这样一种立法技术要求立法者对法律材料做非常深入的研究。比如，人们首先必须认识到，买卖、租赁、所有权移转合意、设定质权、婚约、继承合同等行为之间，在何种程度上具有相似性。这些行为的相似之处，便是两个人对特定的内容表示他们的同意。只有认识到了这一点，才能够将所有这些行为（以及其他许多行为）归纳在"合同"之下，并对它们的共同之处进行调整（如第145条及以下条款所作的调整那样）。如果能认识到这类合同与单方面行为（如立遗嘱）之间的共同之处，那么就达到了一个更高的抽象程度。这时，我们就可以得出"法律行为"（第104条及以下条款）这个上位概念[1]。

也就是说，在德国法上，婚姻家庭编（亲属编）的内容和调整方法具有与财产法（第二编与第三编）完全不同的特点和属性，因此，不能放在物法与债法或者其他部分调整，必须专门进行调整。

当然，我们需要再一次强调，这种调整模式也只有带有"总则编"的民法典模式才能够适用，因为正像梅迪库斯教授所说，在这种模式中，无论总则还是其他分则都无法将亲属关系容纳进去——总则仅仅包含一般规则"公因式"，而其他分则，如债法

---

[1] [德]迪特尔·梅迪库斯：《德国民法总论》，邵建东译，法律出版社2013年版，第20~22页。

编、物权编都无法容纳婚姻家庭的内容，因此必须独立成编。

如果我们能够再把视野扩大一些，其实就会发现婚姻家庭关系属于不同于财产关系的显著特征：不仅基础不同，而且属性也完全不同。黑格尔在谈到市民社会、国家和家庭的时候，清楚地区分了三者的界限。他指出："市民社会是处在家庭和国家之间的差别阶段。"[1]可以清楚地看出，黑格尔的基本思想是：市民社会的市场规定性，决定了市民社会中所有具有外在价值的东西都被认为可以通过契约并依照契约性规则进行交换和让渡，而且拥有的手段是攫取。市民社会的这种攫取性本质，就使它与以利他精神为主旨的家庭区开来[2]。也就是说，市民社会的本质是利己性的，故与以利他为本质的家庭关系相区别；市民社会不是由国家政治机构来界定，而是由市场按照自身规律来界定，因而又区别于国家。在黑格尔这里的市民社会，是居于父系家庭与国家之间的一种历史形成的生活领域，它包括经济、社会阶层、同业工会及关注社会福利并执行民法的机构。市民社会的个人、各个阶层、各个团体和各种机构的交往乃是由民法所调整，而不直接依赖于政治国家本身[3]。正是因为这样的区别，婚姻家庭法是没有办法包括在债法或者物权法这种直接与财产和市场相连接的财产法中的。

有学者更清楚地说明了这种区别：在19世纪的所有民法典中，商品交易法与家庭法的断裂是显而易见的。依照民法典的传统规则，应该存在两个世界，二者具有各自特殊的合法性并且二者相互受益。合同法与财产法规制客观的、客观化的、商品与货币关系的世界。所有可以被买卖的东西，所有的物、产品与服务以及诸如发明和美丽的精神产品等无体精神产品，直至著名的网球运动员的胳膊、拳击运动员的鼻子、足球运动员的腿、演员的笑……简而言之，人的市场价值都是商品。家庭法完全是另外一种情况，其应当规制、维护家庭堡垒，而个人的考虑无法动摇该家庭堡垒；并且应规制、维护主观的、人与人之间关系的世界，货币不应进入此范围。作为维护主体间关系的家庭法有意识地抛弃了自治的生活塑造，制定了一个超越个人的制度。家庭不再是本能的场所，更不是充满欲望的场所，而是将自由塑造为理性的场所[4]。

总之，亲属关系这一基本的概念及其与财产关系的本质区别，导致了其独立成编，并且能够以此为基础构造其法律规范的外部逻辑体系。

三、作为外部体系构造的"总概念"与下位概念

作为婚姻家庭编（亲属编）的总概念是"亲属"，按照我国《民法典》第1045条之规定："亲属包括配偶、血亲和姻亲。配偶、父母、子女、兄弟姐妹、祖父母、外祖

---

[1] [德]黑格尔：《法哲学原理：或自然法和国家学纲要》，范扬、张企泰译，商务印书馆2009年版，第197页。

[2] 邓正来：《市民社会与国家》，载《中国社会季刊》1993年第3期。

[3] [美]约翰·基恩：《市民社会与国家权力型态》，载邓正来、[英]J.C.亚历山大编：《国家与市民社会：一种社会理论的研究路径》，中央编译出版社2002年版，第114页。

[4] [德]罗尔夫·克尼佩尔：《法律与历史——论〈德国民法典〉的形成与变迁》，朱岩译，法律出版社2003年版，第102~115页。

父母、孙子女、外孙子女为近亲属。配偶、父母、子女和其他共同生活的近亲属为家庭成员。"[1]

根据该条之规定，会产生下列诸多下位概念：①结婚。既然有配偶、姻亲，当然就必须有结婚的概念。②离婚。婚姻既然是一个契约，有缔结就有解除。因此，离婚肯定是结婚的伴随物。③家庭关系。家庭是由配偶、父母、子女和其他共同生活的近亲属所组成的生产和（或者）生活单位。④收养。拟制血亲。通过收养可以产生如同出生一样的血亲关系。⑤夫妻关系——通过结婚可以产生夫妻关系，并发生夫妻之间的权利义务关系。⑥亲子关系——父母子女关系。血缘与收养皆可产生亲子关系。

婚姻家庭编的整体可以如下图表示：

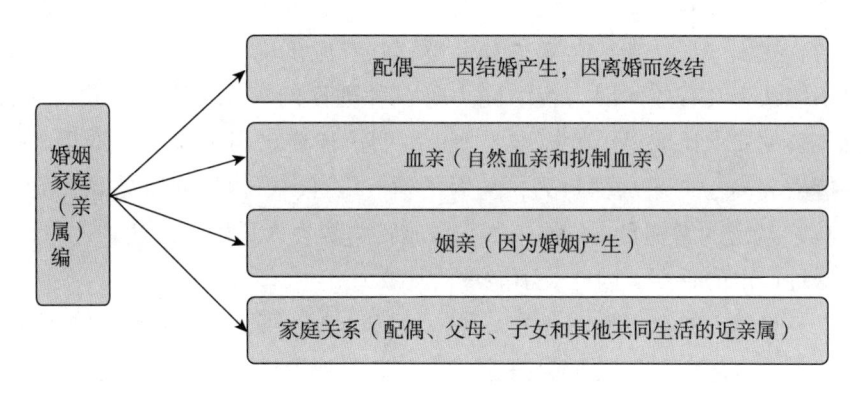

图 4-1-1 婚姻家庭编的整体图

四、婚姻家庭编与总则编的外在体系关联

在我国《民法典》这样带有"总则编"的模式下，总则编的部分必然应该是其他各个分编的"公因式"（一般性规定），因此，婚姻家庭编必然与总则编有密切的联系。婚姻家庭编主要与总则编中的下列基本概念和规范有直接关联：

（一）自然人

婚姻家庭法律关系的主体仅仅是自然人，也只能是自然人，法人及非法人团体不可能作为婚姻家庭法律关系的主体。

在此前提下，《民法典》总则编规定的"权利能力"这一概念当然适用。但是，婚姻家庭编对于"行为能力"这一概念并不当然适用，因为《民法典》第1047条规定："结婚年龄，男不得早于二十二周岁，女不得早于二十周岁。"而总则编第17条及第18条却规定，18周岁以上的自然人为成年人。成年人为完全民事行为能力人，可以独立实施民事法律行为。因此，行为能力的规定不能完全适用。

---

[1] 日本法上的亲属的概念与我国民法典的该条规定是一致的。按照日本学者的解释，亲属是通过自然血缘、准血缘和婚姻等，同特定的人们结成的特别亲密的关系，参见［日］我妻荣、有泉亨：《日本民法·亲属法》，夏玉芝译，工商出版社1996年版，第22页。与德国法上的概念也基本一致，见［德］迪特尔·施瓦布：《德国家庭法》，王葆莳译，法律出版社2010年版，导论部分（第3页）。

之所以说是"不完全适用",是因为我国《民法典》第1047条虽然规定了结婚年龄比成年之年龄标准高,但是可能存在这种情况:一名男性虽然年龄达到了22周岁,但智力有障碍,不过其智力仍然可以达到18周岁成年人的水平,仅仅是不能达到22岁男人的智力水准,这种情况下,缔结的婚姻有效吗?笔者认为,本着"宁可使之有效而不能使之无效"的原则,这时候应该承认婚姻之效力。

另外,不得不说的问题是:如果年龄达到法律要求,但智力有障碍,仅仅能够达到15岁左右的未成年人之水平,那么,这种婚姻在征得监护人同意后,是否可以认可其效力?从比较法上看,《法国民法典》(第144条、第148条)承认未成年人在征得其法定代理人同意的情况下缔结婚姻之效力。《德国民法典》第1303条第1款虽然要求结婚必须成年,但是第2款却规定,只要一方年满16岁且对方成年的,法院不得宣告婚姻无效。我国《民法典》能够做如此解释吗?应该说,如果是限制行为能力人缔结的婚姻不能认为其有效。因为行为能力是一种理性的标志,因此,我国《民法典》对于婚姻年龄的要求比成年年龄标准要高,说明法律要求当事人对于婚姻这一法律行为的认知能力要高于一般法律行为,从而正确、认真、严肃地对待婚姻。况且,在我国《民法典》规定的婚姻自主的原则下,限制行为能力人显然不能达到这一认知水平,无法对待这种严肃的婚姻。因此,不能承认其效力。

同时,与自然人的宣告死亡有关。我国《民法典》第51条规定:"被宣告死亡的人的婚姻关系,自死亡宣告之日起消除。死亡宣告被撤销的,婚姻关系自撤销死亡宣告之日起自行恢复。但是,其配偶再婚或者向婚姻登记机关书面声明不愿意恢复的除外。"第52条规定:"被宣告死亡的人在被宣告死亡期间,其子女被他人依法收养的,在死亡宣告被撤销后,不得以未经本人同意为由主张收养行为无效。"第53条规定:"被撤销死亡宣告的人有权请求依照本法第六编取得其财产的民事主体返还财产;无法返还的,应当给予适当补偿。利害关系人隐瞒真实情况,致使他人被宣告死亡而取得其财产的,除应当返还财产外,还应当对由此造成的损失承担赔偿责任。"

(二) 法律行为

无论结婚、离婚还是收养,都是法律行为。因此,婚姻家庭编与"法律行为"这一概念息息相关。但是,值得注意的是:

1.《民法典》总则编关于法律行为可撤销的规定不能一概适用于婚姻家庭法。特别是关于结婚,错误、欺诈等不能简单地适用法律行为的一般规定,我国《民法典》对于婚姻的可撤销有自己特别的规定。第1052条规定:"因胁迫结婚的,受胁迫的一方可以向人民法院请求撤销婚姻。请求撤销婚姻的,应当自胁迫行为终止之日起一年内提出。被非法限制人身自由的当事人请求撤销婚姻的,应当自恢复人身自由之日起一年内提出。"第1053条规定:"一方患有重大疾病的,应当在结婚登记前如实告知另一方;不如实告知的,另一方可以向人民法院请求撤销婚姻。请求撤销婚姻的,应当自知道或者应当知道撤销事由之日起一年内提出。"重大误解、一般性欺诈等不能成为撤销婚姻的理由。

2. 《民法典》总则编关于无效的规定也不能一般地适用于婚姻。对于婚姻之无效事由，《民法典》第 1051 条专门作出了规定："有下列情形之一的，婚姻无效：（一）重婚；（二）有禁止结婚的亲属关系；（三）未到法定婚龄。"

有疑问的是：在现实生活中，有些人为了规避法律之非法目的而虚假结婚，这种以"虚假意思表示"实施的结婚行为是否适用民法典第 146 条关于无效之规定？笔者认为，由于结婚是要求双方亲自到登记机关办理结婚登记（《民法典》第 1046 条），而且要求在登记官面前亲自作出自愿结婚的意思表示并进行登记，因此，不能简单地认为这种行为无效，否则，登记的公示效力将无从谈起。

（三）民事责任

一般地说，凡是有义务的地方，就应该有责任。婚姻家庭编当然也存在民事责任问题，但需要注意的是：

1. 婚姻家庭编对于民事义务之违反规定有特别责任方式的，适用该编的规定。在《民法典》带有总则编的模式下，一般的原则就是：分则编有自己规定的，首先适用自己的规定，没有规定的才适用总则编的规定。例如，《民法典》第 1054 条规定："无效的或者被撤销的婚姻自始没有法律约束力，当事人不具有夫妻的权利和义务。同居期间所得的财产，由当事人协议处理；协议不成的，由人民法院根据照顾无过错方的原则判决。对重婚导致的无效婚姻的财产处理，不得侵害合法婚姻当事人的财产权益。当事人所生的子女，适用本法关于父母子女的规定。婚姻无效或者被撤销的，无过错方有权请求损害赔偿。"该条优先于第 157 条之规定适用。《民法典》第 1091 条规定："有下列情形之一，导致离婚的，无过错方有权请求损害赔偿：（一）重婚；（二）与他人同居；（三）实施家庭暴力；（四）虐待、遗弃家庭成员；（五）有其他重大过错。"该条优先于一般侵权责任之规定适用。

2. 没有规定的，适用总则编的规定。《民法典》总则编第 176 条规定："民事主体依照法律规定或者按照当事人约定，履行民事义务，承担民事责任。"第 179 条规定："承担民事责任的方式主要有：（一）停止侵害；（二）排除妨碍；（三）消除危险；（四）返还财产；（五）恢复原状；（六）修理、重作、更换；（七）继续履行；（八）赔偿损失；（九）支付违约金；（十）消除影响、恢复名誉；（十一）赔礼道歉。法律规定惩罚性赔偿的，依照其规定。本条规定的承担民事责任的方式，可以单独适用，也可以合并适用。"

当然了，我国《民法典》第 179 条这种规定如何适用，确实存在疑问：没有构成要件，仅仅规定责任方式的这种做法在现实司法活动中是否具有意义？应该先确定请求权基础，再看构成要件，然后再看责任方式：要么是违约责任，要么是侵权责任，要么是缔约过失或者特别责任。但是，在我国《民法典》的体系结构下，第 179 条从逻辑上说，是可以适用的。

（四）民事权利

婚姻家庭关系，也是一种权利义务关系，尽管其与一般的权利义务关系不同。因此，也存在民事权利的规则适用。我国《民法典》第112条规定："自然人因婚姻家庭关系等产生的人身权利受法律保护。"该条作为一般性保护规定，在婚姻家庭编没有特别规定的时候，可以适用。

第二节　婚姻家庭编的内在体系

一、内在体系概述

婚姻家庭编的内在体系主要是指该编的基本原则和基本思想，是对于外部逻辑体系的核心，外部逻辑体系必须反映内在体系，不得溢出。例如，善意第三人保护规则，就是利用法律内在体系的作用来遏制逻辑体系。

从我国《民法典》来看，我国婚姻家庭编所反映的内在体系由下列原则构成：①男女平等、夫妻平等的原则和思想；②婚姻自由的原则和思想；③人格独立的原则和思想；④过错责任原则和思想；⑤尊重传统美德的原则和思想。可以图示如下：

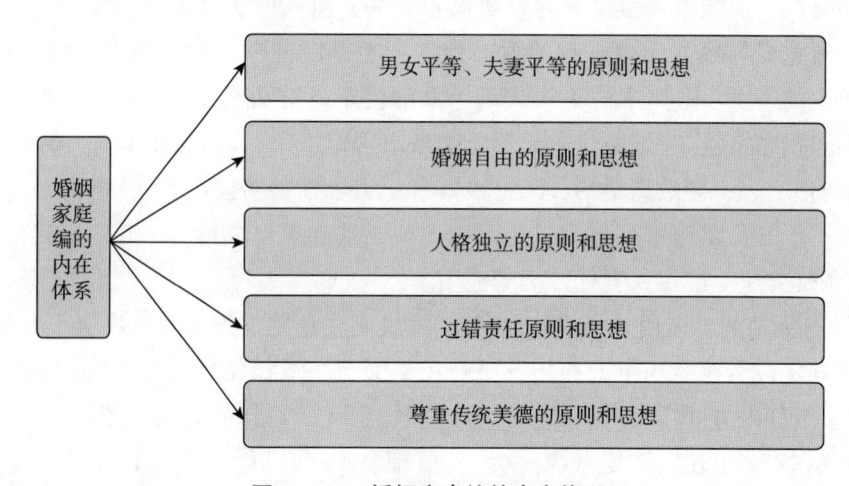

图 4-1-2　婚姻家庭编的内在体系

二、各种具体原则和思想的说明

（一）男女平等和夫妻平等的原则和思想

从我国第一部《婚姻法》开始，就一直坚持男女平等和夫妻平等的原则，2020年《民法典》第1041条和第1055条又重申了这一原则。这一原则在中国不仅是一项纸面上的原则，也处处贯彻在社会生活的各个层面：妇女的解放、独立，同工同酬，保护妇女权益等在我国都是现实的存在。

但是，从比较法上看，无论是法国还是德国这些较早实现了民法法典化的国家，仅仅在婚姻家庭领域中，男女平等、夫妻平等却在法典化后经过了漫长的时间，而且通过民法典外的许多单行法实现的。例如，《德国民法典》中起初的家庭法和继承法的法典化以及其他19世纪的民法典，仍旧基于一个家长制家庭的理念，该家长制家庭的（自然）因果联系以相互存在的依赖为基础。亲子显然依赖于其父母，不仅如此，在原则上，该亲子被塑造成一个现实能干的人并直至该父亲决定将其财产移交给其子，从而其能够经营该财产（父亲可以推迟该决定直至其死亡之时）之时，或者该亲子被塑造成一个现实能干的人直至女儿结婚之时。母亲依赖于其丈夫，并依赖于对丈夫照顾义务的履行，也同样依赖于其子，在父亲无劳动能力时，子继续家庭经营，其因受制于剥夺继承权而被要求在父母年老和生病之时照顾其父母。父亲也依赖子，妻与母亲也同样，但是父亲和子也依赖妻与母亲，因为只有她们才能够生养子女并为实现家长制而教育子女，教育其成为能干的成年人。对于所有人，实质的狭隘以及安全、情感上的暴力、（生活）保障都不可分割地纠缠在一起[1]。《德国民法典》制定时引以为典型的家庭，是那个时代社会现实的反映。这是一种以父权结构为主导形式的小家庭，丈夫在妻子和未成年的子女面前是"一家之主"，在所有关系到家庭共同生活的事务方面都享有最后的决定权，妇女大多满足法律赋与的"在家庭中的作用范围"。在法律看来，妇女没有能力独立管理她的财产。因此，应当由丈夫来负责管理妻子的财产，除非配偶之间通过订立婚姻合同来约定分别财产制。在对子女的教育方面，男人也具有较高的地位，他是子女的"法定代理人"。随着越来越多的妇女接受同男人相同的教育，承担相同的任务，同男人一样从事职业、赚取报酬，这种形式的家庭越来越不符合社会现实了。人们很早就提出了妇女和男人享有平等权利的要求。后来，这项要求在某些领域，如在政治选举法中得到了实现，《基本法》第3条第2款将这项要求提高到具有宪法高度的法律原则。由于此前适用的法律与这项宪法原则相悖，而立即宣布这些法律失效又会产生法律上的混乱，因此《基本法》第117条第1款规定，这些法律在与第3条第2款相适应之前依然有效，但最迟不得超过1953年3月31日。实际上，直到1957年6月18日，立法者才颁布了《男女平等权利法》，以此完成了民法领域的法律适应。《男女平等权利法》对《德国民法典》中的许多规定作了变更。在与平等原则相违背的法律已被废除的过渡时期，司法判例在其力所能及的范围内提供了帮助[2]。在现在，根据婚姻的基本思想，婚姻是一个男人和一个女人之间确立的一个以终生为期限的、虽然是可以分离的生活共同体，是否缔结这个生活共同体完全由男女双方的自由意志决定。在婚姻这个生活共同体中，男女双方享有平等的权利，以前丈夫享有的对家庭共同事务的决定权被废除了。夫妻中的任何一方都有权去从事职业，不过在从事职业时，他（她）应当"适当地考虑到配偶另一方以及家庭的利益"（第1356条第2款）。料理共同的家务也不再完全是妻子一方的事情，配偶双方"应当和睦相处，料理家务"。他们可以将家务交给妻子或丈夫一人处理。在这种情况下，由配偶的这一方自行负责主持家务（第1356条第1款）。配偶双方使用一个共同的姓氏。现

---

[1] [德] 卡尔·拉伦茨：《德国民法通论》（上册），王晓晔等译，法律出版社2003年版，第116页。
[2] [德] 卡尔·拉伦茨：《德国民法通论》（上册），王晓晔等译，法律出版社2003年版，第88页。

在，男女双方在结婚时既可以选择使用男方的家姓，也可以选择女方的家姓（第 1355 条）。以前法律中规定的丈夫管理妻子财产的法定财产制被废除了，代之以今天的法定财产制——财产增值共有制。据此，配偶双方原则上各自独立地管理自己的财产。在婚姻关系结束以后，配偶双方对他们在婚姻存续期间取得的财产增值进行结算。这种财产制的基本思想是：妻子往往在家庭中从事家务，或在丈夫的商店或企业中帮忙，她以这种方式对丈夫取得财产或增加财产做出了贡献。配偶双方可以通过订立合同（"婚姻合同"，第 1408 条）来排除适用法定财产制——在这种情况下适用（完全的）分别财产制（第 1414 条）——或约定适用共同财产制（第 1415 条）[1]。

但是，实际上，直到 1993 年，德国通过姓名权的重新规制（《德国民法典》第 1335 条的新规定），贯彻夫妻双方平等的工作才完全结束[2]。在其他欧洲国家，民法典中受到基督教教会较大影响的部分仍旧在缓慢地发生变化。自 20 世纪 70 年代以来，《奥地利民法典》接受了关于婚姻法与亲子法改革的一些因素，但却没有完全与家长制家庭法的传统原则决裂。《法国民法典》中原则上的现代化源自 1965 年，意大利的家庭法改革开始于 1975 年 5 月 19 日的那部法律[3]。

因此，我国《民法典》确立的这种男女平等、夫妻平等的基本思想和原则是婚姻家庭法的灵魂，世界上许多国家都是通过漫长的不懈努力才实现这一理想。所以，我国婚姻家庭必须坚持这一原则。

（二）婚姻自由的原则和思想

婚姻自由的原则和思想是在 1949 年中华人民共和国成立以后，我国在与封建传统的包办婚姻、休妻等不良习俗作斗争的过程中确立的原则。这一原则和思想在我国《民法典》中主要表现在：①《民法典》第 1041 条第 2 款："实行婚姻自由、一夫一妻、男女平等的婚姻制度。"第 1058 条规定："夫妻双方平等享有对未成年子女抚养、教育和保护的权利，共同承担对未成年子女抚养、教育和保护的义务。"②《民法典》第 1046 条："结婚应当男女双方完全自愿，禁止任何一方对另一方加以强迫，禁止任何组织或者个人加以干涉。"③《民法典》第 1069 条："子女应当尊重父母的婚姻权利，不得干涉父母离婚、再婚以及婚后的生活。子女对父母的赡养义务，不因父母的婚姻关系变化而终止。"④《民法典》第 1076 条第 1 款："夫妻双方自愿离婚的，应当签订书面离婚协议，并亲自到婚姻登记机关申请离婚登记。"第 1078 条："婚姻登记机关查明双方确实是自愿离婚，并已经对子女抚养、财产以及债务处理等事项协商一致的，予以登记，发给离婚证。"

其实，婚姻自由的基本原则从我国第一部《婚姻法》就已经确立了，这一原则基

---

[1] [德] 卡尔·拉伦茨：《德国民法通论》（上册），王晓晔等译，法律出版社 2003 年版，第 89 页。

[2] [德] 罗尔夫·克尼佩尔：《法律与历史——论〈德国民法典〉的形成与变迁》，朱岩译，法律出版社 2003 年版，第 112 页。

[3] [德] 罗尔夫·克尼佩尔：《法律与历史——论〈德国民法典〉的形成与变迁》，朱岩译，法律出版社 2003 年版，第 113 页。

本上是众所周知。但是，《民法典》第 1069 条却是根据我国现实社会生活中普遍存在的问题，有针对性地规定的一项规则。在我国现实社会中，父母包办、干预子女婚姻的现象已经越来越少，但相反子女干涉丧偶或者离婚的父或者母再婚的情况越来越普遍和严重。尽管子女干涉父母再婚主要是出对财产继承的考虑，但表现出来的确是各种借口。因此，我国《民法典》第 1069 条针对这种情况作出了专门的规定：不仅要求子女不得干涉父母再婚，而且这种再婚不影响子女的赡养义务。

（三）人格独立的原则和思想

我国婚姻法律制度一直坚持夫妻双方、家庭成员之间人格独立的思想和原则。我们下面仅以"夫妻关系"来说明人格独立的原则和思想。

我国《民法典》中夫妻双方人格独立体现在以下几个方面：

1. 夫妻任何一方不因结婚而改变姓氏。尽管很多所谓的发达和文明国家之法律相当成熟，但是就夫妻关系来说，有的国家要求妇女结婚以后必须跟随丈夫姓，如今天的日本；有的国家则夫妻双方可以商定婚姻姓氏，如德国。在我们国家，《民法典》第 1056 条规定："夫妻双方都有各自使用自己姓名的权利。"第 1015 条还规定："自然人应当随父姓或者母姓，但是有下列情形之一的，可以在父姓和母姓之外选取姓氏：（一）选取其他直系长辈血亲的姓氏；（二）因由法定扶养人以外的人扶养而选取扶养人姓氏；（三）有不违背公序良俗的其他正当理由。少数民族自然人的姓氏可以遵从本民族的文化传统和风俗习惯。"

2. 就业、学习和从事社会活动的权利不因婚姻而改变。夫妻，尤其是妇女人格独立的另外一个体现就是妇女结婚后不能沦为丈夫的附庸，可以继续从事工作、社会活动等。对此，我国《民法典》第 1057 条规定："夫妻双方都有参加生产、工作、学习和社会活动的自由，一方不得对另一方加以限制或者干涉。"这就规定了夫妻双方不因为结婚而改变社会地位、政治地位和其他地位，从而保障了彼此的人格独立。

3. 人格独立具有财产基础保障。财产是保证人格独立的关键，如果没有财产，所有的独立都没有基础和保障，也就成为一句空话。我国《民法典》在各个方面充分保障妇女的财产基础。①《民法典》第 1061 条规定："夫妻有相互继承遗产的权利。"②第 1062 条规定："夫妻在婚姻关系存续期间所得的下列财产，为夫妻的共同财产，归夫妻共同所有：（一）工资、奖金、劳务报酬；（二）生产、经营、投资的收益；（三）知识产权的收益；（四）继承或者受赠的财产，但是本法第一千零六十三条第三项规定的除外；（五）其他应当归共同所有的财产。夫妻对共同财产，有平等的处理权。"③第 1063 条规定："下列财产为夫妻一方的个人财产：（一）一方的婚前财产；（二）一方因受到人身损害获得的赔偿或者补偿；（三）遗嘱或者赠与合同中确定只归一方的财产；（四）一方专用的生活用品；（五）其他应当归一方的财产。"④第 1065 条规定："男女双方可以约定婚姻关系存续期间所得的财产以及婚前财产归各自所有、共同所有或者部分各自所有、部分共同所有。约定应当采用书面形式。没有约定或者约定不明确的，适用本法第一千零六十二条、第一千零六十三条的规定。夫妻对婚姻关系存续期间所得的财产以及婚前财产的约定，对双方具有法律约束力。夫妻对婚姻关系存续期间所得的财产约定归各自所有，夫或者妻一方对外所负的债务，相对人知道该约定的，以夫或者妻一方的个人财产清偿。"⑤第1060条规定："夫妻一方因家庭日常生活需要而实施的民事法律行为，对夫妻双方发生效力，但是夫妻一方与相对人另有约定的除外。夫妻之间对一方可以实施的民事法律行为范围的限制，不得对抗善意相对人。"

（四）过错责任原则和思想

过错责任原则和思想应该是债法，特别是侵权责任的归责原则和基本思想——行为只有在过错存在的前提下，才会产生责任，没有过错就没有责任。由于婚姻家庭法也存在"惩恶扬善"之精神，故在我国《民法典》婚姻家庭编中，许多制度之核心也以"过错"为前提，主要表现在：

1. 婚姻无效与可撤销的赔偿责任以过错为前提。我国《民法典》第1054条规定："无效的或者被撤销的婚姻自始没有法律约束力，当事人不具有夫妻的权利和义务。同居期间所得的财产，由当事人协议处理；协议不成的，由人民法院根据照顾无过错方的原则判决。对重婚导致的无效婚姻的财产处理，不得侵害合法婚姻当事人的财产权益。当事人所生的子女，适用本法关于父母子女的规定。婚姻无效或者被撤销的，无过错方有权请求损害赔偿。"

这里的"过错"主要就是指《民法典》第1051~1053条规定的具体情形。①第1051条规定："有下列情形之一的，婚姻无效：（一）重婚；（二）有禁止结婚的亲属关系；（三）未到法定婚龄。"在"未达到法定婚龄"这一情形中，如果是限制行为能力人，其是否存在过错赔偿责任？这一问题值得研究。笔者认为，不应该追究其责任。但是，如果男女双方已经达到18周岁但未达到22周岁或者20周岁的，因为已经达到完全行为能力人之标准（成年人），则应当承担过错赔偿责任。②第1052条第1款规定："因胁迫结婚的，受胁迫的一方可以向人民法院请求撤销婚姻。"在一般情况下，这里承担过错赔偿责任的，当然是胁迫人本人。但如果存在婚姻当事人之外的第三人胁迫的话，过错赔偿责任的主体则是：如果第三人胁迫之事实不为婚姻当事人一方所知道时，仅仅由胁迫人承担责任；如果第三人与胁迫人串通胁迫，或者婚姻当事人一方知道胁迫之事实，则胁迫人与该当事人对受胁迫方承担连带责任。③第1053条第1款："一方患有重大疾病的，应当在结婚登记前如实告知另一方；不如实告知的，另一方可以向人民法院请求撤销婚姻。"应该说，在婚姻关系的缔结中，一方不如实告知的情形可能很多，如财产状况、家庭背景等都有可能不如实告知，但我国《民法典》仅仅将"重大疾病"的不如实告知作为撤销婚姻的原因并视为过错赔偿之过错对待。

2. 离婚财产分割时的过错责任。我国《民法典》在夫妻离婚财产分割的时候，也本着照顾善意一方而惩罚过错方的原则进行。《民法典》第1087条第1款规定："离婚时，夫妻的共同财产由双方协议处理；协议不成的，由人民法院根据财产的具体情况，按照照顾子女、女方和无过错方权益的原则判决。"

那么,该条中的"过错方"是指什么情形呢?实际上就是指《民法典》第 1079 条第 3 款规定的前三种情形,具体就是指:①重婚或者与他人同居;②实施家庭暴力或者虐待、遗弃家庭成员;③有赌博、吸毒等恶习屡教不改。当然,还可能包括其他重大过错。

3. 离婚赔偿的过错责任。我国《民法典》对于离婚的法律后果的规定中,对于因一方的过错导致离婚的,也规定了过错赔偿责任。《民法典》第 1091 条规定:"有下列情形之一,导致离婚的,无过错方有权请求损害赔偿:(一)重婚;(二)与他人同居;(三)实施家庭暴力;(四)虐待、遗弃家庭成员;(五)有其他重大过错。"

(五)尊重传统美德的原则和思想

法律的中国特色只能立足于独特的中国历史与现实生活之上,如果我们承认中国人的婚姻家庭生活有着不同于外国的观念和实践,有着不完全同于外国婚姻家庭的正义观,那么婚姻家庭编的基本原则和思想就应该在除了对世界普世价值的继续坚持之外,还应当在尊重民族传统和当代生活实践上有所体现和作为。婚姻家庭法属于固有法的范畴,带有浓厚的民族特点,其法律规范应当是在坚持人类普世价值的同时,尊重和反映中国人的婚姻家庭生活实践与生活原理,由此形成婚姻家庭法的中国特色。在中国,婚姻不完全是个人的私事,实际上也确实不完全是个人的私事,而是涉及人类的再生产和社会的稳定[1]。中国的传统是在婚姻和家庭中追求生育和生命的不朽,以生命的传承绵延不朽为自己幸福的起点和终极目标。不可否认,近代以来中国社会经历了巨大的时代变迁,但存在于中国生活经验中、由独特的嫁娶观念形成的婚姻家庭文化仍然带有鲜明的中国特色,中国人仍然是以联系的思维看待婚姻和家庭,家庭成员之间不是机械原子式的关系,而是共生共荣、休戚相关的有机联系。正是这样的婚姻家庭理念决定了当代中国婚姻家庭立法应当具有不同于西方法律的特色。正是基于这种需要,我国《民法典》第 1043 条规定:"家庭应当树立优良家风,弘扬家庭美德,重视家庭文明建设。夫妻应当互相忠实,互相尊重,互相关爱;家庭成员应当敬老爱幼,互相帮助,维护平等、和睦、文明的婚姻家庭关系。"

这一原则贯彻于我国《民法典》婚姻家庭编的各种具体制度中,包括夫妻关系、父母子女关系和其他亲属关系。

三、婚姻家庭编制内在体系与总则编的体系关联

传统民法的总则编主要是对财产性关系的"公因式"的提炼,由于婚姻家庭关系的特别性,婚姻家庭编更多地规定了自身的、许多财产法不适用的原则和思想。例如,男女平等原则是婚姻家庭编中的重要原则,但在民法典的财产交易中,这种原则就没

---

[1] 长期以来,在近代立法者的意识中,无论是一夫一妻制的性别关系还是完全导向于进一步繁衍和教育,这些都不可能是纯粹的私人事务。1794 年的《普鲁士普通邦法》就将二者纳入公法。19 世纪的法学理论逐渐将之归入民法,但是却没有抽取掉其特殊位置。参见[德]罗尔夫·克尼佩尔:《法律与历史——论〈德国民法典〉的形成与变迁》,朱岩译,法律出版社 2003 年版,第 102 页。

有任何意义。我国《民法典》在编纂的过程中，更多地吸纳了学者关于传统民法典"重物轻人"的立法思想的批评，强调对人的保护。我国《民法典》之婚姻家庭编的内在价值体系与总则编的关联性可以表达如下：

（一）社会主义核心价值观

我国《民法典》第1条就开宗明义地指出了我国《民法典》的最高价值就是贯彻"社会主义核心价值观"，我国《民法典》之婚姻家庭编按照这一价值，在整个体系中贯彻了这一思想，特别是第1043条规定的婚姻家庭法的基本原则就是社会主义核心价值观的体现。

（二）民事主体合法权益受保护原则

我国《民法典》总则编第3条规定："民事主体的人身权利、财产权利以及其他合法权益受法律保护，任何组织或者个人不得侵犯。"婚姻家庭编第1041条也规定："婚姻家庭受国家保护。实行婚姻自由、一夫一妻、男女平等的婚姻制度。保护妇女、未成年人、老年人、残疾人的合法权益。"

（三）平等原则

我国《民法典》总则编第4条规定："民事主体在民事活动中的法律地位一律平等。"这就为婚姻家庭编中的男女平等原则奠定了基础，使得在婚姻家庭编第1041条规定男女平等顺理成章。

（四）意思自治

意思自治是《民法典》的基本原则，也是民法教义学在私法中极力推崇的一个原则。我国《民法典》第5条规定："民事主体从事民事活动，应当遵循自愿原则，按照自己的意思设立、变更、终止民事法律关系。"这其实就是婚姻家庭编规定的"婚姻自由原则"的内在价值的上位基础。

（五）公平原则

公平原则是否是一项基本原则抑或仅仅是一种法官衡平的方式，是存在不同看法的。但是，我国《民法典》总则编第6条将其规定为一项基本原则："民事主体从事民事活动，应当遵循公平原则，合理确定各方的权利和义务。"实际上婚姻家庭编在该编的许多制度中，如离婚财产分割、婚姻无效或者可撤销后的赔偿责任、离婚赔偿责任、家庭成员之间的权利义务分配、共有财产的管理和使用等方面，都贯彻了这一原则。

（六）诚实信用原则

诚实信用原则为私法的"帝王规则"，具有很高的位阶，几乎在《民法典》的各个部分都有其适用的空间。我国《民法典》第7条专门规定："民事主体从事民事活动，应当遵循诚信原则，秉持诚实，恪守承诺。"这一原则在婚姻家庭编中也有无可置疑的适用空间。例如，在夫妻关系的忠诚义务、家庭成员之间履行义务或者行使权利等方面，都需要这一原则。

（七）公共秩序和善良风俗原则

公序良俗在大陆法系国家的民法典中具有很高的价值地位，对于法律行为效力的否定、权利的行使或者义务的履行等都能够适用。由于婚姻家庭涉及的道德因素比财产性交易更多，因此，其使用的空间也就更大。可以说，我国《民法典》第 8 条规定的公序良俗原则在婚姻家庭编中也适用。

(八) 本土化原则

尽管我国《民法典》第 10 条从表面上看属于"法源"之规定，即习惯只要在不违法公序良俗的情况下，可以在特殊情况下作为法源来对待，但实际上这是本土化原则的一种体现。我国婚姻家庭法也必须尊重本土化原则，尤其是我国民族众多、各地习惯不同的情况下，本土化是解决民事纠纷不可或缺的基本原则。例如，我国司法实践中，对待"婚约"、彩礼、父母子女关系等的具体细节方面，都必须尊重习惯。

当然，以上这些原则作为上位原则，在《民法典》婚姻家庭编中有些可以直接适用，无需婚姻家庭编再重复规定，如本土化原则、诚实信用原则、公序良俗原则等。因此，婚姻家庭法的基本原则是独特性的原则——当然有些是上位原则的具体化，例如，《民法典》总则编的上位原则是"意思自治原则"，到了婚姻家庭法中就具体化为"婚姻自由原则"等。

第二章 婚姻家庭编之具体问题研究

第一节 婚姻属性的民法典体系解释

一、问题的提出

婚姻家庭法纳入《民法典》中成为《民法典》的一编,从而结束了婚姻家庭法游离于民法之外的局面,真正成为民法体系中的一部分。尤其是我国《民法典》第464条第2款[1]明确规定了婚姻可以参照合同编的规定之后,我们可以而且应当从民法典体系化的视角来审视婚姻家庭法与民法典体系的关系。其中,作为体系化观察的一个很重要的切入点,就是婚姻的性质——它是契约(合同)[2]吗?围绕这一核心问题,下列疑问在我国《民法典》上亟待从体系化视角进行解释:其一,有很多专门研究婚姻家庭法的学者大都认为婚姻是合同[3],但这种结论是否能够从我国《民法典》的具体规范中得出?合同至少应该具有两个要素:一是"合意"的要素;二是权利义务的内容。那么,在我国《民法典》中,这两个要素体现在什么地方?按照这个标准,离婚协议确实属于合同——一方面确实是离婚双方的合意,另一方面确实有有关于财产分割、子女抚养等权利义务的具体内容,但结婚如何呢?尽管《民法典》第1046条规定了结婚必须坚持男女双方自愿的原则,按照第1049条的规定,双方到登记机关(在登记官面前)表示自愿结婚,这种自愿属于"合同中的合意"吗?《民法典》合同编规定的"要约+承诺"的规则适用吗?"要约+承诺"的过程在哪里?更重要的是权利

---

[1] 我国《民法典》第464条第2款规定:"婚姻、收养、监护等有关身份关系的协议,适用有关该身份关系的法律规定;没有规定的,可以根据其性质参照适用本编规定。"

[2] 尽管有主张契约与合同有区别的观点,但是,本文坚持合同与契约的通用性。

[3] 刘征峰:《结婚中的缔约过失责任》,载《政法论坛》2021年第3期;宋智慧:《以契约理念透视婚姻本质》,载《长沙理工大学学报(社会科学版)》2004年第4期;郭亮:《从契约的角度阐述婚姻法》,载《忻州师范学院学报》2013年第1期;蒋云贵:《婚姻契约论》,载《长沙大学学报》2009年第6期;修艳玲:《论婚姻的契约性》,载《福建教育学院学报》2007年第1期;马洁娜:《婚姻是契约吗?——以赡养义务对婚姻契约的突破为核心》,载《中国矿业大学学报(社会科学版)》2019年第2期;何晓星:《论双重合约与婚姻——一个经济学的研究新框架》,载《上海交通大学学报(哲学社会科学版)》2011年第5期;等等。从比较法上看,德国占统治地位的学理认为婚姻属于契约——参见[德]迪特尔·施瓦布:《德国家庭法》,王葆莳译,法律出版社2010年版,第25页。在以葡萄牙为代表的承认宗教婚姻与世俗婚姻的国家,无论是哪种婚姻,都被认为是契约:世俗视角下的婚姻的概念是,根据《葡萄牙民法典》第1577条之规定,可以将婚姻定义为"两个不同性别之人根据本《法典》之规定拟通过完全共同生活建立家庭而订定的合同";从宗教婚姻的视角看,根据《教规法典》第1057条第2分条得出的结论是将婚姻定义为"意思行为,男人和女人通过该行为以不可废止之协议为了婚姻设定之目的相互献身和相互接纳"——参见[葡]威廉·德奥利维拉、弗朗西斯科·佩雷拉·科埃略:《亲属法教程》,林笑云译,法律出版社2019年版,第167~168页。

义务的合意在哪里？这里是否可以理解为，双方仅仅具有结婚的合意，但关于具体权利义务却不是合意产生的而是法定的？如果是这样，婚姻还能够称为合同吗？我们不妨来看一下房屋买卖的整个过程：买卖双方先签订一个房屋买卖合同，该合同中约定具体的权利义务，这里属于"负担性法律行为合意"（也称"债权合意"）；然后双方再到登记机关履行办理登记手续（俗称过户登记），在过户登记中也需要双方的"合意"，德国人把这一合意称为"物权合意"（处分性法律行为的合意）。但这里的合意（登记中的合意）不具有对等的权利义务，因而德国人常常将其称为"无因行为"。难道我国婚姻家庭法的学理所说的婚姻是合同，是指类似于这种处分性合同吗？其二，我国《民法典》及学理对于婚约的法律效力之态度如何？是否在这一方面排除了意思自治？无论如何，下列疑问当然需要解释：①婚约的性质如何？它是结婚的预约还是独立的契约？②如果双方签订了婚约，它没有任何法律效力吗？我们不承认婚约的法律效力是指不承认它那一方面的效力？是说它不具有产生当事人预期效果的法律效力，还是指它根本就没有任何法律效力？婚约无效，产生缔约过失责任吗？例如，甲乙签订了婚约，甲按照婚约向乙履行交付财产的义务。如果婚约无效，当然，甲可以请求乙不当得利返还，除此之外，对于乙的过错，甲是否有权请求其承担缔约过失责任？③如果双方签订了婚约，并且履行了婚约中的财产约定，双方也已经结婚了，那么，甲是否可以以婚约无效为由要求返还已经交付的财产？如果不能，理由是什么？是依据习惯吗？④如果不承认婚约的效力，双方在结婚之前，围绕着结婚签订了一层系列协议，如"财产各自独立协议"（分别财产，《民法典》第1065条）、结婚时就"如果离婚如何分割财产所达成的协议""赡养老人协议"等，这些协议性质上属于什么协议？将这些协议都作为一个个独立的协议而分别看待吗？如果婚姻无效或者离婚后，这些协议的效力如何——无效、可撤销？为什么？

这些问题必须放在民法典体系化中讨论才有意义，也是我们正确理解和适用《民法典》婚姻家庭编的关键问题，有必要澄清，本文的目的就是要从民法体系化的视角来说明和阐述以上这些问题，但是由于论述的需要，以上问题的论述顺序或许不能按照提出问题的顺序进行。

二、婚姻的契约性分析

婚姻是不是契约（合同）？对此，学者之间存在争议。我们可以称为"契约说"与"非契约说"。即使主张婚姻为契约的学者，理由也不相同。有人提出的支持理由是：①婚姻与契约都表达了个人自由生活的想法，都是实现私法自治的工具。在现代社会中，私法的主要作用在于确认并保障私有权的实现，原则上私人的生活不应当受到国家强制力的干预，在符合社会公共利益和满足公序良俗的前提下，每个人都有支配自己自主生活的权利。婚姻是实现自由家庭生活的方式，与契约实现经济生活自由的工具一样，都是实现行为自由的重要工具。②婚姻和契约有着相同的本质和动因，它们都是在当事人形成共同利益诉求的基础上而形成的合作协议。婚姻的本质就是男女双方当事人为了共同生活，结成配偶，并承担相应的权利和义务的两性结合，促成婚姻的根本动因就在于男女双方在性的需求、延续血脉、情感交流以及经济协作等方面达成一致的利益诉求。只要婚姻是合法有效的，夫妻双方所达成一致的利益诉求就成为法律保护的期望利益，因此，夫妻双方当事人应当努力协作，在享受合法的婚姻权利的同时，也要履行自己的婚姻义务，共同维系婚姻生活。由此可见，婚姻从其本质来说，依然是一种民事协议，因为它能够使夫妻双方当事人产生明确的权利义务关系的合作合意。但这些学者同时指出，婚姻契约的实质是一份不完全合同。这是因为如果想要婚姻成功，婚姻双方当事人必须全力投入婚姻，但大多数情况下夫妻双方的投入是不均衡的。如果婚姻破裂，他们很难收回他们在婚姻上的付出和投资，在大多数情况下，离婚时妻子的损失要远甚于丈夫。[1]在这里我们姑且不论其他观点，单就"不完全性"的论点来说，这种理由显然是值得商榷的：只要双方不完全投入从而不能完成契约约定义务的契约就是不完全契约吗？如果这样，凡是有违约行为的民事契约都属于不完全契约。这种结论，至少从民法典基本理论来看，是难以成立的。

　　有学者提出的婚姻契约论的支持理由是：①"合意"是婚姻缔结的前提；②要约和承诺是婚姻缔结的方式；③协议离婚制度反映了契约的应有之义。[2]但该理由的问题在于，"合意是婚姻缔结的前提"中的"合意"是指什么？如果是指结婚中的合意的话，该合意当然就不是婚姻缔结的"前提"，而是婚姻缔结的当然组成部分和核心——婚姻缔结的整个过程就是达成合意。如果说是婚姻缔结的前提，指的是"婚约"吗？至少在我国的学理和立法中，婚约中的合意不是结婚的前提。另外，婚姻缔结中的要约与承诺是如何体现出来的？因此说，为了得出"婚姻是契约"的结论，简单地生搬合同法的规则会令人产生更多的疑问。

　　有学者认为，在法律上将婚姻视为契约是可能且是必要的，理由是：现代婚姻与契约具有相通性：①契约的核心含义可以界定为两大要素：合意与交换。婚姻本身也存在合意和交换。现代婚姻关系始于平等主体之间的合意，提倡夫妻自主协商和约定婚姻内事务，并承认夫妻合意离婚的法律效力。就合意这一要素来说，现代婚姻与契约之间并无实质的不同。②婚姻的各个阶段都显现契约的合意要素——婚姻的缔结、婚姻的内容、离婚、婚姻无效与可撤销等都属于契约问题[3]。婚姻合意（Ehekonsens）不仅是婚姻的成立要件，也是婚姻的本质所在。据此，无论是婚姻的内部结构（如男方是否有家长地位），还是婚姻的解除，都必须完全根据契约法判断。婚姻的解除原因也和契约一样，如因为严重违约而宣布终止合同或通过协商一致解除合同。[4]但需要注意的是，在我国《民法典》上，婚姻的解除事由与一般交易性合同的解除事由却有着重大的本质的不同：我国《民法典》上的婚姻解除实际上是通过"离婚"的

---

[1] 郭霓：《从契约的角度阐述婚姻法》，载《忻州师范学院学报》2013年第1期。
[2] 蒋云贵：《婚姻契约论》，载《长沙大学学报》2009年第6期。
[3] 修艳玲：《论婚姻的契约性》，载《福建教育学院学报》2007年第1期。
[4] [德]迪特尔·施瓦布：《德国家庭法》，王葆莳译，法律出版社2010年版，第25页。

方式来实现的——协议离婚和法定离婚（裁判离婚）。当然，协议离婚不需要规定事由，只要双方达成离婚合意（解除婚姻的合意）即可（《民法典》第1076条）。但是，法定离婚的事由却与违约事由相去甚远——感情确已破裂，而且，判断感情破裂的法定事由也与一般违约有重大不同（《民法典》第1079条[1]）。

还有人认为，婚姻是契约的理由不是来自世俗社会，而是源于基督教。因为在基督教教义中，婚姻被认为是在上帝见证下的结合，即受到神的庇佑的男女合作关系。[2] 这种观点显然是宗教婚姻的观点而不是世俗婚姻的观点，但事实上有些国家既有宗教婚姻也有世俗婚姻，葡萄牙至今仍是承认"双轨制"的国家，[3] 1982年后的希腊也是如此，但有些国家并不承认宗教婚姻的法律效力，如法国、比利时、荷兰、德国、瑞士、俄罗斯和东欧国家。[4] 因此，不能说婚姻是契约的观念不是来自世俗社会，恰恰相反，世俗社会的民事婚姻之契约观才是主流观点。[5]

还有人提出了一种经济学的"双重合约理论"来解释婚姻，认为，鉴于任何影响、控制同交易一样，都是参与人一致同意达成的合约，则双重合约的内、外合约就是，没有参与特定相关合约（称为内部合约）的其他人，对于内部合约产生了（外部性）影响，则上述其他人一定是同内部合约参与人达成了另外的其他合约即外部合约。双重合约是一个普遍的存在，婚姻就是其中的一种。双重合约的内、外合约既具有统一联系又存在区别。内、外合约可以是排他性质不同的合约，其中一定程度内公外私性质的双重合约，是包括婚姻在内的一般组织的基本特征。根据合作博弈与讨价还价理论，可以建立双重合约下的婚姻稳定模型，其中包括合约效用、会计成本、机会成本、交易成本等重要变量。分析这些变量随社会经济条件的变化，可以解释人类远古以来婚姻规模逐步缩小的历史演变，解释现代婚姻稳定性日益减弱的趋势，以及解释当代婚姻向包括非正式在内的多元化形式的发展。[6] 该种观点的问题恰恰在于，是否民法

---

[1] 《民法典》第1079条共有5款："夫妻一方要求离婚的，可以由有关组织进行调解或者直接向人民法院提起离婚诉讼。人民法院审理离婚案件，应当进行调解；如果感情确已破裂，调解无效的，应当准予离婚。有下列情形之一，调解无效的，应当准予离婚：（一）重婚或者与他人同居；（二）实施家庭暴力或者虐待、遗弃家庭成员；（三）有赌博、吸毒等恶习屡教不改；（四）因感情不和分居满二年；（五）其他导致夫妻感情破裂的情形。一方被宣告失踪，另一方提起离婚诉讼的，应当准予离婚。经人民法院判决不准离婚后，双方又分居满一年，一方再次提起离婚诉讼的，应当准予离婚。"

[2] 参见马洁娜：《婚姻是契约吗？——以赡养义务对婚姻契约的突破为核心》，载《中国矿业大学学报（社会科学版）》2019年第2期。

[3] 参见《葡萄牙民法典》第1596~1809条，专门规定了教会婚姻与民事婚姻的条件与程序。

[4] [葡]威廉·德奥利维拉、弗朗西斯科·佩雷拉·科埃略：《亲属法教程》，林笑云译，法律出版社2019年版，第174~175页。

[5] [葡]威廉·德奥利维拉、弗朗西斯科·佩雷拉·科埃略：《亲属法教程》，林笑云译，法律出版社2019年版，第167页。

[6] 何晓星：《论双重合约与婚姻——一个经济学的研究新框架》，载《上海交通大学学报（哲学社会科学版）》2011年第5期。

典上的任何制度都可以通过经济学的模型来解决？或许，交易性的合同有某些合理成分，[1] 但用这种模型来分析和说明婚姻这种特殊的契约，恐怕在契合度上相差太大。

非契约说主要可以分为：①身份关系说。该学说主张婚姻法律关系本质上是一种身份关系，婚姻双方在财产上的权利义务关系是附随于人身上的权利。创设这种关系的婚姻行为是一种身份法的行为。行为人需有结婚的合意，但是婚姻成立的条件和程序、婚姻的效力、婚姻解除的原因等，都是法定的。该说属于目前我国通说。②制度说。这种观点其实起源于自然法。根据自然法，婚姻被视为一种制度，即天然的由某种目的决定、并按照某种结构而设立的产物。这种对婚姻的理解源于亚里士多德的哲学思想，其形成于中世纪，直到18世纪末都占据着统治地位。根据这种观点，婚姻的主要目的就是繁衍和教育后代。这种观点的核心在于，婚姻具有完全的法律特征：婚姻由其社会功能所决定，并且为实现该功能而完全受法律调整。[2] 婚姻的缔结虽由当事人选择，但结婚的制度是法定的，是强制性的规定，而不是可以由双方自由约定的。且双方不能附条件或期限，也不能改变结婚的法定方式等。因此，主张婚姻是人为制造的制度，人可以选择婚姻，但人不能以自己的约定改变制度。在选择婚姻时，与缔约相同，但是在内容上两者截然不同。认为婚姻是契约的观点，只是反对封建主义与教会的斗争手段，它是应斗争的需要而生，在历史上曾起到过积极的作用。在平等自由观念深入人心的今天，持婚姻是一种契约的观点已不具有资产阶级革命时期的积极作用了。相反，它会使得人们产生将婚姻关系商品化的不良倾向，以契约自由为托辞，逃避婚姻的责任。[3] ③伦理实体说。该说认为，婚姻是伦理的实体，法律的规定使得伦理实体具有法律的意义，是有法意义的伦理的爱。[4] 其实，这是"人本婚姻观念"的产物——中期以来，婚姻日益被视为男女之间具有高度人身属性的联系，双方在心灵和精神上的联系比法律更为重要。据此，婚姻的本质是夫妻之间的精神感情关系。与此相对应的，对婚姻之爱的理解也发生了变化：虽然中世纪的婚姻也要求伴侣之间有"爱情"，但这种爱情仅指在客观上履行家庭责任，以及在家庭中言行妥当，这些都是结婚的结果而已。根据人本的婚姻观念，高尚的、情欲化的伴侣之爱才是婚姻的本质所在。据此，婚姻法本身只有形式上的意义：世俗结婚只是从外部确证业已存在的内部联系；离婚也只是内在联系已经消灭的结果。[5] 黑格尔在论述婚姻的本质的时候

---

[1] 但也不是全部适合于民法，例如，法律的经济分析学派的观点，就没有被美国和大部分国家所接受，其效率理论与民法上的公平理念是有区别的——并非符合效率原则的，就是公平的。因此，所谓"汉德公式"仅仅在很狭窄的范围内被采纳。参见 [美] 朱里斯·克里曼：《侵权行为法和侵权行为理论——关于研究方法的初步思考》，载 [美] 格瑞尔德·J. 波斯特马主编：《哲学与侵权行为法》，陈敏、云建芳译，北京大学出版社2005年版，第230页。

[2] [德] 迪特尔·施瓦布：《德国家庭法》，王葆莳译，法律出版社2010年版，第25页。

[3] 参见宋智慧：《以契约理念透视婚姻本质》，载《长沙理工大学学报（社会科学版）》2004年第4期。

[4] 参见宋智慧：《以契约理念透视婚姻本质》，载《长沙理工大学学报（社会科学版）》2004年第4期。

[5] [德] 迪特尔·施瓦布：《德国家庭法》，王葆莳译，法律出版社2010年版，第25页。

也持有这种观点。[1]

在分析婚姻关系的性质之前，我们必须遵循基本的体系化思维——民法典的思维模式，因为，民法典已经把婚姻关系纳入自己的调整范围中来了，并将其视作民事法律关系的一种。那么，我们就循着"民事法律关系"的路径展开讨论。民事法律关系，一般是由民法典规范调整社会关系后形成的一种人与人之间的、具有权利义务的关系。所谓法律关系，就是法律所规定的人与人之间的生活关系。人与人之间的生活关系至为错综复杂，法律所规定者不过是其中最小的一部分，还有大部分受道德、宗教等支配。法律的目的，在于追求社会生活的正义之实现，籍以维持社会生活的和平，从而增进人类的幸福。所以，何种生活关系可以认其为法律关系，只有以法律的目的作标准而予以认定。[2] 法律关系是人与人之间的法律纽带。[3] 婚姻法律关系无非就是由民法典中有关婚姻关系的规范调整的生活关系所形成的结果而已。当然，在民法典时代，不能再认为调整婚姻关系的规范就是指婚姻家庭编，其实，《民法典》很多篇章都调整婚姻关系。就如有学者在提到用契约的视角来审视夫妻之间的"忠诚协议"的时候所说，事实上，传统民法早已从合同的成立、生效、履行的各个环节提供了足够丰富和具有体系性的理论支持。对于夫妻双方的约定是否能够进入法内空间从而在民法上成立"合同"，该合同是否能够发生效力以及当事人能否依生效的合同主张权利等问题，传统民法分别在法律拘束意思、公序良俗原则的理论框架下给出了明确解答。尤其是在民法法典化、婚姻法回归传统民法已为大势所趋的当下，婚姻法学更应当从传统民法理论中汲取力量，不宜、更没有必要摒弃传统民法中已经成型的既有理论。[4]

婚姻关系既然是一种法律关系，那么这种法律关系的性质是什么？这种法律关系的实质内容是由法律规定的还是由当事人约定的？

大概在今天没有人会认为婚姻属于法定关系，恰恰相反，进步的社会的重要标志就是允许人们通过约定来确定人们之间关系。[5] "身份说"这种中国通说的问题恰恰在于，婚姻的确具有身份属性，但这种身份属性难道不可以通过契约的方式确定吗？因此，契约说与身份说并不矛盾，是分别从不同的视角来解读婚姻关系而已。就如合伙关系一样，既有作为契约型的合伙关系，也有作为主体型的合伙关系，他们的共同基础都是合伙协议。因此，婚姻关系的实质是否属于一种为"法律确认的具有身份属性的契约关系"呢？如果做出肯定的回答是没有问题的。在分析和回答问题之前，我们首先说"制度说"无论如何都难以成立：婚姻关系是由法律制度（规范）调整所形成的法律关系，这种关系是制度调整的结果，但本身不是制度，否则在逻辑上就存在

---

[1] [德] 黑格尔：《法哲学原理：或自然法和国家学纲要》，范扬、张企泰译，商务印书馆1995年版，第176~185页。

[2] 梅仲协：《法律关系论》，转引自民法教研室、费安玲、朱庆育编：《民法精要》，中国政法大学教务处1999年版。

[3] [德] 迪特尔·梅迪库斯：《德国民法总论》，邵建东译，法律出版社2000年版，第51页。

[4] 于程远：《〈民法典〉时代家庭契约的效力审查体系》，载《社会科学》2021年第5期。

[5] [英] 梅因：《古代法》，沈景一译，商务印书馆1996年版，第97页。

问题了——就好比买卖合同关系，是由合同法调整后所形成的出卖人与买受人之间的权利义务关系，但这种关系无论如何都不能成为制度。至于"伦理实体说"，根本无法否认婚姻关系属于契约关系，这就需要正确而不是机械地理解黑格尔的主张。有学者把黑格尔在《法哲学原理》一书中对于康德关于婚约是契约的批判作为否定婚姻是契约的理由，看似非常具有道理。我们不妨来分析一下黑格尔的真正所指。

黑格尔认为，婚姻不可能归属于契约的概念下，而康德竟把它归属于契约的概念下。同样，国家的本性也不在于契约关系中，不论它是一切人与一切人的契约还是一切人与君主或政府的契约。把这种契约的关系以及一般私有财产关系掺入国家关系中，曾在国家法中和现实世界造成极大混乱。[1] 婚姻实质上是伦理关系，伦理关系是实质性的关系，所以它包括生活的全部，亦即类及其生命过程的全部。但是，自然性别的统一只是内在的或者自在的存在，正因为如此，它在它的实存中纯粹是外在的统一，这种统一在自我意识中就转变为精神的统一，自我意识的爱。至于把婚姻理解为仅仅是民事契约，这种在康德那里也能看到的观念，同样是粗鲁的，因为根据这种观念，双方彼此任意地以个人为订约的对象，婚姻也就降格为按照契约而互相利用的形式。第三种同样应该受到唾弃的观念，认为婚姻仅仅建立在爱的基础上。爱既是感觉，所以在一切方面都容许偶然性，而这正是伦理性的东西所不应采取的形态。所以，应该对婚姻作更精确的规定：婚姻是具有法的意义的伦理性的爱，这样就可以消除爱中一切倏忽即逝的、反复无常的和赤裸裸主观的因素。婚姻不是契约关系，因为婚姻恰恰是这样的东西，即它从契约的观点、从当事人在他们单一性中是独立的人格这一观点出发来扬弃这个观点。由于双方人格的同一化，家庭成为一个人，而其成员则成为偶性。这种同一化就是伦理的精神。这种伦理的精神本身若被剥去了表现在它的定在中即在这些个人和利益（这些利益受到时间和许多其他因素的规定）中的各色各样的外观，就会浮现出供人想象的形态，并且会被作为家神等受到崇敬。缔结婚姻本身即通过婚礼把这种结合的本质明示和确认为一种伦理性的东西，凌驾于感觉和特殊倾向等偶然的东西之上。如果这种婚礼只是被当作外在的仪式和单纯的所谓民事命令，那么这种结婚就没有其他意义，而似乎只是为了建立和认证民事关系，或者它根本就是一种民事命令或教会命令的赤裸裸的任意。这种命令不仅对婚姻的本性说无足轻重，而且还辱没了爱的权威，作为一种异物而破坏这种结合的真挚性。[2]

但是，如果我们仔细阅读黑格尔在《法哲学原理》一书中的"市民社会观"和"契约观"才会明白其真实意思和所指为何。黑格尔的"市民社会观"是，市民社会是处在家庭和国家之间的差别的阶段，在市民社会中，每个人都以自身为目的，其他一切在他看来都是虚无。但是，如果他不同别人发生关系，他就不能达到他的全部目

---

[1] [德] 黑格尔：《法哲学原理：或自然法和国家学纲要》，范扬、张企泰译，商务印书馆1995年版，第82页。

[2] [德] 黑格尔：《法哲学原理：或自然法和国家学纲要》，范扬、张企泰译，商务印书馆1995年版，第176~181页。

的，因此，其他人便成为特殊的人达到目的的手段。但是特殊目的通过同他人的关系就取得了普遍性的形式，并且在满足他人福利的同时满足自己。由于特殊性必然以普遍性为其条件，所以整个市民社会是中介的基地；在这一基地上，一切癖性、一切秉赋、一切有关出生和幸运的偶然性都自由地活跃着。[1] 黑格尔的"契约观"则认为：契约双方当事人互以直接独立的人相对待，所以契约：①从任性出发；②通过契约而达到定在的同一意志只能由双方当事人设定，从而它仅仅是共同意志，而不是自在自为的普遍的意志；③契约的客体是个别外在物，因为只有这种个别外在物才受当事人单纯任性的支配而被割让。共同意志借以成立的双方同意，把让与某物的否定环节和接受某物的肯定环节分配于双方当事人之间，这时，契约是形式的，例如赠与契约。但若当事人每一方的意志都构成这两个环节的整体，因而在契约中成为而且始终成为所有人，这时，契约可叫作实在的，例如互易契约。契约中有两个同意和两个物，即我既欲取得所有权又欲放弃所有权。实在的契约指当事人每一方都做全了，既放弃所有权又取得所有权，在放弃中依然成为所有人。形式的契约则指仅仅当事人一方取得或放弃所有权。因为在实在契约中，当事人一方所保持的是他用以订立契约而同时予以放弃的同一个所有权，所以，那个永恒同一的东西，作为在契约中自在的、存在的所有权，与外在物是有区别的，外在物因交换而其所有人变更了。上述永恒同一的东西就是价值。契约的对象尽管在性质上和外形上千差万别，在价值上却是彼此相等的。价值是物的普遍物。[2]

在这种市民社会观和契约观的影响下，黑格尔之所以否定婚姻的契约性，实质的意思是说：①婚姻与市民社会中的互易契约、买卖契约不同，不是等价交换，而是付出爱的结合。因为，婚姻所生长的基础与契约所赖以生存的基础——市民社会不同：市民社会中的人与人之间是"攫取性"的，而婚姻的双方则是"付出性"的。②黑格尔所说的是婚姻的"本质"，但不是形式：婚姻本质上是伦理，但是形式上是否可以通过契约表现于外呢？黑格尔自己也承认："契约式从人的任性出发，在这一出发点上婚姻与契约相同。"[3] 黑格尔其实并不否认婚姻在形式上属于契约，但是他强调的是不能通过形式来否定其本质上的"伦理性"，不能把一个"崇高的伦理"等同于交易契约，因此，必须从契约出发来"扬弃"契约的观念。如果客观分析各国民法典上的各种契约，其内在本质是什么，也是不同的：例如，赠与契约虽然以合同的面目出现，难道这里面没有"爱与伦理"的本质吗？所以，要正确理解黑格尔的婚姻本质观的真实含义，不能因此否认婚姻属于一种在本质上反映"伦理关系"的特殊契约。

因此，这些所谓的学说都没有办法相互形成否定的替代，都是从不同的角度对于

---

[1] [德]黑格尔：《法哲学原理：或自然法和国家学纲要》，范扬、张企泰译，商务印书馆1995年版，第197页。

[2] [德]黑格尔：《法哲学原理：或自然法和国家学纲要》，范扬、张企泰译，商务印书馆1995年版，第81~84页。

[3] [德]黑格尔：《法哲学原理：或自然法和国家学纲要》，范扬、张企泰译，商务印书馆1995年版，第83页。

婚姻关系的描述而已。因此，我国《民法典》第464条第2款规定婚姻可以参照合同编规范适用是有道理的，尽管人人都明白婚姻与买卖合同是不同的。

婚姻关系是法律制度调整的结果，但不能因此说它就是法定的，就如一般买卖合同也是法律制度调整的结果，但不能说合同关系属于法定关系一样。既然不是法定的，那么它就是约定的。问题就在于，约定一定能够形成民事契约关系吗？当然不一定，因为许多"行政合同"也有约定的成分，但并没有形成民事法律关系中的契约关系。因此，"婚姻是约定的"这样一个前提，并不能当然推导出它是契约的结论。但是，如果再加上下列因素又当如何呢？这些因素包括婚姻自由原则、婚姻自主原则、双方平等原则。如果加上这些因素，就自然可以推导出婚姻关系就是契约关系的结论。

三、婚约与结婚的关系

既然婚姻属于一种特殊契约，那么，接下来的问题就是，婚姻的契约性体现在什么地方呢？具体来说：①既然婚姻是约定的，那么，约定的内容范围是什么？财产关系、离婚事由、生育问题等能否约定？这些约定属于契约自由的范畴吗？②婚姻关系中的法定义务颇多，那么这些强行性的法定义务还属于契约义务吗？③婚姻的契约性体现在什么环节？是订婚阶段还是结婚阶段？婚约的效力是什么？结婚登记时的"自愿"属于契约自由的那个阶段？这些问题，婚姻家庭没有回归到民法典之前是没有办法讨论的。为了讨论的方便，我们把最后一个问题放在最前面讨论。

婚约与结婚登记的关系。按照我国婚姻法学界的通说，婚约即订婚契约，是指男女双方以结婚为目的而作的事先约定，是作为本约的结婚的预约。[1] 国外也有学者认为，婚约属于预约。[2] 那么，婚约与结婚这两种行为符合预约与本约的基本含义和特征吗？

什么是预约？它与本约的关系是什么？结婚属于一种什么样的契约？我们先来看看我国《民法典》关于预约的规定。我国《民法典》第495条规定："当事人约定在将来一定期限内订立合同的认购书、订购书、预订书等，构成预约合同。当事人一方不履行预约合同约定的订立合同义务的，对方可以请求其承担预约合同的违约责任。"本约即预约约定要签订的合同。那么，预约和本约在内容上是否一致？预约首先是一个独立的合同，不是本约的一部分。在内容上，预约合同内容应当包含本约中的主要合同条款。如果不包括未来签订的本合同的主要条款，预约合同就仅仅是一个意向书。因为，如果当事人签订了一个没有未来主合同条款的预约合同，当事人在未来还要就本合同的主要条款进行协商，那么，如果任何一方不想履行预约合同，就以协商不成为由不签订本合同，而预约合同也就没有了任何意义，实际上也就沦落为意向书了。因此，要构成预约合同，则预约合同中就必须包括未来签订的本合同的主要条款。对

---

[1] 李明舜主编：《婚姻家庭继承法学》，武汉大学出版社2011年版，第75页。
[2] [葡]威廉·德奥利维拉、弗朗西斯科·佩雷拉·科埃略：《亲属法教程》，林笑云译，法律出版社2019年版，第208页。

于预约的使命，日本已故著名学者我妻荣提出了一个这样的观点：预约的宗旨，实际上是一方当事人或者双方当事人承担一种承诺的义务，即当对方进行本约的要约时，对此进行承诺从而使契约成立的债务（双方都有此义务的，为双方预约、双务预约；只有一方负有此义务的，为单方预约、单务预约）。但是，因为在当事人之间已有要约时，已经无须强迫对方作出承诺。拥有本约成立权的当事人在其发出成立本约的意思表示时，本约无须相对人承诺而成立。[1] 婚约难道符合预约的特征码？难道婚约的目的是签订正式的结婚契约吗？预约难道不是关于结婚的协议吗？在婚姻关系中，如果把婚约作为预约，那么结婚属于本约吗？

我们不妨来做一个比方：甲乙双方签订一个房屋买卖合同，约定甲方在该合同签订后的1个月内将房屋所有权过户登记到乙的名下，乙方在房屋所有权转移到乙方名下后的3天内，一次性将房屋价款通过账户转账给甲。难道甲乙双方签订的这个房屋买卖合同属于预约吗？显然不是。预约应该是约定未来签订买卖合同，买卖合同就是本约。房产所有权过户并不是所谓的本约，它是对于本约的履行和落实——当然，它是否属于一个独立的契约值得讨论。显然，婚约当然不能是预约，婚约本身就是本约。那么，结婚如何定性呢？我们就来分析一下结婚这种行为的特征。

结婚，在我国实际上就是结婚的双方当事人亲自在登记官面前作出同意结婚的意思表示，即在登记官面前作出关于结婚的合意，登记官将这种合意登记于专门的登记簿并发放证书。尽管有学者指出，结婚同意应该拥有某些属性或特点，有些是所有法律行为都有的一般性的，有些是特殊的，现在涉及的都是法律对婚姻的特殊要求。如果将前者和后者结合起来，我们可将之归纳列举如下：同意应该是亲自的、单纯的、简明的、完整的和自由的。[2] 也就是说，结婚的同意的表示必须是亲自作出、不能附加任何条件、意思表示必须是真实的和自由的。[3] 虽然如此，但是从其过程及结果来看，它仅仅是结婚双方公开表示结婚合意并以公示的方式宣布婚姻关系的官方确认。它并没有任何具体的权利义务。因此，其与婚约中的约定大概相去甚远。因为，婚约中约定的内容不仅有双方去登记结婚以获得官方承认，还有关于结婚后双方权利义务的约定。如果这样的话，预约与本约在内容上就难以匹配，那婚约就难以成为结婚的预约。

另外，结婚虽然具有双方的合意，但是否属于一个独立的契约呢？如果根据民法的一般理论，大概也是充满了争议。因为契约的核心是"合意+权利义务"，必须具有权利义务，也就是说，合意实际上是对"权利义务"的合意，但结婚这种过程是否符合这种合意规则呢？我们不妨从比较法的视角来看看婚姻缔结过程中契约原理之落实。

---

[1] [日] 我妻荣：《我妻荣民法讲义 V_1：债权各论》（上卷），徐慧译，中国法制出版社2008年版，第47页。

[2] [葡] 威廉·德奥利维拉、弗朗西斯科·佩雷拉·科埃略：《亲属法教程》，林笑云译，法律出版社2019年版，第218页。

[3] [葡] 威廉·德奥利维拉、弗朗西斯科·佩雷拉·科埃略：《亲属法教程》，林笑云译，法律出版社2019年版，第219~230页。

从葡萄牙的婚姻具体缔结过程看大致是这样的：在公开的结婚典礼上，局长宣布婚姻缔结开始，并在开场声明中宣读关于结婚人的身份数据和缔结婚姻的意图，以及最终批示或在婚姻是在与进行程序之登记局不同登记局缔结的情况下，宣读关于结婚人身份的证明书和与许可结婚有关的资料，询问到场之人是否愿意就其所知悉的某些婚姻缔结障碍发表声明，如果没有被声明的障碍，在指明《葡萄牙民法典》第 1672 条规定的夫妻的权利与义务[1]之后，询问每个结婚人是否接受另一结婚人为其配偶，每个结婚人依次对询问做出明确的答复："与某人结婚是本人的自由意思……"（指明另一结婚人的全名）。结婚人做出同意之后，婚姻被视为已经缔结，公务员将大声宣布："本人以法律和葡萄牙共和国的名义宣布张三和李四（指明丈夫和妻子的全名）已经被婚姻相联系。"缔结之后，紧接着是结婚登记。[2] 这是通常的婚姻缔结方式，也有紧急结婚，其实质程序大致相同，仅仅是更简单一些而已。[3] 从这个过程来看，不仅双方关于权利义务的合意实际存在，合意的过程大致也是存在的。但是，"要约+承诺"的过程并不明显，因此有别于买卖合同那样的缔结过程。

从我国结婚登记程序看，合意肯定是存在的：登记官会问双方"是否是自愿结婚？"得到双方的肯定回答后，就予以登记，婚礼或者仪式在我国并不被要求。仅此而已，没有关于任何权利义务的合意。因此，这种合意也就是仅仅对结婚这种单一事项做出合意。因此，其是否属于契约就充满争议。当然，我们可以这样解释：婚姻当事人双方的权利义务是法律规规定的，就像《葡萄牙民法典》第 1672 条那样，当事人表示结婚的意愿，实际上就是对于法律规定的权利义务进行了合意？当然，这种解释是符合逻辑的。但是，问题恰恰在于，既然是法定的，那么，是否就法定权利义务达成合意就没有任何意义了。因此，结婚肯定属于法律行为，但它属于什么样的法律行为呢？我们不妨把法律行为的分类中的负担行为与处分行为的区分来作一个说明。

所谓负担行为，是指使一个人相对于另一个人（或者另若干人）承担为或者不为一定行为之义务的法律行为。负担行为的首要义务是确定某项给付义务，即产生债务关系。[4] 梅迪库斯解释说，负担行为仅产生一项或者多项请求权，或者产生一种有效给付的法律原因。[5] 负担行为之所以如此称谓，是因为这种法律行为的直接后果是使义务人负担了一项义务，故以此称之。但这种义务仅仅以观念上的义务而存在，尚未开始履行。故对于一项具体的交易过程来说，负担行为不是目的，仅仅是手段，是暂时的。它仅仅是一种物权或者其他权利变动的准备阶段。通说认为，负担行为既可以

---

[1]《葡萄牙民法典》第 1672 条规定："夫妻双方互负尊重、忠诚、同居、合作及扶持义务。"
[2]［葡］威廉·德奥利维拉、弗朗西斯科·佩雷拉·科埃略：《亲属法教程》，林笑云译，法律出版社 2019 年版，第 270~271 页。
[3] 参见《葡萄牙民法典》第 1662~1663 条；［葡］威廉·德奥利维拉、弗朗西斯科·佩雷拉·科埃略：《亲属法教程》，林笑云译，法律出版社 2019 年版，第 277~279 页。
[4]［德］卡尔·拉伦茨：《德国民法通论》（下册），王晓晔等译，法律出版社 2003 年版，第 436 页。
[5]［德］迪特尔·梅迪库斯：《德国民法总论》，邵建东译，法律出版社 2000 年版，第 167 页。

通过合同行为表现出来，也可以通过单方法律行为的方式表现出来。[1]所谓处分行为，是指直接作用于某项现存权利的法律行为。[2] 通俗地说，处分行为就是直接使权利发生变动的法律行为，是支配权行使的具体表现。例如，动产中的交付行为可以直接转移所有权。

负担行为与处分行为的区别被称为"独立性原则"，相互区别大致如下：①法律后果不同：负担行为产生债法上的后果，即直接产生请求权；而处分行为则产生权利直接变动的结果，有的物权上的，有的则是准物权的变动。②适用的法律原则不同：处分行为要求处分的客体在处分前必须确定，而负担行为并不要求特定。[3] 因此，负担行为成立时，即使标的物不存在，也不影响其效力。③对处分人的要求不同：在处分行为，法律不仅要求处分人有行为能力，而且要求处分人具有处分权，其处分行为才能生效。就如德国学者所言，处分人享有处分权，是处分行为生效的前提条件。[4] 与此相反，任何人都可以从事负担行为，法律仅仅要求其行为能力的具备。④是否要求公示不同：对于物权法上的处分行为，法律一般要求公示，即处分行为必须通过某种公示手段表现出来；而在负担行为一般不要求公示。[5]

完整的法律行为理论不仅包括负担行为与处分行为的独立性，而且包括处分行为的无因性。区分的标准是法律行为是否能够与其原因相分离：能够与其原因相分离的法律行为，即法律行为的成立与其原因相脱离，原因非为法律行为成立的要件，称为无因法律行为（不要因法律行为）；反之，若法律行为以原因为成立要件而与原因不可分离者，称为要因法律行为。[6] 一般来说，负担行为多为要因法律行为，处分行为多为不要因法律行为。

德国学者拉伦茨指出，某项行为是要因的还是不要因的这个问题，通常仅仅出现在那些向当事人一方给与财产的法律行为中，在其他行为中便不问是有因还是无因的。[7] 问题是，为什么在这类法律行为中才有要因与不要因的问题呢？这是从市民社会的本质来理解交易行为的典型表现，即市民社会中的人允诺一项财产性支付必然要求相应的回报，无偿仅仅是例外。如果这样理解的话，就如同英美法系的"约因"了，但德国人恰恰把一个交易行为分为了两种：负担行为与履行行为。而"约因"仅仅停留在第一阶段——负担行为阶段。而第二阶段作为履行阶段为维护交易安全的目的切断了与原因的联系。这种思维方式可谓绝妙。但这是否是唯一或者最好的模式？围绕这一问题历史上曾经发生过十分尖锐的争论，今天也未停止。尤其是在我国《民法典》立法中，这一问题争议也较大。争议的焦点就在于，处分行为究竟是一个独立的法律

---

[1] ［德］卡尔·拉伦茨：《德国民法通论》（下册），王晓晔等译，法律出版社2003年版，第436页。
[2] ［德］卡尔·拉伦茨：《德国民法通论》（下册），王晓晔等译，法律出版社2003年版，第436页。
[3] ［德］迪特尔·梅迪库斯：《德国民法总论》，邵建东译，法律出版社2000年版，第168页。
[4] ［德］维尔纳·弗卢梅：《法律行为论》，迟颖译，法律出版社2013年版，第167页。
[5] ［德］迪特尔·梅迪库斯：《德国民法总论》，邵建东译，法律出版社2000年版，第169页。
[6] 邱聪智：《民法总则》（上），三民书局2005年版，第502页。
[7] ［德］卡尔·拉伦茨：《德国民法通论》（下册），王晓晔等译，法律出版社2003年版，第445~446页。

行为，还是仅仅是负担行为的当然履行行为？例如，签订一个买卖合同，出卖人交付买卖合同标的物本身就是在履行买卖合同规定的义务，是买卖合同的当然组成部分，不能成为一个独立的合同。另外，如果它是一个独立的法律行为，还要求行为人具有相应的行为能力。如果一个限制行为能力人，甚至是无行为能力人履行义务难道不能有效？

  从葡萄牙的缔结婚姻法律程序看，其通过婚礼缔结婚姻的过程似乎是存在的，缔结过程与登记是分离的。从我国《民法典》关于结婚的具体规定看，将结婚作为一个独立的法律行为似乎也不是问题，因为，按照《民法典》第1047条、第1049条的规定，当事人肯定已经达到完全行为能力的要求、双方也有合意，并且直接导致婚姻的成立。应该是一个独立的法律行为，性质上类似于处分行为。但是，在其与婚约的关系上，是否是一个无因性的法律行为呢？我们来看看我国学理与司法实践对于婚约的效力的态度。总体上看，我国学理和司法对于婚约问题态度如下：①对婚约既不提倡，也不禁止。婚约不是我国婚姻法的调整对象，当事人是否订立婚约，听其自便。但是，父母不得为未成年子女订立婚约。《中华人民共和国未成年人保护法》第17条规定："父母或者其他监护人不得允许或者迫使未成年人结婚，不得为未成年人订立婚约。"②订婚并非结婚的必经程序。当事人既可以按照民间习俗先订立婚约，然后再正式结婚。也可以不经订婚而直接进行结婚登记，无论是否订婚，结婚的唯一必经程序是办理结婚登记。③当事人自愿订立的婚约没有法律约束力。婚约只产生道义上的义务，不得强制订婚人一定成婚。一方订婚人在另一方悔婚时不得要求法院保护其要求与对方结婚的权利。婚约可依任何一方意愿而解除，不必经过一定程序，一方要求解除婚约的，只需告知对方即可，无须征得对方同意。[1] 从这种态度可以看出，结婚行为是一个无因性法律行为当属无疑，但是，从这种态度中却无法得出婚约究竟是有效还是无效——如果从"对婚约既不提倡，也不禁止。婚约不是我国婚姻法的调整对象，当事人是否订立婚约，听其自便"这种态度看，当然可以订立婚约并且有效：如果它不受婚姻家庭编调整，应该受到《民法典》合同编第464条第2款的调整。但是，如果从"当事人自愿订立的婚约没有法律约束力，婚约只产生道义上的义务"的态度看，似乎没有民法上的积极效力，仅仅具有"自然债务"的效力。而从"解除"的方式和条件看，似乎又与一般有效的合同或者法律行为没有差异。其实，从比较法上看，很多国家的民法典对于婚约采取的态度，也是不赋予其强制执行力。例如，在葡萄牙，根据其民法典第1591条的规定，男女双方以订婚、婚约或其他名义所订立之承诺缔结婚姻之合同，既不赋予任一方要求缔结婚姻之权利，亦不赋予任一方在合同不被履行时，要求施以任何处罚或收取非属第1594条所规定之其他赔偿之权利，即使有关处罚或者赔偿系由违约金条款产生者亦然。如果我们现在询问法律不愿在违反婚约所产生的赔偿义务上走得更远的理由，回答这个问题似乎并不困难：如果婚约一如预约买卖合同

---

[1] 蒋月主编：《婚姻家庭与继承法》，厦门大学出版社2014年版，第94~95页；李明舜主编：《婚姻家庭继承法学》，武汉大学出版社2011年版，第76~77页。

有完全的效力，关于婚姻的同意的自由将减少（法律担心如此）。为了避免必须赔偿所造成的全部损害，为了避免必须给付非常高额的赔偿，准备毁约的婚约一方可能宁愿选择结婚。然而，这正是法律所不希望的。当然其他预约合同具有类似的弊端，法律一般允许这些弊端。例如，如果一桩买卖，先前已经预先约定，关于同意出售的自由可能已经不如以前；预约出售人大概只能出售，以避免不得不向预约购买人赔偿。然而，如果相对于一般合同而言，这种对自由的限制与法律制度并不抵触，但在婚姻事宜上法律特别注意，直到婚姻缔结时，要使结婚人的同意尽可能是自由的。婚姻解除了这种债务，甚至（按照法律）确保结婚人的同意是自由的和自愿的要比最终强迫他遵守诺言的僵硬原则更有价值。[1] 但是，理论和司法实践并不否定婚约的效力，在此不仅排除了特殊形式的执行，而且不履行该等义务所产生的赔偿义务现在也限于某些义务和费用。正是这种赔偿某些费用和债务的义务构成了婚约的最突出的效力。[2] 显然，即使按照葡萄牙学者的上述对于婚约之效力阐述，也不能认为婚约属于预约——不履行预约没有任何违约性责任，法律把结婚与婚约断然隔离。

在我国，对待婚约的这种态度在《民法典》颁布后是否有所改变呢？如果我们从《民法典》整体体系和婚姻家庭编的具体规范看，似乎这种态度是不准确的。首先，从微观的视角看，婚姻家庭编没有直接否定或者禁止婚约，恰恰相反，甚至在第1065条规定："男女双方可以约定婚姻关系存续期间所得的财产以及婚前财产归各自所有、共同所有或者部分各自所有、部分共同所有。约定应当采用书面形式。没有约定或者约定不明确的，适用本法第一千零六十二条、第一千零六十三条的规定。夫妻对婚姻关系存续期间所得的财产以及婚前财产的约定，对双方具有法律约束力。夫妻对婚姻关系存续期间所得的财产约定归各自所有，夫或者妻一方对外所负的债务，相对人知道该约定的，以夫或者妻一方的个人财产清偿。"承认关于财产的约定；而且学者之间关于"忠诚协议"的效力也存在争论。[3] 难道婚约中对于财产和未来收益的归属、忠诚义务、离婚理由、婚后各自承担的家务义务等这些权利义务的约定全部无效吗？不能适用《民法典》合同编第464条第2款之规定吗？不能"只见树木不见松林"，这些协议可能以一个个独立的合同单独存在，也可能包含在婚约中。这种综合性婚约只要不违反《民法典》总则编第143条关于善良风俗之规定，为什么不能让其生效？我们不承认婚约的效力，其立法目的应该是保护人身自由，不能通过约定来束缚人身自由，不得通过契约方式来限制这种宪法赋予的自由的权利，但并不能限制其关于人身权利

---

[1] [葡]威廉·德奥利维拉、弗朗西斯科·佩雷拉·科埃略：《亲属法教程》，林笑云译，法律出版社2019年版，第206～208页。

[2] [葡]威廉·德奥利维拉、弗朗西斯科·佩雷拉·科埃略：《亲属法教程》，林笑云译，法律出版社2019年版，第210页。

[3] 于程远：《〈民法典〉时代家庭契约的效力审查体系》，载《社会科学》2021年第5期。

之外的约定。[1] 按照《民法典》第 156 条之规定，法律行为部分无效，并不影响其他部分的效力。因此，婚约中关于结婚的约定无效，并不影响其他部分的效力。也正是从这个意义上说，婚约不是预约，因为预约的使命在于订立本约，本约签订后，预约自然失效。但是，即使在结婚后，婚约中约定的这些权利义务并不当然失去效力。

总之，从比较法上看，大部分国家都不一般地否认婚约的法律效力，仅仅是规定不能根据婚约诉请结婚，但婚约具有其他方面的效力。任意解除婚约要承担信赖利益赔偿。[2] 一般地否定婚约的效力是没有道理的，无论婚约还是结婚，都属于法律行为，并且不能用负担行为与处分行为的分类来对待这两种契约。另外，不能从婚姻双方的许多权利义务是法定而非约定来否定婚姻的契约性。但无论如何，婚约都不能视为预约。

当然，结婚与婚约是分离的，也是无因的。但是，如果离婚或者婚姻被撤销，婚约的根本目的也就不再存在，因此，婚约当然也就失去了效力。由此交付的财产也就失去了根据和基础而需作为不当得利返还，当然，必须与赠与相区分。

的确，婚姻中的权利义务很多是法定的而非约定的，那么，如何来解释这种现象呢？笔者认为，从合同的一般视角看，法定义务也确实增多了。特别是基于诚实信用原则所产生的法定义务——附随义务在我国《民法典》之合同编中增多了，但这不能认为改变了合同的性质。同时，随着各个国家对于市场经济的干预，法律强加给合同当事人的法定义务也越来越多，例如，对于格式合同的规制规则，通过公共秩序和善良风俗、公共利益等工具对当事人自治的控制等，确实压缩了意思自治的空间。但不能说，这些义务不是契约义务，合同不再是合同。婚姻家庭法中适用公共秩序和善良风俗的空间和可能性更大，因此，与一般合同比较，其权利义务的约定空间更少。但不能就此认为，婚姻不是契约。正如法国学者所言，合同自由不能被用来突破那些涉及公共秩序的法律，公共秩序被确立为对合同自由的一项限制。一般意义上的公共秩序指的既是一种特定的社会组织，也是强加于这一组织形式的公权力机关；在家庭法上的特定意义的公共秩序指的是对家庭中的婚姻或者血亲关系的调整，以及对上述调整的遵守情况进行监督的权威机关，无论是本国的还是国际的，是立法层面的还是裁判层面的。易言之，无论是一般意义上的公共秩序，还是家庭法的特别意义上的公共秩序，都会涉及两个问题，一是公共秩序的内容，二是公共秩序的渊源。我们所要论述的是在家庭的组织中，留给一方或者双方当事人自主决定的空间，同时考察强加于他们的规范以及制定这些规范的权威机构。[3] 正是因为在婚姻家庭关系中，存在着对意思自治的更多

---

[1] 当然，我并不认为夫妻之间所谓的"忠诚协议"需要由法律调整，这不过是法定义务的一部分，是婚姻关系成立后发生的当然的义务，是基于诚实信用和婚姻关系当然产生的义务，不需要特别约定。即使不约定，也存在这种义务。

[2] [德]迪特尔·施瓦布：《德国家庭法》，王葆莳译，法律出版社 2010 年版，第 29~32 页；史尚宽：《亲属法论》，中国政法大学出版社 2000 年版，第 131~165 页。

[3] [法]米歇尔·格里马蒂：《合同自由与家庭公共秩序》，载李贝编译：《法国家事法研究文集——婚姻家庭、夫妻财产制与继承》，人民法院出版社 2019 年版，第 1~2 页。

干预的实际需要，导致了婚姻家庭关系中的法定性、强制性义务的增多。

双方当事人对于离婚理由的约定是否有效？如果从一般契约法原理及约定解约自由来看，双方既然可以自由缔结契约，当然也可以自由解除契约。因此，我国《民法典》第562条不仅允许当事人在合同订立后通过合意解除合同，也允许在订立合同的时候，在合同中事先约定合同解除的事由，当约定事由发生的时候，当事人可以据此解除合同。在婚姻家庭编也是如此，婚姻自由包括结婚自由和离婚自由：既然双方可以通过合意解除婚姻，为什么不可以事先约定离婚事由，当这些事由发生时，当事人可以据此解除婚姻呢？笔者认为，尽管我国《民法典》承认离婚自由，但是对于事先关于离婚事由的约定仍然应该认定为无效，理由如下：①这种离婚事由的约定与婚姻的基本价值是违背的，也是违反我国《民法典》第8条善良风俗的基本原则的。其实，在任何国家，由于婚姻涉及一个社会的基本问题，对此历来都是严肃、认真的，不能动辄离婚。因此，我国《民法典》婚姻家庭编对于婚姻的无效、可撤销和离婚都有严格的、不同于合同无效或者可撤销、解除的理由。中国素有"宁拆七座庙，不破一桩婚"的说法，在很多国家的宗教婚姻中，甚至不允许离婚，把婚姻说成是"永久协议"[1]。所以，应该对离婚的理由进行严格的限制，不允许当事人随意约定。②如果允许当事人随意约定离婚理由，无疑会大大扩大我国《民法典》上关于离婚的标准，造成大量家庭解体。同时，也可能造成"权利滥用"。因此，这里不能适用《民法典》第562条之规定。③事后通过合意离婚与事先作为约定离婚事由的离婚有着完全不同的性质：事后合意离婚，是双方法律行为，是双方的自愿，是双方经过各方面的考虑之后做出的决定，法律应当尊重这种决定。但是，事先约定离婚自由，实质上就赋予当事人一方一种"形成权"———一种强大的不需要跟对方协商的权利，只要提出就可以达到离婚目的。但是，即使有约定的事由，双方可能并没有达到感情破裂的地步，仍然具有维持婚姻家庭存在的基础。但如果根据这种约定离婚，就使得感情没有破裂的婚姻家庭解体。

四、结论

通过上述分析，我们可以得出结论：无论从我国《民法典》，还是从比较法的视角来看，婚姻的确属于一种特殊的契约，其特殊性表现在以下几个方面：①缔结过程的特殊性——没有一般契约缔结中的"要约+承诺"的讨价还加的商讨过程，仅仅是双方就结婚表示同意即可。即使像《葡萄牙民法典》承认宗教婚姻与民事婚姻并存的国家，在其通过婚礼和官方宣读将婚姻缔结与登记明显分离的模式下，婚姻也不具备"要约+承诺"的过程。②合意的内容是法定而少有约定，这一点与以"契约自由"为原则的契约有着较大的不同，例如，在葡萄牙，夫妻之间的同居、扶持、相互尊重、忠诚等义务是由其民法典专门规定而非当事人约定的，我国《民法典》也是如此。③婚约与

---

[1] [葡]威廉·德奥利维拉、弗朗西斯科·佩雷拉·科埃略：《亲属法教程》，林笑云译，法律出版社2019年版，第168页。

结婚似乎并没有法律意义上的关联：一方面，婚姻的缔结并不需要事先有婚约的存在，婚约并不是结婚的前提或者必备条件。另一方面，即使有婚约，也不具有强制执行的效力。因此，婚约与结婚并不具有预约与本约的关系。

我们之所以把婚姻当作特殊契约来对待，主要是源于如下的原因：①婚约与契约一样，属于双方当事人自愿的结果，自愿是其本质特征，符合契约自由的一般原则。②婚姻是双方当事人之间的关系，具有相对性特征，尽管登记具有对抗第三人的效力。③婚姻的双方属于平等关系。因此，平等主体之间的、自愿结成的人与人之间的关系，应当属于契约关系。当然，我们不能忘记，婚姻关系属于身份性关系，不具有一般交易契约的特征，因此其具有特殊性是自然的。因此，其成立、生效和解除都受到严格的限制。

第二节 《民法典》婚姻家庭编中损害赔偿的请求权基础

一、问题的提出

婚姻家庭法纳入《民法典》中成为《民法典》的一编，从而结束了婚姻家庭法游离于民法之外的局面，至少从形式上看，成为民法体系中的一部分。因此，我们必须从民法典体系化的视角来审视婚姻家庭法与民法典体系的关系。其中，作为体系化观察的一个很重要的切入点，就是婚姻家庭编中的损害赔偿的请求权基础。因为，在我国《民法典》的婚姻家庭编中，有两个条文集中规定了损害赔偿，即《民法典》第1054条第2款及第1091条。第1054条第2款规定的是婚姻无效或者被撤销后的损害赔偿责任，第1091条则是离婚后的损害赔偿责任。那么：其一，按照《民法典》第1054条的规定，婚姻无效或者被撤销之后，无过错方有权请求权损害赔偿，这里的问题就是：①"损害"是指什么损害？精神损害？财产损害？②有很多专门研究婚姻家庭法的学者都认为婚姻是合同，[1]那么，这种损害赔偿的请求权基础是否当然适用

---

[1] 刘征峰：《结婚中的缔约过失责任》，载《政法论坛》2021年第3期；宋智慧：《以契约理念透视婚姻本质》，载《长沙理工大学学报（社会科学版）》2004年第4期；郭霓：《从契约的角度阐述婚姻法》，载《忻州师范学院学报》2013年第1期；蒋云贵：《婚姻契约论》，载《长沙大学学报》2009年第6期；修艳玲：《论婚姻的契约性》，载《福建教育学院学报》2007年第1期；马洁娜：《婚姻是契约吗？——以赡养义务对婚姻契约的突破为核心》，载《中国矿业大学学报（社会科学版）》2019年第2期；何晓星：《论双重合约与婚姻——一个经济学的研究新框架》，载《上海交通大学学报（哲学社会科学版）》2011年第5期；等等。从比较法上看，德国占统治地位的学理认为婚姻属于契约——参见[德]迪特尔·施瓦布：《德国家庭法》，王葆莳译，法律出版社2010年版，第25页。在以葡萄牙为代表的承认宗教婚姻与世俗婚姻的国家，无论是哪种婚姻，都被认为是契约：世俗视角下的婚姻的概念是，根据《葡萄牙民法典》第1577条之规定，可以将婚姻定义为"两个不同性别之人根据本《法典》之规定拟通过完全共同生活建立家庭而订定的合同"；从宗教婚姻的视角看，根据《教规法典》第1057条第2分条得出的结论是将婚姻定义为"意思行为，男人和女人通过该行为以不可废止之协议为了婚姻设定之目的相互献身和相互接纳"——参见[葡]威廉·德奥利维拉、弗朗西斯科·佩雷拉·科埃略：《亲属法教程》，林笑云译，法律出版社2019年版，第167~168页。

《民法典》第464条第2款之规定，参照适用合同无效或者被撤销的结果之规定？那其实就是《民法典》第157条关于法律行为无效或者被撤销之规定——缔约过失责任？或者是侵权责任？或者说，缔约过失责任与侵权责任可以同时并存？其二，按照《民法典》第1054条，无论婚姻无效还是被撤销，最后都是自始无效。问题就在于，婚姻无效或者被撤销应该具有溯及力吗？像这种具有人身或者继续性特征的法律行为很难具有溯及力。因此，我国法上的问题就是，被撤销或者确认无效之前的关系不再被看成是"婚姻关系"，财产关系就不再是共有关系，各自财产关系恢复原来状况，子女关系是否还是婚生子女？问题在于，按照该条规定，财产关系由双方协议；协议不成的，由法院判决。这一规定在实际上是否已经脱离了"自始无效"的基本规则？因为既然自始无效，财产也就不再是共同财产，各自的归个人，只有共有财产才需要判决分割。还有，双方共同生活一段时间，有些财产已经不能证明归属，或者在婚姻存续期间有些收入，根本无法区分。这些无法区分的财产属于什么性质？这些问题不足以值得反思我们这种规定吗？如果不规定其自始无效，婚姻自撤销或者确认无效之日起无效，之前按照婚姻有效处理，其他关系和问题是否更加顺畅和合乎逻辑？其三，婚姻家庭法有自己独立的请求权和请求权基础吗？其四，按照《民法典》第1091条之规定，对于因重婚、家庭暴力、虐待、其他重大过错导致离婚的，具有这些行为的人对于对方要进行赔偿，那么：①这里的损害赔偿究竟是指因为该条规定的这些行为造成受害人之损害的赔偿，还是指因为这些行为导致离婚，因离婚导致的损害之赔偿？②这里的损害的范围是什么？仅仅是非财产损害赔偿，还是既有财产损害赔偿也有非财产损害的赔偿？③这里的损害赔偿是婚姻家庭编自己独立的赔偿基础还是侵权责任赔偿基础？这里的"损害"和"过错"是否与侵权责任构成要件中的过错和损害是一样的吗？其五，在计算损害赔偿数额的时候，是否需要考虑与夫妻共同财产之分割统一考虑？因为在分割夫妻共同财产的时候，《民法典》第1087条已经考虑到了过错方的过错因素，对于无过错方进行了照顾。那么，在适用第1091条的时候，是否应当考虑第1087条的因素？其六，《民法典》第1051条规定的婚姻无效的理由，能否做出体系化的扩大解释？因为，《民法典》第146条规定了"以虚假的意思表示实施的法律行为无效"之规范，那么这一规定能否适用于"虚假同意"缔结的婚姻？从而直接适用《民法典》第157条的缔约过失责任之规定？

如果在《民法典》颁布之前，婚姻家庭法中的这些损害赔偿可以"单独考虑"，甚至不考虑其与合同法、侵权责任法之关系，可以有自己独立的话语体系，[1]但是在《民法典》颁布后，当婚姻家庭法成为《民法典》的一编的时候，就必须把所有的请求权基础作出体系化解释，因为各编是一个体系，甚至有共同的"总则编"，相互的渗透性规则适用是法典化中必然存在的。因此，《民法典》第1054条及第1091条中的上述问题必须放在民法典体系化中讨论才有意义，也是我们正确理解和适用《民法典》

---

〔1〕 尽管在《民法典》之前，婚姻家庭法是一个独立的王国，有自己的话语体系，但是，仍然有些有深入思考的学者，对于这个独立王国的损害赔偿的请求权基础进行了有意的探讨。下面我将引用这些学者的论述。

婚姻家庭编的关键问题。另外，我国《民法典》的体系化程序有待提高，经常在请求权基础上重复规定：在物权编不忘提醒侵权保护；在人格权编中不忘违约与侵权保护。那么，婚姻家庭编既然独立成编，它是否有自己独立于违约和侵权的请求权基础？《民法典》第1054条及第1091条是对于违约或者侵权保护的提醒还是独立的请求权基础？对此，有必要澄清。本文的目的就是要从民法体系化的视角来说明和阐述以上这些问题。但是，由于论述的需要，以上问题的论述顺序或许不能按照提出问题的顺序进行。

二、缔约过失责任抑或侵权责任？——对于《民法典》第1054条的请求权基础解释

（一）婚姻无效或者被撤销是否具有溯及力

我们先来探讨婚姻无效或者被撤销是否具有溯及力的问题。对此，有四种不同的立法例：一是不区分无效与可撤销，统一否定溯及力的模式。这种模式下，无论是无效还是可撤销，其效力是统一的：婚姻取消后向未来发生效力。《德国民法典》等采取的就是这种模式。[1] 二是区分无效与可撤销，对于无效发生自始无效的有溯及力原则，而对于可撤销则采取无溯及力原则，《日本民法典》等采取的是这种原则。[2] 三是不区分无效与可撤销，区分善意与恶意而定是否发生溯及力。例如，《法国民法典》第201条规定："经宣告无效的婚姻，如原本系善意缔结，对于夫妻双方仍生效果。如仅有夫妻一方原系善意缔结者，该婚姻仅产生利于山一方的效果。"史尚宽先生详细说明了这种差异：在《法国民法典》中，无论绝对无效和相对无效，均发生溯及的效力。为保护相对人及出生子女，认有误想婚（mariage putatif），对于溯及效力加以缓和（《法国民法典》第201、202条），其要件至少须一方面为善意，他方面须有婚姻之外观，即有仪式（宗教仪式亦可）之举行。双方为善意时，对于配偶及子女均如同有效婚姻，即惟发生等于离婚之效力。仅配偶一方为善意时，惟为善意之配偶及其婚姻所生子女之利益发生如同有效婚姻之效力。恶意之配偶，对于子女之关系，不得主张婚姻之效力，对于子女无继承权。反之子女有婚生子女之资格，不独对于善意之配偶，对于恶意之配偶，亦有继承权。在配偶相互间，因恶意也有差异。[3] 四是我国《民法典》的立法例：不区分无效与可撤销，一律采取自始无效的绝对溯及力原则。我国《民法典》第1054条规定："无效的或者被撤销的婚姻自始没有法律约束力，当事人不具有夫妻的权利和义务。同居期间所得的财产，由当事人协议处理；协议不成的，由人民法院根据照顾无过错方的原则判决。对重婚导致的无效婚姻的财产处理，不得侵害合法婚姻当事人的财产权益。当事人所生的子女，适用本法关于父母子女的规定。婚姻无效或者被撤销的，无过错方有权请求损害赔偿。"

从以上四种立法例看，无论从逻辑还是社会效果上看，《德国民法典》所采取的立

---

[1]《德国民法典》第1318条。

[2] 参见王融擎编译：《日本民法——条文与判例》（下册），中国法制出版社2018年版，第694~698页；《日本民法典》第742~748条。

[3] 史尚宽：《亲属法论》，中国政法大学出版社2000年版，第207页。

法例比较合理,因为:①无效与可撤销在一般法律行为(合同)中,会发生溯及力的效果,即发生我国《民法典》第157条规定的法律效果。但是,无论在理论上还是立法上,我们都承认对于某些连续性合同,无论是无效还是可撤销,都不具有溯及力,因为,这种合同没有恢复原状的可能性。那么,婚姻是否具有这一特征呢?当然具有这种特征——共同生活在一起共同劳动,有共同的收益,共同繁衍后代并共同抚养,哪一点可以恢复原状?②从社会效果来看,这种一概溯及既往的原则也不符合子女及善意相对人利益:本来的婚生子女变为非婚生子女[1];无效期间的关系便成为"同居关系",其财产性质变为"琢磨不定"——"同居期间所得的财产,由当事人协议处理;协议不成的,由人民法院根据照顾无过错方的原则判决"。如果没有溯及力的话,子女还是婚生子女,之前双方的财产(个人财产除外)视为共同财产,在分割时按照照顾非过错方的原则来分割,岂不是更好?所以,当今大多数国家并不采用这种立法例。

下面我们对第1054条第2款的赔偿请求权基础进行讨论。

(二) 第1054条第2款的赔偿请求权基础

或许,在《民法典》之前的婚姻法时代,关于请求权基础的问题并不是那么需要搞清楚的,[2] 但是,在当今的《民法典》将婚姻家庭作为独立一编的情况下,任何一种积极主动的或者消极防御请求权,必须找到请求权基础并找出其在民法典中的坐标,否则就是体系化的失败。更确切地说,就是体系化没有真正地完成——"形在而神不在":婚姻家庭法并没有真正地纳入民法典体系中来。我们看一下,《民法典》第1054条规定的在婚姻无效或者可撤销的情况下,请求权基础是独立的,还是《民法典》第157条的具体变种?

笔者查阅了对于这一问题的阐述,认为刘征峰副教授的论述是最切入实质问题也是最深刻的。在《民法典》颁布之前,《婚姻法》对于婚姻无效或者被撤销后的后果并没有明确规定。[3] 因此,司法实践对于该后果是什么存在不同看法。有法院认为,婚姻家庭法中的损害赔偿以法律明确规定为限,婚姻被确认无效不同于离婚,不能适用《婚姻法》第46条关于离婚损害赔偿的规定;亦有法院未分析原因,直接认定该请求缺乏法律依据;相反的意见则认为,一方在婚姻登记前未告知另外一方其存在婚姻无效事由,对另外一方造成了一定的精神损害,应当承担精神损害赔偿责任,但并未明确说明其请求权基础;有法院却认为应当参照适用《婚姻法》第46条关于离婚损害赔偿的规定,支持善意方的精神损害赔偿请求。[4]

---

[1] 尽管在我国,婚生子女与非婚生子女同等对待,但在法律逻辑上是不同的。

[2] 其实,在《民法典》之前,很多婚姻家庭法的学者也在探讨这一问题。但是从一些教科书来看,并没有将其作为重要的问题看待。下面详细阐述。

[3]《婚姻法》第12条规定:"无效或被撤销的婚姻,自始无效。当事人不具有夫妻的权利和义务。同居期间所得的财产,由当事人协议处理;协议不成时,由人民法院根据照顾无过错方的原则判决。对重婚导致的婚姻无效的财产处理,不得侵害合法婚姻当事人的财产权益。当事人所生的子女,适用本法有关父母子女的规定。"

[4] 参见刘征峰:《结婚中的缔约过失责任》,载《政法论坛》2021年第3期。

在《民法典》颁布以后，第 1054 条恰恰在原来《婚姻法》第 12 条的基础上加上了第 2 款——"婚姻无效或者被撤销的，无过错方有权请求损害赔偿"。对此款规定的"损害赔偿"是什么性质呢？刘征峰博士认为，我国法上的合同采狭义概念，婚姻并不属于我国《民法典》合同编所规定的合同。虽然法律严格区分了合同和更具一般性的协议（《民法典》第 464 条），但缔约双方在协议成立前基于诚信原则所形成的信息义务并不仅仅局限在合同领域，而是存在于所有协议缔结前的磋商过程中。婚姻正是通过协议所缔结的，只不过法律为此规定了特殊的形式和特定的效果。双方在结婚前的磋商过程中，同样应当履行相应的先协议义务。并且，相对于多数合同，婚姻作为身份法律行为对人之影响更巨，此中的信赖关系实际上更为紧密，对当事人提出的信息义务要求亦更高，但并不表明当事人负有信息提供的一般义务。与合同的缔结一样，根据自己责任和私法自治原则，当事人原则上应当自己获取相关信息，不能绝对依赖相对方的提供，对相对方提供的信息亦应有一定的甄别和判断，法律也容许当事人进行一定的保留。虽然信息义务的判断具有一定的不确定性，但是婚姻之目的在此具有重要的意义。亦即，信息义务的范围指向"对于另外一方结婚决定具有重要意义的事项"。形成婚姻共同生活为婚姻之目的。依诚信原则及一般社会观念，凡是将来对婚姻共同生活可能产生重大影响之事项均应包含在内。但从《民法典》第 1054 条第 2 款的规定来看，信息提供义务似乎应当仅局限于导致婚姻无效和可撤销的事由上，而不包含其他内容。问题的关键在于能否参照适用《民法典》合同编关于缔约过失责任的一般性规定（《民法典》第 500 条）。刘征峰博士给出了肯定的答案，并认为，在结婚缔约过失情形中，并不存在类似于效力瑕疵领域差异化处理的理由。故而，此时应参照适用《民法典》第 500 条的规定，将信息义务的范围扩展至其他对于婚姻共同生活会产生重要影响的事实。在婚姻因欺诈而可被撤销的情形，比较法上对于所涉事实是否重要的判断多采主客观相结合立场。而对于缔约过失责任之承担而言，其保护的乃是相对人的信赖。信赖应当以理性人为标准，故而应采客观标准。易言之，只有那些值得被理性人信赖的重大客观事实才应纳入信息义务的范畴。[1]

从刘征峰博士的上述论证，可以得出其以下关键观点：①《民法典》第 1054 条规定的所谓为"损害赔偿"，实质上是"缔约过失的赔偿责任"；②既然《民法典》合同编（第 464 条）规定合同编的规范可以参照适用于婚姻，那么，在理解适用上就不应仅仅限于婚姻家庭编第 1051~1053 条规定的这么狭窄的信息披露和说明义务，应当扩大到所有"对于婚姻共同生活会产生重要影响的事实"的披露和说明义务；③在法律适用上，应当参照《民法典》第 157 条及第 500 条的规定。

立法机关相关专家在解释《民法典》第 1054 条的时候指出，在立法过程中，有专家学者和社会公众提出，无效婚姻和可撤销婚姻给无过错的当事人带来极大伤害，仅规定根据照顾无过错方的原则分配财产是远远不够的。受到伤害就应有权请求赔偿，

---

[1] 参见刘征峰：《结婚中的缔约过失责任》，载《政法论坛》2021 年第 3 期。

伤害他人就得承担赔偿责任。婚姻无效和被撤销的,还应当赋予无过错方请求损害赔偿的权利,以有利于保护无过错方的权益。下面我们对此问题进行分析和说明。

首先应当从文义解释开始。我们来看《民法典》婚姻家庭编第1054条之规范用语与第157条及第500条之差异:第1054条第2款的赔偿适用的是"损害赔偿",而第157条(总则编之法律行为无效与可撤销)及第500条规定的赔偿责任用语都是"赔偿损失"。显然,这里指的是"侵害指结果——损害"问题,而不是"损失"问题。纵观《民法典》第七编总体上都是用"损害赔偿""因侵害造成损害"。因此,从用于比较上看,可以说这里的"损害"一般就是指类似于侵权责任中的侵害赔偿。

但是,例外的是,我国《民法典》在总则编第186条[1]规定的"加害给付"之规范中,有一种例外情形——因合同履行中的违约行为(加害给付)造成固有利益损失的时候,当事人可以请求违约责任赔偿或者侵权责任赔偿。如果说,《民法典》婚姻家庭编第1054条是该条的具体化,那么,可能是符合逻辑的。这是因为:①民法典的"总则编"本来就应该适用于各个分编,婚姻家庭编没有理由不适用;②如果自然适用,按照民法典的逻辑体系来说,婚姻家庭编也就不需要再规定,否则,体系化就没有意义,但我国《民法典》婚姻家庭编却规定了,是否说明这不是第186条的具体化,是否有特殊用意?笔者认为,我国《民法典》这种情况很多,尤其是人格权编与侵权编、总则编的规定中有很多是重复的——立法中所谓的"无害主义条款"。因此,如果把婚姻理解为契约,有适用"损害赔偿"的术语,只能用第186条来解释为"加害给付"是符合体系解释的。但是,违约责任是以合同有效为前提的,如果合同已经无效或者被撤销,当然也就不能再适用第186条了。

这种赔偿请求权基础是否可以解释为"缔约过失责任"?实际上,从"婚姻是契约"这样的概念和前提出发,婚姻无效或者被撤销,当然应该适用合同无效或者被撤销的法律后果。由于我国《民法典》中合同属于一种法律行为,因此,合同无效或者被撤销的法律后果当然适用第157条之规定——缔约过失责任。因此,刘征峰博士将这种请求权基础定性为"缔约过失责任"是符合这种逻辑体系的。德国学者在谈到婚姻废止的法律效果时,也认为过错方违反了《德国民法典》第242条规定的"诚实信用原则"而构成"权力滥用",也是缔约过失的赔偿义务。[2]当然,缔约过失责任并不当然排除侵权责任的适用。

虽然说婚姻是契约这种观点笔者也是同意的,但是,从我国《民法典》(即使是以前的婚姻法)的规范看,这个契约的缔结过程却不同于一般的合同:它仅仅有双方的合意,但却没有所谓的"要约+承诺"的过程,刘征峰博士所说的婚姻缔结之前的"磋商过程"在我国民法上是不承认其效力的。因此,它的这个契约类似于"物权契约"——双方仅仅就权利的发生(移转)达成合意,而不是就对应的权利义务达成合

---

[1] 该条规定:"因当事人一方的违约行为,损害对方人身权益、财产权益的,受损害方有权选择请求其承担违约责任或者侵权责任。"

[2] [德]迪特尔·施瓦布:《德国家庭法》,王葆蒔译,法律出版社2010年版,第58页。

意（债权合意）。因此，通常所说的"缔约过失"问题一般发生在"债权合同"阶段——意思表示形成阶段（磋商阶段）或者表示阶段的欺诈、胁迫、错误。也就是说，如果把法律行为分为负担行为与处分行为的话，披露或者说明义务、欺诈或者胁迫、重大误解等一般仅仅发生在"负担行为"阶段，而在处分行为阶段不发生这种情形。例如，甲乙签订一个房屋买卖合同（负担行为），然后以这个协议为基础达成"所有权转移的合意"办理过户登记。所有的说明义务、欺诈胁迫或者重大误解都发生在房屋买卖合同阶段，而登记过户仅仅是根据买卖合同中的"原因"进行，所以这个阶段就不发生这些无效或者可撤销的事由。在婚姻关系中，婚约的缔结大致应当相当于负担行为，婚姻登记应该相当于处分行为。但是，由于我国《民法典》不承认婚约这种类似于负担行为的效力。因此，就将第1052条及第1053条规定的这些义务作为婚姻登记的前义务。至于说，具体的婚姻成立在我国现实中的表现就是：登记机关仅仅询问"是否自愿结婚"？双方只要作出肯定回答就可以登记成立婚姻。因此，没有任何要约、承诺或者磋商的过程。也许有人会说，登记之前肯定有磋商，但是这种磋商仅仅具有"事实效力"而无"法律效力"——无论如何磋商，当事人任何一方在登记机关都可以表达为"不自愿"，这就非常清楚地说明，磋商是没有法律意义的。因此，在这里适用的缔约过失责任，就不能适用民法关于负担行为与处分行为区分的一般理论，否则，从完整的逻辑上看，缔约过失责任就难以成立。也许正是这个原因，我国《民法典》对于婚姻无效或者可撤销规定的事由很窄：无效仅仅限于第1051条规定的"重婚、有禁止结婚的亲属关系及未达到法定婚龄"，可撤销也仅仅是第1053条规定的重大疾病这一事由，并不涉及其他的事关家庭生活的事项。

那么，《民法典》第1051条及第1053条之规定义务的不履行，是否能够构成侵权行为从而认定第1054条第2款属于侵权责任？对此，我国学者史尚宽教授认为，这种情况下构成侵权责任，赔偿的范围既包括财产损害，也包括非财产损害。[1] 对于史尚宽教授的上述观点，笔者觉得值得商榷：如果如此，还需要在亲属编中特别规定吗？法典化的体系意义与这种观点是不相容的。笔者认为，从以下几个方面看，不能构成侵权责任：①以上事项的未披露或者隐瞒仅仅是"消极性"的不作为，未履行按照诚实信用原则履行应当履行的义务，有的是一方有过错，有的则是双方都有过错（例如，双方隐瞒未达结婚年龄）。如果从侵权责任的构成要件看，这些隐瞒或者未披露直接导致的结果是"婚姻关系成立"，但婚姻关系的成立是双方在登记机关自愿和同意的结果，按照通常的理论，"受害人同意"是侵权行为构成的重要阻却事由。我国《民法典》虽然没有一般性地规定同意作为阻却事由，但在第1008条、第1019条、第1033条及第1035条都将其作为侵权行为构成的阻却事由。这些没有披露的不作为仅仅是导致了另一方在不真实的基础上作出了同意结婚的意思表示，并没有直接侵犯其人身权或者财产权。②从民法典的体系看，如果构成侵权行为，应该直接适用侵权责任编即

---

[1] 史尚宽：《亲属法论》，中国政法大学出版社2000年版，第214页。

可，没有必要在此专门规定侵权责任，如果在民法典的每一编都对于侵权赔偿请求权做出规定，那么民法典的体系化还有意义吗？——侵犯物权需要承担侵权责任、侵犯人格权需要承担侵权责任、侵犯身份权需要承担侵权责任、侵犯知识产权需要承担侵权责任等，这难道不是应有之义吗？恰恰相反，侵犯债权的侵权责任需要特别规定——因为其构成要件有特别成分。

接下面的问题是，《民法典》第1054条第2款规定的"损害"究竟是指什么损害呢？根据立法机关相关专家对于《民法典》该条的解读，无效婚姻和可撤销婚姻给无过错的当事人带来极大伤害，仅规定根据照顾无过错方的原则分配财产是远远不够的。受到伤害就应有权请求赔偿，伤害他人就得承担赔偿责任。婚姻无效和被撤销的，还应当赋予无过错方请求损害赔偿的权利，以有利于保护无过错方的权益。[1]这里似乎不是指"财产利益"，因为财产利益的损失弥补有两种途径：一是《民法典》第1054条第1款关于财产的处理规则；二是缔约过失责任也能解决财产损失问题。例如，因为对方过错导致无过错方表示愿意结婚，从而造成了财产的减少（当然是对方的过错导致不当财产支出，如果是自己的支出不能要求对方赔偿）。因此，这里的损失应该是指"非财产损害"，而这种非财产损害是传统缔约过失责任中不存在的。但是，问题就在于，有过错、有损害、有因果关系这些因素不就是侵权责任吗？如果是因为婚姻关系无效或者被撤销而侵权人格权的话，人格权编也已经规定得非常清楚了，无需再在第1054条规定这种损害赔偿。

如果从正常的法律思维来看，既然《民法典》第1054条规定了这种"损害赔偿"，就一定是不同于侵权责任的新型损害赔偿的责任。而这种责任又不能为传统的缔约过失责任所包容，因此，可以这样理解：我国《民法典》实际上是在传统的缔约过失责任基础上，对于因婚姻无效或者被撤销的缔约过失责任中增加了一种新的责任——非财产损害赔偿责任。这是婚姻无效或者撤销后的一种新型缔约过失责任。从名称上看，这种新型的缔约过失责任称为"损害赔偿"，是特指"非财产损害"，因为称为"精神损失"不太合适。而这种责任构成中的所谓"过错"，只要违背《民法典》第1051条和第1053条规定的情形即可构成，因此，这里的过错不同于侵权责任编中的过错。当然，在合同法中进行精神损害赔偿现在已经为多数国家的理论和立法所接受——旅游合同违约就可能导致精神损害赔偿。因此，缔约过失中包括精神损害赔偿也不能说是违反体系。

另外，《民法典》第1054条之所以特别，还因为该条不同于合同无效或者被撤销的一般缔约过失责任的构成要件：按照《民法典》第157条的规定，合同无效或者被撤销后，有过错的一方应当赔偿对方因此造成的损失；双方都有过错的，按照过错大小承担相应的责任。我们称之为"过失相抵"原则。但是，第1054条第2款却不同：只有无过错方才有权请求对方承担赔偿责任。也就是说，这里不仅不能适用过失相抵

---

[1] 参见黄薇主编：《中华人民共和国民法典婚姻家庭编释义》，法律出版社2020年版，第54页。

这种原则，而且，如果双方都有过错，则不得提出该条规定的赔偿请求。

总之，笔者认为，《民法典》第1054条规定的"损害赔偿"应该属于缔约过失责任这种赔偿请求权基础，特别之处在于这种缔约过失责任包括"非财产损害"。因此，第1054条才有特别规定之必要。

必须特别指出的是，本条仅仅是缔约过失责任，它并不排除侵权责任的构成，例如，在婚约被确认无效或者被撤销之前，一方有殴打或者以其他方式损害对方人身或者财产造成损害的，并不妨碍侵权责任的构成从而承担侵权责任。另外，如果一方明知自己有艾滋病而不告知对方，从而传染给对方的，当然也构成侵权，这种侵权责任并不是婚姻无效或者被撤销的当然后果和处理方式。但是，在具体的司法审判中，应当考虑缔约过失责任与侵权责任的协调，不能重复计算赔偿额。

对于以虚假意思表示（同意）缔结的婚姻是否可以直接适用《民法典》第146条[1]的规定认定为无效，从而直接适用第157条的无效规则？笔者认为，不能适用。原因有四：①婚姻关系不同于一般法律行为，应当慎重。即使在缔结婚姻的时候有虚假意思表示，但婚后没有其他事由，双方愿意生活在一起，法律自然没有干预的必要。现实生活中，也确实存在夫妻双方在结婚时不情愿，但结婚后生活得很好的情形。②如果确实没有感情，不愿意生活在一起，也有离婚这种救济措施可以救济。③既然《民法典》第1051条对于无效事由规定得如此清晰和具体，没有使用"等其他事由"这样的表述，其他事由自然不能作为无效的原因。④从比较法上看，《德国民法典》不采取无效的立法体例，而是有效但可以请求废止。就如有学者指出的，婚姻的主要效果在于男女在法律上的结合，此外，结婚还会产生很多次要的法律效果。这些法律效果均以有效婚姻为前提，如个人收入所得税法上的优惠税率、姓名法上的效果以及外国人法上的便利。因此有的人结婚并不是为了建立夫妻共同生活，而是利用法律规定的次要效果（Sekundärwirkungen）。例如，当事人在结婚时就约定，一旦达到某种特定目的就解除婚姻。利用婚姻谋取好处的当事人常常还会给对方以金钱补偿。习惯上将此种情形称为"虚假婚姻"。这种婚姻仍然有效，但是，当事人可以请求废止。[2] 因此，对于婚姻不能适用《民法典》第146条及第157条的规范。

三、离婚赔偿请求权的请求权基础是什么？——对于《民法典》第1091条的赔偿请求权基础的分析

（一）问题由来

我国《民法典》第1091条规定："有下列情形之一，导致离婚的，无过错方有权请求损害赔偿：（一）重婚；（二）与他人同居；（三）实施家庭暴力；（四）虐待、遗

---

[1]《民法典》第146条规定："行为人与相对人以虚假的意思表示实施的民事法律行为无效。以虚假的意思表示隐藏的民事法律行为的效力，依照有关法律规定处理。"

[2][德]迪特尔·施瓦布：《德国家庭法》，王葆莳译，法律出版社2010年版，第50～51页。这里翻译者适用的是"废止"，也有人适用"取消"一词，意在强调这种取消没有溯及力，向未来废止——参见《德国民法典》，陈卫佐译，法律出版社2020年版，第502页。

弃家庭成员；（五）有其他重大过错。"此处所定"无过错方有权请求损害赔偿"是什么性质的损害赔偿？是违约损害赔偿？还是缔约过失赔偿责任抑或侵权责任损害赔偿？

（二）解析

对于上述问题，我国学者有不同看法，有人认为，离婚损害赔偿就是违约责任。理由如下：①婚姻是一种身份契约，违反身份契约产生的损害赔偿责任属于违约损害赔偿责任而非侵权损害赔偿责任；②区分离婚损害赔偿与一般侵权损害赔偿。将离婚损害与一般侵权行为的损害分别并分开个别规定，不仅分偿不仅是多国立法趋势，也是我国长期坚持的立法实践。[1]

有人认为离婚损害赔偿是兼具违约责任与侵权责任双重性质的，并指出，离婚损害赔偿制度是一种特殊的民事损害赔偿制度，它有着与民事损害赔偿相同的法理基础。民事损害赔偿有两种具体的表现形式，即违约损害赔偿和侵权损害赔偿。离婚损害赔偿兼具婚姻违约损害赔偿与侵权损害赔偿的性质。在离婚损害赔偿制度下，夫妻中无过错方既可基于违约损害又可基于侵权损害向过错方要求损害赔偿。这就是说，夫妻一方向对方承担离婚损害赔偿责任是其婚姻违约责任和侵权责任的竞合[2]。

有人认为，离婚损害赔偿就是侵权责任，并指出，以重婚、与他人同居、遗弃为由请求离婚损害赔偿时，请求权基础为不履行其他义务的民事责任；以家庭暴力和虐待为由请求离婚损害赔偿时，请求权基础为侵权的民事责任；离婚损害赔偿的范围是离婚本身引起的信赖利益损失和非物质损失。离婚损害赔偿和一般损害赔偿既无替代关系，也无竞合关系。[3]

有人认为是特殊民事责任，并指出，这种责任不能被界定为侵权责任，究其原因，主要在于离婚赔偿责任在法构造上与侵权责任迥然不同。依侵权责任法的一般原理以及我国《民法典》第1165条的规定，侵权责任系建立在民事权益受到侵害的基础上，而离婚损害赔偿责任的成立则不要求无过错方的民事权益遭受侵害。在《民法典》第1091条所列举的四种过错行为中，不仅针对其他家庭成员实施的家庭暴力或虐待、遗弃不能认为是对无过错方配偶民事权益的侵害，即使是重婚、婚外同居行为，由于其所"侵害"的所谓忠实权、同居权在夫妻之间仅是作为相对权而存在，且效力较弱，不具有绝对性和支配性，不足以构成一般意义上侵权法的保护客体，故上述行为也不构成侵权法意义上的"权益侵害"。就此而言，离婚损害赔偿责任并不能为侵权责任所涵盖。有学者认为应将其界定为违约责任，这一观点尚值商榷。这不仅是因为该责任违反的是法定义务而非约定义务，更重要的是，虽然婚姻基于当事人的合意成立，但夫妻身份权利义务与合同关系具有重要区别，如夫妻间的忠实义务、同居义务具有高度的人身性和不可强制履行性，不能将其界定为合同法意义上的"给付"，对上述义务的违反也不构成合同法意义上的不履行，故不能以合同法的逻辑解决夫妻间的义务违反

---

[1] 郑锡龄：《其他重大过错导致离婚损害赔偿的立法解释》，载《山东女子学院学报》2021年第3期。
[2] 曾晓元：《离婚损害赔偿制度》，载《湖南公安高等专科学校学报》2002年第4期。
[3] 张学军：《离婚损害赔偿制度辨析》，载《政治与法律》2008年第2期。

问题。从目的解释以及体系解释的角度来看，离婚损害赔偿规定在离婚制度中，表明其是作为离婚的效力而存在的制度，目的在于对无过错方因有责离婚所遭受的损害提供救济，其不仅与离婚经济补偿制度、经济帮助制度一起构成了作为离婚自由衡平机制的离婚救济体系，在本质上属于婚姻解除时清算关系内容的组成部分。就此而言，离婚损害赔偿制度兼具离婚救济与离婚清算的功能。离婚损害赔偿责任既非侵权责任，也非违约责任。其实际上是在不能适用一般民事责任的情形下"为救济离婚产生的不利益而设法之保护政策"，在民事责任体系中应当属于法律特别规定的责任。[1]

司法实践对此问题的解决方法也不相同，大致有下列做法：①将离婚损害赔偿制度作为婚姻法解决夫妻间侵权纠纷的特别法律规范。多数法院采取这一做法，并据此否定了夫妻一方在婚姻关系存续期间或离婚后依侵权责任法就另一方的交通肇事、家庭暴力等侵权行为提出的损害赔偿请求；②将侵权责任法的一般规定作为离婚损害赔偿制度的补充。一些法院认为，《婚姻法》第46条所规定的四种过错行为仅是为了解决离婚损害赔偿问题作出的特别规定，并未涵盖夫妻间侵权行为的所有类型；③将离婚损害赔偿与夫妻间侵权责任予以区分对待。如有的法院认为离婚损害赔偿不是纯粹的侵权损害赔偿，不能代替或排斥夫妻间的一切侵权赔偿责任，即使不成立离婚损害赔偿责任，也可以成立侵权损害赔偿责任。[2]

笔者认为，如果要分析清楚《民法典》第1091条的请求权基础，必须先从该条的文义出发来厘清其要解决的问题是什么——是要追究因为该条规定的这些过错行为导致的侵害后果而应承担责任，还是追究因为这些原因导致离婚，因为离婚对无过错方造成了损害从而应当承担责任？

笔者认为，我国《民法典》第1091条所规范者，是因为该条所列举的原因导致离婚，因为离婚受到的损害赔偿，而不是追究该条所列举的具体原因导致的损害的赔偿问题。对此，有葡萄牙学者也指出，这里所指的仅仅是婚姻解除所造成的损害，而不是作为离婚原因所援引的违反或违反夫妻义务所造成的损害。一如我们已经在适当场合所看到的，后一种损害应该按照民事责任的一般规则赔偿；如果法官允许合并的话，对该等损害的赔偿请求可与离婚请求合并提出。正如1995年至1996年民法改革所规定的新规则所允许的那样。[3] 在我国，我们如果对照最高人民法院在《民法典》颁布后的关于婚姻家庭编的司法解释[4]就非常清楚。该司法解释有三条规定清楚地表明了其目的：第87条规定："承担民法典第一千零九十一条规定的损害赔偿责任的主体，为离婚诉讼当事人中无过错方的配偶。人民法院判决不准离婚的案件，对于当事人基于民法典第一千零九十一条提出的损害赔偿请求，不予支持。在婚姻关系存续期间，当

---

[1] 田韶华、史艳春：《民法典离婚损害赔偿制度法律适用的疑难问题》，载《河北法学》2021年第1期。

[2] 参见田韶华、史艳春：《民法典离婚损害赔偿制度法律适用的疑难问题》，载《河北法学》2021年第1期。

[3] [葡]威廉·德奥利维拉、弗朗西斯科·佩雷拉·科埃略：《亲属法教程》，林笑云译，法律出版社2019年版，第658页。

[4] 具体是指《最高人民法院关于适用〈中华人民共和国民法典〉婚姻家庭编的解释（一）》。

事人不起诉离婚而单独依据民法典第一千零九十一条提起损害赔偿请求的,人民法院不予受理。"第88条规定:"人民法院受理离婚案件时,应当将民法典第一千零九十一条等规定中当事人的有关权利义务,书面告知当事人。在适用民法典第一千零九十一条时,应当区分以下不同情况:(一)符合民法典第一千零九十一条规定的无过错方作为原告基于该条规定向人民法院提起损害赔偿请求的,必须在离婚诉讼的同时提出。(二)符合民法典第一千零九十一条规定的无过错方作为被告的离婚诉讼案件,如果被告不同意离婚也不基于该条规定提起损害赔偿请求的,可以就此单独提起诉讼。(三)无过错方作为被告的离婚诉讼案件,一审时被告未基于民法典第一千零九十一条规定提出损害赔偿请求,二审期间提出的,人民法院应当进行调解;调解不成的,告知当事人另行起诉。双方当事人同意由第二审人民法院一并审理的,第二审人民法院可以一并裁判。"第89条规定:"当事人在婚姻登记机关办理离婚登记手续后,以民法典第一千零九十一条规定为由向人民法院提出损害赔偿请求的,人民法院应当受理。但当事人在协议离婚时已经明确表示放弃该项请求的,人民法院不予支持。"由此可见,该赔偿与离婚相关,因此,不是因为离婚原因直接导致的"损害",而是存在《民法典》第1091条所列举的原因而引起的"离婚"导致的损害赔偿。

既然是赔偿,那么请求权基础是违约还是侵权?或者是婚姻家庭编中特有的请求权?对此问题,我们不妨对照以下比较法上的法例及解释。《法国民法典》第266条规定:"在惟一因一方配偶的过错宣告离婚的情况下,该一方对另一方配偶因解除婚姻所受到的物质上与精神上的损失,得受判负损害赔偿责任。但是,另一方配偶仅在进行离婚诉讼之时,始得请求损害赔偿。"对此,判例规则是:①第266条具有别于侵权的独立地位。在夫妻因共同生活破裂离婚的情况下,不得依据第266条之规定而给予损害赔偿(法国最高法院第二民事庭,1983年9月30日)。②为夫妻一方的利益宣告离婚并且对其给予"补偿性给付",目的并不是给予损害赔偿(法国最高法院第二民事庭,1996年6月12日)。③依据第266条之规定给予损害赔偿时,法官必须首先查明所赔偿的损害从什么方面是因婚姻解除所引起(法国最高法院第二民事庭,1995年5月31日)。④上诉法院作出判决,以第266条之规定为依据对并非因离婚而引起的损害给予赔偿的判决应当撤销(法国最高法院第二民事庭,2000年9月28日)。[1] 很清楚,法国司法实践中将离婚引起的赔偿作为独立于一般侵权责任的赔偿方式对待,是一种不同于侵权责任的请求权基础。

《德国民法典》《日本民法典》《瑞士民法典》等并没有规定离婚的损害赔偿问题,这其实就意味着,如果构成侵权责任,可以直接适用侵权责任的规范,离婚没有特殊的赔偿理由。奇怪的是,《日本民法典》第770条规定了五种具体的离婚事由,却没有规定因为这五种事由引起的离婚可以赔偿。但是,判例规则认为,离婚不影响损害赔

---

[1] 《法国民法典》(上册),罗结珍译,法律出版社2005年版,第246页。该版本不仅有条文,还有历年来的判例规则及出处。

偿的提出。[1]

我们再来分析一下我国《民法典》第1091条规定的损害赔偿请求权的基础。我们先来对违约责任说进行一下分析。如果说，婚姻是契约，那么，一方违约导致契约解除的，当然原来承担违约责任。这种婚姻契约在形式上类似于"合伙契约"，首先涉及共有财产的分割，其次涉及债务分担问题（这里不详细论述），最后肯定涉及责任问题。这一学说首先遇到的问题就是"违反法定义务"属于违约吗？答案是肯定的，前已论及。契约解除有两种方式：一是协议解除，二是通过法院或者仲裁解除。离婚大概也是通过协议或者诉讼两种方式。契约解除后的结果除了恢复原状外，根据我国《民法典》之规定，还可以请求可得利益的赔偿。而且，根据我国《民法典》第186条之规定，因当事人一方的违约行为，损害对方人身权益、财产权益的，受损害方有权选择请求其承担违约责任或者侵权责任。因此，根据违约责任也可以请求过错方承担对无过错方造成的财产损害和人身损害。根据传统民法典，违约责任一般不包括精神损害，但是这种障碍被包括我国在内的许多国家的司法实践所突破：特殊契约的违约救济应当包括精神损害，如旅游合同违约责任、婚礼摄像违约责任等，婚姻当然属于特殊契约，可以在违约责任中加入精神损害赔偿。因此，在我国《民法典》上，用违约责任来解释离婚损害赔偿，在理论上是行得通的。

但是，从以下两个方面来看，解释为非违约责任可能更为恰当：①从《民法典》的体系结构来看，婚姻家庭编之所以独立成编，应该有自身的救济措施，这种救济措施应该不同于违约责任。如果直接适用违约责任的话，就没有必要再在婚姻家庭编重复规定了。因为《民法典》第464条已经明确规定参照适用了。②从《民法典》第1091条之规范、最高人民法院的上述司法解释以及上述我国各级法院的司法实践的普遍做法、立法机关相关专家对条文所作的解释[2]，解释为非违约责任似乎更合适。

既然《民法典》第1091条规定的不是违约责任，那么，它是侵权责任吗？有学者之所以将其认定为侵权责任，也是有道理的——它的构成需要"行为+过错+损害+因果关系"等要素。因此，它很像侵权责任的构成要件。但是，从以下几个方面来看，它却不应定性为侵权责任编中的一般侵权责任，而应该是独立于侵权责任编的"特殊过错责任或者称为特殊侵权责任"：①从体系结构看，如果是一般侵权责任的话，就可以直接适用侵权责任编的规范，就像德国民法典、瑞士民法典和日本民法典一样，没有必要在婚姻家庭编中规定；②从构成要件来看，似乎它也要求有过错和行为，但它具有一般侵权责任不能具有的两个特征：一是它的过错行为是专门规定的——重婚、与他人同居、家庭暴力、虐待遗弃家庭成员以及其他重大过错，这种过错的认定与一般侵权责任的认定有较大不同，这些行为在侵权责任编不见得能够被认定为过错；二是它只允许无过错方提出，如果双方都具有上述行为，则任何一方都不能提出。在一

---

[1] 王融擎编译：《日本民法——条文与判例》（下册），中国法制出版社2018年版，第720~721页。
[2] 参见黄薇主编：《中华人民共和国民法典婚姻家庭编释义》，法律出版社2020年版，第182~184页。

般的侵权责任中，如果双方都有过错，并不妨碍双方侵权责任的成立，仅仅是适用"过失相抵"的原则。但是，在《民法典》第1091条，如果双方都有过错，则无论大小，都不构成该条的赔偿请求权。③只有离婚才发生这种请求权，如果法院不判决离婚，则不发生这种请求权。

因此，可以说，《民法典》第1091条规定的赔偿请求权是一种不同于一般侵权责任的独立请求权——特殊侵权责任的请求权。

(三)《民法典》第1091条的具体适用

应该说，在适用《民法典》第1091条规定的时候，应当特别注意以下两点：

1. 与《民法典》第1087条的协调适用。按照《民法典》第1087条之规定，在分割共有财产的时候，已经考虑到对于过错方的惩罚——这里的过错当然也包括第1091条所列举的五种过错行为。因此，应当协调考虑。不能认为，第1087条的过错方少分共有财产是一回事，第1091条损害赔偿是另外一回事。如果共同财产很少，但第1091条的损害很大，则应该考虑在此之外的损害赔偿。

2. 与人格权编第995条及第1001条协调适用。如果第1091条所列行为损害无过错方的人格权，当然适用人格权编的规定，但是，在适用的时候，尤其是在计算赔偿数额的时候，应当注意协调，特别是涉及精神损害赔偿的时候，不能重复计算。

3. 与一般侵权责任的区别对待。实际上，这种独立于一般侵权责任的赔偿责任，并不妨碍一般侵权责任的构成。如果第1091条规定的这些行为之外的行为造成无过错方损害的，当然可以适用一般侵权责任的损害赔偿。

4. 注意第1091条所说的损害赔偿的范围。尽管有学者主张这种损害赔偿的范围仅仅限于精神损害赔偿[1]，但是我国《最高人民法院关于适用〈中华人民共和国民法典〉婚姻家庭编的解释（一）》第86条规定得很清楚：既包括财产损害，也包括精神损害。

5. 注意适用不当得利制度。如果构成不当得利的时候，可以请求离婚后返还财产。例如，《秘鲁新民法典》第352条规定："有过错之配偶对所得的丧失因其过错导致离婚的配偶，对来源于另一方财产的（夫妻）所得丧失权利。"《葡萄牙民法典》第1791条规定："①夫妻中被宣告为唯一或主要过错人之一方，丧失因该婚姻之缔结或因该已婚状况而从他方或第三人收取或将收取之利益，且不论导致产生上述利益之订定系先于或后于结婚行为。②无过错或非主要过错人之一方，保留其从他方或第三人收取或将收取之一切利益，即使该等利益系以互惠条款订定亦然，然而，该无过错或非主要过错人之一方得以单方意思表示放弃该等利益；如有夫妻两人所生之子女，则上述放弃仅在惠及该等子女时方被许可。"我国《民法典》婚姻家庭编虽然没有如此规定，但《民法典》也规定了不当得利制度，完全可以适用。

---

[1] 田韶华、史艳春：《民法典离婚损害赔偿制度法律适用的疑难问题》，载《河北法学》2021年第1期。

四、结论

尽管我们将婚姻定位为一种特殊的契约，并且《民法典》第 464 条第 2 款也规定了婚姻可以参照适用合同编的相关规范，但是我们不能忘记，婚姻属于一种身份性契约，其无论是成立还是解除、无效或者被撤销，都应当比一般的契约具有更严格的限制。因此，我国《民法典》在关于婚姻无效与可撤销的事由中，仅仅作出了非常狭窄的规定——像欺诈、重大误解等，都不是婚姻可以撤销的事由。那么，无效与可撤销的赔偿责任是否可以用《民法典》第 157 条的缔约过失责任来说明？笔者认为，应该是一种独立的缔约过失责任。其之所以是独立的，就是因为其特殊性——包含精神损害，是一种独立的请求权基础。第 1091 条也是如此，不能因为它具备"过错+损害+因果关系"就简单地理解为侵权责任。也不能因为把婚姻理解为特殊契约，离婚就相当于解除契约，从而按照违约责任来对待。实际上他是一种独立于违约责任与侵权责任的特殊请求权基础——特别侵权责任：它的过错是特殊的、提出方也是特殊的——如果双方都有过错便不构成这种责任，不适用过失相抵原则。只有这样定位，才符合民法典的体系结构——凡是能够独立成编的分则，必然有自身的请求权基础，否则独立成编就没有意义。

第五编 继承编之内在与外在体系研究

第一章 继承编的内在与外在体系实证考察

第一节 继承编的外在体系

一、由继承编的使命所决定的外在体系

继承编的使命是要解决一个人死后其财产的归属问题,而这种归属的决定权首先在于死者生前的愿望;其次,如果没有愿望的话,我们就推定其愿意将财产留给与其关系亲近的人。前者称为遗嘱继承,后者称为法定继承。除此之外,法律还允许个人通过自愿的方式将自己的财产遗赠给继承人以外的民事主体——个人、集体或者国家。

遗嘱继承是继承人依照被继承人生前所立合法有效的遗嘱的指定,承受被继承人遗产的继承方式。在遗嘱继承中,继承人安排、继承顺序、继承人继承财产的份额等都由被继承人在其遗嘱中确定。遗嘱继承的核心在于指定继承人。依我国现行《中华人民共和国继承法》(以下简称《继承法》),遗嘱继承人只能在法定继承人范围内选择。[1] 遗嘱继承实际上就是尊重个人意思自治的具体体现,法律允许任何人通过生前意思自治来处分其财产而在死后产生效力。遗嘱就是这样的一种表现。我国《民法典》第1133条规定:"自然人可以依照本法规定立遗嘱处分个人财产,并可以指定遗嘱执行人。自然人可以立遗嘱将个人财产指定由法定继承人中的一人或者数人继承。自然人可以立遗嘱将个人财产赠与国家、集体或者法定继承人以外的组织、个人。"除此之外,法律还允许个人通过遗嘱的方式设立遗嘱信托——指定受益人。

法定继承是指根据法律直接规定继承人的范围、继承顺序、遗产分配原则等继承被继承人遗产的继承方式。法定继承又称无遗赠继承。[2] 如德国学者所言,如果被继承人没有通过遗嘱对遗产进行处分,或者指定的继承人先行死亡、通过协议放弃法定继承权或者拒绝遗产等原因无法继承,则适用法定继承。[3]

由于受到民法之意思自治原则的内在体系的影响和决定,在法定继承和遗嘱继承

---

[1] 蒋月主编:《婚姻家庭与继承法》,厦门大学出版社2014年版,第279页。
[2] 李明舜主编:《婚姻家庭继承法学》,武汉大学出版社2011年版,第290页。
[3] [德]雷纳·弗兰克、托比亚斯·海尔姆斯:《德国继承法》,王葆莳、林佳业译,中国政法大学出版社2015年版,第7页。

的关系上，采取遗嘱继承优先的原则。[1] 我国《民法典》第1123条也规定："继承开始后，按照法定继承办理；有遗嘱的，按照遗嘱继承或者遗赠办理；有遗赠扶养协议的，按照协议办理。"同样表达了遗嘱继承优先的原则。

这样的使命决定了继承编的外在体系是物权变动、债权移转。当然，无论是物权变动还是债权移转，有的时候是根据法律行为（死因法律行为），有时是根据被继承人死亡这样纯粹的事实。

二、继承编的外在体系的表达及说明

由于继承编与其他编不同，其关系比较简单：因继承这样的事实引起了被继承人生前物权和债权（当然可能还有其他财产权）的变动。这种外在体系可以用图来表示。

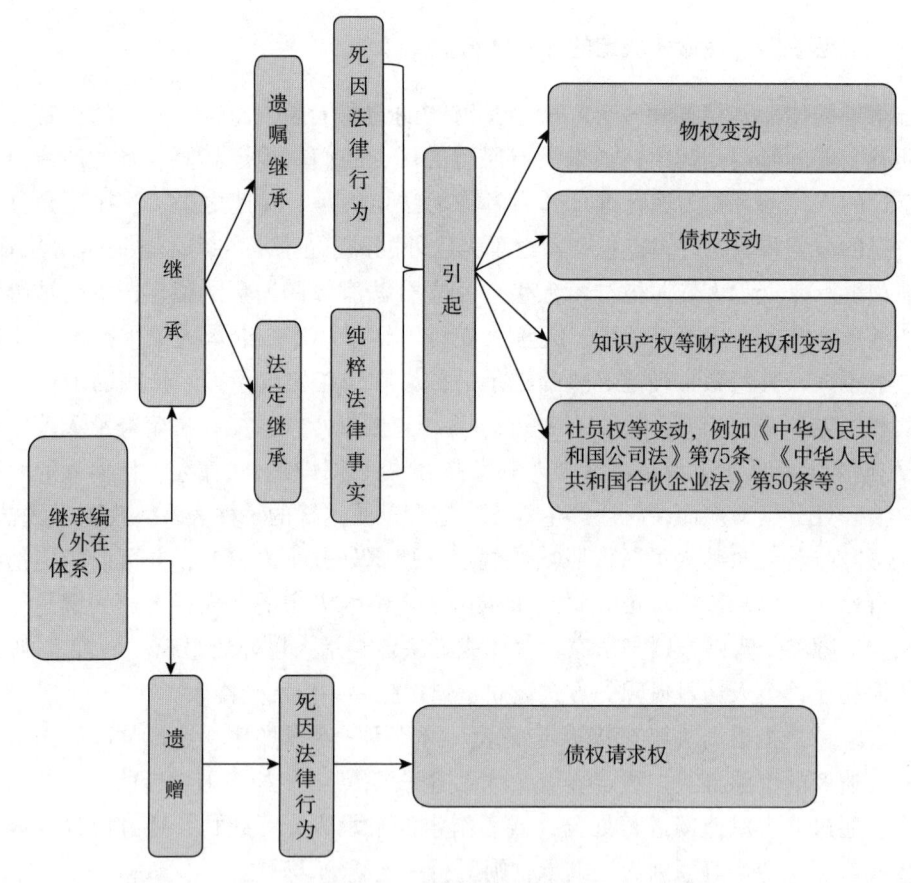

图 5-1-1 继承编外在体系

对于以上权利的说明如下：

（一）遗赠或者遗赠抚养协议的法律效果

遗赠或者遗赠抚养协议的法律效果是物权还是债权？我们不妨从我国2007年民事

---

[1] 蒋月主编：《婚姻家庭与继承法》，厦门大学出版社2014年版，第279页；[德] 雷纳·弗兰克、托比亚斯·海尔姆斯：《德国继承法》，王葆莳、林佳业译，中国政法大学出版社2015年版，第7页。

立法和 2020 年《民法典》的对比上来分析这一问题。学理上来分析对遗赠的定性。我国 2007 年《物权法》第 29 条规定:"因继承或者受遗赠取得物权的,自继承或者受遗赠开始时发生效力。"这条规定说明:①属于个别继承而非概括继承;②将遗赠作为取得物权的直接根据而不是一种请求遗嘱执行人或者继承人履行遗嘱的债权。对于该条的规范意义,有学者认为,按照《物权法》第 29 条的规定,只要受遗赠人接受遗赠,不管财产是否实际被受遗赠人占有,都不影响受遗赠人获得所有权。即便法定继承人和遗嘱管理人已经实际占有该项财产,受遗赠人或者遗嘱继承人都有权要求其返还。应予指出的是,与遗嘱继承不同的是,遗嘱继承自遗嘱生效时起就发生物权变动的效果,但在遗赠中,物权变动则始于受遗赠人受遗赠之时,即在被继承人死亡之后,根据遗嘱和遗赠协议,受遗赠人愿意接受遗赠,从而使遗赠发生效力,此时就应该发生物权的变动。[1] 此处所说的遗赠包括了遗赠协议和遗嘱赠与两种情况。学者的上述观点从立法解释论的观点来看,无疑是符合立法宗旨的,也就再次印证了 2007 年《物权法》的立法模式为个别继承。

但是,我国 2020 年《民法典》采取的立法模式应该说与 2007 年《物权法》不同:《民法典》第 230 条已经与《物权法》第 29 条完全不同:"因继承取得物权的,自继承开始时发生效力。"——显然是将遗赠取得物权删除了。对此,立法机关的解释中,并没有说清楚这里的变化,而且看不出来是一种什么性质的权利。孙宪忠教授和朱广新教授主编的《民法典评注:物权编》中对此的表达非常清楚:本条删除其中关于"受遗赠开始时发生物权变动"的内容,将其表述为"因继承取得物权的,自继承开始时发生效力。"从我国法律规定来看,2007 年《物权法》第 29 条赋予遗赠导致物权变动的效力与《继承法》之间产生了冲突。其一,《继承法》区分遗赠与遗嘱继承,即以遗产承受人与遗嘱人的关系来区分遗赠与遗嘱继承,不承认概括遗赠,遗赠人仅享有权利而不负担义务。因此,只有在清偿遗赠人的债务、缴纳所欠税款之后,受遗赠人才能取得遗赠物所有权。如果遗赠能够直接导致物权变动,则在遗赠生效时,遗赠物的所有权即归属于受遗赠人。此时,若用遗赠物清偿遗赠人的债务、缴纳所欠税款,就等于用受遗赠人的财产清偿遗产债务,这显然与我国法律所规定的遗赠性质不符。其二,遗赠的性质是法律行为,根据《继承法》第 25 条的规定,遗赠生效需要受遗赠人在知道受遗赠后 2 个月内作出接受或放弃遗赠的表示,到期没有表示的,视为放弃受遗赠。如果法律规定受遗赠开始时发生物权变动,则与《继承法》关于遗赠生效的规定相冲突。基于上述原因,《民法典》第 230 条删除了《物权法》第 29 条关于"受遗赠开始时发生务求让变动"的规定。在陈甦教授和谢鸿飞教授主编的《民法典评注:继承编》中,更清楚地表达出遗赠是一种债权。

(二) 继承的法律效果

无论是法定继承还是遗嘱继承,其实都发生了物权性权利转移,但是仍然跟"个

---

[1] 参见王利明:《物权法研究》,中国人民大学出版社 2013 年版,第 291 页。

别继承"与"概括继承"有关:在概括继承的制度之下,继承人在被继承人死亡的时候,立刻无缝隙地取得被继承人的"整体财产"(积极财产+消极财产),全体继承人作为一个团体取得权利,但是各个继承人并不真正取得标的物,只有当全部对外义务履行完毕后,遗产才可能在各个继承人之间进行分配。而个别继承则是直接由继承人每个人取得单独权利。

我们在此不讨论学理,仅仅从民法典规范来分析之。按照《民法典》第1147条关于"遗产管理人职责"之规定,遗产管理人有"分割遗产"之职责。因此,可以推理出来,在分割之前,各个继承人是不享有对具体标的物的处分权利的,也就是说,《民法典》第1121条所说的"继承开始"和第230条所说对的"取得物权",都是指被继承人的财产(包括物权)整体转移给继承人"共同体",从而形成"共有",但是每个继承人对于具体对的动产或者不动产不享有具体权利。因此,从这一意义上说,我国《民法典》采取的应该是"概括继承"。概括继承下,继承人应该取得被继承人的"概括财产之整体"——包括权利与义务。

(三)社员权之继承

《中华人民共和国公司法》(以下简称《公司法》)第75条规定:"自然人股东死亡后,其合法继承人可以继承股东资格。但是,公司章程另有规定的除外。"《中华人民共和国合伙企业法》(以下简称《合伙企业法》)第50条规定:"合伙人死亡或者被依法宣告死亡的,对该合伙人在合伙企业中的财产份额享有合法继承权的继承人,按照合伙协议的约定或者经全体合伙人一致同意,从继承开始之日起,取得该合伙企业的合伙人资格。有下列情形之一的,合伙企业应当向合伙人的继承人退还被继承合伙人的财产份额:(一)继承人不愿意成为合伙人;(二)法律规定或者合伙协议约定合伙人必须具有相关资格,而该继承人未取得该资格;(三)合伙协议约定不能成为合伙人的其他情形。"当然,在遗产不足以清偿全部债务的时候,继承人要么放弃社员权,要么支付与之相同的代价以换取社员权。

第二节 继承编的内在体系

一、概述

尽管继承编的外在体系比较简洁,但是其内部体系却比较复杂——直接反映出民法的基本理念和精神。这些基本理念和精神主要体现在:①遗嘱自由原则。这是民法意思自治原则在《民法典》继承编中的重要表现之一,遗嘱继承和遗赠、遗赠抚养协议都体现出民法尊重当事人生前对自己财产的处分,而且遗嘱处分优先于法定继承。②惩恶扬善原则。这是我国《民法典》之公序良俗原则在继承法中的具体表现,无论是婚姻家庭还是继承,都必须体现惩恶扬善之传统美德,因此,我国《民法典》不仅规定遗嘱或者遗赠违反善良风俗的无效,而且在第 1125 条规定:"继承人有下列行为之一的,丧失继承权:(一)故意杀害被继承人;(二)为争夺遗产而杀害其他继承人;(三)遗弃被继承人,或者虐待被继承人情节严重;(四)伪造、篡改、隐匿或者销毁遗嘱,情节严重;(五)以欺诈、胁迫手段迫使或者妨碍被继承人设立、变更或者撤回遗嘱,情节严重。继承人有前款第三项至第五项行为,确有悔改表现,被继承人表示宽恕或者事后在遗嘱中将其列为继承人的,该继承人不丧失继承权。受遗赠人有本条第一款规定行为的,丧失受遗赠权。"第 1129 条:"丧偶儿媳对公婆,丧偶女婿对岳父母,尽了主要赡养义务的,作为第一顺序继承人。"第 1130 条第 2~5 款规定:"对生活有特殊困难又缺乏劳动能力的继承人,分配遗产时,应当予以照顾。对被继承人尽了主要扶养义务或者与被继承人共同生活的继承人,分配遗产时,可以多分。有扶养能力和有扶养条件的继承人,不尽扶养义务的,分配遗产时,应当不分或者少分。继承人协商同意的,也可以不均等。"显然体现了惩恶扬善的传统美德。③限定继承的原则。这一原则的主要意义在于把继承人对被继承人的债务限制在继承财产的范围之内,其反映了民法的两个基本理念:一是"个人负责"的民法精神。民法一贯主张"个人债务个人负责",被继承人的债务应该由其个人财产偿还,不能让继承人用自己的财产来偿还被继承人的债务,否则就是"父债子还"的连坐。二是公平原则。如果让继承人承担被继承人的全部债务而不顾被继承人的遗产之多寡,对于继承人显然有失公允。④保护第三人利益原则。我国《民法典》第 1155 条规定:"遗产分割时,应当保留胎儿的继承份额。胎儿娩出时是死体的,保留的份额按照法定继承办理。"第 1131 条规定:"对继承人以外的依靠被继承人扶养的人,或者继承人以外的对被继承人扶养较多的人,可以分给适当的遗产。"另外,《民法典》第 1147 条和第 1162 条都规定了分割遗产时先履行义务的原则,体现了保护第三人利益原则。⑤团结和睦原则。我国《民法典》第 1132 条规定:"继承人应当本着互谅互让、和睦团结的精神,协商处理继承问题。遗产分割的时间、办法和份额,由继承人协商确定;协商不成的,可以由人民调解委员会调解或者向人民法院提起诉讼。"

以上原则因在《民法典》总则编及相关其他编中有详细论述,在此就不一一对于这些原则的含义进行说明了,只是"限定继承原则"需要在下面详细说明。这些内在原则所构成的体系可以表达如下:

```
继承编          遗嘱自由原则
（内在    →    惩恶扬善原则
 体系）   →    限定继承原则
         →    保护第三人利益原则
         →    团结和睦原则
```

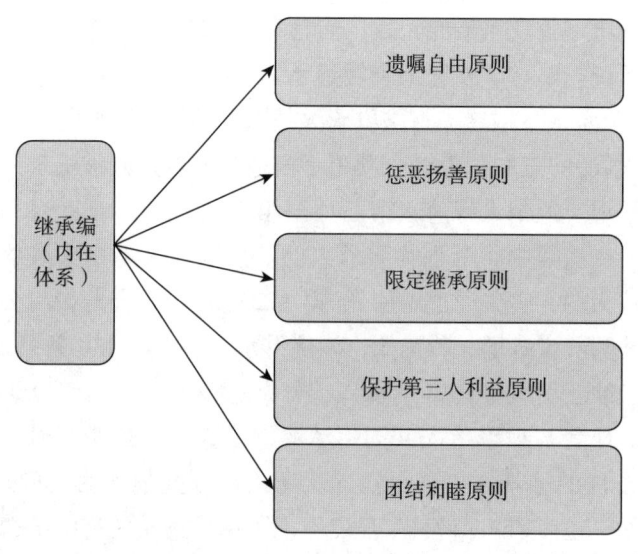

图 5-1-2　继承编内在体系

二、对于限定继承原则的说明

应该说，大部分国家或者地区的民法典在继承编都给与了继承人以优惠——以被继承人财产为限承担责任，但是都必须有明确的程序——继承人个人财产必须能够与遗产有效分割或者隔离。德国学者指出，根据概括继受原则，被继承人死亡时，包括债务在内的整个财产将自动转移给继承人（《德国民法典》第1922条第1款、第1967条第1款）。继承人因此应当承担被继承人生前欠下的债务（《德国民法典》第1967条第2款第1种情况）。另外，继承人还应承担继承开始时生成的债务，如特留份和遗赠（《德国民法典》第1967条第2款第2种情况）。有时继承人甚至还应承担继承开始后生成的债，如被继承人的丧葬费用（《德国民法典》第1968条）。因为遗产继承人与个人财产在继承开始时已经混同，所以原则上继承人对遗产债务应承担无限责任。在遗产不足以清偿债务时，继承人必须以其个人财产负责。但若两项财产嗣后能被重新分离，则继承人可将责任限定在遗产范围内。而分离两项财产的方法是，继承人开启遗产管理程序或遗产破产程序（《德国民法典》第1975条）。因此，继承人对遗产债务所承担的责任既是无限的，又是可限定的。[1] 按照《法国民法典》第793~802条之规定，继承人如欲享有有限责任继承之利益优惠，必须履行特定程序：①继承人如欲取得有限责任继承的资格，应向继承开始地的民事法院提出声明，此项声明应登记在为受理放弃继承声明书而设置的登记簿中。②上述声明，应在下述规定的期限内按诉讼程序法所规定的方式，在声明前或声明后提出忠实并确切的遗产清册，始生效力：继承人自继承开始之日起，应在3个月内作成遗产清册。自编制遗产清册的3个月期满之日起算，或如遗产清册在不满3个月作成时，自作成之日起算，再给予40日的期限，

---

[1]　［德］雷纳·弗兰克、托比亚斯·海尔姆斯：《德国继承法》，王葆莳、林佳业译，中国政法大学出版社2015年版，第177页。

以便继承人考虑接受或放弃其继承。③在编制清册和考虑期间，不得强制继承人接受继承，亦不得对其作不利的判决；如继承人在上述期限内或期限届满时放弃继承，在放弃之前该继承人所支出的合法费用，由遗产负担。④有限责任继承权的效果为给予继承人下列利益：一是仅就其所受遗产的价额限度内负清偿遗产债务的义务，并得将全部遗产委弃于债权人及受遗赠人，而免除其清偿债务的义务；二是不以个人财产和遗产相混合，且对遗产保有请求清偿自己债权的权利。

但遗憾的是，我国在《民法典》之前的继承法就有这种限定制度，但却一直没有任何财产隔离程序。

三、遗产破产程序

凡是施行个人破产的国家一定会有遗产破产程序，由于限定继承的原则所致，一旦遗产不足以清偿全部债务，则遗产管理人有义务申请遗产破产清算。因此，无论是德国的支付不能法还是日本的破产法，都专门规定有遗产破产程序。由于我国《企业破产法》不适用于个人，因此我国破产法实际上是没有遗产破产程序的。我国正在制定个人破产程序，必定会涉及遗产破产问题。

第三节　继承编与总则编的体系关联

一、外在体系的关联

继承编与总则编、物权编、合同编、侵权编、婚姻家庭编都有密切的联系，因为它是解决一个人死后的权利义务承继问题。但是，我们之所以在此仅仅研究继承编与总则编外在体系的联结，其目的就是要对接我国《民法典》这种编纂体系——带有"总则编"的体系结构。因此，只要能够找出继承编与总则编的体系关联，即可完成有机融入整个民法典的体系结构中的任务。

前面已经论述过，外在体系主要是由基本概念按照一定的涵摄关系而形成的体系结构，那么，继承编是以总则编的哪些基本概念作为基础而建立起来的？具体来说，继承编是在民法典体系中的以下基本概念为基础的：①自然人——权利能力与行为能力。特别注意的是《民法典》第16条："涉及遗产继承、接受赠与等胎儿利益保护的，胎儿视为具有民事权利能力。但是，胎儿娩出时为死体的，其民事权利能力自始不存在。"在行为能力方面，主要涉及遗嘱能力问题（包括遗赠和遗赠抚养协议）问题。②法律行为。主要是继承编中的遗嘱和遗赠等都涉及单方法律行为，遗赠抚养协议涉及双方法律行为。因此，法律行为的规则适用于遗嘱和遗赠。③物权基本概念。总则编第114条规定："民事主体依法享有物权。物权是权利人依法对特定的物享有直接支配和排他的权利，包括所有权、用益物权和担保物权。"该条以下直至第117条其实都涉及继承编。[1] ④债权基本概念。《民法典》总则编第118条规定:"民事主体依法享有债权。债权是因合同、侵权行为、无因管理、不当得利以及法律的其他规定,权利人请求特定义务人为或者不为一定行为的权利。"这一基本概念说明,继承人在继承开始后,可能承担的债的种类。特别是,继承人的债务不仅仅以被继承人死亡(继承开始)的时候所有的债务,还可能因为在继承开始之后,遗产被无因管理或者遗产不当得利而产生新的债务。⑤知识产权的基本概念。《民法典》总则编第123条规定:"民事主体依法享有知识产权。知识产权是权利人依法就下列客体享有的专有的权利:(一)作品;(二)发明、实用新型、外观设计;(三)商标;(四)地理标志;(五)商业秘密;(六)集成电路布图设计;(七)植物新品种;(八)法律规定的其他客体。"⑥社员权。社员权是指因具备某种资格而享有的管理和受益权。例如,股权。我国《民法典》第126条规定:"民事主体享有法律规定的其他民事权利和利益。"在继承编就为《公司法》第75条、《合伙企业法》第50条之规定奠定了基础。⑦法律事实。继承除了遗嘱继承之外,还有法定继承,纯粹的死亡的事实足以引起继承的发生。另外,如诉讼时效、除斥期间等也适用于继承。⑧民事责任。在继承编中,无论是因为在过错侵权还是其他原因引起的他人损失,行为人都应该承担民事责任。为此,我国《民法典》总则编第八章花很大的篇幅规定了民事责任。[2]

二、内在体系的关联

内在体系当然就是指基本原则和基本精神与思想。继承编内在体系与民法典总则编之关联主要体现在:①意思自治原则。民法典中的意思自治原则是最重要的原则之一,是遗嘱自由的基础。②公序良俗原则。公序良俗原则在我国《民法典》上是第一次规定(以往的民事立法一般用"社会公共利益"这一概念),外延极大。继承编中的惩恶扬善之原则实际上就是公序良俗原则的具体化。③个人责任原则与公平原则。实际上,在民法典的意思自治原则中,也包含个人责任原则——既然允许个人按照自己的意志创设权利义务,那就意味着个人必须为自己的选择负责,否则意思自治也就失去了合理性基础和根据。继承编中的"限定继承"原则实际上就反映了个人责任原则——应该让被继承人的财产承担其生前的债务而不能殃及继承人。当然这也是公平原则的具体体现——让继承人对于被继承人的财务承担个人责任是不公平的。④民事合法权益受保护原则。尽管我国《民法典》第124条保护个人继承权,[3]但是第三人的合法权益更应当受到保护(《民法典》第3条)。如何平衡这两者的关系呢?对此,我们不得不回到个人责任原则和公平原则——继承人继承遗产的权利和第三人的物权

---

[1]《民法典》第115条:"物包括不动产和动产。法律规定权利作为物权客体的,依照其规定。"《民法典》第116条:"物权的种类和内容,由法律规定。"《民法典》第117条:"为了公共利益的需要,依照法律规定的权限和程序征收、征用不动产或者动产的,应当给予公平、合理的补偿。"

[2] 尽管我对于《民法典》之总则编规定民事责任是否合适一直持有怀疑态度:在一个民法典中,各编都有自己独立的救济措施和构成要件,再在总则编笼统地规定民事责任是否多余?

[3]《民法典》第124条规定:"自然人依法享有继承权。自然人合法的私有财产,可以依法继承。"

或者债权哪个更应该优先保护呢？从公平原则和个人责任原则，当然是先偿还债务或者先履行物权性义务（如物权担保、用益物权等）再继承，才能更好地体现个人责任原则和公平原则。⑤中国特色社会主义核心价值观。这是我国《民法典》第 1 条规定的最重要的基本原则和核心价值，继承编的家庭和睦原则恰恰反映了中国本土化的社会主义核心价值观。

总之，继承编的内在体系与外在体系同总则编之体系关联，可以用下图综合表达为：

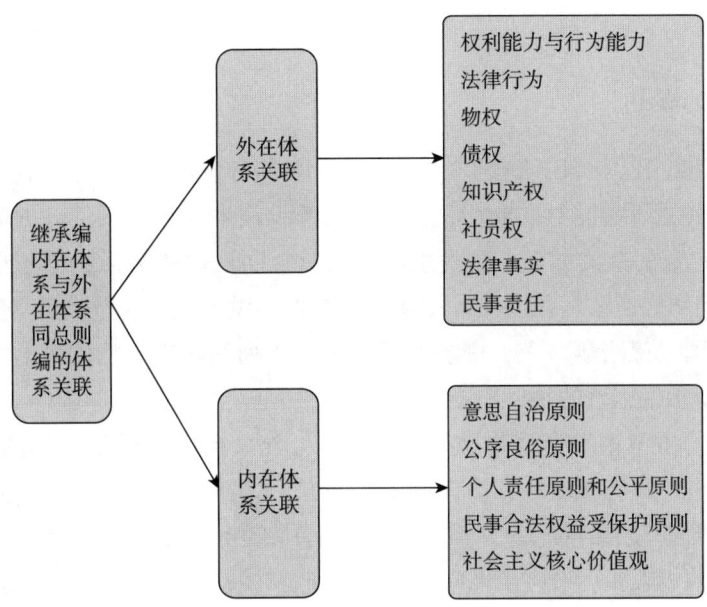

图 5-1-3　继承编内在体系与外在体系同总则编的体系关联

第二章 继承编具体问题研究

第一节 论遗产在我国《民法典》上的法律地位

一、问题的提出

从内容上看,我国《民法典》之继承编中所有与《民法典》之物权编、合同编、人格权编等相关的问题很少被提及。例如,被继承人生前与他人签订的赠与合同在被继承人死亡的时候,效力如何?是发生继承人对合同地位的概括承受还是转化为"死因行为"?该问题应当在《民法典》中明确规定但却没有规定,造成了实践的困惑。除此之外,在我国《民法典》上,围绕遗产继承有下列问题需要从体系上澄清:①我国《民法典》之继承编施行的是"概括继承原则"还是"个别继承原则"?其是否能够从我国《民法典》规范中符合逻辑地被推演出来?这一问题是诉讼主体的前提性问题,只有讨论清楚它,才能准确地分析诉讼主体问题。②遗产在特殊情况下能否成为民事主体?如果被继承人生前对他人负债,而死亡后所有继承人都通过合法方式放弃继承,那么,这时候债权人要诉讼应以谁为被告?该问题在我国《民法典》上是如何处理的?按照第1160条遗产应归国家或者集体经济组织所有,那么它们有可能成为遗产债权债务关系诉讼的主体吗?③当所有继承人都放弃继承,遗产不足以清偿被继承人生前所负债务或者债务超过遗产的时候,对遗产如何开始破产清算程序?这时候的被清算主体是谁(谁是被申请人)?④继承人放弃继承是向谁为放弃继承的意思表示?向法院还是向遗产管理人抑或向其他继承人?如果没有公示,其放弃是否有效?或者说第三人如何知晓其已经放弃?债权人还能否将放弃继承的人作为被告起诉?⑤尽管我国《民法典》设立了遗产管理人,但遗产管理人是什么法律地位?管理人是遗产的代表吗?围绕有关遗产的诉讼可以以他为被告吗?管理人与继承人有何关系?本文将围绕以上问题展开讨论,至于讨论的顺序则可能与提出问题的顺序不同。

二、在有关遗产的诉讼中谁是主体

一个自然人在死亡的时候对生前负债是生活中极其常见的事情,但是如果其生前的债权人提起诉讼,则谁是被告?针对人还是财产诉讼?对此,我国《民法典》并没有直接规定。但是,如果仔细研究我国《民法典》的规范,似乎有某种零散的规定,或许我们可以从中分析出问题的答案。我国《民法典》第1121条第1款规定:"继承从被继承人死亡时开始。"第1145条规定:"继承开始后,遗嘱执行人为遗产管理人;

没有遗嘱执行人的，继承人应当及时推选遗产管理人；继承人未推选的，由继承人共同担任遗产管理人；没有继承人或者继承人均放弃继承的，由被继承人生前住所地的民政部门或者村民委员会担任遗产管理人。"第1147条规定："遗产管理人应当履行下列职责：（一）清理遗产并制作遗产清单；（二）向继承人报告遗产情况；（三）采取必要措施防止遗产毁损、灭失；（四）处理被继承人的债权债务；（五）按照遗嘱或者依照法律规定分割遗产；（六）实施与管理遗产有关的其他必要行为。"第1160条规定："无人继承又无人受遗赠的遗产，归国家所有，用于公益事业；死者生前是集体所有制组织成员的，归所在集体所有制组织所有。"

根据以上规定，下列疑问似乎成为必然：①正常情况下（有继承人存在的情况下），遗产的主人是谁？既然"继承从被继承人死亡开始"，那么，"继承开始"是否意味着遗产所有权已经发生转移？是转移给全体继承人还是遗嘱执行人？这里的"全体继承人"是否包括"放弃了遗产继承的人"？②按照《民法典》第1160条的规定，既然"无人继承的财产归国家或者集体所有制组织所有"，那么，债权人可以以国家或者集体经济组织作为被告吗？下面我们就来分析这两个问题。

在正常情况下谁是债权人诉讼的被告？

其实这一问题涉及一个很重要的理论和继承模式——是否为概括继承的问题，也就是说，为我国《民法典》的继承模式属于概括继承吗？对此，为我国立法机关比较权威的观点认为："被继承人死亡后不再具有民事权利能力，也就不能成为民事权利的主体了，其所遗留的财产的所有权即应转移给继承人。本法第230条规定，因继承取得物权的，自继承开始时发生效力。因此，继承人死亡的时间就是遗产所有权转移的时间。"〔1〕有学者提出："我国继承法对于遗产继承采取当然继承主义，因此当继承开始后，遗产将根据遗嘱安排或法定继承规则发生权利变动的法律效果，以确保遗产归属的无缝衔接。"〔2〕这些观点无疑是正确的，但问题是，这里仍然不能得出是"如何转移的"确切结论。举例来说，甲有5个子女，甲的妻子早年去世，父母也已经去世。甲有房屋两套，动产若干。甲死亡后，继承开始。那么，这两套房屋和动产是如何转移到5个子女的？从逻辑上说，有两套具体的转移方法：一是这两套房屋和动产"抽象并概括"地转移到5个子女名下，但是5个子女并没有得到具体的财产，具体财产还要等到遗产管理人分配后才能得到，甚至具体如何分割——有人得到房屋而有人获得金钱赔偿，还是统一变卖后5人进行金钱分割，尚不清楚。即使此5人中的任何人放弃继承，那也是继承开始之后的事情。二是甲死亡后，5个子女直接得到具体的财产。那么，我国是哪一种呢？

上面所说的第一种方案实际上就是"概括继承"。所谓概括继承，又称"包括继承"，就是指遗产只能作为一个整体转移给一人或者数人，是针对具体遗产标的的个别

---

〔1〕 黄薇主编：《中华人民共和国民法典继承编释义》，法律出版社2020年版，第7~8页。
〔2〕 陈甦、谢鸿飞主编：《民法典评注：继承编》，中国法制出版社2020年版，第12页。

继承。遗产作为一个整体，不仅包括"积极财产"，也包括"消极财产"——遗产债务。[1] 概括继承起源于罗马法，罗马法对于继承的界定就是"一人或者数人作为继承人对于死者可继承权利整体的概括继受"。继承标的是作为可继承权利整体的财产，其中包括属于被继承人所有的物、其他可继承的对物权、大多数债权等。盖尤斯将遗产概括为"权利客体至下的统一的无体物"[2]。概括继承有几个特点：①被继承人的财产作为一个整体（积极财产与消极财产）转移给全体继承人，归全体继承人共有。②各个继承人对于共有的财产是有一个份额的，但该份额在遗产分割之前不具有对具体财产的支配力，就如合伙关系一样。例如，即便被继承人规定了遗产在共同继承人之间如何分配，也不影响此种权利共有状态。虽然被继承人的遗产分割指示在遗产分配上对继承人有约束力，但并不具有物权效力。例如，被继承人将某不动产分配于继承人甲，后者仅可以根据该指示向继承人共同体要求获得该不动产，而不能在继承发生之时自动成为该不动产的单独所有权人。被继承人通过遗嘱给予第三人财产利益、但又不将其列为继承人的，同样如此。③概括继承当然采取的是"自动取得"的原则——遗产自被继承人死亡的时候自动转移给被继承人团体，动产无需交付，不动产无需登记，债权无需让与。继承人自动成为遗产中土地的所有权人，会使土地登记记载的信息和实际权利不符。[3]《日本民法典》也是概括继承的典范，其第896条规定："继承人自继承开始时承继属于被继承人财产之一切权利义务，但专属于被继承人自身者，不在此限。"第898条规定："继承人为数人时，继承财产属于其共有。"[4] ④虽然各个继承人在单个标的物上不成立份额，共同继承人也就无法处分之。但是，在整个遗产上的份额确是可以处分的——这一点并非共同共有的典型特征。为防止继承人共同体过于受外界人员的影响，在转让继承份额时，其他共同继承人具有优先购买权。[5] 例如，被继承人甲有5个继承人，被继承人没有遗嘱，则5个继承人对于甲的总财产上各有20%的继承份额，这个份额不是对各个财产的具体份额，因此，对于各个财产并没有物权支配效力，同样，任何人不能任意处分各个具体财产。但是，任何

---

[1] [德] 雷纳·弗兰克、托比亚斯·海尔姆斯：《德国继承法》，王葆莳、林佳业译，中国政法大学出版社2015年版，第3页。

[2] [德] 马克斯·卡泽尔、罗尔夫·克努特尔：《罗马私法》，田士永译，法律出版社2018年版，第681~682页。

[3] 参见 [德] 马蒂亚斯·施默克尔：《德国继承法》，吴逸越译，中国人民大学出版社2000年版，第19~21页；[德] 雷纳·弗兰克、托比亚斯·海尔姆斯：《德国继承法》，王葆莳、林佳业译，中国政法大学出版社2015年版，第3页。

[4] 但必须指出的是，有的国家尽管也采取概括继承的原则，但是，全体继承人在取得对遗产的占有之前，必须经过法院的决定，例如，《奥地利民法典》第797条规定："任何人不得擅自占有遗产。继承权应在法院行使；遗产的交付，即遗产合法占有的移转，应依法院的决定为之。"第798条规定："被继承人死亡后，法院依职权应采取的行动，以及在处理继承事务时应遵守的期限和应采取的保全措施，由诉讼程序法特别规定之。本法所规定者，系继承人或依其他理由对遗产有请求权的人，为取得自己应得部分的遗产所应实施的行为。"但从该民法典第801条看，仍然是概括继承。因此，只能说：概括继承一般为"自动取得"。

[5] [德] 雷纳·弗兰克、托比亚斯·海尔姆斯：《德国继承法》，王葆莳、林佳业译，中国政法大学出版社2015年版，第187页。

继承人都可以处分自己的20%的份额。

与概括继承相对的是个别继承，它是指在继承开始的时候，继承人直接取得具体遗产的所有权或者占有。英美法中不适用概括继受原则，被继承人去世后，其财产仍保持独立。遗产管理人（personal representative）首先用遗产清偿债务，再把剩余部分返还继承人。[1] 受信托制度影响，英美法系关于遗产管理人地位的主流学说是信托受托人说，也称拟制信托说。英国《1925年受托人法》将遗产管理人视为信托受托人。美国绝大部分州的继承法也采纳了信托受托人说，遗产管理人的地位类似于以遗嘱继承人或受遗赠人为受益人的信托关系受托人。[2] 在信托制度下，当然就是个别继承原则——由遗产管理人清理债务并分割财产。其实，在德国，概括继承为一般原则，但是特别法上有关于个别继承的特例。具体来说：①《德国商法典》第139条规定了一个概括继承原则的例外情形——合伙人之间可以通过协议规避民法典第1922条第1款的规定。根据这个个别继承原则，继承人V与W（假如A为被继承人，其有V与W两个继承人。A在合伙企业U中有20%的份额）可以分别继承10%的份额而成为合伙人。这里是直接取得标的的10%，是直接个别取得而不是先共有再分割；②另外一个例子就是农庄继承人的单独继承权。为了保护农业企业的整体性，《民法典施行法》第64条规定，联邦各州可以通过州法制定相应的规定，让农庄作为整体转移给一个继承人。通过这种方式，农业企业可以从共同遗产中被抽离出来单独继承，不受继承法上的分割。巴伐利亚州根据《民法典施行法》第64条制定了相应的地方法规，规定农庄单独继承。[3]

就单独继承来说，我国也有相应的特别立法对此规定。《公司法》第75条规定："自然人股东死亡后，其合法继承人可以继承股东资格。但是，公司章程另有规定的除外。"《合伙企业法》第50条规定："合伙人死亡或者被依法宣告死亡的，对该合伙人在合伙企业中的财产份额享有合法继承权的继承人，按照合伙协议的约定或者经全体合伙人一致同意，从继承开始之日起，取得该合伙企业的合伙人资格。有下列情形之一的，合伙企业应当向合伙人的继承人退还被继承合伙人的财产份额：（一）继承人不愿意成为合伙人；（二）法律规定或者合伙协议约定合伙人必须具有相关资格，而该继承人未取得该资格；（三）合伙协议约定不能成为合伙人的其他情形。"当然，无论是《公司法》还是《合伙企业法》，仅仅是为个别继承奠定了一种基础，如果公司章程另有规定，或者继承人不愿意成为股东或者合伙人，就只能作为财产继承并出售，按照公司章程规定转让股权或者按照合伙企业有关规定转让合伙份额。

对于什么是概括继承，有些学者的理解与上述笔者的阐述似乎不同。关于概括继

---

[1] [德] 雷纳·弗兰克、托比亚斯·海尔姆斯：《德国继承法》，王葆莳、林佳业译，中国政法大学出版社2015年版，第177页。

[2] 参见王葆莳、吴云烩：《〈民法典〉遗产管理人制度适用问题研究》，载《财经法学》2020年第6期。

[3] [德] 安雅·阿门特-特劳特：《德国继承法》，李大雪、龚倩倩、龙柯宇译，法律出版社2015年版，第20~21页。

承与限定继承是否是一对相对应的概念，一种观点认为两者是相对的概念，概括继承是指继承人对于被继承人遗留的债务负全部清偿义务。限定继承则对于超出部分不负清偿义务。另一种观点认为限定继承是与单纯继承或不限定继承相对的，后者指对超过财产权利的债务要负清偿义务；而概括继承是指继承人对遗产上的权利和义务一并承受，本身并不涉及承受义务的限度，故与不限定继承不同。本人持第二种观点，因为从继承制度的发展史中可以知道，概括继承本意在于将被继承人的权利、义务一同转移给继承人，权利、义务相统一是现代法的精神所在。[1] 这种观点最大的疑问在于，概括继承与限定继承是否真的不能同时存在？以《德国民法典》为例，其施行的是概括继承的原则，但是限定继承与其并不矛盾——德国法上同样也施行限定继承原则。就如德国学者所说，根据概括继受原则，被继承人死亡时，包括债务在内的整个财产将自动转移给继承人（《德国民法典》第1922条第1款、第1967条第1款）。继承人因此应当承担被继承人生前欠下的债务。另外，继承人还应承担继承开始时生成的债务，如特留份和遗赠（《德国民法典》第1967条第2款）。有时继承人甚至还应承担继承开始后生成的债，如被继承人的丧葬费用（《德国民法典》第1968条）。因为遗产继承人与个人财产在继承开始时已经混同，所以原则上继承人对遗产债务应承担无限责任。在遗产不足以清偿债务时，继承人必须以其个人财产负责。但若两项财产嗣后能被重新分离，则继承人可将责任限定在遗产范围内。而分离两项财产的方法是，继承人开启遗产管理程序或遗产破产程序（《德国民法典》第1975条）。因此，继承人对遗产债务所承担的责任既是无限的，又是可限定的。[2]《法国民法典》也是采取概括继承的原则，但是，按照《法国民法典》第793~795条之规定，如果概括继承之继承人担心遗产中的份额不足以遗产债务，可以提出保留编制遗产清册的权利。只要在自继承开始之日起3个月内提出遗产清册，则只需在遗产范围内对债务负责。[3]

因此，概括继承要解决的当然不是关于债务限定在所继承财产的范围内的问题，其主要解决的是继承人作为一个"整体"接受遗产的"整体转移"的问题——在继承开始时继承人对于具体标的物并不取得权利，等到遗产管理人分割财产对的时候，各个继承人才有可能取得具体标的物。其对应的概念应该是"个别继承"——直接获得具体标的物。因此，概括继承和限定继承针对的问题是不同的，又如何能够成为相对应的概念？因此，这种对于概括继承的概念理解是不全面的。

我们再回头看一下：为什么《公司法》第75条和《合伙企业法》第50条规定的是个别继承而不是概括继承呢？其原因在于：①这里规定的是"股东资格"和"合伙人资格"的继受，而不是简单对的财产继受；因此，不能用"股权为财产"的视角看

---

[1] 参见莫振坤：《概括继承、遗产及遗产债务的清偿——我国〈继承法〉第三十三条评价》，载《法学杂志》1995年第3期；孙若军编著：《继承法》，中国人民大学出版社2008年版，第146页。

[2] [德]雷纳·弗兰克、托比亚斯·海尔姆斯：《德国继承法》，王葆莳、林佳业译，中国政法大学出版社2015年版，第177页。

[3]《法国民法典》（上册），罗结珍译，法律出版社2005年版，第605页。

待这一问题。②股东资格或者合伙人资格是以具体的出资作为基础的,没有出资就不可能享有股东资格或者合伙人资格。③"共有"为我国学者关于继承开始后遗产归属的共识,[1] 而共有人不可能作为股东存在——因为共有人不是一个民事主体(下面论证)。因此,在股东资格或者合伙人资格的取得方面,必须是民事主体方可。继承人当然仅仅可以是自然人,故也仅仅是具体的自然人才能够成为股东或者合伙人。这也就决定了我国《公司法》第75条和《合伙企业法》第50条规定的只能是个别继承而非概括继承。

按照我国《民法典》第1121条之规定,继承自被继承人死亡的时候开始。但这里的"开始"是指什么呢?财产关系(积极财产和消极财产)发生怎样的变动呢?我国《民法典》第230条规定:"因继承取得物权的,自继承开始时发生效力。"这里所说的"发生效力",是指发生什么效力?是"抽象的整体的转移给全体继承人",还是指"具体的直接的转移给全体继承人"?此处并不清晰。立法机关编写的民法典释义,也没有非常清楚地说明是如何发生效力的,仅仅是说"因继承而取得的物权,如果涉及的遗产为不动产,依照法律规定需要办理登记,但继承人没有办理登记,对该不动产的处分行为不生效力"[2],这里似乎应该解释为"个别继承"。因为,如果是概括继承,在分割前根本就不发生处分问题(当然,也不排除在现实生活中仅仅有一个继承人,也没有遗产管理人的情形)。但是,如果仔细对照我国《民法典》之继承编中的规范,大概不能够得出"个别继承"的结论——按照《民法典》第1147条关于"遗产管理人职责"之规定,遗产管理人有"分割遗产"之职责。因此,可以推理出来,在分割之前,各个继承人是不享有对具体标的物的处分权利的,也就是说,《民法典》第1121条所说的"继承开始"和第230条所说对的"取得物权",都是指被继承人的财产(包括物权)整体转移给继承人"共同体",从而形成"共有",但是每个继承人对于具体的动产或者不动产不享有具体权利。因此,从这一意义上说,我国《民法典》采取的应该是"概括继承"。

那么,继承开始后,被继承人生前的债权人或者受遗赠人向谁主张权利?直接地说,被继承人死亡后,谁是债权人的被告?

我们首先来分析一下,继承开始后,继承人与继承财产的关系。既然是概括继承,那么,无论是被继承人生前的财产还是债务,便立刻整体转移给继承人团体。而这个继承人集体对于遗产共有。至于说是共同共有还是按份共有,[3] 由于限定继承原则的保护,在对外关系方面并没有什么区别。但是,按照限定继承原则及保护债权人利益的原则,法律应当将其设计为共同共有,理由是共同共有制度更易使作为责任基础的遗产得到维持,因此为照顾遗产债权人的利益,立法者会优先考虑将继承人之间的关系设计为共同共有。具体来看,照顾遗产债权人利益的目的只有借助以下几个前提才

---

[1] 郭明瑞、房绍坤:《继承法》,法律出版社2004年版,第190页。
[2] 黄薇主编:《中华人民共和国民法典物权编释义》,法律出版社2020年版,第45页。
[3] 郭明瑞、房绍坤:《继承法》,法律出版社2004年版,第190页。

能实现：①遗产应是独立财产，与共同继承人的个人财产分离，只有这样共同继承人的个人债权人才无法执行遗产。②共同继承人应共同管理遗产，共同处分遗产标的，这样遗产才不致分散。③规定物上代位，这样遗产中的权利，与遗产有关的法律行为，或因遗产标的之毁灭、受损、侵夺而取得的一切标的都自动归于遗产。[1] 因此，我国有学者主张说遗产在继承开始时为全体继承人共同共有是值得赞同的。[2]

按照我国《民法典》关于"共有"之规范（第307条），因共有的不动产或者动产产生的债权债务，在对外关系上，共有人享有连带债权、承担连带债务，但是法律另有规定或者第三人知道共有人不具有连带债权债务关系的除外。那么，共有人集体对债权人承担义务。但是，这个"共有人集体"具有权利能力吗？也就是说，在概括继承的情况下，究竟是各个继承人作为被告还是这个继承人集体属于民事主体从而可以成为民事诉讼的原告或者被告？

从比较法上看，《德国民法典》采取的是概括继承的原则，继承人作为一个共同体，是《德国民法典》中继合伙和共有财产制的夫妻后另一种共有共同体的存在形式，但是这个继承人共同体没有权利能力，也没有当事人能力。德国联邦最高法院的判决也认为，继承人共同体与民事合伙不同，前者既没有权利能力也没有行为能力。[3] 那么，这个继承人集体（团体）在我国《民法典》上具有权利能力或者当事人能力吗？应该说没有，因为任何一个团体如果欲取得权利能力从而成为民事主体，必须具备法定的条件。例如，合伙要取得权利能力必须登记；法人必须有章程、符合法定要求的财产并经过登记方可成为主体；个体工商户也要经过登记。只有农村承包经营户不需要登记即可取得主体资格，但这是法律规定的从事特定行业的主体资格取得的例外。根据我国《民法典》第103条的规定，非法人组织也必须经过登记方可取得主体资格，甚至有的非法人组织还需要有关机关批准。因此，并非任何个人形成的简单组合都可以具有主体资格。继承人共同体其实就是这样一个简单的组合，没有诉讼主体能力。而且这种集体或者称为团体也没有自己的名称，也就无法作为一个主体起诉或者应诉。就如同我国《民法典》上的民事合伙一样，仅仅是主体之间的合同关系，而不是一个主体。因此，作为被告的仅仅可能是各个具体的继承人。

遗产管理人能否作为遗产债务之诉讼的被告呢？这就必然涉及遗产管理人的地位以及其与继承人之间的关系。从比较法的视角看，在美国法上，如前所述，普遍适用信托人（Trustee），信托人当然可以就遗产的诉讼作为原告或者被告。我国的遗产管理人制度相当于《德国民法典》上的遗嘱执行人。尽管德国学理上，对于遗产管理人有不同理论主张——"职务说"与"代理说"，但学者认为，这两种理论的适用在结果

---

[1] [德]雷纳·弗兰克、托比亚斯·海尔姆斯：《德国继承法》，王葆莳、林佳业译，中国政法大学出版社2015年版，第186~187页。

[2] 郭明瑞、房绍坤：《继承法》，法律出版社2004年版，第190页。

[3] [德]雷纳·弗兰克、托比亚斯·海尔姆斯：《德国继承法》，王葆莳、林佳业译，中国政法大学出版社2015年版，第185页。

上并无差别,故理论上的争议并无实益。[1] 在德国,对于遗产来说,遗嘱执行人接替了死者的角色,且根据被继承人的指示开展事务。遗嘱执行人可以自己的名义进行遗产管理,但他不是权利所有人。实际上,他是"职务当事人",《德国民事诉讼法》第116条是认可的。因此,他不是继承人或者被继承人的代理人,而是完全独立于继承人,可以违背全体继承人的意思而执行他应该做的。[2] 根据《德国民法典》第2213条之规定,针对遗产提出请求权时(消极诉讼,Passivprozess),债权人可以选择对遗嘱执行人、对继承人,抑或同时对两者主张。遗嘱执行人不享有遗产管理权的,只能对继承人主张。针对遗嘱执行人作出的判决足以引起对遗产的强制执行(《德国民事诉讼法》第748条第1款)。[3]

在我国《民法典》上,针对遗产的权利主张应该向谁提出?被继承人生前的权利应该由谁向义务人主张?有学者认为,遗产管理人具有诉讼担当、独立诉讼的地位。[4] 但是,从我国《民法典》继承编之规范看,这种结论能否得出?这些诉讼可能包括:①债权人的诉讼。债权人针对遗产的诉讼应该对谁提起?从诉讼的一般原则看,只有对于诉讼结果有直接或者间接关系的主体才能作为诉讼的原告或者被告,否则,自己提起诉讼却与诉讼结果没有任何关系,何以成为当事人?因此,继承人既然从被继承人死亡开始就取得整体财产,他或者他们当然应该承受诉讼的结果,也就当然可以是原告或者被告。遗产管理人可以吗?《德国民法典》第2212条和第2213条有明确规定,遗产执行人可以参加诉讼,但结果由继承人团体承担。我国《民法典》上没有如此明确的规定,从规范上可以作出这种推论吗?我国《民法典》第1147条规定了遗产管理人的六项职责,仅仅有两项可能涉及债权诉讼——处理被继承人的债权债务及实施与管理遗产有关的其他必要行为。是否可以从这两项中推导出遗产管理人有诉讼担当职能?对于"处理被继承人的债权债务"这项职责,当然可能涉及诉讼——既可能作原告也可能作被告。立法机关对该项职责的解释是,遗产管理人的职责之一就是处理被继承人的债权债务。首先,处理债权。遗产管理人在清理遗产时,发现被继承人生前有债权的,应当依法向债务人主张债权,这种债权既包括合同之债,也包括侵权之债,还包括不当得利和无因管理之债。只要债务人未偿还所欠被继承人的债务,遗产管理人就可以通过各种方式(包括诉讼方式)依法请求债务人偿还。其次,处理债务。在分割遗产之前,应当清偿被继承人生前债务。因此,遗产管理人如果发现被继承人生前负有债务的,应当以遗产偿还此债务。当然,如果遗产管理人发现被继承人所遗留的债权债务仍处于诉讼程序之中,尚未最终确定,遗产管理人就应当积极参

---

[1] [德]雷纳·弗兰克、托比亚斯·海尔姆斯:《德国继承法》,王葆莳、林佳业译,中国政法大学出版社2015年版,第101页。

[2] [德]马蒂亚斯·施默克尔:《德国继承法》,吴逸越译,中国人民大学出版社2000年版,第205页。

[3] [德]雷纳·弗兰克、托比亚斯·海尔姆斯:《德国继承法》,王葆莳、林佳业译,中国政法大学出版社2015年版,第105页。

[4] 参见王奎国:《〈民法典〉遗产管理人规范解释论》,载《汉江师范学院学报》2021年第2期;王葆莳、吴云煐:《〈民法典〉遗产管理人制度适用问题研究》,载《财经法学》2020年第6期。

与相关诉讼，依法维护遗产所涉及的权益，确保遗产利益最大化。遗产管理人处理完债权债务后，也应当将处理情况向继承人报告，以便继承人掌握遗产的实际情况。[1] 对于"实施与管理遗产有关的其他必要行为"这项职责，也许包括诉讼。但立法机关作出的解释是，遗产管理人除了实施前面五项管理遗产的必要行为之外，还应当实施其他与管理遗产有关的必要行为，比如参与涉及遗产的有关事项、对遗产情况开展必要的调查等。本项为兜底性的规定，只要是基于管理遗产的需要，遗产管理人就可以实施相关的行为，确保遗产得到妥善有效的管理。[2] 从立法机关的解释看，似乎该项职责不包括诉讼。

那我国学者上述观点——遗产管理人的诉讼担当来自何处呢？我们再来分析一下"处理被继承人的债权债务"这一项职责。在处理被继承人的债权债务过程中，因涉及遗产的诉讼，尽管由遗产管理人处理并提起诉讼，但具体方式可能有两种：一是遗产管理人以自己的名义提起诉讼，二是遗产管理人以继承人的名义提起诉讼（这种情况下就是职务代理关系）。我国《民法典》上究竟采取哪一种呢？在这里也许可以类推适用我国2006年以后的《企业破产法》上的破产管理人的地位。在2006年以前，破产企业的债权债务关系之诉讼担当人是清算组——可以作为原告也可以作为被告。但是，在2006年以后的破产法上，尽管有了清算组或者管理人，但管理人或者清算组负责处理债权债务关系、管理破产企业的财产进行诉讼时，无论原告还是被告，都是破产企业。遗产管理人的地位是否等同于破产管理人呢？笔者认为应该得出肯定的答案。因为按照《民法典》第1147条的规定，尽管在继承开始后，被继承人的遗产整体转至继承人全体，但是，因为财产在管理人的管理之下，继承人在财产分割之前，对于具体标的物并没有处分权。遗产管理人与破产法上的管理人之职权和地位相同。

《中华人民共和国民事诉讼法》（以下简称《民事诉讼法》）对此是否有相应规定呢？《民事诉讼法》第153条明确规定："有下列情形之一的，中止诉讼：（一）一方当事人死亡，需要等待继承人表明是否参加诉讼的；（二）一方当事人丧失诉讼行为能力，尚未确定法定代理人的；（三）作为一方当事人的法人或者其他组织终止，尚未确定权利义务承受人的；（四）一方当事人因不可抗拒的事由，不能参加诉讼的；（五）本案必须以另一案的审理结果为依据，而另一案尚未审结的；（六）其他应当中止诉讼的情形。"《最高人民法院关于适用〈中华人民共和国民事诉讼法〉的解释》第55条规定："在诉讼中，一方当事人死亡，需要等待继承人表明是否参加诉讼的，裁定中止诉讼。人民法院应当及时通知继承人作为当事人承担诉讼，被继承人已经进行的诉讼行为对承担诉讼的继承人有效。"由此可见，继承人是可以作为诉讼担当人的。但是，遗嘱执行人或者遗产管理人是否可以作为诉讼担当人呢？《民事诉讼法》与最高法院司法解释并没有明确说明。但我国民事诉讼法学理普遍认为，遗嘱执行人或者遗产管理人是可以作为诉讼但担当人的。主要理由是，诉讼当事人分为实体当事人与程序当事

---

[1] 黄薇主编：《中华人民共和国民法典物权编释义》，法律出版社2020年版，第119页。
[2] 黄薇主编：《中华人民共和国民法典物权编释义》，法律出版社2020年版，第119~120页。

人。实体当事人是指从实体法的角度界定当事人,把当事人与发生争讼的实体法律关系联系起来观察,要求当事人与作为本案诉讼标的的实体法律关系有直接利害关系。我国传统的民事诉讼理论认为,当事人具有三个特征:①以自己名义进行诉讼;②与案件有直接利害关系;③受法院裁判拘束。其中第二个特征强调的就是当事人要与发生争议的实体法律关系有直接利害关系,这也表明我国原先采用的是实体当事人概念。程序当事人是指从完全程序法的角度来界定当事人,按照这一新的标准,能否成为诉讼当事人,与实体权利义务状态无关,不必联系实体法律关系来确定。对原告而言,只要他向法院提出了权利主张,请求法院给予保护,便成为原告一方诉讼当事人,即便原告并非是发生争讼的民事权利义务关系的主体,或者原告并不真正享有所主张的民事权利,也不妨碍其成为原告;对被告而言,只要是被提起诉讼的一方,即为被告当事人,即使法院查明应当由另一个人而不是被告向原告履行义务或承担责任,或者与原告发生争执的不是被告而是另一个人,也不妨碍被告作为诉讼当事人。这一新概念表明,当事人完全是一个程序法上的概念,检验当事人的标准是看某人是否以自己的名义提起诉讼或某人是否为被提起诉讼的一方。当事人的概念,经历了从实体当事人到程序当事人的转变。长期以来,实体当事人概念一直占支配地位,随着对当事人制度研究的深入,程序当事人概念在德国和日本的民事诉讼法学中已占据主导地位。我国诉讼法学界原先也采取实体当事人说,但晚近出版的一些有影响的教科书,也转而采用程序当事人概念。发生这一转变的原因首先在于,当事人原本是个程序问题,需要在程序开始时就加以确定,而当事人之间真实的实体权利义务状态,则往往要等到法院对案件审理完毕后才能确定。其次,实体当事人概念也无法说明为什么那些并非是实体权利义务关系主体的人,却可以成为诉讼当事人,而真正的实体权利义务人,反却不能够成为诉讼当事人,如破产管理人、遗嘱执行人等。最后,实体当事人的概念也不利于通过诉讼、通过法院的司法救济来形成新的实体权利,而程序当事人的概念却允许当事人以诉讼方式主张一项需要通过判决形成的新型权利,从而促进法律的发展。[1]

"程序当事人"理论尽管成为我国民事诉讼法学界的共识,但仍然存在很大的疑问:①如果真的"只要他向法院提出了权利主张,请求法院给予保护,便成为原告一方诉讼当事人,即便原告并非是发生争讼的民事权利义务关系的主体,或者原告并不真正享有所主张的民事权利,也不妨碍其成为原告",那么除了真正的利害关系人之外的任何人都可以成为原告。但是,如果法律允许一个人提起诉讼,但诉讼的结果与他本人没有任何利害关系,而具有利害关系的人甚至都不知道有这种诉讼,那么谁来判断这种诉讼属于"保护"还是"伤害"?例如,甲乙有债务纠纷,乙为一名著名演员,虽然甲欠其债务,但不想上"热搜"从而引起不必要的麻烦(甚至名声损失),故不

---

[1] 李浩:《民事诉讼法学》,法律出版社 2016 年版,第 72~73 页;董少谋主编:《民事诉讼法学》,法律出版社 2017 年版,第 176~179 页;蔡虹:《民事诉讼法学》,北京大学出版社 2013 年版,第 152~154 页;李爽主编:《民事诉讼法学》,中国政法大学出版社 2016 年版,第 81~82 页。

愿意起诉甲。如果第三人为保护乙的利益起诉甲。但这对于乙来说，是保护还是伤害？因此，必须要求原告对于诉讼结果具有利害关系，否则起诉后对于结果是否有利无法判断。上述"程序当事人"理论中，列举的遗嘱执行人、破产管理人等属于特殊情况，不能归入"程序当事人"的范畴中去。因为无论是遗嘱执行人或者是破产管理人，他们不是"任意第三人"，他们（或者它们）是因为法定职权产生的。例如，我国《民法典》第1147条规定了遗产管理人有管理遗产、清理遗产并处理被继承人债权债务的职责，那么遇到追偿债务人之债务不能够通过非诉讼解决的时候，当然必须通过诉讼解决，否则便是"怠于履行职务"，要对全体继承人承担赔偿责任。破产管理人也是如此。②即使遗嘱执行人或者破产管理人能够发动程序，但必须以自己的名义吗？我国《企业破产法》第25条及现在的破产司法实践已经非常清楚了：破产管理人只能以破产企业的名义提起诉讼（代表债务人参加诉讼、仲裁或者其他法律程序）。因此，这种"程序当事人"的理论在我国的立法和司法实践中并没有被采纳（至少没有被完全采纳）。

遗产管理人的地位应当准用破产管理人的规则——为保护遗产从而维护继承人或者债权人利益，代表"遗产"参加诉讼或者仲裁。因为，继承开始的时候，被继承人的积极财产和消极财产（财产、债权和债务等）都已经转移给了继承人团体，他们是权利义务的承继者，这种情况下，遗产管理人有什么理由以自己的名义去提起诉讼？但是，这里有一个问题：如果继承人团体全部反对提起诉讼或者不积极配合遗产管理人提起诉讼，应当如何处理？这与破产程序不同：在破产程序中，破产程序已经开始，管理人接管债务人的财产，包括印章等。管理人以破产债务人的名义提起诉讼不存在任何障碍。但遗产管理人却不同，在我国《民法典》"限定继承"实际适用的情况下，当遗产不足以清偿全部债务的时候，应该提起破产程序，对遗产进行破产清算。但我国目前尚未有这种针对个人的破产程序。那么，这种时候，全体继承人就没有任何积极的动力去提起债务追偿程序——即使追回来，与自己也没有关系。但是，提起债务追偿程序对于遗产的债权人是有利的。那么，遗产管理人提起诉讼应如何克服继承人不配合的情况呢？我国《民事诉讼法》第150条及最高人民法院的司法解释仅仅规定了"等待继承人参加诉讼"的方式，显然不能解决这种问题。

这种情况是否必须赋予遗产管理人以自己的名义提起诉讼的权利呢？其实也没有必要。这实际上属于遗产管理人在执行职务的过程中继承人不配合的情形，只要让不配合的人承担由此引起的损失即可：如果这种债权的追讨结果仅仅涉及全体继承人，遗产管理人无法提起诉讼从而导致无法追讨时，继承人承担这种后果即可。但是，如果涉及遗产的债权人，则继承人必须在继承财产价值外对于债权人承担责任。

三、在遗产"资不抵债"或者不能清偿债务时谁是被申请人

当然，在遗产具备破产原因（遗产并不能全部清偿遗产债务或者负债大于遗产的时候而需要进入破产程序的时候），遗产管理人自然就有义务启动申请破产程序。遗产

管理人可以接管财产，以谁为被申请人提起破产程序呢？这一问题对于施行个人破产的立法例上相当重要[1]：因为我国是施行"限定继承"原则的，当遗产不足以清偿遗产债务或者债务超过遗产的时候，继承人可以不对遗产外的债务承担责任，那么，继承人的个人破产与遗产破产就有天大的差别：遗产破产是指以遗产为限公平清偿全体债权人的债权，而不涉及继承人的个人财产。继承人个人破产则是指就继承人个人的全部财产对其个人债务进行概括清偿。因此，与民事诉讼不同，不能简单地将继承人作为申请破产的对象（相当于被告，但这里是非诉讼程序）。对于遗产在破产程序中的地位，无论是德国的破产法（《德国支付不能法》）还是日本的破产法，都承认具有主体性的"破产财团"的概念。按照《德国支付不能法》第35条（支付不能财团的概念）的规定，支付不能程序涉及债务人在程序开始时所拥有的和在程序进行期间所取得的全部财产，为破产财团。按照日本学者的观点，破产者在破产宣告时所拥有的全部财产，为破产财团[2]。遗产本身是否可以构成一个"破产财团"而拥有主体资格呢？对此，日本理论和实务上曾经有不同学说，主要有四种学说：①继承人主体说；②遗产主体说；③被继承人主体说；④管理机构主体说。[3] 在日本法学理上，遗产主体说为通说。理由是：即使实体法上没有承认法人格的根据，但是作为实体法上的制度，考虑到种种的法律效果，事实上人们是默认某些财产可以作为归属的主体。在此场合，可以假设它们为"潜在的法人"。破产财团也可以解释为是这样的法人。法律没有明文规定财团的法人格，但是以法人格为前提的法律效果在实体法上被认可的事实，可以说是在实体法上假定了财团的法人格。"由于破产财团"因而可以否认、"破产财团"具有效力或失去效力（破产法第8条、第9条第1款、第70条第1款）、"对于破产财团所发生的请求权"（破产法第47条5、6款）、"破产财团享有的利益"（破产法第56条第2款）、"因破产财团而发生的损害"（破产法第143条第4款）等的条文规定，事实上假定了财团的法人格。如果根据破产财团法人格说的理论，那么，破产管理人就成为财团的代表机关。[4] 日本学者伊藤真也认同应当把继承财产作为破产人的观点。由于在理论上无牵强附会，笔者赞同该学说。[5]

德国学者也认为，破产程序也可以对遗产、持续共同共有关系中的共有财产或配偶共同管理的共有财产进行。在这些情况下，破产是为了实现限定于某特定财产（遗产或共有财产）上的财产责任。这是一种特别破产，适用于债权人只能对继承人或配偶的特定财产而不能对他们的个人财产实施执行的情况；从责任法而言，他们仅对该特定财产享有权利。某些参考资料认为该特定财产可以成立破产法意义上的债务人，这可能会使人产生误解。事实上，遗产和共有财产是将被变价的财产，必须与实体法

---

[1] 我国立法机关已经在启动个人破产的立法程序，未来肯定涉及这一问题。
[2] [日]石明川：《日本破产法》，何勤华、周桂秋译，上海社会科学院出版社1995年版，第142页。
[3] 见[日]石明川：《日本破产法》，何勤华、周桂秋译，上海社会科学院出版社1995年版，第32页；[日]石明川：《日本破产法》，何勤华、周桂秋译，中国法制出版社2000年版，第143~144页。
[4] [日]石明川：《日本破产法》，何勤华、周桂秋译，中国法制出版社2000年版，第143页。
[5] [日]伊藤真：《破产法》，刘荣军、鲍荣振译，中国社会科学出版社1995年版，第34页。

上的清偿义务人、作为破产程序主体的"债务人"严格区分。[1] 根据《德国支付不能法》第 11 条之规定，遗产可以构成一个责任财产——特殊财产财团。[2]

我国正在着手制定个人破产程序，遗产破产是当然要规定的问题。在遗产破产程序中谁是被申请人的问题上，由于破产程序的特点，必须将继承人、遗产管理人的个人财产同承担责任的遗产严格分离，因此，从逻辑上说，无论是继承人还是遗产管理人都不适合作为被申请人，否则就成为继承人破产或者遗产管理人个人破产从而对其个人财产进行清算。因此，我国未来破产程序中应该参考德国和日本的破产法，将遗产单独作为一个"财团性法人"，具有被申请人的资格，以便在体系上自洽。

四、继承人放弃继承的时候可以成为遗产诉讼的被告吗

我国《民法典》是允许继承人放弃继承的，那么，放弃继承的继承人是否能够成为遗产诉讼中的被告？例如，A、B、C、D 是四个法定继承人，其中 C、D 两人放弃继承，那么，被继承人的债权人甲是否能够以 C、D 为被告提起偿还债务之诉？

我国《民法典》第 1121 条规定，被继承人死亡继承开始，全体继承人即可成为遗产的共同共有人，同时也是遗产债务的共同债务人。但是，按照《民法典》第 1124 条规定："继承开始后，继承人放弃继承的，应当在遗产处理前，以书面形式作出放弃继承的表示；没有表示的，视为接受继承。受遗赠人应当在知道受遗赠后六十日内，作出接受或者放弃受遗赠的表示；到期没有表示的，视为放弃受遗赠。"那么，我国《民法典》并没有规定清楚：一是这种"以书面形式作出放弃继承的表示"是向谁表示？二是对于债权人有无公示方式或者通知？按照我国《民法典》第 1147 条的规定，显然应该是向遗产管理人书面表示，但是遗产管理人有义务通知债权人吗？如果没有义务通知或者没有恰当的公示方式让债权人或者第三人知道继承人放弃继承的事实，债权人在提起诉讼的时候，又如何知道排除放弃继承财产的继承人作为被告呢？

从比较法上看，无论是《德国民法典》《法国民法典》还是《日本民法典》，都规定有具体的拒绝意思表达的机关——法院。例如，《法国民法典》第 784 条规定："放弃继承不得推定。放弃继承仅得向继承开始地的大审法院书记室提出，并且在专门为此设立的登记簿上进行登记。"《德国民法典》第 1945 条规定："①遗产的拒绝，以对遗产法院的表示为之；该表示必须以遗产法院的记录或以公证认证的形式做出；②遗产法院的记录依《公证证书做成法》的规定而做成；③意定代理人必须有经公证认证的授权书。该授权书必须随表示而附上，或在拒绝期间内补交。"《日本民法典》第 938 条规定："欲抛弃继承者，应向家庭法院申述其意旨。"由于有这些程序和形式，在关于遗产诉讼的时候，法院就可以直接把放弃继承的人排除在遗产诉讼的范围之外。因此，无论是《德国民法典》（第 1953 条）、《法国民法典》（第 785 条），还是《日本

---

[1] [德] 莱茵哈德·波克：《德国破产法导论》，王艳柯译，北京大学出版社 2014 年版，第 17 页。
[2] [德] 莱茵哈德·波克：《德国破产法导论》，王艳柯译，北京大学出版社 2014 年版，第 217 页。

民法典》(第939条)都规定:抛弃继承者,视为自始不发生遗产归属(不为继承人)——自始就不是遗产诉讼的被告。

由于我国《民法典》的继承编没有规定具体应向谁表示放弃继承,特别是法院在诉讼开始的时候无从查知,因此,也就无法排除其作为被告。特别是在我国《民法典》第1145条规定的全体继承人作为遗产管理人或者由继承人推选遗产管理人的情况下,这种放弃的意思表示如果没有公示或者可靠的查知方式,如何能够保护第三人(特别是遗产债权人)?我国《民法典》这种只有制度而缺乏具体程序的做法,实际上就使得制度无法发挥其应有的作用,甚至可能损害善意第三人利益。[1] 因此,根据我国《民法典》的规定,从程序上说,放弃继承的继承人仍然是遗产诉讼的被告,仅仅是可以在诉讼中提出抗辩——被告不适格或者不应承担债务。

五、谁是无人继承遗产诉讼的被告

无论从逻辑上还是从现实生活中看,都会存在无人继承的遗产。那么,在关于这种无人继承的遗产发生民事诉讼的时候,例如,被继承人生前的债权人、遗产因无因管理或者不当得利发生债务,债权人向谁主张债权?《日本民法典》第951条对此有专门规定:"继承人之有无不明时,继承财产为法人。"这种规定非常清楚:继承财产本身就可以作为法人,从而成为权利主张的被告。但我国《民法典》对此并没有明确具体的规定,因此,必须从无人继承遗产的归属来分析债权人权利主张的被告。

我国《民法典》关于无人继承财产的规范有两条:第1145条及1160条。第1145条规定:"继承开始后,遗嘱执行人为遗产管理人;没有遗嘱执行人的,继承人应当及时推选遗产管理人;继承人未推选的,由继承人共同担任遗产管理人;没有继承人或者继承人均放弃继承的,由被继承人生前住所地的民政部门或者村民委员会担任遗产管理人。"第1160条规定:"无人继承又无人受遗赠的遗产,归国家所有,用于公益事业;死者生前是集体所有制组织成员的,归所在集体所有制组织所有。"从这两条来看:①尽管第1146条规定了没有继承人或者继承人均放弃继承的,由被继承人生前住所地的民政部门或者村民委员会担任遗产管理人,但是,根据前面的分析,遗产管理人不能作为诉讼主体,尽管他可以启动诉讼程序,但不能自己作为原告或者被告。②既然无人继承遗产归国家或者集体经济组织,那么国家或者集体经济组织可以是诉讼的被告或者原告吗?无人继承财产归属国家的这种做法并非我国独有。《法国民法典》第768条就规定:"无人继承时,遗产由国家取得的。"《日本民法典》第959条也有类似规定。就此问题,《德国民法典》第1936条最为复杂:"在继承开始时,不存在

---

[1] 除了这一制度之外,实际上还有限定继承原则的适用也是很有问题的——没有具体程序。按照《德国民法典》第1975~1984条之规定,必须有严格的程序保证继承人个人的财产与遗产分离,才能将责任先待定在遗产的范围内;必须开启遗产管理程序或者遗产破产程序。当然,为了方便继承人及时了解遗产债权债务情况,德国民法典还专门为继承人规定了"遗产债权公示催告程序"——参见 [德] 雷纳·弗兰克、托比亚斯·海尔姆斯:《德国继承法》,王葆莳、林佳业译,中国政法大学出版社2015年版,第178~179页。

被继承人的任何血亲、配偶或同性生活伴侣的,遗产由被继承人在继承开始时的最后住所地州继承,或者,被继承人的最后住所不可予以确定的,由其最后惯常居所地州继承。除此以外,遗产由联邦继承。"但是,如果要搞清楚谁是无人继承遗产诉讼的当事人,还必须搞明白,在被继承人死亡与国家取得之间是否存在"媒介"?如果国家是直接取得,当然国家就会成为遗产诉讼对的被告;相反,则不一定成为被告。

无人继承的财产情况必须复杂,有的是因为自然人死亡根本就自始没有继承人;有的是开始有继承人而继承人放弃继承。一般来说,国家或者其他公立机构并不是直接成为财产取得人。例如,在德国,根据其民法典第1966条之规定,仅在遗产法院已确定不存在其他继承人之后,该项权利才能由作为法定继承人的国库或对作为法定继承人的国库加以主张。根据《法国民法典》第769~772条之规定,准备对遗产取得权利的国家财产管理部门,应当按照遗产清册利益(限定承认)之方式,先盘点,后接受,对遗产进行盘点并派人封存,作成清单。国家财产管理部门应当向遗产所在辖区内的大审法院申请认许占有遗产。管理部门得免于借助诉讼代理人(律师),法院按照通常方式进行公告之后3个月加40天,并且听取共和国检察官的意见,对所提申请作出裁判。在按照规定对无人继承的财产已经进行申报,从而任命国家财产管理部门为遗产管理人以后,管理部门在提出申请之前,得自行完成前款所规定的公告手续。在所有情况下,应由国家财产管理局局长签署一份通告并附有继承开始地的市长提出的证明,证明已完成公告手续。国家财产管理部门如不履行规定其应当完成的手续,在有继承人出现时,得被判处对继承人负损害赔偿责任。因此,在德国与法国,国家取得遗产是经过多重程序和手续,确认无人继承时,由国家取得。但是,这里仅仅是说"取得所有权",如果遗产有债务,仍然有债务诉讼的被告问题。例如,在德国,如上所述,可以以遗嘱执行人为被告,也可以以州或者国家为被告。这是符合法律规定的。当然债权人可以仅仅以遗嘱执行人为被告。

但是,这一问题在我国《民法典》上就会成为问题:按照《民法典》第1160条之规定,无人继承或者受遗赠的遗产,归国家或者集体经济组织所有,但这里并没有排除其他的债权请求权,例如,作为集体经济组织成员的甲死亡后,其没有遗赠也无人继承,乙为其无因管理,那么,在确定该遗产为无人继承也无遗赠后,该遗产归集体经济组织。但乙因对遗产无因管理发生的债权是否可以向该集体经济组织主张?答案应该是肯定的。另外,我国《民法典》也没有规定,在继承人可以放弃继承的法定期间内,债权人不得提起债权主张的诉讼,因此,放弃继承的继承人仍然为适格的诉讼当事人。[1] 从我国《民法典》第1160条之规定看,既然遗产归国家或者集体经济组织取得,自然它们就顺理成章地成为债权债务关系诉讼的被告。当然了,国家所有权的行使有相应的规定,应当按照规定来确定具体被告。

---

[1] 由于我国《民法典》的继承编没有规定放弃继承的公示方式,因此,如本文前面所述,即使放弃继承,债权人也无从查知,也就难以排除其为被告。因此,用抗辩更合适。

六、结论

在有关遗产诉讼或者破产程序中的被告或者被申请人的问题,应当根据立法宗旨和规范意旨来确定。无疑,通过上述分析,笔者肯定我国施行的是"概括继承"的原则,那么,在被继承人死亡的时候,其作为遗产的财产"整体"、"自动"转移给继承人团体(但这个团体并没有权利能力和当事人资格),在有关遗产诉讼中,继承人作为共同被告。放弃继承的人向谁表示放弃的意思?这一问题在我国《民法典》上没有任何程序性规定,因此,导致债权方实际上无从查知哪个继承人放弃以及是否放弃(甚至是否有效放弃),因此,放弃从什么时候开始发生效力就不清楚。所以,在我国法上不能说放弃继承的人不能成为遗产诉讼的被告,只能说在诉讼进程中,放弃继承的人提出证据来抗辩自己不是适格的被告或者不应承担义务。在遗产不能清偿到期债务或者遗产少于债务的情况下,在我国《民法典》上谁是破产程序中的被申请人就成为问题——这一问题现在在我国尚不是问题,因为破产程序还不适用于自然人,但立法机关正在制定个人破产程序,后续可能会成为问题。最好的方式是加入一个"破产财团"的概念,从而避免遗产破产与继承人个人破产混淆。在无人继承的财产归国家或者集体经济组织所有的情况下,这两种主体有可能成为遗产诉讼的原告或者被告。

第二节 论无偿行为所生之债在继承编(法)中的地位

一、问题的提出及意义

尽管任何自然人都可以根据意思自治的原则来对自己的财产进行处分而让这种处分法律行为在其死亡时发生效力(终意处分),但是,在概括继承的原则之下,继承开始后全体继承人作为共同共有人"整体"接受被继承人的"总资产"——积极财产+消极财产。尽管我国《民法典》对于继承是否属于概括继承没有明确规定,但从其第1121条及1147条、第1161条的规定看,应该作出肯定的回答。继承开始后,财产属性发生了重大变化:继承人团体已经成为遗产的所有权人(共同共有),因此,从原理上看,继承人是在用"自己的财产"来偿还被继承人的债务。加之包括我国《民法典》在内的很多国家都直接或者间接规定了继承人的优惠规则——限定继承。那么,在这种情形下,下列问题无论从理论源头还是实证规范层面都必须予以明确:①在遗产的所有负担中,既有有偿行为所生的负担,也有无偿行为所生的负担,对于有偿行为与无偿行为在法律地位上有无差别?这种无偿行为在外延上应该包括哪些?我国《民法典》对此之规范是否周延?②我国《民法典》第1162条仅仅规定了遗赠与债务的清偿顺序,但没有规定赠与之债在继承编中的地位。这种立法例究竟是什么宗旨?是让赠与准用遗赠的规则,还是赠与只要符合法定或者约定成立要件自然就是一种债务，继承人就应当偿还？另外，在被继承人与第三人签订的赠与合同履行之前，被继承人死亡的，赠与合同效力如何？继承人能够行使《民法典》第658条规定的"赠与物交付之前的任意撤销权"吗？附有负担的赠与也毫无例外地适用我国《民法典》第1162条吗？是否应当有除外规定（尽管我国《民法典》上没有规定）？③遗赠与遗赠抚养协议的关系是什么？遗赠扶养协议在性质上究竟是死因法律行为还是生前法律行为？继承开始后遗赠之效力为物权变动还是债权发生？如果我国《民法典》上规定的遗赠为债权请求权的话，那么，第1124条第2款规定是否合适（即要求受遗赠人在法定期间内作出接受或放弃的意思表示）？我国《民法典》上是否包括概括遗赠？在概括遗赠的情况下，受遗赠人对遗产的债务是什么责任？④死因赠与与遗赠在继承开始后的效力关系是什么？一般赠与可以准用死因赠与或者遗赠之规则吗？我国《民法典》尽管在第16条规定了"胎儿接受继承和赠与"的能力，但是否具有接受遗赠的能力？⑤为第三人利益的合同是否有无偿赠与的性质？这种无偿性如何体现出来？利益第三人之获益在赠与的情况下属于不当得利吗？继承人在为第三人利益合同中的不同角色对权利义务有何影响？⑥《公司法》第75条、《合伙企业法》第50条规定的股东所或者合伙人的资格就继承与义务负担之关系是什么？如果遗产不足以清偿义务，资格如何承继？⑦继承人对于遗产的分割请求权是什么性质？对于遗产来说，它属于负担的范畴吗？在遗产分割之前继承人可以出卖共有份额吗？这时候实际上各个继承人对于遗产的具体标的物是没有支配权或者处分权的，但是，共同共有份额是否可以被出售或者以其他方式转让？转让的规则是什么？⑧被继承人生前订立的"利他合同"（《民法典》第524条）对于继承人是什么效力？例如，合同解除权、变更权等对于继承人是什么效力？⑨继承能否引起无偿行为所生之债的诉讼时效期间中断或者中止？⑩我国立法机关正在制定自然人破产程序，那么自然人的遗产破产就是一个不可能绕开的问题。那么，在自然人遗产破产程序中，因无偿行为引起的债权的清偿顺序将如何实现？

以上问题在我国《民法典》继承编中是不清楚的，理论上也鲜有论及。但是，生活中不可避免会出现这些问题，因此我们必须从源头上对于上述问题梳理和论证清楚。当然，以上问题可能合并论证，也可能论证的顺序与提出问题的顺序不同。

二、无偿行为所生之债的内涵与外延的界定

无疑，被继承人在生前所有的负担，既可能因有偿行为产生，也可能因无偿行为产生。但是，因无偿行为所生的负担和债务是不同的，有些负担属于非财产性负担的，就不产生请求权或者债务问题，就如德国学者指出，通过死因处分使继承人或者受遗赠人担负给付义务，但并不为他人创设给付请求权，即为这种负担。例如，被继承人E指定A为单独继承人，同时为其设立负担，要求其看护家族墓地10年、将遗产中的名

画向公众开放等。这种负担的优势在于没有具体的受益人。[1] 这种负担没有明确的受益人，也就难以称为债务。有的无偿行为则可能属于要物法律行为，例如，我国《民法典》第 679 条规定的自然人之间的金钱借贷合同，就是著例：自贷款人提供贷款时生效。像这种合同义务尚未产生，自然，在继承开始后不提供贷款也就不能生效。因此，遗产债务一般是指遗产作为被继承人生前所负担的财产性义务，包括物权性的义务（如担保物权）和债权性义务（债权性请求权），当然也包括继承开始后，因遗产被无因管理或者不当得利而产生的债权请求权。还应包括某些法定的"先取特权"，例如，《民法典》第 807 条规定的"工程价款对建筑物的优先受偿权"[2] 等。尽管像《德国民法典》第 1967 条的规定："除由被继承人招致的债务意外，涉及继承人本人的债务，特别是因特留份权利、遗赠和负担而发生的债务，也属于遗产债务。"但是，这里所谓的"债务"也是有特定含义的。由于我国继承法中对于"负担"中的债权性抑或物权性义务存在模糊或者不确定认识，笔者认为，我国《民法典》上的债务也应作出相同的理解。

当然，对于因法律规定的实践性无偿法律行为之债来说，有一个需要特别说明的问题是，这样尚未实际给付从而使其生效的合同，在继承开始后，需要继承人或者遗产管理人解除吗？这实际上就涉及合同法上一个重大问题——成立但尚未生效的合同需要解除吗？对此，有学者认为，已经成立但未生效的合同可以作为法定解除的对象，理由如下：其一，解除以有效成立的合同为对象，这是学说的意见，并且是尚未遇到已经成立但尚未生效的合同可否解除的案件之前的观点。其实，我国现行法并未明文规定被解除的合同仅仅限于已经生效的合同，没有禁止解除已经成立但未生效的合同。在这样的背景下，只有允许解除已经成立但尚未生效的合同才会有公正合理的结果。那么，就不宜固守旧论，而应当重新界定我国现行法上的解除对象。其二，依据合同神圣或合同严守的原则，合同一旦有效就必须遵守，不得擅自变更或解除。即使如此，在主客观情况发生变化，继续严守合同会带来不适当的后果的情况下，法律也允许当事人解除合同。既然已经发生法律效力的合同尚且可以解除，不再受合同严守原则的束缚，那么，举重以明轻，尚未生效的合同，其约束力弱甚至没有，就更应当允许将其解除了，除非阻止此类合同生效履行且宜提前消灭的正当事由不存在。其三，对于尚未生效的合同，若不允许解除，则该合同要么较长时间地停止在这种状态，要么发展到生效履行的阶段，而这两种结果对于无辜的当事人均为不利，该当事人强行废除该合同，至少构成缔约过错责任，并不适当。如果允许该当事人解除合同，则不会出现此类不适当的结果。其四，其实，合同存在着"死亡"的基因，终将消灭。在我国现行法上，合同消灭的制度有无效、撤销、效力待定场合的不予追认、清偿和解除等。

---

[1] [德]雷纳·弗兰克、托比亚斯·海尔姆斯：《德国继承法》，王葆莳、林佳业译，中国政法大学出版社 2015 年版，第 97~98 页。

[2] 尽管这种优先受偿权的性质在我国民法学界有争议，但在笔者看来，定性为一种法定的先取特权更准确。

已经成立但未生效的合同不存在无效、撤销、效力待定的原因场合，其消灭显然不适用无效、撤销、效力待定的制度，因其尚未生效也不适用清偿的制度。剩下的解除制度应作为被首选的目标，因为已经生效的合同若提前归于消灭，属于合同解除制度的范畴，尚未生效的合同提前消灭也这样处理比较合适。另外，最高法院司法解释（法释〔2010〕9号）已经采纳了已经成立但未生效的合同可以解除的观点（第5条、第6条、第8条）。[1] 该观点值得赞同，因为，这种成立但尚未生效的合同对于当事人来说只要具有约束力，就应当允许解除。因此，对于继承人来说，当然可以行使这种解除权。

尽管因无偿法律行为产生的债务包括多重，但是，本文将选取两种最具有代表性、也是现实生活中最有说明意义的行为展开论述——遗赠与赠与。

三、遗赠

我国学者一般认为，遗赠是公民以遗嘱的方式将个人合法财产的一部分或者全部赠送给法定继承人以外的人，并于遗嘱人死亡时发生效力的单方法律行为。[2] 我国《民法典》编纂确实也是以遗嘱对象为法定继承人抑或非法定继承人为标准来区分遗嘱继承和遗赠的，对此立法机关有关人士解释说，关于遗嘱继承和遗赠，继承法是根据取得遗产的人的身份来区分二者：如果按照遗嘱的内容，取得遗产的人为法定继承人以内的人，则属于遗嘱继承；如果按照遗嘱的内容，取得遗产的人为法定继承人以外的人，则属于遗赠。大多数意见认为这种立法例在逻辑上不失严谨，较符合我国的实际情况，且已被民众所熟悉，因此《民法典》继承编沿用了该标准，继续以取得遗产的人的身份来区分遗嘱继承和遗赠。[3] 但并非所有国家或者地区都采用这一标准。[4] 尤其是在遗嘱人将全部财产终意处分给受遗赠人的概括遗赠的情况下，是否认定为遗赠确实有不同观点。[5] 围绕着遗赠有下列问题需要认真探讨：

（一）继承开始后遗赠之效力为物权变动还是债权发生

遗赠当然是死因行为，那么在被继承人死亡后，遗赠对于继承财产来说究竟是债权还是物权？我们不妨从我国2007年民事立法和学理上来分析对遗赠的定性。我国2007年《物权法》第29条规定："因继承或者受遗赠取得物权的，自继承或者受遗赠开始时发生效力。"这条规定说明：①属于个别继承而非概括继承；②将遗赠作为取得物权的直接根据而不是一种请求遗嘱执行人或者继承人履行遗嘱的债权。对于该条的规范意义，有学者认为，只要受遗赠人接受遗赠，不管财产是否实际被受遗赠人占有，都不影响受遗赠人获得所有权。即便法定继承人和遗嘱管理人已经实际占有该项财产，

---

[1] 崔建远：《合同法》，北京大学出版社2013年版，第269~270页。
[2] 李明舜主编：《婚姻家庭继承法学》，武汉大学出版社2011年版，第323页。
[3] 黄薇主编：《中华人民共和国民法典继承法释义》，法律出版社2020年版，第674页。
[4] 参见史尚宽：《继承法论》，荣泰印书馆1966年版，第466~467页。
[5] 参见［德］雷纳·弗兰克、托比亚斯·海尔姆斯：《德国继承法》，王葆莳、林佳业译，中国政法大学出版社2015年版，第97页。

受遗赠人或者遗嘱继承人都有权要求其返还。应予指出的是，与遗嘱继承不同的是，遗嘱继承自遗嘱生效时起就发生物权变动的效果，但在遗赠中，物权变动则始于受遗赠人受遗赠之时，即在被继承人死亡之后，根据遗嘱和遗赠协议，受遗赠人愿意接受遗赠，从而使遗赠发生效力，此时就应该发生物权的变动。此处所说的遗赠包括了遗赠协议和遗嘱赠与两种情况。[1] 学者的上述观点从立法解释论的观点来看，无疑是符合立法宗旨的，也就再次印证了2007年《物权法》的立法模式为个别继承。

如果从历史上看，罗马法上确实存在两种性质上完全不同的遗赠模式：在罗马法上很早就出现了遗赠的两种主要类型：发生物权效力的直接遗赠和发生债的效力的间接遗赠。[2] 也就是"所有物返还请求权遗赠"（Vindikationslegat）和"给付请求权遗赠"（Damnntionslegat）。在给付请求权遗赠的情况下，受遗赠人享有要求继承人交出遗赠物的请求权。而在所有物返还请求权遗赠的情况下，随着继承开始，受遗赠人已经获得了遗赠标的物的所有权，所以人们可以作为物主而要求占有人归还。[3] "直接遗赠"（legatum per vindicationem）即具有对物效力。它是被继承人享有奎里蒂法所有权的有体物的给与，使用的程式是"我对提提乌斯给与并且遗赠奴隶斯提库斯"（Titio hominemStichum do lego）。所有权直接由被继承人转归属于受遗赠人，继承人不是临时所有权人；因此，受遗赠人对该物可以向占有它的继承人，也可以向任何其他占有人通过原物返还之诉（rei vindicatio）而提出请求。"间接遗赠"适用的程式是："我的继承人负担向卢奇乌斯·提提乌斯给予我的奴隶斯提库斯的义务"（heres meus Lucio Titio Stichum servum meum daredamnas esto），在发达的法律中发生了一项债，基于这项债的关系继承人负担向受遗赠人提供给付的义务。实施间接遗赠可以采用严格法基于遗嘱之诉（actio ex testamento），它和基于要式口约之诉（actio ex stipulatu）相近，但具有指向"诉讼标的所值价值"（quanti ea res est）的确定程式（formula certa）和指向"被告有义务向原告给付的全部"（quidquid dare facere oportet）的不确定程式。[4] 附随于直接遗赠和间接遗赠，罗马法上还有两种次要形式：先取遗赠和容忍遗赠。直接遗赠的次要形式是先取遗赠（per praeceptionem）；间接遗赠的次要形式是容受遗赠（sinedi modo）。前者采用的套语是"你将先取"（praecipito）。它也可以使受遗赠人直接取得所有权，同直接遗赠的唯一区别在于：它是针对数名共同继承人之中的某人而确定的，死者允许这名共同继承人以自己的名义从遗产中提取特定物，使该物免受分割。普罗库勒学派认为人们也可以采用这种形式向外人（非继承人）实行遗赠。容受遗赠所采用的套语是"我的继承人将容忍卢其·第提得到并拥有奴隶斯第库"（heres meus damnas esto sinere Lucium Titium servum Stichum sumere sibiquehabere）。它同间接遗赠的

---

[1] 参见王利明：《物权法研究》，中国人民大学出版社2013年版，第291页。
[2] [德]马克斯·卡泽尔、罗尔夫·克努特尔：《罗马私法》，田士永译，法律出版社2018年版，第757~757页。
[3] [德]马蒂亚斯·施默克尔：《德国继承法》，吴逸越译，中国人民大学出版社2000年版，第136页。
[4] [德]马克斯·卡泽尔、罗尔夫·克努特尔：《罗马私法》，田士永译，法律出版社2018年版，第757~758页。

区别是，人们不能以此方式遗赠第三人的物品，因为继承人只有义务容忍。这种遗赠形式可能是针对某些事实关系而设立的，这种事实关系不是权利，至少相对于市民法不属于权利，比如：对公田（ager publicus）的占有、善意拥有等。[1] 也就是说，在罗马法上，有四种形式的遗赠：直接遗赠、先取遗赠、间接遗赠和容忍遗赠。但是，间接遗赠因其形式灵活而可以指向各种允许的给付，也因此在一定程度上具有了普遍的特征。[2]

从后世法律的承继关系看，《德国民法典》中遗赠适用"给付请求权遗赠"这种唯一的形式。所有物返还请求权遗赠模式如今存在于《法国民法典》中，[3] 这主要是指《法国民法典》第1014条，该条规定："一切不附任何条件的遗赠，在遗嘱人死亡时，均赋予遗赠受领人享有遗赠物的权利，此种权利可以由遗赠受领人转移给他的继承人或权利继受人。但是，特定财产的受遗赠人仅自其按照第1011条确定的顺序提出要求提交遗赠财产之日，或者仅自愿同意向其转移遗赠财产之日，始能占有遗赠物以及主张享有遗赠物的果实与孳息。"按照法国学理和判例的解释，按照第1014条之规定，虽然特定财产受遗赠人自继承开始之后即成为遗赠物的所有权人，但是，为了使其权利得到承认，仍然要提出提交遗赠财产的请求。由于提交遗赠物的请求在继承开始时受到诉讼时效的限制，因此正确认定这一诉讼请求依第2262条之规定已过时效，提交遗赠物的请求不予受理（最高法院第一民事庭，1975年10月22日）。[4]

应该说，《德国民法典》与《法国民法典》对于遗赠性质的不同态度，实际上反映出它们对于物权变动之模式的影响。德国对于法律行为采取区分模式——物权行为与债权行为相互区分，各自独立，遗嘱仅仅是一种负担行为，但不能直接发生物权变动，必须等得到实际交付动产或者不动产变更登记的时候，才可能发生物权移转。但是，《法国民法典》并不区分物权行为与债权行为，仅仅有财产转移的意思就发生物权变动。因此，反映在遗赠方面，《德国民法典》当然就采取债权主义模式——遗嘱对于继承人或者遗嘱执行人是一种债权请求权；而在法国，则采取死因变动模式——在被继承人死亡的时候，遗赠标的物所有权直接转移给受遗赠人，其仅仅是以所有权人的身份请求继承人或者其他占有人交付标的物而已。就如我国学者史尚宽先生所言，遗赠发生物权效力抑或债权效力，取决于民法之规定及物权变动之基本立场。在采取"意思主义"的法国民法，物权因意思表示而变动，遗嘱应与生前行为一样，使物权依意思表示而生移转的效力，因此，就会发生物权效力说（所有权返还请求权说）。而在采形式主义之德国、奥地利及瑞士民法，则动产所有权移转须以交付，不动产所有权之移转须经登记，故除为继承人之指定或者视为继承人之指定外，无论是概括遗赠还

---

[1] [意] 彼得罗·彭梵得：《罗马法教科书》，黄风译，中国政法大学出版社2005年版，第381页。

[2] [德] 马克斯·卡泽尔、罗尔夫·克努特尔：《罗马私法》，田士永译，法律出版社2018年版，第757~759页。

[3] [德] 马蒂亚斯·施默克尔：《德国继承法》，吴逸越译，中国人民大学出版社2000年版，第136页。

[4] 《法国民法典》（上册），罗结珍译，法律出版社2005年版，第754页。

是特定遗赠，均有债权之效力。[1]

显然，我国2007年《物权法》采取的是"直接遗赠"模式，实际上也反映出在我国当时的物权法中并没有刻意区分债权行为与物权行为。但是，我国2020年《民法典》采取的立法模式应该说与2007年《物权法》不同：《民法典》第230条已经与《物权法》第29条完全不同："因继承取得物权的，自继承开始时发生效力。"——显然是将遗赠取得物权删除了。对此，立法机关的解释中，并没有说清楚这里的变化，而且看不出来是一种什么性质的权利。[2] 在孙宪忠教授与朱广新教授主编的《民法典评注：物权编》中对此的表达非常清楚：本条删除其中关于"受遗赠开始时发生物权变动"的内容，将其表述为："因继承取得物权的，自继承开始时发生效力。"从我国法律规定来看，2007年《物权法》第29条赋予遗赠导致物权变动的效力与《继承法》之间产生了冲突。其一，《继承法》区分遗赠与遗嘱继承，即以遗产承受人与遗嘱人的关系来区分遗赠与遗嘱继承，不承认概括遗赠，遗赠人仅享有权利而不负担义务。因此，只有在清偿遗赠人的债务、缴纳所欠税款之后，受遗赠人才能取得遗赠物所有权。如果遗赠能够直接导致物权变动，则在遗赠生效时，遗赠物的所有权即归属于受遗赠人。此时，若用遗赠物清偿遗赠人的债务、缴纳所欠税款，就等于用受遗赠人的财产清偿遗产债务，这显然与我国法律所规定的遗赠性质不符。其二，遗赠的性质是法律行为，根据《继承法》第25条的规定，遗赠生效需要受遗赠人在知道受遗赠后60日内作出接受或放弃遗赠的表示，到期没有表示的，视为放弃受遗赠。如果法律规定受遗赠开始时发生物权变动，则与继承法关于遗赠生效的规定相冲突。基于上述原因，《民法典》第230条删除了《物权法》第29条关于"受遗赠开始时发生务求让变动"的规定。[3] 在陈甦教授与谢鸿飞教授主编的《民法典评注：继承编》中，更清楚地表达出遗赠是一种债权。[4]

笔者赞同我国实证法——《民法典》上的遗赠为债权的观点，即遗赠属于一种债权负担，在我国《民法典》上有下列理由支撑这种观点：①2020年通过的《民法典》第230条的规定显然与2007年《物权法》不同，体现出"遗赠不直接导致物权变动"的结论，否则就会产生许多逻辑上的不自洽；②在概括继承的立法模式下，无论是继承人个人还是受遗赠人，都不可能直接取得物权。即使是继承人，也是作为共有人共同概括地、抽象地取得被继承人的"整体财产"——积极财产和消极财产，对于具体标的物没有"支配权"，"二次分割"后才对具体财产取得物权。对于受遗赠人来说，受赠物在交付之前不可能转移物权。③从我国《民法典》第1147条之规定看，遗产管

---

[1] 史尚宽：《继承法论》，荣泰印书馆1966年版，第472~473页。
[2] 参见黄薇主编：《中华人民共和国民法典物权编释义》，法律出版社2020年版，第44~45页。
[3] 孙宪忠、朱广新主编：《民法典评注：物权编》，中国法制出版社2020年版，第192页。
[4] 陈甦、谢鸿飞主编：《民法典评注：继承编》，中国法制出版社2020年版，第316页。

理人的职责应该包括对于遗赠这种债务关系的处理。[1]

(二) 在遗赠定性为债权请求权后如何解释《民法典》第1124条第2款

我国《民法典》之继承编中关于遗赠的规定的真正问题在于：第1124条第2款之规定[2]——遗赠既然是一种债权，它为什么需要在继承开始后的特定时间内作出接受或者放弃的意思表示呢？立法机关对该条的解释是，自然人以遗嘱方式作出遗赠的意思表示虽然是单方行为，但从法律的本质上而言，遗赠行为在某种程度上应当视为一种双方法律行为，遗赠人作出赠与的意思表示，受遗赠人需要接受方可，这就需要双方意思达成一致方能成立，遗赠人不得将自己的意思强加给另一方。因此，如果受遗赠人在法定期限内不作任何意思表示，赠与的合意难以形成，法律不宜强迫当事人达成合意，故不宜规定受遗赠人不作出接受表示即视为接受。同时，考虑到接受遗赠属于行使权利的行为，不宜对当事人要求过高，在形式上法律不宜作硬性规定，只要受遗赠人作出意思表示即可，不必非得以书面方式作出。[3] 这种解释显然是对遗赠这种作为单方法律行为的"死因行为"与赠与这种生前法律行为的一种混淆：按照这种解释，被继承人生前的遗赠意思表示仅仅是一种单方"要约"，还没有发生债权效力，受遗赠人在被继承人死亡后表示"同意或者接受"的时候，合同才成立？那根本就谈不上债权还是物权问题了。同时，按照这种解释，我国《民法典》第1124条的规定也不对题：既然双方法律行为还没有成立，为什么还需要"放弃"？这显然已经离基本问题太远了。

我们不妨从比较法的视角来看看。对于遗赠，德国学者指出，继承开始时，受益人依法直接获得债法请求权意义上的遗赠，无需作出接受的表示（当然取得主义，Vonselbsterwerb）。受益人也可以不拘形式地作出拒绝的表示（《德国民法典》第2180条第2款）。与拒绝继承（《德国民法典》第1944条）不同的是，法律没有对遗赠拒绝设定期限，第2180条第3款的准用规定不包括第1944条。[4] 这种观点是符合遗赠这种死因行为的一般原理的：遗赠其实就是为受遗赠人设立的一种债权请求权，这种请求权在被继承人死后才生效。继承开始后，受遗赠人自然对于"遗产"有这种请求权，作为债权人的受遗赠人为什么还要去表示接受呢？因为按照遗赠和死因行为的宗旨本身，在被继承人死亡的时候，这种请求权就产生了，债权人（受遗赠人）是否行使不应该受到这种限制，它可能仅仅受到时效的限制。因此，《德国民法典》第2162条规定："附停止条件的遗赠的30年期间：①附停止条件或限定始期而指示的遗赠，在继

---

[1] 我国《民法典》第1147条规定："遗产管理人应当履行下列职责：（一）清理遗产并制作遗产清单；（二）向继承人报告遗产情况；（三）采取必要措施防止遗产毁损、灭失；（四）处理被继承人的债权债务；（五）按照遗嘱或者依照法律规定分割遗产；（六）实施与管理遗产有关的其他必要行为。"

[2] 我国《民法典》第1124条第1款规定："继承开始后，继承人放弃继承的，应当在遗产处理前，以书面形式作出放弃继承的表示；没有表示的，视为接受继承。"第2款规定："受遗赠人应当在知道受遗赠后六十日内，作出接受或者放弃受遗赠的表示；到期没有表示的，视为放弃受遗赠。"

[3] 黄薇主编：《中华人民共和国民法典物权编释义》，法律出版社2020年版，第26页。

[4] [德] 马蒂亚斯·施默克尔：《德国继承法》，吴逸越译，中国人民大学出版社2000年版，第95页。

承开始后经过 30 年时失去效力，但以该条件或该始期未在此前成就或到来为限。②受益人在继承开始时尚未被孕育成胎儿，或其人格由继承开始后才发生的事件决定的，遗赠在继承开始后经过 30 年时失去效力，但以在此之前受益人未被孕育成胎儿或决定其身份的事件未发生为限。"第 2163 条规定："30 年期间的例外：①在第 2162 条的情形下，有下列情形时，即使在经过 30 年后，遗赠仍有效：一是遗赠系就被加重负担者或受益人自身发生某一特定事件的情形而被指示，且其自身应发生该事件的人在继承开始时生存的；二是继承人、后位继承人或某个受遗赠人系就其有弟弟或妹妹出生的情形而被以遗赠为其弟弟或其妹妹的利益加重负担的。②其自身应发生该事件的被加重负担者或受益人为法人的，仍适用 30 年的期间。"

笔者认为，尽管《民法典》之物权编已经改变了 2007 年《物权法》关于遗赠的性质——从发生物权效力改为仅仅发生债权效力，但是，在继承编却仍然延续原来的物权模式——把继承人与受遗赠人作为同等法律地位的人看待，没有与物权编协调一致。

因此，应当从民法教义学的视角来解释《民法典》之继承编第 1124 条和第 1162 条："执行遗赠不得妨碍清偿遗赠人依法应当缴纳的税款和债务"，是指遗赠与其他债务因无偿与有偿导致地位不同，在清偿完一般债务之后，再清偿遗赠所生债务。这也是多数国家采取的方式，例如《德国民法典》第 1992 条及 1991 条之规定，应先清偿一般债务，再清偿因遗赠和负担发生的债务。[1] 但是，如果遗赠是有负担的，则在负担的限度内与一般债务地位相同。相互之间并不妨碍各自的实现。对于第 1124 条是很难作出自圆其说的解释的，至多可以解释为：受遗赠人应当在知道受遗赠后 60 日内，作出接受或者放弃受遗赠的表示；到期没有表示的，视为放弃受遗赠，但有充分理由阻碍其表示的除外。同时，可以在实践中对于"什么是充分理由"加以放宽，以此来达到将遗赠作为债权来对待的目的——否则，遗赠在性质上就与债的体系难以协调了。

四、赠与

（一）赠与合同中的任意撤销权对于继承人是何效力

按照我国《民法典》第 657 条的规定，赠与合同是赠与人将自己的财产无偿给予受赠人，受赠人表示接受赠与的合同。我国自 1999 年《合同法》直至 2020 年《民法典》对于赠与采取的都是"无偿+诺成+非要式+任意撤销权"模式，以区别于《德国

---

[1]《德国民法典》第 1992 条规定："因遗赠和负担而负债过度遗产负债过度系由遗赠和负担引起的，即使不具备第 1990 条的要件，继承人也有权依第 1990 条、第 1991 条的规定对这些债务进行清偿。继承人可以因支付价额而免除返还尚存的遗产标的。"第 1991 条规定："①继承人行使其依第 1990 条享有的权利的，第 1978 条、第 1979 条的规定适用于其责任和其费用的偿还。②因继承的开始而以权利与债务相混同或权利与负担设定相混同的方式消灭的法律关系，视为在债权人和继承人之间的关系中不消灭。③对继承人做出的旨在使债权人——受清偿的有既判力的判决，对其他债权人发生像清偿一样的效力。④继承人必须清偿因特留份权利、遗赠和负担而发生的债务，恰如它们在支付不能程序的情形下已被清偿一样。"《德国支付不能法》第 327 条恰恰是把遗赠作为劣后债权之后来对待的。

民法典》和《法国民法典》上的"无偿+诺成+要式"模式。[1] 赠与尽管也是一种无偿行为,而且可以约定死因赠与,但其与遗赠在性质上是不同的。尤其是我国《民法典》与《德国民法典》《法国民法典》等欧洲国家民法典不同,采取的是《日本民法典》之模式——对于赠与不要求特定形式,但赠与人有任意撤销权。那么,赠与人死亡后,存在于之前的已经发生效力的赠与之上的任意撤销权是否可以被继承人继承?我国的判例与理论对此问题观点如何?

因被继承人生前与第三人签订的赠与合同是诺成合同,而且在我国《民法典》上不需要特定形式,更不需要交付标的物,因此,赠与人与受赠与人达成关于赠与的合意之时,赠与人的义务(债务)就产生了,但在尚未交付赠与标的物的时候,赠与人死亡了。例如,甲与乙签订赠与合同,甲将自己的电脑赠与给乙。但是,在赠与物交付之前,甲死亡。那么,甲的继承人丙、丁、戊应当承受这种债务吗?当然,按照继承法的规则,特别是按照概括继承的原则,丙、丁、戊不仅整体接受甲的所有积极财产,也包括其消极财产——债务。丙、丁、戊当然应该承受因赠与合同产生的债务。即使继承人全部放弃继承,因被继承人生前赠与而产生的债务也属于遗产债务(遗产的负担)。但是,我国《民法典》继受1999年《合同法》第186条的规定,于第658条规定了赠与人的任意撤销权——赠与人在赠与财产的权利转移之前可以撤销赠与。经过公证的赠与合同或者依法不得撤销的具有救灾、扶贫、助残等公益、道德义务性质的赠与合同,不适用前款规定。那么,继承开始后,继承人丙、丁、戊能够承继甲的合同地位而具有任意撤销权吗?

对此,我国《民法典》之继承编没有任何规定。但是,在我国的司法实践中却存在两种完全不同的态度——否定说与肯定说。否定说认为,任意撤销求权专属于被继承人,继承人不享有这种权利。例如,河北唐山市中级人民法院在刘某杰、刘某杰、刘某杰诉刘某清的二审判决中认为,任意撤销权是专属于赠与人本人的权利,否定其能够为继承人继承取得,在不符合法定撤销事由的情形下,赠与人的继承人应当履行被继承人在赠与合同中的债务。[2] 北京市第二中级人民法院在孟某杰、孟甲诉孟乙、孟某俊的二审判决中认为,赠与人在赠与财产未转移之前死亡,且生前并未作出明确撤销赠与的意思表示的,赠与人的继承人不能享有任意撤销权,即赠与人的继承人能享有任意撤销权,必须以赠与人生前明确表示过为前提。否则应当履行被继承人在赠与合同中的债务。[3] 北京市第三中级人民法院也认为,任意撤销权不能够为继承人继承取得,在不符合法定撤销事由的情形下,赠与人的继承人应当履行被继承人在赠与合同中的债务。[4] 持有这种送裁判观点的法院还有很多,例如,江苏省南通市崇川区人

---

[1] 参见李永军:《"契约+非要式+任意撤销权":赠与的理论模式与规范分析》,载《中国法学》2018年第4期。
[2] 河北省唐山市中级人民法院民事判决书(2017)冀02民终8440号。
[3] 北京市第二中级人民法院民事判决书(2019)京02民终9429号。
[4] 北京市第三中级人民法院民事判决书(2018)京03民终4784号。

民法院[1]、上海市第一中级人民法院[2]、大连市沙河口区人民法院[3]、黑龙江省哈尔滨市中级人民法院[4]、山东省青岛市中级人民法院[5]、北京市丰台区人民法院[6]、四川省成都市中级人民法院[7]、辽宁省沈阳市大东区人民法院[8]等。湖北省武汉市中级人民法院甚至认为赠与合同中的财产标的即使灭失,赠与人的继承人仍然需要履行赠与人生前所负的将替代物赠与给受赠人的债务,不得行使任意撤销权。[9] 有学者也支持否定说,认为赠与合同作为一项基本的民事合同,也应当遵循合同法的诚实信用、信赖保护原则,虽然赠与人已经死亡,但受赠人仍可向赠与人的继承人主张权利。但关键问题在于,赠与人的任意撤销权,继承人是否可以继承?任意撤销权应当是法律赋予赠与人的独有的权利,该权利应当具有专属性,如果继承人可以继承,那么显然,由于赠与合同的无偿性,在绝大多数情况下,继承人为了自身的利益都会毫不犹豫地动用该权利,受赠人的利益就无法保护,在很多情况下,就会违背赠与人的真实意思表示。当然,既然赠与人死亡前,赠与财产未完成交付,也不能当然的认为赠与合同就应当继续履行,既然赠与的财产在赠与人死亡后转化为遗产,继承人也应当具有一定的权利,即如果赠与人的继承人有足够的证据证明赠与人在身前有明确的撤销赠与的意思表示和行为,赠与合同就不应当继续履行。反之,赠与人生前没有撤销赠与,赠与人死后继承人亦没有证据证明赠与人生前有明确的撤销赠与的意思表示和行为的,赠与合同就应当继续履行。[10] 也有学者认为,继承人和法定代理人不享有赠与人的任意撤销权,因为任意撤销权具有一定程度的人身性质,一般由赠与人本人行使,且赠与合同已经成立,受赠人对赠与人的死亡或丧失行为能力没有过错,如果确有赠与人生活困难等原因致赠与合同难以履行,则可适用情事变更原则,对该合同予以变更和解除。[11] 我国台湾地区法院判例也持有否定说的观点。对此,台湾地区民事判决认为:"被继承人之生前赠与,如至被继承人死亡时,仍无撤销或拒绝履行之表示,基于被继承人处分自己之财产,不许继承人擅为干预之旨,继承人应不得撤销之。故赠与契约成立生效后,赠与物之权利未移转前,赠与人死亡,赠与人之继承人欲拒绝给付赠与物,即应就赠与人生前曾为撤销赠与或拒绝履行之意思表示之事实负举证责任。"[12]

---

[1] 江苏省南通市崇川区人民法院民事判决书(2019)苏0602民初830号。
[2] 上海市第一中级人民法院民事判决书(2018)沪01民终14322号。
[3] 大连市沙河口区人民法院民事判决书(2021)辽0204民初4027号。
[4] 黑龙江省哈尔滨市中级人民法院民事判决书(2015)哈民一民终字第947号
[5] 山东省青岛市中级人民法院民事判决书(2017)鲁02民终3532号。
[6] 北京市丰台区人民法院民事判决书(2020)京0106民初7311号。
[7] 四川省成都市中级人民法院民事判决书(2017)川01民终6313号。
[8] 辽宁省沈阳市大东区人民法院民事判决书(2019)辽0104民初16155号。
[9] 湖北省武汉市中级人民法院民事判决书(2020)鄂01民终5699号。
[10] 李俊:《赠与人死亡后赠与合同履行法律问题研究》,载《法制与社会》2012年第16期。
[11] 金亮新、汪卫平:《试析赠与合同中的撤销权》,载《政法论丛》1999年第5期。
[12] 此判例为台湾大学陈聪富教授提供,作者曾就此问题与陈聪富教授探讨,陈教授提供了这一判例。作者在此表示感谢。

在我国《民法典》对此问题没有明确规定的情况下，如何从教义学的视角来统一认识继承人对被继承人签订的赠与合同之任意撤销权的问题十分重要。因此，我们有必要先来看看比较法上的参考。由于在《德国民法典》上没有任意撤销权之规定，加之《德国民法典》对于赠与采取的是自罗马法以来的严格形式主义模式——非经公证不生效力（《德国民法典》第518条），一旦符合形式要求即产生债权效力，不发生任意撤销权问题；在法国，赠与也采取与德国相同的模式——赠与必须做成公正形式，也没有采取任意撤销权模式，甚至因其不区分物权行为与债权行为，意思表示可以直接产生物权变动，实际上赠与标的物从合同生效开始所有权就已经转移，受赠与人请求交付标的物属于所有权返还请求权，也没有所谓任意撤销权问题。《日本民法典》采取的是任意撤销权模式——当然，《日本民法典》第550条规定的是：在标的物交付之前可以撤回而不是撤销。但是，如果从日本民法之"意思主义"原则，就难以理解：赠与合同生效的时候赠与物所有权已经转移，何来撤回之问题？无论从意思表示之"合意"来看，还是从意思主义来看，撤回何以可能？日本学者对此的解释是，因一个契约而产生债权上和物权上的两个方面的后果也是没有问题的。因此，把这一观点适用于实际赠与时，认为从一个契约出发，一方面产生标的财产移转这一物权上的结果，同时，另一方面则产生如果不发生移转结果时承担移转的债务，或当标的物有瑕疵时应承担担保责任的结果，或其他各种情况下所对应的债权上的结果也是可以的。这样的理解绝非假想。这不过是实际赠与实施人的通常的意思罢了。在这样的契约里，至少包含了足够可以适用民法补充规定（担保责任的规定）的债权意思表示。换言之，赠与都是诺成契约，可以将实际赠与看作是仅在执行方法上有所不同的赠与契约。而且，认为实际赠与和赠与的约定不同的学说，也认为民法（《日本民法典》）第549条可适用于这两种，所以这一争论似乎没有什么实际意义。[1]但这种解释本身就存在债权与物权模糊的嫌疑——一个契约同时产生物权与债权的两重效果，这是典型的物权合意与债权合意不加区别的观点，实际上就是不严格区分债权与物权。另外，赠与合意达成以后，已经让受赠与人取得标的物所有权，赠与人不移转所有权会发生违约责任？这也是值得怀疑的。因此，日本民法和法国民法这种适用"意思主义"的立法例中，在很多制度中，用物权和债权的基本理论是难以进行符合逻辑的解释的。

笔者认为，赠与人死亡继承开始后，继承人对于被继承人生前的任意撤销权难以说不享有，理由包括：①从合同地位上说，在概括继承的情况下，继承人继受的是被继承人的"整体财产"——积极财产和消极财产，赠与合同实际上继承的是合同地位，被继承人的权利义务一并承继。因此，任意撤销权相当于一种形成权，当然应该享有。②赠与合同是一种单务合同，是对赠与人财产的一种负担。既然法律允许任意撤销，也就说明，《民法典》采取的态度是财产权利人可以根据自己的意思去除这种负担。继

---

[1]［日］我妻荣：《我妻荣民法讲义V_2：债权各论》（中卷一），徐进、李又又译，中国法制出版社2008年版，第7~8页。

承人既然概括继承这种财产从而成为财产的权利人，也应该可以去除这种负担。因此，也应该享有任意撤销权。③赠与在未履行之前赠与人死亡的，赠与义务毕竟需要由继承财产给付，不再是被继承人的财产，恰恰事关继承人利益，因此，让其享有被继承人生前的任意撤销权也顺理成章。④我国《民法典》无论在合同编还是继承编都没有否定继承人的这种权利，也没有限制这种权利，更没有将其定性为"人身专属权"，这应该是一种附属于财产的负担，没有专属性。⑤从《德国民法典》之1991条、《德国支付不能法》第39条可以看出，尽管赠与人没有任意撤销权，但赠与债权是劣后于一般债权的。因此，像我国《民法典》这样采取任意撤销权的立法例，允许继承人行使任意撤销权也是合情合理的。

（二）继承人的任意撤销权是否应该有所限制

虽然允许继承人行使任意撤销权，但是继承人的任意撤销权除了受到《民法典》第658规定的"经过公证的赠与合同或者依法不得撤销的具有救灾、扶贫、助残等公益、道德义务性质的赠与合同"不得撤销的限制之外，应注意下列情形：①被继承人在赠与合同中或者以其他方式表示放弃任意撤销权，或者表示赠与合同不可撤销的，继承人不得行使任意撤销权，仅仅可以行使我国《民法典》第663条[1]及第664条[2]规定的法定解除权，但也必须遵守相应的除斥期间之限制。②附有负担的赠与之撤销问题。附有负担的赠与并不改变其无偿的性质，因此也是可以行使任意撤销权的。但是，在现实生活中，很多附有负担的赠与，赠与人很多都明确表示或者以推知的意思表示赠与不可撤销，在这种情况下，继承人不得任意撤销；继承人即使撤销了这种附有负担的赠与，也必须在负担的范围内，对于受赠与人承担不当得利返还义务。③赠与人对受赠与人的赠与是为了履行自然债务的情况下，继承人不得行使任意撤销权。自然之债在我国社会生活中随处可见，但《民法典》或者特别法对之规定甚少，可以说是我国民事立法和法院判例中的一个缺漏。按照通常的理解，"自然之债"这一概念起源于罗马法，而且分为"纯正的自然之债与非纯正的自然之债"[3]。意大利学者根据其民法典的规定给自然之债所下的定义是，债权人不能通过诉讼获得清偿，并且在债务人违反给付义务时也不产生任何法律后果的债[4]，并且将引起自然之债的原因概括为宗教、道德及单纯的社会规范所引发的非法律义务[5]。《荷兰民法典》第

---

[1] 该条规定："受赠人有下列情形之一的，赠与人可以撤销赠与：（一）严重侵害赠与人或者赠与人近亲属的合法权益；（二）对赠与人有扶养义务而不履行；（三）不履行赠与合同约定的义务。赠与人的撤销权，自知道或者应当知道撤销事由之日起一年内行使。"

[2] 该条规定："因受赠人的违法行为致使赠与人死亡或者丧失民事行为能力的，赠与人的继承人或者法定代理人可以撤销赠与。赠与人的继承人或者法定代理人的撤销权，自知道或者应当知道撤销事由之日起六个月内行使。"

[3] ［意］彼德罗·彭梵得：《罗马法教科书》，黄风译，中国政法大学出版社1992年版，第300页。

[4] ［意］恺撒·米拉拜利：《自然之债》，载杨振山、［意］桑德罗·斯奇巴尼主编：《罗马法·中国法与民法法典化——物权和债权之研究》，中国政法大学出版社2001年版，第381页。

[5] ［意］恺撒·米拉拜利：《自然之债》，载杨振山、［意］桑德罗·斯奇巴尼主编：《罗马法·中国法与民法法典化——物权和债权之研究》，中国政法大学出版社2001年版，第378、381页。

六编的第 1 条就规定："有下列情形的债为自然之债：因法律或者法律行为丧失可强制执行性；一方对另一方负有不可推卸的道德义务，尽管在法律上不可强制执行，但按照一般观念应认为另一方有权获得该项给付的履行。"法国民法承认这一观念，不仅《法国民法典》第 1235 条有明确规定，而判例和学说也支持这种观点[1]；在德国，其民法典并没有直接规定"自然之债"，但相当于自然之债的规则在关于债的效力及不当得利的有关部分进行了规定，而在德国学者的著作中，也多将自然之债作为"不完全债权"来论述，认为其是排除了债务或者排除了可诉请履行性的债权，这些根据法律规定不完全有效的债务关系，我们称之为自然债务。[2] 笔者个人认为，"自然之债"要表达的要义是：①强调这一类债的债因与民事法定之债是不同的，这一点成为定义和判断自然之债的重要标准。②只要履行或者承诺履行就不得请求返还，因为这一类债具有"债因"（这些债因虽然来自于市民法之外或者说是来自于"自然"），一方面它不同于赠与，需要严格的形式；另一方面也不是没有"债因"（尽管不是法律规定的法定之债的债因）的"无债清偿"。因此，是不能要求返还的。无论是罗马法还是受到其影响的《法国民法典》或者《意大利民法典》，都特别强调"债因"（可能产生债的关系的法律事实被称为债的渊源，或者用罗马法的术语被称为债因）。③用"自然"一词有两个含义：一是它不同于一般民法上的法定之债，无论是债因还是效力；二是它不同于非债，不是纯粹的道德或者宗教义务，用"自然之债"将"债"与"自然"连接就可以体现出：这一类债的债务人可以拒绝履行，但一旦履行它就是债的履行而非不当得利或者赠与。[3] 自然之债不是赠与，它是有"债因"的，只是这个债因不属于民事债上的对价，但却反映出赠与人对受赠与人的"为宗教、道德及单纯的社会性"[4] 义务，例如，父母许诺给女儿的嫁妆，就不具有债权的性质，但是，如果以赠与的方式签订赠与合同之后，就不得任意撤销。因为，从这种自然债务可以推断出赠与人的不可撤销的意思。

（三）遗赠与死因赠与以及赠与在规则适用上有何区别

在理解赠与对继承人的关系的时候，我们还应当特别注意区分赠与中的一个特例——死因赠与与遗赠的关系。根据意思自治的原则，赠与这种合同当然是可以附条件或者期限的。因此，当赠与人与受赠人在合同中约定以赠与人死亡开始合同生效的时候，便是死因赠与。

"死因赠与"其实在效果上很像遗赠，就如德国学者所言，因为基于死亡的生前无偿行为（unentgeltliche Rechtsgeschiifte）与继承法上的使财产发生转移的行为十分相似，

---

[1] ［法］雅克·盖斯旦、吉勒·古博：《法国民法总论》，陈鹏等译，法律出版社 2004 年版，第 673~699 页；《法国民法典》（下册），罗结珍译，法律出版社 2005 年版，第 949 页。
[2] ［德］迪特尔·梅迪库斯：《德国债法总论》，杜景林、卢谌译，法律出版社 2004 年版，第 19~23 页、第 407 页。
[3] 参见李永军：《自然之债源流考评》，载《中国法学》2011 年第 6 期。
[4] 李永军：《以自然之债理论对最高法院关于民间借贷司法解释的解读》，载《中国政法大学学报》2016 年第 1 期。

所以当事人有时可以借助前者规避继承法上行为的成立条件。比如，赠与约定（Schenkungsversprechen）一方面在赠与人去世后才应被履行，另一方面附有赠与人早于受赠人去世的生效条件时，它与死因处分达到的效果几乎相同。[1] 但是，其根本的不同在于：虽然在以无偿给予财产为内容这一点上与普通的赠与相同，但是因为这不是赠与人自愿减少自己所有的财产，而是不让属于继承人的财产归属于继承人，即以牺牲继承人的利益为基础的赠与。[2] 正因为死因赠与在社会经济意义上与赠遗相似，所以，很多国家的民法典明确规定对于死因赠与准用关于遗赠的规定。[3] 例如，《德国民法典》第2301条[4]、《日本民法典》第554条等。我国2020年《民法典》对此没有规定，但鉴于死因赠与的无偿性及保护继承人利益，应解释为准用遗赠的规定更为合适。

但是，需要注意的是，赠与同遗赠毕竟不同，尽管都属于无偿法律行为，但是，遗赠为单方法律行为，而赠与则为双方法律行为——合同。因此，关于行为能力等不能适用遗赠之规定。在我国《民法典》上，尤其成为问题的是，胎儿是否具有受遗赠之权利能力？因为《民法典》第16条规定："涉及遗产继承、接受赠与等胎儿利益保护的，胎儿视为具有民事权利能力。但是，胎儿娩出时为死体的，其民事权利能力自始不存在。"那么，该条中并没有明确胎儿是否具有"接受遗赠"之能力。应如何解释？按照"举重以明轻"的解释原则，既然胎儿可以接受赠与，当然可以接受遗赠。因为赠与是双方法律行为，遗赠仅仅是单方法律行为，胎儿连接受赠与都具有"权利能力"，当然可以接受遗赠。我国学者史尚宽先生认为，遗赠人死亡时之胎儿得为受遗赠人，其遗赠为有效。设立中的法人，准用关于胎儿之规定，对于其遗赠也应解释为有效。法人未有效设立的，则视同死产之胎儿。[5] 至于说，在遗赠人死亡时胎儿尚未怀胎或者章程或者捐助行为尚未完成之公益法人或者营利法人，是否得为受赠人？《德国民法典》第2178条规定："在受益人尚未被孕育成胎儿或其人格由继承开始后才发生的事件决定的，于前一情形下，在出生时发生遗赠的归属，于后一情形下，在该事件发生时发生遗赠的归属。"但日本有学者（如我妻荣）认为，尚未受胎者，不得为受遗赠人，尚未成立章程或者捐助行为的法人亦同。盖准用继承法上"同时存在"之原则。[6] 但史尚宽先生则认为，采肯定说为妥当。因为受遗赠人并非被继承人权利之承受人，惟取得对于遗赠义务人之请求权，故受遗赠人在概念上无需于继承开始时业

---

[1] [德]雷纳·弗兰克、托比亚斯·海尔姆斯：《德国继承法》，王葆莳、林佳业译，中国政法大学出版社2015年版，第140页。

[2] [日]我妻荣：《我妻荣民法讲义 V_2：债权各论》（中卷一），徐进、李又又译，中国法制出版社2008年版，第18页。

[3] [日]我妻荣：《我妻荣民法讲义 V_2：债权各论》（中卷一），徐进、李又又译，中国法制出版社2008年版，第18页。

[4] 《德国民法典》第2301条（死因赠与约定）：①关于死因处分的规定，适用于以受赠人在赠与人之后死亡为条件而做出的赠与约定。以赠与方式按这一条件做出的第780条、第781条所称种类的债务约定或债务承认，亦同。②赠与人通过给付所给予的标的而执行赠与的，适用关于生前赠与的规定。

[5] 史尚宽：《继承法论》，荣泰印书馆1966年版，第467页。

[6] 转引自史尚宽：《继承法论》，荣泰印书馆1966年版，第467页。

已存在或者确定为必要,《德国民法典》第 2178 条即系基于此观点而为规定。[1] 在此笔者也认为,《德国民法典》的观点值得肯定,假如一位妇女尚未怀孕,但遗嘱人立有遗嘱——将某处房产给予该妇女未来生下的孩子（无论男女），即使在遗嘱人死亡的时候，该妇女尚未怀孕，但等到孩子出生的时候取得"遗赠的归属"又有何不妥呢？但应该有一个时间之限制——《德国民法典》第 2162 条规定为继承开始后 30 年。我国《民法典》对此并无规定，期望未来能够对此有所规范。否则，我国《民法典》第 16 条的规范就不能完整。笔者认为，我国《民法典》第 188 条既然将最长时效期间规定为 20 年，这一时间限制也可适用于遗赠有效期为自继承开始（被继承人死亡）之日起 20 年。[2] 因为毕竟遗赠在我国《民法典》上为债权而不是物权，适用这种诉讼时效期间预期性质是符合的。

（四）遗赠扶养协议在我国《民法典》上究竟应解释为何种性质

我国《民法典》上还有"遗赠抚养协议"之规定，如何理解其性质——究竟为生前法律行为还是死因法律行为，疑问颇多。我国《民法典》第 1158 条规定："自然人可以与继承人以外的组织或者个人签订遗赠扶养协议。按照协议，该组织或者个人承担该自然人生养死葬的义务，享有受遗赠的权利。"第 1123 条："继承开始后，按照法定继承办理；有遗嘱的，按照遗嘱继承或者遗赠办理；有遗赠扶养协议的，按照协议办理。"这是我国《民法典》关于遗赠扶养制度的两条基本规范和制度基础，但是，我们不得不说，即使存在遗赠抚养协议，也应该首先按照继承来办理：继承解决的是"整体财产"移转问题，而遗赠和遗赠扶养协议下的遗赠仅仅属于债权性问题，它们解决的不是同一个问题。那么，问题是，遗赠抚养协议什么时候生效？因为遗赠属于"死因处分"——在遗赠人死亡的时候才生效。而且，一般来说，它应当属于单方法律行为，以保障其随时更改或者撤回。但是，遗赠扶养协议中的"扶养"义务应该在遗赠人死亡前就生效并履行。那么，整个遗赠扶养协议什么时候生效呢？对此值得思考。

有的国家是将其分别约定，但有联系。例如，在德国，为了防止遗赠的随意撤回性，当事人可以订立继承契约。继承契约可以分为双方继承契约和单方继承契约。我国《民法典》继承编中的遗赠扶养协议基本上相当于德国法上的单方继承合同。对此，德国学者指出，遗嘱可被自由撤回（《德国民法典》第 2253 条），但这个特征有时却不符合当事人的要求。比如老人为报答他人对自己的照顾，有时会指定照顾人为继承人，但通过遗嘱方式的话，照顾人会担心老人之后更改遗嘱。又如，子女虽然愿意参与到家族企业的经营和管理中去，但有一定的前提，即必须确保自己将来能继承这家企业。再如，夫妻或登记生活伴侣为更好地计划未来，有时希望双方生前就不能再撤回各自的死因处分，而这个效果通过共同遗嘱是无法达到的，甚至双方如果尚未结婚的话，

---

[1] 史尚宽：《继承法论》，荣泰印书馆 1966 年版，第 467 页。

[2] 从比较法上的立法例看，《德国民法典》的这 30 年的时间限制，也是参照其第 197 条关于消灭时效 30 年规定的。

连共同遗嘱都没法订立。为设立具有约束力的死因处分,当事人可以考虑签订继承契约。[1] 继承契约也区分为有偿和无偿两种。但是,德国民法上的有偿则不是在继承契约中直接体现出来,而是签订一个与继承契约平行的供养契约。对此德国学者指出,订立单方继承契约时,契约相对人的作用仅限于对被继承人的要约作出承诺。虽然在实务中,双方签订供养协议(Vorsorgungsvertrag),相对人向被继承人承担照顾义务或给付生活费义务(继承契约在此种情形下称作有偿继承契约,entgeltlicher Erbvertrag)的情况比较普遍,但是供养协议的签订对继承契约的效力不发生影响。不过双方签订供养协议却是《德国民法典》第2295条的适用前提,因为继承契约仅由死因处分组成,而供养协议不属于死因处分,所以供养协议不必遵守《德国民法典》第2276条规定的形式。供养协议虽然与继承契约有一定的联系,但因为供养协议在性质上属于负担合同,而继承契约不是,所以两者之间不可能存在债法意义上(第320条及以下诸条)的对待给付关系,供养协议本质上仍是独立的契约。虽然继承契约与供养协议两者之间不存在对待给付关系,但当事人可以约定,这两项法律行为构成一体性行为(einheitliches Geschant),由此产生的法律效果是,一体性行为一部分无效,其他部分也无效(第139条)。两者经约定还可互相以对方为生效条件(第158条)。当事人未作此种约定的,则在对应给付无效时,被继承人可依第2295条解除处分。继承契约无效时,相对人有权终止供养协议(第314条),并因合法原因之消灭而主张不当得利返还请求权。[2] 也正因为如此,在德国法上不存在这种生前必须履行的扶养义务(生前必须生效)和死因行为(死后才生效)产生的遗赠义务混淆的情况。

对于我国《民法典》第1158条应如何解释呢?有学者解释道:一半是遗赠人死前生效,另一半则是死后生效。[3] 也就是说,一个合同分为两部分:合同中规定扶养人之扶养义务的部分在遗赠人生前必须生效,否则扶养就失去意义,合同中关于遗赠的部分必须在遗赠人死亡后生效。但是,这种遗赠扶养协议下的遗赠不能适用我国《民法典》第1162条——不得将其放在一般债权的清偿之后,扶养义务虽然名义上不是对价,但类似对价。对此我国立法机关解释说,遗赠扶养协议是有偿的,双方都需要向对方支付对价。扶养人支付对价的方式是负责受扶养人的生养死葬,受扶养人则是通过死后将遗产赠与扶养人的方式支付对价[4]。即使在德国民法上也将其作为有偿的继承合同之"偿"对待(如上所述),因此,遗赠扶养协议下的受遗赠权不能劣后于其他债权。但这一点,在我国《民法典》第1162条及其他条文并没有体现出来[5]。

---

[1] [德]雷纳·弗兰克、托比亚斯·海尔姆斯:《德国继承法》,王葆莳、林佳业译,中国政法大学出版社2015年版,第124页。

[2] [德]雷纳·弗兰克、托比亚斯·海尔姆斯:《德国继承法》,王葆莳、林佳业译,中国政法大学出版社2015年版,第128页。

[3] 朱庆育:《民法总论》,北京大学出版社2016年版,第143页。

[4] 黄薇主编:《中华人民共和国民法典继承编释义》,法律出版社2020年版,第147页。

[5] 我国《民法典》第1123条规定的"有遗赠扶养协议的,按照协议办理"能否解释成为第1162条对的例外,甚有疑问。

五、为第三人利益的无偿合同

合同尽管具有相对性，但现代大部分国家法律并不禁止当事人签订以第三人为受益人的合同。如果当事人在合同中约定，将从契约中产生的权利直接归属于第三人（契约当事人以外的人），则该契约被称为为第三人的契约。[1] 在为第三人的契约中，最为重要的分类就是纯正的为第三人利益的契约和非纯正的为第三人利益的契约。在纯正的（即赋权性的）为第三人利益订立的契约中，第三人对约定人享有以给付为内容的独立的请求权。正如《德国民法典》第 328 条第 1 款所表述的那样，第三人"直接取得请求给付的权利"。在其他情形，即在第三人的此种请求权不存在时，人们将这称作不纯正或授权性为第三人利益订立的契约。[2] 自从自罗马法上"合同权利义务必须在当事人之间发生"的原则突破以后，大部分国家的民法典都规定了这种为第三人的契约。例如，《法国民法典》（第 1165~1167 条）、《德国民法典》（第 328 条）、《日本民法典》（第 537~539 条）等。与其他国家民法典一样，我国《民法典》于第 522 规定了为第三人利益的合同。该条规定："当事人约定由债务人向第三人履行债务，债务人未向第三人履行债务或者履行债务不符合约定的，应当向债权人承担违约责任。法律规定或者当事人约定第三人可以直接请求债务人向其履行债务，第三人未在合理期限内明确拒绝，债务人未向第三人履行债务或者履行债务不符合约定的，第三人可以请求债务人承担违约责任；债务人对债权人的抗辩，可以向第三人主张。"这是我国《民法典》规定得比较具有代表性的涉他合同的一种，它实际上规定的是有独立请求权的第三人（纯正的为第三人利益的合同）和无独立请求权的第三人（非纯正的为第三人利益的合同）。

根据我国《民法典》该条的规定，在第 1 款的情况下，假如被继承人是第三人，则继承人对于债务人既无权利也无义务——如果债务人不对继承人履行义务，债务人只向债权人承担违约责任（我国《民法典》第 523 条）。如果债权人与原来的被继承人有其他权利义务关系，则按照该权利义务关系处理（例如，债权人之所以让债务人向作为第三人的被继承人给付，是因为债权人为清偿对被继承人的债务等，由于债权人的债务人没有履行，则债权人对被继承人的继承人承担债务不履行的责任）。假如被继承人是债务人，则应当对债权方承担违约责任（一般以遗产为限）。在非纯正的利益第三人合同中，既然利益第三人不是合同当事人，也没有其他可以约束的约定，则无论是债权人还是债务人，都可以解除合同而不必征得第三人的同意。合同解除后，债权人与第三人之间的关系，按照原来的法律关系处理。

但在第 2 款的情况下，对于继承人来说，权利义务则会发生较大的不同：假如被继承人是债务人（应当向第三人履行义务），那么，被继承人死亡而继承开始后，第三

---

[1] [日] 我妻荣：《我妻荣民法讲义 V_1：债权各论》（上卷），徐慧译，中国法制出版社 2008 年版，第 106 页。

[2] [德] 迪特尔·梅迪库斯：《德国债法总论》，杜景林、卢谌译，法律出版社 2004 年版，第 583 页。

人就有权利请求继承人履行义务。那么，继承人在存在利益第三人的情况下，是否具有合同解除权呢（或者说合同解除权是否应当受到限制）？应该说，由于债务人并非是转移利益之人，其仅仅是按照约定向第三人履行本该应向债权人的给付，按照很多国家的法律规定（例如，《日本民法典》第 539 条、《德国民法典》第 334 条），债务人对债权方的抗辩，不因第三人的存在而受到影响（除非债权方与债务人有明确约定）。我国《民法典》第 522 条第 2 款也作出了明确的规定。因此，债务人的合同解除权不因此受到影响，而且债务人在解除合同的时候没有必要征得第三人同意。

假如被继承人生前为债权人，则继承开始后，继承人对于这种纯正的利益第三人合同是否具有解除权？这其实在学理和实践中是一个比较复杂的问题。由于《德国民法典》及《日本民法典》采取第三人"同意接受"的意思表示标准，因此，在第三人作出同意接受的意思表示之前和之后对此问题的影响较大。例如，《日本民法典》第 537 条第 2 款及第 538 条规定，第三人的权利，于其对债务人表示享受契约利益的意思时发生。第三人的权利依前条规定发生后，当事人不得变更或者消灭该权利。那么，第三人的这种表示接受的意思表示对债权人的合同解除权之影响是什么呢？在日本有两种不同的观点：一种观点是在利益第三人作出受益的意思表示后，解除契约需要第三人同意。其理由为在第三人作出受益的意思表示后，要约人不能使其权利消灭。这是对其民法典第 537 条解释的多数说。但另一种观点则认为，第 538 条的意思只是不能通过契约当事人的合意任意消灭契约的效力。因为要约人虽然没有请求给付的权利但是负有债务，在承诺人发生债务不履行的场合，不允许要约人解除契约从而免除自己的债务，是不恰当的。从当事人通常的意思来看，即使直接使第三人取得权利的场合，也不可能存在将独立程度如此之高的权利交给第三人的意思。因此，妥当的解释是，第三人的权利从契约中产生，应该服从于契约解除的命运。[1]《德国民法典》第 328 条规定："①可以以合同约定向第三人履行给付，并具有使该第三人直接取得请求给付的权利的效力。②无特别规定时，必须由情事，特别是由合同目的推知：该第三人是否应取得前款所规定的权利，该第三人的该项权利是否应立即发生或仅按一定要件发生，以及合同订立人双方是否应保留不经该第三人同意而废止或变更该第三人的该项权利的权能。"我国台湾地区"民法"也有相似的规定，该法第 269 条规定："以契约订定向第三人为给付者，要约人得请求债务人向第三人为给付，其第三人对于债务人，亦有直接请求给付之权。第三人对于前项契约，未表示享受其利益之意思前，当事人得变更其契约或撤销之。第三人对于当事人之一方表示不欲享受其契约之利益者，视为自始未取得其权利。"

纵观我国《民法典》第 522 条之规定，更接近《德国民法典》之模式：①第三人直接取得利益，不需要为接受利益的意思表示。②可以在合理期间内拒绝，但是没有

---

[1] [日] 我妻荣：《我妻荣民法讲义 V_1：债权各论》（上卷），徐慧译，中国法制出版社 2008 年版，第 120 页。

拒绝的,视为接受。尽管没有明确规定拒绝接受的意思表示的效力是否具有溯及力,但从一般原理上解释,应认为一旦拒绝,自始没有约束力——视为自始没有发生。③拒绝接受的意思表示,既可以向债务人表示,也可以向债权人表示——向合同任何一方表示都发生拒绝的效力。④应当认为,未经第三人同意,既不得行使意定解除权,也不得行使法定解除权,以保障第三人的合理信赖。因此,如果继承人继受被继承人之合同地位,就不得行使法定或者意定解除权。与《德国民法典》和《日本民法典》比较,我国台湾地区"民法"的规定更加明确:①采取了《德国民法典》的"直接取得"的方式,不像《日本民法典》那样,第三人取得的权利自其表示同意接收受益的意思表示时发生。②《德国民法典》需要按照各种情况来判断合同双方当事人,尤其是转移给第三人利益的当事人是否保留了不经第三人同意而解除合同的权利。但我国台湾地区"民法"直接规定在第三人没有表示接受之前,当事人可以变更或者撤销(包括解除),但是表示接受后便没有解除权利。③尽管采取"直接取得"的方式,然而,与德国相同,第三人表示不欲享受其契约之利益者,视为自始未取得其权利。需要注意的是,尽管我国台湾地区"民法"用的是"当事人",甚至在表示不接受利益的时候,可以向任何一方为意思表示,然而,根据我国台湾地区学者的解释,债务人一方(直接向第三人给付利益的一方)的合同解除权、抗辩权不受限制。[1] 有疑问的是,这里的"解除权"是否应该包括法定解除权呢?我国台湾地区有学者认为,当事人因合法解除权来解除内部关系者,应不受限制。[2] 也就是说,这种解除权的限制仅仅限制意定解除权,但对于法定解除权不受第三人同意的约束。在这一点上,类似于日本学者我妻荣的观点。

但是,值得注意的是,为第三人利益合同背后的"原因关系"或者基础关系却十分重要——如果为第三人利益的合同背后原因属于赠与的话,则受赠与人是否能够保持这种利益,就值得探讨。因为,债权人与债务人约定向第三人给付,无非有几种可能:①清偿债务:A债权人与B债务人约定,由B直接向第三人C给付,可能是因为A与第三人C之间存在债权债务关系,A如此约定的目的就是向第三人C偿还债务。②赠与关系:A为了向C实施赠与,也可以直接与B约定向C为给付。即使在这种关系中,赠与也可以附有负担,例如,A与B约定直接向C为给付,但目的是让C供养自己年老的母亲D。这种赠与关系虽然不是对价,但却是有负担的。在赠与关系中,C是否能够保有这种利益呢?德国学理上的主流观点认为,如果对价关系和赠与合同没有遵守形式要求而无效,则继承人可以要求C以不当得利返还利益。[3] 日本学者也认为,为了将其充作要约人向第三人负担的债务的清偿,但是在其债务实际并不存在的场合,或者债务虽因消费借贷或赠与契约发生而这些契约被确定无效的场合,第三人

---

[1] 林诚二:《民法债编总论》,瑞兴图书股份有限公司2001年版,第274页。
[2] 林诚二:《民法债编总论》,瑞兴图书股份有限公司2001年版,第275页。
[3] [德]雷纳·弗兰克、托比亚斯·海尔姆斯:《德国继承法》,王葆莳、林佳业译,中国政法大学出版社2015年版,第128页。

仍然对承诺人取得债权。不过，第三人得到的该利益，在与要约人的关系上，因为缺乏法律上的原因，所以第三人必须将之作为不当得利，向要约人返还。[1]在我国《民法典》上作出相同的解释，不存在任何障碍。在人寿保险合同关系中，上述规则同样适用。

还有一个问题就是，在一般赠与关系中，当受赠人死亡后，其继承人能否继承这种因赠与产生的债权呢？笔者认为，这种债权应该没有可继承性。因为，赠与人在作出赠与的时候，一般仅仅是想让受赠与人获得这种利益，而没有想让其继承人获得的意思。因此，一般来说，这种受到赠与的权利具有"专属性"，不能被继承。但是，赠与人有另外的意思者，应该从其意思。特别是有些家族性物品等，涉及家族之传承，应该推定赠与人具有另外的意思——非专属性，即作为受赠与人继承人的其他家族成员也可以获得。

六、继承人对无偿行为所生自债的责任承担

从原则上说，继承人应当承担被继承人生前的债务，但是因为继承为特殊权利义务的移转方式，故在继承人承担义务方面有一定特殊性。这些特殊性表现在：

（一）继承人对有偿债务的清偿应优先于无偿债务的清偿

从公平的视角看，从保护一般债权人的利益出发，无偿债权应该在有偿债权人获得清偿之后受偿是合理的。即使那些根据我国《民法典》第658条规定因"经过公证的赠与合同或者依法不得撤销的具有救灾、扶贫、助残等公益、道德义务性质的赠与合同"产生的无偿债务，或者继承人没有行使任意撤销权而产生的义务，在清偿顺序上，也应该在有偿债权人之后。就如我国有学者在解释《民法典》第1162条的时候所说的理由：遗赠为什么就劣后与其他债务？因为受遗赠权在性质上为一种债权，受遗赠人表示接受遗赠后，即取得请求继承人或者遗产管理人按照遗嘱的规定向其交付遗赠财产的权利。但是，由于受遗赠权具有无偿性，因而受遗赠权相对于其他遗产债务的清偿而言，具有实现上的劣后性；即便是受遗赠人于遗产债务清偿之前即取得了受遗赠的财产，受遗赠人仍须在其受遗赠财产的实际价值范围内对遗产债务负清偿责任。[2]但是，笔者认为，附有负担的赠与或者遗赠，在负担的限度内，与有偿债务地位相同，不应当为劣后债权。特别是前面提到的我国《民法典》上的遗赠抚养协议，不仅不能认为继承人有任意撤销权，而且在扶养人已经尽到的扶养义务的范围内，不能劣后于一般债权。

当然，即使按照我国《民法典》第658条规定的这些不能任意撤销的赠与，以及

---

[1] [日] 我妻荣：《我妻荣民法讲义 V_1：债权各论》（上卷），徐慧译，中国法制出版社2008年版，第120页。

[2] 陈甦、谢鸿飞主编：《民法典评注：继承编》，中国法制出版社2020年版，第316页。

继承人不想行使任意撤销权的赠与，债权人仍然可以依据《民法典》第539条[1]对之进行撤销。既然我国《民法典》第1162条已经规定遗赠劣后于一般有偿债权，那么，可以推定赠与债务也应劣后于一般债权。[2] 因此，债权保全意义上的撤销在我国《民法典》上几乎没有意义——赠与或者遗赠不与一般债权相互冲突。当清偿完毕一般债权之后，在遗赠债权和赠与债权并列的时候，双方应当处于相同的法律地位。

在以纯正的为第三人利益的合同为模式的赠与中，有一个值得探讨的问题：合同当事人A和B订立了有利于第三人C的合同，C为受益人，A的目的是对C为赠与。但C并不知道这种合同的成立或者存在，这种情况在人寿保险合同中经常出现。问题在于，我国《民法典》与《德国民法典》《日本民法典》一样，赠与采取合同模式。但在这时候，A与C并没有签订赠与合同，那么，尽管保险公司可以支付给C保险利益，但C能否保有这种利益？A的继承人对C的这种利益能否请求不当得利返还？在德国有两种不同的解释：一是"法律原因欠缺说"：受益人通过有效保险合同取得债权，但却不能保有该债权。这样的观点在普通人看来难以理喻，但一般法学理论仍坚持认为，保有任何经生前行为取得的给予都须存在法律原因。而利他合同中的原因行为只能是对价关系，也就是本案中A和C是否有效订立了赠与合同。如果没有订立有效合同，则C得到利益就属于不当得利，应当返还给继承人。[3] 然而，在多数情况下，C根本不知道这种利己的保险合同的存在，哪里可能与A的订立保险合同所呢？于是，就出现了另外一种解释："事后承诺说"：A生前可以与受益人C订立赠与合同，C在A去世后才得知A订立过人寿保险合同的，也能与A订成赠与合同。此时保险公司公司作为A的传达人，在其去世后向C传达赠与的要约，C则至迟在受领金钱时作出承诺。这样，合同确系有效成立，但在形式上却可能有瑕疵。[4] 第二种观点应该是主流观点，只要在保险金支付之前第三人C作出承诺，则赠与合同因为保险利益就可以得到并且治愈了行使瑕疵，而不应适用《德国民法典》第2301条之严格的形式，因为，赠与人支付保险金消耗的是自己的财产而不是消减遗产。[5] 当然，这种观点也有其缺点：赠与合同能否被治愈完全是随机的，它取决于继承人还是受益人首先得知人

---

[1] 该条规定："债务人以明显不合理的低价转让财产、以明显不合理的高价受让他人财产或者为他人的债务提供担保，影响债权人的债权实现，债务人的相对人知道或者应当知道该情形的，债权人可以请求人民法院撤销债务人的行为。"

[2] 当然，该条仅仅规定了遗赠的劣后，并没有规定赠与这种无偿行为的劣后。是否可以准用遗赠之规定，仍然有探讨余地。因为，毕竟赠与是双方法律行为，而遗赠是单方法律行为。

[3] [德]雷纳·弗兰克、托比亚斯·海尔姆斯：《德国继承法》，王葆莳、林佳业译，中国政法大学出版社2015年版，第150页。

[4] [德]雷纳·弗兰克、托比亚斯·海尔姆斯：《德国继承法》，王葆莳、林佳业译，中国政法大学出版社2015年版，第150页；[德]马蒂亚斯·施默克尔：《德国继承法》，吴逸越译，中国人民大学出版社2000年版，第178页。这里之所以说，赠与有可能存在瑕疵，是因为《德国民法典》第518条要求赠与必须作成公证证书，否则无效，但直接交付赠与物的，可以补正行使瑕疵。我国《民法典》上不存在这种问题。

[5] [德]雷纳·弗兰克、托比亚斯·海尔姆斯：《德国继承法》，王葆莳、林佳业译，中国政法大学出版社2015年版，第150~151页。

寿保险合同的存在,若受益人首先得知并作出了承诺,则继承人不得再撤回要约。[1]反之,继承人先得知人寿保险合同的存在,就可以撤回要约。

这种情况在我国《民法典》上部分存在,尽管我国《民法典》对于赠与几乎没有任何形式要求,但是下列问题仍然存在:①如果在第三人利益合同中,A 向 C 为赠与是为了偿还债务或者抵偿其他义务,则如果该义务自始不存在的,继承人有权利请求 C 返还不当得利——因为 C 是作为名义上的债权人接受利益的。当然,如果符合我国《民法典》第 985 条——明知无义务而清偿的,则按照赠与对待。②赠与在我国《民法典》上当然也是合同,如果利益第三人是受赠与人,在赠与利益产生时不知道这种利益存在的,应当如何?如果赠与合同不存在,C 得到利益就属于无法律根据——不当得利。完全按照不当得利来处理显然不符合生活现实,公平观念也难以接受。因此,作出如同德国判例的解释是完全可以的,但是,在我国应该适用《民法典》第 1124 条第 2 款之规定:受益人应当在知道后 60 日内,作出接受或者放弃受的表示;到期没有表示的,视为放弃接受利益(赠与)。而这种赠与不属于劣后于一般债权的赠与——赠与人在死亡之前已经支付完保险金,其是用自己的财产而非遗产支付的。因此,不影响遗产清偿,也就不存在是否劣后的问题。

(二) 继承财产分割完毕后的继承人对遗产债务关系责任

在继承财产不足以清偿全部债务的情况下,由于债务清偿完毕才能分割遗产,这一问题当然不存在。但是,如果在继承人或者遗产管理人清偿已知债务,并分割遗产给继承人之后,再发现的债务应如何处理?我国《民法典》之继承编对此没有具体规定。

当然,按照正常的理解,既然遗产是清偿被继承人债务的保障,则无论该财产分配至何人,该财产的保障作用仍然存在。尤其是我国采取"概括继承+限定继承"的模式,原则上继承人应对被继承人的债务承担清偿责任,但是,以财产为限。因此,即使遗产被继承人分割后,各个继承人仍然以分割得到的遗产为限,对债权人承担连带责任。就如德国学者所言,遗产分割后,遗产债务一般还是共同继承人的连带债务(Gesamtschuld)。但是,由于作为独立财产的遗产已经消失,所以一般情况下,每位共同继承人必须以其个人财产对全部遗产债务负责。该规定虽然严厉,但却合理:共同继承人本应先清偿遗产债务,再分割遗产,他们不履行该义务所引起的损失不应由债权人承担。特殊情况下,遗产分割后,共同继承人还能采取措施限定责任(Haftung-bes-chriinkung),虽然继承人不能再启动遗产管理程序,因为它只能在遗产分割前启动,但遗产破产程序在遗产分割后仍可能被开启(《德国破产条例》第 316 条第 2 款)。共同继承人在遗产分割后,只需以遗产分割时取得的标的负责[2]。

---

[1] [德] 雷纳·弗兰克、托比亚斯·海尔姆斯:《德国继承法》,王葆莳、林佳业译,中国政法大学出版社 2015 年版,第 151 页。

[2] [德] 雷纳·弗兰克、托比亚斯·海尔姆斯:《德国继承法》,王葆莳、林佳业译,中国政法大学出版社 2015 年版,第 198 页。

遗产分割后的继承人对债权人的债务，受到诉讼失效的影响。那么，继承对于诉讼时效是否发生中断或者中止呢？对于中止，当然不可能发生，因为即使继承开始，也没有发生不能请求债务履行的情况——我国《民法典》第1145条规定了遗产管理人制度，所以一般不发生请求不能的情形。[1] 至于说中断，由于我国《民法典》之继承编并没有规定"债权公示催告程序"，因此，没有发生申报债权的情况，也不能推定继承人有承认债务的意思表示。因此，单纯的继承在我国《民法典》上不发生中断时效的问题。

遗产分割是概括继承中不可缺少的一个"二次分配"的步骤，那么这种分割请求权之性质属于物权还是债权？在分割之前，各个继承人可以买卖或者处分自己的份额吗？在处分的时候，继承人之间是否享有优先购买权？笔者认为，这种分割请求权属于物权而非债权，就如共有关系中共有财产的分割请求权一样。在分割之前，共有人可以买卖或者处分各自的共有份额，其他继承人在同等条件下享有优先购买权。就如德国学者所言，虽因在单个遗产标的上不成立份额，共同继承人继而无法处分之，但在整个遗产上的份额却是可以处分的。不过这点并非共同共有制度的典型特征，如民法合伙（《德国民法典》第719条第1款）或夫妻财产共有制（《德国民法典》第1419条第1款）中的共有人就不能转让份额。立法者之所以区别对待，理由在于，继承人共同体自始就以解散为目的，具有偶然性。为防止继承人共同体过于受外界人员的影响，在转让继承份额时，其他共同继承人有优先购买权（《德国民法典》第2034~2037条）。[2] 德国学者的上述观点值得赞同。这种观点甚至在我国《民法典》上也可以作相同的理解：尽管我国《民法典》之共有关系中并没有规定这种情形，但在解释上应无障碍。但是值得注意的是，转让人应当对于受让人具有担保义务（除非当事人有另外的约定）——转让这种份额后，很有可能没有任何财产可供分割，例如，出现遗产资不抵债的情况（《德国支付不能法》第330条规定："继承人出卖遗产的，对于支付不能程序，买受人取得继承人的地位。"）。如果因遗产破产程序开始而导致出卖的继承份额没有任何价值的时候，出卖人对于买受人应承担出卖人的担保责任。

而且，在遗产作为共同共有的财产被分割后，继承人相互之间按照我国《民法典》第304条之规定承担瑕疵担保责任。[3]

（三）在我国《公司法》第75条及《合伙企业法》第51条情况下继承人的责任

尽管我国《民法典》之继承编没有对"家族继承"或者"特别财产"的继承作出

---

[1] 实际上，也可能发生债务人死亡而继承人放弃继承或者找不到继承人的情况，谁是被请求人（被告），在我国法上是否存在问题，其实也值得研究。如果事实上没有被告的情况，也是中止的原因。那就看遗产管理人是否能够作为有关遗产诉讼的被告了。

[2] ［德］雷纳·弗兰克、托比亚斯·海尔姆斯：《德国继承法》，王葆莳、林佳业译，中国政法大学出版社2015年版，第187页。

[3] 我国《民法典》第304条规定："共有人可以协商确定分割方式。达不成协议，共有的不动产或者动产可以分割且不会因分割减损价值的，应当对实物予以分割；难以分割或者因分割会减损价值的，应当对折价或者拍卖、变卖取得的价款予以分割。共有人分割所得的不动产或者动产有瑕疵的，其他共有人应当分担损失。"

规范，但是我国《公司法》与《合伙企业法》却对此作出了规定。《公司法》第 75 条规定："自然人股东死亡后，其合法继承人可以继承股东资格；但是，公司章程另有规定的除外。"《合伙企业法》第 50 条第 1 款规定："合伙人死亡或者被依法宣告死亡的，对该合伙人在合伙企业中的财产份额享有合法继承权的继承人，按照合伙协议的约定或者经全体合伙人一致同意，从继承开始之日起，取得该合伙企业的合伙人资格。"这其实是非常必要的：被继承人生前往往有使自己的家族企业继续运营下去的愿望，并不是希望直接将所有财产在继承人之间简单地进行分配。因此，《公司法》和《合伙企业法》的上述规定是对继承编的有意义的补充。但是，即便如此，仍然会面临这种继承财产与债权人之权利满足之间的矛盾：遗产是支付债务的基础，各国民法典（继承法）都坚持"债务清偿优先于继承"的原则，那么，在遗产不足以支付所有债务的情况下，因限定继承之存在，继承人对于债务是否应该承担责任？

对此，笔者认为，无论是法定继承还是遗嘱继承，继承人的责任仍然应该坚持在"继承财产的范围内承担责任"之原则，继承人要么放弃这种出资人资格的继承而通过拍卖或者变卖等方式处分之，以偿还债权人之债权；要么自己在继承这种财产（出资份额）的范围内，对债权人承担清偿责任。

（四）继承人债务责任的限缩——限定继承的原则及其适用

在遗产与债务的关系方面，大多数国家以不同的方式和程序规定了"限定继承原则"，也就是将继承人对债务的责任限制在其继承财产的范围之内。但这种对继承人的优惠原则在具体施行时，可能会因为"概括继承"和"个别继承"之立法模式不同而不同：在以《德国民法典》为代表的概括继承模式下，继承一旦开始，被继承人的积极财产和债务"整体"移转给继承人，继承人先清偿债务再分割财产从而取得具体继承标的物；在以《法国民法典》为代表的个别继承制下，继承一旦开始，根据被继承人的意思标的物所有权（或者其他可以继承的权利）直接由继承人取得，各个继承人对债务承担连带责任。但是，无论《德国民法典》还是《法国民法典》，都有给继承人的优惠——限定继承，然而，必须经过特定的程序。对此，德国学者指出，根据概括继受原则，被继承人死亡时，包括债务在内的整个财产将自动转移给继承人（《德国民法典》第 1922 条第 1 款、第 1967 条第 1 款）。继承人因此应当承担被继承人生前欠下的债务（《德国民法典》第 1967 条第 2 款第 1 种情况）。另外，继承人还应承担继承开始时生成的债务，如特留份和遗赠（《德国民法典》第 1967 条第 2 款第 2 种情况）。有时继承人甚至还应承担继承开始后生成的债，如被继承人的丧葬费用（《德国民法典》第 1968 条）。因为遗产继承人与个人财产在继承开始时已经混同，所以原则上继承人对遗产债务应承担无限责任。在遗产不足以清偿债务时，继承人必须以其个人财产负责。但若两项财产嗣后能被重新分离，则继承人可将责任限定在遗产范围内。而分离两项财产的方法是，继承人开启遗产管理程序或遗产破产程序（《德国民法典》第

1975条)。因此,继承人对遗产债务所承担的责任既是无限的,又是可限定的。[1] 按照《法国民法典》第793~802条之规定,继承人如欲享有有限责任继承之利益优惠,必须履行特定程序:①继承人如欲取得有限责任继承的资格,应向继承开始地的民事法院提出声明,此项声明应登记在为受理放弃继承声明书而设置的登记簿。②上述声明,应在下述规定的期限内按诉讼程序法所规定的方式,在声明前或声明后提出忠实并确切的遗产清册,始生效力:继承人自继承开始之日起,应在3个月内作成遗产清册。自编制遗产清册的3个月期满之日起算,或如遗产清册在不满3个月作成时,自作成之日起算,再给予40日的期限,以便继承人考虑接受或放弃其继承。③在编制清册和考虑期间,不得强制继承人接受继承,亦不得对其作不利的判决;如继承人在上述期限内或期限届满时放弃继承,在放弃之前该继承人所支出的合法费用,由遗产负担。④有限责任继承权的效果为给予继承人下列利益:仅就其所受遗产的价额限度内负清偿遗产债务的义务,并得将全部遗产委弃于债权人及受遗赠人,而免除其清偿债务的义务;不以个人财产和遗产相混合,且对遗产保有请求清偿自己债权的权利。

必须强调的是,给予继承人优惠是民法个人主义思想的具体体现——个人债务个人负责,否则就是"父债子还"责任。但是,任何一个国家的民法典或者继承法欲施行限定继承制度以给予继承人优惠就必须有明确的程序,让继承人的个人财产与遗产有效隔离,否则就会侵害遗产债权人的利益。《德国民法典》(第1975~1992条)、《法国民法典》(第993~810条)、《日本民法典》(第924~937条)等对限定继承都规定了适用程序。

我国《民法典》之继承编也有关于限定继承的规定,其于第1161条第1款规定:"继承人以所得遗产实际价值为限清偿被继承人依法应当缴纳的税款和债务。超过遗产实际价值部分,继承人自愿偿还的不在此限。"从该条规定看,我国《民法典》上的限定继承有如下特定点:①应该是申请原则或者说抗辩原则。我国《民法典》继承编部分对此缺乏程序规定——继承人以所得遗产实际价值为限清偿债务,这种要求在什么时候提出?又向谁提出?正常的理解应该是,当收税债权人或者一般债权人就债务清偿与继承人发生纠纷诉至法院的时候,即继承人作为被告的时候,其提出的抗辩。否则,该原则在我国《民法典》或现实生活中无从适用。②与德国法的概括继承基本相同:尽管看起来是无限责任——整体移转积极财产与消极财产,但如果继承人提出限定继承,则无限责任变为有限责任。因为自愿偿还就是无限责任,而不提出限定继承的抗辩当然也就是自愿偿还。③没有程序保障。我国《民法典》与以上几个国家民法典不同,没有严格的继承人与遗产隔离的有效程序和措施——实际上没有办法真正实现限定继承与债权人利益保护之间的平衡:没有人知道继承人究竟继承了多少遗产,特别是在按照我国《民法典》第1145条由继承人担任遗产管理人的时候。

除此之外,继承人限定继承的变通方法就是放弃继承。像德国等国家,为了让继

---

[1] [德]雷纳·弗兰克、托比亚斯·海尔姆斯:《德国继承法》,王葆莳、林佳业译,中国政法大学出版社2015年版,第177页。

承人知道究竟有多少债权,以便权衡是否放弃,专门规定了"债权公示催告"程序(《德国民法典》第1970条),就如德国学者所言,遗产过度负债时,继承人可将责任限定在遗产范围内,但前提是及时全面地了解遗产债务。遗产债权公示催告程序(Aufgebotsverfahren)就是为此目的制定的,继承人可以借助它催促遗产债权人申报债权。[1] 我国没有这样的程序,只能靠继承人自己估算。

另外,我国《民法典》第1163条之规定与前面之规范不协调,该条规定:"既有法定继承又有遗嘱继承、遗赠的,由法定继承人清偿被继承人依法应当缴纳的税款和债务;超过法定继承遗产实际价值部分,由遗嘱继承人和受遗赠人按比例以所得遗产清偿。"但是第1162条规定:"执行遗赠不得妨碍清偿遗赠人依法应当缴纳的税款和债务。"显然,税收的清偿在遗赠之前优先清偿,为何还有遗赠人清偿税收和债务的情形?是否是指这种情况:先前没有发现税收债权和其他债权,在对遗赠人为给付后,又发现了债务或者税收的情形?这种税收让继承人(包括法定继承和遗嘱继承)承担是可以的,但让受遗赠人承担是否合适?笔者认为,并不合适,除非是概括遗赠。因此,这里应当理解为不当得利的返还,即不应该偿还遗赠,而偿还不当得利。

(五)概括遗赠时继承人的责任

我们一般理解的遗赠是,以向第三人给予特定标的物的方式给遗产设定一项请求权并在遗赠人死后发生效力的行为。受遗赠人并不参加遗产管理的分配,不直接取得物权,仅仅是享有债权性利益。但是,有没有这样的情况:向继承人以外的第三人给予包括积极财产与消极财产在内的"概括性财产"而不是单纯的特定物?例如,A把自己的全部财产连同负债"一揽子"地以遗赠的方式给予B?或者把整体财产一半或者三分之一"概括性"移转给B?这种遗赠其实就是概括遗赠,前一种被称为全部概括遗赠,后一种被称为部分概括遗赠,对特定标的物的遗赠实际上属于特定遗赠。

《法国民法典》是承认概括遗赠的,其第1003条规定的是全部概括遗赠:"全部概括遗赠是指,遗嘱人据以将其死后留有的财产全部赠与一人或数人的遗嘱处分。"全部概括遗赠的受遗赠人相当于继承人的地位:不仅享有积极权利,也应该负担全部债务。因此,《法国民法典》第1009条规定:"如全部概括遗赠的受遗赠人与法律规定可以保留部分遗产的继承人同时继承遗产,受遗赠人对遗嘱人之遗产的债务与负担,按照其分配份额的比例负清偿义务,并且对受遗赠的财产上的抵押债务与负担,负全部清偿义务;全部概括遗赠的受遗赠人还应负担偿付其他一切遗赠,但第926条与第927条所规定的减除情形,不在此限。"该法第1010~1013条规定的是部分概括遗赠,即遗嘱人将法律允许其处分的财产之一部分,例如可处分之财产的一半、三分之一,或者其中的全部不动产,或者全部动产,或者不动产或动产中的确定的部分,赠与他人的,为部分概括遗赠。部分概括遗赠的受遗赠人应如同全部概括遗赠的受遗赠人,按照其个人分配份额之比例,负担清偿遗产上负有的债务与负担,并且对受遗赠的财产上的抵

---

[1] [德]雷纳·弗兰克、托比亚斯·海尔姆斯:《德国继承法》,王葆莳、林佳业译,中国政法大学出版社2015年版,第178页。

押债务与负担负全部清偿义务。

《德国民法典》上是否存在概括遗赠呢？从该法第 2087 条之规定看，实际上是存在的。该条规定："被继承人将其财产或其财产的一部分给予受益人的，即使受益人未被称为继承人，该项处分也必须视为继承人的指定。仅个别标的被给予受益人的，有疑义时，即使其被称为继承人，也不得认为其系继承人。"从该条之第 1 款和第 2 款的对比中，很容易看出来是概括遗赠与特定遗赠的区别，德国也确实有学者认为该条第 1 款是概括遗赠。[1]

那么，大陆的《民法典》上是否存在概括遗赠呢？笔者认为，我国《民法典》明文规定有概括遗赠——《民法典》第 1133 条第 3 款规定："自然人可以立遗嘱将个人财产赠与国家、集体或者法定继承人以外的组织、个人。"这一规定显然很难解释为仅仅是将积极就的纯粹的财产遗赠，当然不排除这种情况，但应当解释为至少包括概括遗赠在内。因此，无论是哪一类根据 1133 条获得遗赠的主体，都应当承担债务的清偿责任，当然应以遗赠财产为限。我国台湾地区"民法"没有明确规定概括遗赠，但学者认为，按照契约自由之原则，没有限制之必要，应认有之。[2]

（六）遗产破产下继承人的责任

在任何破产程序适用于自然人的国家或者地区，遗产破产程序是必然存在的。因为"限定继承"仅仅解决了遗产不足以清偿债务时继承人的优先责任问题，但各个债权人之公平受偿问题并没有得到解决——当遗产不足以清偿全部债务的时候，先来请求履行的债权人可能得到全额清偿，但后续的债权人可能得不到任何清偿。因此，遗产破产程序同债务人破产程序一样，都是为了在债权人之间将有限的遗产进行公平的一揽子清偿。

无论是德国破产法（《德国支付不能法》），还是《日本破产法》，都专门规定有遗产破产程序。甚至在德国，继承人申请遗产破产程序是取得限定继承优惠的一种手段，就如德国破产法学者所言，继承人不仅要以继承所得财产（即遗产）对遗产债务负责，还要用他自己的全部其他财产负责。自有财产和遗产构成一个责任财产。但是，继承人可以把责任限制在遗产内，也就是说，从责任法上把自有财产和遗产再次分开，方法就是申请遗产管理或申请启动遗产破产程序（《德国民法典》第 1975 条）。如果预期遗产足够清偿遗产债权人，继承人就会申请遗产管理。如果遗产不充足，则要申请遗产破产程序。[3]

遗产破产启动的具体原因是什么？从宏观上说，肯定是遗产不足以清偿或者不能清偿全部债务。按照德国破产法（《德国支付不能法》）第 320 条的规定，遗产破产程序开始的具体原因有三：①不具有支付能力；②资不抵债（即债务超过资产）；③遗

---

[1] [德]雷纳·弗兰克、托比亚斯·海尔姆斯：《德国继承法》，王葆莳、林佳业译，中国政法大学出版社 2015 年版，第 95 页。

[2] 史尚宽：《继承法论》，荣泰印书馆 1966 年版，第 465 页。

[3] [德]莱因哈德·波克：《德国破产法导论》，王艳柯译，北京大学出版社 2014 年版，第 317 页。

程序在由继承人、遗产管理人或其他遗产保证人、遗嘱执行人申请开始破产程序的时候，即将不具有支付能力亦为破产程序开始的原因。按照《日本破产法》第 223 条的规定，遗产破产的原因是继承财产不能够对继承债权人及遗赠人完成清偿。

谁有权申请开始程序呢？按照德国破产法（《德国支付不能法》）第 317 条之规定：①任何继承人、遗产管理人、其他遗产看管人、有权管理遗产的遗嘱执行人以及任何遗产债权人，均有权提出开始遗产支付不能程序的申请。②申请非由全体继承人提出的，在使程序开始的原因可信时，准许申请。支付不能法院应当听取其他继承人的意见。③遗产管理权为一名遗嘱执行人享有的，在继承人申请开始程序时，应当听取遗嘱执行人的意见，在遗嘱执行人提出申请时，应当听取继承人的意见。按照《日本破产法》第 224 条之规定，继承债权人或被遗赠人、继承人、继承财产管理人或者遗嘱执行人都可以申请遗产破产程序。

从遗产清算的清偿顺序来看，按照德国破产法之规定，清偿顺序有以下四个顺序：①程序费用和财团债务（《德国支付不能法》第 324 条），包括：《德国民法典》第 1978 条和第 1979 条规定应从遗产中向继承人偿还的费用；被继承人的殡葬费用；在对被继承人宣告死亡的情形应当由遗产负担的程序费用；开始被继承人死因处分的费用、法院保全遗产的费用、遗产保证费用、公示催告遗产债权人的费用以及编制财产清册的费用；因遗产保证人或遗嘱执行人作出的法律行为所生的债务；继承人因遗产保证人、遗嘱执行人或抛弃继承的继承人执行业务而对其承担的债务，以设若上述人员系为遗产债权人处理事务则遗产债权人亦负有义务为限。②一般债务。③劣后债务（《德国支付不能法》第 39 条）：包括下列债权按所列顺位后于破产债权人的其他债权受偿，顺位相同的，按债权数额比例受偿：一是破产债权人债权的自破产程序开始时起继续产生的利息；二是债权人因参与程序而产生的费用；三是罚金、罚款、强制性罚款和法院的秩序罚款以及类似的犯罪行为或违反秩序行为所引起的负担金钱支付义务的附随后果；四是以债务人的无偿给付为内容的债权；五是根据前述规定，关于偿还股东贷款的索赔或因经济上与这种贷款相符的不法行为引起的债权；六是债权人与债务人约定在破产程序中处于后顺位的债权。④最后顺序的债权（《德国支付不能法》第 327 条）：下列债务以后于本法第 39 条所称债务的顺位并按下列顺位清偿，顺位相同的，按数额比例清偿：相对于特留份额权利人的债务；因被继承人指示的遗赠和负担所产生的债务。

《日本破产法》第 99 条、第 148 条是关于劣后债权和破产财团债权、一般破产债权的规定，按照该法之规定，与德国破产法相同，财团债权当然优先于所有债权清偿，而且是随时清偿；最后是一般债权，然后是劣后债权。但是，与德国破产法不同的是，《日本破产法》第 231 条之规定并没有把遗赠债权排在劣后债权之后，仅仅规定其劣后于继承债权。

按照破产程序的一般原理，在遗产破产程序开始后，法院要指定破产管理人来接管遗产，继承人不得再管理或者处分遗产。如果继承人没有转移、隐匿财产等损害债权人利益的行为的话,继承人可得以免除对遗产债权人的债务责任。

我国破产程序到目前为止仍然没有适用于自然人债权清理,但我国已经开始着手制定个人破产程序,因此遗产破产也是我国未来破产法不可逾越的问题。如何与限定继承、继承人的免责衔接,特别是在遗产破产的时候,因为并不是继承人个人破产,必须把遗产与继承人个人财产隔离。那么,谁是遗产破产程序的"被申请人"就是一个特别大的问题。因此,为了既做到遗产与继承人个人财产有效隔离,又要保证遗产程序的进行,应当引入"破产财团"可以作为被申请主体的制度。在程序开始的申请人方面,要严格限制程序启动主体,应当限定在继承人、遗产管理人、遗产债权人三者。同时,在债权清偿顺序方面应该依次是:财团债权、一般债权、因遗赠或者赠与而发生的债权。在程序开始的原因方面应该是遗产不足以清偿全部债务或者不能清偿全部债务,具备其中之一,即可开始破产程序。

当然,在破产程序中,法院要任命管理人,则管理人对于因赠与而产生的债权之任意撤销权,必须行使,这与继承人不同。

第六编 《民法典》侵权责任编的内在与外在体系研究

第一章 侵权责任编的外在体系

第一节 对问题的说明

我国《民法典》的体例结构不同于任何大陆法系国家或者受到大陆法系民法传统影响的亚洲各国民法典，如何正确解读侵权责任编的结构，对于法律适用来说，就显得十分重要。主要有三个问题要解释清楚：①侵权责任编与《民法典》其他各编，尤其是总则编是什么关系？也就是说，侵权责任编在《民法典》中的体系坐标是什么？②侵权责任编自身的外在体系结构是什么？也就是说，侵权责任编的逻辑结构如何？从规范的视角看，侵权责任编建立在什么样的核心概念之上？③侵权责任编的内在体系——价值体系是什么？此一问题不仅与侵权责任编的功能有关系，而且与制度背后的理念有关。特别是在我国《民法典》之侵权责任编中，过错责任之外的无过错责任（包括危险责任）所占的比例很大，类型化侵权丰富[1]的情况下，究竟是在体现一种什么样的正义观——矫正正义还是分配正义？

无论如何，在民法典时代，必须用体系化的视角来理解和适用法律，不能再用单行法的视角来理解侵权责任法。以上问题的分析，对于侵权责任法的体系化理解和适用具有重要的意义。

第二节 侵权责任编在《民法典》中的体系坐标

从整个《民法典》的体系看，要确定侵权责任编的体系坐标，必须找出其与《民法典》总则编中的"公因式"的相互联系。因为《民法典》总则编是规定各编的公因式，而各编仅仅是这种公因式的"细化"，例如，合同是总则编中"法律行为"的具体体现，合同编规定自己的具体规则，法律行为的规则在合同编没有规定的情况下，可以适用于合同编。这是外在的体系坐标，那么，其内在的体系坐标呢？总则编中的

---

[1] 我国的侵权责任编的条文，比《德国民法典》《法国民法典》《日本民法典》《瑞士民法典》关于侵权责任的法条之和还多23条。《德国民法典》关于侵权责任的法条共30条、《法国民法典》共5条、《日本民法典》共16条、《瑞士民法典》共21条——已经扣除了废止的条文。四国加起来共72条。我国《民法典》的侵权责任编共95条。

"意思自治""公平""地位平等""公序良俗"等都是合同编的上位概念,合同中的"契约自由"仅仅是意思自治的具体体现。而公平、公序良俗和地位平等可以直接适用于合同编。那么,侵权责任编在内在与外在体系上与总则编的关联是什么呢?

第三节 侵权责任编的外在体系

"外在体系"是法律形式上的构造,是对(以法律概念为基础)法律材料的划分。[1] 用拉伦茨的话来说,外部体系是指依形式逻辑的规则构建的抽象的一般概念式的体系。此种体系是许多法律,特别是民法典的体系基础。此种体系的形式有赖于:由作为规范客体的构成事实中分离出若干要素,并将此等要素"一般化",由此等要素可形成"类别概念",而借着增减若干规定类别的要素,由此形成不同抽象程度的概念,并因此构成体系:借着将抽象程度较低的概念涵摄于程度较高的概念之下,最后可以将大量的法律素材归结到少数"最高"概念上。此种体系不仅可以保障最大可能的概观性,同时亦可保障法的安定性,因为假设这种体系是完整的,则于体系范围内,法律问题仅借逻辑的思考即可解决。它可以保障由之推演出来的所有结论,其彼此之间不相矛盾。[2] 也就是说,民法典的外在体系实际上是一个逻辑体系,借着逻辑的技术方法——内涵与外延的方法,形成不同内涵与外延的类别概念,将外延较小(内涵较大)的概念涵摄于外延较大(内涵较小)的概念之下,由此形成规则的递进而构成体系。这种体系对于法律解释和适用的好处是:体系内的推演结论在逻辑上达到一致,从而避免结论矛盾及防止法官适用法律的任意性。[3] 那么侵权责任编的外在体系是如何构建的呢?

侵权责任作为民事责任的一种、作为权利产生的一环,在民法典的权利义务体系中的确具有重要的地位。但是,一个人的不幸原则上应该由自己承担,为什么会产生对他人的请求权呢?这就是侵权责任法最重要的问题:自己的损失何以归咎于他人?要让他人对此承担损失,必须有充分的归责事由。就如有的学者所指出的,共同法时期的"损失自担"原则(casum sentit dominus),对现行《瑞士侵权法》(依然)有着重要影响。依此原则,损害原则上由受害人自行承担,仅在存在特殊理由的例外情形下,始得向加害人请求损害赔偿。法律允许"损失自担"原则的例外是基于"任何人不得以不合法的方式造成他人损害"("勿害他人""neminem laedere"),以及"任何人无须容忍因不合法方式对其造成的损害"的思想。侵权责任法所处理和规定的正是

---

[1] [奥] 恩斯特·A. 克莱默:《法律方法论》,周万里译,法律出版社2019年版,第59页。
[2] [德] 卡尔·拉伦茨:《法学方法论》,陈爱娥译,商务印书馆2003年版,第317页。
[3] 李永军:《民法典物权编的外在体系评析——论物权编外在体系的自洽性》,载《比较法研究》2020年第4期。

"损害转移"（Schadensabwalzung）问题，即"损失自担"原则的例外。[1] 有学者更直接地指出，任何国家的侵权行为法皆面临一个基本问题：因权益受侵害而生的损害究应由被害人承担，抑或使加害人负损害赔偿责任？关于此点，各国法律多采相同原则，即被害人须自己承担所生的损害，仅于有特殊理由时，始得向加害人请求损害赔偿。诚如美国著名法学家 Holmes 所云："良好的政策应让损失停留于其所发生之处，除非有特别干预的理由存在。"[2] 所谓特殊理由，指应将损害归由加害人承担，使其负赔偿责任的事由，学说上称之为损害归责事由或归责原则。此乃侵权行为法的核心问题。[3] "归责事由"（Zurechungskriterien）关注的则是受害人的损害归由加害人承担的内在合理性问题。[4] 在侵权法中提出"为何依据过错责任或无过错责任行为人需承担侵权法上的损害赔偿责任"这一问题，事实上追问的是受害人的损失转移的内在合理性。传统的理解认为此种内在合理性在于对某一类型的责任所适用的统一责任原则——"责任原则"或称"责任基础"（"Haftungsprinzip"或称"Haftungsgrund"）。（责任）原则太过抽象，适用时需要在原则之下划分出责任构成体系，以将一般原则具体化。从这个意义上讲，侵权责任法又可被称为"规定例外之法律"。[5]

因此，含有"矫正正义"基本思想的"过错损害赔偿"是侵权责任法构造的基础概念。但是，为了限制潜在的加害人的责任，必须对这种赔偿责任进行准确的限制。因此，一个一般侵权行为的具体构成，除了过错和损害之外，还必须有"适当的因果关系"和"不法性"。因此，某人的损失归咎于他人的事由大概有三：过错、损害与不法。这也是侵权责任构成的核心要件。侵权责任法也就建立在这三个基本的概念之上。当然，从我国《民法典》的构建看，尽管有很多无过错（不问过错）责任方式，但都是作为过错的例外规定的，这与当代侵权法的功能变化有关。因此，我们首先对于以过错和不法性、损害为核心的一般侵权责任体系的规范构造进行解剖。

第四节 外在体系详解

一、过错

最初的侵权责任从刑法分离出来之后，过错是构成侵权责任的核心要素之一，没有过错就没有责任。甚至德国伟大的法学家耶林还说过一句关于过错的著名格言："使人负损害赔偿的，不是因为有损害，而是因为有过失，就如同化学上的原则，使蜡烛燃烧的不是光，而是氧气一般的浅显明白。"[6] 美国学者莫里斯直接将侵权行为界定

---

[1] [瑞] 海因茨·雷伊：《瑞士侵权责任法》，贺栩栩译，中国政法大学出版社2015年版，第8~9页。
[2] Oliver Wendell Holmes, *Common Law*, Boston Little, Brown and Company, 1881, forty-fifth printing, p. 50.
[3] 王泽鉴：《侵权行为》，北京大学出版社2009年版，第12页。
[4] [瑞] 海因茨·雷伊：《瑞士侵权责任法》，贺栩栩译，中国政法大学出版社2015年版，第10页。
[5] [瑞] 海因茨·雷伊：《瑞士侵权责任法》，贺栩栩译，中国政法大学出版社2015年版，第16页。
[6] 转引自王泽鉴：《侵权行为》，北京大学出版社2009年版，第12页。

为"私法上的过错"。[1] 我国《民法典》侵权责任编也是把以过错为核心的侵权责任作为一般的和基本的侵权责任类型,也是最抽象地规定一般要件的侵权责任,而非将以过错为要件的侵权责任作为特别类型予以明确规定。但过错在侵权法理论和实务上有下列问题需要澄清:

(一) 是否需要区分故意和过失

对此,在学说上有两种不同观点,一是否定说,二是肯定说。德国学者的主流为否定说,例如,德国学者梅迪库斯认为,故意与过失的区分在民法典上不具有重大意义。因此,民法典上仅仅有关于过失的定义(《德国民法典》第276条),但却没有关于故意的定义。[2] 另几位德国学者,如罗伯特·霍恩、海因·科茨和汉斯·G.莱塞也认为,无论致害行为是出于故意,即有目的地侵害受法律保护的权益,还是出于过失,都符合过失或者过错要件。[3] 我国也有许多学者主张这一观点,例如,王利明、高圣平和周友军教授就认为,一般而言,侵权责任法和刑法不同,故意和过失的区分不具有十分重要的意义,尤其是在损害赔偿领域,就财产损失赔偿而言,其采取完全赔偿原则,造成多少损失就给予多少赔偿,而不应当根据过错程度来确定赔偿范围。尤其是在现代社会,侵权行为主要是过失行为,因此,不少人认为,侵权责任法主要应当关注过失,而不应过多地考虑故意。[4] 程啸教授也认为,现代侵权法以补偿和预防为基本功能,故意与过失的区分变得不受重视了。而且在因过失从事侵权行为就需要承担责任的情况下,完全没有必要对故意的侵权行为作出规定了。例如,法国法中几乎没有关于故意侵权承担赔偿责任的法律规则,在很多案件中行为人只要具有过失就足够了,有些案件适用严格责任,也不需要考虑行为的过错,法国法中为数不多的关于故意侵权的规则就是所谓的权利滥用。此外,由于立法者与法官又迫切需要通过"过失"这一法技术手段来协调行为自由与保护权益的关系,因此,过失的判断标准变得极为复杂(如主观过失、客观过失等)。所以,现代侵权法的发展总体上是以过失而非故意为主轴而进行的。[5]

肯定说认为,区分故意与过失在民法上是有意义的。美国法因为判例法的特点,是区分故意侵权与过失侵权的,因为这种区分直接涉及利益保护的范围问题。例如,迈克尔就指出,为现实的目的,依据被告实施侵权行为时的心理状态来划分侵权行为更为妥当,即依照故意、过失等来划分。[6]

从实质上说,肯定说与否定说并没有任何差异:否定说实际上是在宏观视角上作

---

[1] William Morris, *On Torts*, Brooklyn, 1953, p. 1.
[2] [德] 迪特尔·梅迪库斯:《德国债法总论》,杜景林、卢谌译,法律出版社2004年版,第239~241页。
[3] [德] 罗伯特·霍恩、海因·科茨、汉斯·G.莱塞:《德国民商法导论》,楚建译,中国大百科全书出版社1996年版,第161~162页。
[4] 王利明、周友军、高圣平:《中国侵权责任法教程》,人民法院出版社2010年版,第205页。
[5] 程啸:《侵权责任法》,法律出版社2021年版,第294页。
[6] [美] 迈克尔·D.贝勒斯:《法律的原则——一个规范的分析》,张文显等译,中国大百科全书出版社1996年版,第259页。

出的结论,即在归责原则的角度作出否定的评价的;而肯定说则是在微观方面,就故意与过失在具体案件或者责任具体构成的视角作出评价的。正是因为如此,许多否定论者也认为,这种区分在某些时候是有意义的,例如,梅迪库斯就认为,《德国民法典》第826条的损害赔偿责任,必须由故意所涵盖。[1] 我国学者在主张否定说的同时,也认为区分在某些情况下是有意义的,例如,程啸教授就认为,虽然现代侵权法中故意已并不重要,但是,其仍然有以下几方面的意义:①某些侵权责任以故意为主观构成要件。故意表明的是行为人明知其行为的后果仍有意为之的一种心理状态,它特别适合用来作为侵害不具有典型公开性的民事权益的侵权行为之主观构成要件。这些民事权益包括:其一,虽然属于权利但不具有公开性,他人难以知悉的权利,如债权。倘不要求加害人对此权利被侵害具有明确的认识且有意为之,必会不适当地限制人们的行为自由,使人们在社会生活中动辄得咎。其二,各种受到保护的民事利益,如商业机密、纯粹经济利益。这些民事利益只是受侵权法的一定程度上的保护,保护的强度和密度都弱于绝对权。法律往往只是防止民事利益的享有人免受特定类型的侵害,而故意侵害这些民事利益的行为就是法律所首要予以防止的行为(如《反不正当竞争法》第9条对侵害商业秘密行为的规定基本上都是以故意为要件)。②故意影响因果关系的判断。故意与因果关系虽然分属侵权责任的不同构成要件,但它们相互之间往往发生影响。在加害人故意实施加害行为的情形中,认定加害行为与损害后果的因果关系时往往采取较为宽松的标准。例如,在英美法中,如果加害人实施的是故意侵权行为,这种行为本身就违反了基本的正义观念,行为人应当对其行为隐含的风险所可能导致的损害后果承担责任,无论其对该后果能否预见。依据英美法长期以来遵循的"故意使责任失其相关性"的原则,行为人要对其故意所导致的一切损害后果负责。此外,受害人故意引起损害的,通常也会使行为人的侵权责任得以免除(我国《民法典》第1174条)。因为在受害人故意导致损害发生的情况下,加害行为与权益被侵害之间不存在因果关系,行为人自然无须承担侵权责任。③为制裁共同故意从事侵权行为之人而使其负连带责任。数个行为人共同故意侵害他人权益造成损害的,应当承担连带责任(我国《民法典》第1168条)。这是因为,行为人之间的主观意思联络即共同故意已经使得法律将他们视作一个团体,该团体中的每一个人都要对那些没有超出他们共同故意范围的损害承担责任。更重要的是,共同故意从事侵权行为的人主观恶性更大,造成的损害结果也更大,法律上通过连带责任对他们加以惩戒,也对其他人予以威慑。④对某些故意的侵权行为适用惩罚性赔偿责任。惩罚性赔偿责任是针对侵权人主观恶性极大的侵权行为给予的一种惩戒,它针对的就是故意侵权行为。例如,我国《民法典》第1185条、第1207条以及第1232条都是以故意为要件。再如我国《食品安全法》第148条第2款明确规定:"生产不符合食品安全标准的食品或者经营明知是不符合食品安全标准的食品,消费者除要求赔偿损失外,还可以向生产者或者

---

[1] [德]迪特尔·梅迪库斯:《德国债法总论》,杜景林、卢谌译,法律出版社2004年版,第247页。

经营者要求支付价款十倍或者损失三倍的赔偿金；增加赔偿的金额不足一千元的，为一千元。但是，食品的标签、说明书存在不影响食品安全且不会对消费者造成误导的瑕疵的除外。"⑤故意影响赔偿的范围。在法院斟酌侵权人的赔偿责任时，通常会考虑侵权人的赔偿能力，比如侵权人非常贫困，则法院通常会适当减轻赔偿责任。但是，如果侵权人是故意侵权的，即便侵权人很贫困，也不能减轻其赔偿责任。此外，在有赔偿限额的高度危险责任中，如果侵权人是故意的，则被侵权人就超出限额的部分仍有权要求赔偿（《民法典》第1244条）。⑥侵权人故意实施的侵权行为将导致保险人免除保险金给付义务。《保险法》第43条第1款规定："投保人故意造成被保险人死亡、伤残或者疾病的，保险人不承担给付保险金的责任。投保人已交足二年以上保险费的，保险人应当按照合同约定向其他权利人退还保险单的现金价值。"[1] 王利明教授、周友军教授和高圣平教授也持这样的观点。[2] 笔者同意这种观点。

（二）过错是主观问题还是客观问题

过错究竟是一个个体的心理状态还是按照一般"理性人的标准"来认定？对此的不同回答，区分为主观说与客观说。

1. 主观说。所谓主观过错说，是指过错是行为人主观上应受非难的一种心理状态。持主观过错说的学者认为，过错和刑事罪过的概念相似。故意是行为人追求或者放任某种对他人损害结果发生的意图；而过失是指行为人主观心理状态的欠缺，也就是说，在其内心中本应当注意而不注意，以至于在伦理上，甚至是道德上具有可非难性，因此过失也被称为"人格过失"或"道德过失"。主观过错说认为，故意和过失是行为的基本的过错方式，在行为人实施侵权行为时，不同的行为人的内在心理过程对其行为及后果所持的态度各不相同，这就决定了过错程度是有区别的。主观过错说是19世纪侵权法的主导理论，《法国民法典》是采取该学说的主要代表。[3]

2. 客观说。客观过错说是与主观过错说相对应的一种理论，该理论的主要内容包括：其一，过错并非人们内心可非难的一种心理状态，而是指行为人违反了某种行为标准，此种标准可能是法律上确定的行为人应当作为或不作为的义务，也可能是指一个合理的人或者善良管理人应当尽到的义务或注意程度等。违反了该行为标准就表明行为人具有过错，无需再探究其内心状态。其二，过错并非在于行为人的主观心理态度是否具备应受非难性，而在于其行为本身是否具有应受非难性。行为人的行为若不符合某种行为标准即为过错，因此，过错是一个社会的概念，应当采用合理人或者善良家父的标准，来对行为人的行为进行评价，以确定其是否具有过错。其三，在用客观标准对行为人的行为进行评价时，应当依据一个谨慎的人在特定的环境下应当从事的行为标准加以确定，而不是一个人自身的主观能力。[4]

---

[1] 程啸：《侵权责任法》，法律出版社2021年版，第294~295页。
[2] 王利明、周友军、高圣平：《中国侵权责任法教程》，人民法院出版社2010年版，第208~210页。
[3] 王利明：《侵权责任法研究》（上卷），中国人民大学出版社2016年版，第333页。
[4] 王利明：《侵权责任法研究》（上卷），中国人民大学出版社2016年版，第333~334页。

3. 折中说。王利明教授认为，过错概念的界定应当采取折中的观点。从性质上看，过错是主观要素和客观要素相结合的概念，它是指支配行为人从事在法律上、道德上应受非难的行为的故意和过失状态。换言之，它是指行为人通过违背法律和道德的行为表现出来的主观状态，但对于过错行为，通常要采用客观标准来评价。具体来说：其一，过错是一种主观状态。对于自然人来说，过错体现为故意和过失的心理状态，因此，任何有过错的自然人必须具有认识、判断事物及其性质的意识因素和决定、控制自己行为的意志因素，缺少这些心理内容，就谈不上有过错。其二，过错是受行为人主观意志支配的外在行为。法律不调整与规范人们的思想，而只能规范人的行为，因此只有当行为人的意志外化为行为时，才可能进入法律的调整领域，具有法律上的意义。也只有当行为人的主观状态表现为危害社会的行为时，主观状态才构成过错行为。既然过错是通过行为人的行为表现出来的，那么对过错的评价应当采取客观标准，也就是说，要根据某种行为标准来衡量行为人的行为是否合法、正当。如果行为人的行为不具有法律上和道德上的应受非难性，则不能认定行为人具有过错。还要看到，既然过错是受行为人主观意志支配的外在行为，则过错是行为人的主观意志状态和违法行为的统一，因此，对行为的违法性和过错的评价是同一的、不可分割的。其三，过错是法律、道德和其他行为准则对行为人行为的否定评价。判定一个人有无过错总是和一定的行为联系在一起。没有行为，不管人们具备何种心理状态，都谈不上过错问题。过错的概念本身体现了一种社会评价和法律价值判断。其四，过错的形式不同，其判断标准也不相同。过错的基本形式是故意和过失。在现代社会，侵权责任大多数是过失侵权，对过失的判断应当采取客观标准，因为过失的外在表现主要是指行为人违反了一定的行为标准。出于正确归责的需要，采取客观标准判断行为人的过失更为合理，这也是现代各国侵权责任法通行的做法。但对于故意的判断，则仍应坚持主观标准。[1]

笔者个人认为，折中说是一种合适的说明理论。当然，从理论上说，坚持主观说当然是最为准确的。但是，从现实来说，主观说却没有办法落实到现实生活中。因此，只能根据一种客观的标准来衡量或者推测。这其实也是民法对主体"塑造"的结果和必然结论：人既然是有理性的，他就可以进行意思自治和被归责，而这种归责必然遵循一个一般的理性人的标准。既然用理性人的标准来衡量人的心理状态，一定是客观的而不是个性化的。正如O. W. 霍姆斯所描述的那样："如果一个天生鲁莽愚钝的人总是不断惹祸，不是伤人就是害己，那么毫无疑问，他的先天缺陷在天国的法庭上会得到宽宥。但是，他无意中给邻人造成的麻烦，一点儿也不比过失犯罪造成的麻烦少，因此，他的邻人要求他达到他们的标准，否则就自己承担后果；由这些邻人建立的法庭，不会去考虑他的个人缺陷。"德国法院不折不扣地贯彻了这一观点。[2] 从另外一个视角看，既然大家都生活在一个社会中，那么，要获得安全感和节约辨认的成本，

---

[1] 王利明：《侵权责任法研究》（上卷），中国人民大学出版社2016年版，第337~338页。
[2] [德]罗伯特·霍恩、海因·科茨、汉斯·G. 莱塞：《德国民商法导论》，楚建译，中国大百科全书出版社1996年版，第162页。

也必须按照社会上一般人的标准来要求和规范人们的行为，使得人们能够获得最起码的安全信赖。因此，梅迪库斯说，对过失的定义主要并不是以各个债务人所能尽的注意为尺度的，民法上的过失概念是客观的。例如，刚拿到一天驾驶执照的汽车司机欠缺经验，或者实施手术的医生过度紧张，或者油罐车司机未受培训都不是其过失可获得宥恕的理由。〔1〕瑞士学者也指出，侵权法发展至今，过错原则显现出客观化的趋势。具体而言，在判断侵害人的行为是否存在过错时，采"社会上一般人的行为标准"，不考虑单个行为人的个人因素。过错是指一个引起损害结果的，并且在法律上受否定评价的行为（作为或不作为）。是否违背"社会上一般人的行为标准"是判断是否应给予否定评价的标准。由此，客观过错是指在行为人所处的特定情形下，违反了社会一般人的行为标准（即谨慎的一般社会民众在相同情形下的行为标准）。兹举一例予以说明：一名年轻无经验的兽医，被与工作无关的个人问题所累，因而未诊断出发生事故后的奶牛实受有内伤，延误治疗，致其死亡。此情形中，尽管兽医的行为就其个人考察，主观上不可责难，但仍应判定其存在过错。过错责任判断的客观化和无过错责任的确立，强化了受害人的法律地位〔同时带来的影响是：两种责任类型在"责任原则"（Haftungsprinzipien）或称"归责事由"（Zurechnungskriterien）上的差别和界限，变得越来越模糊〕。〔2〕

过失虽然以"理性人"来衡量，但过失也分不同程度——重大过失和轻过失。连普通人应有的注意义务都未尽到，是重大过失。反之，违反了较高要求的注意义务，则为轻过失。轻过失在理论上又分为一般轻过失和具体轻过失。一般轻过失，也称抽象轻过失，是违反了善良管理人的一般注意义务。善良管理人的注意义务是一种客观标准，不以人的特性划分，因此，这种过失是抽象的，不是具体的。具体轻过失，是指违反了行为人平日在处理自己同一事务时所应具有的注意的义务，违反了如同处理自己事物时应有的谨慎注意义务。以上三种义务的违反，构成三种过失：①违反最低的注意义务，为重大过失；②违反善良管理人一般注意义务，为抽象轻过失；③违反平日处理自己同一事务时的注意义务，为具体轻过失。民法上的过失，通常多指抽象轻过失。从过失的上述情况可以看出，注意程度要求越高，过失越轻，注意程度要求越低，过失越重，但责任的有无原则上不以过失的轻重决定，过失的轻重只决定责任的范围和比例。〔3〕

二、过错与责任能力（过错能力）

要认定行为人有过错，前提应该是其具有过错能力。这种过错能力往往也称"责任能力"或者"归责能力"，是指因自己的过错而承担责任的资格。责任能力的缺乏，

---

〔1〕［德］迪特尔·梅迪库斯：《德国债法总论》，杜景林、卢谌译，法律出版社2004年版，第241页。
〔2〕［瑞］海因茨·雷伊：《瑞士侵权责任法》，贺栩栩译，中国政法大学出版社2015年版，第9页。
〔3〕李永军主编：《民法学教程》，中国政法大学出版社2021年版，第942~943页。

并不排除行为客观的违法性，而是排除了行为人的过错。[1] 在德国，它被称为"过错能力"。德国学者指出，只有当行为人因其过错而应当受到谴责时，才可能使他承受侵权责任的法律后果。这种对加害人的可谴责性以其具有一定程度的精神（智力能力）为前提，且从这种能力中，我们能够推导出加害人的个人责任。我们将加害人的这种特质称为过错能力或者侵权责任能力，没有这种能力的人不承担责任。现行《德国民法典》的立法者最初将过错能力按照加害人的年龄来确定，并且有意识地将过错能力参照有关行为能力的条文进行了规定。也就是说，年满7岁之前无须承担侵权责任，而年满18周岁之后具有完全过错能力。而在两者之间的年龄段，则要取决于未成年人是否具有认知责任的必要判断力。过错能力的标准为"具有认知责任的判断力"，对此，只要求具备对一般危险或者一般损失的认知能力，以及能够一般地理解到自己的行为可能以某种方式产生责任。至于是否成熟到可以根据这种判断力而采取相应的行动，则不属于过错能力所要规定的问题。[2] 在欧洲许多国家，关于责任能力存在两个方面的问题：一是就是否承认责任能力的存在未能达成一致；二是各国关于如何认定责任能力方面也存在很大的争议。

首先，在责任能力的认同方面，法国并不认同，而其他国家，如德国、奥地利、希腊、意大利等国家则认同。正如德国学者所指出的，在欧洲大陆侵权行为法中，对儿童的责任之态度大多都是保护性的，但法国却建立了完全相反的先例。法国最高法院在20世纪80年代中期以来极大地加重了未成年人的责任。法国判例法目前的观点是：民事过错完全取决于实施的行为，加害人的年龄、个性、智力和职业上的能力却没有关系，不是将一个幼儿的行为与另外一个幼儿的行为进行比较，而是将该幼儿的行为与一个理性的人的行为进行比较，如果一个理性的人不像他们（幼儿）那样行事，我们就认定他们实施了过错行为。在一个判例中，一个5岁的小女孩没有注意来往的车辆跑上了马路，结果被一辆机动车撞倒造成了致命的伤害。最高法院以孩子具有共同过错为由将加害人的责任减轻了50%。[3] 法国的这种做法受到了学者的批评，学者认为：对成年人和孩子的待遇没有区别，即他们都负有严格的注意义务（的做法）不能证明法国最高法院所推动的进程是正确的。剥夺要求儿童有辨别能力的这一保护性条件，是给他们在开始自己的生活之前就加上了沉重的义务。[4]

在欧洲大陆的其他国家，在责任能力方面，要么采取规定一个具体的年龄，要么规定一个"年龄标准+识别能力标准"的做法。前者如《奥地利民法典》第1309条就规定："14岁以下的儿童以及精神病人通常无须为他们引发的损害承担责任。"《荷兰民法典》第164条规定："不满14周岁的儿童所实施的行为，不得作为侵权行为由其

---

[1] 王利明、周友军、高圣平：《中国侵权责任法教程》，人民法院出版社2010年版，第476页。
[2] [德] 马克西米利安·福克斯：《侵权行为法》，齐晓琨译，法律出版社2006年版，第87~88页。
[3] [德] 克雷斯蒂安·冯·巴尔：《欧洲比较侵权行为法》（上卷），张新宝译，法律出版社2001年版，第97~98页。
[4] [德] 克雷斯蒂安·冯·巴尔：《欧洲比较侵权行为法》（上卷），张新宝译，法律出版社2001年版，第102页。

承担责任。"后者如《德国民法典》第 828 条的规定，①未满 7 周岁的人，对自己给他人造成的损害，不负责任。②满 7 周岁但未满 10 周岁的人，对自己在与机动车、有轨电车或者悬浮轨道之事故中给他人造成的损害，不负责任。其故意引致侵害的，不适用此种规定。③未满 18 周岁的人，其责任不依第 1 款或者第 2 款被排除为限，在自己于实施致害行为之际，不具有认识责任所必要的辨识时，对自己给他人造成的损害不负责任。

但是，各地在年龄及具体的标准方面差异很大，从上面三国的具体规定就可以看出来：奥地利、荷兰是 14 岁，德国为 7 岁，而丹麦将儿童最低年龄规定为 4 岁。[1] 在欧洲的许多国家，关于责任能力（辨别能力）的最低的、普遍被接受的共同标准被以不同的方式表达为：以恰当的方式判断一个行为之社会价值的能力；区别善恶以及理解后者的法律后果的能力和理解一个人的行为之侵权性的能力。[2]

然而，辨别能力的注意义务标准是什么呢？没有一部欧洲民法典对此作出过回答。欧洲国家的法院（法国除外）一般是参考对与被告同龄的人可以期待的注意标准来判断少年人本人的责任能力。德国最高法院一直采取"年龄组类型过失"，即对儿童的心理成熟的检验必须与对该组年龄的人可以一般地期待的注意进行比较，这与最高法院过去的判决并不矛盾，如果事实问题仍然可以提出来，那些法院在对过失进行检验时，就会考虑一定年龄的少年人在特定情况下自发冲动和感情行事的一些共性，如好玩的天性、对尝试和探索的渴望、缺乏纪律性、好斗、容易冲动和在激情驱使下实施行为。如果在此等情况下，未成年人的加害行为一般是不能避免的，而且行为缺乏个人主观的过失即"内部的"努力，这时他的行为就不是过失的。意大利的法院更加具体，在考虑哪一年龄的善良家父年龄所期待的注意时，行为人的年龄是有关系的。按照学者的观点，未成年人分为三组：第一组是接近于成年人（16~17 岁的），对他们通常可以适用善良家父的标准；第二组是 12~14 岁的少年人，他们的行为应当与对其同龄的人可以被期待的注意义务进行比较；第三组是 6~11 岁的儿童，他们很少被认定有过失。[3]

在我国，关于未成年人或者有精神障碍者的责任能力问题并无直接的民法规定，但有关于其行为能力的规定。因此，责任能力问题在我国引起了长期的争议，尤其是 2009 年通过的《侵权责任法》也没有规定这一问题。有学者指出，从我国法律规定的解释论角度可以认为，未成年人或者有精神障碍者没有责任能力，侵权责任能力与民事行为能力的判断标准同一，即没有完全行为能力就没有责任能力。但从立法论的角

---

[1] [德] 克雷斯蒂安·冯·巴尔：《欧洲比较侵权行为法》（上卷），张新宝译，法律出版社 2001 年版，第 91 页。

[2] [德] 克雷斯蒂安·冯·巴尔：《欧洲比较侵权行为法》（上卷），张新宝译，法律出版社 2001 年版，第 104 页。

[3] [德] 克雷斯蒂安·冯·巴尔：《欧洲比较侵权行为法》（上卷），张新宝译，法律出版社 2001 年版，第 107~109 页。

度看，应借鉴德国法上关于侵权责任能力的规定。[1]

笔者倒是认为，如果从我国民法的整体结构来解释的话，应该也能够得出我国民法上有"责任能力"的规定。主要理由是：①我国《刑法》第17条第1、2款规定："已满十六周岁的人犯罪，应当负刑事责任。已满十四周岁不满十六周岁的人，犯故意杀人、故意伤害致人重伤或者死亡、强奸、抢劫、贩卖毒品、放火、爆炸、投放危险物质罪的，应当负刑事责任。"第18条第3款规定："尚未完全丧失辨认或者控制自己行为能力的精神病人犯罪的，应当负刑事责任，但是可以从轻或者减轻处罚。"从以上规定来看，14周岁至16周岁的人或者尚未完全丧失辨认或者控制自己行为能力的精神病人犯罪都需要承担刑事责任，即具有"刑事责任能力"（姑且这样称呼），那为什么他们就不能有侵权法上的民事责任能力？《刑法》的这一规定实际上已经清楚地显示了责任能力与行为能力的区别：认识到不侵害他人的后果的消极能力标准较认识到通过法律行为为自己创设权利义务的积极后果的标准要求要低。而且，侵权责任是从刑事责任中分离出来的，其关于故意和过失的概念都几乎相同。因此关于这种消极能力的年龄认定也应保持一致。②我国《合同法》（已失效）第47条规定："限制民事行为能力人订立的合同，经法定代理人追认后，该合同有效，但纯获利益的合同或者与其年龄、智力、精神健康状况相适应而订立的合同，不必经法定代理人追认。"有学者指出：合同行为大多着眼于未来，所以，无论是从交易安全之维护还是从未成年人利益保护考虑，立法准予未成年人独立参与民事活动，实质上肯定了未成年人的理性能力，尤其是他们的认识能力与预见能力。[2] 限制民事行为能力人订立的合同都不当然认定无效，即认可其具有部分积极的理性能力，在侵权责任能力方面为什么还要坚持完全行为能力呢？法律一方面承认其可以参与部分交易（与其年龄、智力、精神健康状况相适应而订立的合同不必经法定代理人追认而有效）的行为能力，却在侵犯他人时不承认其责任能力，似乎于理不符。事实上，侵权责任法以过错责任为一般损害赔偿责任的归责原则，这一方面是因为每一个被法律赋予自主决定可能的自然人，应对其行为后果负个人责任，符合自由之要义；另一方面是为了使法律在规范人的自由行为上发挥积极的教育、引导、预防等功能。对未成年人来说，令其为自己的致害行为承担赔偿责任，有助于促进其独立人格意识的觉醒，并由此培养其自负责任地参与社会交往的行为能力。不分情况地对其予以过分保护，不使其对自己有意致人损害的行为承担赔偿责任，既不利于未成年人树立良好的行为观念和责任意识，也不利于经由社会交往的积极与消极影响磨练而使未成年人的社交能力、独立人格得到健全发展。[3] ③从世界上大部分国家的经验来看，一般不将行为能力与侵权法上的责任能力等同，而是在法律规定或者法院判例中确定责任能力的年龄和要求比合同法上要低，就如德

---

[1] 王利明、周友军、高圣平：《中国侵权责任法教程》，人民法院出版社2010年版，第477页。
[2] 朱广新：《被监护人致人损害的侵权责任配置——〈侵权责任法〉第32条的体系解释》，载《苏州大学学报（哲学社会科学版）》2011年第6期。
[3] 朱广新：《论未成年人致人损害的赔偿责任》，载《法商研究》2020年第1期。

国学者所指出的："在任何判决中法院几乎都不会否认,一个精神健康的少年人在其日常生活中对常见的问题有辨别是非的能力。"[1] 基于以上理由,笔者认为,限制民事行为能力人（被监护人）只要能够认识到相应侵权后果,就应当认为其具有相应责任能力,就应该适用我国《民法典》第1173条的规定进行"过失相抵"。我国法院也有具体的判例,例如,由新郑市人民法院审理的"赵某、张某与河南省新郑市第三中学生命权、健康权、身体权纠纷一案"就比较典型。原告赵某,男,1960年3月10日出生;原告张某,女,1964年11月21日出生。被告河南省新郑市第三中学（以下简称"新郑三中"）,住所地新郑市新村镇某大道,法定代表人赵甲,该校校长。原告诉称,两原告之子赵乙自2004年8月在新郑三中上高中,两原告平常在外地工作,平时赵乙可以到外婆家住。被告是一所封闭式管理学校,实行24小时巡逻,学生出门必须有学生的班主任签字的出门条,并经过门岗验证。2005年"5.1"长假后,赵乙于5月5日返校,后20多天没有和家里联系。实际上,2005年5月19日晚自习过后,赵乙不明原因离开学校,一直下落不明。2005年5月23日,赵乙母亲张甲在向赵乙班主任询问赵乙情况时,才得知赵乙离校未归。之前校方并未通知二原告赵乙离校未归。2005年5月31日,新郑三中副校长郭甲以"赵乙不明原因离校,现一直无音信"为由,到新郑市公安局新村派出所报案。赵乙失踪后,两原告多次要求被告协助寻找,均被被告拒绝。不得已,两原告自费从新疆赶到河南新郑寻找,也曾去过北京、宁夏、武汉等地寻找,但都没有赵乙的消息。2007年9月和2010年6月,经新郑市人民法院先后判决,宣告赵乙为失踪人,宣告赵乙死亡。原告因此蒙受了巨大的经济损失和精神痛苦,故诉至法院,要求被告赔偿原告交通费、住宿费、伙食费、误工费、通讯费及死亡赔偿金、精神损失费等共计462 378元。法院认为：2003年《最高人民法院关于审理人身损害赔偿案件适用法律若干问题的解释》第7条第1款规定："对未成年人依法负有教育、管理、保护义务的学校、幼儿园或者其他教育机构,未尽职责范围内的相关义务致使未成年人遭受人身损害,或者未成年人致他人人身损害的,应当承担与其过错相应的赔偿责任。"新郑三中应当预知到学生私自离校存在受到伤害及走失的危险,故应采取相应措施防止学生私自离开学校,以避免可能发生的伤害。赵乙在不是正常的离校时间离开学校,说明新郑三中对学生私自离校的防范措施不力,新郑三中对此存在过错。作为寄宿制学校,新郑三中应当在学生晚间就寝时查明学生就寝情况,如发现学生无理由未在寝室,应及时查明情况并采取措施；如发现学生不明原因离校,应及时寻找、告知家长并向当地公安机关报案,但新郑三中并未及时将赵乙非正常离校的情况告诉赵乙的父母,报案也是在赵乙离校多日后,失去了寻找赵乙的最好时机,对此新郑三中也存在过错。由于新郑三中的以上过错致赵乙失踪,最后被宣告死亡,新郑三中应当承担民事责任。

《最高人民法院关于审理人身损害赔偿案件适用法律若干问题的解释》（已修改）

---

[1] [德] 克雷斯蒂安·冯·巴尔：《欧洲比较侵权行为法》（上卷）,张新宝译,法律出版社2001年版,第106页。

第 2 条规定，受害人对同一损害的发生或者扩大有故意、过失的，依照《民法通则》第 131 条的规定，可以减轻或者免除赔偿义务人的赔偿责任。赵乙作为一个已上高中的学生，已具备了一定的预知能力，对于擅自离开学校的危险性应当有一定的预知，但仍然在未经老师许可情况下离开学校，且在离校后不与老师及家人联系，对于损害的发生也存在过错，故应减轻被告的赔偿责任。综合比较双方的过错程度，确定新郑三中应承担 40% 的赔偿责任。[1]

由这一判例我们可以看到，我国的司法实践是承认未成年人的责任能力而适用"过失相抵"的。但是，笔者认为，在因果关系及适用范围方面应有所限制。

三、不法性

（一）不法性的概念

"违法性要件"（Widerrechtlichkeit，学说和司法实践中常使用 Rechtswidrigkeit）的主要功能是：限制侵权责任。由此，"违法性要件"系区分合法行为造成损失与不法行为造成损失应当承担损害赔偿责任的重要工具。"违法性要件"的区分功能表明，并非所有行为造成损害，均须承担赔偿责任。尤其在经济生活中，每天都在发生因竞争造成其他竞争对手的经济损害，如一家企业获利而同行业中其他企业的亏损，正常商业竞争导致同行业企业的亏损甚至倒闭。出于整体国民经济健康运作之利益，对于此类损害，行为人无须承担损害赔偿责任。由合法行为造成的损害结果原则上无须赔偿，但也存在例外。例如，土地所有人在合法行使其所有人权利时，不可避免地排放了有害物质，若此种排放对邻地的作用和影响过量，造成严重损失，则土地所有人需要承担损害赔偿责任。此外，《瑞士债务法》第 52 条第 2 款规定的紧急避险行为造成损害结果，亦属于合法行为造成的损失。尽管紧急避险排除违法性，行为人仍须承担由法院裁量确定的赔偿责任。[2] 王泽鉴教授也指出，之所以创设违法性概念，其主要功能在于界定及区别受保护的权益，即侵害他人权利时，即推定侵害行为的不法性。其理由为权利（如生命、身体、自由、所有权等）系受法律保护的重要价值，有一定的保护范围，并具社会公开性，特征引推定侵害行为的不法性，加以保护。此种由侵害结果而认定侵害行为的不法性，称为结果不法（Erfolgsunrecht）。至于权利以外的利益（如同行竞争致收益减少，卡车停放巷口致出租车不能外出营业），其价值不尽同于权利，范围具有不确定性，尚须以"故意悖于善良风俗加损害于他人"或"违反保护他人之法律为要件"，始能成立侵权行为。其违法性系就行为本身而为认定，称为行为不法。[3]

违法性分为客观违法理论和主观违法理论。客观违法论即违反法律规范构成违法性存在两种表现形式：其一，违反保护受害人绝对权法益之规范（针对人身损害和物

---

[1] 参见河南新郑市人民法院（2010）新民初字第 2370 号判决书。
[2] [瑞] 海因茨·雷伊：《瑞士侵权责任法》，贺栩栩译，中国政法大学出版社 2015 年版，第 185 页。
[3] 王泽鉴：《侵权行为》，北京大学出版社 2009 年版，第 218 页。

之损害的所谓的"结果不法");其二,违反旨在保护特定行为方式造成损害的保护性规范(所谓的"行为不法")。行为违法是以违反某一保护受害人绝对权法益之规范为表现形式之违法性,除违反客观法之外,还包括法益侵害;而结果违法性理论主要偏重规范所保护之法益侵害。[1]

主观违法论认为,行为人造成损害,而法律并无明文规定行为人得为此行为的,即成立违法性。排除违法性的重要要件是,具体受害人依法有权违反一般行为禁止"勿害他人"(neminem laedere)。否则,行为人致人损害无正当理由的,适用"勿害他人"之基本原则:致害行为具有违法性。这一理论被诟病的主要原因在于:采用模糊的反面定义法,对受害人保护之考量不足。在瑞士,主观违法性理论是基于原《瑞士债务法》第 50 条的法文版本条文文意产生的,即无正当理由造成损害(quiconque cause sansdroit un dommage……);1911 年修订法律时,《瑞士民法典》在第 41 条中规定了"以非法的方式"取代旧法。从此,主观违法性理论的法条支持丧失。[2]

就客观违法论而言,其违法性主要表现在两个方面:侵犯某一法律规范规定的绝对性权利(侵犯受绝对保护的法益),即致害行为侵害法秩序中某一或者若干具体法律规范保护的绝对权法益,如所有权、生命、健康等,构成违法性。保护绝对法益的法律规范不仅包括私法规范,还包括众多刑法规范。

就行为违法而言,违反保护性法律构成违法性,主要包括:①未侵犯绝对权利造成损失。违法性的此类表现形式主要是指以下情形:致害人违反保护性法律规范造成损害,但并未侵犯受害人绝对权。学者认为,造成他人损失,但未侵犯受害人绝对权或受绝对保护之法益的,"违反特定行为规范"之判断仅在确定是否构成违法性要件上发挥作用。以"违反特定行为规范"为表现形式的违法性,主要在造成纯粹财产损失案件,以及侵犯特定的、受保护的相对权案件中发挥重要作用。所谓的"纯粹财产损失"和特定的、受保护的相对权案件中的违法性要件,此类行为规范直接或间接地禁止第三人介入法条划定的受侵权法保护的范围,或者要求第三人对此范围负有不作为义务。此类行为规范包括刑法规范、行政法规范和私法规范,且不要求必须为成文法。②保护性法律(保护目的理论)。《瑞士债务法》第 41 条第 1 款涉及的违法性由违反特定行为规范构成,并且条文保护目的涵盖案件中所发生之损害类型。但学者对于有些法院裁判提出了批评,见以下四个案件:①工程施工挖断电缆造成停电,从而造成他人损失。这种纯粹经济利益损失不予赔偿;②农场主施工挖断电缆,导致他人纯粹经济利益损失,也不得请求赔偿;③相似案件;④切尔诺贝利案——联邦机构建议民众使用前彻底清洗蔬菜,怀孕或者哺乳期妇女或者两岁以下儿童不食用露天农场农产品,从而导致农场损失。农场主要求联邦赔偿,法院认为,该纯粹经济损失在赔偿范围之内。"保护目的理论"在侵权责任领域越来越具有基础性的重要地位,这主要是出于对方法论的偏好(Methodenehrlichkeit);首先,它比较简化(可以抛弃"结果不法",因

---

[1] [瑞]海因茨·雷伊:《瑞士侵权责任法》,贺栩栩译,中国政法大学出版社 2015 年版,第 186 页。
[2] [瑞]海因茨·雷伊:《瑞士侵权责任法》,贺栩栩译,中国政法大学出版社 2015 年版,第 187 页。

为此时始终成立某一具体法规范之违反，亦即成立"行为不法"）；其次，它比较清晰，可以取代结构上模糊不清的相当性理论。[1]

对于这两种违法理论，《德国民法典》及其理论实际上是承认的。例如，梅迪库斯就指出，关于不法性，首先可以区分下述两个方面，即结果违法和行为违法。如果侵犯经典权益，自然就构成违法；但如果侵犯民法典第823条规定的"其他权利"，则需要另外认定是否违法[2]。

但是，在欧洲，并非所有国家的民法理论都赞同德国式的"不法二分法"，在奥地利，"行为不法说"（行为违法理论）是支配性的理论：根据这个理论，不法性取决于对"行为禁止"（Verhaltensgebot），也即注意义务的违反。因此，不法性的判定总是与人的行为本身相关，并建立在缺乏注意的基础之上。因此，在奥地利法律中，"结果不法说"（违法性依循结果加以认定的理论）遭到反对。因为，"结果不法说"认为，不法性仅仅取决于损害结果，也就是说，法律制度保护某些利益，以及对这些利益的侵害不为法律认可的事实。毫无疑问，要回答利益遭受危险的人是否有权自卫以及采取行动防止侵害的理由的问题，这个方面是很重要的。然而，"结果不法说"也导致了许多其他问题。首先，过错责任是建立在对侵权行为人的谴责基础之上的。因此，侵权行为人的行为就很重要，那就表明不法性应当从行为而非结果加以判定。而且由于法律规则仅仅适用于人，因而只有人的行为才会违反法律。故而，只有行为而非这种行为的结果应被称作是不法的，如此似乎才更为妥当。其次，"结果不法说"还引致了如下问题：造成损害的当事人即使尽到了任何人能够尽到的注意，他还是会遭受谴责。再次，应当考虑到，即使像生命、健康和自由之类受到最高程度保护的利益，也不是针对任何侵害都受保护。例如，不法性尤其要取决于加害人是否享有自卫的权利，并且，当被告造成的是名誉（或名声）损害时，应当考虑被告的陈述是否真实，是否存在信息需求，以及被告是否是正当地行使了自由表达意见的权利。因此，我们应当自问，即使是在侵犯绝对权的情况下，损害结果也只是显示可能存在不法性，而不是实际确认不法性的存在。如果被告没有直接而只是间接侵犯了绝对权，那么，这种不法性的迹象也是非常可疑的。例如，一位医生开出了错误剂量的药物，这个剂量是以权威教科书的内容为基础的。在间接侵害的情形下，结果并不是决定性的。最后，纯经济利益只在某些情况下才受保护。所以，如果被告造成了纯经济损失，那么，这种结果甚至不能被视为存在不法性的表征。受保护利益被侵害本身就决定了不法性。另一方面，一个极为经常地被用到的观点是，如果我们接受"行为不法说"，那么，在不法性和过错之间就没有差别。但是，这个观点并不能使"行为不法说"声名扫地：不法性的评价标准是客观的，而过错的评价标准是主观的。举例来说，一个未成年人或一个精神病人如果没有遵从客观的注意义务，也即他没有像一个正常理智的人那样去行为，

---

[1] [瑞]海因茨·雷伊：《瑞士侵权责任法》，贺栩栩译，中国政法大学出版社2015年版，第188~191页。
[2] [德]迪特尔·梅迪库斯：《德国债法分论》，杜景林、卢谌译，法律出版社2007年版，第621~623页。

那么,他就实施了不法行为;但由于能力的欠缺,过错问题并不存在。[1]

另外,适用"结果不法说"还可能导致荒唐的结论:根据奥地利法律的规定(《奥地利普通民法典》第1310条),在未成年人的行为是不合法的,并且双方的经济状况也支持对其施予责任的情况下,他必须赔偿损害;因此,即使他因为年龄原因在行为时没有过错,他还是要承担责任。如果未成年人没有违反客观的注意义务,只考虑"结果不法"就足够了,那么,未成年人就不得不因其经济状况而承担赔偿责任,而在同样情况下成年人却可以不承担责任。因此,在以不法性为基础而不要求有过错的情形下,"结果不法说"无法给出决定性的答复。[2]

我国《民法典》以及之前的民事法律没有直接规定侵权责任的构成需要"不法性"要件,但学者一般认为,不法性应当是侵权责任构成的要件,仅仅就其是否属于独立的要件有不同看法。[3]问题在于,如果违法性不是独立要件的话,是否还能够采取德国法和《瑞士债务法》上的"行为违法"与"结果违法"理论呢?因为仅仅是侵害受法律保护的权益,即使是所有权这样的绝对权,也难以直接认定具有过错。如此一来,就只能适用"行为违法"了。如何认定违法才符合我国《民法典》第1165条的规范意旨呢?这一问题我们将在后文讨论。

(二) 不法与过错的关系

在不法与过错的关系问题上,无论从传统民法的理论还是立法例上,均存在两种不同的观点:过错吸收不法、过错与不法的区分。前者可以称为一元论,后者可以称为二元论。

一元论认为,违法性不能作为侵权责任成立的独立要件,过错吸收不法。作为责任要件的违法性,并不具有特定的并与过错的概念相区别的内涵,因此,违法性不宜作为独立的责任构成要件。民事过错不是单纯指主观状态上的过错,而同时意味着行为人的行为违反了法律和道德,并造成对他人的损害,过错体现了法律和道德对行为人的行为的否定评价。违法行为是严重的过错行为,但过错又不限于违法行为,还包括大量的违反道德规范和社会规范的不正当行为。因此,过错的概念要比违法行为的概念在内涵和外延上更为宽泛。具体理由表现为:其一,违法性作为独立构成要件,是以采纳"主观过错"概念为前提的,但现在两大法系判例学说大多认为,过错概念并不是一个完全主观的概念。行为人的行为越复杂,对其主观过错的认定就越困难。由于技术的原因,以及引起损害发生的行为常常在瞬间完成,受害人对加害人的主观心理状态的证明日益困难。这就必然导致了过错和违法性标准已经形成了一种难以割裂的关系。其二,过错的判断标准已经客观化,这使得过错与违法性的区分更为困难。

---

[1] [奥] H. 考茨欧:《奥地利法中的违法性问题》,载 [奥] H. 考茨欧主编:《侵权法的统一:违法性》,张家勇译,法律出版社2009年版,第13~15页。

[2] [奥] H. 考茨欧:《奥地利法中的违法性问题》,载 [奥] H. 考茨欧主编:《侵权法的统一:违法性》,张家勇译,法律出版社2009年版,第15页。

[3] 王利明:《侵权责任法研究》(上卷),中国人民大学出版社2016年版,第372页;程啸:《侵权责任法》,法律出版社2021年版,第288~289页等。

违法性要件独立存在的主要价值依赖于主观过错的确立，因此，多数国家的民法要求加害行为具有一定的"违法性"，而不是仅要求存在加害行为，即不是从侵害权益本身推导出行为的违法性，而是在损害后果之外增加违法性的要件。在比较法上，随着侵权责任法的发展，过错概念出现了客观化的趋势，旨在使与加害人没有契约关系或者虽有契约关系但无法主张契约责任的受害人，针对作为开启危险源的加害人，超越对其有无过失、违法性及有责性的举证上的障碍，而获得损害赔偿。其三，如果完全脱离过错，也将难以判断行为的违法性。因为一方面，将违法行为作为责任构成的要件实质上是受到了刑法的影响。按照罪刑法定的原则，判断犯罪与否要视行为人是否触犯了刑律，但是在侵权法里确定行为人是否应当承担侵权责任，则不一定非要法律上有明文规定。例如，对法律中并未规定的"法益"有时也要酌情保护。更何况各种侵权行为非常复杂，且不能像刑法那样进行罪名的分类。如果违法性的判断过于宽泛，那么，其与过错就很难分离。另一方面，由于民事侵权行为大多为过失行为，很难用现行法的规定判定行为人的行为是否合法。即使采用实质违法理论，也必须考虑行为人的行为是否违反了某种行为标准，这就使得过错的判断和违法性的判断很难分离。其四，在过错中包括违法性，有利于减轻受害人的举证负担，从而充分保护受害人利益。毫无疑问，凡是具有违法性的行为，行为人理所当然要对自己的行为负责。从法律的角度来看，只要一个人做错了事情，从道德上具有可谴责性，就应当承担责任。如果采取违法性的标准，要求法官必须判断行为是否具有违法性，这就使归责人为地复杂化，事实上，行为的违法性仅仅是过错的状态延伸。从归责的角度来考虑，通过界定某种行为是否违法来使行为人承担责任是不必要的。因此，在责任的判断上，增加行为的违法性要件实际上是增加了对受害人进行救济的障碍。[1]

---

[1] 参见王利明：《侵权责任法研究》（上卷），中国人民大学出版社2016年版，第369~371页。当然，还有的一元论主张者有另外的理由：①认为在侵权责任中区分违法性与过错能够使民事活动的主体明白可以做什么，不可以做什么。违法性的概念是否确实能够使我们明确行为的清晰与精确的标准依然是一个问题。之所以如此，原因在于：其一，在法律上权利义务是确定行为标准的依据，人们只有在法定的权利义务范围内才有权从事某种作为或不作为，超越法定权利的范围才是违法的，因此真正确定人们行为标准的应当是法定的权利而非作为侵害法定权利后果的行为的违法性；其二，民事行为纷繁复杂，法律没有必要也没有可能对行为人在从事各种行为时都规定具体的行为标准，因此在侵权行为法领域中用以协调人们行为的标准还只能是过错，过错责任的价值正是在于它确定了某种行为的标准。②当今社会侵权行为法中的"过失"虽然是主观性要件，但并不单纯解释为加害者的心理状态而是以通常人的能力为标准，违反应该注意避免的有预见可能性的损害的客观性注意义务才是认定过失的标准。另外，虽然"违法性"作为客观要件与故意、过失有所不同，但实际上被考虑到的是加害行为的态样和行为人的故意、过失等主观性要素。在这两方面的作用下，产生了违法性与过失在内容上、功能上相互交错的现象；因此，违法性没有独立存在的价值而应当被已经客观化的过失取而代之。③所谓区分违法性与过错可以做到法律的正确适用和责任的正确认定的观点也没有说服力。因为，行为人对合法行为不负责任实际上是一个免责问题，对免责事由的确定并非通过确定违法行为的概念才能解决。在没有把违法性作为侵权责任构成要件的情况下，法律也可以规定免责事由；此外，所谓违法阻却事由，实际上阻却的并非违法性而是过错，各种免责事由涉及的都是过错问题，是因为行为人没有过错而免责的，而非行为不具备违法性而免责。④将违法性融入过错当中可以起到简化责任构成要件的作用。在过错中包括行为的违法性可以将过错责任的构成要件从四要件简化为三要件，而简化的结果就是：一方面，审判人员在认定侵权责任时不需要在难以判断行为的违法性时牵强附会地作出结论；另一方面，如果行为人的行为违反了现行法律的规定，可以直接认定行为人具有过错，如此便可以迅速解决侵权纠纷，为受害人及时提供补救。参见程啸：《侵权责任法》，法律出版社2021年版，第287页。

二元论主张过错与不法性应该作为侵权责任构成的两个独立的要素，在侵权责任的构成要件中必须严格区分违法性与过错，违法性是客观因素而过错是主观因素，前者的判断对象是行为人行为的外形，而后者的判断对象则是行为人的主观心理状态。其理由是：首先，区分违法性与过错的重要目的在于，违法性的概念能够使民事活动的主体明白可以做什么、不可以做什么。作为市民社会生活的成员，每一个人都应当知道并且也有权知道其应当遵循的行为标准。作为主观心理状态的过错，由于高度的主观性以及与道德、心理问题的密切联系性，容易造成人们在社会生活中没有一个清晰明确的行为标准。而违法性的概念恰恰可以使得这样的行为规则变得更加客观、更加精确。只有在客观地分析了行为的标准后才考虑主观因素。其次，如果在侵权责任的构成要件中缺乏违法性，而单纯以是否具有过错作为判断标准，将导致侵权责任范围漫无边际，过于宽泛。在自由竞争的市场经济社会中，如果对通常的交易竞争中的竞争对手所蒙受的所有损害都予以赔偿，侵权责任就会被过分扩大。侵权行为法是保护已经存在的权利的法律，而不是由此创设新的权利。社会生活中损害涉及他人的情况是时有发生的，如果没有违法性要件的限定，则得以认定的侵权责任的范围就会没有边际。因此，如果拆除违法性与过错之间的隔断，单纯从合法权益损害的事实状态中认定行为的违法性，极有可能会使违法行为与损害事实的概念相互混淆，导致不适当地给行为人强加责任的结果。再次，就法律与伦理的关系而言，过错的评价应以违法性评价为前提，如果以过错吸收违法性，直接对行为人主观心理进行道德上的评价，显然是一种泛道德主义的做法。过错吸收违法性理论，即以道德判断代替了规范判断，为侵权行为法的泛道德解释与执行大开方便之门。实践中可能出现把多种行为（包括合法的与违法的）纳入责任判断对象，且因过错富有弹性，极可能导致向行为人强加法律责任的结果。因此，正如刑法上不能处罚思想犯那样，民法上对过错的评价也应以违法性评价为前提。最后，区分违法性与过错，不仅涉及侵权行为法理论体系构造，而且关系到法律的正确适用和责任的正确认定。违法性与过错的区分要求法官在认定一般侵权行为场合，必须分别判定是否存在违法性和过错：首先确认行为是否具有违法性，是否具备正当化事由而阻却违法性；若无违法性，则不再考虑责任的有无问题，若存在违法性，再通过过错的判断确定责任的有无与轻重。因此，区分违法性与过错为法官在认定责任时提供了清晰而严谨的思考方法。司法实践中，不少法院赞同区分违法性与过错。[1]

上述两种观点都有自己的道理，也确实都看到了问题的某些方面和要害之处。但笔者更倾向于"二元论的区分说"。尽管从历史和立法例上看，存在法国式与德国式的不同表达。1804年的《法国民法典》第1382条的确这样规定："任何行为使他人受损害时，因自己的过失而致损害发生之人对该他人负赔偿的责任。"从该条规定看，好像没有明确规定"不法"的要件，因此，似乎成为反对区分说的重要立法例。在今天的

---

[1] 程啸：《侵权责任法》，法律出版社2021年版，第286页。

法国法中，"过错"是从纯客观的角度予以定义的，即"有缺陷的行为"（comportement defectueux），并且它与人的识别能力无关（即无识别能力的人也可能被认定为有过错）。"过错"这种"有缺陷的行为"不仅包括那些违反了强制性规范的行为（这种违反客观法的行为必然构成过错），而且包括在个案中被法官认定为有违理性人（善良家父）行为标准的所有行为或疏忽。[1] 1900年的《德国民法典》第823条规定：①故意或有过失地不法侵害他人的生命、身体、健康、自由、所有权或其他权利的人，有义务向该他人赔偿因此而发生的损害。②违反以保护他人为目的的法律的人，担负同样的义务。依法律的内容，无过错也可能违反法律的，仅在有过错的情形下，才发生赔偿义务。由于该条明确规定了"过失"与"不法侵害"，因此被认为是二元论区分说的代表。德国法及学理自不必说，即使那些受到德国法影响的国家的立法例和学理也都持与之相同的观点，例如，奥地利学者指出，根据奥地利的权威观点，在不法性与过错之间可以作出非常明确的区分：在判定不法性方面，只有客观因素是决定性的。[2]意大利法律制度中的违法性问题见于1942年《意大利民法典》有关侵权行为一般规范的第2043条。该条规定，任何故意或过失对他人造成不法损害的行为，不法行为人必须予以赔偿。对"违法性""不法损害"（ingiustizia- del danno）等术语的使用是1865年《意大利民法典》第1151条的创新之举。这部法典逐字照译了《拿破仑法典》第1382条。由此，立足于法国模式的规范和立足于德国模式对该规范的解释之间发生了分歧。这种解释认为，第1151条是由其他规范具体调整的制裁性侵权规范（制裁性的典型规范，sanctioning and typifying norm）。1942年《意大利民法典》对违法性问题的引入最初强化了德国模式的影响，因为，尽管违法性的概念与损害类型在文字上并列一处，但它是与不法行为联系在一起的。于是，尽管《意大利民法典》第2043条被改写为具有制裁目的并伴有损害赔偿救济手段的辅助规定，但是，通过法律制度中的其他规范，侵权行为具有明确的违法性特征。尽管《民法典》第2043条的措辞与《德国民法典》第823条存在差别，而且立法者的最初意图是在法国法的一般条款和德国法的僵硬类型之间创立一种中间模式。但是，源于德国法的制裁民事违法行为的观念还是被加强了。在《意大利民法典》颁行20年后，违法性范畴的创新意义才为人们所认识，因为违法性概念指向的是损害而非行为。同时，补偿作为损害赔偿而非制裁的功能性概念也得到了接受。《意大利民法典》第2043条更具弹性的解释通过这种新的方式得以推行。这个规范有时被看作是一般的非典型条款，有时则被看作是一般规则。无论如何，它被置于一种中间位置，一端将承认受害方主张的任何利益的无限权力交予法官，另一端则将类型化受损利益或侵权行为的全部权力"仅仅"授予立法者。法官可以认可要求赔偿受损利益的赔偿请求权，只要这种利益是法律所认可的利益并

---

[1] [法] G. 瓦伊尼：《法国法中的违法性问题》，载 [奥] H. 考茨欧主编：《侵权法的统一：违法性》，张家勇译，法律出版社2009年版，第74页。
[2] [奥] H. 考茨欧：《奥地利法中的违法性问题》，载 [奥] H. 考茨欧主编：《侵权法的统一：违法性》，张家勇译，法律出版社2009年版，第20页。

因而值得给以赔偿。就此而言，借助于其内容表现为在法国模式（以及最近的荷兰模式）与德国概念之间达成某种协调平衡的基本规范（primary norm），有可能在民事责任领域获得一种渐进而可控的扩张。[1]

从某种意义上说，"违法性"问题在英国侵权法中发挥着重要作用，实际上构成其基础。毕竟，侵权法就是有关"民事违法行为"（civil wrongs）的法律。但是，换个角度来看，这个概念又几乎没有什么意义，因为，"违法行为"或"违法性"可以被视为仅仅是施予侵权责任的各种情形的简称。[2]

因此，即使有些主张一元论的学者也承认，尽管在立法上没有规定违法性，但是，由于我国侵权法所保护的范围非常广泛，既包括物权、人格权、知识产权等绝对权，也包括债权等相对权和人格利益、财产利益，法律上对于这些人身权益和财产权益实际上并非给予同等程度的保护，故此，违法性要件所具有的"对法律的评价功能"，非常有意义。违法性要件的主要功能就是界定侵权法的保护范围，它是合法行为造成损失与不法性造成损失应当承担损害赔偿责任的重要区分工具。依靠违法性的判断，就有可能在必要的场合下，在损害赔偿法的领域内纳入涵盖所有法律秩序的广泛范围内的价值判断。也就是说，在认定民事权益是否被侵害时，需要考察被侵害的民事权益的种类和侵害行为的形态，从而协调自由与安全这两项价值，而不能仅仅从行为人的主观是故意还是过失出发，就直接认定侵害了民事权益。尤其是针对那些法律保护强度和密度较低的权益，如纯粹经济利益、个人信息、数据权益等，更是要考虑到对意思自由和经济自由的维护。例如，在因不正当竞争行为引发的侵权诉讼中，法院在认定原告所主张的为被告所侵害的经济利益是否能够得到《反不正当竞争法》的保护时，首先应当考察被告的行为是否落入了《反不正当竞争法》第6~12条逐一列举的各类不正当竞争行为当中。如果被告的行为无法被纳入上述条文所禁止的行为当中，在适用《反不正当竞争法》第2条第2款来认定该行为是否构成不正当竞争行为时，尤其需要谨慎为之。因为这里面涉及被告的行为是否违背"诚实信用""商业道德"、是否"扰乱市场竞争秩序"的认定，此种认定必须权衡各种价值，实现权益保护与合理自由维护之间的平衡。从我国司法实践来看，法院也正是在综合考虑上述各种因素的基础上来确定被告的行为是否具有不正当性的。例如，在"北京百度网讯科技有限公司与上海汉涛信息咨询有限公司不正当竞争纠纷上诉案"中，法院认为：在自由、开放的市场经济秩序中，经营资源和商业机会具有稀缺性，经营者的权益并非可以获得像法定财产权那样的保护强度，经营者必须将损害作为一种竞争结果予以适当的容忍。本案中，汉涛公司所主张的应受保护的利益并非绝对权利，其受到损害并不必然意味着应当得到法律救济，只要他人的竞争行为本身是正当的，则该行为并不具有可责性。

---

[1] [意] F.D. 布斯奈利、C. 科芒达：《意大利法律制度中的违法性问题》，载[奥] H. 考茨欧主编：《侵权法的统一：违法性》，张家勇译，法律出版社2009年版，第88~89页。

[2] [英] W.V.H. 罗杰斯：《英国侵权法中的违法性问题》，载[奥] H. 考茨欧主编：《侵权法的统一：违法性》，张家勇译，法律出版社2009年版，第49页。

本案中，对于百度公司的行为是否构成不正当竞争，还须考虑其行为是否违反诚实信用原则和公认的商业道德。在反不正当竞争法意义上，诚实信用原则更多地体现为公认的商业道德。就本案而言，对于擅自使用他人收集的信息的行为是否违反公认的商业道德的判断上，一方面，需要考虑产业发展和互联网环境所具有的信息共享、互联互通的特点；另一方面，要兼顾信息获取者、信息使用者和社会公众三方的利益，既要考虑信息获取者的财产投入，还要考虑信息使用者自由竞争的权利，以及公众自由获取信息的利益；在利益平衡的基础上划定行为的边界。只有准确地划定正当与不正当使用信息的边界，才能达到公平与效率的平衡，实现反不正当竞争法维护自由和公平的市场秩序的立法目的。这种边界的划分不应完全诉诸主观的道德判断，而应综合考量上述各种要素，相对客观地审查行为是否扰乱了公平竞争的市场秩序。[1]

因此，即使我国《民法典》第1165条在词语适用上很类似《法国民法典》的第1382条，但在解释和使用上，大概离不开"不法性"要件。因此，理解我国《民法典》第1165条中构成要件的时候，不仅不能忘记"不法性"的因素，还要清楚，我国《民法典》上的"不法"，包括"结果不法"和"行为不法"——在侵犯有明确"公示方式"的权利（主要是绝对权）时，只需要认定侵犯了受到法律保护的权利就可以了；但是，在认定绝对权利之外的相对权或者利益受到侵犯的时候，必须具备不法性。因此，可以说，是否承认区分的二元论和吸收说的一元论，对于法律实务来说，几乎是没有意义的。是否需要"不法"要件，要看具体案件是什么。这与客观说或者主观说没有必然关系，并非说客观说不需要"不法"要件，也不能减轻举证责任。因此，一元论与二元论的主要差别仅仅在于是形式上的三要件、实质上的四要件，还是形式上的四要件问题。

四、损害

"损害"是侵权责任构成中最重要的要件之一，因为侵权责任法的基本功能就是填补损害，"没有损害就没有赔偿"是侵权法的"公理"，因此，侵权责任的构成中必须有损害。这也是侵权责任的重要概念。但是，并非所有损害都能够得到赔偿，侵权责任的构成要件就是对赔偿范围予以限制的条件。

损害分为财产损害与非财产损害。我们在这里不讨论所有的这些损害，仅仅讨论在实践中有争议的两个基本问题：①纯粹经济利益的损失赔偿问题；②纯粹精神损害的赔偿问题。

（一）纯粹经济利益损害的赔偿问题

"纯粹"经济损失所涉及的到底是什么，本身就并不是很容易解释；此外，即使在那些适用统一的"纯粹经济损失"概念的法律中，"纯粹经济损失"所表达的也不是

---

[1] 程啸：《侵权责任法》，法律出版社2021年版，第289页。

相同的范畴。[1] 因此，可以说，"纯粹经济利益损失"从来没有被普遍接受的定义，也许最简单的原因就在于，许多法律制度，要么不认可这一法学范畴，要么不认同它是一种独立的损害赔偿责任形式。但是纯粹经济利益损失这一概念处于很多问题的挑战性边缘，侵权责任可以扩展到什么范围，而又不至于对个人行为加以过重的负担？21 世纪的侵权法，应该怎样对待这个问题？[2] 对于什么是"纯粹经济损失"，各国规定一直都有很大区别，但从中仍可以总结出两个主要流派：其一，所谓"纯粹经济损失"，是指那些不依赖于物的损坏或者身体及健康损害而发生的损失；其二，非作为权利或受到保护的利益侵害的结果存在的损失。[3] 也正是看到了这种定义方式的趋同——用反面否定的方式来剥离，有学者指出，在充分承认这一概念的国家，这一概念的意义本质上是从其否定方面来解释的。它是一种在原告人身和财产事先都未受到侵害之情形下发生的损害。[4]

这种反面定义的方式之好处还在于能够与间接损失相互区别。就如学者所指出的，这里"纯粹"一词起着核心作用，因为若是一种经济损失与原告人身或财产受到的任何侵害发生联系（假设所有其他责任要件都已得到满足），那么这种损失就是间接经济损失，从而整个损害都毫无疑问属于可获赔的范围。间接经济损失（有时被称作寄生损失，parasitic loss）之所以是可获赔的，是因为它的发生就必定意味着此前也发生了实际损害。而纯粹经济损失只是使受害者的钱包受损，此外别无他物受损。在瑞典，立法机关主张只有犯罪行为的受害者可以主张纯粹经济损失的赔偿。1972 年《瑞典侵权责任法》第 2 条以下述言词清楚地界定："纯粹经济损失"是指与任何人的人身伤害和财产损害没有关系的经济损失。间接损失和纯粹经济损失，并不是在种类和原则上的差异，而是因为他们各自赖于发生的情形，以及被加之于其各自可获赔与否的技术上的限制，才彼此区分开来。[5] 纯粹经济损失大概可以分为以下几种：①反射损失（Ricochet New Arial）。典型的"反射损失"产生于一方当事人财产或人身受到实际损害，而该损害进而引致原告权利受损的情况。这种情况是三维式，一些论者将其称为"关联经济损失"（relational economic loss）。直接受害人受到了某种实际损害，而原告则是只发生经济损害的次级受害人。例示：A 和 B 就 B 的船订立了一项拖船合同。C 的过失行为使船沉没，从而使 A 因无法履约失去了预期利益。A 的经济损失就是 C 对 B 的过失行为导致的反射效应。该损失属纯粹经济损失，因为 A 的财产利益并没有受

---

[1] [德] 克雷斯蒂安·冯·巴尔：《欧洲比较侵权行为法》（下卷），焦美华译，法律出版社 2001 年版，第 32 页。

[2] [意] 毛罗·布萨尼、[美] 弗农·瓦伦丁·帕尔默主编：《欧洲法中的纯粹经济损失》，张小义、钟洪明译，法律出版社 2005 年版，第 3~4 页。

[3] [德] 克雷斯蒂安·冯·巴尔：《欧洲比较侵权行为法》（下卷），焦美华译，法律出版社 2001 年版，第 34 页。

[4] [意] 毛罗·布萨尼、[美] 弗农·瓦伦丁·帕尔默主编：《欧洲法中的纯粹经济损失》，张小义、钟洪明译，法律出版社 2005 年版，第 3 页。

[5] [意] 毛罗·布萨尼、[美] 弗农·瓦伦丁·帕尔默主编：《欧洲法中的纯粹经济损失》，张小义、钟洪明译，法律出版社 2005 年版，第 6~7 页。

到损害。在雇佣合同受到侵害时，同样会产生反射损失。例如，B 是 A 商业组织或运动队的核心雇员。C 的过失驾驶行为导致 A 的死亡和丧失能力，因此使该运动队或商业组织利润或收入减少。这里 B 受到的是实际伤害，但 A 受到的则是纯粹经济损失。对损失请求权数量和规模的关注常常和属于本类型的案例相关。②转移损失（transferred new arial）。这种情况下，C 造成了 B 财产或人身的实际损害，但 A 和 B 的合同（或者法律本身）将通常属 B 的损失转移给了 A，因此通常落在原始受害人（primary victim）头上的损失却转移给了次级受害人（secondary victim）。损失从其"自然"承受人转移到"偶然"承受人使其区别于前述反射损失的情况。在反射损失情形下，所涉损失并未发生转移，而是对次级受害人利益的单独损害。这些转移经常发生于租赁、买卖和保险协议或其他合同。该等合同将财产权利与使用权利分开，或者重新分配具体的风险分担。例如，A 就 B 的船订立了一项期租合约。在期租合约生效的前一天，船还在 B 的占有中，C 的过失行为损害了船的推进器，不得不因维修而延迟两周使用，以致 A 根本未能利用该船。这里 B 受到财产损害，并且通常 B 作为所有权人也可获赔因船只不能使用引致的间接损失。但根据船舶租约，船只的使用权被转移给了 A，因为 A 此前不存在任何财产损失，他受到的只是纯粹经济损失。同样的效果可以发生在买卖合同下。该合同中，卖方 B 保留对尚处海上运输之货物的所有权，但运途风险由 A 承担。如果技术上仍属 B 所有的货物在运途中因承运人的过失行为受损，那么通常由所有权人承担的风险则被转移给了 A。A 遭受的是纯粹经济损失，因为他对货物并不享有财产权益。如果这种转移因法律产生，也会达到类似的结果。例如，A 的雇员 B 可能因 C 的过失驾驶行为受到伤害，并因此 3 个月不能工作。然而，法律要求 A 继续支付 B 的薪水，即使 B 不能完成相应的工作。因此，通常应属 B 的损失因法律规定而转移给了 A。这就是 C 的过失行为和工资继续支付法令共同作用的结果。从侵权行为人责任的角度而言，转移损失的案例对其是中性的，因此也可避免对不确定责任的担心。支持作出赔付判决的另一些理由是：虽然一些规则的意外适用纯属偶然地排除了他的责任，但对原始受害人明显负有责任的侵权行为人不应从中受益。③公共市场、运输通道和公用设施的关闭。此处，经济损失不是产生于此前对任何人财产或人身的伤害。也许存在实际损害，但它是对公共领域里"不属个人所有的资源"的损害。一个单纯的过失行为可能导致不得不关闭那些没有所有权人的市场、高速公路和航道。但关闭行为直接地把经济损失加之于那些其生计密切地依赖于这些设施的人们。这一类型极大地引致人们关注就确定群体之不确定金额发生的责任。由此，经济上的涟漪效应达到了最高点。例如，C 的过失行为将化学物质泄入河中，在清除过程中所有的水路交通被中止了两周。结果，托运人不得不采用更昂贵的陆上路线，而该地区的码头、船只提供商和商业渔民也遭受了严重的经济损失。如果 C 的过失行为使受感染的牛肉从自己的房屋里流出，以致政府必须下令关闭所有的牛肉和猪肉市场，那么也会引发类似的连锁损失。由此，许多原告将遭受纯粹经济损失，包括无法出售家畜的肉牛养殖者和那些不能获得供应的屠宰者。在此类情形下，避免"诉讼闸门"（floodgates）大开、防止诉讼泛滥的抗辩获得了极大的说服力。④对错误信息、建议和专业服务的信赖。那些在经济事务方面提供建议、准备数据和提供服务的人常常都明白，这些信息将被提供给客户，并为那些与之没有合同关系的第三人所信赖。如果粗心地编辑或提供了建议、信息或服务，这并不必然构成提供者对其客户的违约（即使构成违约，损害赔偿也被严格限制为经济损失范围）。但信赖的第三人却因此遭受了纯粹金钱损失。例如，一位会计C粗心地对公众贸易公司B进行了审计，严重地夸大了公司的资产净值。基于对审计准确性的信赖，投资者A以2倍于其实际价值的价格购买了B的股票。此处，A的损失并不是产生于B的实际损害，而是基于被误置的信任。类似地，关于客户的清偿状况的错误信息也会导致经济损失。因此，A在向B信用贷款之前，预先谨慎地要求B的开户银行C对B的信用情况进行评估。C粗心地答复"B在日常经营中表现良好"（此时B实际上很快就要陷入清算境地），进而使A向B提供了信用贷款并发生巨额损失。此处，A遭受的纯粹经济损失，既不是因为反射效应，也不属从其他人的实际损害转移而来，而是直接产生于A的信赖。对客户的专业服务也可能引起非客户的金钱损失。一位老人B要求律师C为其准备一项意在给A留下10万英镑的遗嘱。C在6个月里无所作为，结果B未留下遗嘱就关世了，A最终一无所获。A遭受了纯粹经济损失。[1]

对于纯粹经济利益损失，能否得到完全的赔偿，答案当然是否定的。就如有学者所指出的，只有当它避免了过分苛严的责任时，侵权行为法才能作为有效的、有意义的和公正的赔偿体系运行。它既不能成为为公众所认可的经济秩序的阻碍因素，作为一个为理性所支配的法律，也不能要求一个行为不谨慎的人对他人因其行为所产生的一切损害，即一切该他人若非因行为人的过失即无须容忍的损害，承担赔偿责任。无论是从单个侵权行为人的利益出发，还是为了自身生存的愿望，侵权行为法都必须将那些过于"遥远"的损害从其体系中排除出去。比如，在因过失而导致的环境事故中，如果既承认受污染的不动产所有权人的财产损失赔偿请求权，又对当地所有居民因植被和动物群体的破坏而遭受的生活乐趣之丧失给予金钱赔偿，侵权行为法就会损害受其调整的私法主体，并最终摧毁其所归属的司法体系。[2]

假设，一个农夫在农田里工作时，因过失，他驾驶的拖拉机撞倒铁路桥的一个桥墩。毫无疑问，他必须对所有权人承担桥梁的维修费用，然而他也必须赔偿铁路公司因路段被毁而遭受的误工损失吗？他必须承担为那些桥梁停滞运行之前已经上车的顾客提供的替代候车之费用吗？他必须承担那些将继续转车的顾客的费用吗？对那些因无法遵守交易约定而遭受损失的顾客以及徒劳地遵守了约定时间的对方当事人，他也须承担赔偿责任吗？对于其他无数的在桥梁维修期间必须绕道的该路段使用者之损失，

---

[1] [意]毛罗·布萨尼、[美]弗农·瓦伦丁·帕尔默主编：《欧洲法中的纯粹经济损失》，张小义、钟洪明译，法律出版社2005年版，第9~12页。

[2] [德]克雷斯蒂安·冯·巴尔：《欧洲比较侵权行为法》（下卷），焦美华译，法律出版社2001年版，第2页。

该如何处理呢？以及对于那些有约定的医务人员不能及时到达而使患者健康状况恶化的情况，又该如何处理呢？如果要求该农夫对因"必然条件"理论意义上的"过失"所导致的一切损害承担赔偿责任，不仅过于倾向各方利害关系人中一方的利益，而且也不现实。该农夫既没有能力以自己的财产支付，他的劳动所得也不足以覆盖这一切风险的保险费用。[1] 因此，必须对此有所限制。否则，一个将铁道桥墩撞坏的拖拉机司机必须对因他一时的疏忽产生的一切后果负责的话，那么，每个人都必须考虑到他将对所有为克服因其不当行为造成的交通障碍花费时间和金钱的人给予赔偿，这样一来，就没人敢在街上行动了。[2]

对于纯粹经济利益损失赔偿加以限制的一个著名理论即"诉讼闸门"理论。诉讼闸门这个理由实际上有三个不同的分支。第一个分支认为，若在某些案件中允许纯粹经济损失获赔，就会引发无数诉讼以致法院不堪重负甚或濒临崩溃。如果被告的过失行为致使不得不关闭贸易市场或封闭繁忙公路上所有的商业运输，会有成百，甚或上千的人在经济上受到损害。假设大量的此类案件涌至法院，就会出现管理混乱。整个司法体系根本不能应对如此大量的诉讼请求。第二个分支则担心普遍宽泛的责任将给被告造成过重的负担。而就本项理由而言，被告被视作人类进取心和事业心的活生生的代理。冯·耶林（Von Jhering）的表述就是对这一理由的再现：如果每个人都遭到起诉，这会把我们带向何处？令人不安的潜在责任可能会与被告的过错程度完全不成比例。也有人认为，若被告侵害了原始受害人的财产，显而易见地，他不可能事先预见自己可能要面临多少关联经济损失请求权。次级损失受害人的多少取决于一个偶然因素，即其经济利益与该财产的利用有关联的当事人数目的多少。无论被导致的是何种损害，因轻微过失引发不成比例之后果的危险当然是个公正问题。而一些学者认为在纯粹经济损失案件中，这种危险远为严重得多。经济损失向来被认为具有扩散得更深更广的趋势。有人常常指出，道路交通中牛顿定律并不适用于经济损失。实际损害终究要在某个点停歇下来，但其他的财产损害却不会因为重力和摩擦而有所减缓。这种损害经常被拿来和精神震撼（nervous shock）所致损害的赔偿相比较，因为在后一情形下，不仅损失同样是"纯粹"而不是间接的，而且提出限制规则的理由同样是反射效应的危险。第三个分支认定纯粹经济损失只是朝着扩展侵权责任方向的现代大趋势的一个部分。这一趋势应该得到控制。允许责任排除规则的例外做法是一个滑坡，将导致规则的反转，也会鼓励其他责任形式的发生。[3]

"诉讼闸门"理论无非就是对纯粹经济利益损失进行限制的一种说明理由，各国做法不同。对此有学者指出，任何一个法律制度都需要一个过滤器，以将可赔偿性损害

---

[1] [德] 克雷斯蒂安·冯·巴尔：《欧洲比较侵权行为法》（下卷），焦美华译，法律出版社 2001 年版，第 2~3 页。

[2] [德] 克雷斯蒂安·冯·巴尔：《欧洲比较侵权行为法》（下卷），焦美华译，法律出版社 2001 年版，第 32 页。

[3] [意] 毛罗·布萨尼、[美] 弗农·瓦伦丁·帕尔默主编：《欧洲法中的纯粹经济损失》，张小义、钟洪明译，法律出版社 2005 年版，第 13~14 页。

从不可赔偿性损害中区分出来。而这一过滤器本身,则因其特征的多样性和数量之多,很难一言以蔽之。

至于这种过滤器以何种方式以及在何种程度上产生,本质上取决于:一个法律制度是否确实愿意满足于只向法院提供一个相对模糊的工具,如因果关系,并且相信司法部门能够借此工具合理地权衡当事人之间的利益冲突;如果人们认为有必要提供一个精确的标准和明确的准绳,则必须额外地发展一种法律范畴,这一法律范畴的目的应定位于将特定的损害类型从概念上独立出来,并以此规定这一类损害根本不予赔偿或仅在极其严格的特别条件下才加以赔偿。[1]

我们不妨用德国法和法国法的规定模式来对比分析。意大利的萨科教授有一个形象的比喻,他说,德国法和法国法采用了两种不同的逻辑模式:德国法采用"加法模式":在逻辑起点上,只承认对权利的侵害构成侵权行为,此外应受保护的利益再按照其他规定——加入可赔偿的行列;法国法采用"减法模式":在逻辑起点上,任何损害均可以获得赔偿,但是,有某些抗辩事由的,则被排除出可以赔偿之列。[2] 德国的加法模式,实际上是通过《德国民法典》的第823条规定受法律保护的权利和利益外,又通过第826条对"纯粹经济利益损失"进行了限制。而法国法的实践说明,在处理结果上,大量在政策上不宜保护的"纯粹经济利益损失"未能被法国法院排除。显然,法国的减法模式在立法技术上要困难得多。[3] 但是,如果看看法国法的当今实践,也可以看出其在"减法"上所做出的努力。人们也能在法国法中发现一些征兆,这些征兆表明了并不是所有的纯粹经济损失都不加区分地被包括在一般条款内。虽然对所谓"合法利益"的要求尚不能发挥任何界定作用,然而值得注意的是,法国最高法院开始在一些财产权和人格权侵权的案件中倾向性地认定"过错"(faute)的存在。此外,在审查当事人的过错要件时(和其他所有欧洲国家一样)区分损害的发生和损害的范围,只对损害的发生要求有可预见性,而对损害的范围则不要求有可预见性。这种区分实际上原先只为那些区分责任发生和责任构成的侵权行为法所接受。[4]

我国的情形如何呢?其实,我国《民法典》第1164条1165条第1款的规定,就是从《侵权责任法》第2条及第6条延续而来。从字面上看,"纯粹经济利益损失"的请求权基础及保护模式,似乎应该是法国式的"减法模式",因为我国《侵权责任法》显然没有规定像《德国民法典》第826条那样的限制。因此,应当特别注意在实践中的具体适用,注意如何排除。正如有的学者所言:原则上排除对过失所导致的"纯粹经济利益损失"的救济的最主要的理由之一,就是为了避免加害于人承担过重的责任。如果此类损失大多可以获得赔偿,那么,侵权责任就会像洪水暴发一样泛滥成灾,而

---

[1] [德]克雷斯蒂安·冯·巴尔:《欧洲比较侵权行为法》(下卷),焦美华译,法律出版社2001年版,第33页。

[2] 葛云松:《纯粹经济损失的赔偿与一般侵权行为条款》,载《中外法学》2009年第5期。

[3] 葛云松:《纯粹经济损失的赔偿与一般侵权行为条款》,载《中外法学》2009年第5期。

[4] [德]克雷斯蒂安·冯·巴尔:《欧洲比较侵权行为法》(下卷),焦美华译,法律出版社2001年版,第37页。

排除规则就像一个防水闸抵御这种灾难的发生。这就是有关"纯粹经济利益损失"问题中经常被人提及的"水闸理论"。[1] 因此，在我国侵权法理论和司法实践中，必须采取应有的限制措施。这也就是我们在讨论"过错"与"不法"的关系的时候，用"不法性"来限制，同时，只有在故意的情况下才能对此承担责任，即用"不法性"+"故意"来限制可获赔的纯粹经济利益损失。

我们不妨来看一下我国司法实践中的具体案例：

1. 重庆电缆案〔重庆市第四中级人民法院（2006）渝四中法民一终字第9号民事判决书〕。

2005年7月15日9时许，被告甲公司在所承包的金三角河堤段工程的施工过程中，损坏了被告乙公司埋在该地段的10KV电力电缆，导致输电线路中断，造成原告丙医院停电26小时，影响了原告丙医院的正常经营。事故发生后，被告甲公司于当日支付被告乙公司维修材料费10 000元。被告乙公司于次日上午将被损坏的线路修复，并于12时左右恢复通电。原告丙医院从2005年6月28日至7月27日的经营收入为平均每日6万多元，而2005年7月15日的经营收入为13 246.17元。一审法院认为：被告甲公司在建设施工过程中，因其注意义务不够而损坏了被告乙公司的电力设施，导致停电事故发生，并影响原告丙医院的正常运行而造成其可得收入减少，其行为符合侵权行为的构成要件。原告丙医院主张因停电导致其于事发当日的经营收入减少，确给其造成一定经济损失（可得利益减少）属实。但原告每日的经营收入额具有不确定性，受多种因素影响。同时，其收入越高，成本支出越大。故以原告提供的2005年6月28日至7月27日的收支报表为参照，结合本案实际情况，在自由裁量权范围内酌情认定其应获赔的损失额为25 000元。被告不服，上诉至重庆市第四中级人民法院。第四中级人民法院认为，原判认定事实清楚，但适用法律不当，应予改判。撤销重庆市黔江区人民法院（2005）黔法民初字第228号民事判决；驳回被上诉人丙医院的诉讼请求。

判决书指出：用户因电缆被挖断而遭受损失，从侵权行为法的基本理论来讲，加害人对电缆线的切断，损害了供电部门的物权，是"第一次损害"；而电缆线的毁损致用户因供电不能而遭受的损失，系"后续损害"，该后续损害是否应当得到赔偿，须依据侵权法的基本构成要件，结合该用户致损的损失应否属于民法所应当保护的法益范围等进行综合评定。从因果关系要件上看，用户遭受的损害与加害人的加害行为之间存有相当因果关系，用户可以基于侵权法的规定向加害人请求损害赔偿，即电力用户对此享有诉权。但侵权法不能对一切权益作同样的保护，必须有所区别，即以"人"的保护最为优先；"所有权"的保护次之；"财富"（经济上利益）又次之，仅在严格的要件下，始受保护。但该种情形下的"后续损害赔偿"，一般仅限于人身权、所有权，即除经济损失系因用户的人身或所有权遭受侵害而发生者外，原则上不予赔偿。经济损失一般又称"纯粹经济上损失"，系指被害人直接遭受财产上不利益，而非因人

---

[1] 葛云松：《纯粹经济损失的赔偿与一般侵权行为条款》，载《中外法学》2009年第5期。

身或物被侵害而发生，除加害人系故意以悖于善良风俗之方法致用户受损害的特殊情形外，一般不在赔偿之列。在电缆线毁损而导致电力供应中断时，用户所遭受的多属纯粹经济上损失，以不能营业之损失最为常见。同时，纯粹经济上损失又可具体化为包括债权、营业权在内的损失，用户多因不能营业而受有经济损失。营业经营权被侵害得请求损害赔偿，须以所受侵害与企业经营之间具有内在关联、不易分离的关系为要件。因停电而遭受不利益的，不限于企业，亦包括家庭用户等消费者。供电关系非属企业特有。故挖断电缆，导致电力中断，不能认为是对企业营业权的侵害。企业纵因此受有经济上的损失，亦不能以企业营业权受侵害为理由，请求损害赔偿。纯粹经济上损失应否赔偿，一般从以下几个方面进行考量：①电力企业是法定的供应者，因过失不能提供电力时，无须对消费者所受的经济上损失负赔偿责任。②电力中断，事所常有，事故发生后，人身或物品未遭受损害的情况下，虽对人们的生活造成不便，有时产生经济上损失，但电力供应短期即告恢复，纵有经济损失，亦属轻微，一般人观念中多认为对此应负容忍义务。为应对此情况，有人自备供电设施，以防意外；有人投保，避免损失；等等。③被害人对于此等意外事故，若皆得请求经济上损失的赔偿，则其请求权将漫无边际，严重地加重了加害人的赔偿义务，有违公平正义，也不利于整个社会经济的发展。综上所述，除经济损失系因用户的人身或所有权遭受侵害而发生外，原则上不予赔偿。对《中华人民共和国电力法》第60条第3款的适用，应当基于上述适当限制加害人赔偿责任的政策考量，对"损害"作限缩解释，将其认定为因"人身或所有权遭受侵害而发生的损害"。本案丙医院要求赔付的停电期间的营业损失，性质属于纯粹经济上损失，故其诉讼请求法院不予支持。

几乎相同的判例在法国也出现过。艾克美（Acme）道路工程公司的一位雇员在操作挖掘机时切断了公用电缆设施，该电缆为贝塔（Beta）厂输送电源。这一意外停电导致该厂的机器设备受到了损害，工厂还因此停工两天。工厂所有权人就此主张损害赔偿请求权，请求赔偿的范围不仅包括机器设备损失，还包括因停工而导致的生产损失。依据《法国民法典》第1382~1384条的规定，工厂所有权人有权从艾克美雇员或者公司本身处获得财产损害赔偿，并且还可就纯粹经济损失获偿。由于在贝塔厂和艾克美公司之间不存在合同关系，法国法院将视涉案行为为侵权行为，并适用《法国民法典》第1382~1384条的规定，根据上述条款，贝塔厂可以向切断电缆的艾克美公司雇员提出诉求（根据《法国民法典》第1382~1383条）或者向雇主本人提出诉求（根据《法国民法典》第1384条第5款）。[1]

在奥地利，贝塔厂既不能就机器损失亦不能就停工两天的损失获得任何赔偿。这已经受到法律学者的质疑，但最高法院却持此立场。奥地利最高法院（OGH）在其早期判决中对财产损失和停工损失进行了区别。尽管如此，在最近的判决中，最高法院已经放弃采用这种区分并且采取了如下主张，即一切由于损害他人电缆而对他人造成

---

[1] [意] 毛罗·布萨尼、[美] 弗农·瓦伦丁·帕尔默主编：《欧洲法中的纯粹经济损失》，张小义、钟洪明译，法律出版社2005年版，第128页。

的损害，无论是财产损失还是停工损失，都不能获得赔偿。其理由在于，损害并非由于侵犯行为直接所致（in der Richtung des Angriffes），而仅仅是一种负面效应，这种效应产生于一种利益范围内，而这种利益不为禁止侵犯行为的法律规定所保护（infolge einer Seiten-wikung in einer Interessensphäre eingetreten, die nicht durch das Verbot des Angriffesgxhitzt ist）。法院认为，如果这种损失可予赔偿的话，将会产生一种没有边界、经济上无法负荷的、膨胀的法律责任（eine uferlose, wirtschaftlich untragbare Ausweitungdr Schadenshaftung）。因此，这显然是用以支持最高法院所持含糊立场的政策考量因素。直接性（directness）的欠缺为这种限制找到了法律上的理由：唯有电缆所有权人或者至少是对电缆享有物上请求权的人，方可成为直接受害人。奥地利法学家现在支持，根据损坏电缆行为是否造成受害人财产损失还是仅造成生产的中断来进行相应的区分，原因在于：财产损失意味着行为的违法性已经导致这种损失的发生，相反地，停工损失则不能得出这种结论。假如电缆被切断的位置与贝塔厂的位置之间存在紧密关系，那么法院很可能会运用"附保护第三人利益的合同"（contract implying the protection of a third party）的概念，把艾克美道路设施公司与其合作人（比如社区，如果二者存在合同关系的话）之间的合同认定为具有保护贝塔厂的效力。如此，贝塔厂对两类损失都可以获得赔偿，因为停工损失似乎是间接（而非纯粹）经济损失。针对"附保护第三人利益的合同"理论不合理的过度运用，奥地利法学家的怀疑日渐增长。的确，这种解释通常只在为修正非合同责任的成文法规则的过度限制的情形下使用，尤其在雇佣责任（vicarious liability）和关于纯粹经济损失赔偿的领域使用。[1]

2. 中国法上王某遗嘱无效案。

2001年，原告王某之父王甲与被告某律师所签订了《非诉讼委托代理协议》书一份，约定：某律师所接受王甲的委托，指派张律师作为王甲的代理人；代理事项及权限为：代为见证；律师代理费用为6000元；支付方式为现金；支付时间为2001年8月28日；协议上还有双方约定的其他权利义务。王甲在该协议书上签字，某律师所在该协议书上加盖了公章，但该协议书未标注日期。同年9月10日，王甲又与某律师所指派的律师张某签订了一份《代理非诉讼委托书》，内容为：因见证事由，需律师协助办理，特委托某律师所律师张某为代理人，代理权限为：代为见证。9月17日，某律师所出具一份《见证书》，附王甲的遗嘱和某律师所的见证各一份。王甲遗嘱的第一项为：将位于北京市海淀区北太平庄钟表眼镜公司宿舍11门1141号单元楼房中我的个人部分和我继承我妻遗产部分给我大儿子王某继承。见证的内容为：兹有北京市海淀区北太平庄钟表眼镜公司宿舍3楼4门2号的王甲老人于我们面前在前面的遗嘱上亲自签字，该签字系其真实意思表示，根据《民法通则》第55条的规定，其签字行为真实有效。落款处有见证律师张某的签字和某律师所的盖章。王甲于9月19日收到该《见证书》。2002年12月9日，王甲去世。原告王某于2003年1月起诉至北京市海淀区人民

---

[1] [意]毛罗·布萨尼、[美]弗农·瓦伦丁·帕尔默主编：《欧洲法中的纯粹经济损失》，张小义、钟洪明译，法律出版社2005年版，第140页。

法院，要求按照王甲的遗嘱继承遗产。2003年6月30日，北京市第一中级人民法院的终审判决认定：王甲所立遗嘱虽有本人、张律师签字且加盖某律师事务所单位印章，但该遗嘱的形式与继承法律规定的自书、代书遗嘱必备条件不符，确认王甲所立遗嘱不符合遗嘱继承法定形式要件，判决王甲的遗产按法定继承处理。王某因此提起侵权诉讼，要求某律师所赔偿经济损失。原告诉称：经被告见证的原告父亲王甲生前所立的遗嘱，由于缺少两个以上见证人这一法定形式要件，在继承诉讼中被法院认定无效。原告作为继承诉讼中的败诉方，不仅不能按遗嘱继承得到父亲的遗产，还得按法定继承向其他继承人付出继承房屋的折价款。被告在见证原告父亲立遗嘱的过程中有过错，侵害了原告的遗嘱继承权利，给原告造成了财产损失，应当赔偿。请求判令被告赔偿房屋折价款、遗嘱见证代理费、两审继承诉讼的代理费、诉讼费等损失共计134 893.75元。

一审法院认为：律师事务所是依靠所聘请的律师为委托人提供服务，从而获取相应对价的机构。继承法律规定，代书遗嘱应当有两个以上见证人在场见证，由其中一人代书，注明年、月、日，并由代书人、其他见证人和遗嘱人签名。律师与普通公民都有权利作代书遗嘱的见证人，但与普通公民相比，由律师作为见证人，律师就能以自己掌握的法律知识为立遗嘱人服务，使所立遗嘱符合法律要求，这正是立遗嘱人付出对价委托律师作为见证人的目的所在。原告王某的父亲王甲与被告某律师所签订代理协议，其目的是通过律师提供法律服务，使自己所立的遗嘱产生法律效力。某律师所明知王甲这一委托目的，应当指派两名以上的律师作为王甲立遗嘱时的见证人，或者向王甲告知仍需他人作为见证人，其所立遗嘱方能生效。但在双方签订的《非诉讼委托代理协议》书上，某律师所仅注明委托事项及权限是"代为见证"。某律师所不能以证据证明在签订协议时其已向王甲告知，代为见证的含义是指仅对王甲的签字行为负责，故应认定本案中"代为见证"的含义是见证王甲所立的遗嘱。某律师所称其只是为王甲的签字进行见证的抗辩理由，因证据不足，不能采纳。《非诉讼委托代理协议》的签约主体，是王甲和某律师所，只有律师所才有权决定该所应当如何履行其与王甲签订的协议。张某只是某律师所指派的律师，只能根据该所的指令办事，无权决定该所如何行动。某律师所辩解，关于指派张某一人担任见证人的决定，是根据王甲对张某的委托作出的，这一抗辩理由不能成立。《民法通则》第106条第2款规定："公民、法人由于过错侵害国家的、集体的财产，侵害他人财产、人身的，应当承担民事责任。"被告某律师所在履行与王甲签订的《非诉讼委托代理协议》时，未尽代理人应尽的职责，给委托人及遗嘱受益人造成损失，应当承担赔偿责任，但赔偿范围仅限于原告王某因遗嘱无效而被减少的继承份额。虽然某律师所在履行协议过程中有过错，但考虑到王某在本案选择的是侵权之诉而非合同之诉，况且王甲的继承人并非只有王某一人，故对王某关于某律师所应当退还王甲向其交付的代理费之诉讼请求，不予支持。某律师所在代为见证王甲所立遗嘱过程中的过错，不必然导致王某提起并坚持进行两审继承诉讼，故对王某关于某律师所应当赔偿其在两审继承诉讼中付出的代理费和诉讼费之诉讼请求，亦不予支持。据此，北京市朝阳区人民法院于 2004 年 5 月判决：一是被告某律师所于判决生效后 7 日内赔偿原告王某经济损失 114 318.45 元。二是驳回原告王某的其他诉讼请求。案件受理费 4208 元，由原告王某负担 412 元，由被告某律师所负担 3796 元。

二审法院认为，本案争议焦点为：①某律师所"代为见证"的，究竟是王甲在遗嘱上签字的行为，还是王甲立遗嘱的行为？②某律师所的见证行为是否侵犯王某的民事权利，应否承担赔偿责任？对于上述焦点，北京市第二中级人民法院认为：《律师法》第 2 条规定："本法所称的律师，是指依法取得律师执业证书，为社会提供法律服务的执业人员。"第 15 条第 1 款规定："律师事务所是律师的执业机构。"第 27 条规定："律师担任诉讼法律事务代理人或者非诉讼法律事务代理人的，应当在受委托的权限内，维护委托人的合法权益。"公民在不具有法律专业知识，又想使自己的行为符合法律要求时，通常向律师求助。律师是熟悉法律事务，为社会提供法律服务的专业人员。律师在担任非诉讼法律事务代理人时，应当在受委托的权限内，维护委托人的合法权益。被上诉人王某的父亲王甲委托上诉人某律师所办理见证事宜，目的是通过熟悉法律事务的专业人员提供法律服务，使其所立遗嘱具有法律效力。作为专门从事法律服务的机构，某律师所应当明知王甲的这一签约目的，有义务为王甲提供完善的法律服务，以维护委托人的合法权益。某律师所不能以证据证明其与王甲约定的"代为见证"，只是见证签字者的身份和签字行为的真实性；也不能以证据证明在签约时，该所已向王甲明确告知其仅是对签字见证而非对遗嘱见证，故应当承担举证不能的不利后果。某律师所上诉主张其仅为王甲签字行为的真实性提供见证，没有证据支持，不予采信。《律师法》第 49 条第 1 款规定："律师违法执业或者因过错给当事人造成损失的，由其所在的律师事务所承担赔偿责任。律师事务所赔偿后，可以向有故意或者重大过失行为的律师追偿。"王甲立遗嘱行为的本意，是要将遗嘱中所指的财产交由被上诉人王某继承。由于上诉人某律师所接受王甲的委托后，在"代为见证"王甲立遗嘱的过程中，没有给王甲提供完善的法律服务，以致王甲所立的遗嘱被人民法院生效判决确认为无效，王甲的遗愿不能实现。无效的民事行为自然是从行为开始时起就没有法律约束力，但这只是说王某不能依法获得遗嘱继承的权利，不是说王甲从来不想或者不能通过立遗嘱把自己的财产交由王某继承，更不是说王某根本就不能通过遗嘱继承的途径来取得王甲遗产。王某现在不能按遗嘱来继承王甲遗产的根本原因，是某律师所没有给王甲提供完善的法律服务，以致王甲立下了无效遗嘱。某律师所履行自己职责中的过错，侵害了王某依遗嘱继承王甲遗产的权利，由此给王某造成损失，应当承担赔偿责任。综上，原审认定事实清楚，依照《民法通则》第 106 条第 2 款的规定判决上诉人某律师所赔偿被上诉人王某因不能按遗嘱继承而遭受的财产损失，适用法律正确，处理并无不当，应当维持。某律师所的上诉理由均不能成立，应当驳回。据此，北京市第二中级人民法院依照《民事诉讼法》第 153 条第 1 款第 1 项的规定，于

2004年12月1日判决如下：驳回上诉，维持原判。[1]

该案件中，无论是一审法院还是二审法院，其实都忽略了一个重要的问题：被告侵犯了原告什么权利？王某实际上属于"利益第三人"，实际上被告是接受委托，按照协议履行义务。按照二审法院的判决书内容："由于上诉人某律师所接受王甲的委托后，在'代为见证'王甲立遗嘱的过程中，没有给王甲提供完善的法律服务，以致王甲所立的遗嘱被人民法院生效判决确认为无效，王甲的遗愿不能实现"。那么，这种情况下造成了王某的损失，难道王某可以以侵权作为请求权基础要求赔偿这种损失吗？这种损失显然属于"纯粹经济损失"，被告只有在故意的情形下才承担责任。即使按照《律师法》第49条第1款规定："律师违法执业或者因过错给当事人造成损失的，由其所在的律师事务所承担赔偿责任。律师事务所赔偿后，可以向有故意或者重大过失行为的律师追偿。"那么，有两个问题需要澄清：①这里的"当事人"是否包括第三人？甚有疑问。②被告违反职业水准，属于一般过失还是重大过失？显然，被告违反《律师法》，属于违法，但是是否具有重大过失甚有疑问。③二审法院的判决究竟是根据侵权还是《律师法》作出？请求权基础究竟是什么？

当然，如果按照被告违约来起诉或者判决，情况可能就不同：被告违约，王某的损失显然是在当事人订立合同的时候一定能够预见的，属于能够赔偿的范围。因此，这一个案例中用侵权赔偿纯粹经济损失确实存在问题。但是，二审法院根据《律师法》的特别规定作出，很难说是不正确的，但请求权基础是否属于侵权是有疑问的。

欧洲有一个几乎相同的案例。基本案情是：祖父罗伯托（Roberto）希望吉亚科莫（Giacomo）继承其大部分不动产，但是他的这一愿望受挫，因为在公证人为其起草的遗嘱中存在许多错误。对于公证人，吉亚科莫就自己遭受的损失获得赔偿的机会有多大？

在法国，吉亚科莫肯定能够从公证人处获得损失赔偿，他或者从公证人的承保公司处获取赔偿，或者从保证基金中获得赔偿，或者最后从公证人的个人财产中获得赔偿。传统上根据《法国民法典》第1382条的规定，公证人必须对其错误和遗漏行为承担责任。由此，任何人只要能够证明公证人存在过错（或者疏忽）、自己受有损害以及二者存在因果关系，都可以成功提起诉讼。公证人颁发含有法律错误或者纯粹形式错误的证书是存在过错的。吉亚科莫明显遭受了损失，因为他不能全部继承其祖父希望留给他的不动产。公证人的错误明显导致了纯粹经济损失，吉亚科莫将可能获得赔偿。但是，目前这种赔偿的主要来源并非公证人本人，而是他投保的保险公司，因为所有公证人员都必须对其民事责任进行投保。只有10%的损失依然由公证人自己承担。由此，在公证人没有个人财产并且甚至无法偿付10%的损失时，问题就出现了。这就是相同的法令规定保证基金的原因。立法者希望整个行业为其成员的行为负责。基金每年从公证人员处提取，并且在不属于保险公司赔付的情况下为客户提供赔偿。不予

---

[1] 参见《中华人民共和国最高人民法院公报》2005年第10期。

赔付的情况基本上可以分为三类：公证人员行为存在故意、损失超出了他被保的范围、公证人员不能对10%的损失进行赔偿。因此，对公证人提起诉讼之人在后者被法院判决承担责任时，肯定可以获得损害赔偿，或者从保险公司处获赔，或者从保证基金中获赔[1]。

在意大利，吉亚科莫根据《意大利民法典》第2043条的规定对公证人的诉讼可能胜诉。根据学者意见和判例法，作为专业人员，公证人除了对客户履行合同义务外，还负有义务保证不侵犯所有可能由于其失职直接遭受损失的当事人的利益[2]。

在瑞典关于侵权的经典教科书中，本案这样的案例被明确援引为"方法不确定"案例。赔偿可能会支持，但是这并不确定。对侵权立法的初步解释将排除赔偿的存在，因为这是一种纯粹经济损失，即与任何人受到人身伤害或者财产损失无关而产生的经济损失。根据瑞典的成文法规则，当经济损失因刑事违法行为所致是可以获得赔偿的，尽管如果法院认定有充分的理由，1972年和1974年《瑞典侵权责任法》的文本和预备著作并未完全禁止赔偿。法院在一般原则之外适用例外一直都很节制。除了1939年瑞典的一个判例外，没有类似本案的判例，该案确认在执行一份遗嘱的过程中犯有错误的律师承担责任。但是，该案的案情是律师和可能被指定的受益人之间存在合同关系。在学术著作中，建议借鉴德国和英美法系的判例法模式，将律师的责任扩大到手头这样的案件中[3]。

在德国，结果是显而易见的：1961年2月24日《联邦公证法》（2002年4月27日修订，Bundesnotarordnung）第19条第1款规定，公证人对于违反专业义务直接造成的所有损失（包括纯粹经济损失）承担赔偿责任。《联邦公证法》第19条第1款明显适用，因为它规定公证人对于其受雇草拟遗嘱下受益的第三人负有职业义务。德国公证人对于违反职业义务造成的损失根据法律承担责任，主要原因在于他承担公共职能（尽管委托人向其支付报酬）。当然，这种责任的依据在于过错，但是职业标准是很高的，在草拟遗嘱时犯错误明显证明了其存在过错。即使被告根本不是公证人而是律师，结果可能也会是一样的。否则，吉亚科莫将不得不以受罗伯托和公证人合同保护的第三人的身份提起诉讼[4]。

本案的特别之处在于：对于这类公证人或者律师执业中的过错导致的纯粹经济利益损失，欧洲多数国家都有专门的法律规定。否则，像德国这样的国家，只能按照"附保护第三人利益的契约"来保护吉亚科莫。如果以侵权作为请求权基础，恐怕难以

---

[1] [意] 毛罗·布萨尼、[美] 弗农·瓦伦丁·帕尔默主编：《欧洲法中的纯粹经济损失》，张小义、钟洪明译，法律出版社2005年版，第300页。

[2] [意] 毛罗·布萨尼、[美] 弗农·瓦伦丁·帕尔默主编：《欧洲法中的纯粹经济损失》，张小义、钟洪明译，法律出版社2005年版，第301页。

[3] [意] 毛罗·布萨尼、[美] 弗农·瓦伦丁·帕尔默主编：《欧洲法中的纯粹经济损失》，张小义、钟洪明译，法律出版社2005年版，第311页。

[4] [意] 毛罗·布萨尼、[美] 弗农·瓦伦丁·帕尔默主编：《欧洲法中的纯粹经济损失》，张小义、钟洪明译，法律出版社2005年版，第308~309页。

获得赔偿。另外,就如学者所指出的:这一态度根本和恰当的理由可能是,需要最大可能地维持公众对法律服务水平的信任。但是总体结果与我们的目的相关,因为不管特定的侵权法体系大体特征以及赖以建立的传统如何,这种结果都使原告能够对法律专业人员造成的损失获得赔偿[1]。

吉亚科莫案所阐述的判决理由,其实适用于王某继承案件也是适当的:最大可能地维持公众对法律服务水平的信任。不管侵权法的保护范围如何,这种结果都使原告能够对法律专业人员造成的损失获得赔偿。因此,二审法院根据我国《律师法》对王某的利益进行保护是正确的。

(二)精神损害

关于什么是精神损害,学者之间有不同的观点,各国的司法实践对于这一概念也呈现出发展中的变化,大陆法系国家与英美法系国家对于精神损害的认定也有所不同,总体上说,英美法系国家在对精神损害的认定方面要比大陆法系国家宽泛。笔者在此不想对精神损害的概念作出定义。

精神损害的发生,大致有两种情况:一是伴随着对人身权的侵犯而发生,如侵害名誉权的同时造成精神损害;二是独立发生,正如有的学者所指出的,甲驾车撞到乙,丙恰巧目睹该事故,受到惊吓致使其患精神性疾病从而引发纠纷,这就是最典型的"精神打击"(Nervous Shock)损害赔偿案件[2]。对于第一种精神损害的赔偿,理论和司法实践是没有争议的;但对于第二种精神损害是否能够赔偿,却存在争议。美国的法院在许多判例中已经承认了这种独立发生的精神损害的赔偿[3]。欧洲国家一般不承认"纯粹精神损害"这一概念,因此,德国学者冯·巴尔指出:"和纯粹经济利益损失不同,并不存在所谓的'纯精神损失'。"[4] 但是,从《法国民法典》之规定看,这种纯粹的精神损害很有可能获得赔偿,而在德国却很难获得赔偿。但现在,欧洲有些国家的法院之态度开始有所变化:奥地利最高法院在最近的两个判决中改变了其观点,认为:如果一个人在"因母亲受伤且必须住院治疗或者同乘的近亲属死亡的事故中所遭受的不仅是精神上的痛苦,而是须接受治疗的精神上的疾病,他有权就该事故导致的精神疾病获得精神损害赔偿请求权"。普通法对精神打击损害的赔偿也有所限制,但英格兰和苏格兰法、爱尔兰法在一些特定情况下甚至更为包容,并未从原则上排除此类损害的赔偿请求权。在 Bourhill (or Hay) v. Young 一案中,一怀孕的妇女刚刚离开有轨电车道,在她背后就发生了一起死亡交通事故。因巨大的响声和目睹受害者的状况,该已怀孕的妇女受到"严重精神打击"。1个月后,因此次精神打击而生下一死婴。她的诉讼请求被驳回。理由是,在人身伤害案件中,过失的范围虽然也包括了精神打击

---

[1] [意]毛罗·布萨尼、[美]弗农·瓦伦丁·帕尔默主编:《欧洲法中的纯粹经济损失》,张小义、钟洪明译,法律出版社2005年版,第312页。

[2] 张新宝、高燕竹:《英美法上"精神打击"损害赔偿制度及其借鉴》,载《法商研究》2007年第5期。

[3] 张新宝、高燕竹:《英美法上"精神打击"损害赔偿制度及其借鉴》,载《法商研究》2007年第5期。

[4] [德]克雷斯蒂安·冯·巴尔:《欧洲比较侵权行为法》(下卷),焦美华译,法律出版社2001年版,第38页。

损害，但本案中的肇事者对原告并无注意义务。她本人并无丝毫被卷入事故的危险[1]。

笔者认为，尽管这种没有伴随直接侵害而发生的纯粹精神损害在理论上或者有些国家的司法实践中获得承认，但是，必须有严格的限制。除非这种损害非常严重以至于不予赔偿会损害公平正义的时候，才能够例外的获得赔偿。否则，一个行为人在既无过失也无故意的情况下就被法院判决损害赔偿，会动摇一个国家的可预期或者安全秩序。例如，许多人因无意中目睹了一场车祸，进而被吓得经常做噩梦，甚至精神失常。那么，一般地说，行为人对于这些被吓坏的人既无故意，也无"应当注意"的义务。因此，也就不能获得赔偿。但是，如果行为人以极其恶劣或者背俗的方式作出某种行为，从而导致他人精神出现"疾病"[2]，如果不予赔偿将导致不公平或者不正义的时候，才允许获得赔偿。从我国《民法典》第1183条[3]看，显然不承认独立发生的精神损害的赔偿。但我国司法实践已经承认了这种损害，"晏甲被伤害致死案"就是一个典型的例子。

经一审法院北京市海淀区人民法院审理查明：晏某、郑某系晏甲之父母。晏某、郑某、晏甲3人于2005年10月4日下午乘坐由前门至颐和园方向的726路公交车（车牌号：京G1273）途中，晏甲因售票问题与朱某发生争议，因朱某对晏甲的殴打致使晏甲因颈椎过屈及颈部被束缚和压迫致窒息缺氧，呼吸循环衰竭，后于次日死亡。2006年5月12日，北京市第一中级人民法院制作（2006）一中刑初字第250号刑事判决，以故意伤害罪判处朱某死刑缓期二年执行，剥夺政治权利终身。朱某不服提起上诉，北京市高级人民法院于2006年7月17日制作（2006）高刑终字第338号刑事裁定书，裁定驳回朱某的上诉，维持原判。之后，晏某、郑某提起民事诉讼。庭审期间，晏某、郑某明确本次诉讼为侵权之诉，并以朱某、韩某、吴某系履行职务期间共同实施侵权行为致晏甲死亡为由，要求巴士公司与朱某、韩某、吴某承担连带赔偿责任。法院认为：就晏某、郑某所诉精神损害赔偿之主张，其法律用语为精神损害抚慰金，顾名思义，系用于对精神受到损害者予以抚慰。人的生命是无价的，这种无价既是对于本人而言，亦是对本人的近亲属，尤其是父母而言。晏某、郑某系老来得女，晏甲在他们心中的分量可想而知。晏甲的意外去世，使他们从老来得女的大喜转为白发人送黑发人的大悲，对他们的身心打击无疑是巨大的，这种伤害远非金钱可以弥补。晏某、郑某现要求高达300万元的精神损害抚慰金，本院对二人提出此数额的心情予以

---

[1] [德] 克雷斯蒂安·冯·巴尔：《欧洲比较侵权行为法》（下卷），焦美华译，法律出版社2001年版，第83~95页。

[2] 的确，在欧洲有些国家的法院认为，原告只有在两种情况下才能获得请求权：心理上的痛苦只在两种情况下能获得损害赔偿，即要么它是由真正意义上的本人身体伤害所导致的；要么——在缺乏这种身体伤害时——它可以被认定为精神上的疾病。德国联邦最高法院及各级法院至今仍坚守这一判例规则，参见 [德] 克雷斯蒂安·冯·巴尔：《欧洲比较侵权行为法》（下卷），焦美华译，法律出版社2001年版，第91页。

[3] 《民法典》第1183条第1款规定："侵害自然人人身权益造成严重精神损害的，被侵权人有权请求精神损害赔偿。"

理解，但即使再多的金钱也无法与晏甲的生命等值。虽然本院对其主张无法予以全额支持，望晏某、郑某仍能从立法本意考虑，客观地理解该项赔偿内容的精神抚慰之目的。基于此，判决朱某与北京巴士股份有限公司连带赔偿晏某、郑某精神损害抚慰金人民币10万元[1]。

晏某、郑某因人身损害赔偿纠纷一案，不服北京市海淀区人民法院（2007）海民初字第5766号民事判决，向北京市第一中级人民法院提起上诉。二审法院认为：关于精神损害赔偿的数额问题。就目前法院审理人身损害赔偿类案件的通常情况而言，原审法院所判定的精神抚慰金赔偿数额已至该类案件赔偿数额的上限。这是首先应当予以指出的。而且也确如原审判决所指出的，精神损害赔偿的法律用语为精神损害抚慰金，其立法本意乃是对于生者因精神受到强烈刺激、伤害而予以抚慰，而并非是对生命价值的补偿。因为人的生命是无价的，即使再多的金钱也无法与人的生命等值。所以，原审所确定的精神损害赔偿的数额基本符合立法精神与司法实践。但是，本院注意到本案与一般的人身损害赔偿案件相比确实存在一些重要的不同之处，而对于这些不同之处，本院认为应当在决定精神损害赔偿的数额时予以特殊的考量。主要有以下几个因素：其一，在整个事发的过程中，本案上诉人是亲眼看见自己的爱女遭受侵害致死。该夫妇二人经历了事件自始至终的全过程，经历了自己的女儿死亡的全过程。目睹一个生命由生机盎然转为在短暂的时间内凋零，而这个生命竟是自己的独生爱女，这是何等的痛苦。世间最大的痛苦莫过于眼睁睁目睹最爱的人从自己的身边消逝，自己却无能为力。假如这仅仅是生命自然的过程，人们也只能去坦然面对；但是，这却是出于一场飞来横祸，而且是在自己眼前发生。本院相信这种痛苦确实是到了无法想象的地步。正像上诉人所说的，"噩梦不断、惊恐万状，不敢看小学生上学、不敢见到女儿的中学同学、不敢再坐公交车，甚至不敢看到电视上女孩子的脖子"。触景生悲、睹物思人，其情其景是人皆惨然。尤其是二上诉人老年得女，却又失去，今后将无法再生育。因此本案中被上诉人的侵权行为及其后果对二上诉人的精神刺激是巨大的，使其遭受的精神痛苦是异常剧烈的，必须予以充分的抚慰。其二，本案受害人是一个13岁的小女孩。证人许某（乘客）的证言和公安机关出具的《辨认笔录》证明："他（许某）于2005年10月4日约15时上了一辆726路车。上车后，他看见前门旁边一个中年妇女（经辨认为朱某）和一个小女孩（经辨认为晏甲）争吵，他听晏甲骂了朱某一句，朱某从座位上站起来，先用双手揪晏甲的头发一下，把晏甲的头发揪散了，又用左手掐住晏甲的脖子，右手又揪住头发，挥拳打晏甲头部，同时还用脚踢了晏甲的腿几下，晏甲倒在发动机盖上，仰面向上，头发散乱着，眼睛也闭上了。"在整个事件过程中，朱某面对一个柔弱的13岁的小女孩，侵害手段极其野蛮，没有丝毫的同情之心，没有一点对于乘客、对于他人的尊重。整个事件起因极其简单，后果却极其严重。正如本院的（2006）一中刑初字第250号刑事判决书所指出的：朱某的犯罪性质极其

---

[1] 参见北京市海淀区人民法院（2007）海民初字第5766号民事判决书。

恶劣。侵权人在主观过错方面，是一种故意的侵权，其过错极其严重。不同于一般的过失导致他人伤害。其三，案发的场所是在公共汽车上，时间是在 10 月 4 日的下午。也就是说，在人们欢度国庆黄金周的时候、在公共汽车这样一个公共的场合，朱某竟然对一个小女孩实施了如此令人难以想象的野蛮行为。人们生活于社会之中，是对于社会的正常秩序抱有信心的，也是对于善良的社会风俗抱有一定信心的，这是一个社会赖以存在的基础。朱某的行为恰恰破坏了这种信心，侵犯了社会的和谐与稳定。因此，必须对其予以惩罚，以警示违法分子，昭示社会正义。这也是精神抚慰金所应起到的作用之一。根据《最高人民法院关于确定民事侵权精神损害赔偿责任若干问题的解释》，确定精神损害赔偿主要应参考的因素有六项：一是侵权人的过错程度，二是侵害的手段、场合、行为方式等具体情节，三是侵权行为所造成的后果，四是侵权人的获利情况，五是侵权人承担责任的经济能力，六是受诉法院所在地的平均生活水平。综上分析，本案中侵权人的过错极其严重，在公共场合实施侵害，且手段及行为方式极其恶劣，侵权行为所造成的后果极其严重，具有司法解释规定的应考量因素的多项。因此，本院认为有必要适当提高精神抚慰金的数额。但是，尽管本院考虑到以上因素，在确定赔偿数额时还要考虑到立法的宗旨与目的、本地的实际生活水平、司法实践的当前发展状况等因素，不能完全满足上诉人的上诉请求。但是，本院认为在本案中，是非已经明辨，违法行为已得到惩治，人民法院的审判功能已经发挥，当事人的诉讼目的也应已经达到。遂判决朱某与北京巴士股份有限公司连带赔偿晏某、郑某精神损害抚慰金人民币 30 万元[1]。

在海淀区人民法院的一审判决中，显然没有提到"纯粹精神利益损失"问题，但是，二审法院的判决中明显提到"上诉人是亲眼目睹自己的爱女遭受侵害致死。该夫妇二人经历了事件自始至终的全过程，经历了自己的女儿死亡的全过程。目睹一个生命由生机盎然转为在短暂的时间内凋零，而这个生命竟是自己的独生爱女，这是何等的痛苦"。其实这就是"纯粹精神损失"。按照当时的民事法律和现在的《民法典》及最高人民法院的司法解释，二审法院的这种认定"显然超出了法律"。但是，这个判决可以被认为是一个"正确的例外"，可以看成是一个"纯粹精神损害"的经典判例。

---

[1] 参见北京市第一中级人民法院（2007）一中民终字第 9064 号民事判决书。

第二章 侵权责任编的内在体系

第一节 侵权责任编的功能定位
——内在体系的决定性因素

一、内在体系概述

什么是法律的内部体系呢？德国卡纳里斯认为，内部体系是指由一般法律原则所构成的体系[1]。法律的内在体系是法的内部构造，是一致的价值判断体系[2]。德国学者认为，民法典的内在体系是由不同位阶的诸原则所构成的价值体系。内部体系实质上是由表达"法律思想"的诸原则所构成的体系[3]。内在体系实际上就是民法典的"思想体系和原则体系"，是民法典的灵魂，是对外部体系的评价体系。前文我们已经提到，《民法典》总则编中规定的绝大部分基本原则都与侵权责任编息息相关，也可以说，《民法典》的基本理念也当然是侵权责任编的基本原则和理念。但是，除了这些一般的价值和理念之外，侵权责任编也有自己独特的价值和理念，这些价值和理念就是侵权责任编的内在体系。

如果从宏观的视角看，民法与刑法的主要区别在于：民法更多地体现公平，而刑法更注重的则是正义。但是，由于侵权责任编与刑法的特殊关系，侵权责任编的内在价值却更倾向于正义。只不过，正义区分为矫正正义与分配正义，侵权责任编究竟体现哪一种正义，需要仔细分析。这恐怕与侵权责任编的功能定位有直接关系——仅仅是补偿功能，还是也兼具惩罚与预防功能？在我国《民法典》把侵权责任编安排在最后一编，认定其兼具保护功能的时候，是否其价值定位也发生了变化？

当然，经济分析法学派在西方影响巨大，效率体现出来的这种价值是否也是侵权责任法在课定责任的时候需要考虑的价值因素？对此也需要认真分析。

为了正确地确定侵权责任编的内在价值，首先我们来了解侵权责任编的功能定位。

二、侵权责任编的功能定位

传统侵权责任法，无论在英美法系还是在大陆法系，一般都被认为有三种功

---

[1] 参见[德]卡尔·拉伦茨：《法学方法论》，陈爱娥译，商务印书馆2003年版，第355页。
[2] [奥]恩斯特·A.克莱默：《法律方法论》，周万里译，法律出版社2019年版，第59页。
[3] [德]卡尔·拉伦茨：《法学方法论》，陈爱娥译，商务印书馆2003年版，第348~350页。

能——惩罚、预防和补偿。例如,美国学者迈克尔就持这种观点[1],我国也有学者认可这种观点[2]。

所谓惩罚功能,就是指通过对加害人课以财产赔偿来实现对他的惩罚。"惩罚"的中心理念是人们须为其不轨行为"付出代价"。在刑法中,这些代价指刑罚。在民法或私法中,它主要指向受害者支付金钱赔偿。只要考虑一下费舍诉卡罗索汽车旅馆案中的事实,即可了解这一目的。在本案中,费舍是一位黑人数学家,他受一些公司的邀请参加在卡罗索举行的一个讨论会。当他手里拿着盘子,等着自助午餐的服务时,旅馆的一名雇员从他手中夺走盘子并大喊"黑鬼不受服务"。报应论者的观点是:这种行径是不能容忍的,不法者应为其不法行为付出代价,他必须对费舍予以补偿。简言之,有过错的不法者应通过向受害人提供赔偿的方式而为其不法行为付出代价。在费舍案中,尽管并不存在有形的损害,法院还是对原告因暴行而遭受的精神痛苦判给了损害赔偿金[3]。

另外一个传统的观点是,侵权法的目的在于阻止人们危害他人。该目的与刑法的目的亦有重叠。但在刑法中,预防是以刑罚的方式来实现的;而在侵权法中,预防则以课以损害赔偿责任的方式来实现。如果人们不得不为致损他人而支付损害赔偿金,那么,他们就会收敛其有害行为。但是,与惩罚的目的不同,它并不要求人们在道义上是应受责难的。例如,疏忽大意之过失在道义上是不应受责难的,因为行为人并不知晓其行为将会致害,尽管如此,不得不支付赔偿金的后果还是能够使人们更加小心谨慎并因此防止致害于他人[4]。

法律的经济分析学派给预防提供了另外一种有益的思路和说明。有人提出,侵权法的目的在于有效地避免事故。尽管这一观点有数种不同格调,但其一般理念均在于分配责任以使在避免事故是经济的场合以最有效的方式避免之。该思路又被称为一般预防。它是"一般"预防而非"具体"预防,即阻却他人从事侵权行为而不是仅仅阻止承担责任的个人从事侵权行为。然而,人们可能拥有并非仅仅关注事故经济费用最低化的一般预防思路,所以称其为经济预防比较合适。引发这一思路的因素之一是所谓勒尼德·汉德公式,汉德法官建议,检验过失的标准是:被告用以防止事故发生所花费用是否少于损害费用乘以损害可能发生的次数之积。简言之,在此种情形中,采取了预防措施的被告通过避免事故是否能赚回比预防费用更多的费用?若果然如此,那他们即应担负责任。依经济分析的理由,让损失仍保留在原告处也许会更好。因为

---

[1] [美] 迈克尔·D. 贝勒斯:《法律的原则——一个规范的分析》,张文显等译,中国大百科全书出版社1996年版,第249~259页。

[2] 陈聪富:《侵权行为法原理》,元照出版有限公司2017年版,第2~11页。王利明:《侵权责任法研究》(上卷),中国人民大学出版社2016年版,第119~130页。

[3] [美] 迈克尔·D. 贝勒斯:《法律的原则——一个规范的分析》,张文显等译,中国大百科全书出版社1996年版,第249页。

[4] [美] 迈克尔·D. 贝勒斯:《法律的原则——一个规范的分析》,张文显等译,中国大百科全书出版社1996年版,第251页。

原告可以更廉价地避免事故发生。损失应转置于花费最低的风险避免者身上。如果双方当事人均不能以低于事故费用的成本降低风险，则双方当事人均不应采取预防措施。于此场合，损失应保留在原告处，以节省将其移转于被告身上所花的"交易费用"。交易费用是指转让财产或劳务的交易过程中所花费的任何费用，在这里，主要是指诉讼费用。将传统的预防目的与经济预防目的加以比较和对照，我们可以发现：首先，传统的目的并不区分哪些被告应被禁止从事有害行为，所有被告均被认定为负有责任；而经济预防目的并不将所有能够被预防的被告都认定为有责任。若预防之费用大于损害之费用或者原告可以更廉价地避免损害，那被告就不必承担责任。其次，经济预防采用了规则指向或统计的思路（一般预防）；而传统的预防则采用了个案的思路（具体预防）。个案中的损害赔偿是偶然的，但依照规则或统计的思路，在确定预防是否值得以及是否课以责任时，人们会考虑那些相同情形的费用，包括那些未采取预防措施而侥幸没有发生损害的情形。这从某种程度上避免了"损害赔偿金超过或不及预防之所需"的反对意见或者局限。赔偿金的支付数目不会超过或不及用以预防在避免事故上存在的无效失利所需费用，尽管在个案中它可能会如此。再次，经济预防的规则导向有助于它与"被告依保险来转移损失"的统一。最后，经济预防的观点会像传统的预防观点一样要求主观的过错标准。无论如何，预防的确可以说是侵权法的一个似乎合理的目的。人们都合理地希望减少受损的风险，作为一个潜在的原告，预防的目的是可以接受的，问题是对于一个潜在的被告，它是否亦可被接受？从被告的角度讲，人们会希望将承担责任的概率降至最低限度。从整体上讲，比起传统的预防目的，经济预防目的在这方面做得要更好。尽管经济预防会赞成一个客观的过错标准以致当一人不能避免事故时也会承担责任，但是，在原告能更廉价地避免损害或某当事人之所得大于损害的场合，经济预防会降低责任之承担。而且，经济预防允许通过保险将损失分散。可以肯定，这些优势几乎胜过客观标准在费用方面存在的优势。鉴于一个人成为原告或被告的可能性是相等的，人们会合理地倾向于经济预防目的而非传统的预防目的，因为它减少了平均费用。依据经济预防目的，一个人作为原告所可能失去的任何东西，都会在作为被告时补回来，甚至获得更多。简言之，在成为原告或被告的可能性相等而其他因素亦类似的场合，人们肯定更倾向于那种能够提供最经济地避免损失的方法的责任规则。经济预防原则：对于不经济的损害，应通过对能够最廉价地避免风险的人课以责任的方式予以防止[1]。经济分析的方法的确在很多国家影响很广，但有其缺陷，故在司法实践中的影响并不大。下面我们还对其予以分析。

　　补偿是侵权责任法的最重要的功能，它是指在受害人遭受侵害以后，要通过侵权责任的承担，使其尽可能恢复到如同侵害没有发生的状态[2]。在欧洲大陆法系，几个世纪以来几乎毫无争议的是，就像其名称所反映的那样，侵权责任法的首要任务体现

---

[1] [美]迈克尔·D. 贝勒斯：《法律的原则——一个规范的分析》，张文显等译，中国大百科全书出版社1996年版，第252~255页。

[2] 王利明：《侵权责任法研究》（上卷），中国人民大学出版社2016年版，第120页。

为受害人就其已经遭受的损害有权获得赔偿。遵循此种原则，无论是《奥地利民法典》第 1295 条还是《德国民法典》第 823 条都规定了"损害赔偿"，由欧洲侵权法小组所起草的《欧洲侵权法原则》第 10：101 条也强调侵权责任法的损害填补功能。此种规定模式无疑是正确的，至少在欧洲大陆法系中，只有经由侵权责任法的规范才能实现每个法律制度就损害填补规则所提出的要求。目前损害填补功能不断遭到批评，许多人主张提升预防功能，但该趋势不仅违反了实定法的规定，而且易导致没有一种法律制度能承担起损害填补功能的后果，从而引发法律漏洞。无论侵权责任法建立在何种归责事由上，损害填补的基本功能，不仅首先适用于过错责任领域，而且也适用于危险责任领域[1]。补偿的目的在范围上较惩罚目的及预防目的而言都要宽泛得多，即这一目的支持了更多的侵权诉讼。人们只需稍加思索：若被告遭受惩罚但原告并未获得任何赔偿金，那原告的报复目的是否能够满足？便可知没有理由支持这种类型的侵权法体系。满足坐看被告受到惩罚而不能对损害进行任何可能的补偿，获得这样一睹为快的机会与提起诉讼而耗费的时间及金钱相比，实在太不相称了，即使原告获得了诉讼所支出的律师服务费，在许多场合，人们也不会仅仅为了满足其报复心理而不厌其烦地提起诉讼。尽管有些原告，如毁损名誉案件中的原告，只要得到"名义的"或少量的赔偿金即可满足；但是，在没有机会获得大量的损害赔偿金的场合，很少会有人提起诉讼[2]。

但是，存在争议的是，"非物质损害"的"赔偿"究竟是补偿性质还是"抚慰"性质？是否属于填补损害的范畴？对此，德国的理论和判例认为，其具有"双重功能"：依据德国联邦法院的经典判决，原《德国民法典》第 847 条所享有的精神抚慰金请求权并不是一般意义上的损害赔偿请求权，而是一种具有特殊性质的双重功能请求权。此种请求权一方面能够为受害人提供非财产性质的损害赔偿，同时该赔偿具有抚慰受害人的功能[3]。就此种抚慰功能，越来越多的学者持反对意见：抚慰的首要目的在于针对受害人的自我价值感受进行恢复原状，但强调此种功能易导致将精神抚慰金置于类似于传统民法中罚金制度的地位。在此尤其需要探讨的是，抚慰功能到底是否应当具有独立的意义，从而使其具有存在的必要。上述质疑具有其合理性，因为可以将抚慰功能轻松纳入损害填补制度中。例如，在重大过错情况下，出于抚慰功能的考量，可以给予受害人较高的精神抚慰金。但基于损害填补功能，一定程度上同样可以达到上述目的，因为在加害人从事了严重不法行为时，受害人心理上自然遭受更严重

---

[1] [奥]海尔姆特·库齐奥：《侵权责任法的基本问题：德语国家的视角》（第一卷），朱岩译，北京大学出版社 2017 年版，第 75 页。

[2] [美]迈克尔·D.贝勒斯：《法律的原则——一个规范的分析》，张文显等译，中国大百科全书出版社 1996 年版，第 256 页。

[3] [奥]海尔姆特·库齐奥：《侵权责任法的基本问题：德语国家的视角》（第一卷），朱岩译，北京大学出版社 2017 年版，第 77 页。

的痛苦[1]。

笔者更倾向于"非物质损害的赔偿属于填补损害的范畴",因为"非物质损害"也是损害,尽管这种损害与行为人的行为性质有很大关系。

至于说三种功能之间的关系,有学者认为,依照经典的观点,惩罚、预防及补偿的目的是可以同时达到的。如果被告的责任以道义过错为基础,那么,使他们支付赔偿金便是对不法者实施了惩罚,防止了他们在将来从事同样的行为,并且补偿了受害人。但是,对于这些目的不必同时予以满足,而且它们也很少全部存在于现时的侵权法中。在此种侵权类型中主要追求这种目的而在彼种类型的侵权中主要追求那种目的是颇为合理的。在毁损名誉诉讼中追求补偿而在人身伤害案件中追求惩罚都是荒谬的。正如我们已经看到的那样,有些目的比其他目的具有更广的范围。人们亦不必依重要性为序将目的加以排列。一目的可能在此情形中更重要,而另一目的可能在彼情形中更重要。例如,毁损名誉诉讼中的原告可能对惩罚比对补偿更感兴趣——揭露被告对他的流言蜚语纯属胡编乱造,而被告的言词实为有意中伤[2]。

其实,对于这三种功能,很多学者并不认同。有人认为,惩罚的功能并不存在。应当说,侵权法中的个别制度确实具有一定的惩罚作用,尤其是总体上被扩张适用的惩罚性赔偿责任,更是具有鲜明的惩罚或者制裁的功能。但是,仅依据少数的、个别的制度就将惩罚或制裁作为整个侵权责任法的功能,并不妥当。任何法律责任,无论民事责任、行政责任,还是刑事责任,本质上说对责任人都是不利的,都是其不愿意承担的。这只是说明了法律责任具有的强制性和不利性,但不能据此就认为,侵权法给侵权人施加侵权责任意味着侵权法以惩罚或制裁为目的并能够发挥惩罚的作用。在现代法律体系中,刑法以惩罚与预防犯罪为基本功能。作为私法的侵权法,其重心依然是损害的填补与预防[3]。瑞士学者也指出,基于侵权责任法中的损害赔偿责任与刑法中刑罚的共同历史渊源,有学者认为过错责任具有惩戒功能,这一观点已经逐渐被理论界摒弃。依照瑞士《债法》的规定,赔偿义务人的过错程度与赔偿责任范围相联系这一点,德国侵权法与瑞士《债务法》的规定不尽相同。除法律规定不同之外,在德国,侵权责任法的惩戒功能也受到学者的一致反对。依照瑞士《债务法》第43条第1款的规定,法官得依据行为人的过错程度确定应承担的损害赔偿责任。由此可见,刑法的理念或多或少地影响到了瑞士侵权责任法。然而必须注意到,考虑过错程度以确定损害赔偿的数额与损害赔偿法填补损失的理念并不一致,后者着眼于受害人财产损失的回复和弥补(而非着眼于侵害人的情况)。值得注意的是,瑞士《债务法》第43条第1款中规定的赔偿义务须与过错程度合比例的原则,已经通过"过错"概念的

---

[1] [奥]海尔姆特·库齐奥:《侵权责任法的基本问题:德语国家的视角》(第一卷),朱岩译,北京大学出版社2017年版,第77页。

[2] [美]迈克尔·D.贝勒斯:《法律的原则——一个规范的分析》,张文显等译,中国大百科全书出版社1996年版,第258页。

[3] 程啸:《侵权责任法》,法律出版社2021年版,第39页。

客观化和实务操作中的从严把握以及进行限缩解释，使其仅在行为人轻过失时发挥作用，即仅在轻过失时适用"依据行为人的过错程度确定责任人应承担的损害赔偿责任"的规则赔偿义务须与过错程度合比例的原则，被大大相对化和局限化。除此之外，在裁量损害赔偿数额时，也只能考量过错程度酌情减轻赔偿责任，不得因重大过失判决当事人承担高于受害人所遭受之损失的责任（不同于英美法系国家的"惩罚性赔偿"制度）。瑞士学者普遍认为，在过错责任领域，侵权法不具有惩戒功能。威慑和惩戒加害人的功能，主要由刑事法律承担[1]。在德国，即使在过错责任领域，就惩罚性思想的意义也存在争议。J. Hager 不无道理地指出，虽然德国侵权责任法的某些规定具有惩罚性的特征，但其仍不具有惩罚性功能[2]。《奥地利民法典》第1324条所规定的损害赔偿计算方式绝对没有排斥损害填补思想，更没有将刑法中的惩罚性因素纳入到侵权责任法中，自然也没有规定狭义的刑法上的惩罚；反之，其以一种完全正确的方法，在计算损害时考察归责事由的严重程度（Schwere der Zurechnungsgründe）。申言之，归责事由越严重，则其将引发越严重的损害赔偿义务。因此不能从刑法意义上理解此种惩罚，而应当从广义上将其理解为，法律以不断加重法律后果的方式规定不同程度的责任后果。不能通过刑法中的惩罚性思想来解释此种归责与依据过错确定赔偿范围的递进计算方法的原因就在于，归责事由确定赔偿范围的方法在危险责任中同样具有适用余地。尤其需要指出的是，就此不会出现超出损害填补之外的法律后果，即使在重大过错的情况下也不会令加害人承担超出全额赔偿之外的赔偿义务。而在仅仅具有轻微归责事由时，受害人的责任范围将受到限制。显然，加害人始终仅负担赔偿其所造成的损害的义务。因此，无论如何，法律后果的正当性始终体现为损害填补思想，也体现在私法所固有的法律后果双向主体正当性结构原则[3]。甚至有的学者认为，侵权行为法的功能在于补偿[4]。

另外，必须正确理解"惩罚"的含义：如果说"没有损害就没有赔偿"是侵权法的基本原则，那么，加害人赔偿的恰恰是受害人受到的损害，这里并无"惩罚"，有的仅仅是填补。只有在损害之外另行责令赔偿，才有可能称为"惩罚"，但侵权责任法上这种情形比较例外。正如有学者指出，需要讨论的一个问题是，出于惩罚性目的或者预防目的，是否可以要求加害人承担超出受害人实际损害之外的赔偿义务，从而可能并且应当使侵权责任法就此趋向于刑法？此种超出损害赔偿之外的给付一般被称为"惩罚性赔偿"（punitive damage），在德文中被称为"Strafschadenersatz"。该概念间接表明，其目的并不是损害赔偿，而是惩罚性给付。欧洲大陆法系并不承认此种特殊赔

---

〔1〕［瑞］海因茨·雷伊：《瑞士侵权责任法》，贺栩栩译，中国政法大学出版社2015年版，第6~7页。
〔2〕［奥］海尔姆特·库齐奥：《侵权责任法的基本问题：德语国家的视角》（第一卷），朱岩译，北京大学出版社2017年版，第82页。
〔3〕［奥］海尔姆特·库齐奥：《侵权责任法的基本问题：德语国家的视角》（第一卷），朱岩译，北京大学出版社2017年版，第82~83页。
〔4〕［德］克雷斯蒂安·冯·巴尔：《欧洲比较侵权行为法》（上卷），张新宝译，法律出版社2001年版，第1页。

偿，但英美法却广为接受。在讨论是否应当承认该种请求权时，学者普遍采用如下的支持论据，即即使与其他请求权，如不当得利请求权合并使用，侵权责任法本身也无法充分向法律所承认的各种权利提供必要的救济。针对采纳真正意义上的惩罚性赔偿还存在如下反对理由：惩罚性或者预防思想原则上无法适用于此种私法上的请求权。私法整体上已经摆脱了惩罚性思想，侵权责任法当然亦是如此。就惩罚性赔偿而言，虽然存在惩罚一方当事人的论据，但从该论据却无法得出另外一方当事人享有获得惩罚性赔偿请求权的理由。惩罚性赔偿不仅与私法的基本原则相矛盾，其还存在如下众多的瑕疵：首先需要指出的是，虽然惩罚性赔偿的最主要目的是发挥预防功能，但恰恰无法完全实现此种功能，因为只有在已经发生侵害并且造成现实损害的情况下，而并非在仅仅实施违法行为时，被侵害人方可提起支付赔偿请求，即所谓的"惩罚性赔偿"的诉讼。一方面，惩罚性赔偿系于惩罚受责难的行为；而另一方面，是否应当惩罚却又取决于是否出现损害，这显然是极其矛盾的，因为惩罚的数额并不等同于实际发生的损害。从实现预防性功能的角度出发，不考虑是否出现损害、将惩罚系于不法行为，这样才能达到预防的目的。依据此种观点，针对惩罚性赔偿，应当采取如同停止侵害与排除妨害之诉一样的构成要件，无须过错。但实际上，与私法中的预防性法律救济不同，惩罚性赔偿要求行为人具有过错[1]。也正因为如此，虽然损害赔偿的法律后果系于一个违法并且过错的行为而其在一定程度上与刑法保持一致，但是出于一些令人信服的原则性考量，欧洲大陆民法却拒绝承认"惩罚性赔偿"。德国联邦法院甚至认为，在物质性赔偿与非物质性赔偿之外概括性地采纳惩罚性赔偿的做法违反了公序良俗原则，因此，德国国内原则上不执行美国有关惩罚性赔偿的判决。在严重违反损害填补原则的情况下，依据《德国民法典实施法》（EGBGB）第40条第3款，亦同样不得执行惩罚性赔偿。意大利最高法院现在也采取了与上述相同的立场。甚至在惩罚性赔偿的"核心国"美国，"惩罚性赔偿"也并非毫无争议[2]。

至于预防功能，在今天，越来越多的人主张，侵权责任法亦具有预防性功能。在引发损害的情况下，由于加害人面临承担赔偿义务的危险，毫无疑问，原则上将产生一种避免加害他人的激励机制。而就具体行为人而言，其已经给他人造成损害，从而承担损害赔偿义务，此种赔偿义务要求其在将来尽最大可能不再给他人造成损害。尤其是在德国学理和判例中出现的"权利继续思想"就是建立在这种预防功能之上的。依据通说，权利继续思想针对损害采取了客观抽象计算标准（eine objektiv-abstrakten Schadensberechnung）。依据该理论，遭受侵害的被害人的权利或者法益继续存在于其此后所享有的损害赔偿请求权中，即此种请求权取代了被毁损的法益。法律保护权利及其他法益，在法律共同体中，这些权利与法益具有一般性的价值评价，依据权利继续

---

[1] [奥]海尔姆特·库齐奥：《侵权责任法的基本问题：德语国家的视角》（第一卷），朱岩译，北京大学出版社2017年版，第51~55页。

[2] [奥]海尔姆特·库齐奥：《侵权责任法的基本问题：德语国家的视角》（第一卷），朱岩译，北京大学出版社2017年版，第53页。

思想，针对被侵害的法益应当依据"一般的价值"（der gemeine Wert），即交易价值（Verkehrswert）来计算损害赔偿请求权的范围，而不考虑被侵害法益的所有人自身实际上享有何种利益范围。当其他归责要件得到满足时，权利继续思想要求加害人履行其负担的损害赔偿义务，并进而服务于预防功能，因为被毁损或者被毁坏的法益自身享有一个特定的价值，权利人当然应享有要求加害人赔偿以客观抽象方式计算的该法益所遭受的损害的权利。即使权利人就该法益所遭受的主观损害低于该客观价值或者损害可以转移至他处，加害人仍然必须依据客观抽象的方式履行赔偿义务。此种确定的赔偿义务强化了避免加害行为发生的激励机制[1]。美国学者迈克尔也指出，另外一个传统的观点是，侵权法的目的在于阻止人们危害他人。该目的与刑法的目的亦有重叠。但在刑法中，预防是以刑罚的方式来实现的；而在侵权法中，预防则以课以损害赔偿责任的方式来实现。如果人们不得不为致损他人而支付损害赔偿金，那么，他们就会收敛其有害行为。但是，与惩罚的目的不同，它并不要求人们在道义上是应受责难的。例如，疏忽大意之过失在道义上是不应受责难的，因为行为人并不知晓其行为将会致害，尽管如此，不得不支付赔偿金的后果还是能够使人们更加小心谨慎并因此防止致害于他人[2]。我国也有学者持肯定预防功能的观点，指出，所谓预防功能，是指侵权责任法通过规定侵权人应负的民事责任，来有效地教育不法行为人，引导人们正确行为，预防和遏制各种损害的发生，保持社会秩序的稳定和社会生活的和谐。按照一些学者的观点，要达到预防功能，需要在立法时就行为的危险性和责任的大小作比例调整，但立法者作出如此安排是比较困难的，侵权法主要是通过课以损害赔偿责任的方式实现侵权法的损害预防功能。预防的功能可以分为特殊预防（specific deterrence）和一般预防（general deterrence）。特殊预防是指侵权责任法对于实施了侵权行为的人可以起到预防的作用，避免其以后再次实施类似行为。而一般预防是指侵权责任法可以起到对于社会一般人的预防作用，发挥类似于"杀鸡儆猴"的功能。我国侵权责任法之所以强化了预防功能，一方面，因为现代社会是一个风险社会，风险具有不确定性，一旦发生，就直接对他人的人身造成威胁，并将引起巨大的财产损害。仅仅通过事后救济，实际上并不能预防损害后果的发生。所以，为了更有效地保护受害人，最大限度地防止损害的发生，侵权责任法必须在发挥事后救济功能的同时，发挥事前预防功能。另一方面，侵权责任法要追求效率，而效率的追求是通过发挥预防的功能来实现的。当代侵权法的"首要动因是在乎对于将致他人之损害予以最小化的永恒追求，即对于致害事实的预防"，由此，要充分实现侵权责任法的"预防功能的最优化"，侵权责任法在分配责任时，就要考虑如何有效地预防风险的发生，从而提高防范效率。此外，侵权责任法的预防功能和教育功能是结合在一起的。通过对可归责的当事人课以

---

[1] [奥]海尔姆特·库齐奥：《侵权责任法的基本问题：德语国家的视角》（第一卷），朱岩译，北京大学出版社2017年版，第79~80页。

[2] [美]迈克尔·D.贝勒斯：《法律的原则——一个规范的分析》，张文显等译，中国大百科全书出版社1996年版，第251页。

责任、实施制裁、惩罚其过错和不法行为，对社会公众产生教育和威慑作用，从而可以预防侵权行为的发生，抑制侵权行为的泛滥[1]。还有学者认为，完全否定侵权法的预防功能是不妥当的。侵权法的经济本质就是"通过责任的运用，将那些由于高交易成本造成的外部性内部化"。合理的侵权法规则能够最好地发挥预防侵权行为的功能。通过形成减少事故成本的威慑机制，侵权法可以阻止那些具有发生事故倾向的活动，从而使行为人及其他人以更安全的、不会给他人造成损害的方式来从事同样的活动。首先，侵权法最基本的归责原则是过错责任。依据该原则，只有行为人因过错给他人造成损害时，才需要承担侵权赔偿责任。过错责任中过错的有无取决于行为人是否违反了应有的注意义务。出于自我利益的考虑，只要谨慎注意义务的标准被界定在一个预防的有效水平上，过错原则就会促使加害人与受害人采取有效的预防措施，从而避免损害的发生。因此，"过失概念并不是一个有关消除风险的概念，而是一个有关通过采取合理的预防措施将风险降低到可接受的水平的概念"。具体而言，一方面，如果行为人不采取预防措施，避免损害他人，就会被认为有过错，应承担侵权赔偿责任。如此，侵权赔偿责任可以形成一个有效的经济机制，迫使行为人采取预防措施，避免承担侵权赔偿责任。另一方面，如果行为人已经采取了预防措施，而受害人却不采取一定的自我保护措施，避免损害的发生或防止损害的扩大，那么受害人就要自行承担全部或部分的损失。这也是过错原则的题中应有之义。故此，过错责任在使行为人具有预防侵权行为的动力的同时，也使受害人产生了避免遭受损害的动力[2]。美国学者多布斯也认为，法院和学者们几乎总是承认，侵权法的另一个目标是，当特定种类的行为造成伤害时，通过施加法律责任来威慑该行为。威慑的概念并不是说一个人在被判定为某一侵权承担责任之后会有更好的行为表现。它所要表达的思想是，所有的人在认识到潜在的法律责任以后，往往会避免可能会导致法律责任的行为。他们有时可能会参与所涉行为，但是，也只是在他们从中能获得的利益多于承担法律责任之付出的时候才会参与这些行为[3]。而某些批评者认为，侵权法未能提供系统的威慑[4]。侵权行为责任的首要目的并不是对违法行为人施以惩罚或威慑，关于损害赔偿的判决只是将损失转移给了违反了不对原告造成侵害损失义务的行为人。正是由于被告不适当地给原告造成了不幸，才使得国家允许原告将损失转移给导致了该损失的被告。诉权就是通过诉讼要求被告对因侵害造成的损失进行赔偿的权利[5]。批评者的意见值得重视——从规范的视角看，世界各国的侵权责任法是否具备通过威慑达到预防的直接目的？

其实，笔者有一个疑问性的建议，我们在讨论侵权责任法的功能的时候，是否应

---

[1] 王利明：《侵权责任法研究》（上卷），中国人民大学出版社2016年版，第124~125页。
[2] 程啸：《侵权责任法》，法律出版社2021年版，第36页。
[3] [美]丹·B.多布斯《侵权法》（上册），马静等译，中国政法大学出版社2014年版，第17~18页。
[4] [美]丹·B.多布斯《侵权法》（上册），马静等译，中国政法大学出版社2014年版，第18页。
[5] [美]阿瑟·利普斯坦、本杰明·兹普斯蒂：《产品质量侵权时代的矫正正义》，载[美]格瑞尔德·J.波斯特马主编：《哲学与侵权行为法》，陈敏、云建芳译，北京大学出版社2005年版，第279~280页。

该作一个基本的区分？笔者认为应该作出区分，即应当将侵权责任法的功能区分为"主观功能"与"客观功能"。主观功能是指规范本身所具有的制度功能；客观功能是指制度实行所带来的客观效果。如果笼统地说，侵权责任法具有补偿、惩罚和预防的三种功能当然是概括主观功能与客观功能来讲的。但是，从规范本身来说，它当然仅仅具有补偿功能，因为，侵权责任的构成是有构成要件的，只要符合构成要件就发生赔偿责任。规范功能就是这种功能。因此，有学者认为侵权法的唯一功能就是补偿功能，当然就是指的主观功能。当然，这种规范实施的后果必然带来让人们警惕不再发生类似侵权行为，同时行为人（加害人）也得到了应有的惩罚——付出了代价。但这是规范的"副产品"，因为任何法律制度都有这种功能。无论是违约责任，还是产品责任，都会有这种效果。因此，应区分规范的直接功能——主观功能与共犯的间接功能——客观功能。主观功能或者说规范的直接功能 就是补偿；而客观功能或者说间接功能也包括惩罚与预防。

当然，从某种意义上说，补偿功能同时也带有"矫正"的功能：就如有学者所指出的，当一条分配正义的规范被一个社会成员违反时，矫正正义（corrective justice）便开始发挥作用，因为在这种情况下，要求对过失作出赔偿或剥夺一方当事人的不当得利，就势在必然了[1]。因过错行为课定赔偿责任其实本身就是一种对不法行为的矫正。在这一点上，侵权法其实与刑法有相似之处，二者的区别仅仅是刑法让加害人付出自由或者生命，而侵权责任是让加害人付出金钱。

作了这种界定之后，我们再来分析侵权责任编的内在价值就容易多了——为其奠定了基础。这种赔偿功能终究应该是建立在"正义"的基础之上。但是，究竟是建立在矫正正义之上，还是分配正义之上呢？

第二节 侵权责任编的内在体系

与一般的民事法律制度不同，侵权责任法除了公平之外，更多地则是以正义为内在价值，这一点充分体现出侵权责任法与刑法的天然联系。而无论是《民法典》中关于侵权责任的过错责任还是不问过错责任（无过错责任或者严格责任），不过是这种正义观的体现。这种正义观可以通过下列图示表达：

---

[1] [美] E. 博登海默：《法理学：法律哲学与法律方法》，邓正来译，中国政法大学出版社1999年版，第267页。

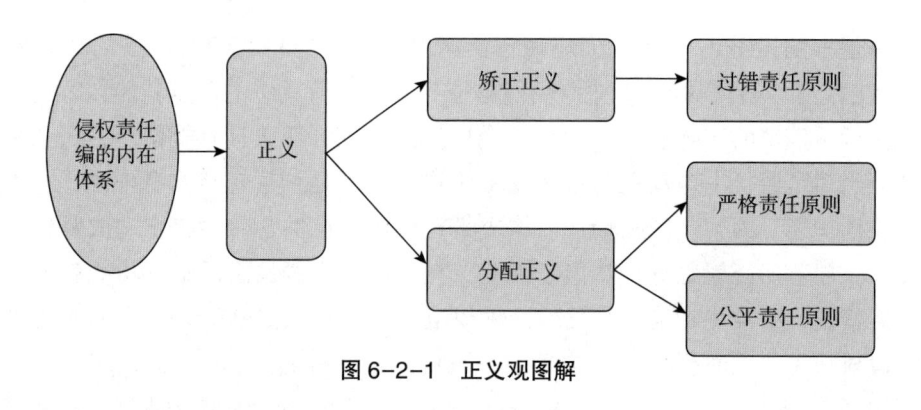

```
侵权责任        ┌─→ 矫正正义 ──→ 过错责任原则
编的内在 ──→ 正义 ┤
体系            │           ┌─→ 严格责任原则
                └─→ 分配正义 ┤
                            └─→ 公平责任原则
```

图 6-2-1　正义观图解

一、关于"正义"的概念

关于什么是正义，就像什么是公平一样，尽管每个人心中都有一个关于公平或者正义的"想法"，但表达出来却千差万别。就如美国学者博登海默所言，正义有着一张普洛透斯似的脸（a Protean face），变幻无常、随时可呈现不同形状并具有极不相同的面貌。当我们仔细查看这张脸并试图解开隐藏在其表面背后的秘密时，我们往往会深感迷惑。从哲学的理论高度上来看，思想家与法学家在许多世纪中业已提出了各种各样的不尽一致的"真正"的正义观，而这种种观点往往都声称自己是绝对有效的[1]。而实际上，古往今来的哲学家和法律思想家不过是提出了种种令人颇感混乱的正义理论。当我们从那些论者的蓝图与思辩转向政治行动和社会行动的历史舞台时，那种混乱状况的强度也不可能有所减小。对不同国家、不同时期的社会建构曾产生过影响的种种正义观念，也具有令人迷惑的多相性[2]。因此，如果仅仅对正义的概念进行定义，恐怕是徒劳的。但是，关于正义，有几点大家是有共识的，首先就是：关于正义的完整思想和概念是由亚里士多德最先提出来的。但是，亚里士多德究竟将正义分为几种？对此，人们始终存在争议。

例如，国外有学者认为，亚里士多德把具体的正义分成了分配的正义、矫正的正义、交换的正义和公平四类。也有国外学者指出，亚里士多德将具体的正义分为分配的正义和交换的正义两类，而对亚氏的抽象正义却鲜有论及。我国学者对亚里士多德的正义分类也同样莫衷一是。例如，吕世伦教授认为，亚里士多德将正义分为普遍的正义和特殊的正义，而特殊的正义又称政治正义、法律正义，它包括分配正义和矫正正义两种。有人指出，亚里士多德将正义分为自然的政治正义和习惯的政治正义、普遍正义和个别正义两大类别；其中个别正义又包括分配的正义和矫正的正义，而矫正的正义在某些情况下又被称为交换的正义——这是一种将矫正的正义等同于交换的正

---

[1]　[美] E. 博登海默：《法理学：法律哲学与法律方法》，邓正来译，中国政法大学出版社 1999 年版，第 252 页。

[2]　[美] E. 博登海默：《法理学：法律哲学与法律方法》，邓正来译，中国政法大学出版社 1999 年版，第 257 页。

义的观点。还有人主张,亚里士多德将正义分为立法正义与司法正义、分配正义与矫正正义两大类,而矫正的正义与司法正义相近。关于亚氏正义分类的观点之多,不胜枚举[1]。

有学者对于亚里士多德关于正义的分类进行了理论基础和现实基础分析之后,认为,自然哲学的原理,是亚里士多德进行正义分析的理论前提。在解释自然物时,亚里士多德认为自然物由于自己的本性而存在;自然物处于运动变化之中,而这种运动变化的动因则存在于其本性之中。质料、形式、动力和目的,构成了自然物的四个要素。自然哲学的分析理路也可运用于人造物。与自然物相对立的人造物——特别是能够反映人的行为特征的技术过程,"一方面完成着自然所不能完成的事,另一方面技术也模仿着自然"。人造物也由最终可以被概括为两个方面的四个要素组成。例如,一尊雕像由质料因(如铜)、形式因(如某人的形状)、动力因(如雕刻匠)和目的因(如雕刻的技术过程是为了达成一尊雕像)四因组成。后三者是有关甚至是同一的,因为工匠既是动力,也是他按照一个目的和形式把铜雕刻成雕像的,因此这三者结合在一起。作为一种非自然生成的"伦理德性"的正义,也完全适用上述思维框架。循此逻辑,抽象的正义和具体的正义分别体现为正义的质料和正义的形式。守法、不害他人是构成正义的本源性要素,是抽象的正义;这种正义观在人群中更多地表现为具体的正义——它关涉人们的财产分配等具体的问题。因此,作为正义之形式的具体正义成为主动的因素,体现了作为正义之质料的抽象正义。将正义划分为抽象的正义和具体的正义,不仅与亚里士多德二因的自然哲学基础相关,而且也与古希腊人"同自然和谐地生活"的观念保持了一致。概言之,质料因和形式因的自然哲学基础,构成了亚里士多德将正义分成抽象正义和具体正义的理论前提。在区分抽象正义和具体正义的前提下,亚里士多德进一步将前者分为自然的正义和习惯的正义、将后者分为分配的正义和矫正的正义。与抽象的、具体的正义以自然哲学为理论基础不同,后四种正义的分类则建立在现实的基础上:自然的与习惯的正义以宗教为基础,而分配的和矫正的正义则以城邦的政体为现实依据[2]。

上述学者的这种分析路径及结果颇具有可信度。这种将正义区分为一般正义(抽象正义)与具体正义(特殊正义)的分类方式也是学者基本的共识[3]。因此,在共识的基础上,有学者非常清楚地总结道:亚里士多德在《尼各马可伦理学》中详细地论述了正义概念的内涵及其种类。在总体上,他把正义分为一般正义和具体正义。一般

---

[1] 孙文恺:《亚里士多德正义分类的理论与现实基础》,载《河南师范大学学报(哲学社会科学版)》2009年第4期。

[2] 孙文恺:《亚里士多德正义分类的理论与现实基础》,载《河南师范大学学报(哲学社会科学版)》2009年第4期。

[3] [美]罗伯特·所罗门:《大问题:简明哲学导论》,张卜天译,广西师范大学出版社2004年版,第311页;孙文恺:《亚里士多德正义分类的理论与现实基础》,载《河南师范大学学报(哲学社会科学版)》2009年第4期;叶金强:《论侵权法的基本定位》,载《现代法学》2015年第5期;颜景高:《分配正义:平等主义话语的建构与批判》,载《南通大学学报(社会科学版)》2020年第5期;邓肖潇、龚天平:《论亚里士多德关于正义的分类思想》,载《湖北文理学院学报》2015年第1期。

正义是相对于公民与整个城邦和社会的关系而言的，它要求公民的言行举止必须合乎法律；具体正义是相对于社会成员个人之间的关系而言的，它要求在公民之间实现公平。他把具体正义分为分配正义和矫正正义。分配正义涉及的是钱物、财富、荣誉，还包括权力等可分配之物在社会成员之间的分配，强调比例平等；矫正正义旨在维护人们经济交易中的公平和根据法律纠正人与人之间的相互伤害，强调人与人的平等[1]。将具体正义区分为矫正正义与分配正义的做法，基本上概括了由两个不同的归责原则——过错责任原则与严格责任原则（不问过错责任原则）——所构造的侵权责任法的内在体系。

二、矫正正义与分配正义同侵权责任法内在体系的关系

有学者指出，对侵权行为法最好的解释应当能够表明它与矫正正义和分配正义的主要制度之间的联系，并能以此加深我们对它们的理解，尤其是侵权行为法的制度和分配正义通过共同地合理解决生活中的不幸事故所带来的损失而具体说明了公平的要求。在早期理论中，因人的行为和非因人的行为而造成的不幸事件具有根本的区别，而矫正正义和分配正义之间的区别反映了各种不幸事件之间的区别。矫正正义阐明了因人的行为所造成的不幸事件中正义的要求；分配正义则阐明了其他不幸事件中正义的要求。实际上，侵权行为法和矫正正义所面临的许多"问题"，分配正义也同样面临。由于分配正义的范围包含了不应由个人负责的这类不幸事件，但矫正正义包含的是应当由人的行为负责的一类不幸事件，因此个人责任概念在其中所处的不同地位反映了公平的不同要求。矫正正义认为，在因个人行为所造成的不幸事件中，公平观念要求应该对损失负责的人对其侵害行为造成的可赔偿损失承担赔偿责任。适当地说，损失归因于某人的应负责行为，即由于你受到的损失是我的行为结果，因此矫正正义要求我对你遭受的损失承担赔偿责任。相反，一个人对他人实施帮助的义务范围则并不限于减轻因其行为导致的损失，许多分配正义的义务往往要求人们对与其行为没有因果关系或者其不应负责的损失承担帮助义务。矫正正义则是一种与之截然不同的正义观，它所施加的义务以"对结果承担责任"关系为基础。并非所有主张分配正义的学者都认为正义的要求超出了结果责任关系的范围，如自由论者便是其一。自由论者认为结果责任的概念既决定了矫正正义，也决定了分配正义。当然，不同的自由论者对此有不同的陈述。意志和因果关系将其与单纯的意外事故（即因其他事故引起的行为）区别开来[2]。

显然，学者的上述论述非常清楚：凡是以过错责任为归责原则的侵权行为，其基本理念所表达的就是矫正正义，而以无过错责任原则为归责原则的侵权在行为表达的当然就是分配正义。

---

〔1〕 邓肖潇、龚天平：《论亚里士多德关于正义的分类思想》，载《湖北文理学院学报》2015年第1期。
〔2〕 [美]朱里斯·克里曼：《侵权行为法和侵权行为理论——关于研究方法的初步思考》，载[美]格瑞尔德·J. 波斯特马主编：《哲学与侵权行为法》，陈敏、云建芳译，北京大学出版社2005年版，第247~248页。

矫正正义当然只有在以过错责任为归责原则的侵权行为中才能体现出来，那么，这种一般的侵权行为是如何体现矫正正义的呢？有学者对侵权行为的一般构成要件——损害、因果关系和过错，与矫正正义进行了融合性研究分析。他认为：①损害。如何解释为什么原告所遭受的损失正好是确定被告必须赔偿而原告应当获得赔偿多少的标准呢？如果将损害赔偿理解为一种消除侵害（由于平等遭到了破坏）的途径，那么关于侵权赔偿的这些特征就不难理解了。如果损害赔偿来自于被告之外的话，它可以满足对原告的要求但却不会触及被告的侵害行为；如果损害赔偿的标准不是建立在原告的损失基础之上，它也许会涉及被告的侵害行为或者可能会促进分配正义的观念，但它却不能弥补原告所受的以损失形式体现出来的伤害。所以矫正正义可以加深我们对侵权赔偿的基本特征的理解，以及掌握损害赔偿金数额的司法标准，也就是说，他们的目标是"如果受到了伤害或者蒙受了损失的当事人不能承受该侵害，那么就使他恢复到其本应属于的状态"，这一原则当然也可以表达为侵权行为法的目标是给非法侵害提供赔偿，但是如果我们离开了侵害与受害之间的联系，试图从如此理解的损失的法律含义中得出损害赔偿的含义，那么就连这个常识都会很容易被误解。②因果关系与损害。被告是否应当对该损失负责是解决损害赔偿问题的前提，这应以始自被告的行为终致侵害这一具有因果关系的次序为条件，基本规则保证了某个人的行为只有在对他人造成了侵害时才具有法律上的意义（作为责任的基础）以及某个人的受害只有来自于他人的侵害行为时才具有法律上的意义（作为赔偿的基础）。因此，基本规则只将产生责任的可能性限于"一方实施了侵害而另一方承受了该侵害"的这一类案件，从而产生了矫正正义的问题。而且，行为的构成要件反映了不同情形中的平等观念，因为，如果被告没有实施任何危及原告的行为，作为一个准则，民事被告仍然可能要对原告所受的侵害负责，那么被告所追求的按照自己的意志自由行为的权利（可能对他人之利益漠不关心）则取决于，也有可能是从属于原告对幸福的要求。尽管从形式上来说，被告承担责任的基础同样也是原告获得赔偿的基础，但从更实质的意义上来说，这个规则忽略了人们之间的相互关系（预见的平等），因为根据前面的论述，在这种情形下，只能通过使被告的侵害行为成为对原告受害的一个抽象的反映，从而将原告对权利的主张解释为侵害与受害是源于"同一个"错误。③过错——合理人的标准。侵权行为法中关于合理行为的客观标准同时包括以下两个要件：①因他人行为而产生的不应受的不幸不仅在其自身，而且在法律上具有重要意义；②尽管被告尽了其最大的努力避免侵害发生，但他仍然对他人造成了侵害。通过下面的结论可以看出这一标准的重要意义在于它是对矫正正义中平等观念的表达。不应受的不幸可能会要求从某人的角度来转移社会资源，但是如果该不幸与他人行为之间的联系可以单独地成为产生责任的足够理由，那么关于正当行为的界限则仅仅取决于某个行为对他人的影响；同样地，如果某个人尽了其最大的努力避免侵害他人，这也可能只与他道德上的过错有关，但是如果这能够使其行为的结果不受他人诉讼权利的主张，那么关于正当行为的界限则仅仅取决于行为人自身与他自己的行为之间的关系。当然，一个行为可以从不同的角度来进行评价，合理人的标准旨在为法官作出适当的判决提供依据，在诉讼中，加害人与受害人是作为平等主体来对待的。根据上述对责任的理解，我们可以说该标准回答了什么样的诉讼对于参与者来说是公平的问题，那就是既不片面地倾向行为人对其行为的自我观念，也不片面地倾向他人所受的侵害。现在我们可以这样回答：这个客观标准说明了侵害或者过错的观念，该观念适合于从正义的角度出发（即与他人的关系）来评价行为，我们不能把这个标准说成是人的个性或者意愿的表达。同样地，我们也可以解决客观标准和因果关系要件所困扰着侵权行为法的道德机制问题。如果认同那种认为道德评价的目标在于独立地考虑每一个人的观点，那么一个行为可能会造成不同结果，这个讨厌的问题也就出现了。总之，基本规则支撑了如"合理注意"以及"合理预见性"等司法上的阐述，这些阐述支撑了法官的判断，而法官的判断又在具体案件中进一步诠释了法律或者决定了责任（如"合理的注意要求某人在这样或那样的情形下"或者"被告未能尽到合理之注意"）。简言之，在不同（种类）的情形中，适用的判决说明了矫正正义的要求，我们可以从关于责任的判决中得出矫正正义的真谛[1]。

　　显然，无论是最初的侵权行为法，还是今天的侵权行为法，其主旨都在于通过过错归责的方式来对加害人的不当行为进行矫正，从而实现矫正正义。但是，在19世纪以后，因工业革命出现的因事故导致的损失，则很难再用过错责任所反映出来的矫正正义来统辖。因此，以严格责任（包括危险责任）所体现出来的分配正义在侵权法的内在体系中占有了一席之地。就如学者指出的，侵权行为体系最初在12至13世纪被创设时，其目的是在被告对原告实施侵害的刑事案件中实现矫正正义。早期的侵权行为法，即有关非基于合同损害的民事诉讼，产生于刑法。在此后长达5个多世纪的历史中，即直至17世纪晚期，侵权行为都被视为一种准犯罪行为。侵权行为责任是处理被告对原告造成了侵害（具有犯罪性质）且要求被告对原告进行损害赔偿情形的唯一方式，这些情形是矫正正义的典型例证。因此，毫无疑问，侵权行为体系的最初发展是为了实现矫正正义，这解释了为什么侵权判决的结构完全反映了矫正正义的原理。但是，在19世纪出现的美国工业革命以后，伴随着那个世纪的进步，普通法从两条基本的途径发生了改变：①允许法官对侵权法体系进行重新定位，使其服务于经济目标，而不再是服务于矫正正义目标；②在令状体系中，正式的程序要件往往会使实体法上的考虑变得模糊，因此令状制度被废除，并首次允许法官直接面对侵权行为法上的许多实质问题，而且，当时的法学理论也拒绝了对普通法的自然法学论证，转而赞同工具主义者的论证。这两种发展方向的汇合意味着以矫正正义为起源的判例法结构，在19世纪已经变革为一种在调整数量上不断增长的以工业化社会为特征的侵害事故体系。随着时间的流逝，侵权法体系的地位也不断牢固，以至于在现代社会它仍然是作为降低事故损失的首要制度之一在发挥作用，尽管许多其他的调整制度能更有效地服务于

---

〔1〕［美］马丁·斯通：《侵害与受害的意义》，载［美］格瑞尔德·J.波斯特马主编：《哲学与侵权行为法》，陈敏、云建芳译，北京大学出版社2005年版，第204~209页。

经济目标。侵权行为法在这个时期的变化具有深远的意义，许多法制史学家都把现代侵权行为体系的发展归因于工业革命，尤其是在1850年之前，无论英国还是美国都没有出版有关侵权行为法的论文，这也使得将侵权行为体系的发展归因于工业革命显得十分合理。侵权法体系在19世纪的重大变化反过来也有力地说明了侵权法体系从矫正正义体系演变为一种注重降低事故损失的调整制度，加里·斯奇沃尔兹在论述这个时期的侵权行为法时总结到：在判例法中重新出现的两大主题是对现代企业所施加的风险的司法关注和采用责任规则控制这些风险的司法愿望；另一些主题包括对因企业事故受到损害的受害人进行关怀以及消除那些保障受害者公平地获得救济机会的法律中所存在的不确定因素的司法愿望[1]。这就需要在矫正正义之外增加反映分配正义的以损失分担为目的的思想。

"分配正义"属于正义的一个重要部分，有学者指出，正义通常分为两部分，一部分涉及惩罚，另一部分涉及物品和责任的分配[2]。分配正义解决这样一个问题："社会产品如何在其成员之间进行分配？"[3] 亚里士多德认为，分配正义强调因人而异的分配，即相同的人应得到相同的待遇，不同的人应得到不同的待遇；平等的人应得到平等的待遇，不平等的人应得到不平等的待遇，即"得所当得、失所当失"。分配正义的实质是强调"比例平等"，即"合比例的才是适度的，而公正就是合比例的"，它根据社会不同成员间的价值来确定一个统一的标准，在他们之间对社会财富、荣誉、安全和其他物品进行分配。亚里士多德认为，分配正义要根据价值进行分配，它强调不同的人分得不同的物品，平等的人享有平等的对待，不平等的人就应该受到不平等的对待。"不公正中包含着不平等，公正中包含着平等。"因而平等的必然是正义的。所有过多的或不及的行为中存在一个适度，那些不正义的人和不正义的事虽然是不平等的，但在二者中也存在一个适度，即平等[4]。分配正义关涉社会成员之间权利与义务、付出与回报之间的合理性配置。从经济维度上说，分配正义意味着遵循按贡献分配的市场原则；从政治维度上说，分配正义要求每一个人具备同样的政治权利或者同等的社会地位；从伦理维度上说，分配正义就是人人都享有基本的社会价值，诸如自由、自尊、荣誉等，也就是说，分配正义不仅仅关涉经济分配领域的正当性观念，而是指涉整个社会基本结构配置的公平正义问题[5]。罗尔斯作为正义理论研究的著名学者，他关注的焦点就是现代社会物品分配的正当性与平等性问题，他所建构的两个正义原则，批判性地衔接了亚里士多德分配公正的设想和意图。换句话说，罗尔斯的平等自

---

[1] [美] 马克·格斯特菲尔德：《经济学、道德哲学及对侵权行为法的实证主义分析》，载 [美] 格瑞尔德·J. 波斯特马主编：《哲学与侵权行为法》，陈敏、云建芳译，北京大学出版社2005年版，第314~318页。

[2] [美] 罗伯特·所罗门：《大问题：简明哲学导论》，张卜天译，广西师范大学出版社2004年版，第311页。

[3] [美] 丹·B. 多布斯：《侵权法》（上册），马静等译，中国政法大学出版社2014年版，第13页。

[4] [古希腊] 亚里士多德：《尼各马可伦理学》，廖申白译，商务印书馆2003年版，第134~136页。

[5] 颜景高：《分配正义：平等主义话语的建构与批判》，载《南通大学学报（社会科学版）》2020年第5期。

由原则和差别原则几乎可以用亚里士多德的分配公正和矫正公正来阐明。正是在此意义上，有学者认为："罗尔斯的正义理论与亚里士多德的正义理论可以说如出一辙，他的所谓的平等权利原则和'差别原则'可能用亚里士多德的'分配性的正义'和'矫正性的正义'来表述更加准确。"对于罗尔斯来说，假如不平等被允许，分配正义就意味着社会物品的平等配置。那只能在促进所有人收益的条件下才能够得到允许，这就是说，一个社会应该平等地安排人们合理生活所需要的基本善，诸如自由、权利、自尊、机会以及财富等，这需要建构一个分配正义的理论框架[1]。罗尔斯指出了正义的两个基本原则：第一个原则：每个人对与其他人所拥有的最广泛的基本自由体系相容的类似自由体系都应有一种平等的权利。第二个原则：社会的和经济的不平等应这样安排，使它们"被合理地期望适合于每一个人的利益"；并且"依系于地位和职务向所有人开放"[2]。然而，上述两个原则在社会政策中不应当被赋予相同的重要性：第一个原则优先于第二个原则。这意味着，自由只有因自由本身的缘故才能被限制[3]。

侵权行为法与分配正义理念的契合之处在于：当今世界各国侵权行为法中，出现了大量的不以过错为归责原则的侵权类型，而这些新的类型中行为人之所以负责，并非是因为其行为具有不法性或者具有过错，恰恰相反，这些行为或者造成损害的设施是社会或者公众所需要的，但以现在的技术水平难以避免这种损失或者避免的成本太高，例如，汽车事故在当今世界许多国家都非常频繁，如果要避免的话，要么杜绝汽车上路，要么让其速度降低在5公里以下（就如现在许多住宅小区中要求的：不得高于5公里）。这样做虽然可以杜绝或者降低事故，但成本极高。飞机这种航空器的事故率在万分之几，以现在的技术无法避免，但它却是公众出行最方便、最快捷的交通工具，为大众所需要，因此不能禁止。然而，一旦发生事故，损失巨大。因此，让这种行为承担责任，不在于矫正其行为，而在于如何分配风险或者损失。有学者在总结这些严格责任或者危险责任的行为人承担责任的合理性时指出，危险责任中的"归责事由"（即归责的内在合理性问题）是：加害人通过设置危险装置、维持危险状态或从事危险活动获取经济利益，就应承担因此对他人造成的损害。危险责任具有"获益与风险相抵"功能，即以经济利益为目的持有某种特定危险设备，维持某种危险状态，或者从事某种危险行为的，此事实情况本身构成的对其他人或物潜在的特殊危险，通过获利者承担风险和损失的安排，作为允许其从事高度危险行为的补偿[4]。

当然，关于矫正正义与分配正义的关系，学者之间有不同的观点。例如，有学者反对两者之间的联系，指出矫正正义与分配正义之间的类别差异意味着将分配考量引入矫正正义不仅模糊了各自的范畴，而且给"原告—被告"关系结构带来了不连贯性；

---

[1] 颜景高：《分配正义：平等主义话语的建构与批判》，载《南通大学学报（社会科学版）》2020年第5期。

[2] [美]约翰·罗尔斯：《正义论》，何怀宏、何包钢、廖申白译，中国社会出版社1999年版，第56页。

[3] [美]E.博登海默：《法理学：法律哲学与法律方法》，邓正来译，中国政法大学出版社1999年版，第256页。

[4] [瑞]海因茨·雷伊：《瑞士侵权责任法》，贺栩栩译，中国政法大学出版社2015年版，第24页。

此外，开放的分配考量与存在于当事人之间的双极关系并不相容。当然，矫正正义预设了权利的存在，但不能因此认为分配正义为矫正正义提供了平等观；即便矫正正义在一个分配的背景下运作，其接受给定的分配，但并不将分配的正当理由置入自己的结构之中[1]。相反的观点则反对将单一价值作为侵权法的内在价值，指出，无论是赔偿正义、分配正义还是矫正正义，在一些重要问题上都仍显得力不从心。例如，矫正正义理论将当事人之间的因果关系作为他们对经济分析理论的批判和对侵权体系论述的核心，但这很难适应现代社会产品责任的不断发展。总的说来，侵权行为实践过于庞杂，很难将它归属于代表某种单一价值的解释理论，侵权行为的很多部分已经突破了我们构建的解释学框架而凸现出来[2]。

　　对于侵权责任法的内在价值体系是否反映了矫正正义与分配正义，学者之间看法不同。有人认为，只有矫正正义才是侵权责任法的内在价值，例如，美国学者克里曼提倡从矫正正义出发来解释侵权行为，他认为侵权行为实践与矫正正义在概念上是相辅相成的。一方面，他认为矫正正义从两个方面说明了侵权行为实践。其一，抽象的矫正正义原则与侵权行为所体现出来的每个特定的显著包括法律推理的规范概念相联系。应对侵害损失负责的当事人有义务赔偿损失——这个基本原则使侵害、损失、责任、义务及赔偿等概念有序化并说明了彼此之间的依赖关系，也使侵权行为实践中的几个核心要素成为一个有机体，并为侵权实践参与者的推理或判断提供了一个清晰的结构。其二，矫正正义的核心概念为公平原则，将该原则和其形成的制度与其他基本政治原则和相应的制度实践紧密相连；反过来，由公平原则构建并确认为合理的所有政治制度又为公平理念确定了轮廓，其结果是使我们根据该原则赋予矫正正义的内涵来理解其他的政治上的公平原则。通过这两条途径，矫正正义使侵权行为实践理性化并为之提供清晰稳定的结构，将其与其他相似的政治目的联系起来，并使之对更多的政治关注和价值负起责任[3]。美国学者利普斯坦和兹普斯蒂反对那种认为矫正正义不能用来解释某些反对意见的主张，并以此来捍卫矫正正义论。他们探讨了可以用矫正正义论解释的最棘手的案件：市场份额责任原则和产品质量侵权案件。大家所公认的在这一领域的先例中，以辛德尔（Sindell）和海默维兹（Hymowitz）案最为典型，大多数人都认为在这些案件中应当摒弃侵权责任中的"因果关系"要件，代之以被告公司应当按照该侵害产品在市场份额中的比例来对原告所受的侵害承担责任，但利普斯坦和兹普斯蒂认为市场份额责任的几种（非全部）形式与传统侵权行为法和矫正正义是完全一致的。审理辛德尔案的法院没有摒弃根本的因果关系原则，但是却以矫正正义为依据，将传统的举证责任由原告方转移给了被告方。法院这么做的原因是，在这

---

[1] 叶金强：《论侵权法的基本定位》，载《现代法学》2015年第5期。
[2] [美] 格瑞尔德·J. 波斯特马：《侵权行为法解释的理论研究》，载 [美] 格瑞尔德·J. 波斯特马主编：《哲学与侵权行为法》，陈敏、云建芳译，北京大学出版社2005年版，第18~19页。
[3] [美] 格瑞尔德·J. 波斯特马：《侵权行为法解释的理论研究》，载 [美] 格瑞尔德·J. 波斯特马主编：《哲学与侵权行为法》，陈敏、云建芳译，北京大学出版社2005年版，第15页。

些案件中，如果原告可以举出令人信服的证据证明被告的产品对许多人造成了伤害，只是不能列举出所有受害人来对抗被告，那么被告就不能以传统的推定被告没有对原告实施侵害行为的理由来进行抗辩。当事人之间的公平往往要求将举证责任归于提起诉讼的一方当事人，因为起诉方有权以矫正正义的名义提起诉讼[1]。另一位美国学者马丁也指出，亚里士多德认为，司法上的涉及处理侵害事故的公平观念（属于矫正正义范畴）不同于一般的涉及分配利益和负担的公平观念（属于分配正义范畴）：如果一个高尚的人从一个卑贱的人那里获得利益，或者一个卑贱的人从一个高尚的人那里获得利益，或者一个高尚的或是卑贱的人进行通奸，在这里（在矫正正义情况下）都无关紧要。当一个人实施了不公正行为，而另一个人承受了该行为时以及当一个人造成了损害而另一个人承受了该损害时，法律只关注其不同的危害（已经造成的），而且法律会平等地对待他们每个人。因为这是一种不平等的现象，因此法官要设法将这种不平等状态恢复到平等状态。在分配正义中，两个或者更多的人之间只通过一些功利标准，如"高尚或卑贱"而具有间接的联系并以此决定物品的分配。因此他们通过这种联系而实现的平等是一种通过"根据他的品质而给予或者索取"公式所表达的比率或者比例。矫正正义的目标也是给予每个人应得的权利，但是在这种情形下的应得权利是一种双方当事人之间的直接联系，这种联系即使离开了在分配制度下将人们与社会利益和责任联系起来（所以他们互相联系）的功过标准，也仍然具有法律上的重要意义。

因此，正如亚里士多德所说的，法律并不关注这些标准所适用的情形及其特征，而是"只关注其已经造成的不同的危害"，即这里所违反的平等涉及的只是实施侵害行为和蒙受侵害的区别问题，即某人在侵害事故之前和之后所拥有的东西之间的区别，这与某人所拥有的与他根据可以独立于人们之间的联系而运行的该标准而应该得到的东西二者之间的区别相对。总而言之，法官的任务在于决定何时（在何种情况下）双方当事人因同一个侵害行为而处于侵害与受害的关系之中。法官的目的是追求正义之实现，他在对于侵害的两种描述，即侵害是受害的反映以及受害也是侵害的反映之间居中地寻求解决，这就是根据双方当事人在行为利益上的平等地位（包括了他们免受非法侵扰的利益）来平等地对待他们。这种情形下对平等的违反是指实施了侵害行为，这不是因为他们扰乱了在先的公平分配，也不是因为他们威胁到了公共目标的实现，而是因为他们与另一个具有平等地位的当事人的利益产生了矛盾。这里所说的侵害和受害包含了对等的获益和损失，即受害人所承受的不该受的损失应该是由加害人的行为所导致的，因此，这是一个有关正义的问题。这个"对等"所表达的意义并不是指无论如何损失和获益应当在物质上完全相等，它为法官实施矫正性行为提供了依据，其基本理由在于，其认为某个人的所有少于其应得份额的理由同样也是另一个人的所有多于其应得份额的理由、任何对某人给予的理由同样也是应当对另一个人进行夺取

---

[1] 参见[美]格瑞尔德·J. 波斯特马：《侵权行为法解释的理论研究》，载[美]格瑞尔德·J. 波斯特马主编：《哲学与侵权行为法》，陈敏、云建芳译，北京大学出版社2005年版，第21页。

的理由,在这一点上它不同于分配制度有关的分配正义或者目标。因此,司法上对平等的恢复不包括给予当事人其先前拥有的份额(尽管其可能也会导致拿走财产的结果),也不包括根据分配正义(或者出于公共目标)给予他们其应得的份额,而是通过将损失转移给非法导致该损失的人从而消除那种破坏平等的侵害状态。受害人所承受的损失是侵害行为的一个组成部分;而加害人所造成的损害,至多是形成了受害人的不幸[1]。我国也有学者认为,侵权法基本对应于矫正正义。侵权法与分配正义的关系应基本相当于矫正正义与分配正义的关系。矫正正义与分配正义的结构有所不同,分配正义是根据一定的标准来分配利益或负担,分配正义之运行由三个要素构成:被分配的利益或负担、接受分配之人、分配之标准。这样的结构与矫正正义之结构显有不同,因为矫正正义呈现的是一个双极性的关系结构。其次,与分配正义体现一种比率之平等不同,矫正正义体现的是数量的平等。此外,分配正义和矫正正义在社会中的展现方式、实现途径也不相同,分配正义确定利益归属的方式,主要是通过立法划定利益格局,并经由权利立法来设定利益空间,故其与政治程序、权力运行密不可分;矫正正义通常是经由法律解释,透过司法程序于个案中实现[2]。

但是,也有人认为,侵权法的基本价值在于分配正义,而这种分配正义最直接的表达就是法律的经济分析学派。例如,有一学派接受了霍姆斯创立的经济理论模式,认为,社会生活中有关注意和行为的公共准则,其目的在于体现公平,而不在于追求利益或福利的最大化,他们把研究的基本法律问题更多地放在侵权行为法所包含的政治正义尤其是分配正义上,而不去过多地研究在可责罚性判决中所体现出来的个人道德责任[3]。例如,美国学者佩里认为,侵权行为责任依赖于个人责任观,有必要区分有关的两个责任观,即"归咎"责任和"分配"责任。当我们"分配"责任时,就相当于指定给特定的人一项任务,这种具有任务指向特征的责任有一个重要标志,那就是我们总是把责任和义务合为一体。便利、效率、公平和正义等都可以成为指定责任的许多理由之一,当然,承担者也可以自愿承担责任,或者因为他发现这就是他的职责之一,或者是因为某任务需要由他来创造一些合适条件而使他产生责任感。在这些情况下,他的责任来源于他对某种情况"负责"。一般来说,在人们通常构建和普遍接受的社会交往模式范围之内,由双方行为的相互作用而导致的风险都是双方共同制造的风险,那么要求一方当事人承担赔偿损失的义务也就缺乏充分的理论基础。在公认的社会交往模式之内,如果行为人采取额外预防措施(包括降低行为程度)的花费高于对风险的可能受害者采取一定预防措施的费用,那么他就会谨慎行为;但是,如果行为人的行为违反了公认的模式,或者他人比行为人更无力控制潜在的风险,或者行为

---

[1] [美]马丁·斯通:《侵害与受害的意义》,载[美]格瑞尔德·J.波斯特马主编:《哲学与侵权行为法》,陈敏、云建芳译,北京大学出版社2005年版,第191~202页。

[2] 叶金强:《论侵权法的基本定位》,载《现代法学》2015年第5期。

[3] [美]格瑞尔德·J.波斯特马:《侵权行为法解释的理论研究》,载[美]格瑞尔德·J.波斯特马主编:《哲学与侵权在行为法》,陈敏、云建芳译,北京大学出版社2005年版,第7页。

人的行为所产生的风险超出了正常可控制的范围，或者行为人可以以比采取预防措施更低的成本去降低该风险，那么就可以认为行为人对他人施加了风险。在这些情况下，风险是因行为人的行为所产生的，一旦这些风险物质化了，那么我们就可以认为行为人具有过错，在此基础上，行为人应当承担赔偿受害方损失的义务；另一方面，如果损失是双方共同导致的风险的物质化，而且没有因一方的行为而加重、也不可能因成本合理的预防措施而降低，那这个损失则应该由最初的受害者来承担[1]。这其实就是典型的以经济理论的效力公平反映出来的分配正义。

对于侵权问题，法律经济学并不重视赔偿目标，而是假设侵权法的目的是促进防止侵权行为资源的高效率配置。它通过详尽说明社会成本不仅包括直接侵权损失，而且包括社会中无法弥补的法律、行政及其他成本，来表述复杂的效率尺度。进一步的分析涉及极为抽象的数学模型，其中包括法律的成本—收益比较分析的标准和技术[2]。在侵权法上，法律的经济分析学派最引人注目的理论就是"效率"理论以及该理论最具代表性的"汉德公式"。波斯纳用一个简单的例子来说明汉德公式的原理：任何人都会采取措施预防事故的发生，但令人感兴趣的问题是他们在多大程度上采取了预防措施。如果你决定是否要购置一台辅助发电机以保证停电不至于使你收集的极有价值的南美蜥蜴断氧，那么你肯定会权衡辅助发电机能防止的蜥蜴损失及其成本，至少会粗略和快速地作一下分析，探究收益是否会多于停电可能引起的蜥蜴死亡量及损失的美元额。假设将损失的概率用一个基本近似值来表达，即一段时间内（比如说 1 年）由断电可能引起的蜥蜴死亡量及损失的美元额。假设损失的概率和金额以 P 和 L（表示）分别为 10‰和 1 万美元。那么，预期事故成本（PL）就是 10 美元。假设其每年成本为 8 美元，你将会购买辅助发电机，但这是以你没有更便宜的预防手段可用为前提。如果发电机的成本超过 10 美元，那你就不会买它了[3]。汉德法官的所谓汉德公式就是这一原理的体现：假设防止事故的成本用 B 来表示、损失的概率和损失用 P 和 L 表示，那么，只有当 B < P×L 的时候，行为人才具有过错，从而承担责任；否则，不应该承担责任[4]。汉德公式对于"过错责任"的说明似乎很有说服力，但对于严格责任又应如何说明呢？

对此，波斯纳指出，严格责任（strict liability）的意思是：引起事故的人对受害人的损害赔偿负有法律责任，即使损害无法通过其实施合理注意而予以避免（预期事故成本 PL 为 150 美元，而预防成本 B 为 300 美元）。如果预防成本高于预期事故成本

---

[1] [美] 马丁·斯通：《侵害与受害的意义》，载 [美] 格瑞尔德·J. 波斯特马主编：《哲学与侵权行为法》，陈敏、云建芳译，北京大学出版社 2005 年版，第 9~11 页。

[2] [美] 理查德·A. 波斯纳：《法律的经济分析》（上），蒋兆康译，中国大百科全书出版社 1997 年版，第 26 页。

[3] [美] 理查德·A. 波斯纳：《法律的经济分析》（上），蒋兆康译，中国大百科全书出版社 1997 年版，第 211 页。

[4] [美] 理查德·A. 波斯纳：《法律的经济分析》（上），蒋兆康译，中国大百科全书出版社 1997 年版，第 212 页。

(B>PL),那么严格责任被告就不会采取预防措施,进而将不得不向受害人支付损害赔偿。但如果按事故概率折算,这些损害赔偿要比事故避免成本低;换言之,预期法律裁决损害赔偿成本(等于预期事故成本PL)要比事故避免成本低,所以避免事故不会有任何收益[1]。从波斯纳的这一叙述来看,"汉德公式"似乎不能用于说明严格责任。但是,波斯纳换了一个视角来说明经济效益对严格责任的激励作用。他说,在过失责任和严格责任之间存在着重大的经济差异。不妨回想一下,作为减少事故发生概率的方法的有两种:一种是增加注意度,另一种方法是减少驾车出行的次数。如果我们可以识别这么一类行为——潜在加害人在这种行为中的活动量变化是事故防止中最有效率的方法,那么就有足够的理由对从事这些活动的人加以严格责任。相反,如果有这样一类行为,潜在受害人对此改变活动量是防止事故的最有效率的方法,那就成了加害人没有责任的有力理由——将"风险自负"运用于参加危险运动就阐明了这一观点。通过极端危险活动(ultrahazardous activities)这一概念,侵权法将严格责任加于那些涉及很高危险度而只靠行为人注意或潜在受害人改变其行为无法防止的活动。一个恰当的例子是对野生动物所造成伤害的严格责任。如果我的邻居养了一头老虎作为宠物,那么我就无法(以合理成本)作出任何努力以保护自己,并且他能做的也仅仅是谨慎地监控住那只虎。最好的预防措施可能只是他不养老虎,这是一种活动量的改变。但假设我们谈论的不是邻居的虎而是动物园的虎,那么防止对动物园游客造成事故的最佳途径可能是在动物园不养危险动物而只养温和动物吗?这一变更特定活动的成本可能是很高的,以致变更成为不可能。所以,法院将由动物园、马戏团和其他动物公园和表演中使用的野生动物所引起的伤害作为严格责任规则的例外是不足为怪的。极端危险活动严格责任的另一个领域是火药爆炸。无论建筑公司多么注意,事故总是会产生的;并且由于建造活动要在任何地方进行,所以减少事故的途径不可能是受害人改变其活动。最佳途径可能是由公司采取其他危险性较小的爆破方法;而严格责任就产生了考虑这种选择的激励[2]。

汉德公式在说明严格责任的时候确实不那么有说服力,但波斯纳认为,由于这些事故的发生不可避免,而这些危险活动的发起者或者说危险装置的拥有者,例如,航空器、动物园、核电站等,既不能通过低成本的方法控制事故的发生,又不能通过减少甚至停止运营的方式减少或者避免事故的发生,那么就通过让其承担责任的方式来激励他们尽量采取可行的方法来减少事故的发生。通过这种方式来达到激励的作用。试想一下,似乎也有道理:如果机械地采取汉德公式中的B<P×L的模式,没有过错就没有责任,那么,像这些危险行业由于防止事故的成本高昂,就不必承担任何责任,他们就没有任何动力去采取改进措施来减少事故发生。结果只能是使事情越来越糟糕。

---

[1] [美]理查德·A.波斯纳:《法律的经济分析》(上),蒋兆康译,中国大百科全书出版社1997年版,第212页。

[2] [美]理查德·A.波斯纳:《法律的经济分析》(上),蒋兆康译,中国大百科全书出版社1997年版,第229~230页。

但是，无论如何，这似乎已经超出了汉德公式能够说明的范围了。

总之，无论是汉德公式还是其他经济学的方法，都是在成本和效率的概念下，来说明事故损失由谁来承担更合理。因此，它实际上是分配正义的一种表达形式。

但是，对于经济学的这种说明方式，有些学者提出了批评。例如，有学者指出，经济分析学以及其他具有前瞻性的侵权行为法理论所面临的问题是：它们忽视了双方当事人是因一方认为另一方对其造成了非法侵害而引起诉讼这一点，诉讼当事人并非到法院来为法官提供一个追求最大限度地减少损失政策的机会，更确切地说，诉讼当事人到法院来是要证明自己的权利主张，试图通过官方的力量来声明谁有权对谁做什么。从某种意义上来说，法官是为他们服务的——在他们之间实现正义；而不是他们为了帮助法官体现政策执行能力而提起诉讼，也许没有谁会首先考虑到侵权行为法的理论化。根据经济学分析，在侵权之诉中，诉讼当事人之间并不存在什么重要的法律关系，重要的只是双方的关系对侵权行为法的目标尤其是最大限度地减少损失目标的作用。按照这种观点，就会出现一系列重要的问题：加害人（或者侵害集体）为减少这类事故损失起到了什么积极作用，所负担的成本是多少？受害人（或者受害集体）为减少这类事故而负担的损失成本是多少？这样，就应当对双方设定新的激励机制以期达到最佳的威慑效果，那怎样才能实现这一点呢？相反，从侵权行为法的结构来看，其中的最重要的问题在于受害人和加害人双方之间的关系，而并非一方或者双方与实现侵权行为法目标之间的关系[1]。

经济学分析无法提出原则性的理由来说明为什么要将原告和被告（集体）限定为加害人及其各自的受害人。确定加害人和受害人完全是以某些后视性（已经发生的有害事故）的特征为依据，但确定那些最有能力减少损失的人却是以他们与减少损失这一前瞻性目标的关系为依据。那么经济学家如何解释在典型的侵权之诉中，受害人是向加害人而非最佳的损失避免者主张权利这一事实呢？如何将侵权行为法中具有前瞻性的目标（按照经济学模式）与侵权行为法具有后规性的结构一致起来呢？答案是非常明显的，即受害人相信是加害人对其造成了侵害，因此加害人负有赔偿受害人损失的义务，因此受害人是向加害人而非最佳的损失减少者主张权利。但经济学家却不赞同这个简单的答案，他们的解释是，受害人对加害人提起诉讼是因为寻找最有能力降低未来事故损失的人成本太高。接下来的问题是，如果受害人证明了加害人的侵害事实，那么他有权要求加害人对其赔偿损失，经济学家如何解释这一事实呢？还有，由于经济学家不认同是由于加害人的非法侵害而导致其负有赔偿受害人损失的义务这一事实，那是否有更好的经济学理由来解释为什么加害人应该对特定的损失负责呢？另一个问题是，类似的经济学如何解释受害人只能就该损失获得赔偿呢？还有一个问题是，假设加害人应该负责，而且受害人应当得到赔偿，那么是否应该由加害人来对受害人进行赔偿呢？经济学解释不能利用这些自然的答案，相反，它根据各方当事人

---

[1] [美]朱里斯·克里曼：《侵权行为法和侵权行为理论——关于研究方法的初步思考》，载[美]格瑞尔德·J.波斯特马主编：《哲学与侵权行为法》，陈敏、云建芳译，北京大学出版社2005年版，第230页。

(分开考虑)可能采取的预防措施的预期效果来决定责任和赔偿问题。因此，受害人是否有权获得赔偿以及获赔的数额并不取决于他是否受到了非法侵害以及受侵害之程度，而是取决于对他进行赔偿是否会防止"过度威慑"（即避免促使受害人以及处于受害人境况下的人采取过度高昂的预防措施），或者取决于对他进行完全赔偿是否会导致"威慑不足"（即未能激励受害人以及处于受害人境况下的人采取最经济的预防措施）。

我们接下来将更进一步讨论在典型的侵权之诉中，经济学分析对于受害人对其认定的加害人提起诉讼这一事实所作的解释。因为侵权行为法的目的在于（前瞻性地）避免损失，那么我们就要解释为什么受害人是对加害人而不是对事实上能够以最低的成本减少意外事故的人提起诉讼呢？这个能够以最低的成本减少意外的人是否就是加害人或是其他人呢？经济学分析论的解释是，在具体个案中寻找这个最佳损失避免者的成本过高，因此，根据通常的办法，由受害人对加害人提起诉讼的一般规则就成为其次的最佳选择。这个观点是错误的，因为有效的因果关系解释支撑的正好是与之相反的事实，认为受害人对加害人提起诉讼仅仅是因为寻找最佳损失避免者的成本太高而使他们做出其次的选择，这意味着在没有寻找成本的情况下，意图提起诉讼的受害人有义务找出这个最佳损失减少者。换言之，如果找到这个最有能力减少损失的人无需成本或者成本极低，那么找出这个人将成为意图提起诉讼的受害人的义务。事实上，如果寻找成本确实极低或者侵权行为法的目标就是鼓励那些最有能力的人来尽量减少损失的话，那么不仅是那些意图提起诉讼的受害人，甚至就连一般的受害人——无论他们个人是否打算提起诉讼——都应当负有找到最佳损失减少者的义务。但是侵权行为法旨在授予受害人追索的权利以及寻求救济的力量——如果他们想这样的话，但这并不是他们的义务，其要点在于授予权利而非施加义务，当然是否行使这一权利取决于权利主体的决定，这个事实与经济学解释完全相反。经济学分析的症结在于它使侵权行为法所具有的这些最直观、最明显的特征变得神秘和令人难以捉摸。如果不考虑解释学理论的话，我们最直观的认识是：受害人有权提起诉讼是因为他认为加害人对其实施了非法侵害行为；受害人必须举证证明这一结果，因为法律认为损害以及非法侵害与诉讼结果紧密相关；如果受害人的主张得到了证实，他可以从加害人那里获得赔偿，因为法律将非法侵害视为赔偿的基础。但是经济学理论却告诉我们，所有的这些直观认识都是错误的；侵权行为法的这些显而易见的目的其实并不是其真正的目的；其真正的目的是效益，而这与加害人对受害人实施了非法侵害这一事实毫无关系，即使侵害事实具有重要意义，那也只是认识上的意义罢了。尽管根据人们熟悉的并且广泛接受的正义原则，矫正正义对侵权行为法的解释说明了侵权行为法的这些结构组成彼此独立却又相互一致，但经济学分析却认为如果缺乏寻找最佳损失降低者的费用、管理上的以及其他的处理费用的话，侵权行为法的这些结构特征将是不可理解的[1]。应该说，这种批评是一针见血的，表明了以效率或者效益来表彰的分配正义不能一以

---

[1] [美]朱里斯·克里曼：《侵权行为法和侵权行为理论——关于研究方法的初步思考》，载[美]格瑞尔德·J. 波斯特马主编：《哲学与侵权行为法》，陈敏、云建芳译，北京大学出版社2005年版，第230~235页。

贯之地说明侵权行为法的规范构造和制度目的。甚至说，效率或者效益并不是法律、更不是侵权责任法唯一考虑的问题。如果效益或者效率观点成立的话，那么，则应该得出下列答案：A 因为 B 的侵权产生了损失，那么，A 要起诉 B，仅仅请求 1 元钱的赔偿。但是，A 要为此支出：①律师费 5000 元；②诉讼费 50 元；③至少 1 名法官和 1 名书记员开庭也有费用；④法庭的场地占用费；等等。这样是没有效率的，法院就不应该受理，甚至不应该开庭。事实上，我国有许多请求 1 元钱的诉讼都被受理而且开庭。因此，法院在案件的处理中，实际上对效率因素的考虑并不多。因此，法律的经济分析学派并不是侵权诉讼或者赔偿的主流理论。

笔者认为，无论是矫正正义还是分配正义，都是用一元化的内在价值来统领侵权法的全部制度规范。因此，我赞成侵权责任法之多元化的内在价值论。就如前面提到的格瑞尔德先生所说的，矫正正义已经很难解决产品责任等问题了。因此，以分配正义与矫正正义二元化价值来统领侵权责任法是最合适的了。就如美国学者所言，分配正义（distributive justice）主要关注的是在社会成员或群体成员之间进行权利、权力、义务和责任配置的问题。当一条分配正义的规范被一个社会成员违反时，矫正正义（corrective justice）便开始发挥作用，因为在这种情况下，要求对过失作出赔偿或剥夺一方当事人的不当得利，就势在必然了，矫正正义通常是由法院或其他被赋予了司法或准司法权力的机关执行的。它的主要适用范围乃是合同、侵权和刑事犯罪等领域。一种违约行为将通过一个规定支付损害赔偿费的判决而得到矫正，除非规定了某种其他救济手段（诸如强制照约履行方式）。在侵权行为人使他人遭受故意或过失损害的案件中，判以恰当补偿也是法官或陪审团的义务。在刑法领域中，矫正正义问题则表现在下述方面，即确定给予罪犯何种刑罚的方面[1]。尤其是在我国，侵权责任编至少由三种不同的责任原则所构成：过错责任（包括过错推定）、严格责任和公平责任。甚至可以说，在我国侵权责任编中，严格责任所占的比例越来越多，如产品责任（第 1202~1207 条）、机动车交通事故责任（第 1208~1217 条）、环境污染和生态破坏责任（第 1229~1235 条）、高度危险责任（第 1236~1244 条）、饲养动物损害责任（第 1245~1251 条）、建筑物和物件损害责任（第 1252~1258 条）、监护人与用人单位的替代责任（第 1188 条与 1191 条），共 48 条，占据了侵权责任编 50% 的条文。但这些规范难以用矫正正义来加以说明。另外，像公平责任其实也是由分配正义主导的规范。因此，侵权责任法用矫正正义与分配正义的二元制之内在价值来统领是比较恰当的。

---

[1] [美] E. 博登海默：《法理学：法律哲学与法律方法》，邓正来译，中国政法大学出版社 1999 年版，第 265~267 页。

第三章 侵权责任特别问题研究

第一节 严格责任的代表——产品责任的体系结构

一、概述

适用包括危险责任在内的严格责任的诸多侵权行为其实都是过错责任原则的例外，这些例外除了"严格责任归责"之外，几乎没有什么是共同的，其构成要件除了过错之外，仍然适用一般侵权责任的其他构成要件，当然免责事由也会有所不同。可以说，产品责任是所有危险责任的典型代表，其不仅与合同法有着千丝万缕的联系，而且自身确实也有许多受争议的问题。这些争议问题既有外在体系方面的问题，也有内在体系方面的问题。

产品责任在外在体系上，主要有下列问题存在争议：①产品责任属于什么性质的责任？甚至产品是指什么？②产品责任的请求权基础是什么？

产品责任在内在体系上的争议问题主要就是其体现的是分配正义还是矫正正义？

二、外在体系的基础性问题

(一) 产品的范围

要确定产品责任，必须首先界定何为"产品"。这个看似简单的问题，却着实使各国立法和学理头痛。故学理上众说纷纭，立法上各不一致。

在英国，根据1987年《消费者保护法》第1条的规定，产品是指任何产品或电，且包括不论是作为零部件还是作为原材料或是作为其他东西组装到另一产品中的物。学者斯蒂芬森 W. 海维特对该条作出解释，"产品"被定义为：①任何产品（基本是动产，包括财产，正在生长的农作物，通过贴、缚而安装到土地和建筑物上的设施及车辆、船舶、飞机）；②合并到另一产品中的构件和原材料；③电。实际上，它适用于所有的制造产品。尽管产品定义的范围十分广泛，但未加工的农产品和捕获物却不包括在内[1]。

《欧洲经济共同体产品责任指令》（1985年7月25日通过）第2条对产品作了这样的定义："产品"是指所有动产，包括组装到另一动产或组装到不动产中的动产，但初级农产品和捕获物除外。但该指令第15条允许各成员国通过本国的立法对产品定义

---

[1] [英] 斯蒂芬森 W. 海维特：《产品责任法概述》，陈丽洁译，中国标准出版社1991年版，第99页。

中的"农产品和捕获物"作不同于该指令的规定。但是，欧盟于1999年5月19日取消了欧盟成员国的选择权，将"农产品和捕获物"纳入产品责任的范畴。

1973年《海牙产品责任法律适用公约》第5条对产品作了这样的定义："产品"一词应包括天然产品和工业产品，而不论是加工的还是未加工的，是动产抑或不动产。这一定义显然将农产品包括在内。

美国《统一产品责任示范法》第102条（C）款规定，产品指具有真正价值的、为进入市场而生产的、能够作为组装整件或者作为部件、零件交付的物品。但人体组织、器官、血液组成成分除外。美国在其有利于消费者的公共政策的指导下，对产品的范围规定得十分广泛，几乎包括所有有价值的可以用来进行贸易、销售和使用的物品，无论是有体物还是无体物，动产还是不动产，工业产品还是农业产品，物质产品还是精神产品，只要造成消费者或使用者损害，都可成为产品责任法的"产品"[1]。

我国《民法典》未对产品作出定义，从我国《中华人民共和国产品质量法》（以下简称《产品质量法》）第2条第2、3款的规定看，"本法所称产品是指经过加工、制作，用于销售的产品。建设工程不适用本法规定；但是，建设工程使用的建筑材料、建筑构配件和设备，属于前款规定的产品范围的，适用本法规定"。由此可见，我国法上的产品应具有三个基本的特征：①产品必须是经过加工制作。因此，天然的农产品、矿产品等都不能认为是产品。但加工和制作包括工业加工制作和人工加工制作。②产品必须用于销售。③产品仅仅限于动产。

在这里，需要讨论的问题是：

1. 农产品是否属于产品？对于如何调整农产品问题，综观各国立法模式，主要有两种：一是将农产品归于产品责任的范畴，不再制定专门的农产品责任法；二是将农产品排除在产品责任之外，另外制定关于农产品责任方面的法律。那么，哪一种模式更加合理或者更符合当代产品责任法的使命呢？

将农产品排除在产品责任之外的立法模式和学理主张，虽然理由不同，大致可以归结为以下几种：①免除农产品严格责任的直接目的，在于促进农业生产的发展。这些国家认为，免除农产品严格责任的纯粹影响在于将缺陷食品的责任转嫁给在供应链条上处于更遥远位置的那些人。从政策方面考虑，免除农产品的严格责任，可以使农业工人不至于在竞争中处于不利地位；如果没有免责规定，农业工人必然会面临这一问题。②免除农产品严格责任的另一个原因在于很难查找农产品的生产者，在牵扯到一系列供应方时情形尤其如此[2]。初级农产品是介于工业产品与天然产品之间的一类产品，它既不像工业品那样经过工业加工过程才能形成，也不像天然产品那样完全靠自然、天然的因素而形成。它的形成既有人为的因素，又有自然环境的因素。它是人类利用生物机体的生命力顺应自然规律，通过对外界环境中的物质和能量进行转化而形

---

[1] 周新军：《关于中外产品责任法中农产品问题的思考》，载《国际经贸探索》2007年第8期。
[2] 杜国明：《我国农产品质量安全责任问题辨析》，载《南京农业大学学报（社会科学版）》2009年第3期；周新军：《关于中外产品责任法中农产品问题的思考》，载《国际经贸探索》2007年第8期。

成的产品。这类产品的质量,除了受光照、温度、湿度、土壤、气候等自然条件的影响外,更主要的是受人为因素,如农作物种子或畜禽品种的选择培育、化肥农药的施洒、种植或饲养的方式、对疾病的检测及防治水平等的影响。初级农产品的这种生产特点决定了它的致害原因既有因生产者的过错而导致的人为因素,也有人力不可控制的自然因素。国外立法中对初级农产品是否作为产品责任法的调整对象的不同态度就是考虑上述因素的结果[1]。正如英国学者指出的:同其他产品不同,未经加工的农产品特别容易受客观环境因素的影响而产生潜在的缺陷,而这是生产者所不能控制的[2]。③对在工业社会中处于弱势的农业生产者提供保护,增强本国农业在国际上的竞争力[3]。④"产品责任"纯粹是一种现代现象,产生于大规模生产普遍化的工业革命的热潮之中。因此,产品责任一直以工业产品为内容[4]。

我们认为,将农产品排除在产品责任大门之外的理由在今天似乎难以成立。因为:①"大规模普遍化"的生产模式,不仅在工业产品中存在,在农产品生产中也大量存在。有学者指出:有别于传统小农生产模式的现代农业在经营上规模化、高科技化、自动化、大批量地生产,尤其是大型农牧企业在农产品生产和畜禽饲养中的现代化程度很高,其高投入、高产出、高效益的特征已无异于工业[5]。正是因为农业的规模化、产业化及运用工业技术等方面的原因,许多人意识到,农产品不适用产品责任规范的时代已经结束。②将初级农产品排除于产品之外的方法使农民免受严格责任的追究,有助于一国农业在全球的竞争的说法也是不成立的。农产品质量安全问题已经成为其他国家对我国设置的贸易技术壁垒,因为质量安全问题导致我国出口农产品受阻现象十分突出,一些国家加大了对我国出口产品的抽检力度,削弱了我国优质农产品出口竞争力。从促进农产品正常贸易,维护我国权益,提高我国优势农产品竞争力等方面考虑,都必须健全农产品质量安全方面的法律。因此,把初级农产品纳入《产品质量法》调整范围,对于促进农业生产方式的转变,提高农业产业化、组织化水平,提高我国农产品的国际竞争力都有积极的促进作用[6]。③近年来,因农产品致害的巨大危害性证明,有必要将其纳入产品责任法调整的范畴。正如有学者指出的:随着多起严重危害消费者人身健康的食品安全事件的发生,人们逐渐认识到初级农产品中蕴涵的风险已经变得不可预测,致害的严重程度并不亚于工业品,疯牛病的危害就是典型的例子。该病最初于1986年11月在英国被确诊,但直至1996年3月英国政府才确认。至今,世界上尚没有消灭该致病因素的有效办法。研究发现,疯牛病原本是英国羊群的一种地方病,在将此类病羊的肌肉组织和内脏加工成牛的饲料后,就会致牛生病。那么为何要给本是食草家畜的牛喂养这种饲料呢?原来,牧场主为了提高育肥效,往往给牛

---

[1] 朱沛智:《初级农产品的产品责任》,载《中国市场》2006年第27期。
[2] [英] 斯蒂芬森 W. 海维特:《产品责任法概述》,陈丽洁译,中国标准出版社1991年版,第99页。
[3] 朱沛智:《初级农产品的产品责任》,载《中国市场》2006年第27期。
[4] 李胜利:《论产品责任法中的产品》,载《法商研究(中南政法学院学报)》2000年第6期。
[5] 朱沛智:《初级农产品的产品责任》,载《中国市场》2006年第27期。
[6] 周新军:《关于中外产品责任法中农产品问题的思考》,载《国际经贸探索》2007年第8期。

使用含高蛋白成分的配合饲料，而该种饲料添加的正是羊骨骼及内脏。因此，当大量被感染的原料作为牛的饲料成分之后，疯牛病便无法预防了。从"疯牛病"的传播过程可以发现，初级农产品的产品责任问题已成为当今社会无法回避的议题[1]。基于保护消费者的立场，为了人们的安全，应将农产品列入产品责任之产品范围，课定严格责任，以防止和震慑类似事故的发生。④难以查找生产者不能成为农产品不受产品责任调整和规范的理由。按照许多国家的产品责任制度，生产者是终局责任者，销售者在赔偿受害人后，可以向生产者追偿。因此，如果不能找到生产者，责任将最终无法落实。但这一点不能成为农产品不受产品责任调整和规范的理由。因为：其一，销售者无论如何是可以找到的，销售者无法找到生产者时将自行承担责任。其二，将农产品归入产品责任加以调整，恰恰能够促使销售者在销售农产品时，注意生产者，以形成良性循环。

2. 血液和血液制品是否属于产品？在医学领域，血液和血液制品是两个不同的概念：血液制品是指生产药品的企业用物理、化学的方式，对全血、成分血进行加工而获得的产品，如白蛋白、纤维蛋白等。而血液是指临床用的全血或者成分血，是从人体采集的、经过分装、储存、保管、运输以及加入抗凝剂等处理后用于输血的全血制剂和血液成分制剂[2]。对于血液制品属于产品没有争议，但对于血液是否属于产品存在争议。

美国的产品责任法明确排除血液为产品，因为它认为这属于服务的范畴，而不是用于销售的产品。但美国的判例也有将之作为产品对待的。日本司法认为其可以是产品，但必须受到限制。在我国，对此问题存在争议：有学者认为血液是产品，其理由主要是：①血液从人体中抽出，用于临床的血液，经历了一个被加工、制作的过程；②血液的使用是有对价的，即血液中心将血液送给医院是有价格的，医院再将其用于病人也有价格；③将血液视为产品，有利于促进血液中心及医院的责任心，保证患者的安全[3]。

反对将血液列为产品的理由各种各样。有人认为血液不是产品的理由是：①产品的生产者应当是基于经济目的而从事生产的自然人或者法人，而血液中心或者医院只是国家专营的公益性的单位；②从表面上看，血液中心和医院是出售了血液，但实际上是提供了服务；③输血是一种有风险的活动，可能导致患者感染各种疾病。但血液中心和医院不是为了自己的目的而引入这种风险，而是为了抢救患者的生命而引入的。依据"谁引入风险谁就承担责任"的原理，血液中心和医院不是严格责任者，而应负担过错责任[4]。

有人认为血液不是产品的理由是：我国实行无偿献血制度，血站是不以营利为目的

---

[1] 朱沛智：《初级农产品的产品责任》，载《中国市场》2006年第27期。
[2] 段晓红：《产品责任适用范围研究》，中国社会科学出版社2009年版，第221页。
[3] 王利明、周友军、高圣平：《中国侵权责任法教程》，人民法院出版社2010年版，第524页。
[4] 王利明、周友军、高圣平：《中国侵权责任法教程》，人民法院出版社2010年版，第524页。

的公益性机构,血站及医疗机构不得将无偿献血的血液出售,患者临床使用血液时也只需支付血液的采集、储存、分离、检测等费用。所以,不能将血液作为产品[1]。

有人认为血液不是产品的理由是:不能仅仅从血液是否经过加工、销售等特征来讨论它是否应被列为产品,而应当从公共政策的角度来考虑,即对血液提供者施加严格责任是否具有充分的理由。考虑到血液在治疗中的不可替代性,如果将其纳入产品范围而适用严格责任,是否会影响血液的供应和使用。为平衡患者的安全利益和医院的利益以及确保血液在医学治疗中的随时获得这一公共利益,不宜将血液视为产品。即公共政策的考量是将血液排除在产品范围之外的根本原因[2]。

我们认为,如果仅仅从产品的特征来看,似乎应将血液视为产品责任中的产品而适用无过错责任归责。但侵权责任法中的归责任原则主要是考量社会政策及公共政策而确定,因此,基于公共政策的考虑,不能将血液视为产品责任中的产品而适用无过错责任归责。但是,不将血液列为产品并不意味着产品的提供者无任何责任。按照《中华人民共和国献血法》第22条的规定,医疗机构的医务人员违反该法规定,将不符合国家标准的血液用于患者,给患者造成损害的,应当赔偿。2009年通过的《侵权责任法》第59条规定:"因药品、消毒药剂、医疗器械的缺陷,或者输入不合格的血液造成患者损害的,患者可以向生产者或者血液提供机构请求赔偿,也可以向医疗机构请求赔偿。患者向医疗机构请求赔偿的,医疗机构赔偿后,有权向负有责任的生产者或者血液提供机构追偿。"

3. 其他问题。另外,英国学者斯蒂芬森在产品责任中提出了一个颇有意义的问题,即图书或其他信息产品(如计算机软件等)引起有形损失时,能否适用产品责任法[3]?例如,有人在书店买了一本关于果树管理的书籍,作为礼物赠送给朋友,其朋友按照该书管理自己的果园。结果,由于书中的错误而使得果园遭受了重大损失。这时,他是否可以依据产品责任法提出诉讼请求?这的确是一个发人深思的问题。

目前,各国尚未将其列入产品责任法的调整之中,但事实上一些国家早已存在这一方面的争论:一本化学教科书中将两种化学元素之间的比例标印错误,导致在学校发生了严重的爆炸;一位水文地质学家在一张出版的地图上少标了一个暗礁,致使轮船触礁。此时是否适用产品责任?对此存在争议。英国官方倾向于认定它们性质特殊而不适用产品责任,同时承认书籍等精神产品同其他产品的区别相当困难,特别是新技术领域软件与硬件之间的区别正在日趋模糊。而美国法院却承认某些精神产品属于产品而适用严格责任,如线路图[4]。

我们认为,像图书之类的产品,不应适用产品责任。这是因为,如果将这种产品适用产品责任,可能会阻碍科学和研究的发展。而目前这种状况下,让作者承担过错

---

[1] 段晓红:《产品责任适用范围研究》,中国社会科学出版社2009年版,第224页。
[2] 段晓红:《产品责任适用范围研究》,中国社会科学出版社2009年版,第221页。
[3] [英]斯蒂芬森 W. 海维特:《产品责任法概述》,陈丽洁译,中国标准出版社1991年版,第99页。
[4] 李胜利:《论产品责任法中的产品》,载《法商研究(中南政法学院学报)》2000年第6期。

责任可能是较好的选择。

(二)"产品自损"属于合同之违约问题还是侵权问题

1. 问题的提出及意义。"产品自损"是指产品本身因缺陷或者瑕疵所遭受的损害，它往往连接着合同法与侵权法。因此，适用侵权法上的救济或者合同法上的违约救济就成为学术探讨和争议的问题。例如：A 为一消费者，到 B 商场购买了热水器一台。因热水器存在设计上的缺陷，当 A 在洗澡时热水器爆裂损坏，同时也使 A 受到身体伤害。A 的身体伤害自然属于各国产品责任立法或者学理上所谓的"其他伤害"，得到侵权法的救济自无问题和争议，但热水器本身的伤害是否也可以获得侵权法上的产品责任救济呢？还是只能作为合同法上的问题得到违约救济？这便是本文论题的关键所在。

各国学理或者司法实务在论及"产品自损"的救济时，主要有两种不同的路径：一是产品责任法，二是纯粹经济损失理论，二者都属于侵权法上的救济问题。因此上面就用"侵权法救济"概括之。从比较法的视野看，绝大多数国家的产品责任立法或者侵权法拒绝将"产品自损"纳入侵权法的调整范围，而是交给合同法加以规范。但是，在有些国家的司法实务中，往往以各种理由时有突破，特别是美国法院尤其如此，但一概给予侵权法救济的却鲜见。而从我国关于这一问题的侵权立法、学理和司法实务来看，争议很大，颇值思量。

早在 1986 年的《民法通则》第 122 条就规定："因产品质量不合格造成他人财产、人身损害的，产品制造者、销售者应当依法承担民事责任。运输者、仓储者对此负有责任的，产品制造者、销售者有权要求赔偿损失。"到了 1993 年制定、2018 年修正的《产品质量法》第 41 条第 1 款规定："因产品存在缺陷造成人身、缺陷产品以外的其他财产（以下简称他人财产）损害的，生产者应当承担赔偿责任。"该条规定显然将"损害"进行了限缩，明确将"产品自损"排除在产品责任法的救济之外。但 2009 年通过的《侵权责任法》却又回到了《民法通则》的规定，于第 41 条规定："因产品存在缺陷造成他人损害的，生产者应当承担侵权责任。"2021 年通过的《民法典》继受了《侵权责任法》的规定。对此法条中规定的"损害"一词如何解释，发生了争议：有的认为包括"产品自损"；有的则认为不应包括"产品自损"，还是应该按照《产品质量法》解释之；有的则提出虽然包括"产品自损"，但应该作限缩解释；有的则认为包括"产品自损"，但应采取以违约为请求权基础而与其他损害一并解决以避免当事人诉累的处理办法[1]。这些观点哪一种最符合民法体系的解释及侵权法或者合同法的规范属性？

但从中国法院的司法实践看，问题似乎要简单得多。有学者将中国法院的判例与美国法院的判例进行了实证比较研究，指出，以原告获得胜诉为标准，中国 34 个产品自损案件中，原告获得胜诉的有 31 例，胜诉率高达 91%；美国 45 个产品自损案件中，原告获得胜诉的有 15 例，胜诉率达 33%。另外，中国的法院一般不适用"纯粹经济损

---

[1] 这些观点及理由下面还要详细提到，这里就不再一一列出，见后文注释。

失"这一概念,甚至在有的案件中,很明显地能够判决原告败诉的案件中,法院仍然倾向于对原告的保护,例如,在"龙某与石门县宏鑫汽车贸易有限公司产品质量损害赔偿纠纷"案中,汽车在正常使用的情况下发动机舱突然起火,法院在未提到纯粹经济损失能否获赔的情况下,判决原告获得车辆贬值损失、维修费、交通费这些典型纯粹经济损失的赔偿[1]。在"袁某与重庆百事达汽车有限公司、重庆百事达汽车有限公司涪陵销售维修服务店侵权纠纷"[2]案中,在明显没有造成人身伤害及其他损害的情况下,法院仍然判决被告承担"产品自损"责任。

上述这些法院的判决都是发生在《侵权责任法》生效之前,即有《产品质量法》明确规定的情况下,法院都能够以各种理由将"产品自损"纳入侵权法的调整范围之内,那么,在《侵权行为法》颁行后,按照该法第 41 条之规定,真的能够将该条中的"损害"解释为包括"产品自损"的话,将会是一个什么样的局面呢?尤其是,我国《侵权责任法》在第 15 条中,几乎规定了所有民事救济措施的情况下,侵权责任法是否会成为所有与"使用商品或者产品有损害"有联系的情形的救济基础?那样的话,违约救济和物权法上的救济措施意义何在?就在前文提到的"热水器因缺陷自爆"的例子中,即使没有伤及 A,那么,仅仅是热水器的产品自损也能够请求侵权法救济[3],是否过度扩张了侵权法的适用?首先,这是否是一个用合同法上的违约责任或者瑕疵担保责任就很容易解决的问题?其次,如果是侵权问题,也仅仅是侵犯了 A 对热水器的所有权,是否应适用"过错责任原则"而不应适用产品责任的严格责任原则,从而加大了生产者或者出售者的责任?

以上这些问题,颇值得认真研究,特别是从体系化的视角进行研究。这不仅是"产品自损"的适当救济这一个问题,还是中国法律面临的一个体系化的严重或者说严峻问题:合同法上的救济、物权法上的救济和侵权法上的救济如何协调的问题。

2. 对于"产品自损"救济的观点及比较法观察。

(1) 我国学理、立法及司法观点。早在《侵权责任法》的立法过程中,立法者和学者们围绕有关"损害"的问题进行了广泛的讨论。尤其对于是否需要对"损害"进行重新界定,侵权法中是否要明确规定"损害"的种类等问题争论尤多。同时,产品责任造成的财产损害是否包括缺陷产品本身的损失,还是仅指产品缺陷以外的其他财产的损失这一问题也引起了不小的争论。通过后的《侵权责任法》在第五章产品责任中多次使用了"造成他人损害",但并未对损害进行明确界定,由此,给一些学者留下了"重新解释"的空间。学界对"损害"的解释也大相径庭,主要体现在"财产损

---

[1] 龙某与石门县宏鑫汽车贸易有限公司产品质量损害赔偿纠纷案,(2010)石民三初字第 127 号民事判决书,转引自董春华:《中美产品自身损害赔偿比较研究》,载《中国民法学研究会 2014 年年会论文集》(下册)。

[2] 袁某与重庆百事达汽车有限公司、重庆百事达汽车有限公司涪陵销售维修服务店侵权纠纷案,(2009)黔法民初字第 01285 号民事判决书转引自董春华:《中美产品自身损害赔偿比较研究》,载《中国民法学研究会 2014 年年会论文集》(下册)。

[3] 按照"袁某与重庆百事达汽车有限公司、重庆百事达汽车有限公司涪陵销售维修服务店侵权纠纷案"的判决理由,就能够请求侵权法救济。

害"是否包括缺陷产品本身的损失[1]，从而适用侵权法上的救济。这些不同观点大致可以归纳如下：

第一，肯定说。由我国立法机关相关学者编写的著作中，就持肯定观点。在解释《侵权责任法》第41条时写道："本条的财产损害，既包括缺陷产品以外的其他财产的损害，也包括缺陷产品本身的损害，这样，有利于及时、便捷地保护用户、消费者的合法权益。"[2] 负责《民法典》立法工作的立法机关对于《民法典》第1202条的解释为："产品的使用人或者第三人因缺陷产品造成损害的客观存在。损害事实包括人身损害、财产损害。财产损害是否包括缺陷产品本身的损失，在立法中存争论。有的认为，多数国家产品责任中的财产损害仅指缺陷产品以外的其他财产的损失，不包括缺陷产品本身。缺陷产品本身的损害，属于合同责任问题，应当通过合同解决，缺陷产品以外的其他财产损害，才是本章所称的财产损害。有的认为，财产损害应当包括缺陷产品本身的损害。有的提出，立法应当从我国国情出发，从保护用户、消费者的角度出发，财产损害不应区分缺陷产品本身的损害与缺陷产品以外的其他财产的损害。我们认为本条的财产损害，既包括缺陷产品以外的其他财产的损害，也包括缺陷产品本身的损害，这样，有利于及时、便捷地保护用户、消费者的合法权益。"[3] 许多学者也持这种观点[4]。

第二，限制的肯定说。这种观点认为，只要造成了他人民事权益的损害并且产生损害后果，都应当适用侵权责任法加以救济。由于损害属于基础性概念，对于此种概念的理解应当自始至终保持统一。尤其应当注意到的是，按照立法者的解释，《侵权责任法》实际上修改了《产品质量法》的上述规定，即认为损害也包括缺陷产品自身的损害[5]。并认为其合理性在于：其一，有利于减少司法实践中的请求权竞合情况，充分保护受害人的利益；其二，便利救济，减少诉讼成本；其三，这种做法也是我国实践经验的总结。在我国的司法实践中，有的法院就采取此种方式来处理产品责任纠纷，获得了当事人的充分认可[6]。但这种观点同时认为，应当附加一定限制，《侵权责任法》对损害概念的扩张安排，并未否定《合同法》第122条（现为《民法典》第186条）所确立的竞合规则，只不过是因此可以使受害人更为简便地提起侵权之诉，进而在诉讼中获得全面的救济。同时，如果仅造成缺陷产品本身的损害，而没有造成缺陷产品以外的财产或人身的损害，其仍然属于履行利益的范畴。因为其仍然属于不适当

---

[1] 张新宝、任鸿雁：《我国产品责任制度：守成与创新》，载《北方法学》2012年第3期。
[2] 全国人大常委会法制工作委员会民法室编：《中华人民共和国侵权责任法条文说明、立法理由及相关规定》，北京大学出版社2010年版，第174页；王胜明主编：《中华人民共和国侵权责任法解读》，中国法制出版社2010年版，第230页。
[3] 黄薇主编：《中华人民共和国民法典侵权责任编释义》，法律出版社2020年版，第121页。
[4] 高圣平：《论产品责任损害赔偿范围——以〈侵权责任法〉、〈产品质量法〉相关规定为分析对象》，载《华东政法大学学报》2010年第3期。
[5] 王利明：《论产品责任中的损害概念》，载《法学》2011年第2期。
[6] 王利明：《论产品责任中的损害概念》，载《法学》2011年第2期。

的履行问题,其违反的仍然是合同约定[1]。这种主张实际上与日本学理基本相同,下面将作详细介绍。

第三,否定说。有学者认为,产品质量责任中的损害不应当包括缺陷产品本身的损失。其理由在于:其一,从立法过程的考察来看,虽然有人提出过"损害包括缺陷产品本身的损失"的观点,但是最终通过的法律并没有采纳这一观点,也没有对"损害"进行界定。不能将讨论中提出过但是没有被立法采纳的观点解释为立法的观点,违反法解释学的基本法则,篡改立法本意。其二,根据比较法的经验,国外有关产品质量责任的损害通常是指缺陷产品之外的人身和财产损害。其三,如果将缺陷产品本身的损失包含在产品责任案件的"损害"范围内,当事人非法取得产品,由于无需证明买卖等合同关系之存在,在发生产品责任事故时该非法取得产品本身的损失也会依据侵权责任法得到赔偿,这显然违反民法基本原则之"民事活动必须遵守法律"的原则。其四,如果将缺陷产品本身的损失包含在产品责任案件的"损害"范围内,势必破坏债法内部体系的和谐。任何违反瑕疵担保义务交付瑕疵产品的违约案件,都会被错误地当作"侵权"案件。在司法实践中,基于最高人民法院有关案由的司法解释,当事人选择某一诉权就必须将该诉权纳入某一案由,其结果是无论选择何种诉权都可能无法全面地救济各种损害。因此笔者建议,在一个具体的产品责任案件中,如果产品本身发生损害同时也存在被侵权人人身损害或其他财产损失,应当允许受害人同时提出侵权的诉讼请求和违反瑕疵担保的违约损害赔偿请求,二者可以并立。即受害人得依据产品责任法规范请求人身损害赔偿和产品以外的其他财产损害赔偿,同时依据合同法请求对自损产品的损害赔偿。这些损害赔偿互不重叠和交叉,但是请求的法律和依据各不相同[2]。

另外一种否定说观点认为,尽管《侵权责任法》第41条的表述是"造成他人损害",但是由于该法第5条规定了"其他法律对侵权责任另有特别规定的,依照其规定"。而《产品质量法》属于规范产品责任的特别法,因此在赔偿的问题上仍应适用《产品质量法》的规定,缺陷产品自身的损害不应被包括在内[3]。

第四,折中说。这种观点承认,《侵权责任法》第41条的财产损害既包括缺陷产品以外的其他财产的损害,也包括缺陷产品本身的损害,但是在具体救济方面却主张产品责任中的损害首先是指固有利益的损害,即缺陷产品损害之外的人身损害和财产损害,其次才是缺陷产品自身的损害。前者是侵权责任,后者是违约责任,性质不同。受害人在起诉缺陷产品造成自己人身、财产损害的同时,一并起诉缺陷产品本身损害的违约损害赔偿责任的,人民法院应当予以支持,不得强制被侵权人必须分别提起两个诉讼。但是应当明确,这是两个诉的合并,而不是一个诉。在这两个诉的管辖不同的时候,按照《侵权责任法》第41条的规定,可以合并由一个法院管辖,而不是依据

---

[1] 王利明:《论产品责任中的损害概念》,载《法学》2011年第2期。
[2] 张新宝、任鸿雁:《我国产品责任制度:守成与创新》,载《北方法学》2012年第3期。
[3] 转引自王利明:《论产品责任中的损害概念》,载《法学》2011年第2期。

不同的管辖由不同的法院审理。当然，如果受害人愿意在两个法院起诉的，法律也不禁止[1]。

即使在侵权责任法出台前，判例的观点也多持肯定说。例如，在上述"袁某与重庆百事达汽车有限公司、重庆百事达汽车有限公司涪陵销售维修服务店侵权纠纷"一案中，被告提出："本案不属于产品质量侵权纠纷，而是一般的产品质量合同纠纷。适用产品质量侵权须满足两个条件：一是造成人身损害，二是造成缺陷产品以外的其他财产损害。缺陷产品本身的损害则不属于'其他财产损害'的范围。本案中，车辆自燃没有造成人身伤害，也没有造成其他财产损害，因此，本案不适用侵权途径救济，而应当适用合同法。"法院仍然在认定汽车存在缺陷的基础上，依据《产品质量法》第43条[2]关于销售者与生产者承担连带责任的规定，认定生产者承担赔偿责任，销售者负连带责任[3]。

（2）比较法上的观察。前面提到，"产品自损"能否获得侵权法上的救济，主要有两种实现途径：一是产品责任法，二是纯粹经济损失理论。必须指出，与产品责任的侵权法救济不同，纯粹经济利益的损失之侵权法救济是以"过错责任"原则为基础的。

美国侵权法中的产品责任明确排除欠缺安全性商品本身的损害。按照《美国侵权法重述》（以下简称《重述》）关于产品责任之规则，当产品的缺陷对其本身造成损害，规范商业交易的法律全面阐述了购买者与销售者之间的权利结构。对产品自身的损害表现为两种形式：产品缺陷可能导致该产品无法使用，因此必须修理或者更换；此种缺陷也可能导致购买者的重大损失。例如，停止运转的机器可能导致其所在的生产流水线瘫痪，对拥有机器的企业造成广泛、重大的经济损失。根据《重述》的规则，此类损失不能得到侵权法上的救济。如果产品的缺陷使其具有不合理的危险但并未造成人身或者财产损失，这种危险或是由于产品的缺陷被及时发现并没有造成损害，或是产品本身造成损害但未伤及人身或者其他财产，大多数法院的结论是：《统一商法典》规定的补偿在适当情形下的重大经济损失，包括修理和更换的费用，是足够的。因此，《重述》的规则不适用于此类情形[4]。在美国，绝大多数法院采取的立场是，案件受侵权责任法还是商法规范，关键取决于原告所受损失的性质。如果原告仅仅因为该产品缺陷发生故障或者自损而遭受损失，该损失被认为是由《统一商法典》调整的经济损失。与之类似，如果原告遭受的损失并非源于对原告的人身或者其他财产损

---

[1] 杨立新、杨震：《有关产品责任案例的中国法适用：世界侵权法学会成立大会暨第一届学术研讨会的中国法报告》，载《北方法学》2013年第5期。

[2] 《侵权责任法》第43条规定，因产品存在缺陷造成他人人身、财产损害的，受害人可以向产品的生产者要求赔偿，也可以向产品的销售者要求赔偿。属于产品的生产者的责任，产品的销售者赔偿的，产品的销售者有权向产品的生产者追偿。属于产品的销售者的责任，产品的生产者赔偿的，产品的生产者有权向产品的销售者追偿。

[3] 董春华：《中美产品自身损害赔偿比较研究》，载《中国民法学研究会2014年年会论文集》（下册）。

[4] 许传玺主编：《侵权法重述第三版：产品责任》，肖永平、龚乐凡、汪雪飞译，法律出版社2006年版，第420~421页。

害,此种损失将受《统一商法典》调整[1]。简单地说,如果电视机因为缺陷而引起火灾,而火灾损毁了昂贵的地毯,也许还有受害人的整座房子,所有这些都是对消费者其他财产的损害,因此在一般的侵权诉讼中(包括在严格责任诉讼中)清晰地属于可获赔偿的范围。然而,如果电视机因为缺陷而着火而对其自身造成损害,美国各个法院的立场对这一个问题的回答几乎全部是否定的[2]。

除此之外,在产品自损可否依侵权法获赔这一问题上,商业关系规则具有重要意义。在产品责任法中,合同双方属于商业性主体时,二者的关系通常也被称为商业关系,以区别于一般消费者与销售者或生产者的关系。美国法院认定,若当事人之间属"商业关系",而非一般消费关系,任何情况的产品自损都只能接受合同法的调整,不能依据侵权法获得救济。这一主旨被美国法院总结为"商业关系"规则,实则是将产品责任局限于消费者个人消费或者使用产品这一范畴的变异,亦即"处于商业关系中的生产者没有过失或严格产品责任之下的义务来阻止产品伤害自己"[3]。

欧洲许多国家因受《欧盟产品责任指令》(以下简称《指令》)的影响,一般都将产品自损排斥在侵权法大门之外,该《指令》第9条第2款规定:损害是指对缺陷产品之外的财产造成的损害或毁坏。例如,德国于1989年颁布的《产品责任法》规定,被害人仅对人身伤害及其他财产之损害,始得请求产品责任法的损害赔偿,至于经济上的损失或者所谓继续侵蚀性损害,均不得请求赔偿。所谓"继续侵蚀性损害",即产品自损[4]。在解决纯粹经济损失问题时,德国比其他国家都更加广泛地利用了合同救济。扩大合同法作用的原因可能是两方面的:一方面,除了允许侵权之诉与合同之诉的竞合规则外,侵权法被认为在保护需要法律救济的所有经济利益方面都过于薄弱和狭窄。另一方面,对那些担心打开侵权诉讼闸门的人来说,合同法上的请求权似乎是相对安全的道路[5]。英国法也是如此,即产品本身的损害或者产品整体或者提供于产品使用的任何部分所生的损害,都不属于产品责任的范畴[6]。

不仅如此,《指令》还明确排除"商用物"适用产品责任的可能性。只有当被损害的其他物根据其性质通常是服务于个人使用或者消费的目的,且确实被受害人用于个人使用和消费时,才能适用《指令》第1条意义上的"损害"。例如,轿车有制造缺陷并导致驾驶员或者其他道路使用者受到损害的情形,就属于《指令》适用的范围。如果导致了物的损害,则只有当该车是私人车辆、被损害的物至少是私人占有的物时

---

[1] 许传玺主编:《侵权法重述第三版:产品责任》,肖永平、龚乐凡、汪雪飞译,法律出版社2006年版,第423页。

[2] [意]毛罗·布萨尼、[美]弗农·瓦伦丁·帕尔默主编:《欧洲法中的纯粹经济损失》,张小义、钟洪明译,法律出版社2005年版,第75页。

[3] 董春华:《中美产品自身损害赔偿比较研究》,载《中国民法学研究会2014年年会论文集》(下册)。

[4] 陈聪富:《商品责任法保护之客体》,载《2012年海峡两岸第十届民法典学术研讨会论文集》。

[5] [意]毛罗·布萨尼、[美]弗农·瓦伦丁·帕尔默主编:《欧洲法中的纯粹经济损失》,张小义、钟洪明译,法律出版社2005年版,第111页。

[6] 陈聪富:《商品责任法保护之客体》,载《2012年海峡两岸第十届民法典学术研讨会论文集》。

才适用《指令》。否则,如果是公司的车辆,则完全排除《指令》的适用[1]。这与上述美国的做法十分相似。

日本的《制造物责任法》第3条规定,制造业者,就制造物缺陷侵害他人的生命、健康及财产所生的损害负赔偿责任。但此项损害仅发生于该制造物时,不在此限。按照日本通说,仅仅发生制造物本身损害时,应依据瑕疵担保责任及债务不履行责任获得救济。但在发生扩大损害时,为保护被害人,依不法行为制度的基本原则,制造物自身损害也可以作为赔偿对象[2]。也就是说,在产品导致他人其他损害及产品自身损害并存时,可以请求侵权法救济。

总之,大多数国家都拒绝给予产品自损以侵权法救济,即使救济也存在特定条件。

(三)"产品自损"之救济的请求基础思考——基于理论及实证法的思考

1. 理论性思考。从理论上说,笔者建议对我国《民法典》第1202条作限缩性解释,即其中的"损害"不包括"产品自损"在内,无论从我国侵权责任法关于产品责任之特别规定,还是从侵权责任法对于纯粹经济损失的保护,都不应对"产品自损"给予侵权法救济,理由是:

(1) 如果将"产品自损"纳入侵权法的规范之内,将对传统民法的基本体系结构、合同法与侵权法的基本原则和界限造成不良影响。美国学者格瑞尔德指出:理论家和法官通常认为,被告违反了某个法定义务是法律强迫其履行对原告的赔偿义务的原因。我们提出的第一个问题是:被告必须是违反了哪一类法律义务才会产生其赔偿损失的义务呢[3]?

必须强调,合同法与侵权责任法规范的主体及方式是不同的:侵权责任法是调整"素不相识"的一般人之间的关系,并且通过规定"法定注意义务"及以此为标准进行衡量的"过错责任归责原则"为核心、以"不作为"作为基本要求来保护彼此的安全,违反此法定义务就让其承担侵权赔偿义务。而合同法则是调整有交易关系的当事人,相互之间的义务之重点在于履行利益(交易标的物及相关利益)而非对方的交易之外的固有人身或者其他财产,因此,在合同法之外,需要侵权法通过上述方式来实现对对方人身及其他财产的保护,而标的物本身是合同法的主要任务,其义务也多为约定而非法定。

如果让被告对"产品自损"承担侵权法上的赔偿责任,是因为他违反了什么义务呢?是契约法上的义务,还是侵权法上的义务?如果原告欲寻求侵权法上的救济而让被告承担侵权法上的赔偿责任,必须证明被告违反了侵权法上的"法定注意义务"。那

---

[1] [德]克雷斯蒂安·冯·巴尔:《欧洲比较侵权行为法》(下卷),焦美华译,法律出版社2001年版,第354页。《指令》第9条第2款规定,"损害"是指:对缺陷产品以外的财产造成的损害,且该财产①原本属于私人使用或消费类型,且②主要系受害人自己私人使用或消费。德国《产品责任法》第1条第1款规定,所损害财产通常是用于私人使用或消费,且受害人主要为这种目的而获得该财产。

[2] 王泽鉴:《民法学说与判例研究》(第8册),中国政法大学出版社1998年版,第247页。

[3] [美]格瑞尔德·J.波斯特马主编:《哲学与侵权行为法》,陈敏、云建芳译,北京大学出版社2005年版,第269页。

么，被告对履行标的物是否负有法定注意义务（这里的注意义务是侵权法上的注意义务，而非合同法上的瑕疵担保义务或者其他义务）？就如在本文的开头作者所举的"热水器"的例子，如果让热水器的出卖人对交付的标的物质量和安全承担法定注意义务，一旦出现问题，就属于违反了侵权法上的注意义务而承担侵权责任而非违约责任。这样一来，就有一个问题需要认真考虑：合同法还有存在的意义吗？有学者指出，产品因瑕疵而导致本身的毁损或价值减少，甚至是利润的丧失，这都是购买者作为交易主体没有取得交易的预期利益所致，而对这种交易中的预期利益提供保护正是合同法的价值所在。而侵权法特别是产品责任法，关注的公共政策是保护消费者免受产品所造成的危险。如若以侵权法对此种纯粹经济损失给予保护，则侵权法适用范围势必会无限扩张，合同法将被淹没在侵权法的汪洋大海之中[1]。若是如此，王泽鉴教授也指出，民法关于买卖所设的规定，将失去意义，成为具文[2]。

正是因为看到这种破坏性后果，王利明教授虽承认《侵权责任法》第41条中的"损害"包括"产品自损"，但积极主张对其适用进行限制，他指出：区分缺陷产品自身的损害和缺陷产品以外的财产损失的主要理由在于，一方面，这是由合同法和侵权法所保护的利益的区别所决定的。合同法所保护的利益主要是履行利益，即在债务人依据合同规定履行时，债权人从中所得到的利益。在债务人未依合同的规定履行时，债权人依合同本来应该得到的利益，因为债务人不履行或不适当履行而没有得到，这就是履行利益的损失。法律对履行利益的保护实际是为了保护合同在严格履行情况下获得的全部利益。而侵权法保护的是履行利益以外的其他利益，学理上称为固有利益或维护利益，它是指债权人享有的不受债务人和其他人侵害的现有财产和人身利益。另一方面，产品缺陷本身的损害，在传统上被认为是合同瑕疵担保制度所调整的范围，因而应依合同法加以调整。过度扩张侵权法的适用范围，将使得合同法和侵权法的界限混乱，给法官适用法律造成困难。尤其是法官不准确地确定被违反的义务来源的性质，而是笼统地将所有的损害一并处理，这就会导致合同法的危机[3]。

因此，不能将侵权法上的法定注意义务扩大至合同履行标的物（产品自损），就如美国法院在 *East River Steamship Corp. v. Transamerica Delanval Inc.* 一案中所指出的："当产品导致自身伤害时，施加侵权法义务的理由就很薄弱，而让当事人获得合同救济的理由却非常充分。与人身伤害带来的身体伤害、时间精力和健康损失相比，产品自损时，商业使用者只失去了产品的价值，因产品未满足需要而使其客户不满意，或者提高了提供服务的成本。让生产者为产品自损负侵权法责任而导致大众成本的提高并无正当理由。"[4]

---

[1] 郭洁：《美国产品责任中的纯粹经济损失规则探析——兼论我国相关法律制度的构建》，载《法学杂志》2012年第3期。
[2] 王泽鉴：《民法学说与判例研究》（第8册），中国政法大学出版社1998年版，第249~250页。
[3] 王利明：《论产品责任中的损害概念》，载《法学》2011年第2期。
[4] 董春华：《中美产品自身损害赔偿比较研究》，载《中国民法学研究会2014年年会论文集》（下册）。

(2) 如果将"产品自损"纳入产品责任的保护范畴，将会破坏侵权法归责原则体系。侵权法的基本原则为"过错责任原则"，因此，即使将"产品自损"纳入侵权法的调整范畴，也应适用过错责任原则而不是严格责任原则，而对纯粹经济利益损失的侵权法救济要求就更加严格，必须是故意。如果将"产品自损"纳入产品责任中，就加重了侵权行为人的责任，破坏了侵权法归责原则体系及其基本价值判断。

(3) 如果将"产品自损"纳入产品责任的保护范畴，将会损害"契约自由"原则。合同法的基本精神为"契约自由"，允许当事人就双方的权利义务作出约定，双方可以就标的物的风险转移方式和时间、瑕疵负担等问题作出事先约定。如果让侵权法调整"产品自损"问题，合同法的契约自由原则将遭受损害。美国法院在 *East River Steamship Corp. v. Transamerica Delanval Inc.* 一案中指出："卖方可通过免责声明或限制救济条款来限制自己的责任范围。相应地，买方可以支付更少的钱。我们没有理由干涉当事人的风险分配。"[1] 对此，王利明教授也指出，如果将当事人的各种权利都交由侵权责任法进行调整，则当事人就失去了意思自治的空间，从而将会损害私法自治的实现[2]。

(4) 如果将"产品自损"纳入产品责任的保护范畴，将会损害合同法的制度功能——预期利益保护。美国学者指出，契约是相互期待获益的，亦即正值的交易关系。无论是作为哪一方当事人，都可以期待获得利益。契约法的根本目的在于保护并促进合理创设的期待[3]。而侵权法的制度价值在于对固有利益的补偿而非获益。因此，如果把"产品自损"纳入产品责任的保护范畴，将会损害合同法的制度功能——预期利益保护，不利于保护受害人的利益。

2. 基于我国实证法上的思考。尽管从理论上来思考，笔者坚持产品责任的保护对象必须限制在"产品自损"以外的人身或者其他财产损害，但是，基于我国目前的《民法典》（第1202条）、《产品责任法》（第41条）和《中华人民共和国消费者权益保护法》（第11条）[4] 的实证法规范，笔者认为，可以有三种解释：

(1) 坚持《侵权责任法》发布之前的学界共识，即"产品自损"不包括在产品责任之内。这种解释是有理由的：①从一般法与特别法的关系可以解释；②从历史沿革也可以解释，因为《民法通则》第122条本身就作出了与《侵权责任法》第41条相同的规定，对此，梁慧星先生认为本条中的"财产"应指因缺陷产品造成消费者其他财产的损害。缺陷产品本身的损害，及因缺陷产品本身损害造成受害人可得利益的损失不包括在本条所谓"损害"的概念之中，理由是，缺陷产品本身的损害及因此所受可

---

[1] *East River S. S. Corp. v. Transamerica Delavel*，转引自董春华：《中美产品自身损害赔偿比较研究》，载《中国民法学研究会2014年年会论文集》（下册）。

[2] 王利明：《论产品责任中的损害概念》，载《法学》2011年第2期。

[3] [美] 迈克尔·D. 贝勒斯：《法律的原则——一个规范的分析》，张文显等译，中国大百科全书出版社1996年版，第175~176页。

[4] 《中华人民共和国消费者权益保护法》第11条规定："消费者因购买、使用商品或者接受服务受到人身、财产损害的，享有依法获得赔偿的权利。"

得利益损失，应依合同法的规定处理，其是否赔偿，应视违约情节及合同约定确定[1]。③考虑到上面阐述的作出扩大解释后的种种不利后果，也可以作出限缩性解释。

（2）直接依据《民法典》第1202条的字面解释，将包括"产品自损"在内的所有与购买和使用产品有关的损害都包括在内，直接适用侵权法上的产品责任规范救济。

（3）采取王利明教授的解释，即《侵权责任法》第41条包括"产品自损"，但应作出限缩解释，即仅仅造成产品自损但未造成其他人身或者财产损失的，不适用产品责任而适用合同法规范；只有在"产品自损"与其他损害并存时，才适用产品责任[2]。

在以上三种解释方式中，第二种解释显然是不可取的，也不是我国学理主流。如果采取这种方式，又没有像美国和欧洲共同体那样区分商用物与消费物，我国的《民法典》上的侵权几乎就是民法的全部，因为如果该法的第1202条中的损害包括所有损害，而且其救济措施又相当宽泛，几乎都包括了民法的所有救济措施，那么其他法律的存在就是多余的。在2009年《侵权责任法》颁行后，法院已经有这样的案例，福建龙岩中院在丘某与龙岩众邦汽车贸易有限公司一案的判决中就写道："从《侵权责任法》第41条'因产品存在缺陷造成他人损害的，生产者应当承担侵权责任'的规定看，未再区分缺陷产品以外的其他财产的损害和缺陷产品本身的损害，被上诉人丘某就缺陷产品本身的损害主张产品质量损害赔偿，原审判决据此将本案案由确定为产品质量损害赔偿纠纷并无不当，本院予以维持。"[3] 这一判例很具有代表性。因此，笔者认为，既然《民法典》之侵权责任编在救济措施方面已经远离了其规范属性，即侵权责任编并没有考虑其规范属性和基本使命就规定了所有民法的救济措施，而不是自己应有的救济措施，就不能再对第1202条作出任意的无限制的扩大解释。

现在就剩下第一种与第三种解释方式了。其实，笔者更倾向于第一种解释方式，即"产品自损"属于违约问题，而除了产品自身损害以外的损害属于产品责任法的救济范围。就如杨立新教授与张新宝教授所提出的，属于两种不同性质的损害，应分别提起诉讼。但在管辖方面，可以统一由一个法院受理解决。也许这是一个比较好的做法。

（四）产品责任是否包含因产品瑕疵引起的精神损害赔偿

对此问题，美国学者指出，产品责任原则是指制造、改进或销售瑕疵产品者，应对由瑕疵引起的源于产品的可以预见的合理使用而产生的有形损害承担责任。因为，严格责任将成本置于被告身上，而他们本不能够合理地采取措施以避免之，所以只有对那些最重要的利益才应采取严格责任予以保护。而主要的利益是人身伤害，大量的

---

[1] 梁慧星：《论产品制造者、销售者的严格责任》，载《法学研究》1990年第5期。
[2] 王利明：《论产品责任中的损害概念》，载《法学》2011年第2期。
[3] 丘某与龙岩市众邦汽车贸易有限公司案，（2012）岩民终字第632号民事判决书，转引自董春华：《中美产品自身损害赔偿比较研究》，载《中国民法学研究会2014年年会论文集》（下册）。

严格责任都关注这一利益。但是,对财产的损害亦可纳入保护之列。声誉、隐私及自由利益不可能受我们论及的这种行为类型的影响,而精神的打击及经济损失应基于个人的人身及财产损害之上。我们一直在言及"有形损害",乃是藉此来意指"对人或财产的有形伤害"[1]。而且,"可预见性"是美国产品责任的基础。对此美国学者指出,应获得相同的补偿,但是,如果他们愿意,那是他们可以控制、减少或投保的。因此,损失应产生自对产品的正常而合理的使用。与可预见性相关的第二个方面在于损害源自产品中的一个非正常因素——瑕疵,这不是产品所正常固有的。瑕疵是指产品不能提供正常消费者在合理使用产品场合所期待的安全。此种考虑的一个例证可以在起诉因抽烟而致癌的案件中产生。如果一个人在"抽烟会致癌"这一常识为人所知晓以前就抽烟,则制造商对瑕疵就不必承担责任。一般的香烟都有此危害,制造商不能预见那种损害。即使现在抽烟致癌可以预见了,香烟的致癌效果依然并非瑕疵,而是这种产品的常规特质。瑕疵性并不一定具备可预见性,而且消费者能够预见到这种风险并自愿承担之。许多药品具有有害的副作用,但其可能的益处会远胜于其可能的危害。就药品产生的任何损害都对制造商课以责任会大大增加药品的成本,从而使该生产成为不经济的活动。可预见性的最后一个方面涉及产品的设计。在此之前所论及的只是产品中的瑕疵,即有违常规的缺陷,然而产品还可能直接被造就为不如它们应该的那样安全。问题是是否应对设计瑕疵课以责任。如果应该课以责任,应适用什么标准——过失还是严格责任?设计的标准应该是损害的风险与产品成本,耐用性与效益的合理平衡[2]。

但这种观点在我国法上是不适用的,也是不合理的。无论是有形的还是无形的,只要是可以合理预见的,都应当进行赔偿。例如,因使用有缺陷的汽车导致原告残疾,那么,不仅应当赔偿原告的有形损失,也应当赔偿原告的精神损害。因为乘用车是用来乘坐的,可以一人乘坐,也可以多人乘坐。一旦有缺陷,就会导致人的身体损害,从而引起精神痛苦。因此,这种损害是可以预见到的,就应当予以赔偿。无论从理论上,还是我国《民法典》的立法上,都没有排除无形损害赔偿的根据和合理理由。

(五) 结论

无论是法律的解释者还是司法者,都应该在法律的体系中解释并适用法律。《民法典》之侵权责任编中的产品责任,无非是民法体系中一个小的部分。从法律的解释看,任何一个规范的具体解释不能仅仅看该规范的文义,而是要放在体系中解释。往往体系的解释方法所得出的结论比某个条文本身的解释更加可靠。如果把《侵权责任法》第41条中的"损害"放在民法体系中解释的话,应该得出它不包括"产品自损",这种结论更加符合产品责任的定位及各个不同法律之间的协调,特别是合同法与侵权法

---

[1] [美] 迈克尔·D.贝勒斯:《法律的原则——一个规范的分析》,张文显等译,中国大百科全书出版社1996年版,第285~290页。

[2] [美] 迈克尔·D.贝勒斯:《法律的原则——一个规范的分析》,张文显等译,中国大百科全书出版社1996年版,第286~290页。

的协调。

同时，我们也应该看到，我国《民法典》第186条已经规定："因当事人一方的违约行为，损害对方人身权益、财产权益的，受损害方有权选择请求其承担违约责任或者侵权责任。"那么，其实"产品自损"及人身与其他财产损害绝大多数情况下都能够在合同法上获得救济，加之，按照通说，我国《民法典》上的违约责任归责原则为严格责任，违约救济比侵权救济更加简便，更方便原告[1]。仅仅就"其他财产和人身损害"的救济，可以采用"竞合"理论，即原告可以主张违约也可以主张侵权法上的救济，之所以给原告以选择权，主要是考虑到造成人身损害时伴随"精神损害"的发生，在此情况下，原告如果寻求违约救济，就不能获得补偿。这样一来，其实，《民法典》第1202条的真正作用，也就是在缺陷产品造成原告人身伤害并伴随有精神损害的情况下，或者销售者无清偿能力而追究生产者时，才具有实际意义。

三、产品责任的内在体系问题

产品责任的内在体系问题主要集中在它反映的是矫正正义还是分配正义问题，对此学界有不同意见。

有学者认为，产品责任体现了矫正正义。侵权行为法通过允许那些遭受非法侵害的人要求那些应当对该侵害行为承担责任的人来承担由侵权行为导致的损失，而且法律会通过国家强制力来帮助他们实现这一要求，从而实现矫正正义。法律允许受到侵害的人对那些疏于注意他人安全的人主张权利，尽管他们也许同样地忽视了自身的安全。被告所要求承担的责任并非处罚，只是对侵害风险产生的损害承担不利的后果。如果另一被告也施加了同样非法的风险，但该风险没有转化为对原告的损害，那么原告就缺乏要求强制被告对原告损失承担责任的基础，因为对根本没有需要承担的损失而言，他们的权益并没有遭到破坏，所以面临着未物质化的风险的人就没有提起诉讼的基础；相反，只有那些遭受了非法侵害的人才有权对加害人提起诉讼，以便将损失还原给应受的人[2]。

也有人反对矫正正义对于产品责任的说明。许多批评家认为矫正正义理论在如何解决侵权行为法所面临的最尖锐问题上没有任何实践上的指导意义，还有的学者认为这一理论仅仅起到了法律上的指引作用，而没有涵盖侵权行为法的实际内容。这些反对观点在讨论现代产品质量侵权法时得到印证。在讨论因缺陷产品而受到侵害的原告是否能从该类产品的制造者那里得到赔偿时，就会产生一系列问题，尽管原告也许没有足够的证据证明对其造成侵害的产品是由被告所制造的。许多批评家认为矫正正义理论仅仅只揭示了关于目前法律结构的原理，而没有说明我们是否应该突破这一结构，

---

[1] 必须明确，这里规定的是"加害给付"而不是所谓的"竞合问题"，即使选择了侵权法救济，也不能排斥原告主张违约责任。

[2] [美] 阿瑟·利普斯坦、本杰明·兹普斯蒂：《产品质量侵权时代的矫正正义》，载 [美] 格瑞尔德·J. 波斯特马主编：《哲学与侵权行为法》，陈敏、云建芳译，北京大学出版社2005年版，第278页。

因此矫正正义理论只有在普通法的侵权行为概念框架内才是正确的；而且由于因果关系是一个必要条件，因此这些案件中的被告可免于承担侵权责任。问题是我们是否应该局限于侵权行为法的概念框架，而矫正正义却未涉及于此[1]。

在一般侵权行为的构成中，"过错"是核心要件，但是在产品责任这种严格责任中，"因果关系"是核心问题。就如学者所指出的，在"损害"与"责任"之间的"因果关系"这一要件，对于侵权行为的成立具有重要意义[2]。但是，矫正正义与产品责任的关系之所以被否定，与其在"因果关系"方面所体现出来的问题不无关系，特别是世界著名的"辛德尔案件"所适用的忽略因果关系的"比例原则"来认定产品责任的做法。那我们就来看看学者是如何来解释该案件中的因果关系与矫正正义之间的关系的。

在该案中，原告们的母亲曾经服用过一种名为乙烯雌酚（DES）的麻醉剂而使原告受到损害，这种麻醉剂的主要功能是防止流产，许多服用过这种麻醉剂的妇女所生育的女儿成年后患上了卵巢癌，但当时有数百家生产者在生产这个药品。随着时间的推移，作为服药者下一代的原告不可能确认是哪一个特定的生产者生产的药品导致其受到损害。在辛德尔案中，法官要求原告所发现的所有产品制造商按照他们在市场中所占的份额来承担责任，但若被告可以证明其制造的药品不可能对某个特定原告造成损害，该特定原告则可以免除责任。与此相对照，在另一个案件——海默维兹案中，法官免除了因果关系要件，认为无论被告是否能够证明其制造的药品不可能对特定原告造成损害，都应按照他们在当地市场中所占的份额来承担责任[3]。

如果因果关系都是推定的，甚至不允许证明自己与损害没有因果关系从而免责，何来正义？更不用说"矫正正义"了。

阿瑟和本杰明首先对于义务的结构进行了分析，然后在分析义务的违反同因果关系之关系。他们指出，理论家和法官通常认为，被告违反了某个法定义务是法律强制被告履行对原告的赔偿义务的原因。我们提出的第一个问题是：被告违反了哪一类法律义务，才必须负担赔偿原告损失的义务呢？我们首先有必要依三个标准将义务进行区分，确定义务是相对的还是绝对的取决于强加这一义务的规范的类型：相对的法律规范禁止某人以某种方式对待他人，例如，禁止某人殴打他人的义务属于相对的义务，这相当于要求每一个人不得殴打任何人；相反，有些义务是绝对的，因为这些义务所禁止或规定的行为不是关于如何对待他人，如禁止乱丢废物、禁止纵火、禁止滋扰公众等规范，都是简单的或者说是绝对的（非相对的）义务。相对的义务与简单义务（即非相对义务）之间的区别实质就是"不造成实际侵害义务"与"不实施侵害行为

---

[1] [美]阿瑟·利普斯坦、本杰明·兹普斯蒂：《产品质量侵权时代的矫正正义》，载[美]格瑞尔德·J.波斯特马主编：《哲学与侵权行为法》，陈敏、云建芳译，北京大学出版社2005年版，第263~264页。

[2] [瑞]海因茨·雷伊：《瑞士侵权责任法》，贺栩栩译，中国政法大学出版社2015年版，第18页。

[3] [美]阿瑟·利普斯坦、本杰明·兹普斯蒂：《产品质量侵权时代的矫正正义》，载[美]格瑞尔德·J.波斯特马主编：《哲学与侵权行为法》，陈敏、云建芳译，北京大学出版社2005年版，第267~268页。

义务"之间的区别。如果 X 对 Y 负有不造成实际侵害的义务，那么除非 X 对 Y 造成了实际的损害，否则就视为 X 没有违反这一义务。相反，不实施侵害行为义务禁止人们以某种可能对他人造成损害的方式行为，例如，承担合理的注意义务就是一种不实施侵害行为义务。此外，不将缺陷产品投放市场、不进行欺诈性陈述等也属于这一类义务。不实施侵害行为的义务与不造成损害结果的义务都针对某种特殊的侵害行为，如禁止谋杀或者会导致他人死亡的行为，或者说它们都针对更宽范围的行为。损害赔偿义务，即支付损害赔偿金的义务，是因为被告违反了对原告负有的"不造成实际损害义务"所引起的。一般来说，除非被告确实侵害了原告，且他对原告的侵害行为违反了其不得侵害原告的义务，否则被告便不负有对原告的赔偿义务[1]。

既然如此，辛德尔案件确定的份额责任是否符合上述原理呢？美国学者克里斯托弗·斯克鲁德尔（Christopher Schroeder）认为，对于是什么因素促使侵权行为法清晰化和合理化这个问题的真正理解必须能够揭示出因果关系要件对于侵权法体系来说不是基本的，而是偶然的。侵权法体系应当在违反了不实施侵害行为义务的基础上来施加侵权责任，甚至当被告没有违反对原告负有的不造成实际侵害的义务时也是如此。这是因为我们没有正确的道德理由来区分那些在道德价值上相似的人，尽管传统侵权行为法对于不造成实际侵害义务的研究焦点正在于此。假设 A 和 B 两个生产商都在市场上投放了某种可能会造成侵害的缺陷产品，而 C 受害于这类产品中的某一个缺陷产品。A 和 B 在违反了不实施侵害行为义务这一点上是相似的，对 A 和 B 来说，他们的产品是否导致了对 C 的损害却是偶然的，但正义会允许甚至是要求 A 和 B 都受到惩罚，C 有权从 A 和 B 处获得赔偿。传统侵权行为法强调明确究竟是 A 还是 B 制造了对 C 造成损害的该特定产品，而其他厂商则不必承担责任。这样做的结果是划分了一个从道德上看十分武断的区别，因为它没有对有关类似的情形予以相似对待[2]。显然，克里斯托弗·斯克鲁德尔是从义务的第二种类型——"不实施侵害行为义务"，来确定被告的赔偿责任的。就像有些欧洲学者所主张的一样，只要将有缺陷产品投放到市场，就应当认为其有过错。因此，产品责任实际上属于过错责任[3]。但问题恰恰在于，即使被告违反了这一义务，原告还必须证明被告的违反义务与其损害之间具有因果关系，这种因果关系或远或近，或是应当承担责任的因果关系，或不是承担责任的因果关系，是一个由法官判断的问题，但必须证明有一种联系。例如，美国发生了"9·11"事件，某个人听说后立刻吓得半身不遂。且不说这一事件对该人的损害是否应当承担责任，但至少是有因果关系的。那么，即使被告违反了"不实施侵害行为义务"，但与原告的损失没有丝毫的关系，为什么要承担责任呢？因此，这种观点是不能说服人的。

---

[1] [美] 阿瑟·利普斯坦、本杰明·兹普斯蒂：《产品质量侵权时代的矫正正义》，载 [美] 格瑞尔德·J. 波斯特马主编：《哲学与侵权行为法》，陈敏、云建芳译，北京大学出版社 2005 年版，第 269 页。

[2] [美] 阿瑟·利普斯坦、本杰明·兹普斯蒂：《产品质量侵权时代的矫正正义》，载 [美] 格瑞尔德·J. 波斯特马主编：《哲学与侵权行为法》，陈敏、云建芳译，北京大学出版社 2005 年版，第 274~275 页。

[3] [德] 克雷斯蒂安·冯·巴尔：《欧洲比较侵权行为法》（下卷），焦美华译，法律出版社 2001 年版，第 351~352 页。

正是因为阿瑟和本杰明看到了这种观点的不足之处，因此，他们指出，除非被告违反了其对原告负有的相对的、不造成实际侵害的义务，即除非被告对原告造成了实际侵害，否则法律就不允许原告从被告那里获得损害赔偿。这一要件并不是侵权行为法中的一个偶然特征，而是侵权行为法法律体系结构中的一个本质条件。我们讨论的焦点应该是解释为什么不造成实际损害的义务是矫正正义的核心。民事追索权的结构解释了为什么侵权行为责任是相对的，而不能简单地认为是由于违反了某一义务而导致在原告与被告之间产生诉讼。通过认真思考损失和侵害之间的关系，我们可以得出对不造成实际侵害义务的补充解释。关于风险承担的观念解释了为什么当被告违反了相对的、不造成实际侵害的义务时，损害赔偿是一种适当的救济。侵权行为法体系可以被认为是一个决定某一特定侵害所带来的不幸应该由谁来承受的途径。侵权行为法和矫正正义都不涉及因自然力量如飓风、冰雹等而受到损害的人，那些因自然界力量而受到损害的人只是一种单纯的不幸。无论一般的社会保险制度是否应该对他们所受之损害进行补偿，但有一点是确定的，即不能指定由另外一个人来代替他承担该损失。同样地，如果某个人是由于他人的行为受到损害，只要加害人对此已经予以了适当的注意，他也不必承担这一损失后果，这一不幸也应归于其最初承受的人。与上述两种将损失留在其降临之处的情形相对的情形便是某人没有对他人予以充分的注意，这样一来，疏忽就会导致某种特殊的风险，如果这种风险转化成了一种现实的侵害，那么这一侵害便可归因于风险施加者，损害赔偿便是在可能的、合理的范围内将损失分配给因施加风险而导致损害结果的人。从这种意义上来说，责任可以被认为是对某种特殊风险的承担模式，即如果我施加了风险，那么这应当是我的风险，如果这一风险转化成了对他人的损害，那么他人有权要求我承担由此而带来的所有损失。基于这种认识，侵权行为法通过允许那些遭受非法侵害的人要求那些应当对该侵害行为承担责任的人来承担由侵权行为而导致的损失，而且法律会通过国家强制力来帮助他们实现这一要求，从而实现矫正正义[1]。

　　辛德尔案件的问题在于：原告能够证明"一群被告"侵害了"一群原告"，但是，每一个原告却不知道是"这一群被告"中的哪一个人侵害了自己。就如学者所言，一般来说，为了证明被告违反了不造成实际侵害义务，原告必须要首先确认被告。辛德尔案的一个显著特征在于原告不难证明每一个被告都违反了对某些原告负有的不造成实际侵害义务，乙烯雌酚产品被投放市场以及许多服用者受害的事实足以证明每一个被告都因其过失行为侵害了某些原告。辛德尔案中的原告不仅可以举出充分的证据证明被告有过失，而且可以证明许多原告遭到了侵害，且每一被告都有可能在这些侵害中负有一份责任。简而言之，辛德尔案中的原告不仅能够举证证明每一个被告都违反了不实施侵害行为的义务，而且还违反了不造成实际侵害的义务，同时，原告因为被告违反了这种不造成实际侵害的义务而受到了侵害，因此，这种情形明显不同于许多对

---

〔1〕[美]阿瑟·利普斯坦、本杰明·兹普斯蒂：《产品质量侵权时代的矫正正义》，载[美]格瑞尔德·J. 波斯特马主编：《哲学与侵权行为法》，陈敏、云建芳译，北京大学出版社2005年版，第277~287页。

因果关系有争议的典型案件[1]。也就是说，这一案件根本不是忽略因果关系，而是因果关系的变相适用。

对于这种结果，被告认为是不公平的：因为这会使得每一个被告都对所有原告受到的损害分摊责任，他们甚至还主张，原告团体中的许多成员所受到的损害确实是由他们的产品产生的风险转化而来，但他们当然不应该对所有现实化了的风险都承担责任，因为他们只拥有一部分市场，简言之，他们主张其不应对超出其行为的损害承担责任。对于被告的抱怨，法院的回应是：被告们极力主张如果在缺乏必要的证据证明其中的某一个被告为原告提供了造成损害的麻醉药品的情况下，要求他们对所有原告的损失负责，这是不公平的，而且也有悖于公共政策。但是，他们的主要主张建立在一种假定之上，即如果原告最终胜诉的话，那么某一个产品生产者可能要对其他产品生产者乃至所有生产者的产品负责。但是，在我们所采用的规则之下，每一个生产者对侵害所负的责任与其所生产乙烯雌酚产品所产生的损害是大致相当的[2]。对此，学者认为，市场份额责任可以理解为确保被告应承担的责任范围（至少在大体上）受制于他们所造成的损失。在辛德尔案中，侵权法体系通过要求原告在大体上承担因侵害行为造成的损失，而且在大体上消除了原告所不应承担的侵害损失，从而实现了矫正正义。从两个方面来说，这种对应是大体上的、粗略的，但这并不能对我们的理解产生影响；矫正正义的实现取决于法官对于因果关系的并非完美的判断以及对侵害程度的并不完美的估计，在这一点上辛德尔案与其他案件没有区别，辛德尔案独特的地方在于它在证据的处理上接受了原、被告双方在表面上的相对应[3]。

如果我们从理性的视角来分析辛德尔案件的判决，其实其并非是对因果关系的忽略。实际上，是"因果关系推定"的典型代表：原告明确地知道是"一群被告"侵害了自己，但他却无法证明是哪一位被告侵犯了自己。也就是说，原告的损害与被告的行为之间具有因果关系，但无法指认是具体哪一位被告的行为与自己的损害之间存在因果关系。这样一来，为了公平，法官只能推定所有被告的行为与原告的损失之间具有因果关系，除非某些被告能够证明自己没有侵害原告，即原告并没有服用自己生产的药品，或者指出是哪一位被告具体侵害了原告。如果被告做不到，那就只能推定被告的行为与原告的损失之间具有因果关系从而承担责任。其实，我国《民法典》第1170~1172 条就完全可以解决这一问题。第 1170 条规定："二人以上实施危及他人人身、财产安全的行为，其中一人或者数人的行为造成他人损害，能够确定具体侵权人的，由侵权人承担责任；不能确定具体侵权人的，行为人承担连带责任。"第 1171 条规定："二人以上分别实施侵权行为造成同一损害，每个人的侵权行为都足以造成全部

---

[1] ［美］阿瑟·利普斯坦、本杰明·兹普斯蒂：《产品质量侵权时代的矫正正义》，载［美］格瑞尔德·J.波斯特马主编：《哲学与侵权行为法》，陈敏、云建芳译，北京大学出版社 2005 年版，第 281~292 页。

[2] ［美］阿瑟·利普斯坦、本杰明·兹普斯蒂：《产品质量侵权时代的矫正正义》，载［美］格瑞尔德·J.波斯特马主编：《哲学与侵权行为法》，陈敏、云建芳译，北京大学出版社 2005 年版，第 296 页。

[3] ［美］阿瑟·利普斯坦、本杰明·兹普斯蒂：《产品质量侵权时代的矫正正义》，载［美］格瑞尔德·J.波斯特马主编：《哲学与侵权行为法》，陈敏、云建芳译，北京大学出版社 2005 年版，第 296 页。

损害的,行为人承担连带责任。"第一千一百七十二条规定:"二人以上分别实施侵权行为造成同一损害,能够确定责任大小的,各自承担相应的责任;难以确定责任大小的,平均承担责任。"当然,第1170条可能不是很合适,最合适的应该是第1171条。但问题是,份额责任实际上适用的是与第1172条相似的原理。因此,美国著名的辛德尔案件就是关于各个被告责任的分担问题。但是,如果对原告更有利的话,最好把这种份额责任看成是内部责任,全体被告对于每一个原告都应该承担连带责任。

当然了,至于阿瑟和本杰明认为辛德尔案件实现了矫正正义,笔者确实不敢苟同。这恰恰是分配正义的体现。首先,产品责任一般都是严格责任,因此,矫正正义没有适用余地;其次,在这种因果关系推定的案件中,最好的表达就是分配正义。

四、结论

民法典是一个体系化的规范建构,不仅有外在体系,而且有内在体系。我国《民法典》尽管在"典化"上完成度并不高,但是"总则编"与其他各编也建立了某种联系。大陆法系国家或者受到大陆法系国家民法典传统影响的国家或者地区,很少有将侵权行为独立成编的,因此,从比较法的经验上看,我国侵权责任编这种独立成编的立法例很难找到"同类型"借鉴。但由于我国《民法典》是在以前存在的单行民事立法的基础上编纂而来,因此,似乎合同编与侵权行为编独立成编有历史基础。但在传统的民法上,侵权行为是债发生的根据,属于债的发生原因之一,因此,它们基本上在物债二分的基础上都能够得到妥善的解决。尤其是在《法国民法典》最近的修改之后(2016年10月1日完成),侵权和合同都已经属于债的范畴了[1],体系化得到了大幅度提升。因此,它们似乎不需要寻找侵权责任与民法典总则编的内在与外在关系。但是,我国《民法典》则不同,侵权责任编作为最后一编,又加之我国《民法典》没有"债法总则",有关债的"一般规则"实际上分散在总则编与合同编中。这样一来,我们就必须找出我国《民法典》第七编侵权责任编与总则编的关联,否则侵权责任编就会脱离法典体系。好在我国《民法典》第五章"民事权利"中规定了"债的一般概念",其中规定侵权行为属于债发生的原因,这样一来,就把侵权责任作为债的一种进行了定性;另外,在第八章"民事责任"中,民事责任包括了"侵权责任方式"(第179条)。这样一来,总则编中的许多规定就可以顺理成章地适用于侵权责任编了。

除此之外,《民法典》中的各编都有其成编的理由和基础——成编的理由就是它自身有相对独立的外在与内在体系,可以作为请求权基础来适用。《民法典》编纂的时候,人格权是否能够独立成编之所以存在争议,原因就在于它是否可以作为请求基础。侵权责任作为请求权基础当然毫无问题,但是,其外在和内在的体系如何?我国学者很少关注这一问题。笔者认为,侵权责任的外在体系主要就是逻辑体系,即建立在基础概念之上的逻辑体系。侵权责任编的基础概念是什么?在笔者看来,就是"损害赔

---

[1] 请参照2016年修改后的《法国民法典》第三卷的第三编和第四编。

偿"。但是，一个人的损害为什么让他人来赔偿？必然有其理由，否则就缺乏合理性。这种合理性事由我们就称之为"规则事由"。总体上说，对于让他人承担责任必须加以合理的限制，否则就没有合理性。因此，像因果关系、不法性、过错、损害就是限制赔偿责任的具体条件。"纯粹经济利益损失"要获得赔偿，要受到更严格的条件限制，否则侵权责任将漫无边际，最终将损害《民法典》的体系化。《民法典》的内在体系如何呢？尽管《民法典》尽管反映出来的是过错归责或者无过错规则，但其真正的内在价值却是矫正正义和分配正义。矫正正义主要统辖以过错为归责原则的侵权行为，而分配正义则统辖包括危险责任的严格责任领域。至于说影响较大的"效率"（法律的经济分析的核心思想），只不过就是分配正义的一种表现形式而已。

当然，侵权责任编的内在与外在体系不是割裂的而是有机统一的，内在体系作为外在体系的评价和制约工具，任何一个外在体系中的概念，实际上都包含了内在价值判断。例如，侵权责任构成中的"过错"和"不法性"概念，实际上就包含了"矫正正义"的思想。高度危险致人损害的责任就包含了分配正义的基本思想——航空服务人人需要，但有一定风险，这种风险一旦发生，由谁来承担损失最合适？显然只有危险源的拥有者或者控制者才有能力控制或者减少这种风险带来的损失。因此，让其承担这种损失是公平的。

对于产品责任，除了法国最高法院的判例认为其适用过错责任以外[1]，包括我国《民法典》在内的多数国家还是规定其为严格责任（不问过错责任）的代表。尽管有的学者认为其为矫正正义的体现，但是，因为其为无过错归责，重在公平分配损失。特别是美国著名的辛德尔案件确定的份额责任更是体现了分配正义而非矫正正义。

但是，我们必须看到的是，民法典之外的制度对侵权责任法的内在价值的影响：首先就是保险制度。许多过错责任和严格责任都可以通过保险制度予以分散，使得行为人可以通过较小的成本来转移自己应当承担的责任。这样一来，无论是矫正正义还是分配正义，大概都已经完全"走形了"。其次，社会保障制度对于侵权法的影响不可谓不大。甚至在二三十年以前，有人就预言侵权责任法将寿终正寝，有人甚至建议用社会保障法完全取代侵权法。当时，根据论者的观察，侵权法功能的丧失、损害赔偿程序费用过高以及侵权诉讼的结果不公且难以预测是其"不治之症"。社会保障法则是介入其中并接管侵权法所有使命及功能的"候选人"[2]。尽管多数学者和国家的实际情况是侵权法与社会保障法有重大区别，二者在制度价值和功能方面存在差异：社会保障法意图向因伤害或者疾病而需要救助的人提供保护，社会保障法发挥着社会保护的功能。因此，是否可归责于某人或者是否需要为损害负责等问题并不重要。与社会保障法不同，侵权法仅在侵权人符合特定条件时才进行赔偿，这些条件与侵权人的行

---

[1] [德] 克雷斯蒂安·冯·巴尔：《欧洲比较侵权行为法》（下卷），焦美华译，法律出版社2001年版，第352页。

[2] [德] 乌尔里希·马格努斯主编：《社会保障法对侵权法的影响》，李威娜译，中国法制出版社2012年版，第1页。

为有关。尽管如此,许多国家都存在社会保障法部分取代侵权法的现象[1]。如果理性地分析这一问题,社会保障法无论如何都不能完全替代侵权责任法,因为就赔偿范围而言,与侵权法不同,社会保障法并不能赔偿所有实际损失,只是为受害者提供克服危险处境所通常必需的金钱。

因此,社会保障赔偿金通常以客观方式计算,与受害者的实际经济损失没有直接关联,但经常会与受害者的收入挂钩。不仅如此,通常情况下,只有侵权法赔偿非财产性损失[2]。所以,断言侵权法的死亡为时尚早。但社会保障法对侵权法的冲击是客观存在的。因此,侵权法中所体现的所谓矫正正义与分配正义相应地也会受到某种冲击。

第二节 论"不法性"作为一般侵权责任构成要件的必要性

一、"不法性"的概念及判定方法

奥地利学者考茨欧指出:"不法性"在依各国法律确定侵权责任的过程中发挥了决定性的作用,在过错责任领域,侵权人只有在其行为不当的情况下才负有赔偿责任。但是,"不法性"在不同法律制度中具有不同的意义。例如,在一些国家中,违法性只在过错责任领域具有重要意义;而在瑞士法律中,违法性在严格责任领域也发挥了重要作用。然而,即使在那些只在过错责任领域才涉及违法性的法律制度中,违法性的含义也截然不同:在某些法律制度中,侵害结果被认定是违法的("结果不法说");而在另一些法律制度中,则要求行为人的行为是违法的("行为不法说")[3]。"结果不法说"与"行为不法说"之间的区分是不法性概念中的主要问题,也是制度体系中的重大问题。

"行为不法说"是指行为人从事了被法律禁止的行为,即不法性取决于对"行为的禁止",也即对注意义务的违反。因此,不法性的判定总是与人的行为本身相关,并建立在缺乏注意的基础上。"结果不法说"认为,不法性仅仅取决于损害结果,也就是说,受保护利益被侵害本身就决定了不法性[4]。

"结果不法说"与"行为不法说"的立法和学理的长期争论和对立主要是因为二者都有其不足。德国学者指出:德国法这一"结果定位"的不法性概念不仅导致了欧

---

[1] [德]乌尔里希·马格努斯主编:《社会保障法对侵权法的影响》,李威娜译,中国法制出版社2012年版,第352页。

[2] [德]乌尔里希·马格努斯主编:《社会保障法对侵权法的影响》,李威娜译,中国法制出版社2012年版,第352页。

[3] [奥] H. 考茨欧主编:《侵权法的统一:违法性》,张家勇译,法律出版社2009年版,第170页。

[4] [奥] H. 考茨欧:《奥地利法中的违法性问题》,载[奥] H. 考茨欧主编:《侵权法的统一:违法性》,张家勇译,法律出版社2009年版,第11页。

洲领域内关于侵权法之正确体系化研讨的困惑,而且引发了一些毫无意义的争议[1]。"结果不法说"导致了许多问题,主要体现在:①过错责任是建立在对侵权行为人的谴责基础之上的。因此,侵权行为人的行为很重要,那就表明不法应当从行为而非从结果加以判定。而且,由于法律规则仅仅适用于人,因而只有人的行为本身才会违反法律。因此,只有行为而非行为的结果被称作是不法的似乎才更为妥当。②"结果不法说"还引致了如下问题,即造成损害的当事人即使尽到了任何人能够尽到的注意,他还是会受到谴责,③即使像生命、健康和自由之类受到最高程度保护的利益,也不是针对任何侵害都受保护,例如,不法性尤其要取决于加害人是否享有自卫的权利。如果被告没有直接而是间接侵犯了绝对权,那么,这种不法性的迹象也是非常可疑的。如被告造成了纯经济损失,那么,这种结果甚至不能被视为存在不法性的表征[2]。

尽管"结果不法说"存在许多问题,但其在许多方面都具有说明意义。首先,"结果不法"与民事责任更为契合,因为侵权法只有在损害已经实际发生,即损害行为已经完成的情况下才能实际发挥作用。一个行为也许确实应受谴责并违反了人们可能想到的许多规范,但只要它没有产生任何可以计量的经济损失,它就与民事责任无关。这就是为什么侵权法必须集中关注"结果违法"的原因所在。其次,关注结果也是唯一可以用来明确界分违法性和过错的方法,一方面,违法性是侵权责任的一般客观构成要件;其他方面,过错则是一个主观标准,它将损害归因于某人,并使损失从直接遭受损害的人转移至应对损害负责任的人成为可能。事实上,当侵权责任与人的行为相关时,区分不法性与过错的主观方面就变得相当困难[3]。最后,"结果不法"在考虑自卫的权利以及采取行动防止侵害等问题上,则强调了某些有用的重要方面[4]。

"行为不法说"的反对者经常主张的反对理由是,如果接受"行为不法说",那么,在不法性和过错之间就没有什么差别。如果将"结果不法"与过错加以合并似乎导致了将"行为不法"与过错合并相同的后果[5]。

"行为不法说"与"结果不法说"的区别看上去非常明显,不过,处理起来并没有表面上那么简单。问题在于,一方面,并非所有应受绝对保护的权利和法律地位都以一种足够明确的方式得到界定或者清楚说明(如身体完整),从而可以确定地认定它们受到侵犯的事实。这方面的困难可以举隐私权为例加以说明,它毫无疑问属于绝对权,不过,其边界难以划定。政治家在选举活动中的隐私权就不一定与其他人的隐私

---

[1] [德]克雷斯蒂安·冯·巴尔:《欧洲比较侵权行为法》(下卷),焦美华译,法律出版社2001年版,第283页。

[2] [奥]H.考茨欧:《奥地利法中的违法性问题》,载[奥]H.考茨欧主编:《侵权法的统一:违法性》,张家勇译,法律出版社2009年版,第14页。

[3] [瑞]P.威德梅尔:《违法性在瑞士法中的功能和意义》,载[奥]H.考茨欧主编:《侵权法的统一:违法性》,张家勇译,法律出版社2009年版,第161页。

[4] [奥]H.考茨欧:《奥地利法中的违法性问题》,载[奥]H.考茨欧主编:《侵权法的统一:违法性》,张家勇译,法律出版社2009年版,第15页。

[5] [奥]H.考茨欧:《奥地利法中的违法性问题》,载[奥]H.考茨欧主编:《侵权法的统一:违法性》,张家勇译,法律出版社2009年版,第15页。

权相同。另外，只要一种地位被认为值得给予法律保护，这就当然意味着必然存在一种旨在保护它的规范。相反，只要人们承认存在某种保护财产利益不受某种形式侵害的规范，这就必然意味着要承认某种权利。换言之，上面提到的两种因素有一种互补的特征[1]。因此，最好的方式是以某种形式加以调和。一些德国学者指出，即使结果是决定性的，也应对行为加以判断；荷兰法明确地将违法性与行为相关联；意大利法律试图将判定违法性的两种方式加以融合[2]。《瑞士侵权法》总则的初步草案已经明显地将二者联系起来。该草案第13条以下对于违法性的规定如下：①如果造成损害的事实侵害了依法律秩序受保护的权利，它是违法的；②如果造成损害的事实存在于某人的行为之中，当其违反依法律秩序所施予的义务或者禁令，或者违背诚实信用原则或者合同义务时，该行为是违法的。

判定违法性的方法，大致分为三步：①判定行为人是否违背了某种法律禁止特定行为的强制性规则，或者他是否危害了某种法律制度旨在加以不同程度保护的权利和利益。这种考察方法，与"结果不法说"采取的方法相一致：违法性被承认仅仅是因为受法律保护的利益被侵害，并因此被单纯归因于有害结果。②以一种更为具体的方法去考察，即根据具体情况，行为人是否违反了一般客观注意标准，这需要考虑不同的因素加以判断。这一步大致与大陆法系中的"行为违法说"相一致，并与英国法中的违反注意标准理论相对应。③责任是否依赖于主观过错，或者在考虑特定加害人主观情况后，是否仍然可以加以责难[3]。这种折中的观点能够全面地反映违法性及全面地对制度进行说明。

有的学者也提出了一个替代"违法性"的方案，即以"不当行为"替代"违法性"。所谓"不当行为"，是指被告的行为客观上有悖于法律或者不加害于他人的一般原则所要求的行为模式。只有当他对原告造成了"不法损害"时，这种"不当行为"才具有侵权法上的意义[4]。克雷斯蒂安·冯·巴尔教授进一步批评"违法性"的不足：一部将"不当"行为的认定完全交给立法者并以"法不禁止即许可"为理念的侵权行为法，将无异于以违反人权的方式认可法律漏洞的存在。侵权行为法必须在必要时自己创设义务和规范，因为议会只会关注迫切需要立法的领域。因此，除了以保护他人为目的的法律、法典中的侵权行为法部分、损害赔偿法及根源于法官造法的普通法之"有名侵权"外，各国都有进一步的为侵权行为法所有的"规范发生器"——一般注意义务。换句话说，如果行为人未实施对一个"善良家父"即合理谨慎之人可以

---

[1] [瑞] P. 威德梅尔：《违法性在瑞士法中的功能和意义》，载 [奥] H. 考茨欧主编：《侵权法的统一：违法性》，张家勇译，法律出版社2009年版，第160页。

[2] [奥] H. 考茨欧主编：《侵权法的统一：违法性》，张家勇译，法律出版社2009年版，第171页。

[3] [奥] H. 考茨欧主编：《侵权法的统一：违法性》，张家勇译，法律出版社2009年版，第173页。

[4] [德] 克雷斯蒂安·冯·巴尔：《欧洲比较侵权行为法》（下卷），焦美华译，法律出版社2001年版，第296页。

期待的作为或者不作为时，其行为就构成不当行为[1]。显然，"不当行为"拓展了"不法性"的空间，有的时候，违背"善良家父"的注意义务，不见得是"不法行为"。西班牙最高法院在一个案件中指出，一个行为，哪怕它所违反的是很原则化的甚至是彻底原则化的规则，如"任何人都不得加害于他人"的规则，也构成侵权的行为[2]。冯·巴尔教授进一步指出：不当行为责任以被告实施了某种从法律的角度看是"不对的事情"为前提，是该责任制度本质之所在。只有满足了这一前提，我们才能进一步提出下一个问题：损害赔偿判决的作出是否还依赖于其他条件，即不当行为是被告的"错"，换句话说，被告这样做是具有本人可归责性的。如果欧洲所有的法律制度都能迎合这两个层面并甚至冠以同样的标题，将会是一个长足的进步[3]。必须指出的是，冯·巴尔教授这种用"不当行为"替代"违法性"进而扩展侵权责任空间的做法，在很多场合具有说服力并具有意义，将一些并非"不法"但却"不当"而造成他人损害的行为纳入侵权责任的规范范围中去，不仅是许多国家法院的实际做法，而且还具有衡平意义。但是，在确定能否对"纯粹经济利益的损失"加以赔偿时，却有"放水"而不是"关闸"的嫌疑。而在这一方面，"不法性"恰恰是限制"纯粹经济利益的损失"无限放大的"闸门"。在我国侵权责任法上，这一问题的讨论将变得复杂，因为我们将"不法"纳入过错中去，这恰恰就是法国经验要解决的问题，即法官在实践中如何把住对"纯粹经济利益的损失"限制的"闸门"，这将是一个令人担心的问题。

二、不法性与过错的关系问题

在前面的讨论中我们已经提到，"不法性"与"过错"难以区分，特别是在将不法理解为"行为不法"时，更加难以区分。如果真的难以区分或者根本不能区分，那么，"不法性"的独立性就真的会成为问题。但事实果真如此吗？

有学者正确地指出：在不法性与过错之间可以作出非常明确的区分——在判定不法性方面，只有客观因素是决定性的。因此，要回答何种行为是合理的问题，必须适用一般性的判断标准。另一方面，过错被认为是一种有缺陷的意志，应当考虑被告的个体能力加以判断。所以，并不是每个不法行为都当然是受谴责的行为。从精神不正常的侵权人的例子中，这种差别可以得到最好的说明：他的行为可能是不合法的，但是，一般而言，其行为并不是应受谴责的[4]，由于能力的欠缺，过错问题并不存在。希腊最高法院在一判决中指出："任何一个过错地给他人造成损害的行为，加害于人由

---

[1]［德］克雷斯蒂安·冯·巴尔：《欧洲比较侵权行为法》（下卷），焦美华译，法律出版社2001年版，第297页。

[2]［德］克雷斯蒂安·冯·巴尔：《欧洲比较侵权行为法》（下卷），焦美华译，法律出版社2001年版，第286页。

[3]［德］克雷斯蒂安·冯·巴尔：《欧洲比较侵权行为法》（下卷），焦美华译，法律出版社2001年版，第280页。

[4]［奥］H. 考茨欧主编：《侵权法的统一：违法性》，张家勇译，法律出版社2009年版，第15页。

此而须承担的赔偿义务不仅因作为或者不作为违反了特定的法律规定而产生,且也因违反了法律的一般精神而产生,即每个人的行为都不应超越善良风俗所许可的界限。"它将过错从不法性中分离出来[1]。

应该说,理论上不法性与过错是可以分离的,因为不法性是一个客观问题,而过错应该是一个主观问题,是从事不法行为的人之应受谴责的主观心理状态,即意志的不良状态。但是,在实践中的确存在一个问题,即过错的客观说与主观说的问题。如果过错采取主观说,则容易分离,正如有的学者所指出的:"在过错责任领域,行为人的责任可能不仅要求违反客观注意义务,还要求具备主观过错。"[2] 反之,如果对过错采取客观说时,不法性(特别是行为不法性)与过错在很多时候就难以分离。因为"违反注意义务"与"是否应当预见"的判断参照可能是相同的"理性人"。但是,希腊最高法院的判决可以给我们提供很好的借鉴。有的学者更进一步指明:现代侵权法讨论很多的问题之一就是,即使客观上存在的不当行为导致了可赔偿性损害,对于行为人能否承担赔偿责任,法院还要进一步考察行为人是否"应该能够"避免不当行为的发生……对于被告来说,如果认识到和避免不当行为都是不可能的,他对不当行为就不具有可归责性[3]。但是,在具体的案件中,对于两者的证明往往存在交叉,有的时候只要证明了其中之一,就证明了其二。因此,不法性与过错在许多情况下,确实难以分离,甚至有的时候分离是没有意义的。但在很多时候,区分确实也存在意义。我们可以举一个例子来说明:假如汽车事故采取过错责任归责,一个司机 A 开车路过一个路口,他应慢行且观察行人。他没有这样做,而是正常行驶通过路口,恰有一行人路过而被撞伤。而后被证实:司机当时处于暂时的无意识状态,按照我国《民法典》第 1190 条的规定,他显然是没有责任的(仅提供适当补偿)。在这里,不当行为与过错就是分离的,因为这里仅仅有不当行为而没有过错。而这里如果不将过错与不当行为分离,仅仅强调过错归责的话,让司机承担适当补偿就没有道理,是因为虽然没有过错,但却有不当行为,故让其完全逃脱责任有失公平,就如无行为能力人虽然没有过错却要为自己的不当行为承担责任的道理是一样的。因此,笔者认为,过错与不当行为(不法行为)还是应当分离的。下面我们将重点讨论的"违法性"的独立作用,恰恰是这一问题的继续。

三、"违法性"能否作为独立的要件发挥作用

(一)概述

有的德国学者对此问题作了这样的评价:有的国家,如法国、比利时、西班牙等

---

[1] [德] 克雷斯蒂安·冯·巴尔:《欧洲比较侵权行为法》(下卷),焦美华译,法律出版社 2001 年版,第 287 页。
[2] [奥] H. 考茨欧主编:《侵权法的统一:违法性》,张家勇译,法律出版社 2009 年版,第 179 页。
[3] [德] 克雷斯蒂安·冯·巴尔:《欧洲比较侵权行为法》(下卷),焦美华译,法律出版社 2001 年版,第 303 页。

国的民法典中根本没有"违法性"的概念,而一些国家有关规定中的"违法性"这一用语和《德国民法典》第823条第1款一样无实际内容。苏格兰学术界虽然指出,现代苏格兰侵权法的本质是,一个人负有赔偿他人因其不当行为所遭受损失的义务,但苏格兰法未将"不法性"认可为独立责任要件[1]。为什么说《德国民法典》中的"不法性"没有任何实际内容呢?"不法性"这个概念体现了德国法是致力于对绝对权和法益的保护的,这不过是修辞上的堆积而已。因为如果一个权利是"绝对的"(或者被视为是绝对的),即对世的,侵犯它就必然是违法的,否则就不是绝对的。在《德国民法典》第823条第1款"因故意或者过失不法侵害他人生命、身体、健康、自由、所有权或者其他权利者,对他人因此产生的损害负赔偿义务"这样的表达下,"不法性"的概念不过是对条文中所罗列内容的再次总结而已,它并不具有责任法上的独立功能[2]。这种观点在很大程度上是正确的,在侵犯具有"明显性特征"的轮廓清晰的绝对权方面,若像德国法采取"结果不法"的判断方式下,当然是如此,即"结果不法"与"侵害权利本身"就等同起来了。侵犯了这些明显的权利,当然就是不法的,就如有的学者所指出的:传统绝对权受到了广泛的保护,这些权利的共同之处是,它们的权利内容具有较为明显的特征,因而,受保护的范围对第三人而言是清晰可辨的[3]。而这些清晰可辨的权利显然也是受法律保护的,侵犯这些权利当然也是不法的。这样一来,不法和侵害权利之间也就没有什么区别了。但是,如果某些权利并没有清晰可辨和明显的特征的话,它就不能受到一般性保护,例如,各国侵权责任法(或者民法典)立法或者实践都没有对纯粹经济损失进行一般性的保护。因此,在这里,侵害了利益本身仅仅是承担责任的一个条件,也是讨论不法性的前提条件,但这一事实本身不能认定责任,也不能像侵犯了特征明显的绝对权那样,侵犯本身就能够确认不法性。要确认其不法性,就必须确认其违反了客观注意义务,但这一客观注意义务的标准则因不同国家的立法政策可能会不同。因此,"不法性"在许多场合仍然对确定责任具有独立的功能,特别是在侵权法扩大了自己的保护范围后,不法性的作用显得尤其重要。下面我们就从具体制度中来分析不法性的独立功能。

(二) 主要制度性评价

1. 对于无过错能力的人之责任规定。在包括我国民法在内的许多国家的民法中,一般来说,无行为能力的人不对其侵权行为承担责任,但是,法律允许法官对这类人施加无过错责任,只要他们的行为具有不法性[4],并且,在考虑了加害人和受害人经

---

[1] [德]克雷斯蒂安·冯·巴尔:《欧洲比较侵权行为法》(下卷),焦美华译,法律出版社2001年版,第284~285页。
[2] [德]克雷斯蒂安·冯·巴尔:《欧洲比较侵权行为法》(下卷),焦美华译,法律出版社2001年版,第281~282页。
[3] [奥] H. 考茨欧主编:《侵权法的统一:违法性》,张家勇译,法律出版社2009年版,第18页。
[4] [德]迪特尔·梅迪库斯:《德国债法分论》,杜景林、卢谌译,法律出版社2007年版,第631页。

济状况的情况下,也支持赔偿责任的施予[1]。此时,恰恰是不法性支持和决定了其责任。

2. 纯粹经济损失。由于纯粹经济损失并不具有如绝对权那样明显的特征,因此,若将之作为保护范围,将不合理地限制他人的行为自由。故而,必须附以"不法性"要件来限制或者控制对其的保护,如《德国民法典》第826条所强调的必须以"故意"和"背俗"的方式侵害,才能承担责任。甚至有的学者极端地指出:"不法性"只有在那些被归入有关"纯粹经济损失"的案件中才会成为问题[2]。

3. 正当防卫。正当防卫是指为避免自己或者他人受到现时的不法侵害而进行防卫的必要行为。其构成要件是:①侵害;②违法性,即侵害行为必须是违法的;③侵害行为的现时性;④防卫的必要性;⑤防卫的适度性[3]。正当防卫之所以正当而非侵权行为,就是因为被防卫的行为具有违法性,对于合法的侵害或者限制,是不可以进行防卫的。同时,法律也规定,防卫过当要承担侵权责任,因为逾越正当防卫权的行为无论如何都是违法的。

4. 紧急避险。紧急避险(无论是"防御性的紧急避险"还是"进攻性的紧急避险")之所以不被认为是侵权行为,就是因为它不具有"违法性",紧急避险是法律赋予的实施"侵害"的正当理由。

5. 无因管理。自己的事情应当由自己管理,他人不得干涉,未经他人同意就管理或者处理他人事务,本属于侵权行为,但无因管理恰恰是例外,就是因为它不具有违法性。正如德国学者所指出的:正当的无因管理,也就是符合本人意思的无因管理,是来自债法本身的正当化理由。管理人此时具有正当性,虽然没有被明确地规定在法律之中,但却可以从其意旨中推导出来[4]。而这种不具有违法性是有条件的,即必须是正当的无因管理,而正当的无因管理就是指符合被管理人明示或者可推知的意思,同时有替他人管理事务的意思,即明知是他人的事务并当成是他人的事务来管理,有意将管理结果归于被管理人。否则,不排除和阻却违法性。

四、违法性作为责任构成要件的立法例

在立法例方面,是否将违法性作为侵权责任的构成要件,有两种截然相反的立法例:一种是以《德国民法典》为代表的肯定性的立法例,另外一种是以《法国民法典》为代表的否定性立法例。

德国《民法典》第823条规定:①故意地或者有过失地以违法的方式侵害他人的生命、身体、健康、自由、所有权或者其他权利的人,负有向他人赔偿由此发生的损

---

[1] 参见《奥地利普通民法典》第1310条;[奥] H. 考茨欧主编:《侵权法的统一:违法性》,张家勇译,法律出版社2009年版,第12页;我国《民法典》第1188条。

[2] [奥] H. 考茨欧主编:《侵权法的统一:违法性》,张家勇译,法律出版社2009年版,第155页。

[3] [德] 迪特尔·梅迪库斯:《德国民法总论》,邵建东译,法律出版社2000年版,第124~126页。

[4] [德] 迪特尔·梅迪库斯:《德国债法分论》,杜景林、卢谌译,法律出版社2007年版,第626页。

害的义务。②违反以保护他人为目的的法律的人，负有同样的义务。根据法律的内容，没有过错也可能违反法律的，只有在有过错的情况下，赔偿义务才能发生。第826条规定，故意地以违反善良风俗的方式加害于他人的人，负有向他人赔偿损害的义务。《瑞士债务法》第41条规定，任何人由于故意、过失或者不谨慎地实施不法行为给他人造成损害的，应当承担赔偿责任。违反善良风俗，故意造成他人损害的，应当承担赔偿责任。《意大利民法典》第2043条规定，因故意或者过失给他人造成不法损害的，行为实施者应当承担损害赔偿责任。另外，还有一些受到德国法影响的国家，如荷兰、奥地利、希腊等国家，也将违法性作为侵权责任的构成要件。

《法国民法典》第1382条规定，人的任何行为给他人造成损害的，因其过错致该行为发生之人应当赔偿损害。《日本民法典》第709条规定，因故意或者过失侵害他人权利时，负因此而产生损害的赔偿责任。还有一些受法国法影响的国家，也没有将违法性作为侵权责任的构成要件，如比利时等。

五、结合我国法的分析

是否将"违法性"（或称不法性）作为侵权责任的构成要件，取决于立法对违法性与过错之关系的认识，即过错是否能够涵盖不法。特别是在采取"行为不法"的认识时，过错与不法确实存在难以区分的问题（当然，也不是在任何时候都不能区分，仅仅是有时候），但是，不法性在说明无过错能力的人之责任、无因管理、紧急避险、正当防卫、纯粹经济损失等问题方面，确实有逻辑上的合理性。

"违法性"是否作为侵权责任的构成要件，在我国理论上虽然存在争议，但在司法实践中并没有完全排除违法性要件。我国《民法典》采取的是法国式的规定方式[1]，这种方式并不是一种可受批评的方式，但是在许多问题的处理上仍有待关注，特别是纯粹经济损失方面的问题，是目前实践中一个颇为频繁发生的问题，这一问题如果没有以"违法性"作为限制条件的话，将会十分棘手。而法国法的实践说明，在处理结果上，大量在政策上不宜保护的"纯粹经济利益损失"未能被法国法院排除。显然，法国的减法模式在立法技术上要困难得多[2]。这是值得我们引以为戒的经验。

---

[1] 有的学者也认为，《侵权责任法》已经将"不法性"作为侵权责任的构成要件。参见杨立新：《〈中华人民共和国侵权责任法〉精解》，知识产权出版社2010年版，第53~54页。立法机关的学者认为，不法性没有被规定为构成要件，参见王胜明主编：《中华人民共和国侵权责任法释义》，法律出版社2010年版，第38~46页。由于《民法典》并没有改变这种状况，所以上述学者的观点具有参考价值。

[2] 葛云松：《纯粹经济损失的赔偿与一般侵权行为条款》，载《中外法学》2009年第5期。